PHILOSOPHY OF LIFELONG EDUCATION

행복한 삶의 여행을 위한 철학 안내서

평생교육철학

이관춘 저

학지사

책을 펴내며

"어느 항구를 향해 갈 것인지 생각하지도 않고 노를 젓는다면
바람조차 도와주지 않는다."

–Lucius Annaeus Seneca, 4 BC – AD 65–

지금으로부터 2,000년 전 로마제국 네로Nero 황제의 스승이자 저명한 철학자였던 루키우스 세네카의 말이다. 그는 노를 저어 바다를 항해sailing하는 사람에게서 인생의 모습을 포착하였다. 예나 지금이나 다름없는 인간실존의 모습이다. 우리 모두는, 어느 순간 정신을 차렸을 때 삶의 바다에 내던져진 채 배를 저어 가고 있는 자신을 발견하게 된다. 노 젓는 법도 채 배우기 전에 한 번뿐인, 그래서 더욱 눈부시게 찬란한 한 번뿐인 항해를 하고 있는 것이다. 바람이 부는 대로, 노 젓는 고민도 없이 그저 자동조종장치에 몸을 맡긴 채.

세네카는, 성공적인 항해는 얼마나 '오래length' 젓느냐가 아니라 얼마나 '잘excellence' 젓느냐에 달려 있다고 말한다. 오래 사는 것보다 '웰빙(잘well 사는 것being)'이 중요하다는 것이다. 이를 위해서는 어느 항구를 향해, 어떻게 노를 저어야 하는지를 성찰하고 배워야 한다고 말한다. 바다와 바람이 변화무쌍하다 보니 평생 배워야 한다. 그런 사람에게는 바다의 성난 바람마저 항해를 도와준다.

고대 그리스에서 철학이 동틀 무렵부터 철학의 관심은 오로지 사람들의 웰빙에 있었다. 삶의 배를 젓는 일에 지친 사람들을 치유하는 것이 철학의 목적이었다. 그들에게 철학은 '테라페이아 테스 프시케therapeia tes psuche', 즉 '영혼에 대한 치유'였다. 로마제국시대에 들어 철학은, 단순한 치유를 넘어 '좋은 삶' '행복'을 위한 처방을 제시하였다. 세네카처럼 철학자들은 "인생을 살아가는 기술the art of living"을 적극적으로 성찰하고 제시하였다.

따라서 철학의 본래 목적은 그 삶의 기술을, 어느 항구를 향해 어떻게 노를 젓는지

를 가르치는 것이다. 즉, 철학의 목적은 교육이다. 교육을 통해 행복의 기술을 학습시키는 것이 철학의 주된 관심사인 것이다. 교육과 철학은 낱개의 말이 아닌 '짝 말'로서 서로 분리될 수 없다. 교육은 철학을 바탕으로 학습의 내용과 방향을 제시하는 것이다. 그 학습의 궁극적 목적은 언제나 좋은 삶(well-being), 행복에 있다.

그렇다면 21세기 평생교육시대에 '좋은 삶을 위한 교육'이란 무엇인가? 교육이란 프리즘으로 행복을 바라보는 것은 자칫 진부해 보일지도 모른다. 그러나 고맙게도 유네스코의 평생교육은 좋은 삶, 후회 없는 인생을 위한 네 가지 학습원리를 제시하고 있다. '알기 위한 학습' '행동하기 위한 학습' '더불어 살기 위한 학습' 그리고 '존재하기 위한 학습'이 그것이다.

교육의 네 가지 학습기둥pillars에는 개인의 행복을 위한, 기업을 포함한 모든 조직의 발전을 위한 그리고 국가사회의 품격과 경쟁력을 위한 학습비결이 담겨 있다. 이 비결을 담은 유네스코 들로Delors 보고서의 제목이 『학습, 그 안의 보물treasure』인 까닭이 여기에 있다. 따라서 유네스코의 네 가지 학습기둥은 단지 교육이나 인적자원개발 전문가들만을 위한 것이 아니다. 철학자 세네카의 말대로 한 번뿐인 삶의 항해에서 어느 항구를 향해 어떻게 노를 저어 가야 하는지를 고민하는 사람 모두를 위한 학습 가이드인 것이다.

문제는, 유네스코가 '보물'이라 규정한 네 가지 학습의 바탕이 되는 철학이란 무엇인가 하는 점이다. '무엇을' '어떻게' 그리고 '왜' 학습을 해야 하는지에 대한 철학이다. 이러한 철학에 대한 이해와 성찰을 바탕으로 할 때 비로소 학습의 의미와 목적 그리고 학습의 자활감이 살아 움직이게 된다. 그러나 국내외적으로 이에 대한 연구는 전무한 실정이다.

이 책의 목적은 유네스코가 행복한 삶을 위한 '보물'로서 제시한 네 가지 학습기둥의 철학적 바탕을 탐색하는 데 있다. 더 나아가, 이 학습철학의 '보물'이 이 책을 읽는 모든 분의 행복한 삶을 위한 '항해'에 의미 있는 나침반이 되었으면 하는 바람이다. 『평생교육철학』의 부제副題를 '행복한 삶의 여행을 위한 철학 안내서'라고 정한 것도 이 때문이다. 저자의 소박한 바람을 세네카의 말로 대신한다.

"철학을 공부하는 사람은 날마다 조금 더 현명한 사람이 되어 귀가하거나,
아니면 집으로 돌아가는 길에 조금 더 현명해진다."

머리말

1

> "현대의 개인은 자율을 선고받았고, 자유를 의무로 부과받았다. 여기에는 지불해야 하는 대가가 있다. 그 대가는 교육이다."
>
> –Paul Lengrand (1970)[1]

평생교육의 선구자인 폴 랑그랑Paul Lengrand의 말이다. 한 줄 한 줄 읽을 때마다 머릿속에 선명한 흔적을 남긴다. 평생교육이란 말에 둔감해진, 얼어붙은 감성을 깨트린다. 랑그랑의 말은 하나의 철학적 테제이다. 『독일 고전철학의 종말』 부록에 실려 있는 마르크스의 '테제'처럼, 기존 교육철학의 종말을 암시하는 하나의 테제이다.

랑그랑은 이어 말한다. "그 교육은 결코 중단되어서는 안 된다. 지성이든 마음과 상상이든 그의 모든 역량과 자원을 가동시켜 한평생 지속되어야 한다."라고 역설한다. 실존주의적 인본주의에 뿌리를 둔 평생교육철학을 간명하게 제시하고 있는 것이다.

랑그랑 보고서를 필두로, 포르Faure 보고서, 다브Dave 보고서, 들로Delors 보고서로 이어지는 유네스코 초기 평생교육론에는 평생교육과 관련하여 현재 논의되고 있는 거의 모든 쟁점이 포함되어 있다.[2] 이 보고서들은 단순히 기존의 제도화된 공식적 교육의 시공간적 확장이나 기존 교육의 한계성을 극복하는 데 있지 않다.

1970년대의 유네스코 보고서들, 특히 랑그랑과 포르, 다브 보고서는 유럽 역사의 전환점을 이룬 프랑스 68혁명을 전후로 탄생한 점에 주목할 필요가 있다. 68혁명은 단지 프랑스 드골정권에 대한 저항이 아니라 유럽사회의 지배적인 가치의 '흐름'을 바꾸어 놓은 문명사적 전환이었다. 종교, 애국주의, 권위에 대한 복종 등으로 상징되는 보수적 가치들을 '넘어서' 평등, 성해방, 인권, 공동체주의, 생태주의 등의 진보적인 가치들이 주된 흐름으로 전환되는 일종의 문화혁명이었다.

물론 이런 흐름은 20세기 초에 발생한 비인간적인 역사적 사건들에 대한 비판적 성찰과 연속선상에 있는 것이다. 막스 호르크하이머Max Horkheimer나 테오도어 아도르노heodor Adorno를 중심으로 하는 독일 프랑크푸르트 학파의 비판이론가들은 당시의 시대상을 한마디로 "새로운 종류의 야만상태"[3]라고 규정하였다. 장 폴 사르트르Jean Paul Sartre, 시몬 드 보부아르Simone de Beauvoir, 알베르 카뮈Albert Camus, 메를로퐁티Merleau-Ponty 등의 프랑스 실존철학자들은 이성에 대한 계몽주의의 장밋빛 전망이 도구적 이성의 전면화로 인해 여지없이 무너지는 현상을 정면으로 응시하고 있었다. 이들은 인간 이성의 지칠 줄 모르는 자기파괴와 인간실존의 부조리를 치열하게 파헤치고 비판하였다.

그럼에도 인간의 절대적 자유는 이 모든 어두운 현상에서 빛을 발한다. 랑그랑의 말대로, 실존주의자들은 인간이 '자유'를 선고받았다는 것은, 인간은 매순간 자신을 '발명'하도록 선고받았음을 의미한다고 역설하였다. 자신의 창조는 앞으로의 삶의 과정이기에 하이데거는 '인간은 인간의 미래'라고 말한다. 자유 그 자체인 인간은 각자의 책임하에 자유로운 앙가주망을 통해 자신을 만들어 가는 삶의 주인이 되어야 하는 것이다. 자신의 가능성의 실현은 각자의 책임이며 핑곗거리를 찾지 못한다. 그러니 내가 할 수 없는 일을 남들이 할 수 있다는 나약한 정적주의에서 벗어나 스스로 실천해야 한다. 행동을 통해 자기 스스로를 실현하는 한에서만 인간은 실존하기 때문이다. 이것이 실존주의가 말하는 자기를 기만하지 않는 주체적인 삶인 것이다.

이러한 포스트모더니즘적인 사상의 흐름 속에 발생한 것이 프랑스 68혁명이다. 랑그랑을 비롯한 초기 유네스코 보고서들을 보면, 이 평생교육학자들은 68혁명과 같은 사태를 일시적 사건이 아니라 하나의 문명사적 전환으로 감지했음을 알 수 있다. 서두에 제사題詞로 언급한 랑그랑의 말에서 보듯, 우리는 이 학자들에게 영향을 미친 철학적 사조가 무엇이었는지 충분히 짐작할 수 있다. 유네스코 평생교육학자들은 이러한 문명사적 전환을 포착하고, 교육의 관점에서 이러한 시대적 도전에 직면한 인간의 실존적 과제를 고민하고 그 해결책을 제시한 것이다.

교육은 철학의 목적이며 소이연所以然이다. 따라서 그 해결책은 필연적으로 철학에 기초한다. 특히 유네스코 평생교육론에는 비판이론, 진보주의, 실존주의 및 인본주의 심리학 등의 사상이 깊이 스며들어 있다. 랑그랑에서 들로 보고서까지 사반세기의 시차가 있지만 평생교육의 이념과 철학에는 근본적인 변함이 없음을 알 수 있다. 교육은 시대의 거울이다. 유네스코의 평생교육론은 시대의 흐름을 반영하는 하나의 중요한 교육사조를 이루고 있는 것이다.

2

나는 평생교육론을 문명사적 전환기에 태동한 하나의 새로운 **교육사조**思潮라고 규정한다. 새로운 기술의 진보나 공학의 변화는 가시적이며 쉽게 감지할 수 있다. 그러나 사람들의 생각이나 가치관, 교육관 등은 비가시적이기에 그 변화를 포착하기가 쉽지 않다. 18세기를 살았던 유럽인들은 아마도 자신들이 계몽주의 사조 속에 살고 있다고 생각하지 못했을 것이다. 계몽주의라는 규정은 계몽주의 사조가 지난 후대에 와서 이루어진 것이다. 평생교육을 하나의 사조로 인식하고 규정하는 것도 같은 맥락일 것이다.

평생교육론으로서의 사조는 지금까지의 지배적인 교육사상적 '흐름'을 넘어서는 새로운 '흐름'이며, 토마스 쿤Thomas Kuhn의 표현대로 일종의 '패러다임 변혁'이다. 합리주의니 경험주의니 하는 것들이 모두 하나의 근대철학이란 사조로 묶이듯이, 탈학교론이나 비판이론, 경험학습, 전환학습, 자기주도학습 등의 이론이 모두 평생교육론이란 사조로 수렴되는 것이다.

하나의 패러다임을 '넘어서기'는 그리 간단한 일이 아니다. 헤겔의 말대로 철학은 시대의 아들이다. 따라서 하나의 사조는 시대의 주축이 되는 여러 변화가 맞물려 만들어 내는 것이며, 철학자나 교육사상가들은 이를 포착해 말하는 것이다. 다양한 변화가 랑그랑이나 포르, 들로 같은 교육사상가에게 문명사적 변화로 지각됨으로써 '평생교육'이란 말로 나타나는 것이다. 이렇게 볼 때 헤겔이 철학에 대해 한 다음의 말은 평생교육의 선각자들에게도 해당된다.

> "미네르바의 부엉이는 황혼이 질 무렵에야 비로소 날개를 편다."[4)]

유네스코의 평생교육론을 제시한 초기 보고서들은 위원회 중심으로 작성되었다.

하지만 각 위원회는 당시의 세계적인 '흐름'을 조망하고 분석하면서 여러 석학과의 논의를 통해 보고서를 완성하였다. 이러한 과정을 통해 보고서의 주축이 된 학자들은 거대한 교육사적 변화를 포착할 수 있었던 것이다.

랑그랑은 문명사적 흐름이 자유와 자율에 기초한 인간이해로 넘어가고 있으며, 교육의 목적은 자유를 부과받은 개개인이 삶의 주인으로 살게 하는 데 있음을 간파하였다. 그의 철학은 "교육은 '소유'가 아닌 '존재'의 영역"[5]이라는 말에 함축되어 있다. 사람마다 서로 다른 발달단계와 환경 속에 살아가기에, 각자는 삶의 자유로운 주체로서 교육을 통해 자신의 삶을 창조해야 하는 실존적 존재임을 강조하는 것이다. 포르는 평생교육은 문명 그 자체의 문제가 되었음을 간파하였다. 그는 교육을 이제 모든 나이, 모든 실존적 상황에서 일어나는 평생의 사태라는 교육의 참된 성격으로 복귀하는 것이라고 단언하였다.[6] 평생의 교육을 통해 개인은 자신의 운명의 잠재적 주인으로서 자신을 실현해 나가야 한다는 것이다.

같은 맥락에서 다브는 평생교육의 이념은 삶의 전체성 속에서 교육을 포괄해야 한다고 보았다. 교육은 반드시 삶$_{life}$과 평생$_{lifelong}$을 통합하는 개념으로 접근해야 한다는 것을 강조한다.[7] 21세기 문턱에서 탄생한 들로 보고서는 세계화의 심화 및 국가 간 갈등이 고조되는 상황에서의 교육의 역할을 모색하였다. 그는 특히 평생교육은 개인만의 영역을 넘어 모든 사람에게 유용해야 하는 공공선$_{a\ public\ good}$을 지향해야 한다는 점을 강조한다.[8]

또한 교육이 평생 동안 지속되어야 하는 상황에서 필요한 최선의 대안은 배우는 법을 배우는 것$_{learn\ how\ to\ learn}$임을 주지시킨다.[9] 학습의 기술, 즉 학습에 필요한 읽기, 쓰기, 말하기, 듣기, 추론하기, 의사소통 등의 학습법의 교육은 평생을 통해 이루어져야 한다는 것이다.

유네스코의 대표적인 이들 보고서에는 시대는 다르지만 각각의 교육사상을 묶어주는 지배적인 '흐름'이 있음을 발견하게 된다. 나는 그 흐름이란 바로 인간과 교육, 삶을 분절이 아닌 통합으로 보는 새로운 인본주의적 개념으로서의 '평생교육'이라 본다. 유네스코의 평생교육론을 하나의 교육사상적 흐름이자 사조로 보는 이유가 여기에 있다. 이 교육사조를 학습으로 구체화 및 구현시킨 것이 들로 보고서가 제시한 평생교육의 네 가지 기둥이라고 본다. 이 네 가지 기둥의 철학적 바탕을 탐색하는 것이

이 책에서 정의한 평생교육철학이다.

3

그렇다면 인간과 삶, 교육의 실존적 통합으로서의 평생교육철학이란 무엇인가에 대한 논의가 필요하다. 철학이란 무엇인가? 메를로퐁티는 의미 있는 답을 제시한다. "철학이란, '말 없는 경험'의 고유한 의미를 표현하는 데 있다."[10] 경험은 왜 말이 없는 것인가? 그는 말한다. "우리의 실존은 세계에 던져지는 그 순간 그대로 인식되기에는 너무나 세계에 밀착되어 있기 때문"[11]이다. 우리는 세상과 자신에 대해 눈을 뜬 순간부터 지각의 연속 속에 살지만 지각은 그 자체로는 지각 자신에 대한 인식을 주지 않는다.

지금 이 순간조차 주위의 사물과 세상을 지각하고 또한 책을 읽고 해석하고 있지만, 내가 지각하고 해석하는 나의 경험은 말없이 침묵하고 있다. 따라서 나의 지각과 경험은 성찰 없는 상태에 머무르며 당연시되고 있다. 그 결과, 나는 나의 주관적 지각과 해석의 진위도 확인하지 못한 채 나만의 동굴 속에서 살고 있는지도 모른다. 교육의 목적이 자기실현, 자기창조라고 하지만, 그것은 우리가 자신만의 지각과 경험의 동굴을 벗어날 때 비로소 가능한 일이다.

'말 없는' 나의 경험에 의존해 형성된 자아라는 확고부동한 실체를 두고 세상을 바라보거나 세상의 변화를 외면할 때 자칫 폭력적인 이분법이 발생할 수 있다. 나의 지각과 경험이 무엇인지를 알기 위해서는 나의 습관적인 지각, 침묵하고 있는 나의 경험으로부터 한발 물러나 '생각해야' 한다. 나의 경험과의 '반성적 거리'를 두고 성찰하는 것이 바로 철학이며 철학이 필요한 이유이다. 지금까지 다양한 평생교육 분야에서 가르치고 배우면서 당연시해 왔던 나의 경험과의 반성적 거리를 두지 않는 한 나를 '넘어서는' 자기실현, 자기창조는 기대하기 어렵다. 이것이 평생교육철학이 필요한 이유이기도 하다.

질문이 이어질 수 있다. '평생교육철학을 통한 자기실현이란 무엇을 의미하는가?' 마르크스의 묘비명이자 그의 유고인 『포이어바흐에 관한 테제들』[12]에는 이 질문에 대한 의미심장한 답이 다음과 같이 제시되어 있다. "이제까지의 철학자들은 단지 세계를 다양하게 해석했을 뿐이다. 그러나 중요한 것은 세계를 변화시키는 것이다." 평생교육이나 평생교육철학은 삶과 교육을 해석할 뿐만 아니라 삶을 변화시키는 실천이며 그 실천방식을 성찰하는 것이다. 이를 위한 전제는 '말 없는 경험'에 의해 자신도 모르게 형성된 통념화된 사유를 깨는 것이다.

삶의 변화는 자신을 넘어 주위로 확장되어야 한다. 들로 보고서가 평생교육은 모든 사람에게 유용해야 하는 공공선公共善이 되어야 한다고 강조하는 이유이다. 평생교육에 관한 개인적 지식과 실천은 굳이 거창한 '세계'는 아니더라도 우리가 속한 사회 전체의 공공선에 이바지할 때 존재 이유가 드러난다. 온전한 인간, 좋은 삶good life 혹은 존재하는 삶well-being으로 표현되는 평생교육의 목적은 개인을 넘어설 때 진정한 의미가 드러나기 때문이다.

4

이 책은 유네스코 들로 보고서가 제시한 평생교육의 네 가지 기둥pillars 혹은 학습원리principles를 평생교육철학의 준거 및 범주로 삼고, 각각의 학습원리에 관련된 철학적 개념과 이론을 탐색하는 데 목적이 있다. 평생교육철학은 네 가지 학습원리의 상호 맞물림을 통한 교차에서 비쳐 드러나는 의미라고 생각한다. 따라서 이 책의 각 장은 서로 자기완결적인 독립성을 갖기보다는 상호 역동적이다. 앎에서 행함의 철학으로, '존재'에서 함께 사는 철학으로 돌아가는 등 상호 연관성을 갖는 서술의 흐름을 택하였다. 내용 중에 지식에 대한 이론, 즉 인식론과 같이 중복되는 부분이 있는 것은 이 때문이다.

제1부에서는 평생교육과 철학과의 관계에 대한 이론적 지평을 담았다. 제1장에서는 몽고메리 장군의 '노새'의 사례를 교육학자 피터스의 교육이론과 연계시켜 철학의 필요성과 특성 및 철학의 목적을 논의하였다. 제2장은 삶과 교육의 목적인 행복의 참된 의미를, 개념 정의의 문제와 아리스토텔레스 및 로버트 노직의 철학적 사유실험을 중심으로 추적하였다. 제3장에서는 평생교육의 학문적 정체성을 새로운 교육사조라는 관점에서 논의하고 '평생'의 교육철학적 의미를 탐색하였다. 마지막 제4장에서는 이 책에서 정의하는 평생교육철학의 정의와 준거 및 범주를 제시하였다.

제2부는 '알기 위한 학습'의 철학적 바탕을 모색하였다. 제5장에서는 먼저 앎에 대한 열망과 실제 학습의 의미와 차이를 짚어 보았다. 특히 항존주의 철학자인 모티머 애들러Mortimer Adler가 제시하는 평생학습의 중요성을 살펴보았다. 이어 인식의 전형적인 두 가지 추론방식인 연역법과 귀납법의 내용과 문제를 칼 포퍼Karl Popperr의 반증이론의 관점에서 논의하였다. 같은 맥락에서 교수-학습의 두 축인 객관주의와 구성주의 인식론을 살펴보았다. 제6장에서는 학습하는 방법에 대한 학습을 소크라테스의 반증학습법과 경영현장에서의 지식 학습법을 중심으로 논의하였다. 이어 제7장에서는 인식론을 기업현장의 구체적 사례에 적용시켜 해석을 시도하였다. 특히 장난감 기업 레고와 삼성TV가 인식론의 전환을 통한 위기를 극복하게 된 배경과 과정을 다루었다. 이를 바탕으로 전통적 인식론과 하이데거 인식론의 차이를 살펴보았다. 제8장에서는 왜 인간은 평생학습을 할 수밖에 없는지에 대해 플라톤과 니체 철학을 중심으로 추적하였다.

제3부는 '행동하기 위한 학습'의 철학적 바탕을 모색하였다. 앎에는 '~을 안다'와 '~을 할 줄 안다'의 두 가지가 있다.' ~을 할 줄 안다'의 주체는 몸이 중심이다. 따라서 제3부는 몸의 철학을 중심으로 고찰하였다. 제9장에서는 앎과 행함은 분리될 수 없음을 아리스토텔레스와 실존주의의 사르트르, 카뮈, 보부아르 등의 철학에서 탐색하였다. 제10장에서는 제2부에서 간략히 살펴본 인식론을 좀 더 자세히 다루었다. 전통적 인식론에서 출발하여 합리주의와 경험주의 및 이를 종합한 칸트의 인식론을 살펴보았다. 제11장에서는 정신 혹은 사유 중심의 데카르트적 인간관에서, 인간을 신체로 해석하는 니체의 철학적 전환을 간략히 논의한 후, 제12장에서는 메를로퐁티의 몸의 철학에 대해 보다 상세히 논의하였다. 이어 제13장에서는 신체화된 인지이론의 내용과 발전과정을 간략히 살펴보았다.

제4부는 '함께 살기 위한 학습'의 철학적 바탕을 모색하였다. 제14장에서는 자아에 대한 본질철학과 실존철학의 관점을 퀸의 〈보헤미안 랩소디〉를 사례로 들어 해석을 시도하였다. 오직 사유하는 '나'만 있었을 뿐 '너'에 대한 관심이 미미했던 전통철학에서 관계성으로서의 나와 너를 인식하는 철학으로의 전환을 김춘수 시의 내용에 적용시켜 해석을 시도하였다. 제15장에서는 헤겔의 주노변증법을 통해 주체철학을 살펴본 후 자아와 주체에 대한 프로이트의 심리학을 논의하였다. 제16장에서는 자아와 실체

에 대한 라캉의 철학을 소쉬르의 언어구조주의 등과 함께 탐색하였다. 마지막 제17장에서는 인간은 본질적으로 타자와 함께 살 수밖에 없다고 주장하는 철학을 니체와 하이데거, 존 듀이, 마틴 부버를 중심으로 살펴보았다.

제5부는 '존재하기 위한 학습'의 철학적 바탕을 모색하였다. 제18장에서는 유네스코 보고서들이 지적하는 비인간화 현상을 존재 아닌 존재자에만 초점을 맞춘 전통철학에서 뿌리를 찾고 하이데거의 존재론을 통해 그 대안을 제시하였다. 제19장에서는 존재하기 위한 학습의 방향으로 에리히 프롬의 소유에서 존재양식으로의 전환에 관한 철학을 제시하고 이를 평생교육의 방향으로 제언하였다. 제20장에서는 존재하기 위한 학습의 필수 조건으로서 자유에 관한 철학을 논의하였다. 이사야 벌린Isaiah Berlin의 자유론과 로버트 허친스Robert Hutchins의 자유의 개념을 살펴본 후 칸트철학에서의 자율의 의미를 비교 논의하였다.

제21장에서는 비인간화의 원인을 비판이론의 관점에서 추적하였다. 특히 호르크하이머와 아도르노의 철학을 중심으로 도구적 이성의 전면화에 따른 계몽의 역설을 살펴보았다. 이를 위해 먼저 이성개념의 출발을 스토아철학에서부터 살펴본 후, 이어 근대철학에서 도구적 이성의 전면화를 심화시킨 오귀스트 콩트Auguste Comte의 실증주의, 윌리엄 제임스William James를 중심으로 한 실용주의와 그 문제점을 고찰하였다. 또한 현대에서의 비인간화 문제를 막스 베버의 합리화의 역설을 중심으로 탐색하였다.

제22장에서는 인간을 과정적 존재로 정의하는 들로 보고서의 교육관을 뒷받침하는 철학을 추적하였다. 철학에서는 '이행으로서의 실존'을 강조하는 실존철학을, 교육학에서는 피터스의 '교육받은 인간' 개념을 비판적으로 수용하면서 논의하였다. 마지막 제23장에서는 존재하기 위한 평생학습이 지향해야 할 목표를 니체의 3단계 정신변화를 중심으로 제시하였다. 특히 평생교육의 목적인 행복 혹은 좋은 삶을 위한 철학적 바탕을 니체의 아모르파티와 영원회귀 사상이라 생각하고 이를 일상에서 실천할 수 있는 철학적 치유의 방법으로 제시하였다.

5

교육이나 교육현상은 항상 해석학적이다.[13] 이 책에서 정의하는 평생교육철학의 개념과 접근방법 및 평생교육의 네 가지 기둥의 철학적 바탕으로 제시하는 철학이론들은 철저히 저자의 해석이다. 평생교육철학이란 개념은 평생교육 개념의 일치된 정의나 학문적 정체성을 전제로 성립될 수 있다. 또한 평생교육과 평생학습의 개념 차이도 고려해야 한다. 저자는 유네스코 보고서가 제시한 평생교육의 네 가지 기둥을 평생교육의 본질로 판단하고, 이 네 가지 기둥에 관련된 철학적 개념 및 이론들을 탐색한 것을 평생교육철학이라 해석하였다.

철학의 개념 및 이론들을 평생교육의 관점에서 해석한 것도 마찬가지이다. 칸트의 교육론은 엄밀히 말하면 칸트의 교육론이 아니라 칸트를 해석하는 자의 교육론이다. 플라톤에서부터 데카르트와 칸트를 거쳐 라캉, 니체, 하이데거, 사르트르 등에 이르기까지의 철학자들을 나의 평생교육의 관점에서 해석한 것이니 이 철학자들의 의도와는 맞지 않을 수도 있다. 또한 이들의 철학사상을 평생교육의 네 가지 학습원리의 텍스트의 의도에 충실하게 포착했는지는 해석의 관점으로 들어오게 된다. 텍스트의 해석이 부분과 전체의 순환적인 이해와 파악에 기초한 '해석학적 순환'이 되었는지는 독자들이 판단할 몫이다.

이 책에서의 철학이론들의 선정과 비중比重은 유네스코 보고서의 철학적 바탕에 대한 저자의 관점에 의존한다. 유네스코 평생교육론의 핵심철학은 인문주의와 진보주의, 실존주의, 인본주의 심리학, 비판이론 등이 중심이라고 파악하였다. 그러나 네 가지 학습이론에 적합한 철학적 바탕을 탐색하는 데는 필연적으로 이론의 우선순위와 비중을 고려하게 된다. 유네스코 평생교육론에서 강조하는 인본주의로서의 실존주의를 전통철학으로서의 인문주의와 비교하는 과정에서 다른 철학이론들을 동등하게 포함시키지 못한 면이 있다. 같은 맥락에서 '행동하기 위한 학습'의 철학적 바탕의 핵심을 '몸의 철학'에서 포착하고 메를로퐁티 철학에 비중을 크게 둔 것도 대표적인 사례이다. 그러나 비중은 다를지라도 전체적으로 전통철학과 현대철학의 시각에서 균형 있는 논의를 하는 데 초점을 두었다.

평생교육에 대한 철학적 접근방식 또한 저자의 관점이다. 일반적으로 교육에 관련된 철학적 바탕은 시대별 지배적인 철학의 분석이나 혹은 주요 철학의 학파를 중심으로 접근하는 방식이다. 교육철학에 관한 많은 서적이 전자라면, 엘리아스와 메리엄의 『성인교육의 철학적 기초』는 후자에 속한다. 엘리아스와 메리엄은 인문주의, 진보주의, 인본주의, 행동주의, 급진주의, 분석철학 등 여섯 가지 철학학파의 관점에서 접근하였다. 오래전 평생교육철학을 쓴 케네스 웨인Kenneth Wain 역시 유사한 접근방식이지만 인본주의, 자유주의 교육철학, 존 듀이의 철학 등에만 제한적으로 초점을 맞추었다.

이 책에서는 철학학파보다는 철학자 중심의 접근방식을 택하였다. 철학자들의 사상을 인위적으로 특정한 철학학파로 묶거나 분류하는 것의 한계가 있다는 생각에서였다. 나아가 한 철학자의 사상은 특정한 철학학파를 넘어 다른 학파와도 관련되기 때문이다. 보다 근본적인 문제는 평생교육의 네 가지 기둥에 관련된 철학은 모든 학파가 아닌 소수의 철학자에게서만 찾을 수 있는 경우가 적지 않다는 점이다. '몸의 철학'이나 '타자에 대한 철학' 등이 한 예이다. 이 책에서 주제theme중심 접근 방식을 택하고 그와 관련된 철학자들의 사상을 탐색하는 이유가 여기에 있다.

6

이 책은 그동안 아주대학교 대학원과 연세대학교 학부대학 및 교육대학원에서 가르치면서 배운 내용을 토대로 구성되어 있다. 특히 오랜 세월 동안 연세대학교 학부 학생들과 함께 읽기 쓰기 토론의 과정을 거치면서 많은 철학자의 속내를 엿볼 수 있었다는 것이 큰 힘이 되었다. 또한 국제학술지 『Educational Psychology』의 편집자문위원으로 논문심사를 맡으면서 축적한 해외의 많은 학자와의 생산적인 학문적 긴장관계 역시 소중한 도움이 되었다. 『평생학습타임즈』와 월간月刊 『주민자치』에 정기적인 철학칼럼을 기고하면서 학문적인 긴장의 끈을 놓을 수 없었던 것도 빼놓을 수 없다. 이 책 내용의 일부는 그 철학칼럼에서 선보였던 글들이다.

평생교육철학이란 제목의 책이 영어권에서 한 권 있었지만 이 책의 성격 및 접근 방식과는 전혀 다르다. 굳이 이 책의 성격을 밝히자면, 이 책은 선행연구나 기존의 학문적 틀이 없는 상태에서 새로운 아이디어나 사실을 발견하기 위한 목적으로 이루어진 일종의 탐색적 연구이다. 따라서 책에 대한 모든 것은 열려 있다.

'강단의 철학은 거울 앞에서 나 홀로 펜싱을 한다.'는 쇼펜하우어의 질책을 생각하며 가급적 쉽게 쓰려 노력했지만, 그렇지 않다면 전적으로 저자의 능력의 한계이다. 굳이 스스로 위로한다면, 글은 자기 사유와 대결시키는 어려움이 없다면 좋은 책이 아니라는 믿음이다. 평생교육철학은 '삶 철학'의 또 다른 이름이다. 이 책을 통해 철학을 배울 수는 없을지 모른다. 그러나 평생의 학습과 삶에 대해 철학적으로 사유하는 것은 배울 수 있으리라 믿는다. 그런데 우리 삶에서 정작 중요한 것은 철학적으로 사유하는 것을 배우는 일이다. 그 '배우는 일'은 살아 있는 동안 끝이 없다는 것이 평생교육론이다. 대표적인 항존주의 교육철학자 애들러는 사람의 한평생이 곧 배움임을 다음과 같이 간명하게 정리한다.

> "학생이 '나는 학교수업을 끝냈어.'라고 말하는 것은 전혀 문제가 없다. 그러나 성인이 '나는 성년기의 학습을 끝냈어.'라고 말하는 것은 온당할까? 만일 그가 '나는 내 인생을 마쳤어.'라고 말하려는 것이 아니라면 말이다."[14]

7

책에서 못내 아쉬운 손을 내려놓고, 잠시 시간의 선로를 따라 걷는다. 책 속에서 새들의 지저귐을 듣는다는 어느 시인의 시구를 떠 올린다. 책의 언어가 '과학적 언어'라면 새들의 소리는 '시적 언어'이다. 언어의 고정된 의미를 자유롭게 해방시키는 것은 시적 언어이다. 그 시적 언어가 바로 하이데거의 '존재의 집'이며 영혼의 고향이다. 집필을 마무리하면서 지나온 시간의 철길을 되돌아보니, 이 책 속 기술적 언어에 가려져 있던 새들의 언어가 그제서야 비로소 '감사의 말'을 걸어오기 시작한다. 연세대학교 한준상 교수님과 장원섭 교수님, 아주대학교 최운실 교수님을 비롯한 많은 동학과의 소중한 인연에 감사한다.

모든 창조는 시공간 속 수많은 타자에게서 물려받은 것이다. 삶과 배움의 철학, 『평생교육철학』을 쓸 수 있었던 것은 시대와 사회를 불문하고 앞서간 '거인들의 어깨'가 있었기 때문이다. 이 책은 그들에게 빚을 지고 있다. 필자는 단지 그 수많은 사상가의 어깨 위에서 삶과 교육, 학습을 접근하고 성찰해 보았을 뿐이다.

이 책이 나오기까지 책의 표지와 내용에 소중한 조언을 아끼지 않은 가족에게 감사한다. 무엇보다 학지사 김진환 사장님의 무언의 권유와 격려에, 그리고 편집의 전문성과 탁월성을 여실히 보여 준 유은정 님의 노고에 감사드린다.

미주

1) Lengrand, P. (1970). *An introduction to lifelong education*. London: Croom Helm. p. 37.
2) 윤여각(2015)은 유네스코의 초기 네 개 보고서를 심도 있게 분석하고 현재 논의되고 있는 평생교육의 거의 모든 쟁점이 이들 보고서에 포함되어 있기에 이에 대한 체계적인 분석의 필요성을 제기한다. 그 역시 유네스코의 평생교육론을 사조로 볼 수 있는 가능성을 제시한다(윤여각(2015). 평생교육 개념의 재검토: 유네스코 랑그랑, 포르, 다베, 들로 보고서를 중심으로. **평생교육학연구**, 21(4), 31-53).
3) Adorno, T. W., & Horkheimer, M. (1947). *Dialektik der Aufklarung: Philosophische Fragmente*. 김유동 역(2001). **계몽의 변증법: 철학적 단상**. 서울: 문학과 지성사. p. 12.
4) Hegel, G. W. F. (1820). *Elements of the philosophy of right*. trans. by T. M. Knox (1952). p. 12. 헤겔의 이 말과 관련된 내용은 이 책의 1장에서 보다 상세하게 다루고 있다.
5) Lengrand, P. (1970). p. 59.
6) Faure, E. et al. (1972). *Learning to Be: The World of Education, Today and Tomorrow*. Paris: UNESCO. p. 143.
7) Dave, R. H. (1973). *Lifelong education and school curriculum*. Interim findings of an exploratory study on school curriculum, structures and teacher education in the perspective of lifelong education. Hamburg: Unesco Institute for Education. p. 25
8) Delors, J. et al. (1996). *Learning: The treasure within*. Report to UNESCO of the International Commission on Education for the Twenty-first Century. Paris: UNESCO. p. 32.
9) 같은 책. p. 22.
10) Merleau-Ponty, M. (1945). *Phénoménologie de la perception*. 류의근 역(2018). **지각의 현상학**. 서울: 문학과 지성사. p. 125.
11) 같은 책. p. 24
12) Marx, K. (2000). **칼 맑스 프리드리히 엥겔스 저작 선집 제1권**. 최인호 역(2016). 경기: 박종철 출판사. 포이어바흐에 관한 테제(Thesen über Feuerbach).
13) Gallagher, S. (1992). Hermeneutics and education. *SUNY series in contemporary continental philosophy*. SUNY press. p. 39.
14) Adler, M. (1969). *How to think about the great ideas*. 최홍주 역(2000). **개념어 해석**. 서울: 모티브 북. p. 97.

차례

제4부 '함께 살기 위한 학습'과 철학

제1부

평생교육의 정체성과 철학

철학은 심리적인 웰빙well-being이다. 2300년 전 에피쿠로스는 '철학은 영혼에 대한 치료'라고 정의하였다. 스토아 사상가들도 철학은 추상적인 이론을 해석하는 것이 아니라, **'철학은 잘 사는 기술'**이라는 점을 강조하였다. 이들은 모두 철학적인 지식과 기술을 이용하여 영혼이나 마음을 치유할 수 있으며, 정신적 고통을 완화하여 스트레스를 덜 받으며 살 수 있고, 나아가 '더 좋은 삶the better life'을 창조할 수 있다고 확신하였다.

고대철학에서부터 인간의 심리적 웰빙은 잔잔한 호수 같은 '마음의 평화'에서 시작된다고 생각했다. 정신적 고통과 스트레스가 없는 삶이다. 그렇다면 복잡다난한 삶에서 어떻게 그런 마음의 평화가 가능한 것인가? 철학은 신념과 욕구로 구성된 우리 내면세계를 변화시킴으로써 가능하다고 말한다. 마음의 평화와 행복은 외적 요인보다는 내적 요인이 더 중요하기 때문이다. 주목할 점은 그 내적 요인은 내가 통제할 수 있는 영역이라는 것이다. 현대 심리학의 인지행동치료는 바로 이런 철학, 특히 소크라테스적 방법론과 이에 영향을 받은 스토아철학을 바탕으로 하고 있다.

평생교육의 궁극적 목적은 '**좋은 삶**'에 있다. 유네스코 평생교육 문헌들이 강조하는 '온전한 인간' '자기실현' 등은 모두 '좋은 삶'의 또 다른 이름들이다. **온전한 인간**, 자기실현 혹은 좋은 삶이 무엇이고 어떻게 성취할 수 있는지를 알려 주는 것이 바로 철학이다. 따라서 교육은 철학과 분리될 수가 없다. 철학은 교육을 통해 영혼이나 마음을 치유하고, 좋은 삶의 본질과 방법, 기술을 학습시키는 것이다. 나아가 전통, 관습, 습관이 형성한 '알려지지 않은' 나의 자아에 끌려다니는 대신, 자각하고 스스로 결정하는 '**삶의 주인**'이 되는 방법을 가르친다.[1] 평생의 교육은 평생의 철학이다.

평생교육은 평생교육철학을 바탕으로 한다. 그러나 교육의 수식어인 '평생'은 '유아'교육이나 '청소년'교육 등과 같이 특정한 발달단계의 인간을 의미하지 않는다는 차이점이 있다. 오히려 평화나 통일, 환경교육 등의 성격과 유사할 수 있다. 그러나 이들의 정의가 다양한 것처럼 평생교육의 성격이나 정체성 및 그에 따른 정의는 다양할 수 있다. 제1부에서는 철학과 평생교육의 본질이 인간의 행복 추구에 있다는 전제하에 철학과 평생교육의 정의와 목적 및 그 관계를 논의한다. 이를 바탕으로 평생교육의 학적 정체성 및 평생교육철학의 가능성을 탐색해 보기로 한다.

01

철학의 목적과 실천

교육은 철학의 목적이며 소이연所以然이다. 교육은 철학을 바탕으로 하며 철학 없는 교육은 존재하지 않는다. 평생교육은 필연적으로 철학적 바탕 위에 서 있다. 평생교육을 말하는 순간 이미 나름대로의 철학을 전제로 하는 것이다. 물론 그 철학의 진위眞僞, 타당성 여부는 별개의 문제이다. 철학의 목적은 교육이며, 교육을 통해 인간다운 삶, 좋은 삶을 살게 하는 데 있다.

1. 철학의 필요성과 철학실천

현재 나의 존재는 '과거의 존재하였음' '미래의 존재할 것임'과 분리될 수 없는 필연적 연속성 안에서 이해될 수 있다. 나의 삶은 '시간의 선로' 위에 있는 것이다. 물리적 개념으로서의 시간 개념으로 볼 때 과거와 현재, 미래는 분리될 수 있다. 과거는 지나갔기에 현재의 삶으로 되돌릴 수 없고 미래는 아직 오지 않았기 때문이다.

그러나 나의 '존재'의 관점에서 보면, 현재-과거-미래는 연속선상에서 이해될 수 있다. '나는 누구이며 무엇을 하는가?'의 물음은 '나는 누구였으며, 무엇을 했는가?'의 물음과 그리고 그 물음은 다시 '나는 누구여야 하며, 무엇을 하여야 하는가?'의 물음으

로 이어질 수밖에 없다.[2]

나의 과거를 재구성하여, 현재와 미래의 나의 존재를 기획하며, 그 기획된 미래의 삶의 의미는 거꾸로 현재와 과거 삶의 의미를 형성 또는 재형성하는 것으로 이어지는 것이다. 이러한 시간의 선로 위에 있는 나의 삶을 재구성하고 기획하여 현재와 미래의 나의 존재를 창조하는 역할이 바로 교육과 철학이다.

1) 몽고메리의 '노새'

영국의 육군 원수이자 제2차 세계대전의 영웅 버나드 몽고메리Bernard Montgomery, 1887~1976 연합군 사령관은 20세기 전쟁사의 산증인이었다. 2차 대전 중 북아프리카에서 독일의 명장 로멜을 꺾어 연합군 승리에 결정적 계기를 마련했으며, 노르망디 상륙 후에는 베를린까지 진격하였다. 전쟁이 끝난 뒤 독일 내 영국 점령지 사령관을 거쳐 영국군 참모총장, 북대서양조약기구NATO 부사령관을 지내면서 냉전과 핵무장의 시대를 지켜보았다. 항상 신중하고 완벽한 전략가였던 그는 만년에 『전쟁의 역사』를 집필하였다. 그 책의 서문에 다음 이야기가 나온다.[3]

노새는 여전히 노새다

어느 날 젊은 장교 한 사람이 몽고메리에게 질문을 했다. "장군님처럼 훌륭한 지휘관이 되려면 어떻게 해야 합니까?" 몽고메리는 전쟁사를 열심히 공부하라고 말했다. 장교는 시큰둥한 표정을 짓더니 이렇게 대꾸했다. "장군님, 저는 탁상에서의 이론보다는 전장의 실전경험이 더 중요하다고 생각합니다." 그러자 몽고메리는 독일의 프리드리히 대제, 프랑스의 나폴레옹이 즐겨 쓰던 답변을 똑같이 되풀이했다. 그의 대답은 이러했다.

"우리 부대에, 전투에 60번을 참가하고도 살아남은 노새가 2마리 있다.
그 노새는 지금도 **여전히 노새**다They ar still mules."

그 노새는 전쟁이란 전쟁에는 빠짐없이 참전했으며 거뜬히 살아남았다. 전투 병사들 못지않게 혁혁한 공을 세우기도 했다. 그렇다면 '지금도 여전히 노새'라는 말은 무엇을 의미하는가? 몽고메리는 노새는 경험은 많지만 교육과 철학이 배제된 경험만으로는 노새의 신세를 벗어날 수 없음을 강조하는 것이다.

노새의 상황은, 20세기 후반 교육철학의 혁명을 이끌었던 영국의 리처드 피터스 Richard Peters, 1919~2011가 예를 든 스파르타 군인들에 비추어 볼 수 있다.[4] 스파르타인들은 군사 작전을 펼치기 위해 고도의 훈련을 받거나 도덕적 행동의 규칙을 지키도록 훈련을 받았다. 허나 피터스는 그들이 군사 교육 혹은 도덕 교육을 받았다고 말할 수 없다고 말한다. 왜냐하면 그들은 군사행동이나 도덕적 행위 이면에 깔린 타당한 원리 및 이유들을 이해하지 못했기 때문이다. 스파르타인이 질문을 받는다면, 그는 왜 그렇게 행동해야 하며 왜 싸워야 하는지에 대한 이유를 정당화할 수 없을 것이다. 그는 다만 자신이 훈련받은 것만을 행했던 것이다.

2) 피터스의 '방법'의 철학

영국 교육철학의 아버지라 불리는 피터스[5]는 **'교육받은 사람'**이란 자신이 배운 지식과 가치를 내면화함으로써 자신의 안목을 변화시킬 수 있을 정도가 된 사람이라고 말한다. 훈련받은 음악가는 완벽에 가까운 기교로 노래를 연주할 수 있겠지만, 교육받은 음악가는 그러한 연주의 역사적 혹은 심미적인 중요성을 제대로 이해한다. 훈련받은 병사는 총을 쏘는 '방법에 관한 앎knowing how'을 가지고 있지만, 교육받은 지휘관은 전쟁에 대한 '사실에 관한 앎knowing that'을 가지고 있다.[6]

총 쏘는 방법의 앎

피터스에 따르면 방법에 관한 앎은 '총 쏘는 것'에만 빛을 던져 주지만, '사실에 관한 앎'은 전장戰場의 모든 것에 대한 빛을 던져 주고 견해를 넓혀 주며 깊게 해 준다.[7]

'사실에 관한 앎'을 통해 안목을 변화시키기 위해서는 '광범위하게 걸쳐 있는' 철학과 역사, 과학, 문학과 같은 지적 전통에 대한 이해가 반드시 선행되어야 한다. 몽고메리가 젊은 장교에게 전쟁사를 열심히 공부하라고 말한 이유도 여기에 있는 것이다.

같은 맥락에서 『르네상스 전쟁회고록』[8]의 저자 유발 하라리Harari는 이렇게 말한다. "전쟁의 역사는 개인사의 연장선상에 있는 것"이다. 따라서 '나의 의미'를 찾고자 한다면 전쟁사를 공부해야 한다고 강조한다. 르네상스 전쟁사뿐만이 아니다. 기원전 5세기 그리스의 주도권을 놓고 27년 동안 치열한 싸움을 벌인 전쟁사를 기록한 『펠로폰네소스 전쟁사』에서 투퀴디데스Thoukydides, BC 460~400는 전쟁사는 결국 인간관계의 상호작용에서 기인하는 것임을 강조한다. 물론 전쟁을 패권에 기반한 국가관의 관계로 보는 정치적 현실주의 관점이 존재한다. 그러나 그 패권의 동인은 당시의 페리클레스와 같은 정치가를 포함한 지도층의 자아인식을 바탕으로 한 인간관계의 상호작용에 있었음을 강조하는 것이다.

몽고메리의 『전쟁의 역사』가 궁극적으로 밝히려고 했던 것도 이와 다를 바 없을 것이다. 전쟁사를 공부한다는 것은 자신의 존재의미를 찾는 것이다. 시대와 상황은 다르더라도 인류의 전쟁사는 인간이 어떠한 존재인지, 인간관계의 상호작용의 본질이 무엇인지를 성찰하게 해 주는 보석 같은 고전이다. 몽고메리는 지휘관이 되려면 전쟁에서 승리하는 스킬을 배우기에 앞서, 전쟁의 주체이자 대상인 인간이 무엇인지를 생생하게 알기 위해 전쟁의 역사를 배우라고 말하는 것이다.

인간의 삶을 전장戰場에 비유한다면, 몽고메리의 '군 지휘관'과 '전쟁사'는 평생교육자 혹은 인적자원개발HRD 전문가와 철학에 대한 메타포metaphor이다. 몽고메리의 노새가 전투에 참가한 것은 심리학적 행동주의에서 말하는 '조건화'에 의한 것이며, 반복적 훈련에 의해 체득한 것은 '방법에 관한 앎'이었다. 교육이 없었으니 왜 그러한 행동을 하도록 훈련해야 하는지를 알지 못했다. 따라서 노새는 자신의 참전參戰의 목적과 의미를 알지 못했고 알려고도 하지 않았다. 전투에 대한 열정도, 전투에 이기는 전략이나 전술에 대한 성찰도 없었다. 그저 전투를 위해 병사들이 시키는 대로 따라 하는 '노예로서의 노새'일 뿐이었다. 전쟁 후에도 별일 없이 살고 있지만, 여전히 노새인 것이다.

소크라테스의 성찰하는 삶

평생교육 혹은 기업교육 분야에 몸담은 기간만큼 관련된 '방법에 관한 앎'은 축적될 수도 있다. 몽고메리의 젊은 장교처럼, 교육현장에서 필요한 지식과 기술을 배우는 것이 더 현실적이 아니냐는 의문을 제기할 수도 있다. 철학과 역사, 과학, 문학과 같은 지적 전통은 평생교육, 기업교육과 관련이 없는 것으로 생각할지도 모른다. 그러나 철학을 바탕으로 한 '사실에 관한 앎knowing that'이 없다면 교육과 인적자원개발이란 사태가 "왜 그러한가에 대한 이유"[9]를 알지 못하는 몽고메리의 노새로 전락할 위험에 놓이게 된다. 평생교육이, 기업교육이 무엇이며, 왜 중요한지에 대한 내적 확신과 충만감을 느끼지 못하게 된다. '직업으로서의 교육자'로서 머무는 것이다.

인간의 삶도 마찬가지이다. 2500년 전 그리스 아테네에서 철학이 동틀 무렵, 소크라테스Socrates, BC 469~399는 이 점을 예리하게 지적했다.

> "세상에서 살 가치가 없는 유일한 삶이 있다. 성찰하지 않는 삶이다."[10]

소크라테스는 좋은 삶good life을 살기 위해서는 보편적인 선을 알아야 한다고 생각하였다. 선을 아는 자가 선하게 행동한다고 확신하였기 때문이다. 사람들이 자신 안에 있는 보편적인 선을 인식해 행동의 원칙으로 삼도록, 소크라테스는 집요하게 질문공세를 펼치며 성찰하도록 자극하였다. 결국은 그 질문 때문에 죽음을 맞이하였다.

소크라테스처럼, 성찰하지 않는 삶이 살 가치가 없다고 단정하기는 어렵다. 인간 실존을 고려해 볼 때 그것은 너무 가혹하다. 그러나 깊이 있는 생각이나 성찰이 남의 삶이 아니라 나의 삶을 살게 하는 필수조건인 것은 명확하다. 소크라테스가 말한 의도도 여기에 있을 것이다. 하버드대학교 철학과 로버트 노직Robert Nozick 교수의 말대로 많은 사람은 자신도 의식하지 못한 채 남이 만들어 놓은 자동조종장치에 몸을 맡긴 채 살아간다.[11]

살아가면서 내가 이해한 것 혹은 남이 이해한 것, 남이 삶에 대해 내린 결론을 내 것으로 만들면서 자아상이 형성된다. 그러나 남이 아닌 나의 삶을 살기 위해서는 이러한 나의 자아상을 성찰해야 한다.

성찰은 청소년기에 끝난 완료형이 아니라 평생 지속되는 진행형이다. 어제 그린 나의 초상화와 오늘 그린 초상화가 다르듯 우리는 끊임없는 성찰을 통해 새로운 나를 창조하는 것이다. 평생교육이란 곧 평생의 성찰이다. 평생 동안 다양한 교육이나 인적자원개발 전문가로서 정책을 계획하고 입안하는 사람들에게, 평생교육 현장에서 교육을 담당하는 사람들에게, 혹은 평생학습 자체의 즐거움과 의미를 갖고 사는 사람들에게, '여전히 노새'일 수밖에 없는 몽고메리의 노새 두 마리는 진정한 나의 삶을 살기 위해 철학이 필요한 이유를 성찰하게 해 준다.

2. 철학의 특성과 시간성

몽고메리는 젊은 장교에게 "훌륭한 지휘관이 되려면…"이란 단서를 붙였다. 노새 두 마리처럼 전투battle만을 위해서라면 굳이 전쟁을 공부할 필요가 없다. 인간도 생존만을 위해서라면 굳이 철학 없이도 살아갈 수 있다. 하지만 전쟁war의 리더가 되려면 반드시 전쟁사를 공부하라는 것이다. 유발 하라리의 말대로 모든 전쟁은 결국 역사와 개인사가 일치하는 '나'의 역사이기 때문이다. 평화가 아닌 전쟁터戰場에서 인간은 더욱 뼈저리게 '나'의 의미와 정체성을, 그리고 전쟁이란 실존적 삶을 성찰하게 된다. 전쟁사를 모르는 노새는 성실할지언정 지휘관이 되지 못하는 이유이다.

1) 철학은 전체로서의 삶

몽고메리의 '노새'는 평생교육자는 물론이고 정치인, 기업경영자, 기업교육자 등 인간 이해와 직결되는 일을 하는 전문가들에게 왜 철학이 필요한지를 말해 준다. 자신의 인생에 주인[리더]이 되려면 철학이 요구된다. 그날그날의 삶을 견디어 내는 일에만 몰입하게 되면 '나'와 삶의 본질을 찾기 어렵다. 평생교육의 본질에 대한 성찰 없이 다양한 평생교육 관련 프로그램, 이벤트에만 신경 쓰게 되면 평생교육의 '리더'가 되기 어렵다. 글만 배우면 문해 학습자지만 문해文解의 교육철학을 공부하면 문해 교육자[지휘관]가 되는 것이다.

역사를 돌이켜 보면 전쟁이든 삶과 교육이든, 훌륭한 리더의 시선은 항상 목전의 사태에만 머무르지 않았다. 그들은 언제나 높게, 그리고 멀리 보며 사태의 본질을 파악하려 노력하였다. 19세기 독일 철학자 프리드리히 니체Friedrich Nietzsche, 1844~1900는 인간의 삶과 교육이 바로 그러해야 한다고 질타하였다. 그는 당시 독일의 교육이 온전한 '인간'이 아닌 '노새'를 양산하고 있음을 특유의 어법으로 비판한다.

"하나의 전체로서의 삶의 그림과 마주쳐야 한다. 그렇지만 학계는 그림을 이해하려는 것이 아니라, 저 캔버스와 물감만을 알려고 혈안이 돼 있다."[12]

전쟁을 알려면 전쟁의 역사를 공부해야 하듯, 평생교육을 알려면 철학의 역사를 공부해야 한다. 철학은 삶의 역사, 교육의 역사이기 때문이다.

2) 철학은 시간성

철학은 삶의 역사라는 말은 철학의 특성이 '시간성'에 있음을 말해 준다. 철학과 역사歷史란 곧 '시간'이기 때문이다. 전쟁사든 철학사든 모두 인간 존재의 근거인 시간성에 묶여 있는 것이다. 인간은 '시간의 선로' 위에 놓여 있기에 시간을 벗어날 수 없는 존재이다. 마르틴 하이데거Martin Heidegger 1889~1976는 인간(현존재) 삶의 근거가 시간에 있음을 다음과 같이 간명하게 정의한다.

"현존재의 실존성의 근원적인 존재론적 근거는 시간성이다."[13]

인간의 삶이 근본적으로 시간 안에서 생성 및 소멸을 통해 변화 · 전개된다는 것은 평범한 진리이다. 하이데거의 표현으로 "일상성은 시간성의 양태"이다. 현재의 내가 존재한다는 말은 과거의 존재했음, 미래의 존재할 것임과 떼려야 뗄 수 없는 필연적 관계성 속에서 이해될 수 있다. 즉, 현재의 나의 존재 물음에 대한 탐구나 재구성은 과거와 미래의 그것들과 맞닿아 있는 것이다.[14]

그렇지만 시간 안에서 살아가는 현대인들은 누구나 알아챌 만한 이 사실을 좀처럼 의식하지 않고 있다. 분명한 것은 인간의 존재근거는 역사적이란 사실이다. 따라서 철학사를 공부한다는 건 인간의 존재근거, 즉 인간이 무엇이고 어떻게 살 것인지를 공부하는 것이다. 인간 실존의 근원적인 존재론적 근거가 시간성이기에 "철학의 본질적인 과제는 이 불가사의한 시간이다".[15]

따라서 호르헤 루이스 보르헤스Jorge Luis Borges, 1899~1986는 시간이 단 하나의 본질적인 수수께끼라고 말한다.[16] 공간은 소리로 만들어진 세상, 말로 만들어진 세상 등으로 상상할 수 있어서 그다지 중요하지 않다. 그러나 시간은 자아의 문제, 자아란 무엇인가란 문제를 갖고 있다. 그 자아는 과거, 현재, 여기에 다가올 미래에 대한 예측을 포함한다. 그래서 이 불가사의한 시간이 철학의 본질적인 과제인데, 다행스러운 것은 인간은 그 수수께끼를 풀지 못할 것이고, 그러므로 인간은 영원히 추측할 뿐인데, 이 추측이 바로 철학이라고 말한다. 그래서 인간은 계속해서 이론을 만들고, 그런 다음에는 그 이론을 풀고 다시 새 이론을 만들어 간다.

3) 철학은 시대의 아들

보르헤스가 말한 '추측으로서의 철학'이나 '이론'은 시간성의 산물이다. '철학의 과제가 시간'이라는 보르헤스의 통찰은, 잠시 고개를 돌려 보면 19세기 헤겔의 철학과 맞닿아 있음을 알게 된다. 독일의 고전적 관념론을 대표하는 철학자인 게오르그 빌헬름 프리드리히 헤겔Georg Wihelm Friedrich Hegel 1770~1831은 저서 『법철학의 원리Grundlinien der Philosophie des Rechts(1820)』 서문preface에서 철학의 속성 혹은 과제를 다음과 같이 은유적으로 표현한다.

> "미네르바의 부엉이는 황혼녘에야 비로소 날개를 편다
> The owl of Minerva, takes its flight only when the shades of night are gathering."[17]

헤겔의 미네르바 부엉이

헤겔이 '서문'의 마지막 문단 전에 결론조로 제시한 '미네르바의 부엉이'의 은유를 통해 말하고자 하는 것은 무엇이었을까? '미네르바'는 고대 그리스의 지혜와 철학의 여신인 아테나Athena의 로마식 표기이다. 부엉이는 미네르바 여신과 함께 다니는 지혜를 상징하는 신조神鳥이다.[18] 부엉이는 하루의 일과가 모두 끝나고 어둑어둑해질 무렵이 되면 그때서야 날개를 편다. 헤겔은 마찬가지로 철학도 항상 너무 늦게 온다comes too late고 말한다.

다시 말해, 철학이란 앞날을 예측하는 역할을 하는 것이 아니라 그 시대의 역사가 발생한 다음에야 철학적인 의미가 분명해진다는 것이다. 헤겔은 앞선 문장에서 이를

명확히 하고 있다. "세계를 사고하는 철학은 현실이 자신의 형성과정formative process을 완료하고 준비가 되었을 때 비로소 모습을 드러낸다."[19] 인간이 (어느 한 시대의) 역사의 발전논리를 이해할 수 있으려면 인류역사가[그 시대가] 끝나 갈 무렵에야 가능하다. 즉, 헤겔이 말하는 철학의 본질은 시대가 끝나고 뒤를 돌아보게 될 때 비로소 드러나는 회고적retrospective인 성격을 지닌다.

그렇다면 헤겔의 금언은 현실의 변화가 철학적 사유의 변화보다 앞선다는 표현이다. 혹시 '미네르바의 부엉이'의 의미가 아직도 명확하지 않다면 한 페이지 앞을 들척여 보면 된다. 헤겔은 친절하게 사람이나 철학이나 시대를 벗어날 수 없다고 설명한다. 다시 말해 '철학은 시대의 아들son of his time'이라는 것이다. 헤겔에 따르면 모든 인간 개개인은 자신이 살고 있는 시대의 아들이다. 마찬가지로 철학도 사상 속에서 이해되는 자신의 시대its time apprehended in thoughts,[20] 즉 '시대의 아들'이다. 따라서 개인이 자신의 시대를 뛰어넘을 수 없는 것처럼 어떤 철학이나 사상이 그 시대의 세계를 초월할 수 있다는 생각은 어리석은 일이다.

철학, 삶의 통찰과 직관

그럼에도 불구하고 어떤 철학이 그 시대를 초월해서 자신이 옳다고 생각하는 세계를 구축할 수 있다고 생각한다면 그것은 단지 (사상적으로) 불안정한 자신의 생각일 뿐[21]이라고 말한다. 얼핏 보면 헤겔의 말은 철학적 사유가 현실의 변화에 뒤쳐진다는 표현같이 느껴질 수 있다. 하지만 다음 세대의 관점에서 보면 철학은 시대를 앞선 것이 아닌가. 헤겔의 말은 가장 늦게 날아오르는 미네르바의 부엉이, 즉 철학이야말로 세상을 비판적으로 통찰하고 삶의 의미를 직관하는 힘을 가지고 있다는, 지적 사유에 대한 예찬을 담고 있다. 우주의 변화무쌍한 현상들을 통찰하고 있는 사람만이 우주를 말할 수 있기 때문이다. 결국 교육이 무엇이고 삶이 무엇인지는 '시대의 아들'인 철학만이 말할 수 있다는 것이다.

세상사나 우주의 현상이나 본질적으로 '시간성'에 속한다. 그렇다면 헤겔이 말하는 시간 혹은 시대time란 무엇인가? 우리가 흔히 생각하는 시간은 마치 모래시계가 연상시키듯 직선적 기계적 시간으로서의 크로노스의 시간이다. 우리는 사람들이 "지금이라는 시점들이 연속되는 시간에서 출현하고 사라진다."[22]고 생각한다. 인간을 포함한 모든 존재는 그 시간의 선로 위에서 생과 사를 거듭한다. 헤겔은 이렇게 생성과 소멸을 거듭하는 시간을 "자연시간"으로 규정한다.[23] 유한한 자연시간 속에서는 정신마저 시간의 변화에 따라 변화할 것이기 때문에 인간은 자기동일성을 유지하지 못하게 된다. 사춘기 때와 성인이 되어 읽었던 헤세의 『데미안』이 서로 다르듯이 초중등학교 때의 나와 성인으로서의 나와는 다른 것이다.

그러나 헤겔에 따르면 현재는 단순히 과거의 축적에 불과한 시간이 아니다. 헤겔은 자연시간에서의 현재는 거대한 힘을 가지고 있다고 말한다. 거기에는 과거도 미래도 없고 오직 완전한 현재만 있기 때문이다. 현재는 과거(무)가 아니라는 의미에서 존재이고, 미래(무)가 아니라는 의미에서 또한 존재이다. 그 현재는 무에 의해 침범되지도 않고 무로 이행하지도 않으므로 가장 완전한 존재요, 이런 의미에서 현재는 영원이다. 일체의 만유를 한꺼번에 존재하게 하는 현재는 거대한 힘을 가진 것이다.[24] 그렇다면 헤겔의 '시대의 아들'인 철학은 결국 특정한 한 시대만으로 제한될 수가 없게 된다. 자연시간으로서는 특정한 시대의 '현재'를 의미하지만 그 '현재'는 특정한 시기를 초월하는 '영원'이기 때문이다. 우리가 21세기의 평생교육의 철학을 논하면서도 19세기 헤겔 철학을 말하고 또 말할 수밖에 없는 이유가 여기에 있다.

3. 철학, 삶을 변화시키는 기술

"철학은 자신에게 행하는 의술이다." 고대 로마의 정치가이자 철학자 키케로Cicero, BC 106~43가 『투스쿨룸에서의 논쟁Tusculan Disputations』에서 한 말이다.[25] 그러나 몸에 병이 났을 때와는 달리 철학에서는 외부의 도움을 구할 필요가 없다. 철학은 철학적 지식과 지혜를 바탕으로 스스로를 치료하는 것이다. 교육철학자인 존 듀이John Dewey, 1859~1952는 이 점을 다음과 같이 말한다.

> "철학의 가치는 해결책을 제시하는 데 있는 것이 아니라 어려운 문제들을 정의하고 그 문제들을 다루는 방법을 제안하는 데 있다."[26]

1) 철학의 평생교육적 정의

"철학을 배우지 말고, 철학함을 배우라."[27]

계몽된 인간, 계몽된 사회를 주창했던 독일의 임마누엘 칸트Immanuel Kant, 1724~1804가 한 말이다. 칸트는 "철학함을 배운다는 것은 자기 이성을 스스로 사용함을 배운다는 뜻"이라고 설명한다. 이성을 사용한다는 것은 자신의 이성을 포함한 모든 것에 대한 비판을 포함한다. 따라서 칸트는 철학의 이론을 단순히 '흉내내서 이야기'하는 것을 경계해야 하며 '스스로 생각'하고 '제 발로 설 것'을 강조하였다. 이것이 바로 철학함이자 철학하는 자세라는 것이다.

철학 없는 삶은 없다

물론 우리는 앞서간 철학자들의 탁월한 이론들을 배우는 것이 중요하다. 철학자들의 서로 다른 이론을 배우고 비교하고 그 다른 점들을 조정하는 방식으로 우리 자신의 생각을 정립하고 전개시켜 나가는 '변증법적'[28] 철학학습이 중요한 것은 사실이다. 그러나 칸트는 그것이 철학의 목적은 아니라고 말하는 것이다. 철학이 무엇인가? 물음에 먼저 생각해 봐야 할 것은, 바로 철학함을 배우는 것이 철학의 목적이라는 칸트의 말이다.

철학이 뭔지 모를 수는 있다. 그러나 철학 없이 사는 사람은 없다. 모든 사람은 항상 자신이 지니고 있는 믿음, 가정, 사회적 조건, 배경지식에 바탕을 둔 채 살아갈 수밖에 없기 때문이다. 기업의 인적자원개발 담당자나 다양한 분야의 평생교육 담당자도 마찬가지이다. 평생교육자로서 나름대로의 믿음, 가정, 가치와 신념을 가지고 있을 것이다. 만일 자신만의 철학이 없다면 문제이다. 반대로 교육에 대한 자기만의 철학이 있다면 교육전문가로 평가받을 수도 있을 것이다. 그렇다고 단순히 경험에 기초한 자신만의 정서적 혹은 인지적 코드, 즉 개인의 주관적인 가치와 믿음이나 행동기준을 철학으로 착각한다면 이 또한 문제가 될 수 있다.

예를 들어, '나는 HRDer로서 혹은 평생교육사로서 학습자의 자아실현을 돕는다.'는 철학을 견지한다고 하자. 이 경우 '자아실현'이 무엇이고, '자아실현을 돕는다.'는 것이 무엇인지에 대한 사상사적 이해가 없이 자신만의 근거 약한 확신과 감感, 몇 조각의 지식과 경험만이 결합된 코드에 의존하게 된다면 어떻게 될 것인가? 헤겔의 은유적 표현을 빌리면 이런 사람들의 교육적 행위는 날이 저물기 전, 아무 때나 날개를 펴는 보통의 '부엉이'와도 같은 것이다. '미네르바의 부엉이'는 하루가 어떻게 시작되고 어떤 일이 벌어졌으며 어떻게 끝나가는지를 치밀하게 관찰한 후에야 날개를 편다.

교육의 역사와 철학에 대한 검토와 성찰이 없이 형성된 자의적인 개인의 철학은 공허할 수밖에 없다. 내적인 모순과 잠재적 문제를 갖고 자신은 물론 타인에게 해를 끼치기 십상이다. 이러한 사람일수록 철학에 대한 필요성을 느끼지도 못한다. 철학 상담학자인 피터 라베Raabe는 "그러한 개인적인 철학은 호의적이지도, 정합적이거나 합리적이지도 않다."[29]고 단언한다. 그렇다면 철학이란 무엇인가?

철학의 일반적 정의

철학에 대한 정의는 다양하다. 마치 선물 받은 케이크를 자르는 방법이 다양하고 케이크 조각을 나누는 방법 또한 다양한 것과 같다. 철학에 대한 교과서적인 정의는 철학philosophy을 의미하는 그리스어 'philosophia'의 어원적 고찰에서 비롯된다. philo(love) + sophia(wisdom)란 어원이 말해 주듯 철학은 '지혜를 사랑하는 것love of wisdom'이다. 고대 전통에 따르면 피타고라스Pythagoras of Croton는 '지혜를 사랑하는 사람'인 철학자philosopher와 단순히 많은 지식을 가지고 있는 '영리한wise 사람'인 소피스트sophist를 구분하였다. 소크라테스 역시 sophist(wise man)[30]와 philosopher(lover of wisdom)를 구별하였다.

소피스트는 다른 사람에게 보수를 받고 지식을 전수하거나, 특히 사회적 출세를 위해 수사학을 젊은이들에게 가르치는 단순한 지자知者를 뜻한다. 반면에 철학자는 세계 및 인간의 삶에 관한 지혜를 추구하는 사람인 현자賢者를 의미한다. 이렇게 보면 철학이란 지혜를 사랑하거나 지혜를 추구하는 것을 의미한다. 소크라테스에 따르면 지혜의 추구의 전제는 자신의 무지를 깨닫는 것이다. 자신의 무지를 인식하고 보다 나은 지혜 혹은 진리를 추구하며 끊임없이 나아가는 것이 철학이다.

하지만 철학에 대한 이런 고전적인 정의는 평생교육철학에 대한 이해에 별 도움이 되지 않는다는 반론이 제기될 수 있다. 다음과 같은 물음은 애써 외면하기 때문이다.

'도대체 무엇에 관한 진리란 말인가?' '진리란 무엇이고, 또 지혜란 무엇인가?' 게다가 논리적으로 본다면, 진리를 추구하려면 진리를 추구하는 사람이 진리가 무엇인지를 미리 알고 있어야만 한다. '보물찾기' 하는 어린이는 보물이 무엇인지를 알고 있어야 보물을 봤을 때 찾을 수 있다. 진리를 추구하는 것 역시 진리를 먼저 알고 있어야 진리를 마주하게 되었을 때 진리를 마주하고 있다는 사실을 알 수가 있다. 이런 식의 정의는 진리를 추구하는 사람이 자신이 찾고자 하는 것을 이미 알고 있어야 한다는 역설을 만들어 낸다.[31]

철학의 평생교육학적 정의

철학에 대한 교과서적인 정의에서 눈을 돌려 볼 필요가 있다. 철학이란 케이크를 평생학습의 관점에서 나누어 보는 것이다. 감추어져 있던 철학과 평생학습의 관계가 선명하게 드러난다. 평생교육의 관점에서 주목해야 할 철학의 정의가 있다. 플라톤Platon, BC 427~347에 의하면 철학哲學은 곧 평생의 학습學習이다. 전술한 바대로 철학자는 지혜를 사랑하는 사람이며, 따라서 지혜를 추구하는 사람이다. 플라톤은 『파이돈Phaedo』에서 소크라테스Socrates, BC 469~399의 말을 통해 이를 전한다.

> "파이드로스여, 누군가를 지혜 있다고 일컫는 것은 내가 보기엔 너무 높이 올라간 것 같고 그런 말은 신에게나 적용하면 적절한 것 같네. 그러나 지혜를 사랑하는 자[philosophos] 혹은 그 비슷한 말로 일컫는다면, 그 자신도 동의할 것이고, 보다 더 합당할 것 같네."[32]

철학자는 지혜가 있는 사람이 아니라 지혜를 사랑하고 추구하는 자라는 말이다. 따라서 지혜를 사랑하고 지혜를 얻으려고 노력하며 그것에 즐거움을 얻는 것이 철학이며 또 철학자라는 것이다. 아리스토텔레스Aristoteles, BC 384~322는 『니코마코스 윤리학Ethica Nicomachea』에서 스승과 마찬가지로 지혜를 사랑하는 사람을 철학자로 이해한다.

> "지혜에 대한 사랑, 즉 철학은 그 순수성이나 견실성에서 놀랄만한 즐거움을 가지고 있는 것 같다. 물론 앎을 가지고 있는 사람이 앎을 추구하는 사람보다 더 즐겁게 삶을 영위할 것이라는 점은 당연하다."(1177a25)

소크라테스부터 아리스토텔레스에 이르기까지 철학이 무엇이냐에 대한 답은 명확하다. 철학 그 자체가 지혜가 아니라 지혜를 추구하고 열망하는 것이 철학이라는 것이다. 지혜를 추구하는 행위는 다름 아닌 학습이다.

플라톤은 『국가$_{Politeia}$』(5권 475c)에서 '학습을 좋아하는 사람'과 '지혜를 사랑하는 사람'을 동격으로 표현한다. 또한 학습으로 이끄는 교육이 철학자의 역할이기 때문에 플라톤은 『프로타고라스』(335d-e)에서 '철학은 교육을 향한 갈망'이라고 정의하기도 하였다. 이를 근거로 철학자 에두아르드 젤러$_{Zeller}$는 철학을 '학습에 대한 갈망$_{thirst\ for\ learning}$'으로 정의한다. 교육이나 학습을 향한 갈망은 삶의 특정한 시기에만 한정되는 것이 아닌 평생에 걸쳐 지속된다는 점에서 볼 때 철학은 곧 평생학습 혹은 평생교육인 것이다.

철학이 지혜를 추구하는 것이라면 그 지혜란 무엇인가? 철학자$_{philosopher}$나 소피스트$_{sophist}$나 모두 지혜$_{sophia}$를 어원적 바탕에 둔다. 그러나 스토아철학에서는 철학자가 추구하는 지혜를 소피스트와 차별화시킨다. 철학자가 추구하는 지혜란 논리학$_{logic}$과 윤리학$_{ethics}$ 및 형이상학$_{metaphysics}$에 대한 이성적인 추구를 의미한다.

다시 말해, 인간 이성의 빛을 사용하여 우리의 삶(life 윤리학), 사고(thought 논리학) 및 모든 실재하는 것(reality 형이상학)[33]에 대한 이해를 최대한도로 추구하는 것이다. 좋은 삶이란 무엇이며, 참된 지식과 존재는 무엇인가에 대한 이성적인 탐구를 의미하는 것이다.

이렇게 볼 때, 2500년 전 고대 그리스 철학은 이미 평생학습의 본질과 방향을 제시했다고 볼 수 있다. 차이가 있다면 지혜 혹은 학습의 정의와 범주일 뿐이다. AI를 기반으로 하는 제4차 산업혁명시대에 지혜의 정의 및 학습의 목적은 다를 수 있기 때문이다. 그러나 예나 지금이나 좋은 삶, 참 지식, 참 존재를 추구하는 것은 철학의 길이자 평생교육의 본질이다. 21세기 평생교육자의 삶에서 '철학을 나의 애인'이라고 끌어안고 살았던 소크라테스의 모습을 보게 된다. 그렇다면 21세기 평생교육시대에 철학은 어떤 역할을 해야 하는가?

2) 삶을 변화시키는 철학

우리에게 널리 알려진 20세기 소설가를 꼽으라면 『변신』의 작가 프란츠 카프카$_{Franz}$

Kafka, 1883~1924를 빼놓을 수 없다. 1883년 오스트리아-헝가리 제국 프라하의 유태인 가정에서 태어난 카프카는 그 천재적인 능력을 채 꽂 피우기도 전에 결핵으로 사망하였다. 그가 남긴 유언은 자신의 모든 작품을 불살라 버리라는 것이었다. 그러나 평생지기 막스 브로트Brod가 유언을 따르지 않은 덕에 주옥같은 그의 작품들이 현대 문학사에 살아 숨 쉬게 된다. 카프카는 작품『변신』에서 오래도록 기억될 평생학습의 죽비를 든다. 그의 나이 불과 스물한 살 때이다.

> "우리가 읽는 책이 우리 머리를 주먹으로 한 대 쳐서 우리를 잠에서 깨우지 않는다면, 도대체 왜 우리가 그 책을 읽는 거지? 책이란 무릇, 우리 안에 있는 꽁꽁 얼어버린 바다를 깨뜨려 버리는 도끼가 아니면 안 되는 거야."34)

다른 어느 학문보다 특히 철학을 생각할 때면 카프카의 '죽비'가 떠오르게 된다. 철학이 바로 그러해야 한다는 생각 때문이다. 철학이야말로 우리 스스로 합리적, 이성적이라고 치부하고 있는 개개인의 오도된 상식, 속견俗見, doxa을 "주먹으로 한 대 쳐서", 우리의 일상성을 전환하는 "도끼가 아니면 안 되는 것"이다.

'나 홀로 펜싱'의 철학

독일 철학자 아르투어 쇼펜하우어Arthur Schopenhauer, 1790~1860는 카프카와 마찬가지로 당시의 "꽁꽁 얼어 버린" 철학의 바다를 깨뜨렸다. 그는 저서『의지와 표상으로서의 세계Die Welt als Wille und Vorstellung』에서 인간의 실생활과 괴리된 철학의 실상을 냉소적으로 비판하였다. 삶의 방식과는 더 이상 관련 없이 학술적인 담론으로만 그치는 철학에 대한 냉소적인 비판이다.

> "지금의 강단의 철학은 거울 앞에서 나 홀로 펜싱을 하고 있다.
> Generally speaking, university philosophy is mere fencing in front of a mirror."35)

쇼펜하우어 철학을 이어받은 프랑스 철학자 피에르 아도Pierre Hadot는 마찬가지로 강의실에 안주하고 있는 철학에 비판의 화살을 겨눈다. "현재의 대학 강의실 철학에서,

철학이 철학교수의 삶에 머무르는 한 철학은 더 이상 삶의 방법이나 삶의 형식이 아니다." 철학이 철학교수의 삶이 아니라 모든 사람의 삶으로 돌아와야 한다는 것이다.

쇼펜하우어의 19세기를 지나 21세기에 들어선 지금 우리가 느끼는 철학은 어떤가? 철학은 모든 사람의 일상으로 돌아와 있는가, 아니면 철학은 여전히 본래 우리의 삶의 현실과 거리가 있는 것인가? 철학이 상아탑을 벗어나 대중의 삶과 호흡을 같이 하려는 움직임이 일고는 있지만 철학과 삶과의 간극은 여전해 보인다. 우리가 학문적으로 인식하는 철학은 여전히 개념 분석이나 재해석에 치중하는 것만큼 인간 개개인의 실존에 파고들지 못하고 있다. 철학은 강단academic philosophy에서 이론에 대한 탐구나 가설적인 논박, 지식 재생산에 초점을 맞추느라 실생활과 동떨어진 추상적 이론에 머물고 있다는 비판이 지속적으로 제기되고 있다. 루 마리노프Lou Marinoff는 현재의 "이런 유형의 철학은 아주 추상적이고 자기 지시적이어서 실생활에 대해서는 거의 할 말이 없다. 이런 철학은 실제 생활에는 거의 적용되지 않는다."[36]고 비판한다. 쇼펜하우어의 비판은 여전히 진행형이다.

게다가 '철학 따로, 삶 따로' 같이 보이는 철학자들의 삶은 철학과 삶의 괴리에 대한 대중의 인식을 부채질한다. 한 예로, 철학의 역사에는『존재와 시간』으로 대표되는 마르틴 하이데거의 심오한 철학과 인간적인 비루함이 착잡하게 새겨져 있다. 하이데거의 철학은 복잡한 독일식 신조어들로 심오한 존재이론을 파헤쳐 난해함의 극치를 보이고 있지만 20세기 사상사에 프로이트나 아인슈타인을 포함한 그 어떤 사상가들보다 큰 영향력을 지닌 철학자이다.[37] 그러나 히틀러의 나치즘에 대한 그의 열광적인 지지 표명과 전후에 그 사실을 은폐하려던 시도는 삶의 근원적 특성에 대한 그의 깊은 통찰만큼이나 깊은 학문적 상흔傷痕으로 남아 전해져 오고 있다.

고대철학은 삶의 기술

철학의 본래 모습은 삶의 실천이었다. 기원전 6세기에서 5세기에 걸쳐 탈레스와 아낙시만드로스, 헤라클레이토스 같은 초기 고대 그리스 철학자들[38]은 요즘의 터키 서해안에 해당하는 당시 이오니아 사람들의 삶 전반에 대한 탐구에 몰두하였다. 철학은 곧 삶이자 실천이었다. 그들은 한 가지 이론을 제시한 것이 아니라 삶을 어떻게 살 것인지에 대한 윤리학에서부터 인간의 터전인 자연 및 우주의 본질에 이르기까지 묻고 탐구하였다. 고대 철학의 다양한 실천은 '테라페이아 테스 프시케therapeia tes psuches', 즉 '영혼에 대한 치유'로 불렸다.[39]

소크라테스 시대로 이어지면서 '삶으로서의 철학'은 더욱 구체화되었다. 소크라테스에게 철학은 곧 삶이었다. 그는 자신의 철학대로 살았다. 철학의 목적은 교육이었고 삶의 변화를 통한 실천이었다. 소크라테스는 당시 사람들의 노예적인 삶의 방식을 반성할 것을 촉구하며 사람들이 자의식적인 자기성찰을 수행하도록 도와주었다. 그는 사람들에게 기억하는 과거를 가늠해 보고, 살아가는 현재를 평가해 보며, 또 상상하는 미래를 비판해 볼 것을 주문하였다.[40] 사람들에게 전통, 관습, 습관 등에 의해 무의식적으로 형성된 자아에 끌려다니는 대신, 비판적인 성찰을 통해 자기 삶의 주인이 될 것을 조언하였다.

제자인 플라톤, 아리스토텔레스를 거치면서도 철학이란 삶으로 입증되는 것이었기에 그들은 삶의 모든 것을 탐구하였다. 생물학, 천문학, 기하학, 의학, 법률, 심리학, 사회, 가족, 정치학, 심지어 종교까지 철학의 탐구 대상에 속했다. 그들은 예술에 관심이 있는 만큼 과학에도 흥미를 느끼고 있었고, 사랑의 본성에 관한 토론만큼이나 수학에도 흥미가 있었다.[41] 철학은 우주에 대한 연구에 그치지 않고, '우주에서 내려다보는 모습View from Above'[42]으로의 삶의 자세를 통한 삶의 치유법을 제시하였다. 철학자들의 궁극적인 목표는 오로지 보통 인간의 삶의 조건을 향상시키거나 더 나은 삶을 촉진하는 데 있었다.

로마제국시대에 들어서도 철학은 '인생을 살아가는 기술the art of living'이었다. 앎의 대상에 그치지 않고 행함으로 드러나는 지혜였다. 소크라테스의 모범을 따라 에피쿠로스 학파 및 에픽테토스Epictetus를 비롯한 스토아학파의 철학 역시 대중의 삶을 치유하고 행복으로 이끄는 데 중점을 두었다. 그들은 자신의 철학대로 살았고 자신의 삶으로 철학을 입증하였다. 에피쿠로스 철학자들은 삶의 고통을 극복하기 위한 방법으로 마치 유체 이탈하듯 '저 높은 곳에서 내려다보는' 철학치료를 처방하였다.

스토아 철학자들은 인간의 불행을 치유하는 방법으로 '감정이 나를 통제하기 전에 내가 먼저 감정을 통제할 것'을 강조하였다. 인간의 이성을 이용해 외적인 조건에 대한 집착을 통제하면 어떤 상황에서도 동요하지 않고 마음의 평정, 즉 아파테이아apatheia를 유지할 수 있다는 것이다. 에픽테토스 철학의 영향을 크게 받은 로마황제 마르쿠스 아우렐리우스Marcus Aurelius, 121~180는 시시콜콜한 고민과 걱정거리를 우주적 관점에서 보는 방식으로 털어버리라고 조언한다. 그는『명상록』에서 지금 들어도 가슴에 와 닿는 삶의 철학을 제시한다.

> "밤하늘에서 회전하는 별들을 바라보라. 너 자신이 그 가운데 속한 것처럼, 원소들이 바뀌고, 또다시 바뀌는 모습을 머릿속에 자주 그려 보라. 그런 모습이 지상에 묶인 우리 삶의 찌꺼기를 없애 줄 것이다."

근대철학은 실천철학

중세를 지나 근대에 들어서도 직간접적으로 인간의 실생활과 관련이 되지 않은 철학은 없었다. 다만 실생활의 사유 속에서 개념적으로 파악되었기 때문에 추상화되고 이론화되었을 뿐이다. 철학은 엄밀한 경험지식, 사상사에 대한 지식, 비판적이고 창의적인 사고 기법, 판단력, 도덕적 결단력, 지속적인 자기반성 등을 포함한다.[43] 임마누엘 칸트는 이런 철학을 실천철학이라 불렀다. 실제로 칸트의 '정언명법'은 인간의 일상에서 어떻게 살아야 할 것인가에 대한 실천 규범이다. 헤겔의 '국가'는 우리가 한시도 떠나서 살 수 없는 현실적 삶의 기반이며 키에르케고르와 니체, 하이데거와 사르트르의 철학은 세상에 내던져진 인간 실존의 불안과 고통을 치유하는 철학치료였다.

철학이 일상적인 삶과 교육에서 살아 움직이기 위해서는 실천철학으로의 패러다임 전환이 요구된다. 단순한 철학적 지식의 학습이나 지식의 재생산에 그치는 것이 아니라 지식을 바탕으로 성찰하는 법, 좋은 삶을 살아가는 법을 학습하는 방향으로 전환이 필요하다. 우리의 일상을 벗어나 홀로 앉아 생각에 몰두하는 철학이 아니라 '지금 여기now and here'의 삶 속의 실천으로 연계되는 철학으로의 패러다임 전환이다. 철학의 출발점과 귀착점은 바로 '지금 여기'의 현실이다. 철학이 실천이란 점에서 철학은 평생교육이며, 평생교육은 철학에 의존한다.

20세기의 철학실천운동

1980년대 이후 유럽과 미국을 중심으로 철학의 본 모습을 회복하려는 움직임이 활발히 일어나고 있다. 이른바 철학실천운동이다. 철학을 삶과 교육 현장에서 실천함으로써 철학의 본령本領을 되찾자는 것이다. 라베Raabe, 아도Hadot, 마리노프Marinoff, 누스바움Nussbaum 같은 학자들은 철학실천, 철학상담, 철학치료, 철학교육, 소크라테스카페 등의 다양한 이름으로 철학을 개인의 삶과 연계시킨다. 알랭 드 보통Alain de Botton의 '인생학교'나 줄스 에반스Jules Evans의 '철학클럽' 등은 모두 삶의 고통을 치료하고 희망을 제시하는 철학의 실천이다. 이러한 철학의 실천 혹은 생활화의 목적을 마리노프는 다음과 같이 말한다.

> "이제, 철학을 도서관 서가에서 끌어내려 먼지를 턴 다음 당신 손에 놓아 주는 일이다."[44]

철학실천운동이 자칫 철학의 도구화를 초래한다는 비판도 제기될 수 있다. 철학실천과 철학상담, 철학치료의 개념 정의 및 범주, 나아가 철학상담이 과연 심리상담에 속할 수 있는가에 대한 논쟁도 있다. 보다 본질적인 문제로 철학의 본령이 인간의 실존적 고민이나 애정문제, 인간관계, 가족 간 갈등, 직장 문제, 노화, 정서불안 등에 대한 고민을 상담하는 것이냐는 반론도 제기된다. 나아가 철학상담이 불가피하게 철학의 상업화를 초래하게 되고, 결국 철학이 시장경제의 소비자주의에 종속될 수밖에 없다는 비판도 나온다.

이 경우 철학 혹은 철학자는 소크라테스나 니체 같은 '미네르바의 부엉이'가 아닌, 단지 생존을 위해 먹이를 찾아 나서는 '소피스트 부엉이'로 전락할 수밖에 없다. 이런 우려와 비판에 대한 논의는 앞으로도 지속되어야 할 것이다. 그럼에도 불구하고 철학이 교육 및 삶의 실천과 연계되어야 한다는 성찰은 당위적인 철학의 본질이자 시대적인 요청이다. 철학은 실천을 포함한다는 점에서 철학은 곧 교육이다. 평생교육에 대한 철학적 관점 역시 다를 바 없다. 평생교육철학 역시 '삶을 변화시키지 못하는 철학'은 의미가 없기 때문이다. 철학이 평생학습자의 삶과 교육에 어떤 목적과 방법을 제시하지 못한다면 과연 무슨 의미가 있을 것인가.

02

평생교육의 목적, '행복'

철학의 목적은 교육이며 학습이다. 교육과 학습의 궁극적 목적은 행복한 삶으로의 전환에 있다. 평생교육의 목적이 사람들을 변화시켜 행복한 삶을 살도록 도와주는 데 있다면, 평생교육철학은 평생교육의 목적인 행복에 대한 철학적 물음이자 지혜이며 해답을 구하는 일이다. 그렇다고 철학의 본령이 행복에 대한 어떤 최종적인 해답을 제시하는 것은 아니다. 철학은 우리 스스로 행복에 대한 답을 찾도록 이끌 뿐이다.

1. 삶과 교육의 목적

1) 유네스코의 '좋은 삶'

평생교육을 하는 목적은 무엇일까. 평생교육의 이유와 양태가 다양한 만큼 그 목적도 다양할 것이다. 평생교육의 선구자인 에두아르드 린드만Eduard Lindeman, 1885~1953은 성인 평생교육의 목적에 대한 일반화의 위험성을 지적한다. 삶의 의미는 학습자 스스로가 세운 목적이나 요구wants와 필요, 욕망과 바람 속에 내포되어 있기 때문에 일반화시킬 수 없다는 것이다.[45] 그러나 이런 목적의 다양성을 수렴하는 궁극적인 목적이 있다는 데 동의할 것이다. 그것은 곧 행복이다. 린드만은 평생교육의 보편적인 목적을 그리스인들이 추구했던 이상, 즉 '좋은 삶good life'[46]으로 제시한다. 좋은 삶이 곧 행복이라는 것이다. 우리가 평생교육과 학습을 해야 하는 이유는 좋은 삶을 살기 위해서이다.

유네스코의 평생교육 문헌들은 린드만의 '좋은 삶' 혹은 행복을 성취하기 학습으로 "온전한 인간a complete man"[47]을 위한 학습 그리고 "존재하기 위한 학습learning to be"[48]을 제시한다. 포르Faure 보고서가 말하는 온전한 인간이란 육체적, 지적, 정서적 및 윤리적 특성이 통합적으로 성숙된 사람이며 온전한 인간이 바로 궁극적인 교육의 목표이다.[49]

포르 보고서가 출간된 지 24년 후인 1996년 유네스코 들로Delors 보고서는 평생교육이 추구해야 할 학습원리pillars를 네 가지로 제시하였다. 즉, 알기 위한 학습, 행동하기 위한 학습, 함께 살기 위한 학습, 그리고 존재하기 위한 학습이다. 들로 보고서는 이 네 가지 학습은 결국 "자신을 온전한 사람으로 개발하는 과정, 즉 존재하기 위한 학습으로 간주되어야 한다."[50]는 점을 강조한다. 유네스코가 평생교육의 목적으로 강조하는 온전한 사람, 존재하기 위한 학습은 '좋은 삶', 행복한 삶의 다른 표현이자 방법이라 할 수 있다.

2) 철학에서의 행복

동서양을 막론하고 철학이 동틀 무렵부터 행복은 삶과 교육의 목표였다. 고대 그리스의 아리스토텔레스Aristoteles, BC 384~322는 사람이 목표로 하고 있는 단 하나의 목적이 있는데, 그것은 바로 행복이라고 단언하였다. 그는 '인간은 어떻게 살아야 할 것인가'를 다룬 저서 『니코마코스 윤리학』(제1권 4장)에서 인간이 욕구하고 있는 모든 좋음 중 최상의 것은 행복, 즉 에우다이모니아eudaimonia라고 말한다. 그리고 '행복하다는 것'은 '잘 사는 것eu zen'과 '잘 행동하는 것eu prattein'이라고 정의한다. 그러나 아리스토텔레스도 행복이 무엇인지에 대해서는 논란이 많으며 일반 대중이나 철학자들이 똑같은 대답을 내놓는 것은 아니라는 점을 분명히 한다(1095a20).

에피쿠로스Epicurus, BC 341~271는 아리스토텔레스와는 다른 관점에서 행복을 삶의 으뜸 목표로 제시한다. 그에게 행복은 즐거움이자 쾌락이다. 따라서 즐거움은 "존재의 알파이자 오메가"라고 단언한다.[51] 고대에서나 지금이나 '에피쿠로스'하면 관능적 쾌락과 향락만을 추구하는 사람으로 연상하게 되는 이유가 여기에 있다. 그러나 그의 논리학과 자연학 및 윤리학을 알고 나면 이런 생각이 편견이었음을 깨닫게 된다. 에피쿠로스는 "인간의 유일한 목표는 행복"이며 행복이란 단순하게 "쾌락의 획득과 불쾌의 회피"[52]라고 정의한다. 주목할 점은 쾌락의 지나침은 고통으로 연결되기 때문에 인간 이성으로 적절히 통제되어야 한다는 점을 강조한다는 점이다. 절제 및 정신과 육체의 균형이 쾌락의 전제조건이 되는 것이다.

에피쿠로스철학을 정치철학으로 바꾸려고 애썼던 학자가 공리주의 창시자인 제레미 벤담Jeremy Bentham, 1748~1832이었다. 주지하다시피 공리주의는 사회가 행복해지기 위해서는 '최대 다수의 최대 행복'이란 원칙에 충실해야 한다고 주장한다. 벤담은 에피쿠로스와 마찬가지로 물질주의자였고 삶의 목표는 그저 행복하게 사는 것이라고 생각하였다. 그 행복happiness이란 간단히 말해 나에게 주는 쾌락pleasure과 나에게 좋은 것good, 그뿐이다. 내가 '기분 좋게 사는 것' '쾌락을 느끼며 사는 것'이 곧 행복이라는 것이다. 쾌락, 특히 성적 쾌락을 추구하는 인간심리를 파헤친 정신분석학자가 지그문트 프로이트Sigmund Freud, 1856~1939이다. 프로이트는 쾌락을 추구하고 고통이나 불쾌함을 회피하는 것을 인간행동의 기본 원리로 보면서 이를 쾌락원칙pleasure principle이라고 명명하였다. 그러나 현실에서는 무조건적으로 쾌락만을 추구할 수 없기에, 때로는 쾌락이나 즉각적인 만족을 직접적으로 추구하는 것을 은근히 연기한다. 심지어 외부세계의 성격에 따라 쾌락의 특별한 원천들을 비난하기도 한다. 프로이트는 이 행동을 현실원칙reality principle이라 명명하였다. 프로이트의 현실원칙은 쾌락을 포기하는 것이 아니라 잠시 유보하거나 보호하는 것이기 때문에 실제로는 쾌락원칙에 종속되는 것이다.

2. 행복에 대한 논의

행복이 삶의 유일한 목표라는 데는 모두가 동의한다. 그러나 행복이 무엇인지에 대한 개념 정의는 다양하다. 평생교육의 목표로서의 행복에 대한 일치된 견해가 없는 이유 중 하나는 개념의 언어 구조적 측면에서도 찾아볼 수 있다.

우리는 행복이란 말을 통해 자신이 생각하는 행복을 상상한다. 마치 행복이란 말이 행복이란 실체를 표현해 주는 듯이 생각한다. 그러면서도 정작 행복이 무엇인지 생각해 보면 막연하고 혼란스럽다. 행복이란 말 자체도 번역어이다. 서양에서 행복이란 단어 'happiness'는 18세기 영국의 공리주의 철학자인 제러미 벤담이 최초로 사용하였다. 이 단어를 일본학자들이 행복$_{幸福}$이라 번역한 것이다.

벤담은 1780년 출간된『도덕과 입법의 원리서설$_{\text{An Introduction to the principles of morals and legislation}}$』의 1장 2절 '공리$_{\text{utility}}$의 원리'에서 happiness란 단어를 제시한다.[53] 이 책은 다음과 같은 유명한 말로 시작된다.

> "자연은 인간을 고통$_{\text{pain}}$과 쾌락$_{\text{pleasure}}$이란 두 주권자$_{\text{sovereign master}}$의 지배하에 두었다. 오직 고통(불행, 괴로움, 고생)과 쾌락(행복, 즐거움, 만족)만이 우리가 무엇을 할 것인가 뿐만 아니라 무엇을 해야 할 것인가를 지적해 준다."

여기서 벤담은 쾌락$_{\text{pleasure}}$, 좋은 것$_{\text{good}}$을 행복$_{\text{happiness}}$과 같은 의미로 사용한다. 행복은 즐거운 기분, 쾌락이라는 것이다.[54]

19세기 들어 우리보다 앞서 서양 학문을 받아들인 일본에 의해 happiness가 '행복'으로 번역되었다. 일본 역시 서양의 happiness란 사고가 없었기에, 일본 학자들은 고심 끝에 물질적 풍요에 초점을 맞춘 두 글자, 행(幸)과 복(福)을 붙여서 개념을 만든 것이다. 다른 말로 번역할 수도 있었다는 점을 생각하면 행복이란 말과 행복의 실체가 동일한 것이 아님을 알게 된다. 다시 말해, 행복이란 언어는 행복이란 실체의 이름이 아니라는 것이다.

1) 행복의 기표와 기의

사물의 본질과 표현이 자의적으로 형성된 것임을 예리하게 지적한 학자가 언어구조주의자인 페르디낭 드 소쉬르$_{\text{Ferdinand de Saussure, 1857~1913}}$이다. 소쉬르는 1916년 그의 사후에 제자들이 펴낸『일반언어학강의$_{\text{Course in General Linguistics}}$』에서 어떤 개념과 개념의 실체는 어떤 필연적인 연관성도 없다는 점을 지적한다. 그의 명제는 단순하다. 즉, "언어는 '사물의 이름'이 아니다." 행복이란 말은 행복이란 실체의 이름이 아니란 의미이다. 플라톤 이후의 전통적인 언어관, 그리고 그리스도교적 전통에 따르면 언어는 '사물의 이름'이었다. 플라톤과 마찬가지로 비트겐슈타인도 언어란 실재(세계)에 대한 그림 혹은 모형이라고 주장한다. 그의 대표적인 저서 『논리철학논고』를 관통하는 기본 구상이 바로 이 점이다.

그러나 소쉬르의 사상은 사물의 이름은 인간이 제멋대로 붙인 것이란 평범한 사실에 눈을 뜨게 한다. 소쉬르에 의하면 언어는 "기호들의 체계"이다. 행복이란 언어로서의 기호는 기표記標, 즉 '시니피앙signifiant'과 기의記意, 즉 '시니피에signifie'로 구성되는 것이다. 그런데 행복이란 기호는 자의성arbitrary을 본질로 한다. 다시 말해, 행복이란 언어는 자의적으로 형성된 개념이라는 것이다. 예를 들어, 어느 꽃을 보고 '장미'라고 할 때, 장미의 실재인 기의記意를 지금 우리가 말하는 기표記標인 장미라고 표현해야 할 어떠한 선험적 필연성도 존재하지 않는다. 장미를 백합이나 다른 어떤 말로 표현해도 장미를 나타내는 데 아무런 문제가 발생하지 않는 것이다.

행복이란 기호 역시 마찬가지이다. 행복의 실재 혹은 실체인 '기의'는 우리가 사용하는 '기표' 혹은 표현인 '행복'이란 말과는 어떠한 필연적인 연관성도 없다. 행복이란 말 대신에 다른 어떤 말을 써도 행복을 나타내는 데 문제가 발생하지 않게 된다. 따라서 행복이란 '시니피앙'을 듣거나 보았을 때 개개인마다 떠올리는 행복에 대한 '시니피에'는 전혀 다를 것이다. 마치 사랑이란 말을 들었을 때 그려지는 사랑의 이미지가 개인마다 다른 것과 같다. 행복에 대한 생각이 개인마다 다르며 공통된 정의를 도출하기 어려운 이유가 여기에 있다. 삶과 교육의 목표가 행복에 있다고 하지만 행복이란 쉽게 정의될 수 없는 개념이다. 그래서 비트겐슈타인은 『논리철학논고』를 다음과 같은 의미심장한 말로 끝을 맺는다.

"말할 수 없는 것에 대해서는 침묵해야 한다What we cannot speak about we must pass over in silence."[55]

2) 행복 개념의 논의

비트겐슈타인의 살아생전 유일한 책인 『논리철학논고』를 마무리 짓는 제7항의 명제이다. 모든 철학적 오류가 언어의 오류에서 비롯하는 것이란 그의 주장과 연계시켜 볼 때 이해가 되는 명제이다. 비트겐슈타인에 따르면 "세계는 사물들의 총체가 아니라 사실들의 총체"이다. 우리가 머릿속에서 행복이란 그림을 그릴 때 고려의 대상이 되는 것은 행복의 실체가 아니라 행복에 관련된 언어, 문장이라는 것이다. 행복이란 하나의 단어가 하나 이상의 다양한 의미를 함축하기에 행복에 대한 충실한 그림을 그릴 수 없다는 것이다. 행복과 같은 추상적 진리처럼 "말할 수 없는 것에는 침묵"을 지켜야 한다면, 행복이라 정의하는 것들이 과연 행복인지를 고찰해 보는 것이 오히려 교육적인 의미가 있을 것으로 보인다.

에피쿠로스나 벤담의 주장처럼 많은 사람은 행복은 고통이 없으며 쾌락과 기분 좋은 상태로 사는 것이라고 생각한다. 이들은 개인에게 유일하게 중요한 건 행복이고, 인생을 잘 살았는지 여부를 평가하는 유일한 기준은 행복의 총량이라고 주장한다. 이 경우 행복을 은행의 잔고처럼 생각하게 되고 매일 매일의 행복이 쌓여 행복의 양이 증가하는 것에만 신경을 쓰게 될 것이다. 이와 같은 선상에서 소확행小確幸[56]이란 신조어까지 등장하였다. '소소하지만 확실한 행복'에 삶의 가치를 부여하고 삶의 목표로 삼는다는 생각이다.

그러나 쾌락이나 소확행이 행복의 실체인지에 대한 논의는 필요할 것이다. 쾌락이나 행복은 있지만 그 외에는 아무것도 없는 삶, 소처럼 둔감한 만족이나 경솔한 재미로만 채워진 삶, 넘쳐나는 SNS 팔로워들로 행복하지만 왠지 허전한 삶 등을 생각해 볼 수 있기 때문이다. 쾌락이나 행복보다 더 큰 무엇인가를 생각하게 된다. 질적 공리주의자인 존 스튜어트 밀John Stuart Mill, 1806~1873이 "만족한 돼지보다 불만족한 인간이, 만족한 바보보다 불만족스러운 소크라테스가 되는 게 낫다."고 말한 건 이 때문이다. 실제로 소크라테스적 행복과 깊이를 갖추기 위해 '만족한' 직장을 포기하는 사람들을 주위에서 어렵지 않게 볼 수 있다. 나아가 우리는 자신의 삶의 내면의 즐거움, 쾌락 외에 다른 것에도 관심을 쏟고 있다. 다시 말해, 삶에는 만족과 쾌락 이상의 것이 있지 않을까 하는 의문이다.

3. 행복에 대한 사고실험

삶과 교육의 지향점이 행복이라면, 행복이 무엇인가에 대한 논의는 그 자체로 너무도 중요한 평생교육의 철학이다. 삶의 목적을 자신만의 깊이 있는 사고 없이 남들을 따라 할 수는 없기 때문이다. 고대와 현대의 두 철학자가 바로 이 문제의 중요성을 제시하였다. 행복에 대한 성찰을 가장 먼저 '체계적'으로 제시한 고대 철학자는 아리스토텔레스이다. 그는 행복이 단순한 쾌감이나 만족을 넘어서는 것이라고 말한다.

아리스토텔레스와 같은 맥락에서, '소크라테스적 논변'으로 학문적 화두를 이끌었던 하버드대학교 로버트 노직Robert Nozick 교수는 행복에 대한 생각을 마치 "자동 조정 장치에 몸을 맡긴 채 살아가듯" 남에게 맡기지 말 것을 제안한다. 그는 독창적이면서 날카로운 사고思考실험인 '행복기계' 사례를 통해 에피쿠로스나 벤담의 행복 공식이 내포한 문제를 제기한다.

1) 아리스토텔레스의 사고실험

아리스토텔레스는 『니코마코스 윤리학』에서 '좋은 삶', 행복에 대한 논의를 집중적으로 펼친다. 그는 '에우다이모니아Eudaimonia(선한 삶, 지복 등)', 즉 행복은 삶의 목적이라고 말한다. 사람들은 '행복을 그 자체로 선택하지, 결코 다른 것 때문에 선택하지는 않기 때문'이라는 것이다.[57] 이는 마치 명예나 즐거움, 지성, 유능함 등을 그 자체로 선택하고 가치를 부여하는 것과 같은 이유이다. 아리스토텔레스에 의하면 행복에는 세 가지 유형이 있다. 향락적인 삶, 사회적 명예를 중시하는 삶, 그리고 관조적 삶이다.

향락적 삶은 일시적인 행복의 느낌은 주지만 그 자체에만 몰입할 경우 동물이나 노예와 다를 바 없는 것이라고 말한다. 명예는 교양 있는 사람들이 대부분 정치적 목적으로 선택을 하지만, 명예는 받는 사람보다 수여하는 사람에게 더 의존하는 것임을 지적한다. 관조적 삶은 이성을 바탕으로 개인의 탁월성을 실현시킬 때 얻는 자족성의 행복이다. 각자의 고유한 탁월성에 따라 일상에서 습관이 되도록 활동energeia하는 삶이다. 아리스토텔레스는 "제비 한 마리가 날아들었다고 봄이 온 것은 아니듯이"[58] 탁월성을 성취하기 위해서는 습관적인 노력이 중요함을 강조한다.

아리스토텔레스는 행복이 단지 지금 이 순간의 쾌락이나 즐거운 느낌이라는 사람들의 생각에 반론을 제시한다. 돈이나 권력, 부를 얻거나 건강이나 미모, 체력 등이 그 자체로 행복일 수는 없다는 것이다. 우리는 행복한 삶을 생각할 때 살아서의 행복한 삶 그 이상의 것을 떠 올린다고 말한다. 진정으로 행복한 삶은 죽음을 뛰어 넘는다는 것이다. 이를 위해 아리스토텔레스는 행복에 관한 구체적인 사고실험을 제시한다.

> "당신이 행복하게 살다가 나이가 들어 평화로이 죽는 장면을 상상해 보자. 당신은 침대에 누워 죽음을 기다리면서 과거를 회상하고 지난 삶을 떠올려 본다. 그리고 안도의 한숨을 쉬며 '내 인생은 소망했던 대로 흘러 왔어. 성공한 삶이었어!'라고 말하고 숨을 거둔다. 그러나 당신이 죽은 뒤 모든 게 달라진다. 이웃이 당신과 가족에 대해 악담을 퍼뜨린 것이다. 이에 당신의 자식들이 분노하여 그를 죽이겠다고 결심하고 그 결심을 실행하고 만다. 그래서 당신의 자식들은 도망자 신세가 되어 버린다. 자식들은 궁지에 몰려 은행도 털고 무고한 사람들에게 돈도 빼앗는다. 그러면서 당신과 당신 가족에 대해 사람들이 가졌던 인상이 나빠진다. 그들은 당신이 자식교육을 망쳤다고 욕한다. 또 당신의 무덤에 침을 뱉는다. 상황이 이래도 당신은 여전히 '성공한 삶이었어!'라고 말할 수 있을까?"[59]

2) 행복의 실체에 대한 논의

현대 철학에서의 사고실험도 같은 맥락이다. 로버트 노직 교수는 삶에는 행복하다는 느낌 이상의 것이 있지 않을까 반문한다. 그는 쾌락에 기초한 행복이 유일한 삶의 목표라는 데 이의를 제기한다. 그는 '행복이 우리의 유일한 삶의 관심이라 해도 우리는 과연 행복의 총량에만 신경 쓰는 것일까?'를 묻는다. 만일 행복의 총량만이 중요하다면, "우리는 행복이 지속적으로 증가하는 삶과 끊임없이 감소하는 삶, 즉 완만한 상승 곡선과 완만한 하강 곡선의 삶을 구분하지 못하고, 행복의 총량, 즉 곡선 아래쪽의 총면적이 서로 똑같으면 된다고 생각할 것"[60]이 아니냐고 반문한다.

노직은 보다 근본적인 질문을 한다.[61] 도대체 무엇 때문에 쾌락이나 행복 같은 내면의 경험이 우리 자신이 어떤 존재인가보다 더 중요해야 하느냐? 시시콜콜한 재미로만 채워진 삶, 행복하지만 뭔가 허전함을 느끼는 피상적인 삶 같은 걸 생각해 보면 쾌락이나 행복보다 더 중요한 무엇인가가 있는 게 아닐까 하는 의문이다. 노직은 우리는 다양한 쾌락이나 재산, 기분 좋은 감정 등으로 채워야 할 빈 용기나 양동이가 아니라고 주장한다. 그런 양동이 안에는 경험들이 서로 들어맞거나 경험에 의미를 부여하는 적절한 구조가 없다. 행복만이 중요하다는 견해는 행복해야 할 존재인 우리가 어떤 존재인가를 외면하고 있다고 비판한다.

그렇다면 쾌락, 기분 좋음, 쾌감이란 무엇을 의미하며 어떤 상태를 말하는가? 노직에 따르면 쾌락 또는 쾌감은 그 느낌 자체의 성질 때문에 우리가 바라는 느낌을 의미한다. 그 느낌은 그것의 결과나 그로 인해 내가 할 수 있는 것 때문에, 또는 그로 인해 성취되는 어떤 명령 때문에 우리가 바라는 것이 아니다. 마치 아이스크림을 먹을 때의 쾌감은 그 느낌 자체 때문이지 아이스크림을 먹고 난 후의 어떤 결과를 예상해서, 혹은 아이스크림을 먹고 나서 무슨 일을 할 수 있다는 것 때문에 아이스크림의 쾌감을 원하는 것은 아니지 않은가. 그것이 즐겁다면 그것은 우리가 느끼는 그 느낌의 성질 때문에 그것을 원하게 된다.[62]

쾌락의 본질이 이렇다 해도 느낌 자체의 성질 때문에 우리가 원하는 것이 실제로 있다고 결론지을 수는 없다. 노직의 말대로 우리가 즐거운 경험, 즉 느낌의 성질 때문에 바라게 되는 경험을 원한다고 결론지을 수 없다는 것이다. 예를 들어, 시인이 시를 쓰고 싶어 한다. 그렇다고 시인은 글쓰기 자체의 느낌의 성질을 원하거나 시인으로서 알려지는 느낌의 특질 때문에 반드시 시를 쓰지는 않는다. 그는 시가 자신에게 가치 있거나, 시작詩作 활동이 가치 있다고 여기기 때문에 시를 쓰는 것이지 어떤 느낌의 특질 때문에 시를 쓰는 게 아니라는 것이다. 노직은 우리의 행복은 내면으로부터 어떻게 느껴지는지만 중요한 것이 아니라 다른 것에도 있다는 점을 강조한다.

이러한 논지를 바탕으로 노직은 사고思考실험을 제안한다. 학계에 잘 알려진 '경험기계Experienc Machine' 실험이다.[63] 이 실험의 목적은 많은 사람이 동의하는 쾌락주의의 논리가 맞는지 여부를 실험하는 것이다. 쾌락주의는 우리에게 좋은 것은 쾌락뿐이며 나쁜 것은 고통뿐이다. 어떤 행위가 우리에게 쾌락을 주거나 고통을 피할 수 있도록 해 주면 좋은 것, 그렇지 않으면 좋지 않은 것이다. 그렇다면 쾌락주의가 직면하는 문제는 있는가? 만약 있다면 무엇인가? 경험기계는 다음과 같은 상상을 제안한다.

3) 노직의 경험기계 실험

당신이 바라는 즐거운 경험을 제공하는 기계가 여기 있다. 당신이 이 기계에 들어가면 원하는 즐거움 무엇이든 경험할 수 있다. 고통은 절대 느낄 수 없다. 한번 그 기계에 들어가면, 들어가는 즉시 기억하지 못하게 됨으로 자신이 어떤 경험을 하더라도 기계 속에서 하는 것이 아니라 진짜로 하고 있는 것이라 믿게 된다. 기계가 만든 것임을 알아차려 쾌락이 깨지는 일은 절대 없는 것이다. 기억할 점은, 한번 기계에 들어가면 영원히 현실을 떠나야 한다는 점이다.

기계 속에 들어가서 BTS 같은 아이돌 그룹이 되는 경험을 할 수 있으며, 박사가 될 수도 있고, 위대한 시를 쓰거나, 누군가를 사랑하고 사랑받는 경험을 할 수 있다. 유명한 배우가 되어 아카데미 시상식에서 상을 받는 경험도 할 수 있다. 손흥민 같은 세계적인 운동선수가 되는 경험도 할 수 있다.

중요한 점은 기계 속에서 하는 경험은 실제로 이런 경험을 할 때와 완전히 똑같으며, 기계 속에서 경험하면서 느끼는 쾌락과 실제 경험에서 느낄 쾌락의 양도 똑같다는 것이다. 자, 당신은 남은 평생 동안 이 기계 속에서 살고 싶은가? 아니라면 왜인가?

질문을 다르게 해 보자.

① 당신은 이런 경험들을 기계 밖에서 하는 게 기계 안에서 하는 것보다 더 좋은가? 아니면 안에서건 밖에서건 정확하게 똑같이 좋겠는가?
② 당신이 실제로 유명한 배우이고, 실제로 찬란한 연기능력으로 활약한 덕에 아카데미상을 받는 것이, 단지 기계 속에서만 이 모든 일들이 벌어지는 것에 비해 더 낫다고 할 수 있는가? 아니면 정확히 똑같은 것인가?
③ 당신이 기계 속에서만 아이를 갖고 가정을 꾸리는 경험을 하는 것, 실제로 아이를 갖고 가정을 꾸리는 것 중 실제가 더 좋은 것인가? 아니면 둘 다 똑같이 좋은가?

만약 앞에서 말한 대로 행복은 쾌락이라는 쾌락주의가 맞다면 기계 속에서 아이 낳고 단란한 가정을 꾸리는 경험과 실제로 그렇게 하는 경험이 정확히 똑같이 좋은 것이어야 한다. 기계 안에서 세계적인 배우로 활약하며 찬사를 받는 것과 실제로 그렇게 하는 경험이 정확히 똑같아야 한다.

그런데 직관적으로 정확히 똑같다는 판단은 틀려 보인다. 우리는 진짜로 아이를 갖고 단란한 가정을 꾸리며, 진짜로 유명 배우가 되거나 세계적인 축구선수가 되는 것이, 이런 똑같은 경험들을 기계 속에서만 하는 것과 비교했을 때 더 낫다고 느낀다.

우리는 그런 경험들이 진짜이기를 원한다. 단지 기계 안이건 밖에서건 개인의 경험만이 중요하다고 생각하는 사람은 거의 없다. 우리는 자신이 완전히 속아서 사는 만족으로 가득한 삶을 아무것도 모른 채 살아가기를 바라지 않는다. 당신이 유명배우로서 자부심을 느껴도, 영화평론가들과 관객들이 당신을 칭찬하는 척하고 등 뒤에서 킬킬거리는 것을 원하지 않는다. 사례 하나를 들어 보자.

철수와 영이는 서로 열정적으로 사랑하는 관계이다. 영이는 완전히 사랑에 빠져 매우 즐거운 상태이다. 그러나 영이가 모르는 사이 철수는 영이의 친한 친구와 은밀한 만남을 즐기고 있었다. 만약 영이가 알게 되면 철수와의 관계는 물론 철수와 영이친구와의 관계도 끝이 날 것이다. 영이는 이런 경험이 트라우마가 되어 다시는 사랑을 하지 못할 것이다.

4) 행복은 느낌 그 이상

철수의 바람에 대해 영이는 행복한 무지의 상태에 있기 때문에, 쾌락주의자들은 영이가 사실을 모른 채로 현재의 행복을 유지시키는 편이 더 좋다고 말할 것이다. 영이가 이들의 불륜을 알지 못한다면 영이의 삶은 지금처럼 행복할 것임을 보장할 수 있다. 자, 그렇다면 영이가 진실을 아는 것에 가치가 있을까?

만약 대답이 '예'라면 당신은 쾌락 혹은 즐거움을 확실히 감소시키는 쪽을 선택한 것이다. 또한 쾌락주의자의 주장도 틀리게 된다. 쾌락주의에 따르면 실제로 무언가를 하는 것과 단지 그것의 환상을 똑같이 경험하는 것은 똑같기 때문이다. 아마도 당신은 삶에 있어서 쾌락보다 더 중요한 본질적인 가치가 있다고 믿고 있기 때문일 것이다. 진실, 사실을 아는 것, 진정한 사랑 등이 중요한 가치에 포함될 것이다.

노직의 행복기계가 주는 메시지는 무엇일까. 좋은 삶이란 소망하고 싶은, 느끼고 삶은 일련의 체험 그 이상의 것이다. 우리는 대상이 우리에게 내면으로부터 어떻게 느껴지는가에만 신경 쓰지 않고 그 이상의 것에 관심을 기울인다. 삶에는 행복하다는 느낌 이상의 것이 있다. 우리는 무엇이 사실인가에 관심을 기울인다. "우리는 그것들이 정말 그렇기를 원한다."[64] 우리는 진정으로 참된 삶을 살고 싶어 하고, 실재 세계와 참된 자아를 인식하기를 원한다.

우리는 스스로 활동적으로 움직여서 인식하고 행동하고 무언가가 되기를 원한다. 우리는 그것들이 정말 그렇다는 것을 소중히 여기고, 그것들이 그렇다고 생각하기 때문에 그것들에서 즐거움을 얻는다. 우리는 우리가 높이 평가하고, 소중히 여기고, 중요하다고 생각하는 상황들이 실제로 그렇기를 원한다. 우리는 망상 속에 살지 않고 실재와 중요하게 연결되어 있기를 원한다. 우리가 원하고 소중히 여기는 것은 실재reality와의 실질적 연결이다.[65]

03

평생교육의 학문적 정체성

평생교육은 '오래된 교육의 새로운 의미'이다. 수식어로서의 '평생'은 수식하는 말, '교육'의 문명사적 변화의 의미와 특성을 함축하고 있다. 따라서 피터 자비스Peter Jarvis는 '평생'의 관점에서 교육을 재구조화해야 한다는 점을 강조하였다. "성인(평생)교육의 목적은 성장하고 발달하는 것인데 성장과 발달은 '평생'이라는 삶의 의미를 어떻게 그리고 어느 정도 탐색하느냐에 좌우된다."[66]는 것이다. '평생'의 의미를 탐색하는 방식에 따라 성장과 발달이란 성인 평생교육의 목적과 학적 정체성이 규정된다는 이유에서이다.

1. 교육에서 평생교육으로

20세기 항존주의 교육철학자인 모티머 애들러Mortimer Adler, 1902~2001는 일반인뿐만 아니라 교육자 및 교사들이 빠져 있는 착각은 교육과 학교교육은 동일하다는 생각이라고 지적하였다. 진실은 그와는 정반대라는 것이다. 왜냐하면 학습은 평생의 과정이며, 성인이 되었을 때 하는 학습이 개인의 교육에서 가장 중요한 부분이기 때문이라고 말한다.[67]

1) 칸트의 교육적 인간

"인간은 교육을 필요로 하는 유일한 존재only being이다."

18세기 계몽주의 철학자인 임마누엘 칸트Immanuel Kant, 1724~1804는 저서 『교육학강의Über Pädagogik』(1803)[68] 첫 장의 시작을 교육의 당위성으로 시작한다.

칸트는 새끼 제비와 비교하면서 인간만이 교육이 필요하다는 점을 강조한다. 새끼 제비는 알에서 부화되자마자 눈도 채 뜨지 못한 상태에서도 둥지를 더럽히지 않기 위해 자신의 배설물을 둥지 밖으로 버릴 줄 안다는 것이다. 이렇게 동물들은 자신에게 주어진 힘을 자신에게 해롭지 않은 방식으로 본능적인 계획regular plan에 따라 사용할 줄 안다. 따라서 동물들은 양육nurture이 필요치 않으며 기껏해야 먹이와 보온, 어느 정도의 보호만을 필요로 한다.

칸트는 인간은 동물과 같은 본능을 가지고 있지 않으며 이성을 통해 자기 자신의 행동 계획을 스스로 세워야 한다는 점을 강조한다. 인간은 미성숙의 상태로 태어나기 때문에 [세상에 태어나자마자] 곧바로 자신의 행동의 계획을 세울 능력이 없으며, 따라서 타인이 대신하여 행동 계획을 세워 주어야 한다는 것이다. 결국 인간은 오직 교육Erziehung을 통해서만 인간이 된다. 칸트는 인간은 단순히 교육이 만들어 낸 것에 불과하다고 단언한다. 그러나 칸트는 교육에 의해 인간이 완전성perfection에 도달할 수 있다고는 생각하지 않았다.(10절) 단지 인간은 자신에게 주어진 미완성의 소질들을 인간 스스로 계발시켜야 한다는 점을 강조(12절)함으로써 교육이 어린 시절의 과제만이 아님을 시사하고 있다.

칸트의 교육론에 결정적인 영향을 끼친 교육철학자가 장 자크 루소Jean-Jacques Rousseau, 1712~1778이다. 칸트는 매일 시계처럼 정해진 시간에 하는 산책을 루소의 『에밀』을 읽느라 하지 못했을 정도로 루소에게 큰 영향을 받았다.[69]

2) 루소의 '고상한 야만인'

"창조자의 손에서 나올 때는 모든 것이 선하나 사람의 손에서 모든 것이 타락한다."[70]

루소는 에밀의 첫머리에서 이렇게 말한다. 이 말은 인간의 본성은 '원초적 인간이 습관이나 편견으로 인해 변질되기 이전의 성향'이라는 것이다. 어떤 외적 요인에 의해서도 오염되지 않았던 원시의 인간, 즉 '본원적 인간L'homme Originel'이 인간본성인 것이다. 본원적 인간은 문명인에 대비되는 야만인인데 어린이의 마음처럼 선한 존재였기에 '고상한 야만인Noble Savage'이다.[71] 고상한 야만인이란 표현은 17세기 영국의 계관시인 존 드라이든John Dryden의 시 「그라나다 정복」에서 나온다.

"나는 자연이 빚어낸 최초의 인간처럼 자유롭다/ 예속을 강요하는 비천한 법이 생겨나기 전처럼/ 고상한 야만인이 거칠게 숲속을 뛰어다니던 때처럼"

루소가 교육을 통해 추구했던 인간의 원형도 자연 속에서 노니는 꾸밈없는 인간이었다. 원시 상태의 자연인 혹은 고상한 야만인은 타인과 다투지도 않고 타인을 괴롭히지도 않는 자족적인 인간이다. 루소는 문명화된 현실에서는 볼 수 없는 '순수한 감정의 어린이와 같은 존재'의 원형[72]을 찾기 위한 노력을 교육에서 시도하였던 것이다.

3) 모두를 위한 평생교육

동서고금을 막론하고 교육을 언급한 사상가들 중에 학교교육만으로 교육을 제한시킨 사상가는 없었다. 플라톤의 『국가』가 그렇고 공자의 『논어』, 노자의 『도덕경』이나 예수와 석가의 가르침 또한 마찬가지이다. 이들은 평생교육이란 언설은 없었지만 교육은 평생임을 당연시하였다. 그들에게 체계화된 평생학습이론은 없었지만 학습이 평생에 걸쳐 일어난다는 것은 삶이란 실험을 통해 의심의 여지가 없었기 때문이다.

동서양의 고대 사상 혹은 철학에서 교육활동과 관련된 내용들은 그 자체로 평생에 걸친 교육을 전제로 하고 있다.[73] 단지 이들의 사상 속의 교육이 반드시 모든 시민을 대상으로 한 것은 아니었다는 데 차이가 있다. 교육이 평생 동안 지속되어야 할 삶 그 자체라는 점이 본격적으로 강조되기 시작한 것은 20세기에 들어서부터이다.

"만약 '사람은 언제 완전한 성인fully adult이 될 수 있을까?' '사람의 교육은 언제 완성되는 것일까?'라고 질문한다면 유일한 정답은 '그가 살아 있는 동안은 결코 완성될 수 없다'이다."

영국의 평생교육 선구자라 할 수 있는 배이즐 익슬리Basil Yeaxlee, 1883~1967는 1929년 발간한 저서 『평생교육Lifelong Education』에서 인간의 한평생이 교육임을 강조한다. 교육은 평생 지속되어야 하는 삶 그 자체로서 인생이 미완성이듯 교육이나 배움에도 끝이 없다는 점을 갈파한 것이다. 익슬리와 같은 맥락에서 인지생물학자이자 철학자인 움베르토 마투라나Humberto Maturana는 "산다는 것은 곧 아는 것"[74]이라고 단언하며 인간의 한 평생은 곧 교육이자 배움이라는 점을 강조한다.

1960년대 들어 유네스코는 시대적 변화에 맞추어 교육이 학교교육으로 환치되던 전통적 인식에서 벗어나 교육의 본래적 특성인 '평생의lifelong 교육'을 강조하기 시작하였다. 교육은 인간생애의 어느 한 국면이나 단계에서 나타나는 현상이 아니라 생애 전체를 통해 통합적으로 이루어진다는 점을 강조하는 것이다.

유네스코에 발 맞추어 우리나라 「평생교육법」에서는 평생교육을 '학교의 정규 교육과정을 제외한 모든 형태의 조직적인 교육 경험'으로 정의한다. 보다 넓은 의미로, 평생교육을 학교 교육을 포함하여 전 생애에 걸쳐 시간적 및 공간적 측면을 포괄하는 교육 및 학습으로 규정하기도 한다. 교육 시기의 확장이라는 시간적 측면, 교육 장소의 확장이라는 공간적 측면, 그리고 교육이 이루어지는 형식의 확장이란 측면까지 포괄하는 것이다.

그러나 1960년대 유네스코가 평생교육의 화두를 던지기 훨씬 전부터 '교육은 본래 평생교육'이라는 생각은 낯설지 않았다. 유네스코보다 무려 300여 년이나 앞선 1669년 근대교육의 선구자인 요한 아모스 코메니우스John Amos Comenius, 1592~1670는 저서 『범교육학Pampaedia』를 통해 "교육은 평생교육"임을 천명하였다. 코메니우스는 삶이 곧 평생교육이어야 한다는 신념하에 '태아기 학교'에서부터 '노년학교 및 죽음의 학교'에 이르기까지 삶의 전 과정을 7단계의 세대별 교육으로 나누어 구체적으로 제시하였다.

20세기 초 영국에서는 익슬리가 평생교육을 강조하였다면, 비슷한 시기 미국의 에두아르드 린드만Eduard Lindeman, 1885~1953은 저서 『성인교육의 의미』(1926)의 마지막 문장에서 "교육은 (평생의) 삶"이라고 단언하였다. 이 말은 인간실존은 교육을 통해서 본질을 발견하거나 혹은 창조할 수 있음을 의미한다. 인간실존의 삶, 생활, 인생은 교육과 분리될 수가 없다. 평생과 교육은, 마틴 부버Martin Buber, 1878~1965의 개념을 빌리면 '낱개의 말Einzelworte'이 아니라 근원어로서의 '짝 말Wortpaare'이다.[75] '나-너Ich-Du'가 각기 다른 낱개의 말이 아니고 짝 말인 것처럼 평생과 교육이 그렇다.

인간실존은 교육에 의해 가능한 그 무엇이며, 교육은 삶 혹은 평생에 의해 가능한 그 무엇인 것이기 때문이다. 평생교육은 인간실존 그 자체이다. 린드만은 익슬리나 코메니우스와 마찬가지로 '삶이 곧 교육'이라 생각했으니 교육은 평생교육이어야 함을 강조한 것이다. 린드만의 저서를 관통하는 성인교육의 의미는 끊임없이 다른 존재로 '되어 가기becoming'에 있다. '되어감'의 교육이란 성인만을 의미하지 않는다.

강대중이 지적한 것처럼, 성인成人의 한자어와 영어adult는 모두 '이미 다 자란 사람grown-up'의 뜻도 있지만, 린드만의 '성인'처럼 '사람이 되어감'이란 뜻으로 이해할 수 있는 것이다.[76] 따라서 성인만을 위한, 성인만을 대상으로 하는 교육이 아니며 아동과 청소년을 반드시 배제하는 것이 아니다. 인생의 어느 단계에 있든 각자는 나름대로 더 나은 사람으로 '되어 가는' 여정旅程 중에 있는 것이기 때문이다.

교육으로서의 평생교육을 체계화시키는 선도적 역할을 한 것이 유네스코이다. 랑그랑을 비롯한 유네스코 보고서들은 공통적으로 평생교육의 대상을 성인으로 제한하지 않는다. 유네스코의 평생교육의 대상인 인간은 완성being된 존재가 아닌 '형성되어지는becoming' 존재, 즉 과정적過程的 존재이다. 따라서 평생교육의 관점에서 볼 때 '성인成人'이란 존재하지 않는다. '다 자란 사람', 성숙이 '완성完成된' 사람이란 사전적 의미의 성인은 존재할 수 없는 것이다. 모든 사람은 평생에 걸쳐 성인을 향해 나아가는 '미성년자未成年者'일 뿐이다. '죽을 때까지 교육은 완성될 수 없다.'는 점에서 인생은 미완성이다.

같은 맥락에서 피터 자비스는 페다고지를 아동교육, 앤드라고지를 성인교육으로 보는 이원론적 인식을 거부한다. 대신 하나의 성인교육이란 용어 아래 페다고지와 앤드라고지를 대비시켜야 한다고 주장한다. '페다고지 성인교육'이 있고 '앤드라고지 성인교육'이 있다는 것이다. 그의 논거는 앤드라고지를 교수-학습의 새로운 패러다임으로서 '성인을 만드는 교수학습에 관한 총체적인 이론'으로 보는 관점에 바탕을 둔다. 따라서 아동·청소년에게도 앤드라고지가 적용될 수 있으며, 성인들에게도 페다고지가 적용될 수 있는 것이다.

성인교육, 앤드라고지가 단순히 학습대상을 성인으로 제한하는 것에 그치는 것이 아니듯, 평생교육 역시 대상이나 시공간적 교육의 확대만을 의미하지 않는다. 인간은 본질에 앞서 세상에 내던져진 실존적 존재이며, 한평생 끊임없이 다른 존재로 되어 가는 과정적 존재이다. '되어 가기$_{becoming}$'는 교육과 분리될 수 없다. 평생교육은 인간의 삶 혹은 실존 자체인 것이다. 이렇게 볼 때 평생교육 개념은 학교교육의 시공간적 확장이란 인식을 넘어서는 새로운 의미를 가지고 있다.

4) 평생교육의 특성

평생교육에 관한 유네스코의 정의에는 다음의 세 가지 개념들이 중심에 자리하고 있다. 즉, Life-Long, Life-Wide, Life-Deep이다. 평생교육이 출범할 때부터 강조된 학습은 '평생'의 영어식 표현인 'Life-Long', 즉 '전$_{全}$생애적' 학습이다. 삶의 종적 과정에서의 학습의 확대를 의미하는 것이다. '요람에서 무덤까지'란 말이 의미하듯 전 생애를 걸친 학습의 시간적 확장에 중점을 둔 것이다.

반드시 순차적인 것은 아니지만 평생교육에서 함께 강조된 것이 'Life-Wide', 즉 '전$_{全}$사회적' 학습이다. 삶의 횡적 영역으로 학습을 확대하는 것으로서 사회의 전 영역을 교육과 학습의 장면으로 확대하는 것이다. 결국 평생교육이란 학습의 시간적 확대는 물론 사회 각 부문에서의 학습의 공간적 확장이 통합되는 다층위적이며 역동적인 교육과 학습인 것이다.

Life-Long과 Life-Wide에 이어 상대적으로 최근에 제시된 개념이 'Life-Deep' 학습이다. Life-Deep은 유네스코 발간 문헌[77]을 관통하는 이념에 기초해 볼 때 '전$_{全}$실존적' 학습으로 번역이 가능하다고 본다. Life-Deep 학습은 사람들의 신념, 가치관, 이념$_{ideologies}$ 및 삶의 방향에 관한 학습의 중요성을 강조한다. 다시 말해, 평생교육이 실현해야 할 '새로운' 학습으로서 '사람들이 무엇을 믿고, 어떻게 행동하며, 어떻게 자신과 타인을 판단하는지를 가늠하는$_{guide}$ 도덕적, 윤리적, 종교적 및 사회적 가치들'에 대한 학습을 제시하는 것이다. Life-Deep 학습이 강조하는 점은 평생학습은 결코 문화적 배제를 전제로 할 수 없다는 것이다.

지구촌의 모든 사람은 자신의 의지와는 상관없이 각기 서로 다른 문화권에서 실존적 삶을 영위해 나간다. 문화권에 따라 영향을 달리하는 각자의 신념, 가치관, 삶의 방향에는 '다름difference'만 있을지언정 '틀림wrongness'은 존재하지 않는다. 인간은 단순히 존재하는 존재자가 아니라 각자의 문화권 내에서 평생학습을 통해 부단히 자신의 본질을 만들어 가는 실존의 상태에 있는 존재자인 것이다. 이러한 논지에서 Life-Deep은 "전全실존적"이란 형용사로 해석이 가능하다.

2. 평생교육, 새로운 교육사조

평생교육의 이러한 특성들은 유네스코에서 평생교육을 정의하는 핵심 요소로 작용하였다. 평생교육의 창시자라 불리는 폴 랑그랑Paul Lengrand의 정의가 대표적이다.

> "평생교육은 개인이 태어났을 때부터 죽을 때까지의 생애에 걸친 교육(수직적 혹은 시간적 차원)과 개인 및 사회 전체의 교육(수평적 혹은 공간적 차원)의 통합이다."[78]

유네스코교육연구소장을 지낸 디노 카렐리Dino Carelli의 정의도 같은 맥락이다. "평생교육의 이념은 그 전체성 속에서 교육을 포괄하고자 한다. 그것은 삶이 유아기를 거쳐 노년기로 나갈 때 서로 다른 교육 단계의 수직적 접합vertical articulation을 함의한다. 그것은 또한 인간 잠재력을 최대한 개발하기 위한 서로 다른 교육 측면의 수평적 통합horizontal integration을 함의한다."[79]

1) 평생교육은 교육인가

유네스코의 평생교육에 대한 정의를 바탕으로 교육과 평생교육의 관계에 대한 두 가지 관점이 등장하였다. 하나는, 교육의 시간적 공간적 확장에 초점을 맞추어, 평생교육은 결국 교육과 동의어라고 보는 시각이다. 시대적 변화에 따라 기존 교육의 한계성을 인식 및 극복하는 평생교육으로서의 관점이다. 다른 한편에서는 교육이 본래적으로 평생교육을 의미하는 것일지라도 평생교육은 그러한 형식성을 넘어 교육이 지향해야 할 풍부한 이념과 철학을 내포하고 있다고 보기도 하였다.[80]

'평생교육은 곧 교육'이라는 관점은, 그 타당성에 대한 논의는 차치하고서라도 평생교육의 정체성에 대한 교육사상사적 이해를 가로막는다. 한숭희의 정확한 지적대로 "'교육의 수직적-수평적 통합'이라는 상식적 근거는 평생교육의 개념을 설명하는 데 큰 도움을 주지 못한다".[81] 따라서 학교교육의 한계극복이란 좁은 시각에서만 접근할 경우, 평생교육은 문명사적 전환에 따른 하나의 교육사조라는 본래의 시각을 놓치게 된다. 평생교육의 학문적 정체성에 대한 올바른 인식 또한 멀어진다.

2) 새로운 사조인 평생교육

교육사조로서의 문제설정

평생교육의 정체성 포착을 위해서는 '문제설정$_{\text{problematique}}$'을 달리해야 한다. 원뿔은 문제설정, 즉 보는 지점에 따라 다르게 보인다. 밑에서 보면 원으로 보이지만 옆에서 보면 삼각형으로 보인다. 평생교육에 대한 문제설정을 기존 교육체제의 한계나 혹은 교육의 수직적-수평적 통합으로만 할 경우 평생교육의 한 측면만을 볼 뿐 평생교육의 정체성은 포착할 수 없게 된다. 원뿔을 보는 지점에 따라 보는 사람의 사고방식이 제한되듯, 평생교육에 대한 문제설정을 어떻게 하느냐에 따라 평생교육이 무엇인가에 대한 사유방식과 대답하는 방식이 달라진다.

같은 맥락에서 평생교육에 대한 문제설정을 검토할 필요가 있다. 평생교육론은 하나의 **교육사조**$_{\text{史趙}}$이다. 유네스코의 폴 랑그랑은 평생교육은 기존의 제도화된 공식적 교육의 단순한 연장이 아님을 분명히 하였다.[82] 나아가 평생교육은 기존의 '소유'의 영역에서 '존재'의 영역으로의 철학적인 전환임을 강조하였다.[83] 포르 보고서는 "평생교육은 역사적인 문제, 즉 문명 자체의 문제가 되었다."[84]고 규정한다. 따라서 윤여각이 간파한 대로 유네스코 평생교육론은 학교 중심 교육체제에 대한 문제의식만을 담고 있는 것이 아니라 문명사적 대전환에 적극적으로 대응하는 평생교육적 길을 제시하고 있다.[85] 유네스코 평생교육론은 하나의 새로운 사조인 것이다.

철학적 '사조'란 하나의 흐름을 '넘어서는 것'을 의미한다. 철학사를 보면 새로운 사상은 하나의 전반적인 사고방식의 '흐름'을 넘어선다. 포스트모더니즘은 모더니즘의 전반적 사고방식을 넘어서 또 다른 흐름을 만들어 내는 것과 같다. 토마스 쿤이『과학혁명의 구조』에서 말한 일종의 '패러다임 변혁'이다. 그러나 말이 그렇지 한 시대를 지배하는 사고방식을 넘어서는 것은 매우 어려운 시도이다. 랑그랑과 같은 교육철학자들에게 시대의 변화가 지각됨으로써만 가능한 변혁이다. 헤겔이 "미네르바의 부엉이는 황혼이 질 무렵에야 비로소 날개를 편다."고 갈파한 이유가 여기에 있다.

'평생', 평생교육의 정체성

평생교육론은 교육에 대한 기존의 전반적인 사고방식[흐름]을 넘어서는 교육사조이다. 유네스코 초기 평생교육론에서 강조하듯, 근대에서 현대로 넘어서는 교육사조인 것이다. 그렇다면 새로운 사조로서의 평생교육이란 무엇인가? 답은 '평생'이란 개념의 교육철학적 해석에 달려 있다. 다브Dave는 평생교육의 '새로운 의미는 세 가지 개념, 즉 life, lifelong, education에서 발견된다고 말하였다.

1980년대 들어 다브의 관점은 피터 자비스로 연결된다. 자비스는 특히 '평생'의 관점에서 교육을 재구조화해야 한다는 점을 강조하였다. "성인(평생)교육의 목적은 성장하고 발달하는 것인데 성장과 발달은 '평생'이라는 삶의 의미를 어떻게 그리고 어느 정도 탐색하느냐에 좌우된다."[86]는 것이다. '평생'의 의미를 탐색하는 방식에 따라 성장과 발달이란 성인(평생)교육의 목적과 학적 정체성이 규정된다는 이유에서이다.

랑그랑은 교육을 '존재存在의 영역'으로 봄으로써 '인간과 삶, 교육의 통합'으로서의 '평생'을 말한다. 그는 현대의 개인은 삶 속에서 자율을 선고받았고 자유를 의무로 부과받았다고 말하면서, 그 대가로 개인은 삶에서 교육을 중단해서는 안 된다고 강조한다. 인간실존은 교육과 분리될 수 없다는 것이다. 포르 보고서 역시, 교육은 모든 나이에, 모든 실존적인 상황과 환경에서 일어난다는 점을 강조한다. 따라서 평생교육은 교육을 평생이란 삶의 전체성으로 인식하는 교육의 진정한 성격이라고 말한다.[87]

한숭희는 "평생교육을 '교육의 수직적-수평적 통합'으로 보는 것은 마치 유아, 어린이, 청년, 장년, 노인 등을 합하면 인간이 된다는 식의 설명과 크게 다르지 않다."고 말하고, "우리가 묻고 있는 것은 바로 그 '인간'이 무엇인가?"란 질문이어야 한다[88]고 강조하였다. 새로운 사조로서의 평생교육으로 문제설정을 한다면, 그 '인간'이란 바로 '평생'이다. 삶과 교육의 통합으로서의 '평생'이 곧 인간이다. 포르 보고서가 강조한 대로 그 '평생'에서 자신이 운명의 잠재적 주인임을 인식하고 자신을 스스로 교육하는 인간[89]인 것이다.

평생교육론은 하나의 새로운 사조이다. 환경파괴, 국가 간 갈등으로 인류의 생존이 위협받는 시대에 환경교육론, 평화교육론도 새로운 사조일 수 있다. 환경과 평화에는 인간과 삶, 환경, 평화, 교육이 분절될 수 없다. 마찬가지로 평생교육론에서 인간과 삶, 교육은 결코 분절적이 아니라 '평생' 개념으로 통합된다. 평생교육론의 정체성은 '평생'의 교육철학적 해석에서 포착된다.

3. '평생'의 교육철학적 의미

'평생' 개념에 대한 교육철학적 의미는 크게 세 가지 관점에서 논의할 수 있다. 첫째, 평생은 인간 실존의 장, 둘째, 평생은 비연속적 교육의 장, 셋째, 평생은 학습경험의 장이라는 관점이다.

1) 자기창조의 실존의 장

> "교육은 무엇보다도 인격의 지속적인 성숙을 향해 나아가는 (평생 동안의) 내적 여행이다."[90]

유네스코 들로 보고서는 교육의 목적은 인격의 성숙이며, 인격성숙은 평생을 통해 이루어진다고 말한다. 내적 여행$_{\text{inner journey}}$이란 말이 의미하듯 교육은 그 자체가 평생의 여행이라는 것이다. 평생교육의 학문적 정체성을 결정짓는 개념은 '평생'이다.

'평생' 개념에 숨겨진 교육철학적 함의에 대한 논의는 평생학습자로서의 인간에 대한 물음에서 출발해야 한다. 인간에 대한 물음은 인간 실존의 의미에서 찾을 수 있다. 실존철학에 따르면 인간의 본질은 평생에 걸쳐 창조하는 것이며, 교육과 학습은 개개인의 본질을 형성하는 데 필수적 기제$_{\text{機制}}$이다. 평생이란 시공간적 의미는 본질 창조의 장場이자 본질 창조를 위한 학습의 장을 의미하는 것이다. 따라서 평생은 곧 인간 실존이자 교육이며 학습인 것이다.

평생 개념이 실존 및 교육과 불가분의 관계라는 논거는 결국 인간 본질에 관한 질문으로 수렴된다. 인간이란 무엇인가의 질문은 서양철학 전반을 관통하는 핵심 주제이다. 인간에 관한 철학적 물음은 문제설정 방식에 따라 접근방식 또한 달라진다. 인간 '실존'에 문제설정을 하게 되면 접근방식은 본질과의 비교가 된다. 즉, 본질essentia 대 실존existentia이다. '인간이란 무엇인가?'에 대한 본질철학과 실존철학의 대립이 된다.

본질로서의 인간

다음은 국내외 대학들이 내걸고 있는 전통적인 표어들이다. 공통점은 무엇일까?

> 하버드대학교: Veritas진리; 예일대학교: Lux et Veritas빛과 진리; 존스 홉킨스/칼텍: Veritas vos liberabit진리가 너희를 자유롭게 하리라; UC 버클리: Fiat Lux빛이 있으라; 서울대학교: Veritas Lux Mea진리는 나의 빛; 연세대학교: Veritas liberabit vos진리가 너희를 자유롭게 하리라; 서강대학교: Obedire Veritati진리에 순종하라

대학의 표어들이 의미하는 바는 명확하다. 무엇이 '진리'이고 '빛'인지는 밝히지 않지만 진리가 존재하며, 그 진리를 밝히고 실현하는 것이 교육의 목적임을 강하게 표출하고 있는 것이다. '인간은 형이상학적 존재'라는 임마누엘 칸트의 말대로 인간은 전통적으로 불변하는 진리의 존재를 믿어 왔다. 교육의 목적은 변하지 않는 본질로서의 진리를 추구하고 실현하는 데 있다고 생각했다.

플라톤부터 시작된 서양 전통 형이상학과 그리스도교 전통은 본질철학이다. 플라톤·아리스토텔레스에서부터 헤겔에 이르기까지 무려 2천 년 이상 인간에 대한 사유방식을 지배한 것은 본질철학으로서의 형이상학이었다. 본질이란 한 사물을 사물이게 만드는 무엇임Was-sein으로서, 생성·소멸하는 가운데서도 변하지 않고 머물러 있는 필연적인 것, 초개체적·보편적인 것을 의미한다.[91]

본질철학으로서의 형이상학은 언제나 존재자의 '제1원인'과 '근거'를 탐구하는 것이 목표였다. 개별 존재자의 원인을 탐구하는 것이 아니라 가장 보편적인 의미에서의

"존재자로서의 존재자"를 탐구하는 것이다. 예를 들어, '왜 이것은 장미이고 백합이 아닌가? 왜 장미가 백합이 아닌 바로 그 장미인가?' 하는 물음이다. 인간을 인간이게끔 하는, 인간을 다른 사물과 구분하는 그 무엇으로서의 본질을 묻는 것이다.

플라톤에 따르면 모든 변화하는 현상 속에는 변하지 않는 본질 속의 존재자가 있는데, 이것이 바로 이데아idea 혹은 형상eidos이다. 눈에 보이는 현상들은 이데아의 모사模寫일 뿐이다. 누군가 '길거리에 지나가는 여성이 아름답다.' '가을 저녁노을이 아름답다.'고 말한다면 플라톤은 이렇게 대꾸할 것이다. "그것은 아름다운 것이네. 그런데 그것을 모두 아름답다고 한다면 거기에는 어떤 공통된 아름다움이라는 것이 있어야 하지 않겠나? 그게 무엇이냐는 걸세."

이는 아름다움의 '본질'이 무엇이냐는 질문이다. 여성의 몸매나 저녁노을 같은 것들은 가상일 뿐 그 근저에는 그것을 아름답게 만드는 어떤 본질이 있다는 것이다. 인간에 대해서도 같은 질문이 적용된다. 육체는 변하지만 불변하는 본질이 있는데 그게 바로 이성, 영혼 혹은 정신nous이라는 것이다. 따라서 변화하는 현상 속에서도 변하지 않고 남아 있는 근거로서의 본질에 대한 인식이 중요하다고 강조한다. 이렇게 현상과 본질을 구분하는 이원론적 사유 아래 본질을 추구하고 중시하는 사유방식은 서양 전통 형이상학의 뿌리가 되었다.

주목할 점은 이런 본질철학이 전통적으로 교육의 목적을 설정하는 데 결정적 영향을 미쳤다는 점이다. 본질은 애초부터 확정되어 있기에 인생의 목적, 교육의 목적은 오직 그것을 발견하고 실현하는 것이다. 학교교육과 짝을 지어 다니는 말, '자아실현'이 바로 그것이다. 따라서 교육의 목적으로서의 '자아실현'은 바로 '본질실현'인 것이다. 평생교육의 목적을 말할 때도 표현은 다양하지만 본질실현이란 철학에는 근본적인 차이가 없다.

실존으로서의 인간

본질철학과 대척점에 있는 것이 실존철학이다. 실존철학의 창시자는 쇠렌 키르케고르Søren Kierkegaard, 1813~1855이며 마르틴 하이데거Martin Heidegger, 1889~1976는 실존철학을 내적으로 완결시킨 사람으로 평가받는다. 실존철학은 본질철학으로서의 전통 형이상학에 대한 부정과 반대, 대립에서 출발한다. 실존주의 혹은 실존철학은 20세기라는 시대의 아들이지만 본질철학의 배경 없이는 탄생할 수 없었던 것이다. 그렇다면 실존이란 무엇인가? 장 폴 사르트르Jean Paul Sartre, 1905~1980의 작품『구토』의 주인공의 말은 실존을 극명하게 묘사한다.

> "변한 것이라곤 아무것도 없다. 그렇지만 모든 것이 다른 형태로 존재하고 있다. 나는 그것을 묘사할 수 없다. 그것은 '구토'와 같으면서도 전혀 다르다. 하여간 어떤 모험이 나에게 일어나고 있다. 그래서 내가 자문해 볼 때, '나는 나이며, 내가 여기에 있다는 사실이 내게 일어나고 있다는 것'을 나는 안다. 이 어둠을 뚫고 걸어가는 것이 바로 '나'이다."[92]

여기서 화자는 '나'이다. 본질철학에서 강조하는 대로 이성을 지닌 인간 일반이 아니라 개별자로서 존재하는 존재자로서의 '나'가 바로 실존이다. 따라서 무엇보다 실존주의에서의 존재론은 철저히 개인주의적인 존재론이며 개별자로서의 개인에게 초점을 둔다. 실존은 사르트르의 말대로 인간은 "핑계의 여지없이 혼자"인 존재이기 때문이다.

실존實存이란 말 그대로 한 사물이 '실제로 있다는 그 사실', 그 사물이 우연하게 실제로 '눈앞에 있음Vorhandensein'을 뜻한다. 자신의 의지와는 상관없이 세상에 내던져진 유한한 현존재로서의 인간, '지금 여기'의 구체적이고 역사적 존재자가 인간 실존이다. 개별자로서의 인간 존재는 먼저 세계 속에 내던져져 실존하게 되는 것이다. 누구누구로서의 인간이 정의되는 것은 그 이후의 일이다.

따라서 '실존은 본질에 선행한다.' 본질에 앞서 실존이 있는 것이다. 본질이 한 사물의 불변하고 보편적인 것을 뜻하는 반면에, 실존은 '나는 존재하고 있다.'는 현사실을 의미하며 개별자로서 존재하는 사실적 존재를 뜻하는 것이다.[93]

실존의 장인 '평생'

그렇다면 인간실존은 '평생'과 어떤 의미론적 관계를 지니는가? 평생 개념을 이해하기 위해서는 먼저, '실존'은 인간에 관한 어떤 본질 규정에 앞서 놓여 있으며 무조건적이고 되돌릴 수 없는 '나는 존재한다.'는 현사실Faktum이 무엇을 의미하는지를 생각해 봐야 한다. 현사실의 특징은 그것이 그저 단순히 있는 것이 아니라 존재해야 한다는 바로 이 점에 있다. 다시 말해, 나의 존재가 내게 단순히 주어진 것이 아니라 과제로서 떠맡겨져 있다는 뜻이다.[94]

그 과제란 '그게 무엇이든 너는 그것이 되어야 한다.'는 것이다. 철학자 짐머만Zimmermann의 말대로 "내가 존재한다는 이 현사실은 자기 자신에 대한 관계로서 존재한다"는 것을 뜻한다.[95] 여기서 강조되는 것은 가능성이다. 개인은 자신에게 이렇게든 혹은 저렇게든 관계할 수 있는 가능성인 것이다. 그 가능성을 어떻게 이행하여 자신의 본질을 만들어 가는지는 개인의 자유이자 선택이며 또 책임인 것이다.

이러한 인간실존의 가능성이 허용되고 실현되는 실존적 공간이 바로 '평생'이다. 요람에서 무덤에 이르기까지 그 가능성들을 포착할 수도 있고 놓쳐 버릴 수도 있으며, 또한 그 가능성들을 통해 자신이 인간으로서 무엇임Was-sein이 될 것인지를 선택할 수 있는 자유가 있는 시공간이 평생인 것이다. 평생학습자로서의 한 개인이 자신의 본질을 창조하는 역동적인 마당이 바로 인간의 한 '평생'이다.

'평생' 개념의 주체인 인간에 대한 이해에서 평생의 교육철학적 의미는 도출될 수 있다. 그런데 '인간에 대한 철학적 물음'을 다른 어떤 철학자들보다 더 근원적으로 던진 사람들이 실존철학자들이다. 이들이 정의하는 실존으로서의 인간은 태어나서 죽음에 이르기까지의 '평생'의 울타리 안의 존재[세계 내 존재]로서의 인간이다. 삶의 어느 한 단계에 한정되지 않고 죽음의 순간까지 지속적으로 자신의 본질을 창조해 나가는 것이 실존적 인간이다. '평생'의 교육철학적 의미는 무엇보다 먼저 실존적 존재자로서의 인간 이해에서 찾을 수 있다.

2) 비연속적 교육의 장

교육가능성의 전제인 시간

평생교육은 교육을 통한 변화의 가능성 혹은 가소성plasticity에 대한 믿음에서 출발한다. 그런데 교육의 가능성이란 '시간'을 전제로 하는 것이다. 따라서 '평생'이란 인간이 태어나서 죽음에 이르기까지 교육을 통해 지속적으로 성장하고 변화하기 위한 전제인 '시간'의 의미를 지닌다. 교육의 전제는 '평생'인 것이다.

'평생'이라는 시간은 두 가지 관점에서 교육과 관계를 갖는다. 즉, 연속적 교육과 비연속적 교육이다. 특히 평생이란 시간은 비연속적 교육discontinuous forms of education의 장이란 점에 의미가 있다. 이러한 관점은 교육을 연속적인 과정으로 믿고 있는 전통적 교육관에 대한 의문에서 출발한다. 그 의문이란 농부가 콩나물을 키우듯이, 교육이란 것이 항상 점진적이며 연속적인 과정일 수 있느냐는 것이다. 만일 그렇다면, 초·중·고등 학교를 거쳐 대학을 나온 사람이라면 누구나 '교육받은 사람educated man', 온전한 사람이어야 한다.

교육을 비연속적인 과정으로 파악하는 관점은 실존철학에서 엿볼 수 있다. 특히 실존철학을 교육학과 연계시키는 데 지대한 학문적 기여를 한 교육철학자 오토 프리드리히 볼노Otto Friedrich Bollnow, 1903~1991는 교육을 연속적 과정으로만 보는 전통적 교육관을 부정하는 데서 출발한다. 물론 볼노가 비연속적적 교육을 주장한다고 해서 전통적인 연속적 교육학을 부정하는 것은 아니다. 오히려 비연속적 교육의 속성에 대한 이해를 통해 연속적 교육의 한계를 보충해야 한다는 점을 강조하는 것으로 보아야 한다.

전통적인 두 가지 교육관

볼노에 따르면 교육의 본질에 관한 두 가지 전통적인 견해는 기계적 교육관과 유기체적 교육관이다.[96] 기계적 교육관은 교육을 수공업적인 행위에 비유하는 것이다. 장인은 계획에 따라 적절한 도구를 사용해서 재료로 물건을 만들어 낸다. 마찬가지로 교육자는 의도한 목표에 따라서 학생이라는 재료를 교사의 기술을 동원하여 만들어 내는 것으로 교육을 이해하는 것이다. 계획에 걸맞은 적절한 방법[도구]의 적용과 재료에 대한 충분한 지식에 기초해서 노력하면 반드시 원하는 결과를 얻을 수 있는 것이다. 여기서 교육은 곧 '만들기'이다.[97] 만든다는 것은 그 행위의 결과가 오직 인간의 의지에 따라서 결정되는 목표지향적인 행위임을 의미한다.

반대로 유기체적 교육관은 인간을 마음대로 형태를 부여할 수 있는 재료로 보는 시각을 비판한다. 대신 인간은 자신의 내부로부터 그 자신의 고유한 법칙에 따라 그 안에 내재된 목표를 향해 발전한다고 본다.[98] 따라서 교육은 농부가 작물을 재배하듯, 학생 안에 내재된 고유한 가능성이 잘 발현될 수 있도록 교사가 보호하고 도와주는 과정이 된다. 기계적 교육관과 달리 교육을 '소극적인' 개념으로 보는 것이다. 교육은 잘 자라도록 돌보는 기술이며 성숙의 자연적인 과정을 '방해하지 않도록' 하는 것으로 제한된다.

이러한 두 가지 이해방식은 적극적이든 혹은 소극적이든 교사가 학생의 고유한 가능성이 발휘될 수 있도록 도와주는 것이며, 학습자의 가능성의 성장 혹은 발휘는 점진적이며 연속적인 과정으로 파악된다. 볼노는 이들 전통적인 교육 이해를 연속성continuity에 기초한 교육학으로 규정한다. 주목할 점은 이들 전통 교육관의 공통점은 가소성可塑性, plasticity의 개념을 자명한 전제로 받아들인다는 데 있다. 교육에 의해 사람을 본질적으로 변화시킬 수 있다는 가소성 혹은 교육가능성Erziehbarheit을 독일 교육철학자인 요한 프리드리히 헤르바르트Johann Friedrich Herbart, †1776~1841는 저서 『일반교육학』에서 다음과 같이 강조한다.

"학습자의 가소성plasticity과 교육가능성educability은 교육학의 근본 가정이다."[99]

헤르바르트가 가소성을 교육학의 근본 개념으로 정립한 이후 인간이 교육을 통해 자신을 형성해 갈 수 있다는 명제는 유네스코 평생교육 문헌들을 포함한 모든 교육 행위의 전제가 되고 있다. 가소성이 없는 한 교육을 위한 어떠한 시도도 무의미하기 때문이다.

가소성과 비연속적 교육

그러나 실존주의는 이러한 가소성을 거부한다. 최소한 인간의 실존적 핵심과 관련된 한에서는 연속적, 점진적으로 인간의 교육을 성취해 갈 수 있다는 생각을 거부한다. 물론 실존철학의 입장에서도 비본질적인 현존Dasein과 관련해서는 형성이나 도야가 가능한 점을 인정한다. 특정한 지식, 기술, 기능의 전수나 함양을 목표로 하는 평생교육에서는 학습자의 연속적인 형성 가능성이 있다는 데에 의심의 여지가 없기 때문이다.

실존주의가 교육의 연속성, 가소성을 거부하는 이유는 실존의 개념에서 찾을 수 있다. 실존은 순수 현사실로서 인간의 어떤 본질 규정보다 앞서 놓여 있다.[100] 볼노가 "만남은 교육에 선행한다."고 말한 것은 이 때문이다. 실존은 내용적인 본질 규정을 통해서는 고정시킬 수 없고 오직 실존의 이행을 '어떻게'라는 방법에 의해 특징지을 수 있는 것[101])이다. 다시 말해, 인간 실존은 어떤 특정한 성향 · 능력 등을 장악하거나 놓쳐 버릴 수 있는 '가능성으로 존재'하는 것이다. 따라서 아무리 교육을 받더라도 학습자가 자신의 존재 가능성을 향해 몸을 던지고, 즉 기투企投 하고 실행하지 않으면 학습은 일어날 수 없는 것이다.

이렇게 인간은 가능성을 이행하면서 자신의 특성을 형성해 나가면서 필연적으로 세계와 특정한 관계를 맺게 된다. 하이데거가 말한 '세계-내-존재'로서 세계와의 관련 안에서만 혹은 '상황' 속에서만 가능성이 이행되는 것이다. 평생학습자로서의 개개인은 모두 상황에 얽매여 있으며 그 상황은 모두 다르다. 가장 극단적인 한계 상황은 죽음이다. 질병 같은 삶의 다양한 고통들 역시 한계 상황에 버금간다. 인간이 본질을 형성하기 위해서는 외적인 교육에 의해서가 아니라 각기 처한 상황 속에서 자신의 가능성을 던져 실행함으로써만 가능한 것이다.

실존철학이 가소성에 기초한 교육, 도야를 거부하는 이유가 여기에 있다. 물론 사회화가 목적인 학교교육이나 특정한 지식, 기술, 기능의 전수나 함양을 목표로 하는 평생교육에서는 학습자의 연속적인 형성 가능성이 있다는 데에는 의심의 여지가 없다. 비본질적인 현존Dasein과 관련해서는 교육이나 도야가 가능할 수도 있다. 하지만 교육을 통한 실존의 변화는 말처럼 쉽지가 않다.

예를 들어, 어떤 강의를 듣고 감명을 받을 수 있다. 어느 종교집회에서 목회자의 설교를 듣고 감동을 받고 마음의 변화를 느낄 수도 있다. 그러나 그런 교육이 실존의 변화를 일으키는 경우는 매우 드물다. 더욱이 어떤 순간에 성취한 것을 유지해 나가는 것은 불가능하고 점진적인 발전이란 더더욱 있을 수 없다. 종교적인 믿음이나 신비체험을 통한 실존의 변화는 점진적인 교육에 의해서가 아니다. "어느 한 순간에 집결된 힘으로 이루어지는 하나의 비약"[102])일 뿐이다. 더욱이 그런 신비체험을 유지해 나가는 것은 불가능하다. 부흥회를 통한 믿음의 비약은 그 시간이 끝나면 다시 비본질적인 일상적 삶의 형태로 추락하는 게 일반적이다. 일요일 교회신도로서의 개인과 월요일 비즈니스맨으로서의 개인이 다른 이유이다.

부부관계나 연인관계도 마찬가지이다. 어느 순간 집결된 사랑의 힘으로 극치를 맛보기도 하지만, 이런 극치감을 유지해 나가는 것은 불가능할 것이다. 그 다음 순간에는 다시 그저 그런 일상적 부부관계로 추락이 이어지고 또 다른 순간에 새로운 사랑의 극치가 이루어질 수 있는 것이다. 볼노의 말대로 실존은 언제나 순간적으로 실현되었다가 역시 순간적으로 소멸해 버리기 때문이다.[103]

인간의 한 '평생'이란 이러한 실존의 변화가 죽음에 이르기까지 비연속적으로 일어나는 역동적인 운동장이다. 삶의 어느 특정 단계까지 교육을 통해 본질을 실현하는 장소가 아니다. 죽음의 순간까지 실존적인 비약과 추락이 이어지고 또 반복되는 실존의 교실이다. 흉악무도한 범죄자가 늘그막의 어느 순간 전혀 다른 새로운 인간이 될 수가 있다. 따라서 실존의 지평은 평생으로 확대될 수밖에 없다. '평생'이란 실존적으로 끊임없이 새롭게 되기 위한 노력을 필수적으로 해야 하는 '비연속적 교육'의 교실인 것이다.

앞에서 언급한 대로 볼노는 교육의 가소성에 기초해서 전개된 연속적인 교육형식들은 일상적인 삶의 영역에서 여전히 타당하다고 말한다.[104] 왜냐하면 인간에게는 다양한 '층들'이 있으며 이에 맞추어 다양한 형식의 교육이 존재하기 때문이다. 따라서 비연속적 교육의 형식이 강조되더라도 이전의 연속적 교육의 형식들도 계속해서 타당성을 지니는 것이다. 평생이란 개념은 연속적 교육의 장만이 아니라 또한 비연속적 교육의 장이라는 것이다.

3) 학습경험의 평생의 장

철학자이자 조직 행동가인 찰스 핸디Charles Handy는 저서『정신의 빈곤The Hungry Spirit』에서 학습에서의 경험의 중요성을 다음과 같이 강조한다.

> "우리는 어떤 일이 일어난 뒤에 반성을 하면서 배운다. 그 과정이 거꾸로 되는 일은 거의 없다. 그럼에도 불구하고 우리의 교육은 거꾸로 진행되고 있다."[105]

학습에 선행하는 경험

그의 말대로 우리는 삶을 살아보기도 전에 살아가는 법을 가르치려 하고, 실제로 뭔가를 해 보기 전에 그것을 하는 방법을 가르치려고 한다. 학교의 교육과정은 기본적으로 잘못되어 있다. 교육의 대부분은 경험 이후가 아닌 이전에 이루어지기 때문이다. 이 점을 오래전에 제기한 성인교육학자가 20세기 초 미국의 린드만이다. 린드만은 성인교육은 교과목subjects을 가르치는 것이 아니라 학습자의 '상황'situation에서 시작해야 한다고 주장한다. 그런데 "우리의 학문시스템은 그 반대의 순서로 발전해 왔다."고 비판한다.

> "교과목과 교사들이 출발점이고 학생들은 두 번째였다. 전통적 교육에서는 학생은 경험 이전에 미리 정해진 교과과정에 자신을 맞추기를 강요받았다. 그러나 성인교육에서는 교과과정이 학습자의 요구와 흥미를 중심으로 짜여진다."[106]

평생교육의 학적 정체성은 '평생' 개념의 교육적 해석에 달려 있다. 그렇다면 '평생'의 또 다른 중요한 의미는 바로 학습의 전제조건인 경험을 제공하는 시공간적 장場이라는 데 있다. 인간의 본질은 평생의 학습을 통해 창조되며 평생학습은 평생의 경험을 통한 반성反省에 의해 이루어진다. 평생 동안 어떤 일을 행한 후에 그 일을 반성하면서 배우게 되는 것이다. 따라서 성인교육 혹은 평생교육에서 가장 중시되는 것은 학습자들의 경험이다. 경험을 빼고 성인평생교육을 논할 수조차 없을 정도이다. 린드만이 강조한 대로 '성인학습자에게 경험은 살아 있는 교과서이다'.

경험은 살아 있는 교과서

성인은 이미 풍부한 경험을 가지고 있으며, 이 경험으로부터 성인들의 평생교육은 시작해야 한다는 것이다. 경험을 중시하는 린드만의 사상을 들여다보노라면 자연스레 떠오르는 교육철학자가 있다. 바로 존 듀이John Dewey, 1859~1952이다. 린드만의 사상은 '경험에 의한 학습learning by doing'을 강조한 듀이의 경험이론에 세례를 받았다고 해도 과언이 아니다. 듀이의 경험이론은 린드만은 물론 에이브러험 매슬로Abraham Maslow, 1908~1970 같은 인본주의 심리학자들에게 큰 영향을 미쳤으며, 또한 이들에 의해 말콤 놀스Malcom Knowles의 안드라고지 이론과 파울로 프레이리Paulo Freire 및 잭 메지로의 전환학습이론으로 전승되었다. 경험을 말하는 평생교육자들 중에 존 듀이에게 빚지지 않은 학자가 없을 정도이다.

존 듀이의 경험이론에서 볼 때, '평생' 개념은 '경험을 통한 지속적인 성장의 연속성'

으로 정의할 수 있다. 인간은 삶의 마지막 순간까지 '경험을 통해' 성장의 과정을 밟아나가는 '진행형의 학습자'일 뿐이다. 아동이든 성인이든 '경험을 통한' 지속적인 성장의 연속성에 서 있는 존재라는 것이다. 주목할 점은, 듀이는 경험이나 학습을 교육이 의도하는 학습과 구분한다. 즉, 학습이라고 다 교육이 아니라 교육에 의한 학습이 되기 위해서는 하나의 조건이 필요하다. 그것은 곧 '경험의 계속적인 자기주도적 성장'이라는 조건이다.[107] 교육은 경험을 통해서 가능하다는 믿음은, 모든 경험이 전환학습으로 이어지는 것이 아니듯이 모든 경험이 교육적이라는 의미는 아니다. 그 경험이 다음에 오는 경험의 성장을 촉진할 때 비로소 교육적 경험이 되는 것이다. '평생'은 바로 이전 경험이 후속 경험의 성장을 촉진시키는 시공간적이며 실존적인 장인 것이다.

듀이가 강조하는 '지속적인 성장의 연속성'은 린드만이 강조하는 '지속적으로 다른 존재로 되어 가는$_{becoming}$ 존재'[108]란 성인교육 사상으로 다시 태어나게 된다. 듀이에게 삶 혹은 평생은 성장$_{growing}$이듯, 린드만 역시 삶의 목적은 성장임을 강조한다. 성장이란 '끊임없이 다른 존재로 되어 가는 것'을 의미한다. 성장의 전제는 경험이며 '평생'은 성장의 과정이자 '끊임없이 무엇인가 되어 가는 존재의 과정'인 것이다. 여기서 주목할 점은 린드만은 학습에 있어서 단순한 경험이 아닌 '**상황**$_{situation}$' 접근을 강조한다는 점이다. 즉, 최상의 교수방법은 '상황의 경험에서 이루어지는 것'임을 강조하고 있다. 이 역시 듀이로부터 결정적인 영향을 받은 것이다. 그러나 린드만은 '상황의 경험'의 철학적 해석에는 인색한 감이 있다. 다시 듀이로 돌아가 보자.

듀이 경험의 교변작용

듀이의 경험이론의 핵심은 '연속성'과 '**교변작용**$_{transaction}$'에 있다. 듀이의 이러한 경험이론은 '평생' 개념의 교육적 의미를 포착하는 데도 중요한 철학적 바탕을 제공한다. 듀이의 경험의 '연속성' 개념은 그때까지의 경험론이 안고 있는 이원론을 비판하고, 그 대안적인 입장으로 내세우고 있는 개념이다. 종전의 경험론은 이성과 경험의 분리라는 전제하에 집단과 집단, 부자와 빈자, 남과 여, 귀족과 노예, 지배자와 피지배자 등 양자 사이에 분명한 장벽이 있는 것으로 파악한다. 듀이는 이를 이원론으로 규정하고 비판한다.

듀이가 대안으로 내세우는 연속성을 이해하기 위해서는 동전을 생각하면 된다. 동전에는 앞면도 있고 뒷면도 있지만, 그렇다고 앞면과 뒷면이 '사실적으로' 따로 떨어져서 별도로 존재하는 것은 아니다. 우리는 단지 머릿속으로 혹은 개념적으로 동전으로부터 앞면과 뒷면을 추상해 낼 뿐인 것이다. 동전은 양면이 있지만 하나인 것이다. 연속성의 개념을 바탕으로 제시되는 것이 '교변작용'이다. 주목할 점은 듀이가 말한 '교변작용'은 상호작용과 구분할 필요가 있다는 점이다. 교변작용은 특정한 '상황 속'에서의 역동적인 쌍방향의 상호작용을 의미한다. 듀이는 『경험과 교육Experienc and Education』(1938)에서 다음과 같이 설명한다.

> "모든 인간은 진공 속에서 사는 것이 아니라 세상에서 살고 있다. 즉, 인간은 일련의 상황들 '속'에서 살고 있다는 것을 의미한다. 상황 '속'에서라는 말은 동전이 호주머니 '속'에 있다든가, 우유가 병 '속'에 있다고 할 때의 '속'과는 다르다. 상황 속에 있다는 말은 어떤 사람이 사물이나 다른 사람들과 상호작용을 하고 있다는 것이다."[109]

듀이가 강조하는 것은 주체와 대상 중 어느 한쪽이 일방적으로 영향을 미치는 것이 아니라 서로가 서로에게 영향을 미치는 이중적인 활동이다. 그런 활동의 사태가 바로 '상황'인 것이다. 종전의 경험론에서는 상호작용이 일어나는 상황 속에 들어 있지 않은 주체나 대상이 있을 수 있었다. 듀이에게는 이런 생각이 용납되지 않는다.

듀이의 말을 빌려 다시 예를 들어 보자. 성냥갑 속에는 성냥개비들이 들어 있다. 인간 역시 다양한 상황 속에 처해 있다. 그렇다면 인간은 성냥개비가 성냥갑 속에 있는 것과 똑같은 방식으로 환경 속에 들어 있는 것인가? 똑같다고 생각할 사람은 많지 않을 것이다. 듀이는 그 차이를 이렇게 설명한다. "인간은 (성냥개비와 달리), 식물이 태양과 토양 '속'에 있는 것과 동일한 방식으로 존재한다."[110]

성냥개비는 성냥갑 속에 들어 있지만 성냥갑으로부터 분리될 수 있으며, 그럴 경우에도 이들 양자는 여전히 성냥개비와 성냥갑으로서 존재할 수 있다. 그러나 인간이 상황 속에서 존재하는 방식은 숲속의 나무와 같다. 나무가 흙, 햇빛과 분리될 수 없듯이 삶이란 상호작용 속에 들어 있는 인간은 결코 그 작용을 이루고 있는 다른 부분인 대상으로서의 인간 및 환경과 결코 분리될 수가 없는 것이다. 그렇다면 인간은 단순히 다른 인간들 혹은 환경과 분리되지 못한 채 상호작용을 하면서 경험을 하는 것인가? 여기서 듀이는 인간은 상호작용을 넘어 교변작용을 한다는 점을 다음과 같이 강조한다.

> "경험은 수동적 요소와 능동적 요소의 특수한 결합으로 이루어져 있다. 능동적 측면에서 경험이란 '해 보는 것'이라고 한다면, 수동적 측면에서 경험은 '당하는 것'을 말한다. 우리가 어떤 것을 경험할 때, 우리는 그것에 무엇인가 작용을 가하고, 그다음에 그 결과를 당하든가 한다."[111]

이렇게 인간이 상황 속에서 경험을 한다는 것은 주체와 대상이 쌍방향으로 주고받는 특수한 결합인 것이다. 다시 말해, 경험이란 주체가 대상에 대하여 무엇인가를 주는 것과 그 결과로 대상이 주체로 하여금 무엇인가를 당하도록 하는 것의 결합으로 이루어진 총체를 의미한다.

'평생'이란 이러한 주체와 대상 간의 상호 역동적인 영향을 주고받는 경험의 장이다. 평생의 경험을 통해 인간은 끊임없이 성장해 나가는[듀이] 혹은 다른 존재로 되어가는[린드만] 진행형의 존재인 것이다. 이런 평생의 성장을 돕는 것이 교육이기에 결국 교육은 곧 평생이다.

04

평생교육철학의 정의와 필요성

‘평생교육철학’은 평생교육의 개념 정의를 선이해로 요구한다. 평생교육에 대한 학계의 완결된 정의가 없다는 점에서 이 책의 내용은 일종의 탐색적 연구라 할 수 있다. 이 책에서는 문명사적인 새로운 사조로서의 평생교육론의 본질을, 인간과 삶 그리고 교육의 통합개념인 ‘평생’에서 찾는다. 그 ‘평생’의 철학적 의미는 들로 보고서의 네 가지 학습원리pillars에 포함되어 있다고 본다. 이 책에서 말하는 평생교육철학이란 ‘평생교육의 네 가지 학습원리의 철학적 바탕에 대한 탐색’이다.[112]

1. 평생교육철학의 필요성

> “나는 성인교육 분야에 50여 년을 종사하면서 성인교육의 철학적 기초가 결여되어 있다는 비판을 수없이 들어 왔다.”[113]

말콤 놀스Malcom Knowles, 1913~1997는 세상을 떠나기 몇 해 전 엘리아스Elias와 메리엄Merriam이 저술한『성인교육의 철학적 기초』에 서문을 써 달라는 부탁을 받고 첫 문장을 이렇게 시작하였다. 그동안 미국에서 성인교육에 관한 수많은 논문이 나왔음에도 불구하고 성인교육의 목적이나 목표 및 신념체계가 없었기 때문에 미국 사회에 큰 영향을 주지 못했다는 분석도 덧붙였다. 그는 '죄책감'을 느낀다고까지 했다.

1) 학문으로서의 필요성

평생교육의 주축이 성인교육이란 점을 생각해 보면 철학적 기초가 결여되어 있다는 놀스의 평가는 평생교육에도 똑같이 적용될 것이다. 1960년대 유네스코에서 평생교육이 본격적으로 논의된 이후 60여 년이 지났지만 평생교육의 철학적 바탕에 대한 연구는 미진한 실정이다. 여기에는 이유가 있다. 무엇보다 철학과 교육학의 관심의 차이이다. 사람을 대상으로 하는 아동교육, 청소년교육, 성인교육 등에서는 연령이나 심리적 성숙, 사회적 역할 등 발달단계의 특징과 그 특징이 교육과 어떤 관련성이 있는지를 탐구하는 데 관심을 갖는다.

그러나 대부분의 철학학파들은 이런 탐구에 깊은 관심을 보이지 않는다. 철학의 관심은 주로 인간 일반에게 있는 것이지 발달단계에 따른 인간의 특징에 있지 않기 때문이다. 그러나 평생교육의 대상은 특정한 발달단계에 제한되지 않는 학습자로서의 인간이다. 즉, 평생교육의 관심은 철학의 관심과 상통하는 것이다. 따라서 평생교육의 관점에서 철학이론들을 해석하는 범주의 폭이 그만큼 탄력적이며 개방적이게 된다.

2) 교육에서의 필요성

> "실천이 없는 이론은 공허한 관념론이 되고, 철학적 성찰이 없는 행동은 영혼이 없는 실천 mindless activism에 그치게 된다."[114]

『성인교육의 철학적 기초』를 연구한 엘리아스와 메리엄의 말이다. 교육적인 실천과 철학적 성찰은 분리할 수 없다는 점, 다시 말해 철학이 없는 교육행위는 영혼이 없는 교육자일 뿐이라는 말이다.

이번 겨울, 모처럼 해외여행 계획을 세우고 있다고 하자. 여행용 옷 준비에서부터 숙소, 음식, 날씨, 일정, 교통편 등을 알아보느라 분주하다. '무엇'을 준비하고 '어떻게'

여행을 할 것인지를 고민하게 된다. 그런데 만일 여행을 '왜' 가는지에 대한 질문을 하지 않는다면 어떻게 될까? 이번 여행의 목적 혹은 의미가 명확하지 않다면 여행의 멋이 반감될 뿐만 아니라 여행 준비 자체가 흐트러지게 될 것이다. 불편과 고통을 감수하면서까지 히말라야 트래킹을 하는 것과 몰디브 섬에서의 휴가를 위한 여행은 다르다. 잉카 유적지와 나이아가라 폭포를 감상하는 것 또한 다를 것이다. 여행을 왜 가려는지의 이유가 명확할 때 무엇을 어떻게 준비할지 계획을 세울 수 있으며 여행의 진정한 멋을 느낄 수 있게 된다. 여행 '철학'이 필요한 이유이다.

평생교육도 삶의 여행과 다를 바 없다. 왜 철학이 필요한 것일까? 많은 학자는 교육프로그램을 수행하기 전에 먼저 제기해야 할 질문은 '왜$_{\text{Why}}$?'의 물음이라고 강조한다. '무엇을$_{\text{what}}$?' 교육하고, 또 '어떻게$_{\text{how}}$?' 교육할 것인지에 대한 질문에 앞서 제기되어야 할 질문은 '왜?'그렇게 교육을 해야 하는가의 물음이기 때문이다. 교육의 내용이나 교육방법에 앞서 교육철학에 관한 고민과 논의가 앞서야 하는 것이다. 이는 마치 여행준비를 하면서 여행의 행선지와 목적을 먼저 생각해 봐야 하는 것과 같다.

여행을 계획하고 실제로 떠나는 행동 이면에 숨어 있는 '여행 목적'에 관한 이 질문[Why]은 여행의 진미를 만끽하는 데 도움을 준다. 기업경영도 마찬가지이다. 하워드 슐츠 스타벅스 회장은 임원회의 때마다 다음과 같은 질문을 던진다고 한다.

> "우리는 '왜' 이 회사를 경영하는가?"

평생교육과 관련된 모든 교육적인 활동이나 이벤트에 앞서, 그 활동 근저에 놓여 있는 철학과 관련된 '왜?'란 물음은 교육현상의 의미와 목적을 명확히 이해하는 데 큰 도움을 준다. 예를 들어, 평생교육 프로그램이나 행사를 진행하기 전에 '우리는 왜 이 프로그램을 진행하는가?'의 질문을 제기해 본다. 프로그램의 목적을 명확히 해 줄 뿐만 아니라 또 다른 대안 혹은 접근방법을 모색하게 해 줄 수 있다. 교육과정 설계나 교수법, 예산, 평가 등에서도 마찬가지이다. 나아가 평생교육자로서의 나의 교육행위에 영향을 준 가치관이 무엇인지, 나의 교육철학이 무엇인지를 성찰함으로써 개방적이면서 독립적인 자신의 교육철학과 원리를 구축할 수 있게 된다.

물론 왜 여행을 가는지를 알고 가듯, 대부분의 평생교육자도 나름의 철학을 갖고 교육활동에 임할 것이다. 사람들은 의식을 하든 안 하든 자신의 가치와 경험, 생활양식life style의 총합인 개인적 신념체계belief system를 바탕으로 교육을 하기 때문이다. 학문적 체계나 검증의 여부는 차치하고서라도 이 신념체계는 평생교육자로서의 '나'의 철학이다. 그러나 주목할 점은 나의 신념체계나 사고思考는 엄밀히 말해 온전히 나의 것은 아니라는 점이다. 나의 사고는 필연적으로 역사적으로 형성된 사유 틀frame에 의존하기 때문이다.

인간은 태어나면서부터 사유를 위한 사유 틀과 범주들을 생득生得하는 것이 아니다. 자신의 경험을 통해 구축한 신념체계 역시 자신만의 것이 아니다. 나의 사고 혹은 철학은 역사적으로 형성된 사유 틀을 가지고 구체적인 개인적·사회적 현실을 바탕으로 사고를 전개해 나가는 것이다.[115] 마찬가지로 평생교육은 혹은 성인교육자로서의 '나'의 신념체계나 철학도 알고 보면 역사에 깊이 뿌리를 두고 있는 철학 혹은 철학적 원천을 갖고 있다.

'나'의 철학은 자유주의liberal 전통일 수도 있고, 인본주의humanistic, 진보주의progressive, 행동주의behaviorist, 급진주의radical 전통이거나 혹은 이들의 혼용일 수도 있다. 결국 이들 철학전통을 학습해야 하는 이유는 나의 교육철학의 뿌리를 이해하거나 또는 교육철학의 바탕을 마련하기 위해서이다. 평생교육철학을 공부한다는 것은 평생교육자로서의 나의 철학, 나아가 나의 정체성을 구축하는 것이다.

2. 평생교육철학의 정의와 준거

들로 보고서는 평생교육의 기둥으로 네 가지 학습원리를 제시한다. 즉, 알기 위한 학습, 행하기 위한 학습, 함께 살기 위한 학습, 그리고 존재하기 위한 학습이다. 평생교육의 목적은 교육 그 자체가 아니라 네 가지 학습을 실현하는 데 있다는 점을 강조하는 것이다. 이 네 가지 학습원리는 평생교육의 본질이자 이 책에서 정의하는 평생교육철학의 준거가 된다.

1) 평생교육철학의 정의

유네스코 평생교육의 선구자인 폴 랑그랑은 평생교육의 본질 자체가 철학의 관점에서 이해되어야만 한다는 점을 다음과 같이 강조한다.

> "교육은 외부로부터 삶에 부과되는 부가물addendum이 아니다. 교육은 얻어져야 할 항목이라기보다는 문화 그 자체이다. 철학적인 용어를 사용하면 그것은 '소유having'의 영역이 아닌 '존재being'의 영역에 있다고 하겠다. … 모든 다양한 삶의 단계, 다양한 환경 속에서 형성되어지는 상태에 있는 존재가 교육의 참된 대상이다."[116]

교육은 '존재存在, being'의 영역에 있으면서 평생에 걸쳐 '형성되는becoming' 상태에 있는 인간[과정적 존재]을 대상으로 한다는 것이다. 학습자의 평생의 '형성'을 위한 평생교육의 철학적 바탕이 평생교육철학이다. 다시 말해, 평생교육철학은 평생교육의 개념, 목적, 교육의 과정, 평생교육 조직, 평생교육경영 및 정책 등에 관한 원리 혹은 문제의 해결을 철학적으로 접근하는 학문이다. 이러한 평생교육의 원리들이 무엇이냐에 대해서는 관점에 따라 다를 것이다.

이 책에서는 평생교육의 원리들을 들로 보고서가 제시한 평생교육의 네 가지 기둥 혹은 학습원리에서 찾는다. 들로 보고서는 이 네 가지 학습원리들을 실현하는 것이 곧 평생교육임을 강조한다. 따라서 이 책에서의 평생교육철학의 조작적 정의는 다음과 같다. 즉, 평생교육철학이란 들로 보고서가 제시한 평생교육의 네 가지 학습원리들이 명시적으로 혹은 암묵적으로 강조하는 개념 혹은 이론들의 철학적 바탕을 탐색하는 것이다.

평생교육철학은 교육의 영역에 대한 일반철학을 적용하기에 사변적, 규범적, 분석적 입장을 취하게 된다. 각각의 학습원리에 대해 서로 충돌하는 사실을 해석하고 체계화하여 철학적 바탕을 수립하려 한다는 점에서 사변적일 수 있다. 평생교육이 지향해야 할 목적을 철학적으로 추구한다는 점에서 규범적일 수도 있다. 또한 평생교육철학의 관점에서 사변적, 규범적 입장에서 주장되는 견해를 명확히 하고자 시도한다는 점에서 분석적 입장을 취할 수도 있다.

'철학적 방법으로 교육에 접근'하는 방식은 크게 두 가지로 구분할 수 있다.[117] 하나는 철학적 지식을 교육의 분야에 응용하는 '교육의 철학philosophy of education'이고, 다른 하나는 교육철학을 독자적으로 성립시키려는 '교육적 철학educational philosophy'으로 구분할 수 있으나 명확한 것은 아니다. 이 책에서의 접근방식을 굳이 구분한다면 전자에 속한다. 이 책에서 정의하는 평생교육철학 개념에 비추어 볼 때 철학적 지식을 평생교육의 네 가지 원리에 관련시켜 적용하는 방법이 타당하다고 판단되기 때문이다.

이 경우 평생교육의 철학은 철학의 주요 분야인 존재론, 인식론, 가치론, 논리학 등을 평생교육의 네 가지 학습원리들에 응용 및 적용한다. 이를 바탕으로 평생학습의 목적과 당위성, 평생학습과 지식, 앎과 실천, 삶과 윤리, 자기 창조의 삶과 논리적 근거 등을 탐색한다. 존재론과 인식론 등의 철학은 전통적인 형이상학, 현상학, 해석학, 구조주의, 실증주의, 마르크스주의, 실존주의 등의 철학적 사조에 따라 연역적으로 접근하게 된다.

2) 평생교육철학과 칸트의 물음

들로 보고서의 네 가지 학습원리에 기초한 평생교육철학의 타당성을 제공하는 것이 칸트의 세 가지 물음이다. 칸트는 저서 『순수이성비판』(1781/1787)에서 "나의 이성의 모든 관심(즉, 사변적 관심 및 실천적 관심)은 다음의 세 물음으로 통합된다."고 단언한다. 모든 철학은 궁극적으로 이 세 물음에 답을 찾는 것을 목표로 해야 한다는 것이다.

1. 나는 무엇을 알 수 있는가What can I know?
2. 나는 무엇을 행해야만 하는가What should I do?
3. 나는 무엇을 희망해도 좋은가What may I hope?

칸트는 세 가지 물음은 결국 '인간이란 무엇인가?'라는 물음으로 수렴된다는 점을 밝힌다. 칸트 이후 많은 철학자는 '철학이 무엇인가?'라는 질문이 나오면 이 세 가지의 질문으로 철학의 영역을 말해 준다. 그런데 이 세 물음을 다시 두 분야로 좁힌다면 철학은 1번과 2번으로 구분된다. 즉, '지식'의 문제와 '가치'의 문제이다. 전통철학체계로 보면 전자는 인식론 혹은 지식론이며, 후자는 윤리학의 영역이다.

평생교육철학에서도 양대 축은 결국 인식론과 윤리학이다. 즉, '지식이란 무엇인가?' 그리고 '어떻게 살 것인가?'의 물음에 대한 철학적 접근이라 할 수 있다. 들로 보고서가 제시한 평생교육의 네 가지 학습원리는 칸트의 세 가지 철학 영역, 더 정확히는 인식론과 윤리학의 영역에 포함된다. 알기 위한 학습과 행동하기 위한 학습은 인식론의 영역이며, 함께 살기 위한 학습과 존재하기 위한 학습은 가치론 혹은 윤리학의 영역이다. 철학의 핵심 영역과 평생교육의 네 가지 학습원리는 긴밀히 맞닿아 있는 것이다. 칸트의 물음을 간략히 살펴보기로 한다.

① 첫 번째 물음, '나는 무엇을 알 수 있는가?'는 평생교육의 첫째 기둥인 '알기 위한 학습' 및 '행하기 위한 학습'에 대한 철학적 물음이다. '앎 혹은 지식이란 무엇인가?'의 물음은 인식론 혹은 지식론의 문제이자 행함에 대한 철학적 물음이다. 앎과 행함은 분리되는 것이 아니며, 구성주의 인식론에서 주장하듯 행하는 것$_{\text{doing}}$은 배우는 것$_{\text{learning}}$의 수단이 아니라 목적이라고 볼 경우 앎과 행함은 구분할 수 없기 때문이다.

② 두 번째 물음, '나는 무엇을 행해야만 하는가?'는 사변적인 첫 번째 물음과 달리 순전히 실천적이다. 칸트가 두 번째 물음을 도덕의 영역이라고 언급한 것에서 알 수 있듯이, 우리는 '어떻게 살 것인가?'의 가치론적 혹은 윤리적 문제라 할 수 있다. 칸트가 윤리적 삶의 준거로 제시한 정언명령, 즉 행위의 보편성과 목적으로서의 인간의 철학은 평생교육의 세 번째 기둥인 '함께 살기 위한 학습'의 당위성과 직결되며 존재하기 위한 학습과도 연결된다.

③ 세 번째 물음은 곧 '내가 행해야 할 것을 행했다면, 다시 말해 두 번째 물음이 묻고 있는 내용을 실제로 삶 속에서 실천했다면, 나는 그때 무엇을 희망해도 좋은가?'라는 물음이다. 칸트는 도덕적으로 행동해야 인간은 행복을 누릴 만한 자격을 갖추게 된다는 점을 전제로 한다. 행복할 만한 품격을 갖춘 자가 실제로 행복을 누리는 상태가 '가장 좋은' 상태, 곧 '최고선'의 상태이다. 그 행복이란 개인의 각기 다른 종교적 혹은 철학적 관점에 따라 다를 수 있을 것이다.

이 질문은 평생교육의 '존재하기 위한 학습'과 의미론적으로 연계된다. 들로 보고서가 강조하듯, 평생교육의 첫 세 가지 학습원리들은 결국 존재하기 위한 학습을 지향하기 때문이다. 앎과 행함 그리고 더불어 삶의 학습은 궁극적으로 존재하기 위한 학습, 즉 개인의 전인적 발전을 통한 행복을 지향하기 때문이다.

칸트는 세 가지 물음을 던진 후에 이 물음들의 틀 안에서 결국 '인간이란 무엇인가?'를 이해할 수 있다고 강조한다. 앞의 세 물음은 결국 인간은 무엇인가라는 물음에 답을 얻기 위한 목적이었다는 의미이다. 들로 보고서 역시 칸트와 마찬가지의 논리적 귀결을 하고 있다. 즉, 네 번째인 존재하기 위한 학습은 앞의 세 가지를 바탕으로 하는 궁극적인 목표라고 강조한다.[118] 앞의 세 가지 학습 기둥은 결국 존재하기 위한 학습 혹은 '온전한 인간'을 위한 학습이란 것이다. 들로 보고서는 이를 다시 강조한다.

> "평생교육은 기술, 능력, 경제적 잠재력$_{\text{potential}}$과 같은 특수한 목표를 달성하기 위한 과정으로서의 도구적 관점을 넘어 자신을 온전한 사람$_{\text{a complete man}}$으로 개발하는 과정, 즉 존재하기 위한 학습이다."[119]

3. 네 가지 학습원리의 역동성

평생교육의 네 가지 학습원리들은, 첫째, 이해의 도구를 획득하기 위한 '알기 위한 학습', 둘째, 개인의 환경에 창조적으로 대응할 수 있는 '행동하기 위한 학습', 셋째, 모든 활동에 타인과 함께 참여할 수 있게 하기 위한 '함께 살기 위한 학습', 그리고 앞의 세 가지를 바탕으로 하는 궁극적 목표로서 '존재를 위한 학습'이다.

이들 학습원리들은 서로 분절되는 것이 아닌 역동적인 상호관계를 이룬다. 들로 보고서는 "이 네 가지 지식의 경로는 서로 간에 많은 부분이 접촉하고 교류하며 상호 교환되면서 하나의 전체를 이룬다."는 역동성을 강조한다.[120] 마찬가지로 네 가지 학습원리에 바탕이 되는 철학들도 서로 구분되지 않고 중첩되는 역동적인 관계를 이루게 된다.

외형적으로 보면 네 가지 학습의 기둥이 각기 독립적으로 동일한 비중을 가지면서 상호 역동적으로 영향을 주고받는 관계로 해석할 수도 있다. 국내외 평생교육 관련 많은 문헌에서 해석하는 방식도 이 같은 범주에 속한다. 즉, 정사각형의 네 꼭짓점에 동일한 비중으로 네 기둥을 위치시키는 것이다.

그러나 갤라거Gallagher의 말대로 "교육 및 교육현상은 항상 해석학적"[121]이란 특성에 주목할 필요가 있다. 해석학은 텍스트 속에 감추어진 의미를 끄집어 내어 읽어 주는 데 주안점을 둔다. 하나의 텍스트에는 문자 그대로의 의미가 아니라 그 이상의 무언가 다른 숨겨진 의미가 담겨 있기 때문이다. 따라서 부분을 이해하기 위해서는 전체를 파악해야 하며, 전체는 부분적인 이해를 바탕으로 하기에 필연적으로 슐라이어마허Schleiermacher, 1768~1834가 지적한 '해석학적 순환hermeneutic circulation'이 될 수밖에 없다.

나는 들로 보고서의 네 기둥이 바로 이러한 해석학적 순환을 통해서만이 그 의미를 명확히 이해할 수 있다고 생각한다. 들로 보고서는, 먼저 과거의 전통적인 형식적 교육제도에서는 첫 두 기둥인 알기 위한 학습 및 행동하기 위한 학습에 초점을 맞추어 왔다는 사실을 지적한다. 대신 나머지 두 기둥인 함께 살기 위한 학습 및 존재하기 위한 학습은 그저 우연에 맡기거나 혹은 앞의 두 가지 학습의 자연적 부산물로 간주되고 말았다고 비판한다. 이어 들로 보고서는 향후 평생교육은 학습조직에서 네 가지 학습 유형 모두에게 동일한 관심을 부여해야 한다고 말한다.

해석학적 순환이 요구되는 것이 바로 이 지점이다. 평생교육의 네 기둥 각각을 이해하기 위해서는 먼저 전체를 파악할 필요가 있기 때문이다. 그 '전체'란 무엇인가? 들로 보고서에서 의미하는 '전체'란, 평생학습이란 결국 개인으로 하여금 자신의 창조적인 잠재적 가능성을 발견하고 계발하여 꽃을 피우는 데 목적을 두는 것이다.[122] 이것이 바로 평생학습을 하는 우리 각자에게 숨겨진 보물을 드러내 주는 것이다. 따라서 교육의 궁극적 목적은 목표를 달성하기 위한 과정으로서의 수단적인 교육의 목적을 넘어서서, 자신을 '온전한 사람'으로 개발하는 과정 그 자체에 있다. 온전한 사람으로의 변화를 위한 학습이 바로 '존재를 위한 학습'이라는 것이다.

'전체'로서의 존재를 위한 학습은 부분적인 이해, 즉 앞의 세 기둥에 대한 이해를 바탕으로 한다. 다시 말해, '앎'과 '행함' '함께 삶'의 학습은 그 자체가 목적이 아니라 존재하기 위한 학습의 바탕으로서의 의미가 있다는 점에 주목해야 한다. 반대로 존재하기 위한 학습을 목표로 하지 않는 앎과 행함, 함께 삶을 위한 학습은 교육의 궁극적 목적이라 할 수 없는 것이다. 들로 보고서도 앞의 세 가지 기둥을 바탕으로 필연적으로 귀결되는 것이 바로 존재하기 위한 학습임을 강조한다. 네 가지 학습 유형 중 가장 큰 비중은 존재하기 위한 학습에 있는 것이다. 이러한 논지를 바탕으로 할 때 네 가지 학습 기둥을 정사각형의 네 꼭짓점에 동일한 비중으로 각각 위치시키고 상호 영향을 주고받는 역동적 관계로 해석하는 방식은 논의의 여지가 있음을 알게 된다.

해석학적 순환에서 볼 때 네 가지 학습기둥의 상호역동성은 정사각형이 아닌 피라미드형에서 찾아야 한다. 피라미드 맨 하단의 '알기 위한 학습'에서 최상단의 '존재하기 위한 학습'으로 올라가는 피라미드형의 역동성으로 이해하는 것이 타당하다는 것이다. 피라미드의 넓은 밑바닥에는 '알기 위한 평생학습'이 위치한다. 여기에는 형식적$_{\text{formal}}$, 비형식적$_{\text{nonformal}}$ 혹은 무형식적$_{\text{informal}}$ 학습을 통해 일상적으로 이뤄지는 중요하지만 긴급하지 않을 수 있는 학습들이 존재한다.

피라미드의 두 번째 계단에는 '행동하기 위한 학습'이 위치한다. 이 계단은 단지 지식과 정보를 획득하는 것뿐만 아니라 그 지식과 정보를 적용하고 환경에 창조적으로 대응하는 능력을 학습하는 단계이다. 세 번째 계단은 '함께 살기 위한 학습'으로서 밑의 두 계단의 학습이 지향해야 할 학습유형이다. 즉, 알고 행함은 타인과 더불어 살기 위한 학습을 목표로 할 때 의미가 있고 정당화되는 것이다.

마지막 피라미드의 정점에는 '존재하기 위한 학습'이 위치한다. 최정점에 있다는 것은 가장 궁극적이며 중요하다는 의미이다. 들로 보고서의 결론대로 평생교육은 곧 존재하기 위한 학습으로 간주되기 때문이다. 궁극적인 목표로서의 '존재하기 위한 학습'은 그 밑의 목표인 세 가지 학습기둥의 기반을 제공한다. 세 가지 학습기둥의 목적과 가치를 제공하며 정당화를 제공하는 것이다.

피라미드 정점에 이를수록 훨씬 더 중요한 평생교육의 본질이 존재하는 것이며 그것은 차례로 아래쪽의 학습의 기반과 정당성을 제공하는 것이다. 반대로 아래쪽의 평생학습은 위쪽의 평생학습의 목표와 가치에 의존한다. 이런 식으로 정점까지 계속된다. 최정점의 '존재하기 위한 학습'에서 평생교육의 가장 중요한 목표이자 본질에 도달하는 것이다. 피라미드의 넓은 밑바닥에 비해 정점은 뾰족하고 좁듯이 평생교육의 본질은 간명하고 단순하다. 밑의 모든 학습은 결국 인간으로서 '존재하기 위한 학습'인 것이다.

그렇다고 피라미드형의 평생학습 네 기둥이 반드시 순차적 혹은 위계적 구조인 것은 아니다. 맨 밑에 위치한 '알기 위한 학습'이 곧 바로 정점의 '존재하기 위한 학습'까지 나선형으로 그리며 올라갈 수도 있다. 정점에 도달한 질문은 가장 심오한 학습에 관한 질문이 된다. 즉, 개인의 다양한 일상의 학습행위가 존재하기 위한 학습에 관한 질문으로 환치되는 것이다.

무엇을 위해 지식과 기술을 배우는지에 대한 근본적인 물음은 결국 정상의 '존재하기 위한 학습'이 되어야만 한다는 인식으로 전환될 수 있는 것이다. 일상적으로 행해지는 습관적인 '알기 위한 학습' 행위들이 결국 존재하기 위한 학습임을 인식할 때 비로소 '알기 위한 학습'의 가치와 의미, 목표가 설정될 수 있게 된다. 결국 해석학적 순환의 관점에서 볼 때, 평생교육의 네 가지 학습기둥은 수평적인 역동성이 아니라 수직적 역동성이 본질인 것이다.

미주

1) Raabe, P. (2014). *Philosophy's role in counselling and psychotherapy*. 김수배, 이한균 공역 (2019). **상담과 치료에서 철학의 역할**. 서울: 학이시습. p. 201.
2) 박세원(2010). **존재의 성장과 교육**. 서울: 교육과학사. p. 29.
3) 몽고메리와 젊은 장교의 대화 내용은 버나드 몽고메리(2004). **전쟁의 역사**(승영조 역. 서울: 책세상)의 내용을 임용한의 전쟁사(동아일보 2018. 10. 16.) 서술방식을 참고로 재구성하였음.
4) Peters, R. S. (1967). Aims of education–A conceptual inquiry. In R. S. Peters (Ed.), (1973), *The Philosophy of Education*. Oxford: Oxford University Press. p. 80.
5) 20세기 '철학의 혁명'이 비트겐슈타인으로 대표되는 분석철학이라면, 그에 견줄 만한 교육철학의 혁명은 20세기 중엽 이후 영어권 국가를 중심으로 세계 교육학계에 혜성처럼 부상한 '분석적 교육철학'이라 할 수 있다. 대표적 인물이 영국의 피터스를 비롯한 허스트$_{\text{Hirst}}$, 그리고 미국의 쉐플러$_{\text{Scheffler}}$ 등을 들 수 있다. 이들은 공통적으로 언어분석의 방법을 통해서 교육의 주요 개념들을 명료히 하고, 교육적 논의에 들어 있는 각종 논리적 가정과 함의들을 드러내며, 나아가 교육에 관한 주요 주장들을 정당화하는 일을 하였다. (참조: 유재봉(2002). 피터스. 연세대 교육철학연구회 편. **위대한 교육사상가들V**. 서울: 교육과학사. p. 471.)
6) Peters, R. S. (1963). Education as initiation. In R. D. Archambault (Ed.), *Philosophical*

Analysis and Education. London: Routledge & Kegan Paul. pp. 87-111.

7) 같은 곳.

8) Harari, Y. N. (2004). *Renaissance Military Memoirs*. 김승욱 역(2019). **유발 하라리의 르네상스 전쟁회고록**. 서울: 김영사.

9) Peters, R. S. (1967). p. 80.

10) Plato. **플라톤/소크라테스의 변론, 크리톤, 파이돈, 향연**. 천병희 역(2012). 서울: 도서출판 숲. p. 61.

11) Nozick, R. (1989). *The examined life*. 김한영 역(2014). **무엇이 가치 있는 삶인가**. 서울: 김영사.

12) "하나의 전체로서의 삶의 그림과 마주쳐야 한다. 그렇지만 학계는 그림을 이해하려는 것이 아니라 저 캔버스와 물감을 알려고 혈안이 돼 있다. 삶과 현존재의 보편적인 그림을 확실하게 눈에 새겨둔 사람만이 스스로 다치지 않고 개별적인 학문을 사용할 것이라는 점만은 우리가 분명히 말할 수 있다. 조정하는 역할의 전체상이 없다면 개별 학문은 가도 가도 끝이 없는, 우리 인생을 더 혼란스럽게 만드는, 미로같이 만드는 실에 불과할 것이기 때문이다." (참조: Nietzsche, F. W. (1872). *Die Geburt der Tragödie & Unzeitgemäße Betrachtungen*. 이진우 역(2015). 니체전집 2권. **비극의 탄생 · 반시대적 고찰**. 서울: 책세상. pp. 413-414.)

13) Heidegger, M. (1923). *Sein und Zeit*. 이기상 역(2013). **마르틴 하이데거의 존재와 시간**. 서울: 까치. p. 315. 하이데거의 시간성$_{\text{Zeitlichkeit}}$과 존재시성$_{\text{Temporalitat}}$은 하이데거 철학의 핵심이다. 그에 의하면 엄격한 의미에서 '시간적$_{\text{zeitlich}}$'이라는 형용사를 사용할 수 있는 존재자는 현존재뿐이다. 자신의 시간을 가질 수 있어서 자신으로 존재하거나 존재할 수 없는 그런 실존가능의 존재자만이 시간적일 수 있기 때문이다. 우리가 통상 '시간과 더불어 변화하는'이라는 의미로 사용하고 있는 '시간적'은 하이데거의 엄격한 낱말 사용에 따를 것 같으면 '시간내재적'이라고 표현되어야 한다. 그럼에도 일상적인 용법대로 사용할 경우는 "　"로 묶어서 표기하고 있다. 하이데거는 현존재의 존재의미를 시간성으로 밝혀내고 있으며, 그것이 곧 존재이해의 존재론적 가능조건임을 천명한다. 그런데 우리는 현존재가 시간이라는 존재이해의 지평에서 이해하고 해석해 내는 존재 자체의 의미도 '시간적' 성격을 띠고 있음에 주목할 수 있다. 이렇게 존재 자체의 의미가 함축하고 있는 '시간적' 성격을 인간 현존재의 시간적 특성과 구별짓기 위해서 하이데거는 전자를 '존재시적'이라고 표현하며 그 독특함을 '존재시성'이라고 칭한다. (참조: Heidegger, M. (1927). *Sein und Zeit*. 이기상 역(2013). **존재와 시간**. 서울: 까치. 역자 주. p. 573.)

14) 박세원(2010). p. 29.

15) 철학의 관점에서 보는 시간과는 달리 물리학에서 보는 시간은 시간과 공간이 상호작용하는 '시공간'에 따라 상대적이라는 게 학자들의 설명이다. 아인슈타인의 일반상대성이론에 따르면 중력이 강한 곳의 시간이 느리게 간다. 따라서 시간의 흐름은 공간의 중력이 커질수록 점차 느려지기 때문에 블랙홀 근처에서의 1분은 지구에서의 수백 년에 해당한다. 이 원리에 따르면 아주 미

세하지만 시간은 산에서 더 빨리, 평지에서는 더 느리게 흐른다. 인터넷으로 천 유로 정도에 살 수 있는 정밀한 시계로도 측정이 가능하다고 한다. 전문 실험실용 시계가 있으면, 몇 센티미터만 낮아져도 시간이 지연되는 현상을 관찰할 수 있다는 것이다. 극단적으로 말하면 시계는 탁자 위에 놓았을 때보다 바닥에 두었을 때 솜털만큼 더 느리다. (참조: Rovelli, C. (2017). *The order of time*. 이중원 역(2019). **시간은 흐르지 않는다**. 서울: 쌤앤파커스.)

16) Borges, J. L., & Barnstone, W. (1982). *Borges at Eighty: Conversations*. 서창렬 역(2015). **보르헤스의 말: 언어의 미로 속에서, 여든의 인터뷰**. 서울: 마음산책. p. 132. 호르헤 루이스 보르헤스(1899~1986)는 아르헨티나 출신의 소설가이자 시인으로 현대문학의 거장이라 불리었다. 그의 생전의 작품은 워낙 난해하기로 유명했으며 실체와 상상이 뒤섞인 그의 작품들은 문학, 철학사에 혜안을 제공한 것으로 평가받는다. 자크 데리다, 미셸 푸코, 움베르토 에코 등 걸출한 옹호자를 낳았다. 자신의 말이 하나의 주장으로 굳어질까 염려하며 "오늘은 그래요"라는 식으로 대화를 마무리 짓는 것도 인상적이다.

17) Hegel, G. W. F. (1820). *Elements of the philosophy of right*. trans. by T. M. Knox (1952). p. 12.

18) 영어번역 owl은 한국어로 올빼미와 부엉이로 재번역될 수 있다. 그러나 동물학자의 관찰에 따르면 올빼미와 부엉이는 매우 닮았지만 결정적인 차이점이 있다. 올빼미는 머리에 삐죽삐죽한 깃털이 없지만 부엉이는 있다는 것이다. (참조: Strack, E. (2019). **올빼미일까 부엉이일까**. 이정아 역. 서울: 매직사이언스.)

19) Hegel, G. W. F. (1820). p. 12.

20) 같은 곳.

21) 박찬국(2014). p. 319.

22) 소광희(2002). 시간의 철학적 성찰. 서울: 문예출판사. 물론 헤겔은 시간을 자연시간에 한정시키지 않으며, 자연시간을 지양함으로써 영원성을 유지하는 시간으로 "개념시간"을 제시한다. 정신은 개념시간에서는 시간의 변화에도 불구하고 정체성을 잃지 않고 자기를 실현할 수 있다고 주장한다. "절대적 무시간성은 지속과 구별된다. 그것은 자연적 시간이 아닌 영원이다. 그러나 시간 자체는 그 개념에 있어서는 영원하다. 왜냐하면 그것은 임의의 시간이나 지금이 아니라, 시간으로서의 시간이요 그 개념이기 때문이다. 이 개념은 모든 개념 일반과 마찬가지로 영원한 것이고, 따라서 또한 절대적 현재이다." 지금 연속으로서의 '자연시간'은 과거와 미래로 지속하는 시간이지만, 영원으로서의 '개념시간'은 절대적 현재라는 개념만을 갖는 시간이다. (참조: 조극훈(2010). 헤겔 역사철학에 나타난 자유와 필연의 변증법. **철학탐구, 27**, 29-56.)

23) 소광희(2002). **시간의 철학적 성찰**. 서울: 문예출판사.

24) 같은 책.

25) Evans, J. (2012). *Philosophy for Life and Other Dangerous Situations*. 서영조 역(2012). **철학을**

권하다. 서울: 더퀘스트. p. 28에서 재인용.

26) Raabe, P. (2014). p. 1에서 재인용.

27) 백종현(2004). 철학의 주요개념: 철학 텍스트들의 내용 분석에 의거한 디지털 지식 자원 구축을 위한 기초적 연구. **철학사상, 별책 제2권**, 제1a호. 서울대학교 철학사상연구소. p. 10.

28) 같은 책.

29) Raabe, P. (2014). p. 263.

30) 소피스트는 원래 특수한 기술이 있는 지자知者라는 뜻인데, 기원전 5세기에 이 말은 보수를 받고 지식을 전수하는 순회 교사들을 지칭했다. 그들은 지리, 수학, 문법 등 다양한 과목을 가르쳤으나 사회적 출세를 위하여 젊은이들에게 주로 수사학을 가르쳤다. (참조: Plato. 천병희 역(2017). *Apologia Sokratous, Kriton, Phaidon*. **소크라테스의 변론/크리톤/파이돈**. 서울: 도서출판 숲. p. 23.)

31) Raabe, P. (2014). p. 263.

32) Plato. **플라톤/소크라테스의 변론, 크리톤, 파이돈, 향연**. 천병희 역(2012). 서울: 도서출판 숲.

33) 형이상학의 원래의 말은 'meta-physica'이다. 기원전 1세기에 안드로니코스Andronicos of Rhodos가 아리스토텔레스의 저작들을 정리하면서 제목 없이 전해져 온 존재에 관한 14권의 저술을 자연학physica 뒤에 묶어 놓으면서 '자연적인 것[자연학] 뒤의 것ta meta ta physica'이라고 명명한 데서 비롯되었다고 한다. 편집상의 순서를 지칭하던 말이 '자연적 인 것 너머의 것'을 다루는 학문이라는 말로 전환된 셈이다. 그리스어 'meta'는 본래 '뒤에' '다음에'를 뜻하는데 중세에 라틴어 trans(넘어서)의 의미를 얻음에 따라 형이상학은 자연학을 넘어서, 즉 '자연적인 것' '감각적인 것'을 넘어서 그것의 토대, 근거, 원리를 탐구하는 학문이라는 뜻을 갖게 되었다. 따라서 형이상학은 자연 저편의 것에 관한 학문, 경험을 넘어선 '초감성적인 것에 관한 학문'인 것이다.

존재에 관한 형이상학은 존재자로서의 존재자, 존재자 일반의 존재 원리를 탐구하는 '일반 형이상학metaphysica generalis'과 한 존재자이긴 하지만 결코 감각 경험적으로 접근할 수 없는 특수한 존재자들을 탐구하는 '특수 형이상학metaphysica specialis'으로 구분된다. 일반 형이상학은 모든 존재자에게 타당한 원리를 찾는 것이기에 존재론을 말한다. 주목할 점은 존재론은 어떤 한 사물의 본질과 존재를 묻는 것이 아니라—이것은 과학적 물음의 대상이다—, 존재자 일반의 본질과 존재를 묻는다는 점이다. 특수형이상학은 특수한 존재자를 다루는데 그런 존재자는 자연을 초월해 있기에 오로지 이성의 힘으로써만 개념화할 수 있는 것이다. 영혼, 우주 자체, 신인데 영혼론, 우주론, 신학이 특수 형이상학의 내용을 이룬다고 할 수 있다. (참조: 박종현(2004). pp. 69-70.)

34) Kafka, F. (1916). *Die Verwandlung*. 이재황 역(2005). **프란츠 카프카 변신**. 서울: 문학동네.

35) 쇼펜하우어의 말은 Hadot, P. (1995). *Qu'est-ce que la philosophie antique?* 이세진 역(2017). **고대철학이란 무엇인가**. 서울: 열린책들. p. 271에서 재인용.

36) Marinoff, L. (1999). *Plato Not Prozac*. 이종인 역(2000). **철학으로 마음의 병을 치료한다**. 서울: 해

냄. p. 24.

37) Kellogg, M. (2010).

38) 탈레스와 아낙시만드로스, 헤라클레이토스 같은 초기 고대 그리스 철학자들은 기원전 6세기와 5세기에 걸쳐 요즘의 터키 서해안에 해당하는 이오니아 반도에 살았다. 그래서 '이오니아학파'라고 불린다.

39) Raabe, P. (2014). p. 197에서 재인용.

40) 같은 책. p. 201. 소크라테스는 남이 만든 것에 의해 '끌려다니는' 대신 자각하고 스스로 결정하는 존재가 되어야 한다고 조언하였다. 이를 위해서는 전통적 가치, 종교적 믿음 등에 대해, 그리고 오랫동안 지속되어 왔던 가치, 유행하는 믿음, 동시대의 정치적 수준 등을 포괄하는 다양한 가정들에 대해서도 의문을 제기해야 한다고 강조하였다.

41) Raabe, P. (2014). p. 194.

42) Hadot, P. (1995). *Qu'est-ce que la philosophie antique?* 이세진 역(2017). **고대철학이란 무엇인가**. 서울: 열린책들.

43) Raabe, P. (2014). p. 264.

44) Marinoff, L. (2003). p. 25.

45) Lindeman, E. C. (1926). *The meaning of adult education*. 강대중 외 공역(2013). **성인교육의 의미**. 서울: 학이시습.

46) 같은 책. p. 9.

47) Faure, E. et al. (1972). *Learning to Be: The world of education, today and tomorrow*. Paris: UNESCO.

48) Delors, J., Mufti, I. A., Amagi, I., Carneiro, R., Chung, E., Geremek, B., ... Nanzhao, Z. (1996). *Learning: The treasure within.* Report to UNESCO of the International Commission on Education for the Twenty-first Century. Paris: UNESCO.

49) Faure, E. et al. (1972). p. 156.

50) Delors, et al., (1996). p. 109.

51) Evans, J. (2012). *Philosophy for life and other dangerous situations.* 서영조 역(2012). **철학을 권하다**. 서울: 더퀘스트. p. 129.

52) Störig, H. J. (1950). *Kleine weltgeschite der philosophie.* 박민수 역(2018). **세계철학사**. 서울: 자음과 모음. p. 298.

53) Bentham, J. (1823). *An introduction to the principles of morals and legislation*. London: Oxford at the clarendon press. (http://oll.libertyfund.org/titles/bentham-an-introduction-to-the-principles-of-morals-and-legislation)

54) 이관춘(2018). **거리의 파토스: 인문학, 성인인성교육을 논하다**. 서울: 학지사. pp. 53-54에서 재인용.

55) Wittgenstein, L. (1921). *Tractatus logico-philosophicus*. 이영철 역(2006). **논리-철학 논고**. 서울: 책세상

56) '소확행'은 일본 소설가 무라카미 하루키가 레이먼드 카버의 단편소설 『A Small, Good Thing』에서 따와 만든 신조어이다. 소확행은 주로 자신만의 취미로 인해 기쁨을 느낄 때 사용한다. '소확행'은 무라카미 하루키의 에세이집 『랑겔한스섬의 오후』(1986)에 등장하는 말로, 흥미롭게도 그것은 빤쓰(점잖게는 팬티)를 이야기하는 도중에 나왔다. 작가는 빤쓰를 수집하는 취미가 있어 서랍장에는 상당한 양의 팬티가 있는데, 서랍에 돌돌 잘 말은 깨끗한 팬티가 쌓여 있는 것을 보고 있자면 '작지만 확고한 행복'(그는 이것을 줄여 '소확행'이라고 말한다)을 느낀다고 고백한다.

물론 오늘날 '소확행'에 대한 비판도 적지 않다. 고작 빤스를 수집하는 즐거움을 정색하고 비판을 한다는 것(불황시대의 수동적 생존전략 운운) 자체가 우습긴 하지만. 그런데 '소확행'은 '시세의 추이'를 따르는 것과는 거리가 멀다. 하루키가 '소확행'에는 '자기규제'가 필수적이라고 강조한 것도 그 때문이다.

57) Aristotele. *Aristotele's ethica nocomachea*. 강상진, 김재홍, 이창우 공역(2014). **니코마코스 윤리학**. 서울: 도서출판 길. p. 27.

58) 같은 책. p. 30.

59) Bossart, Y. (2014). *Ohne heute gabe es morgen kein gestern*. 이원석 역(2020). **세상과 생각을 여는 철학자의 사고실험**. 서울: 북캠퍼스. p. 17. 저자인 이브 보사르트는 이 사고실험이 아리스토텔레스에서 나왔다고 말한다.

60) Nozick, R. (1989). *The examined life*. 김한영 역(2014). **무엇이 가치 있는 삶인가**. 서울: 김영사. p. 138.

61) 같은 책. p. 141.

62) 같은 책. p. 143.

63) 노직의 독창적인 사유실험인 경험기계 사례는 그의 1977년 저서 *Anarchy, state, and Utopia*. Basic Books. pp. 42-45에서 처음으로 제시되었다. 그러나 이 실험사례에 대한 보다 성숙된 논의는 Nozick, R. (1989). *The examined life: Philosophical meditations*. New York: Simon Schuster.에서 찾을 수 있다. 여기서 소개하는 노직의 사고실험인 경험기계에 관한 내용은 Nozick, R. (1989)와 번역본 Nozick, R. (1989). *The examined life*. 김한영 역(2014). **무엇이 가치있는 삶인가: 소크라테스의 마지막 질문**. 서울: 김영사. 9장의 내용을 인용 및 발췌하였음.

64) Nozick, R. (1989). p. 147.

65) 같은 곳.

66) Jarvis, P. (1995). *Adult and continuing education: Theory and practice*. London: Routledge.

67) Adler, M. (2000). *How to think about the Great Ideas*. 최홍주 역(2007). **개념어 해석**. 서울: 모티브 북. p. 90.

68) Kant, I. (1803). *Über Pädagogik*. trans. by Annette Churton. Kant on Education. Boston: D.C. Heath & Co., Publishers, 1900. 이 책에서 칸트가 사용하는 Bildung이란 용어는 칸트 시대 후반에 본격적으로 발달하기 시작한 신인문주의의 도야개념—주로 개별적 인격의 형성을 의미하는—과 차이가 있다는 점에 유의해야 한다. Bildung은 단어 자체가 가지고 있는 일반적인 개념에 보다 가깝게 쓰이고 있다. 즉, '인간의 자연적 소질들을 계발, 발달시키는 것'을 의미하므로 '도야'보다는 '형성' '양성' '육성' 등으로 번역되는 것이 적절할 것이다. '교육학 강의'에서 Bildung과 유사한 의미로 쓰이는 용어가 Kultur이다. Kultur는 과정적 의미와 결과적 의미를 함께 지니고 있는데, 과정적 의미로는 인간의 자연소질들을 발달시키기 위한 행위, 조치, 작용 등을 의미하기에 '양성' '육성' 등으로 번역될 수 있다. 그리고 이러한 인간의 자연소질들을 양성/육성한 결과가 칸트에게 있어서 '문화'이다. 실제로 이 강의록에서 Bildung과 Kultur는 많은 경우 교환개념으로 사용되고 있다. (참조: 김영래(2005). **칸트의 교육이론**. 서울: 학지사. p. 199.)

69) 루소의 교육론인『에밀』은 1762년『Emile ou De l'education』(에밀, 즉 교육에 관하여)라는 제명으로 출판되었다. 시기적으로 보면 칸트가 이 책을 읽은 시기는 대략 그의 나이 38세쯤으로 보인다. 에밀의 영향을 받아서인지, 칸트의 교육학 강의의 제명 Über Pädagogik(교육학에 관하여)는 루소의 De l'education(교육에 관하여)를 떠올리게 한다.

70) Rousseau, J. J. (1762). *Emile ou De l'education*. 김중현 역(2003). **에밀**. 서울: 한길사. "모든 것은 인간의 손에서 타락한다."는 루소의 주장에 대한 비판이 적지 않다. 예를 들어, 포르메이Formey는 다음과 같이 비판한다. "이 같은 주장에 따르면 다음에 오는 모든 것을 짐작할 수 있다. 접붙이고 접목하고 옮겨 심는 일들이 바로 쇠퇴시키는 것인가? 우리의 생활을 꾸며 주는 걸작품들은 단지 인간이 모든 것을 망가뜨리고 뒤죽박죽으로 만든다는 것을, 즉 인간은 찌그러지고 아주 흉한 것들을 좋아한다는 것을 증명하는 것인가?" 문명은 자연을 개선시키는가, 혹은 파괴하는가에 관한 논쟁은 진행형이다.

루소는 유아기 교육에서 있어서 부모의 역할과 의무를 강조한다. 부모로서의 의무를 저버린 사람은 그 과오로 인해 평생을 쓰디 쓴 눈물로 보내게 되어 하루도 마음 편할 날이 없을 것이라고 강조한다. 그러나 이 말은 루소 자신이 하숙집 하녀였던 테레즈 르바쇠르Therese Levasseur와의 사이에 태어난 다섯 명의 아이를 모두 고아원에 보낸 것에 대한 개인적 자책을 표현하고 있는 것 같다. 그러나 루소는『고독한 산책자의 몽상』에서 다음과 같이 말한다. "나는 그 아이들을 위한 가장 덜 위험한 교육은 고아들을 위한 교육인 것을 안다. 그래서 나는 그런 교육을 받게 하였다. 그렇게 해야 할 일이 있다면 나는 다시 그런 일을 할 것이다. 습성이 자연을 조금만 도와주었더라도 나는 어떤 아버지보다 애정이 많은 아버지가 되었을 것이다." (참조: Rousseau, J. J. (1762).

Emile. 안인희 역(1999). **루소의 에밀**. 서울: 양서원. pp. 92-94.) 모순의 루소라는 평가가 나오는 이유가 아닐까.

71) 홍일립(2017). **인간본성의 역사**. 서울: 에피파니. pp. 430-431.

72) 같은 책. pp. 431-432.

73) 참조: Longworth, N. (2001). Creating lifelong learning cities, towns and regions-The local and regional dimension of lifelong learning. A European Policy Paper from the TELS Project towards a European Learning Society Financed under The Socrates Programme.; 권두승(1995). **평생교육론**. 서울: 교육과학사.

74) Faure, E. et al. (1972). p. 142.

75) Buber, M. (1923). *Ich und Du*. 표재명 역(2018). **나와 너**. 서울: 문예출판사.

76) Lindeman, E. C. (1926). *The Mearning of Adult Education*. 김동진, 강대중 공역(2013). **성인교육의 의미**. 서울: 학이시습. 강대중의 내용은 부록을 참조함.

77) 'Life-Deep' 학습 개념은 2016년 유네스코 평생학습국$_{UIL}$에서 공식적으로 발간한 Paul Bélanger의 저서,『Self-construction and Social Transformation: Lifelong, Life-wide and Life-deep Learning』을 통해 다시금 강조되고 있다.

78) 김종서, 황종건, 김신일, 한숭희(2000). **평생교육개론**. 서울: 교육과학사. p. 2.

79) Dave, R. H. (1973). Lifelong education and school curriculum. Interim findings of an exploratory study on school curriculum, structures and teacher education in the perspective of lifelong education. Hamburg: Unesco Institute for Education.

80) 한숭희(2006). **평생교육론: 평생학습사회의 교육학(2판)**. 서울: 학지사. p. 29.

81) 같은 책. p. 62.

82) Lengrand, P. (1970). An introduction to lifelong education. London: Croom Helm. p. 56.

83) 같은 책. p. 59.

84) Faure, E. et al. (1972). p. 142.

85) 윤여각(2015). 평생교육 개념의 재검토: 유네스코 랑그랑, 포르, 다베, 들로 보고서를 중심으로. **평생교육학연구**, 21(4), 31-53.

86) Jarvis, P. (2001). *20th Century Thinkers in Adult & Continuing Education*. 강선보, 노경란, 김희선 공역(2011). **20세기 성인교육철학**. 서울: 동문사.

87) Faure, E. et al. (1972). p. 143.

88) 한숭희(2006). p. 62.

89) Faure, E. et al. (1972). p. 161.

90) Delors, et al., (1996). p. 95.

91) Zimmermann, F. (1977). *Einfuhrung in die Existenzphilosophie*. 이기상 역(2015). **실존철학**. 서울: 서광사.

92) Sartre, J, P. (1938): *La Nausée*. 김희영 역(1983). **구토**. 서울: 학원사.

93) Zimmermann, F. (1977).

94) Heidegger, M. (1979). *Sein und Zeit*. 이기상 역(2013). **마르틴 하이데거, 존재와 시간**. 서울: 까치. p. 20과 p. 570. 현사실Faktum은 사물들이나 사건들이 시공간 안에 놓여 있거나 그 안에서 일어나고 있는 것을 사실tatsache이라고 할 때, 인간 현존재의 세계 안에 있음이라는 사실을 그것과 구별하여 현사실이라고 부른다. 이 개념은 무엇보다도 인간의 내던져져 있음과 인간이 이 내던져져 있음을 떠맡는다는 것을 동시에 강조하고 있다.

95) Zimmermann, F. (1977). p. 44.

96) Bollnow, O. F. (1959). *Existenzphilosophie und Padagogik*. 윤재홍 역(2008). **실존철학과 교육학: 비연속적 교육형식의 모색**. 서울: 학지사. p. 25.

97) 같은 책.

98) 같은 책.

99) Herbart, J. F. (1913). *Outlines of Educational Doctrine*. New York: Macmilian & Co. p. 1.

100) Zimmermann, F. (1977).

101) 같은 책.

102) Bollnow, O. F. (1959).

103) 같은 책.

104) 같은 책. p. 33.

105) Handy, C. (1998). *The hungry spirit*. 노혜숙 역(2009). **정신의 빈곤: 이기주의는 자본주의의 필요악인가**. 서울: 21세기북스. p. 254.

106) Lindeman, E. C. (1926). p. 6.

107) 한숭희(2007). **평생교육론: 평생학습사회의 교육학**. 서울: 학지사. p. 112.

108) Lindeman, E. C. (1926). p. 129.

109) Dewey, J. (1938). *Experience and education*. 박철홍 역(2002). **경험과 교육**. 서울: 문음사. p. 139.

110) 박천환(2012). **듀이의 경험이론과 교육인식론**. 서울: 학지사. p. 37에서 재인용.

111) Dewey, J. (1916). *Democracy and education*. 이홍우 역(2007). **민주주의와 교육**. 서울: 교육과학사. p. 163.

112) 본 연구는 양적연구로 말하면 일종의 탐색적 연구exploratory research이다. 따라서 책의 내용은 그 자체로 잠정적이고 후속 연구를 위해 전면적으로 개방되어 있다.

113) Elias, J. L., & Merriam, S. (1994). *Philosophical foundations of adult education*. Malabar, FL: Robert E. Krieger. 기영화 역(2002). **성인교육의 철학적 기초**. 서울: 학지사. p. 11.

114) 같은 책. p. 26.

115) 남경희(2014). **플라톤: 서양철학의 기원과 토대**. 서울: 아카넷. p. 15.

116) Lengrand(1970). p. 64. 과정적 존재로서의 인간에게 생존과 소유의 문제는 중요하다. 어느 시대 어느 사회나 삶을 견디어 내는 사람들의 일상은 당연히 눈물겹도록 소중하기 때문이다(이관춘, 2019. p. 4). 따라서 평생교육에서 생존을 위한 직업 재교육은 중요하다. 특히 AI가 중심이 되는 4차 산업혁명시대라는 문명사적 변화에 뒤처지지 않기 위한 계속교육의 중요성은 말할 나위 없다. 그러나 직업 재교육을 통한 먹고 사는 삶의 문제, 소유having의 문제에만 천착할 때 우리는 존재의 영역에서 멀어지게 된다. 생존과 소유에만 시선이 머물 경우 우리는 더 높은 삶의 가치를 보지 못하게 된다. 생존과 소유의 문제는 평생에 걸쳐 자신을 형성해 가는 과정적 존재로서의 실존적 의미 안에서만이 가치를 지닐 수 있는 것이다. 주지하다시피 이때까지 인간학습에 대한 고찰은 주로 사회과학, 특히 심리학 분야에서 다루어져 왔다. 학습의 개념, 원리에 대한 연구는 심리학이나 교육심리학자들의 전유물처럼 여겨져 온 것이 사실이다. 학습을 자극에 대한 반응으로 설명한 행동주의 심리학자들의 주장이나, 학습을 인지구조의 변화로 설명하는 인지주의 심리학자들의 주장이 교육현장에서 심대한 영향을 끼치고 있다(Winch, 2014, p. 3).

117) 손인수(2001). **교육사 교육철학의 이론과 실제**. 서울: 문음사. p. 38.

118) Delors et al. (1996). p. 86.

119) 같은 곳.

120) 같은 곳.

121) Gallagher, S. (1992). *Hermeneutics and Education*. SUNY series in contemporary continental philosophy. SUNY press.

122) 같은 책.

제2부

'알기 위한 학습'과 철학

알기 위한 학습은 항목화되고 코드화된 정보만을 획득하는 것이라기보다는 그와 같은 **지식을 얻기 위한 도구**를 숙달하는 것이다. 알기 위한 학습은 삶의 목적인 동시에 수단으로 간주되어야 한다. 수단으로서의 교육은 자신의 존엄성을 지키는 삶과 직업기술의 발전 및 의사소통을 도와준다. 반면에 목적으로서의 교육은 이해하고 알고 깨닫는 일 자체의 즐거움에 그 기반을 둔다. 성인들에게는 삶에 필요한 학습의 효용성도 소홀히 취급될 수 없지만, **학습 그 자체로부터 얻는 즐거움**을 누리고자 하는 성인들의 수가 날로 증가하고 있다.

지식의 복합성과 지속적인 변화가 특징인 시대에 모든 것을 알려는 시도는 무의미하다. 이러한 시대에 잘 교육받은 지식인이란 광범위한 지적 배경을 가지고 소수의 몇 분야를 심도 있게 연구할 수 있는 사람을 의미한다. 중요한 것은 이 두 측면은 한 개인의 평생교육을 통해 강조되어야 한다는 점이다. 이를 통해 개인은 자신만의 분야에 묻혀버리지 않고 다른 분야의 지식에 대한 감응력을 높임으로써 상호 의사소통 및 협력을 할 수 있는 능력을 갖추게 된다.

알기 위한 학습은 **학습하는 방법에 대한 학습**을 전제로 한다. 이를 위해 집중력, 기억력, 사고력을 키우는 교육이 요구된다. 집중력 학습은 대중매체에 의한 지배가 심화되는 시대이기에 어릴 때부터 사물과 사람들에 주의를 집중하는 법을 배워야 한다. 기억력은 대중매체가 퍼부어 놓은 단순정보들의 늪에 빠지는 것을 방지하고 학습한 것을 선택적으로 수용하기 위해 필요하다. 사고력 연습은 구체성과 추상성 사이의 양방향 교류를 포함해야 한다. 따라서 교수학습에서 **연역법과 귀납법**은 반드시 조화를 이루어야만 한다.

유네스코 들로 보고서가 평생교육의 네 가지 학습원리$_{pillar}$의 첫 번째로서 '알기 위한 학습'의 당위성을 제시한 내용이다.[1)]

유네스코에서 말하는 평생교육의 원리는 철학의 목적이자 실현이며 소이연$_{所以然}$이다. 따라서 '알기 위한 학습'의 이해와 실천을 위해서는 그 철학적 바탕에 대한 규명과 이해가 선행되어야 한다. 철학적 바탕은 크게 네 가지 관점에서 접근이 가능하다.

무엇보다 먼저, '지식' 혹은 '~을 안다'는 것이 무엇인지에 대한 철학적 고찰이 필요하다. 철학에서의 지식이론 혹은 인식론의 문제이다. 둘째, 성인들이 '학습 그 자체'로 즐거움을 누린다는 사실은 평생학습의 본질이자 당위성에 대한 철학적 논의를 요구한다. 셋째, '학습하는 법에 대한 학습'에 대한 논의이다. 마지막으로 교수학습에서 조화를 이루어야 한다고 강조한 연역법과 귀납법에 대한 논의이다. 제2부에서는 이 네 가지 평생교육의 주제를 중심으로 '알기 위한 학습'의 철학적 바탕을 마련해 보기로 한다.

05

아는 것과 배우는 것

지금으로부터 2500여 년 전 고대 그리스의 철학자 아리스토텔레스Aristotle, BC 384~322는 불후의 명저『형이상학Metaphysics』 제1권 제1장 첫 문장(980a)을 다음과 같이 간명하게 시작하였다.

"모든 인간은 본성상 알기를 갈망한다All men by nature desire to know."

아리스토텔레스가 말한 '앎' 혹은 '안다는 것'에는 두 가지가 있다. 하나는 '~임을 안다'(지식, 정보, 이론, 표상 등)는 것이며, 다른 하나는 '~ 할 줄 안다'(실행, 변형, 노동 등)이다. '무엇을 아는 것'[인식]의 주체가 정신이라면 '무엇을 할 줄 아는 것'[실행]의 주체는 몸, 신체라 할 수 있다. 그렇다고 인식행위에서의 정신과 몸의 구분을 의미하는 것은 아니다. 들로 보고서는 인적자원개발을 포함한 모든 교육행위에서 인식과 실행은 앎의 속성으로서 분리할 수 없다는 점을 강조한다. 여기에서는 먼저 인식론에 대해 논의하고 다음 제3부에서는 몸이 실행의 주체임과 동시에 정신과 분리될 수 없음에 대해 논의하기로 한다.

1. 앎의 열망과 평생학습

알고자 하는 갈망은 인간의 본성이다. 학습은 삶의 수단이지만 그 자체가 목적이기도 하다. 그러나 앎에의 열망이 반드시 학습의 실천을 의미하지는 않는다. 평생학습을 촉진시키는 평생교육의 중요성이 여기에 있다.

1) 인간 본성인 학습

인간은 배움의 동물이다. 인간의 삶이 배움이고 배움을 통해 인간은 자기 자신을 창조해 나간다. 들로 보고서는 무엇보다 먼저 알기 위한 학습[배움]을 평생교육의 첫 번째 기둥으로 제시한다. 특히 인간 삶에 있어서 학습은 삶의 수단인 동시에 '학습 그 자체'가 목적이라는 점을 강조한다.[2]

학습 그 자체가 목적이라는 것은 학습이 인간의 본성임을 밝히는 것이다. 배움이 인간본성이라는 점은 철학이 동틀 무렵부터 관심의 대상이 되어 왔다. 아리스토텔레스는 인간은 '본성상by nature' 앎에 대한 갈망을 가지고 있다고 강조하였다. 고대 중국 춘추시대의 공자BC 551~479도 마찬가지였다. 그는 모두 516구절로 된『논어論語』의 첫 번째 구절을 다음과 같이 배움學에 대한 희열로 시작한다. "학이시습지學而時習之 불역열호不亦說乎"이다. "배우고 때에 맞게 내 것으로 익히면 즐겁지 아니한가." 학습[배움]이란 용어가 중국은 물론 동아시아에서 처음 등장하는 부분이 바로 이 구절이다. 유교 경전을 가르칠 때 제일 먼저 가르치는 게 논어란 점을 생각하면 공자는 삶의 핵심이 배움에 있음을 강조한 것이다.

학습을 삶의 중심으로 보는 인식은 과거 우리나라도 예외가 아니었다. 한 예로 조선시대 제사[남자]를 지낼 때 쓰던 지방에 적었다는 글귀에는 배움에 대한 옛 사람들의 인식이 배어 있다. '현고학생부군신위顯考學生府君神位', 즉 '배우는 학생으로 인생을 살다 돌아가셨다.'는 뜻이다. 춘추시대 중국 사회나 우리나라 조선시대나 모두 입에 풀칠하기도 힘겨운 시대였을 텐데 배움, 학습을 중시하는 풍조를 당시 사람들은 어떻게 받아들였을지가 궁금하다.

배움에 대한 찬양은 동서양 철학자들뿐만은 아니다. 생물학에서는 알려고 하는 행위를 인간의 생물학적 유전자로 파악한다. 하버드대학교 생물학자이자 과학철학자인 움베르토 마투라나Humberto Maturana는 생물학적 관점에서 인지활동에 관한 새로운 이론을 제시한다. 무엇을 알려고 하는 것은 모든 생명체의 생물학적 유전자로서 생물학적 현상이라는 것이다. 다시 말해, '생명체living systems는 곧 인지체제cognitive systems이다. 따라서 산다는 것은 곧 안다는 것이며 삶의 과정은 다름 아닌 앎의 과정'이라고 주장한다.

2) 젊음은 학습의 장애요인

20세기 항존주의 교육철학자인 모티머 애들러Mortimer Adler, 1902~2001는 "젊음은 학습의 장애 요인"이라고 말한다. 성인은 청소년보다 오히려 더 잘 배울 수 있다는 것이다. 애들러에 따르면 분명하고 확실한 사실은 너무 늙어 배울 수 없는 사람은 아무도 없다는 것이다. 또 하나의 근본적인 진실은 너무 어리기 때문에 배울 수 없는 경우도 있다는 사실이다.[3]

애들러는 먼저 교육자들의 공통된 착각이 교육과 학교교육은 동일하다는 생각임을 지적하며 세 가지 진실을 제시한다. 첫째, 학습은 평생의 과정이라는 것이다. 둘째, 성인이 되었을 때 하는 학습이 개인의 교육에서 가장 중요한 부분이라는 것이다. 셋째, 학교교육 또는 학교에서 이루어지는 학습은 기껏해야 성인이 되었을 때 이루어질 수밖에 없는 학습의 준비밖에는 될 수 없다는 점이다. 왜냐하면 성인만이 그 학습을 할 수 있기 때문이다.[4]

애들러가 강조한 세 번째 내용은 존 듀이의 경험학습이론과 동일하다. 듀이는 인간의 각각의 발달단계는 더 많은 성장을 위한 것이고, 모든 학습은 더 많은 학습을 위한 것임을 반복적으로 강조하기 때문이다. 이렇게 볼 때 애들러나 듀이에 따르면, 모든 학교교육이나 학교에서의 학습은 졸업 이후 성인기에 해야 할 학습을 미리 준비시키는 것이다. 성년기의 학습이 평생학습에서 가장 중요한 부분이며 다른 학습단계는 성년기 학습을 위한 준비라는 것이다.

애들러는 평생학습에 대한 시각과 선입견을 지적한다. 그 선입견이란 '늙은 개에게 새로운 재주를 가르칠 수는 없다.'는 서양의 격언에 나타나 있다. 실제로 많은 사람은 학습능력은 어릴 때나 왕성하지 나이가 들면서 점차 학습능력을 상실해 간다고 믿는다. 그러나 애들러는 그런 편견은 신체의 성장과 정신의 성장을 혼동한 데서 비롯된 것이라고 말한다. 인간은 신체의 건강이 유지되는 한 정신은 힘을 잃지 않고 계속 성장한다는 사실이다. 분명하고 확실한 사실은 너무 늙어 배울 수 없는 사람은 아무도 없다는 사실이다.[5)]

여기서 애들러는 평생학습의 또 다른 당위성을 지적한다. 즉, 너무 어리기 때문에 배울 수 없는 경우도 있다는 역설이다. 성년기 학습이 모두에게 필요한 이유이다. 애들러에 의하면 우리가 미숙할 때에는 단지 너무 어리기 때문에 모든 인간이 알아야 할 가장 중요한 것들 중 어떤 것을 배우지 못한다. 그 핵심적인 이유는 젊음 자체가 극복할 수 없을 정도로 교육이나 학습의 큰 장애로 작용하기 때문이다. 학습 전체의 최종 결과물이 지혜인데 학창시절에는 그 지혜를 얻을 수 없다는 의미이다.[6)]

애들러는 아동은 학습의 기술을 배우고 성인은 지혜를 배운다고 말한다. 실제로 플라톤은 『국가』에서 이데아를 고찰하는 일은 대략 45세 이전까지는 시작해서는 안 된다고 말하는가 하면, 아리스토텔레스는 『니코마코스 윤리학』에서 윤리학의 주제나 정치학 등은 젊은이들에게 가르치지 말라고 하였다. 그 주제를 이해하기 위해 필요한 경험이나 정서, 깊은 진지함을 젊은이들은 갖추지 못했기 때문이다.[7)]

우리의 경험도 이를 뒷받침한다. 어린 학창시절에는 제대로 이해하지 못하거나 감흥을 받지 못했던 문학작품들을 나이가 든 지금에 와서 새롭게 해석되는 경우가 적지 않다. 애들러의 말대로 내가 더 똑똑해졌기 때문이 아니라 단지 더 늙었기 때문이다. 사물의 본질에 대한 지혜나 깊은 이해는 학교를 졸업한 후에야 얻을 수 있다는 것이다. 애들러는 말한다. 학생이 "나는 학교수업을 끝냈어."라고 말하는 것은 전혀 문제가 없다. 그러나 성인이 "나는 성년기의 학습을 끝냈어."라고 말하는 것은 온당한 것인가? 그 말은 "나는 내 인생을 마쳤어."라고 말하는 것과 다름없는 것이다.[8)]

3) 학습 그 자체가 목적

20세기의 위대한 철학자로 꼽히는 하이데거는 마찬가지로 『존재와 시간』에서 '세계-내-존재'로서 "인간이 존재하는 방식은 무엇인가를 알려고 하는 것"[9)]에 있다는 점을 강조하였다. 20세기 초 평생교육의 선구자인 베이실 알프레드 익슬리Basil Alfred Yeaxlee, 1883~1967는 "인간은 모두 본성적으로 학생"[10]이라고 단언하였다.

생물학자 마투라나가 주장한 대로, 생물학에 조예가 깊었던 아리스토텔레스는 앎에 대한 갈망이 인간의 본성임을 역설한다. 유전자라는 표현은 없지만 아리스토텔레스는 앎에 대한 열망이 철학적 유전자임을 간파하고 있었던 것 같다. 앞에서 언급한 아리스토텔레스의 첫 문장이 『형이상학』에서 시작되었기 때문이다. 형이상학이 무엇인가? 형이상학은 실체 혹은 본질이 무엇인지를 탐구하는 학문이다. 즉, 존재하는 것의 본성을 다룬다. 아리스토텔레스는 인간의 본질 혹은 철학적 DNA는 '앎에 대한 갈망' 그 자체라는 점을 강조하는 것이다.

아리스토텔레스는 지식에 대한 열망이 인간본성이라는 사실은 우리가 뭔가를 알 때 느끼는 기쁨delight에서 입증된다고 말한다. 물론 지식은 도구적으로 유용하다. 우리는 지식을 통해 자신과 타인, 인간의 삶과 사회현상을 이해한다. 과학적 지식을 통해 자연세계의 작용을 설명하고 제어하며 예측할 수도 있다. 그러나 현실적인 '쓰임새'가 없어도 지식은 그 자체로 좋은 것이다. 아리스토텔레스는 뭔가를 배워 활용하는 유용성usefulness이 없더라도 사람들은 앎 그 자체를 사랑한다고 말한다. 앎에 대한 '무조건적인 사랑함'이 인간의 본성이라는 것이다.

4) 모두가 배우지는 않는다

일반적으로 뭔가를 알기를 원하면 배우게 된다. 따라서 앎과 학습을 의미론적으로 동일하게 인식할 수 있다. 그러나 주목할 점은, 알기를 원한다고 반드시 학습을 하는 것은 아니란 사실이다. 알기를 원하지만 모두가 평생학습을 하는 것은 아니다. '평생교육'의 필요성이 요구되는 이유이기도 하다. 따라서 인간본성에 대한 논리적인 정의는 '인간은 알기를 원하는 동물'이다. 실제로 앎의 욕구와 학습의 실천과의 간극은 인간 실존의 모습이다. 또한 그 간극에 교육적 관심을 두어야 하는 것이 평생교육의 과제가 될 것이다.

아리스토텔레스는 '모든 사람이 알기를 원한다.'고 말했지 '배우기를 원한다.'고 말하지는 않았다. 앎에 대한 갈망이 배움[학습]으로 연결되는 것은 자연스런 귀결로 보인다. 그러나 문제는 앎[지식]에 따라, 배움에 대한 열정에 따라, 알기 위한 배움의 태도는 달라진다. 이 점을 아리스토텔레스는『형이상학』제1권 1장에서 다음과 같이 설명한다.

앎에 대한 인간본성의 논증

아리스토텔레스는 '앎에 대한 인간본성'을 위한 논증을 제시한다. ① 우리는 감각을, 그중에서도 시각을 중요시한다. 감각은 본성상 우리에게 속하는 것으로 앎의 근원이다. 따라서 우리는 본성상 앎을 중요시한다. ② 경험을 통해 어떤 것을 할 줄 알게 된 사람이 이론을 통달함을 통해 배운 사람보다 더 잘하는 경우도 종종 있다. 하지만 우리는 그런 경우에도 후자를 전자보다 더 존경하는데 그것은 그의 지식 때문이다.

①의 논증은 가장 하위의 앎, 즉 감각으로부터의 앎에 대한 것이다. 이 논증에 따르면 영국 프리미어리그 축구경기를 보거나 아이돌 그룹 BTS를 따라다니는 것도 알고자 하는 욕망이 발현된 것이다. ②의 논증은 감각과 경험으로부터의 앎[하위의 앎]을 학문, 기술[상위의 앎]과 대비시킨다. 예를 들어, 아리스토텔레스는 병을 치료하는 경험이 있지만 병의 원인을 알고 있지 못한[하위의 앎] 사람과 병의 원인에 대한 지식[상위의 앎]을 갖춘 의사를 예로 든다.

흥미로운 점은 아리스토텔레스는 상위의 앎에 실용적인 이익이 없더라도 인간은 앎 그 자체를 알 때 기쁨을 느낀다고 강조한다. 현실적으로 별 쓸모가 없지만 그럼에도 높이 평가되는 그런 지식이 있다는 것이다. 그렇다면 인간은 왜 쓸모도 없어 보이는 지식을 높이 평가하는 것일까? 아리스토텔레스의 논증은 이렇다. 다른 이유가 없다. 그것이 인간의 본성이기 때문이다.

아리스토텔레스가 지적한 대로 지식[상위의 앎]을 존경하지만 모두가 지식을 배우려고 하지는 않는다. 앎에 대한 갈망이 있지만 배우지 않는 사람도 있다. 아리스토텔레스에 따르면 그 이유는 앎을 추구하는 것[학습]이 쉬운 일이 아니기 때문이다. 따라서 보다 상위의 지식을 배우기보다는 상대적으로 쉽게 얻을 수 있는 감각으로부터의 앎에 만족하는 것이 인간이다. 어느 축구팀이 이겼는지, 오늘 주식시황은 어땠는지, 아파트 청약은 어떻게 됐는지 등이 훨씬 쉬운 일이다.

학습에 게으른 인간성향

학습에는 크고 작은 고통이 수반된다. 새로 배우는 것도 힘들지만 이미 배운 걸 포기하는 것도 힘들기 때문이다. 그래서 자신도 모르는 사이에 인지적 구두쇠cognitive miser가 되어 자신이 알고 있는 지식과 정보를 고집할 뿐 새롭게 배우려고 하지 않는다. 그러나 배운다는 것은 자신의 기존의 지식, 가치, 신념을 성찰하고 부정하는 것을 전제로 한다. 이때까지 알고 있던 것을 부정하지 않고 새로운 것을 배울 수는 없기 때문이다. 학교교육에서 배운 형식지든 삶의 경험을 통해 배운 암묵지든 마찬가지이다. 20세기 아르헨티나 출신의 대표적인 소설가이며 철학자인 호르헤 루이스 보르헤스Jorge Luis Borges, 1899~1986는 배움이 없는 삶은 죽음과 다름없다고 말한다.

> "난 사람이 늘 죽는다고 생각해요. 우리가 단순히 뭔가를 기계적으로 반복하고 있을 때 우리는 뭔가를 느끼지 않고 뭔가를 발견하지 않아요. 그 순간 우리는 죽은 것이에요. … 나는 죽어 있지 않으려고 노력합니다."[11]

아리스토텔레스의 스승인 플라톤은 배움에 게으르거나 혹은 거부하는 일반 대중의 속성을 '동굴의 비유'(『국가』 제7권)를 통해 보다 직설적으로 표현한다. 어떤 사람들은 자신이 동굴 속에서 환영을 보며 살아온 것을 알게 되면 기꺼이 동굴 밖으로 따라 나와 참된 세계, 참된 지식을 배우려 한다. 반면에 자신이 믿고 있던 것이 환영이었음을 알고도 인정하길 '거부하는' 사람, 교사의 가르침에 '짜증을 내는' 사람, 심지어는 참된 지식을 가리키고 인도하려는 사람에게 해를 끼치는 사람들도 있다.

내용은 다르더라도 이러한 인간의 속성은 21세기 평생교육에서도 다양한 모습으로 드러나고 있다. 그러나 역설적으로 평생교육 혹은 평생교육자의 역할이 요구되는 이유가 여기에 있다. 플라톤이 지혜를 추구하는 철학자의 역할로서 학습을 거부하는 사람들에게 어떻게 교육을 시켜야 하는지를 설명하고 있는 것은 평생교육 혹은 평생교육자에게 시사하는 바가 크다고 할 수 있다.

2. 연역적 · 귀납적 인식

'알기 위한 학습'의 철학적 바탕은 '안다는 것'에 대한 물음에서 출발한다. 도대체 '안다는 것'은 무엇인가? 타동사로서의 '안다$_{\text{know}}$'는 목적어인 '지식$_{\text{knowledge}}$'을 내포한다. 따라서 '안다는 것은 무엇인가?'는 '지식이란 무엇인가?'의 물음과 철학적 의미를 같이 한다. 그렇다면 '안다는 것은 무엇인가? 우리는 어떻게 알 수 있는가? 지식이란 무엇인가?' 이런 물음을 제기하고 또한 그 물음에 답을 제시하려는 철학의 한 분야가 바로 인식론$_{\text{epistemology}}$ 혹은 지식론$_{\text{theory of knowledge}}$이다.

'우리는 지식을 어떻게 얻을 수 있는가?'에 대한 전통적인 인식론은 합리주의[이성주의]와 경험주의로 구분한다. 즉, 이성과 경험을 통해서이다. 앎과 행함은 불가분의 관계이기에, 합리주의와 경험주의에 관한 내용은 '행동하기 위한 학습'의 내용과 함께 제10장에서 논의하기로 한다. 여기에서는 들로 보고서가 교수 학습에서 사고력 교육을 위해 필요하다고 강조한 연역법과 귀납법을 살펴보기로 한다. 합리주의는 인간의 천부적인 이성으로 가능한 연역법을 방법론으로 사용한다면, 경험주의는 경험으로 지식을 얻어 내는 귀납법을 사용한다.[12] 즉, 경험에 의한 것을 귀납법, 추론[이성]에 의한 것을 연역법이라 한다. 간단한 예를 들어 보자.

- **경험에 의한 귀납법:** "내가 이제까지 본 모든 벚꽃은 봄에 핀다.
  따라서 내가 다음에 볼 벚꽃도 봄에 필 것이다."
- **추론에 의한 연역법:** "이 사과상자 안에는 5개들이 사과 묶음이 5개 있다.
  따라서 이 사과상자 안에는 사과 25개가 있다."

물론 그밖에 믿음, 직관, 암기 등에 의해서도 지식을 얻는다. 연역법은 아리스토텔레스 이후부터, 그리고 귀납법은 르네상스 이후부터, 특히 실험과학의 아버지라는 프랜시스 베이컨$_{\text{Francis Bacon, 1561∼1626}}$ 이후 거의 지배적인 인식의 방법으로 사용되고 있다.

이 절에서는 먼저 인식론이 무엇이며 지식의 근원이 무엇인지를 살펴보고 연역법과 귀납법 및 그 한계에 대해 논의하기로 한다.

1) 철학의 제1주제, 인식론

철학을 제외한 일반 학문은 '존재자' 혹은 존재하는 것을 대상으로 한다. 반면에 철학의 인식론은 존재하는 것에 대한 인식 혹은 앎을 다룬다. 무엇을 인식한다는 것은 인식하는 주체가 있음을 전제로 한다. 서양철학의 역사에서 중세 천 년 동안 인식의 궁극적인 주체는 신 혹은 종교였다. 인간은 신이 창조한 오묘하고 조화로운 세계의 운행법칙을 신학이 안내하는 대로 인식하는 수동적인 주체에 지나지 않았다. 신학의 그늘 아래서, 신학이 허용하는 범위 안에서만 허용되는 인식이었다.

그러나 근대철학의 문을 연 데카르트에 와서 인식의 주체는 생각하는 '나'로 복귀하게 된다. 데카르트의 '나는 생각한다. 고로 나는 존재한다Cogito, ergo sum.'라는 코키토 명제는 '나'란 존재를 신의 피조물로 본 중세적 관점에서 결정적으로 갈라서는 것이었다. 의심할 수 없는 확실한 주체인 '나'가 있기 때문에 '나'라는 주체는 신이 없어도 스스로 사고할 수 있는 존재가 되는 것이다. 이때의 '나'는 신으로부터 독립된 존재이며 신을 기준으로 당연시되던 것들을 의심할 수 있는 인식의 주체인 것이다.

따라서 근대철학에 와서 확실한 지식 혹은 인식에 이르기 위한 출발점인 '주체'가 새롭게 등장하게 된다. 내가 인식의 주체라는 것은 두 가지 의미를 지닌다. 하나는 인간이 신으로부터 독립했다는 것이며, 다른 하나는 인간이 다른 인식 대상으로부터 분리되었음을 의미한다. 왜냐하면 주체라는 것은 객체 혹은 대상을 전제로 하기 때문이다. 그러나 여기서 중요한 문제에 봉착하게 된다. 즉, 인식하는 주체[나]가 대상 혹은 객체를 과연 정확히 인식하는지를 어떻게 보증할 수 있느냐는 것이다. 예를 들어, 내가 밤하늘 달에 대해 알고 있는 것이 실제의 달과 일치하는지 아닌지를 어떻게 보증할 수 있느냐는 것이다. 따라서 근세에 들어 인식론의 문제가 본격적으로 대두된다.

인식론은 형이상학, 가치론과 더불어 철학의 핵심 분야로 인정되어 왔다. 인식론은 지식에 관한 근본적인 물음을 묻기에 지식론이라고도 불린다. 형이상학이 존재하는 것의 본성을 다룬다면, 인식론은 지식의 본성을 다룬다. 즉, 지식의 본성, 지식의 원천, 인식적 정당화, 회의주의, 지식의 영역 문제 등이 탐구의 대상이 된다.

인식론epistemology의 어원은 '지식' '참된 앎' '이해'란 의미의 그리스어 ἐπιστήμη(episteme, 에피스테메)와 이론, 학문study을 의미하는 λόγος(logos, 로고스)의 합성어다.

고대 그리스 철학에서의 참된 지식이란 사물의 본질을 인식episteme하는 것이기에 지식은 곧 에피스테메였다. 따라서 에피스테메는 '인식' 자체와 인식의 소산인 '지식' 모두를 가리킨다.[13]

인식론은 철학의 출발과 함께 중심과제가 되었다는 점에서 철학의 제1주제라 할 수 있다. 인식론의 대부인 칸트는 철학의 세 가지 주제를 제시하면서 그 첫 번째로 인식론을 들었다. 즉, '나는 무엇을 알 수 있는가What can I know?'이다. 플라톤 이후 데카르트와 칸트를 거쳐 지금까지 철학의 중심과제가 되어 오고 있는 물음이다. 결론부터 말하면 완결된 인식론은 존재하지 않는다.

그 이유를 칼 포퍼Karl Popper[14]는 "인간의 무지는 무한할 수밖에 없지만, 인간의 지식은 유한할 수밖에 없다."는 데서 찾는다. 인식주체로서의 인간은 유한성을 본질로 하기 때문에 태생부터 '인식론적 한계'를 지니고 있기 때문이다. 지금 이 순간에도 인간 지식의 영역은 끊임없이 확대되고 있고 기존의 학문, 지식은 도전에 직면해서 흥망성쇠를 겪는 과정이 되풀이되고 있다.

그렇다면 완결된 지식론이 존재하지 않음에도 불구하고 '안다는 것'에 대한 철학적 논의를 계속하는 것이 과연 의미가 있는 것일까? 평생교육학의 관점에서 볼 때 두 가지 측면에서 의미를 찾을 수 있다고 본다. 첫째, 평생학습의 목적인 온전한 인간에 대한 성찰이다. 온전한 인간이란 가치 지향적 개념이지만 그 가치에는 개인의 지식체계가 큰 영향을 미친다. 인식론의 관점에서 온전한 인간이란 자신의 무지에 대한 인식을 갖춘 사람이다. 지식이나 진리가 무엇인지 해답이 없을 수 있다.

그러나 최종적이고 궁극적인 어떤 해답을 얻는 데 실패하는 것 자체를 인식할 줄 아는 사람이 바로 철학적으로 온전한 인간[15]이다. 개인의 무지의 인식이 지식과 지혜를 가져오기 때문이다. 이런 학문적 노력이 바로 소크라테스가 말하는 지혜로 나가는 길이다. 지식이란 무엇이냐의 질문에 대해 완결된 해답을 찾든 못찾든 상관없이 그런 질문과 씨름하는 것 자체가 바로 지식의 본질을 포착하는 것이기 때문이다. 잘못된 믿음과 지식에 대한 반박은 그 자체로도 가치를 지닌다.

둘째, 평생학습의 방법에 대한 학습이다. 들로 보고서는 '알기 위한 학습'은 학습하는 법에 대한 학습learning to learn임을 강조한다.[16] 지식에 대한 탐구는 그 자체로 평생학습의 방법에 대한 탐구이다. 지식의 개념, 조건, 구조에 대해 전통적 인식론과 포스트모더니즘의 인식론이 다르다. 포스트모더니즘이란 사조는 하나의 인식론 혹은 지식론이 더 이상 영향력을 행사하기 힘들다는 것을 기정사실화하였다. 이러한 인식론적 전환은 끊임없이 지식을 배우고$_{\text{learn}}$, 고의로 잊고$_{\text{un-learn}}$, 다시 배우는$_{\text{re-learn}}$ 평생학습법의 당위성을 제공하고 있다.

2) 추리에 의한 연역법

연역논증과 문제점

연역법$_{\text{deductive}}$의 사전적 정의는 '이미 알려져 있는 일반적인 명제에서 출발하여, 추론과정을 거쳐 새로운 논리적 결론을 이끌어 내는 일'이다. 즉, 일반적인 전제로부터 특수한 결론을 도출하는 논증이다. 이미 알려진 일반적인 명제의 대표적인 것이 수학이다. 대표적인 연역적 추론이 삼단논법$_{\text{syllogism}}$이다.

전제: 모든 암소는 죽는다. 우리 집 소는 암소이다.–공리[가정]

결론: 우리 집 암소는 죽는다.–정리[결론]

이것은 두 전제가 모두 참이고 결론도 참인 타당한$_{\text{valid}}$ 논증이다. 그럼 다음 논증은 어떤가?

전제: 모든 암소는 푸르다. 나는 암소이다.

결론: 나는 푸르다.

이 논증은 전제와 결론 모두 진술들이 참이 아니기에 그르다고 말할 수 있다. 그러나 논리학은 내용$_{\text{content}}$에는 관계없이 형식$_{\text{form}}$에 의해서만 추리의 정당성 혹은 부당성이 판별된다. 따라서 진술들이 참이 아니지만 추리는 타당한 것이다.

문제는 두 전제가 참이면 그 결론도 참이어야 하겠지만, 전제와 결론이 모두 참인 논법이라고 해서 무조건 정당한 추론일 수는 없다는 점이 삼단논법이 지닌 문제점이다. 예를 들어 보자.[17]

전제: 어떤 생물은 식물이다. 모든 소나무는 생물이다.

결론: 모든 소나무는 식물이다.

두 전제가 모두 참이고 결론도 참이기에 정당한 논법으로 보이지만, 이 결론은 주어진 두 전제에서 추리된 것이 아니라, 그 자체로서 다른 별도의 이유에 의해 참인 것이기에 부당한 것이다(매개념 부주연의 오류fallacy of undistributed middle). 다른 예를 보자.

전제: 모든 암소는 포유동물이다. 모든 포유동물은 생물이다.

결론: 모든 생물은 포유동물이다.[18]

여기서는 두 전제가 모두 참이지만 거기에서 추론된 결론이 거짓이므로 이 논법 역시 부당하다(소개념 부당주연의 오류Fallacy of illicit minor). 다시 말해 그 추리가 부당하다. (두 전제에서 끌어낼 수 있는 결론은 물론 '모든 암소는 생물이다.'이다.) 논증은 내용content과 상관없이 형식form 때문에 타당하거나 부당하다. 어떤 전제를 사용하는가는 중요하지 않다. 전제가 결론을 논리적으로 산출하는지가 중요하다. 이를테면 "모든 A는 B이고 모든 B는 C이다. 그러므로 모든 A는 C이다."라는 형식의 논증은 명제의 타당한 형식이다. A, B, C가 무엇이든 간에 그 논증은 타당하다.

이와 같이 삼단논법의 정당성은 개념이나 명제들의 뜻에 의해 결정되는 것이 아니라 개념들의 관계를 결정하는 명제들의 형식에 의해 결정된다.[19] 다시 말해, 논리학은 전제들('그러므로'라는 말의 앞에 나오는 진술들)이 옳은지 그른지 문제 삼지 않는다. 논리학에서 중요한 것은 '만일' 전제를 인정한다면 결론을 논리적으로 인정해야 한다는 것이다.

HRD와 삼단논법

'이성reason'이라는 말이 항상 동일한 의미를 갖는 것은 아니지만, 한 가지 분명한 것은 추리하는 능력reasoning이다. 문제는 앞서 보듯이 올바르게 추리할 때와 그렇지 않은 때를 구별하는 기준이 간단하지 않은 데 있다.

연역법의 대표 논증인 삼단논법은 기업을 포함한 조직에서 하나의 지식 혹은 진실에 도달하기 위한 이성적이며 논리적인 방법을 제공한다. 특히 비용을 낮추면 품질을 높이기 어렵다는 의미의 트레이드 오프$_{trade-off}$[20]가 존재하는 기업현장에서 전략적 선택을 위한 효율적인 추론방식이라 할 수 있다. 품질과 편의성의 양자택일의 상황에서 무엇을 어떻게 선택하고 포기하느냐에 기업의 성패가 달린 상황에서는 더욱 그렇다. 경영전문가들은 어중간한 타협은 금물이며 어느 하나만을 선택해 최극단을 추구해야 성공할 수 있음을 강조한다. 아마존을 선두로 많은 플랫폼 기업들은 클릭 한번으로 주문에서 배달까지 책임지는 편의성에 올인해 성공했는가 하면, 명품 핸드백의 대명사인 기업들은 충실성에만 집중하는 전략으로 현재까지 그 지위를 이어 오고 있다고 분석한다.

그러나 기업의 성격과 특성 및 기업환경에 따라 전략적 선택은 다르고 다양할 것이다. 반드시 양자택일이고, 양자택일 상황에서 반드시 단 하나의 선택에 올인하는 것만이 유일한 해결책이 아닌 제3의 해법도 존재한다. 이런 상황에서 삼단논법만으로는 제3의 해법인 혁신이 나오기 어려울 수 있다. 삼단논법은 대량생산 대량소비로 효율성이 중시되던 경영환경에서는 적합할 수 있다. 20세기 초 포드자동차의 창업자인 헨리 포드는 '자동차는 검은색 세단이다.'라는 명제를 내세웠다. 만일 지금도 이런 명제를 바탕으로 연역 논증을 한다면 결론은 어떨지 예상할 수 있다.

『지식창조기업』의 저자인 노나카 이쿠치로는 지식을 창조하는 과정이 삼단논법만이 아니라 변증법적 사고가 필요하다고 말한다.[21] 정 · 반 · 합의 전개에 기초한 변증법은 주어진 명제 자체에 대한 지속적인 질문과 답을 통해 지식을 창조해 가는 과정이다. 서로 대립하는 것들을 변증법적으로 통일해 나감으로써 새로운 전제, 특히 패러다임이나 구조, 새로운 시각을 정립하고 혁신적인 기술이나 상품을 개발할 수 있다고 말한다.

3) 경험에 의한 귀납법

귀납법의 사전[Cambridge]적 정의는 '일련의 사실들$_{facts}$로부터 일반적인 원리$_{general\ principle}$를 발견하는 과정'이다. 혹은 '특별한 경우'의 관찰로부터 '일반적인 법칙이나 원리'를 유도하는 과정이다. 다시 말해 개별적 현상에 대한 관찰이나 경험을 통해 일반화된 법칙을 이끌어 내는 과학적 방법론이라 할 수 있다. 예를 들어 보자.

전제: 영국의 고니는 흰색이다. 프랑스의 고니는 흰색이다,
내가 이제까지 본 모든 고니는 흰색이다

결론: 내가 다음에 볼 고니도 흰색일 것이다(즉, 모든 고니(백조)는 흰색이다).

17세기 유럽인들은 백조는 모두 흰색이라 생각하였다. 그런데 18세기 유럽인들이 호주 서부에 도착해 보니 블랙스완이 있다는 사실을 알게 되었다. 그때까지 믿었던 '백조는 흰색이다.'라는 명제는 일순간에 거짓 명제가 되었다. 따라서 아무리 많은 경험과 관찰을 통해 입증된 명제라도 100% 확실한 명제가 아닐 수 있다. 과학법칙도 마찬가지이다. 결국 귀납법은 과도한 일반화의 오류를 범하고 있는 것이다. 이것이 귀납법의 한계이다.

러셀의 칠면조와 포퍼의 반증주의

과학의 토대가 된 귀납법이지만, 이 귀납법의 문제를 처음으로 제기한 사람이 영국의 경험론자 데이비드 흄David Hume, 1711~1776이다(제3장 참고). 그는 귀납법적 사고에는 논리적 필연성이 결여되어 있다고 주장하였다. 이제까지 본 모든 벚꽃이 봄에 피었다고 다음에도 봄에 필 것이라는 보장이 없다. 그런 인과론적 생각은 습관일 뿐이라는 것이다. 흄에 이어 귀납적 논증의 문제를 명확히 지적한 철학자가 버트런드 러셀이다. 러셀의 저서 『철학의 문제The Problem of Philosophy』에서 칠면조(원어는 chicken)의 사례를 들어 귀납적 인식의 문제를 제기한다.[22]

칠면조 농장에서 매일 아침 9시가 되면 칠면조는 주인이 주는 모이를 받아 먹는다. 그 칠면조는 몇 주 동안 똑같은 일을 경험한 후, '나는 항상 9시에 모이를 먹는다.'는 결론을 이끌어 냈다. 하지만 그 칠면조가 추수감사절 이브에 목이 잘리면서 이 결론은 거짓으로 판명되었다. 칠면조는 매일 축적되는 경험 속에서 '주인은 9시에 모이를 준다.'를 하나의 법칙으로 믿고 행동하였다. 칠면조에게 '9시에 모이를 먹는다.'는 하나의 법칙이었다. 주인에게는 다른 법칙이 있었던 것이다.

사실 주인은 시장에서 칠면조를 사 올 때부터 몇 주 동안 잘 키워 추수감사절 파티

에 써야겠다는 계획이었다. 하지만 칠면조는 관찰과 경험만을 통해 보편적 명제를 이끌어 내는 오류를 범한 것이다. 칠면조에게 닥친 결과는 끔찍했다. 기업을 포함한 일상에서도 똑같은 일반화의 오류가 적용될 수 있다.기업경영자가 이제까지의 자신의 경영방침이 시장에서 적중했다고 다음에도 통하리라는 보장은 없는 것이다. 가습기 사태를 포함한 다양한 사회적 문제에서도 귀납법의 문제를 발견할 수 있다.

그럼에도 불구하고 현실적으로 우리는 '태양은 동쪽에서 뜬다.'고 믿고 살며, 봄에 벚꽃이 핀다고 믿는다. 과학자들도 이제까지의 실험결과가 틀린 적이 없을 경우 앞으로도 그 결과가 맞을 것으로 믿고 과학을 연구한다. 그렇다면 귀납법의 한계를 어떻게 극복할 수 있는가? 귀납법의 한계를 극복하여 과학이론을 정당화시킬 새로운 방법으로 제시한 것이 바로 칼 포퍼Karl Popper, 1902~1994의 반증주의反證主義 혹은 반증가능성 원리이다.[23] 즉, 과학이론은 검증될 수는 없어도 반증은 될 수 있다는 원리이다.

'모든 고니는 흰색이다.'는 과거의 가설을 보자. 귀납법에서는 전 세계 가능한 한 모든 고니를 관찰한 후 다른 고니들도 흰색일 것이라고 일반화시켜 과학적 사실로 만들었던 것이다. 그러나 이런 방식은 현실적으로 불가능하거나 논리적 비약이 있다. 포퍼는 이런 방식은 데이비드 흄Hume이 말하는 '귀납의 문제'에 걸린다고 지적하였다. 즉, 지구상 모든 고니白鳥를 관찰하지 않는 한 이론의 확실성을 보장하는 것은 불가능하다는 것이다.

반면에 한 마리의 고니가 흰색이 아닌 것을 발견한다면 그대로 전칭명제는 거짓이 되어 버린다. '모든 고니는 하얗다.'는 명제는 현실과 대조해 검증하는 것이 불가능하지만 한 마리의 하얗지 않은 고니로도 반증은 가능하다. 따라서 포퍼의 반증주의에서는 반증이 가능한지, 즉 '반증가능성falsifiability'을 통해 가설을 더 우수한 가설로 만들어 간다. 고니가 흰색이 아니라는 반증이 가능한 고니를 찾아내는 방식으로 바꾸는 것이다. 만일 찾아내지 못한다면 그 가설은 더욱 설득력을 갖게 되며, 찾아내게 된다면 '모든 고니가 흰색은 아니다.'는 가설로 대체되는 것이다.[24]

따라서 반증주의에 의하면 어떤 이론이 실험과 관측으로 틀릴 수 있음이 밝혀져야 그 이론은 과학적 이론이다. 즉, 반대의 증명이 가능해야 한다. 예를 들어, '모든 목련은 흰색이다.'는 과학적 명제이다. 반례counter example의 부재를 증명할 수 있기 때문이다. 그러나 '화성에는 생명체가 없다.'는 것과 같이 존재에 대한 명제는 반증이 불가능하다는 것이 반증주의의 한계라 할 수 있다.

4) 비트겐슈타인, 논리와 언어

우리는 언어로 살아간다. 언어 없이는 하루도 견디기 힘들 것이며 언어가 없다면 학습도 없고 대화나 의사소통, 사랑도 없을 것이다. 라캉의 이론대로 언어를 통해 우리는 각자의 주체를 형성하게 된다. 특히 '학습하는 방법의 학습'을 통해 다양한 삶의 현상과 세계를 이해하기 위해서는 언어가 필수적이다. 그런데 언어는 친숙하고 자명한 것이지만 논리의 면에서는 가장 큰 수수께끼이기도 하다.

의식을 지배하는 언어의 한계

먼저, 앞에서 논의한 연역논증의 예를 다시 생각해 보자.[25)]

① 박쥐는 날개가 있는 동물이다.
② 날개가 있는 동물은 새이다.

---

③ 따라서 박쥐는 새이다.

연역논증의 형식은 갖추었으나 뭔가 이상하다. 무엇이 문제일까? ①과 ②가 진리라면 ③도 진리여야 한다. 그렇다면 어디에 문제가 있는가? 바로 언어의 문제이다. 날개가 있는 동물은 새뿐만이 아니라 박쥐와 같은 포유류도 날개가 있다. 따라서 전제 ②는 '일부 날개가 있는 동물은 새이다.'로 바꿔야 하는 것이다. 이것은 단지 논리학의 문제만이 아니라 어떠한 학습을 하든 확인해야 하는 언어의 함정이라 할 수 있다.

언어는 철학의 대상이면서 철학은 언어로 한다. 소크라테스의 철학은 출발이 언어 개념에 대한 성찰 혹은 개념의 해명이었다. 그에 따르면 '우리는 서로 사랑하는 걸까?'라고 묻는 연인은 먼저 '사랑'의 의미를 해명해야 하는 것이다. 그러나 철학의 첫째 과제가 소크라테스의 개념 분석을 넘어 언어를 혹은 언어의 논리를 정확히 분석하는 데 있음을 예리하게 포착한 철학자가 오스트리아 출신의 루트비히 비트겐슈타인Ludwig

Wittgenstein, 1889~1951이다. 20세기 가장 영향력 있는 철학자 중 하나이다.[26]

비트겐슈타인은 언어를 정확히 분석하면 철학의 많은 문제가 해소될 것이라 확신했다. 다시 말해, 철학이 주로 제기하는 질문은 아이들이 말하는 '바람이 안 불면 바람은 무얼 해요?'와 같은 가상 질문인데, 그것은 언어에 대한 오해에서 나왔다는 것이다.[27] 앞서 소크라테스는 '사랑'의 의미를 해명해야 한다고 했는데, 비트겐슈타인은 도대체 '의미'란 무엇이며 어떻게 알아내는지를 묻는다. 먼저 우리가 별다른 고민 없이 하는 말의 논리의 문제를 생각해 보자. 이발사가 자기 수염을 어떻게 깍는지, 그가 스스로 면도할 수 있는지를 검토해 보자는 것이다.[28]

> "어느 마을에 이발사가 단 한 명 있었다. 그는 '난 스스로 면도하지 않는 사람만 면도해 준다.'고 한다. 그는 스스로 수염을 안 깎는 사람은 면도해 준 반면, 스스로 면도하는 사람은 면도를 해 주지 않았다. 그러면 이발사는 자신의 수염은 누가 깍아 주는가? 스스로 면도해야 하나, 다른 사람에게 시켜야 하나?
>
> 그가 스스로 면도한다고 해 보자. 그러면 그 사실에서 그는 스스로 면도를 못한다고 추론할 수 있다. 그는 스스로 수염을 못 깍는 사람만 면도해 주기 때문이다. 그런데 만약 그가 스스로 면도를 못 한다면 그는 자신을 면도해야 한다. 그는 스스로 면도를 못하는 사람만 면도해 주기 때문이다. 무엇을 하든 그는 모순에 빠진다."

이 수수께끼는 비트겐슈타인의 스승인 영국의 철학자이자 논리학자인 버트런드 러셀Bertrand Russell, 1872~1970의 사고실험이다. 러셀은 이율배반의 문제, 즉 한 명제로부터 반대 명제가 추론되고 또 반대 명제에서 다시 처음의 명제가 추론되는 것의 문제를 제기한 것이다. 만약 이발사가 스스로 면도한다면 자신은 면도를 못하는 사람이라고 추론된다. 그리고 만약 그가 스스로 면도를 못한다면 그는 스스로 면도해야 한다. 이런 이율배반은 흔하다.[29] 널리 알려진 '크레타 섬 사람'의 예이다. 어떤 크레타 사람이 '모든 크레타 사람은 거짓말쟁이이다.'라고 주장한다. 과연 그의 말은 참인가 거짓인가? 앞의 이발사처럼 이율배반에 빠지는 것이다.

언어는 세계의 그림

비트겐슈타인은 철학의 많은 문제는 물론 우리의 일상을 지배하는 지식과 신념, 믿음 등이 바로 이율배반 같은 언어의 논리적 결함에서 비롯된다는 점을 지적한다. 철학은 '존재란 무엇인가?' '수는 실재하는가?' 등의 문제로 고민한다. 우리 일상에서는 '신은 존재하는가?' '저 부부는 정말 사랑하는가?' 등의 물음을 스스럼없이 제기하고 나름대로 답을 얻었다고 생각한다. 비트겐슈타인은 이런 철학과 일상의 물음과 해답이 지니는 언어의 논리적 결함을 날카롭게 지적한다.

비트겐슈타인은 『논리철학논고』와 『철학적 탐구』라는 단 두 권의 저서로 철학은 물론 현대 사상에 헤아릴 수 없는 영향을 준 철학자이다. 그마저도 한 권(철학적 탐구)은 사후에 제자들이 강의노트를 정리해 출간한 것이다. 게다가 『철학적 탐구』에서는 자신이 쓴 『논리철학논고』의 철학적 문제를 자인自認하고 치열하게 반성하면서 수정하는 정직한 자신감도 보였다. 4절의 주제인 '언어와 논리'에 맞춰 『논리철학논고』의 핵심을 개괄적으로 논의해 보자.

『논리철학논고』의 목적은 비트겐슈타인이 서문에서도 밝혔듯이, 사고의 한계를 명확히 그으려는 것이다. 이를 위해서 그는 말할 수 있는 것과 말할 수 없는 것을 명확하게 구분해서, 말할 수 없는 것 또는 생각할 수 없는 것을 보이고자 한다. 이를 바탕으로 논고의 최종 결론은 우리는 말할 수 없는 것에 대해서 침묵해야 한다는 것이다. 그렇다면 비트겐슈타인이 '말할 수 없는 것'에 속한다고 간주하는 명제란 어떤 것들인가?

난해하기로 악명 높은 『논리철학논고』[30]는 아주 독특한 형식을 취하면서 짧은 함축적인 문장들로 이루어져 있다. 일련의 번호가 매겨져 있는 명제들 중 핵심은 1~7인데 이들 명제는 '1. 세계란 일어나는 일들의 총체이다.' '2. 일어나는 일, 즉 사실은 사태들의 존립이다.' '3. 사실들의 논리적 그림이 사고이다.'로 이어지며 마지막 7번이 그 유명한 '말할 수 없는 것에 관해서는 우리는 침묵하지 않으면 안 된다.'이다.

여기서 비트겐슈타인은 세계를 구성하는 것이 '사물들'이 아니라 '사실들'이라고 말한다. 그의 말은 『논리철학논고』의 다른 부분, 즉 사물들과 사실들이 어떤 관련성을 지니고 있는 것으로 보는 내용과 상충하는 것처럼 보인다. 예를 들어, 비트겐슈타인은 명제 2(일어나는 일, 즉 사실은 사태들의 존립이다.)와 명제 2.01(사태는 대상들의 결합이다.)을 말한다. 그렇다면 사실은 '대상들의 결합'들의 존립이고, 세계는 사실들의 총체이므로, 세계는 '대상들의 결합들의 존립'들의 총체가 된다. 따라서 우리는 궁극적으로 세계를 이루는 것은 대상(사물)들이라고 말할 수 있을 것처럼 보인다.[31]

그러나 달리 생각할 수도 있다. 비트겐슈타인이 말하는 '사태들의 존립'이란 무엇인가? 예를 들어, 미인은 '아름다운 여자'이지 '여자의 아름다움'이 아니다. 노인은 '늙은 사람'이지 '사람의 늙음'이 아니라는 걸 생각하면 이해가 된다. 같은 맥락에서 사실일 수 있는 것은 '존립하는 사태들'이지 '사태들의 존립'이 아니며, 사태일 수 있는 것은 '결합된 대상들'이지 '대상들의 결합'이 아님을 알 수 있다.[32] 말 그대로 보면 '사실'과 '사태들의 존립'은 동일한 것이 아닌 것처럼 보인다. 그렇다면 사실은 '존립하는 사태들'이고 사태는 '결합된 대상들'이라고 파악될 수도 있다. 이 절의 주제에 맞추기 위해 이에 대한 논의는 차치하기로 한다.

비트겐슈타인의 '말할 수 없는 것'에 속하는 명제를 알기 위해선 '언어는 세계에 대한 그림'이라는 그의 그림이론을 이해해야 한다. 즉, 언어가 세계와 대응하고 있다는 것이다. 『논리철학논고』의 존재론과 그림 이론을 다음과 같이 간략하게 요약할 수 있다:[33]

> "세계는 사실들의 총체이다. 여기에서 사실은 '사태들의 존립'이며, 또다시 '사태'는 '대상들의 결합'이다. 이와 평행하게, 언어는 명제들의 총체이다. 여기에서 명제는 요소 명제들로 이루어지며, 다시 요소 명제는 '이름들의 연쇄'이다. 이름은 대상을 가리키며, 요소 명제에는 사태가 대응한다. 대상은 그 이름의 의미이며, 요소 명제가 참일 경우 사태는 그 요소 명제의 뜻이다. 세계와 언어와의 관계는 다음과 같이 대응한다.
>
> 세계 ····· 언어
> 사실 ····· 명제
> 사태 ····· 요소 명제
> 대상 ····· 이름
>
> 요소 명제는 사태를 그리며, 명제는 사실을 그린다. 명제는 사실을 그리는 한에서 뜻이 있다. 이때 한 명제가 한 사실에 대한 그림이기 위해서는 그 둘은 반드시 논리적 형식을 공유해야 한다. 우리가 의미 있게 말할 수 있는 것은 오직 그림 관계(모사 관계)에 있는 명제들뿐이다. 그 외에는 뜻을 결여하거나 무의미한 것이다."

말할 수 있는 것, 없는 것

비트겐슈타인의 이 말을 역逆 순으로 해석해 보자. 세계에는 대상이 있고 각각 이름이 있다. 자동차, 흰색, 아스팔트, 도로 등과 같이 대상과 이름이 있다. '이런 대상들의 관계가 사태이다.' '사태는 자동차는 흰색이다.' '도로는 아스팔트이다.' 등을 말한다. 이런 사태에 대응하는 것이 요소명제이다. 즉, '자동차는 흰색이다.' '도로는 아스팔트이다.' 같은 것이 요소명제이다. '사태를 연결하면 사실들이 된다.' '흰색 자동차가 아스팔트 도로를 달린다.' 등이 복합명제이다. 이런 사실들의 총합이 세계이다.

언어도 마찬가지라는 것이다. 이름을 연결하면 요소명제가 되고 요소명제를 연결하면 복합명제가 된다. 복합명제의 총합이 언어이다. 이렇게 보면 세계의 구조와 언어의 구조가 같다. 대상에 대응하는 것이 이름이고, 사태에 대응하는 것이 요소명제이며, 사실에 대응하는 것이 복합명제이다. 그래서 비트겐슈타인은 언어를 통해서 세계를 보여 줄 수 있다고 생각한 것이다. 그림처럼 보여 줄 수 있다고 해서 그림이론이라 한다. 비트겐슈타인의 명제 2.1은 "우리는 사실들의 그림들을 만들어 낸다."이다.[34]

여기서 사태란 사실이 아닌 사실이 될 가능성을 말한다. 만약 '비가 온다.'라는 사태가 실제로 일어나면[맞으면] 그 사태를 설명하는 언어, 즉 명제는 참이 되며, 일어나지 않을 경우에는 거짓이 된다. 반면에 '신은 실재하는가?' '저 연인들은 정말 사랑한다.' 등과 같이 '실재'하지 않는 사태를 설명하는 언어는 의미 없는 명제, 즉 헛소리에 불과하다. '실재'라는 단어는 명확한 대응이 현실에 있는 단어에만 성립하는 동사이므로 신, 영혼, 수 등과는 맞지 않는 표현이기 때문에 '의미 없는 문자'인 것이다. 다시 말해, 전통철학의 신과 영혼, 형이상학적 주제들은 서로 대응하는 '그림관계'에 있는 명제들이 아니기 때문에 의미 없는 주제에 불과하다는 것이다. 이들은 이 세계를 초월한 것, 다시 말해 언어를 초월한 것들이기 때문이다. 따라서 그는 마지막 명제 7에서 다음과 같이 말한다.

> "말할 수 없는 것에 대해서는 침묵해야 한다."

여기서 주목해야 할 것이 있다. 비트겐슈타인의 이 명제를 논리실증주의의 관점에서 이해해서는 안 된다는 것이다. 『논리철학논고』나 후기 저서인 『철학적 탐구』의 내용을 보면 이 명제는 '말할 수 없는 것'의 존재나 가치를 부정하는 것이 아님을 알 수 있다. 이 세계에는 말로 표현할 수 없는 것들이 존재한다. 신의 존재 같은 형이상학적 주제들만이 아니라 사랑, 우정, 아름다움 등의 일상적인 사건, 사태들은 말이나 자연과학적 언어로 표현할 수 없는 경우가 대부분이다.

예를 들어, 남북이산가족들이 상봉하는 장면을 그려 보면 알 수 있다. 평생 동안 생이별하다 늙어서 만난 부부나 부모자식이 할 수 있는 말이 무엇일까? 십수 년 만에 만난 친구나 연인 등도 마찬가지이다. 겨우 '보고 싶었다.' '만감이 교차한다.' 등의 말이다. 이런 말들은 두 사람의 정서를 결코 제대로 표현하는 것이 아니다. 연인 간의 사랑에서 매 순간 다르게 찾아오는 느낌, 종교인들이 성스러운 곳에서 느끼는 신비스러운 영역, 저녁노을을 보면서 느끼는 이상한 신비 등은 언어로 지시할 수 있는 영역이 아니다. 이런 신비의 세계는 논리실증주의자들이나 자연과학적 명제로 환원될 수 없음을 알 수 있다.

우리가 자연과학의 명제를 통해 말하고자 했던 그 사실의 경계 너머에는 언어의 명제에 구속되지 않고 스스로 자신을 보여 주는 비밀의 신비가 지금도 매 순간 발생하고 있다. 비트겐슈타인이 말하는 것은 이런 말할 수 없는 것의 영역을 인간의 언어로 함부로 말하지 말라는 것이다. 말하는 순간 그 신비의 영역은 오염되고 훼손된다. 종교인이 '말할 수 없는 것'의 영역인 신을 자신의 언어로 규정하고 말할 때 그 신은 사라진다. 우리가 길가에 핀 이름 모를 들꽃을 언어로 규정하지 않더라도 그 꽃은 스스로 자신을 드러내고 지시한다. 인간이 할 수 있는 것은 말하는 것이 아니라 스스로 자신을 드러내는 그 '존재'의 모습을 보고 그 소리에 귀를 기울이는 것이다.

3. 객관주의와 구성주의 인식론

'지식이란 무엇인가?'의 문제는 교수–학습의 중심을 이룬다. 지식에 대한 인식론적 관점에 따라 교수$_{\text{teaching}}$와 학습$_{\text{learning}}$의 목적과 방향, 내용이 결정되기 때문이다. 따라서 인식론의 흐름에 대한 이해는 교육의 흐름을 이해하는 토대이며, 새로운 인식론으로의 조절은 새로운 교육을 가능케 하는 기제가 된다.[35)]

역사적으로 지식은 크게 데카르트의 인식론으로 대변되는 객관주의 혹은 절대주의와 상대주의로 발전되어 왔다.[36] 그러나 21세기 포스트모던의 시대로 진입하면서 제3의 관점, 즉 구성주의 지식관이 등장하게 되었다.[37] 따라서 교수-학습에서의 지식에 대한 관점은 크게 객관주의와 구성주의로 대별할 수가 있다. 두 가지 인식론은 21세기 성인들의 평생학습, 특히 자기주도학습과 전환학습 및 인적자원개발의 목적과 방향을 이해하는 준거를 제공한다.

1) 객관주의적 인식론

객관주의objectivism는 인간의 감각과 경험과는 독립적으로 객관적이며 보편적인 실재[진리]가 있음을 전제로 한다. 인간이 추구하는 지식은 그런 실재와 본질, 원리를 아는 것이다. 지식은 가르치는 활동과 독립적으로 존재하는 것이며 학습자의 객관적인 이해를 이끌어 내는 것이 교수활동의 중심이 된다. 객관주의는 전통적인 교수-학습 방법의 바탕이 되는 인식론이며 심리학의 행동주의의 뿌리가 된다. 흔히 데카르트적 인식론으로 대변되지만 고대철학의 플라톤까지 거슬러 올라가는 전통적인 지식관이다.

플라톤의 이데아론에 따르면, 우리의 감각기관에 의해 지각되는 물질적인 세계 저편에는 지속적이고 영원한 존재인 이데아의 세계가 있다. 모든 사물은 근원적인 형상인 이데아들의 불완전한 모사模寫에 불과하다. 예를 들어, 연필을 쥐고 원을 그려 봐도 완전한 원은 아니다. 모든 점이 원의 중심에서 같은 거리에 있지 않기 때문이다. 진정한 원은 우리의 사고 속에만 있는 이데아이다. 원의 이데아가 있어 우리는 원을 알 수 있으며 우리가 그린 원은 이데아의 모방인 것이다.

선(좋음) 이데아도 마찬가지이다. 모든 선한 것에는 공통된 어떤 것이 있는데, 바로 선 자체이다. 이런 추상적인 선의 이데아가 인간의 일상의 행동, 성격 등에서 선한 것과 그렇지 않은 것을 식별할 수 있게 한다. 선의 이데아가 우리의 행동과 생각을 이끄는 것이다. 따라서 플라톤적 사유에 따르면 인간이 행해야 할 목적이자 추구해야 할 지식은 바로 이데아이다.

이런 이유로, 철학의 역사에서 플라톤의 인식론은 대응설로 규정되어 왔다. 대응설對應設, correspondence theory은 무엇이 참된 판단이며 지식인가라는 질문에 대해 객관적 실재와 그대로 일치하는 판단 또는 관념을 진리 혹은 참 지식이라고 답한다.[38] 플라톤적 의미의 지식은 객관적 실재와 일치하는 것 혹은 동일하게 유지되는 사물 그 자체에 관한 지식이다. 이데아론에서 알 수 있듯이 어떤 상황에서도 변화하지 않는 보편적 실재가 존재한다는 것을 전제로 하기 때문이다. 다시 말해, 진리나 참된 지식은 인식 주체와 무관하게 감각세계를 넘어서 '별도로' 존재하며, 교육의 목적은 인간의 이성과 감각 경험을 통해 그러한 보편적인 진리를 획득하는 데 있는 것이다. 이렇게 볼 때 플라톤의 인식론은 철저히 객관주의적 관점을 대변한다고 볼 수 있다.

지식에 대한 객관주의적 관점은 근대철학의 문을 연 데카르트에 와서 체계적으로 정립된다. 데카르트는 진리는 언제나 이상 세계의 영역에 있고, 이에 도달하는 방법은 주의 깊은 연역적 사고라는 플라톤의 형이상학적 전제를 계승한다.[39] 데카르트로 대표되는 근대철학 혹은 모더니즘 정신은 지금 여기를 초월해 존재하는 보편적 진리의 존재를 전제로 하며 그 진리의 발견에 관심을 둔다. 진리와 지식의 보편성은 탈 맥락적 이성을 전제로 하여 맥락적 다양성을 하나의 보편성으로 환원시키고자 하는 정신이다.[40]

다시 말해, 객관주의에서 지식은 어떤 대상의 실체적 속성을 객관적으로 정확히 표상한 것이다. 지식은 현존하는 개별 인식주체와는 독립적으로 인간의 외부에 존재하는 실제 세계를 나타내며, 누구에게나 보편타당한 불변의 진리이다. 따라서 독립적인 실제 세계를 정확히 반영하고 일치할 때에만 참된 지식으로 간주된다. 인간이 추구하는 지식은 이러한 실재와 속성, 원리를 습득하는 것으로 생각한다. 객관주의에 의하면 지식은 이미 보편적으로 존재하는 것을 발견하는 것이지 창조하는 것이 아니다.

그런 보편적인 지식이 무엇이냐의 문제는 플라톤으로 거슬러 올라간다. 플라톤은 서양철학에서 지식에 대한 정의의 고전으로 평가받는 '정당화된 참된 믿음Justified True Belief: JTB'를 제시한다. 즉, 하나의 명제가 지식으로 간주되기 위해서는 다음 '세 개의 조건'을 충족시켜야 한다는 것이다. 첫째, 정당화될 수 있어야 하며, 둘째, 진실에 입각해야 하며, 셋째, 믿을 수 있어야 한다. 플라톤이 정의하는 소위 지식의 'JTB 조건'은 데카르트에 이르기까지 서양 인식론에 큰 영향을 미치게 된다.

그렇다면 객관주의 인식론에서 교수-학습의 역할은 무엇인가? 교수-학습 행위는 지식에 대한 관점에 의해 절대적인 영향을 받게 된다. 객관주의에서 교수자는 그 지식을 먼저 수용하고 이해하여 합리적인 방법으로 조직화해서 가르쳐야 할 것이다. 외부로부터의 참된 지식을 학습자 개개인의 내부로 효과적이며 효율적으로 전이시키는 것이다. 참된 지식이란 객관적인 실재, 즉 진리와의 대응성correspondence이 있어야 한다. 대응설은 말 그대로 신념이나 판단이 실제[객관적 실체]와 일치하면 그 신념은 진리라는 것이다. 예를 들어, 어떤 사람이 정원에 목련나무가 다섯 그루 있다고 말하자, 목련나무를 바라보며 숫자를 센 다음 '그 말은 옳다.'고 말한다. 즉, 그 진술이 사실과 대응한다는 말이다.

대응이론에 기초한 교수-학습에서는 학습자와 객관적인 실재를 연결하는 일이 중심이 된다. 브렌트 데이비스Brent Davis는 대응이론을 바탕으로 할 때 '학습의 척도는 주관적인(내적인) 모델과 객관적인(외적인) 실재 사이를 연결하는 일'이 된다고 말한다. 이런 이유로 행동주의 및 심리주의는 모두 대응이론으로 분류될 수 있다고 말한다.[41]

2) 구성주의적 인식론

구성주의constructivism는 성인학습에서 중요한 의미를 지닌다. 샤란 메리엄Sharan Merriam은 성인학습이론의 많은 부분은 본질적으로 구성주의라고 말한다.[42] 학습의 구성주의적 관점은 특히 학습자를 자신의 학습을 주도하는 주체로서 보는 자기주도학습의 개념과 양립할 수 없으며, 전환학습이론 역시 개개인의 의미 구성과 사회적 의미 구성에 모두 초점을 맞추기에 기본적으로 구성주의 입장이라는 것이다. 나아가 계속교육이나 인적자원개발은 구성주의와 상황인지 개념들이 큰 영향을 미치는 평생교육 영역이라 할 수 있다.

구성주의적 인식론의 뿌리는 고대 그리스의 회의주의 철학자들에서 찾을 수 있다. 또한 근대의 합리론자나 경험론자들에 이어 칸트 등을 거쳐 현대의 과학철학자들, 해석학자들, 그리고 실증주의에 이르기까지 다양한 철학자에게서 발견되는 인식론적 입장들을 포괄한다.[43] 본래 구성주의는 인식론과 학습이론의 한 형태로서, 지식의 본질이란 무엇인지 그리고 학생들이 어떻게 학습하는지를 다루는 이론이다. 그러나 최근 구성주의는 인식론의 범위를 넘어 수업설계 및 평가를 위한 이론, 심리치료이론으로까지 확대되고 있다.[44]

객관주의가 지식을 발견하는 것으로 보았다면, 구성주의는 '지식은 발견되기보다는 구성되는 것'이란 명제를 내세운다. 기본적으로 구성주의는 학습을 '의미를 구성하는 과정'이라고 주장한다.[45] 특수한 시공간적 맥락에 비추어 해석하고 구성해 내는 것이란 주장이다. 이러한 정의는 지식이 학습자와는 독립적으로 저 어딘가에 존재한다는 객관주의 인식론을 부정하고 학습자 스스로 구성한 지식만이 존재한다는 것을 의미한다. 교육심리학 분야에서는 구성주의를 장 피아제Jean Piaget, 1896~1980를 중심으로 하는 인지적 구성주의와 레프 비고츠키Lev Vygotsky, 1896~1934를 추종하는 사회적 구성주의로 구분한다. 반면에 모쉬만Moshman은 학습에 대한 구성주의적 관점을 내생적 구성주의와 외생적 구성주의로 분류한다.[46]

내생적 구성주의는 피아제의 인지발달이론에 기초해 발전된 것으로서 지식을 구성하는 주체와 구성의 맥락을 개인으로 보는 것이 특징이다. 피아제 이론에 따라 개인적 활동으로서의 학습은 "물리적 환경에 대한 개개인의 인지적 도식schema의 점진적인 적응"과 관련된 것이라고 주장한다.[47] 의미는 개개인에 의해 구성되며 개개인의 기존의 낡은 지식으로부터 새로운 지식의 구성을 중요시한다. 새로운 지식을 구성하는 활동의 장소는 환경이 아니라 유기체이다. 아동은 환경으로부터의 정보를 추출하는 학습이 아니라 현재 구조에 대한 초인지적 성찰 혹은 상호 조정을 통하여 새로운 지식이나 구조를 구성하는 것이다.[48] 따라서 내생적 구조주의자들은 직접적인 교수보다는 아동이 스스로 발견하고 탐색하도록 안내하는 것을 중요시한다.

외생적 구성주의는 학습자의 지식의 구성활동에 있어서의 환경적, 외생적 길잡이가 중요한 요인임을 지적한다. 지식은 외부로부터 자극을 받으며 학습자의 이전 지식이 정보가 처리되는 방식에 영향을 준다고 생각한다. 다시 말해, 지식은 개개인이 공유하는 문제들이나 과업들에 관해 대화나 활동에 사회적으로 참여할 때 구성된다는 점을 강조한다.[49] 따라서 지식은 상황적이고 맥락적이며 국지적인 성격을 지니게 된다. 교사의 역할은 내생적 구성주의에서는 촉진자, 가이드였다면 외생적 구성주의에서는 효율적인 전략을 가르치고 시범을 보여 주며 잘못된 생각을 교정하는 역할을 담당한다.

구성주의 관점에서 학습은 단순한 자극-반응 현상이 아니다. 학습을 위해서는 자기조절과 성찰 및 추상화를 통한 개념적 구조의 수립이 필수적이다.[50] 구성주의를 어떻게 구분하는가에 상관없이 구성주의 인식론 및 학습이론은 다음과 같은 공통된 교수–학습 원리를 가지고 있다. 포스놋$_{\text{Fosnot}}$은 그 원리를 다섯 가지로 제시한다.[51] 첫째, 학습은 발달의 결과가 아니라 학습이 곧 발달이다. 둘째, 불균형이 학습을 촉진한다. 인지적 갈등과 혼란은 학습을 위한 자극이며, 이것이 학습될 내용의 조직과 본질을 결정한다. 셋째, 반성적 추상화가 학습의 원동력이다. 인간은 의미의 구성자로서 다양한 경험을 표상적인 방식으로 조직, 일반화하고자 하므로 반성적인 작문을 통해 성찰의 시간을 주어야 한다. 넷째, 학습은 본래 사회적이며 대화적이다. 공동체 구성원들 간의 대화가 깊이 있는 사고를 촉진시켜 준다. 다섯째, 학습은 구조의 발달을 지향한다. 학습자들이 의미 구성을 위해 노력할 때, 관점에 점진적인 구조적 변화가 이루어져 보다 큰 아이디어를 구성하게 되며, 이것은 다양한 경험에 일반화될 수 있는 핵심 조직 원리가 된다.

06

학습하는 법에 대한 학습

인식론 혹은 지식이론은 지식의 실체보다는 지식을 규정하는 방법에 더 많은 관심을 갖는다. 지식은 어떠한 과정을 거쳐서 지식이라 정의되며 혹은 창조되는 것이냐의 문제이다. 지식의 내용이 중요하지만 지식을 학습하는 방법 또한 중요한 것이다. 들로 보고서는 '알기 위한 학습'은 '학습하는 법에 대한 학습learning to learn'을 전제로 한다는 점을 강조한다. 지식을 '학습하는 것에 대한 학습'이 모든 학습의 전제가 된다는 것이다.

서양철학의 출발선에서 소크라테스가 역점을 둔 것은 무엇을 지식이라 정의하느냐에 있었다. 지식을 학습하는 방법을 통해 지식에 대한 성찰을 강조한 것이다. 21세기 4차 산업혁명시대의 지식이론은 2500여 년의 시간만큼 변했을지도 모른다. 그러나 지식을 발견하거나 혹은 창조하는 학습방법에는 변하지 않는 철학이 있음을 알게 된다. 그것은 지식에 대한 부정否定의 태도이다. 학습을 통해 획득한 지식의 오류 혹은 한계를 성찰하고 부정할 수 있는 용기이다. 과거든 지금이든 지식창출의 변증법은 지식의 부정을 전제로 하는 것이다.

1. 소크라테스의 반증 학습법

지식을 학습하는 방법을 학습시킨 최초의 철학자가 소크라테스이다. 소크라테스는 지식에 대한 단순한 학습이 아니라 참된 지식을 얻는 방법, 참된 인식에 이르는 방법을 가르쳤다. '너 자신을 알라.'는 '너 자신의 무지를 알라.'는 말로서 바로 소크라테스의 학습하는 방법에 대한 학습을 의미한다. 여기에는 필연적으로 사람들이 갖고 있는 지식과 인식에 대한 성찰과 해체가 요구된다. 당시의 많은 지도층 인사가 소크라테스로부터 불편함과 모욕, 공격을 받았다고 느낀 것은 자연스러운 귀결이다.

소크라테스는 당시의 소피스트들처럼 논리뿐만 아니라 수사적인 수법과 왜곡에서도 뛰어났다. 그는 특히 자명해 보이는 이치를 모순에 빠뜨려 무너뜨리는 방법을 알고 있었고, 평범한 말을 모순에 빠지게 할 줄 알았으며, 한 논증의 가장 날카로운 비판이 거꾸로 그 논증을 제시한 사람에게 향하도록 만들면서 비트는 방법도 알고 있었다.[52] 소크라테스의 논증법은 철저하게 반어법反語法이었다. 반대 논증(반어법)에 기초한 대화법인 것이다. 앞서 살펴본 칼 포퍼의 반증 추론과 같은 맥락임을 알 수 있다.

1) 반대 논증의 원리

19세기 철학자인 윌 듀랜트Will Durant, 1885~1981는 소크라테스의 방법은 얼핏 보면 귀납적이라고 생각할 수 있음을 지적한다. 그러나 소크라테스는 사실을 수집하는 귀납보다는 오히려 분석(언어나 개념의 정의 및 구별)에 열중했다고 강조한다.[53] 오히려 소크라테스는 귀납법의 한계를 극복하기 위해 포퍼가 제시한 반증 방법론과 맥락을 같이 함을 알 수 있다. 철학자 마이클 켈로그Michael Kellogg 역시 소크라테스의 대화법이 반대 논증(반어법)임을 강조한다.[54]

전술한 대로 반증이란, 예를 들어 '백조가 흰색'이라는 가설을 세웠는데, 어떤 백조가 검은색인 것을 발견했다고 하면 가설이 반증되는 것이다. 포퍼는 과학적 진술인지 아닌지는 그 가설이 반증될 수 있느냐 없느냐를 보면 된다고 말한다. 소크라테스의 대화법에서 발견되는 방식이 반증이다. 소크라테스의 반대 논증의 절차와 방식에서는 다음과 같은 독특한 점을 발견할 수 있다.

첫째, 상식으로 여겨져 당연시되는 명제(언어, 개념)를 선택한다.
둘째, 상대의 명제를 지식 아닌 믿음으로 가정하고, 그 명제가 적용될 수 없는 상황을 찾아 본다. 주목할 것은, 소크라테스는 하나의 논거에 다른 논거로 맞서지 않는다. 소크라테스 자신도 자신의 신념에 기초하는 지식을 인정하지 않기 때문이다. 단지 자신의 논점은 상대방의 논거가 옳지 않음을 입증하는 추론으로서만 기능하게 하는 것이다.[55]
셋째, 상대의 주장에 예외적인 상황이 발견되면, 상대는 자신의 명제가 틀린 것임을 알게 된다. 아포리아$_{aporia}$(멘붕상태)에 빠지게 된다.
넷째, 상대는 예외적 상황을 반영하기 위해 그 명제를 수정 또는 개선한다.
다섯째, 필요시, 상대가 수정한 명제를 더 개선하기 위해 위의 과정을 반복한다.

소크라테스의 반대 논증은 상대가 가진 지식의 허위성을 스스로 발견하게 함으로써, 그가 설명하려는 현상이나 지식에 더 접근해 갈 수 있게 하는 데 목적이 있는 것이다. 소크라테스가 대화를 통해 사람들을 교육하는 방식은 대체로 이런 특징을 유지한다.

2) 반대 논증의 사례

플라톤의 초기 대화편『라케스$_{Laches}$』에는 용기란 무엇인가를 두고 논쟁하는 장면이 나온다.[56] 아테네의 장군인 라케스와 니키아스[57]가 소크라테스와 벌이는 논쟁이다. 라케스와의 대화를 중심으로 생각해 보자.

먼저, 소크라테스는 ① 상식으로 당연시되는 명제를 선택한다. 그는 두 장군에게 용기란 무엇이라 생각하느냐고 묻는다. 라케스는 "대오를 지키면서 적들을 막아 내고자 하고 도망치지 않는 것"을 용기라고 정의한다.

소크라테스는 ② 그 명제가 한계를 지닌다고 가정하고, 그 명제가 적용될 수 없는 상황을 찾아본다. 소크라테스는 '도망치면서도 용기 있는 행위를 할 수 있지 않은가?' 혹은

'전투 과정에서 다양한 방식으로 용기가 발휘될 수 있지 않은가?'를 질문한다. ③ 만일 예외적 상황이 발견되면 그 명제는 틀린 것이다. 라케스가 생각해 보니 물러나지 않는 것만 용기가 아니란 걸 알게 된다. 라케스는 자신의 생각이 틀렸음을 알게 되고 '아포리아aporia(난관)'에 부딪히게 된다. 그리고 ④ 명제를 수정한다. 라케스는 물러날 때와 물러나지 않아야 할 때를 아는 것도 용기라고 자신의 생각을 수정하였다. 소크라테스는 ⑤ 그리고 나서 그것에 해당되지 않는 사례를 찾아 그 논리에 문제를 제시하고 논증하는 형식을 취했다. 즉, 어떤 명제의 틀린 점을 발견함으로써 그 명제가 설명하려는 현상의 진실에 더 접근해 갈 수 있다.

3) 소크라테스의 산파술

지식 혹은 인식에 대한 소크라테스의 철학은 그의 중기 대화편에 속하는 『테아이테토스』에 잘 나타난다. 사형당하기 직전의 노철학자 소크라테스는 당시 10대 소년이던 아테네의 기하학자 테아이테토스와 지식의 본성을 논한다. 여기서 소크라테스는 자기 역할은 남들이 자신의 생각을 분만할 수 있게 도와주는 산파 구실을 하는 것이라고 주장한다. 『테아이테토스』의 내용을 요약하면 다음과 같다.[58]

소크라테스: 무엇을 안다는 건 과연 무엇인가?

테아이테토스: 무엇을 안다는 건 무엇을 보고 지각하는 것 아닐까요?

소크라테스: 좋아, 자네 말이 과연 옳은지 검토해 보세. 지각이 곧 아는 것이라 했지?

테아이테토스: 예, 그렇습니다.

소크라테스: 그렇다면 자넨 "어떤 사물이 내게 이렇게 보이면 내겐 이런 것이고, 자네에게 저렇게 보이면 자네에겐 저렇다."는 얘기를 하는 셈이네.

테아이테토스: 잘 이해하지 못하겠는데요. 무슨 말씀 하시려는 겁니까, 스승님.

소크라테스: 아주 간단한 얘길세. 저 밖에 바람이 분다고 해 보세. 만약 그 바람을 쐬고 내가 추위를 느낀다면 그 바람은 내게 찬바람이지. 그런데 자네가 그 바람을 쐬고도 전혀 추위를 느끼지 않는다고 해 보세. 그럼 그 바람이 자네에겐 더운 바람이 아니겠는가 말일세.

테아이테토스: 그런 얘기라면 옳은 말씀입니다.

소크라테스: 하지만 이런 경우 우린 뭐라 말해야 하나? 더운 바람이 불었다고 해야 하나, 아니면 찬바람이 불었다고 해야 하나?

테아이테토스: 추위를 느끼는 사람에겐 찬바람이고, 추위를 느끼지 않는 사람에겐 더운 바람이 아닐까요?

소크라테스: 그렇다고 해 보세. 하지만 자네와 내가 쏘인 바람은 같은 바람 아닌가? 다시 한번 말해 보세. 그 바람은 진짜로 찬바람인가 아닌가?

산파술의 중요한 특징은 상대의 지식과 의견을 상대가 스스로 깨닫게 하는 데 있다. 소크라테스는 앞의 방식을 통해 자신의 해답을 주지 않고도 상대가 가진 지식의 허위성을 논파한다. 플라톤과 함께 소크라테스의 제자인 크세노폰의 『회상록』에는 이를 잘 보여 주는 산파술이 등장한다.[59] 소크라테스가 민중 위주의 민주주의를 역설하는 사람과 대화하는 상황이다.

"민중이란 과연 누구를 말하는 것인가?"

"가난한 자들을 지칭하는 것입니다."

"그렇다면 가난한 자들은 구체적으로 어떤 사람을 말하는 것인가?"

"늘 돈에 쪼들리는 사람들을 뜻합니다."

"그런데 부자들도 늘 돈이 부족하다고 아우성이다. 그렇다면 부자도 가난한 사람과 다를 게 없지 않은가?"

"그렇게 볼 수 있을 겁니다." 그러자 소크라테스가 되물었다.

"그렇다면 민중이 주체가 되는 민주주의는 가난한 사람들의 정체인가, 아니면 부자들의 정체인가?"

2. 배우고 잊고 다시 배우기

"21세기의 문맹자는 읽고 쓰지 못하는 사람이 아니다. 신 문맹자는 끊임없이 배우고learn, 고의로 잊어버리고unlearn, 또다시 배우는relearn 일을 하지 못하는 사람이다."[60]

미래학자 앨빈 토플러Alvin Toffler, 1928~2016의 통찰이다. 그는 저서『미래의 충격Future shock』에서 21세기 평생교육시대에 신 문맹자가 되지 않기 위해서는 배우고, 고의로 잊어버리고, 다시 배워야 한다고 역설하였다. 평생교육에서는 신新 문해교육으로서 이 세 가지를 가르쳐야 한다는 말이기도 하다. 평생교육에서 간과하기 쉬운 '학습하는 법에 대한 학습'을 학습의 정 · 반 · 합이란 변증법을 통해 명확하게 인식시켜 주고 있는 것이다. 토플러의 말은, 평생교육은 물론 기업경영에서 학습하는 방법에 대한 학습을 위해서는 지식과 학습에 대한 인식론적 관점을 새롭게 할 필요성을 제시하고 있다.

1) 지식에 대한 관점

배운 것을 고의로 잊어버리는 것unlearn은 지식에 대한 전통적 관점을 해체해야 한다는 것을 의미한다. 객관주의 인식론에서 살펴본 대로, 플라톤을 출발로 하는 서양 전통형이상학에 기초한 인식론 혹은 지식론은 지식의 보편성, 절대성, 객관성에 대한 믿음을 견지한다. 이런 지식은 때론 관념적이고 추상적이며, 때론 시대와 문화에 의해 구체화되곤 하였다. '교과서에 충실한 학생이면 수능문제를 다 풀 수 있게 출제했다.'는 말은 지식에 대한 전통적 관점을 대변한다고 볼 수 있다.

포스트모던이란 말이 당연시되는 21세기에, 지식의 범주에 따른 차이는 있겠지만 지식에 대한 이런 전통적 관점을 고수하는 개인이나 기업은 많지 않다. 지식에 대한 객관적 관점이 여전히 강조되고 있지만 지식에 대한 구성주의적 관점 역시 당연시되고 있다. 초중등 학교 수업에서도 구성주의적 교수–학습은 일반적인 현상이 되었다. 하물며 지식의 생산 혹은 지식의 창조가 생존전략인 기업에서는 말할 것도 없다. 어제까지 상상하지 못한 전혀 새로운 제품이 오늘 등장하는 '퍼펙트 스톰perfect storm', 그리고 어제까지 승승장구하던 기업이 오늘 파산하는 '서든데스sudden death'라는 극단적 상황이 발생하는 기업현장에서 지식에 대한 패러다임은 기업의 성패를 좌우하고 있다.

예를 들어 보자. 코닥은 카메라와 필름의 대명사였다. 한창 잘나갈 때는 미국에서 코닥의 시장점유율은 90%에 달했다. 그런 코닥이 회사 설립 123년 만인 2012년 파산하였다. 파산의 이유는 무엇일까? '카메라는 곧 필름'이란 지식을 고수했기 때문이다. 이를 바탕으로 카메라와 필름에 대한 지식의 재생산 및 품질향상에만 사운社運을 걸었다. 코닥은 지식은 가변적이라는 개연성을 배제한 것이다. 그러는 사이 다른 기업은 디지털 기술발전에 따른 변화를 포착하고 필름 없는 디지털카메라란 새로운 지식을 창출해 냈다. 코닥과 대조적으로 삼성 갤럭시의 사례도 주목할 필요가 있다.[61]

애플이란 기업이 세상에 없던 물건, 스마트폰이란 것을 들고 나왔던 2008년 당시, 삼성전자는 핀란드의 노키아와 함께 세계 휴대전화 시장을 장악하고 있었다. 막 등장한 스마트폰이 피처폰을 대체할 새로운 흐름이 될지 아니면 한번 히트하고 사라질 반짝 발명품이 될지 누구도 모르던 때였다. 스마트폰에 주력하는 것은 한편으로는 잘나가던 애니콜 시장의 위축으로 연결될 수도 있었기 때문에 삼성 내부에서도 격한 논쟁이 있었다고 한다. 이때 무선사업부를 총괄하던 신종균 당시 사장은 "스마트폰은 거스를 수 없는 대세가 될 것"이라고 판단하였다.

최고경영진은 신속한 의사결정을 내렸다. 그래서 등장한 것이 2010년 갤럭시Galaxy 시리즈이다. 늦었지만 가장 빨리 좇아갔다. 반면 노키아는 미적거렸다. 점유율 40%라는 확실한 1위 자리가 기존의 지식을 고수하면서 변화를 거부하게 만든 독毒이 됐다. 노키아는 결국 스마트폰 시장에 제대로 진입조차 해 보지 못한 채 몰락하였다. 한때 명품으로 평가받던 노키아폰은 이제 박물관행 처지로 전락하였다.

기업경영에서만 지식의 변증법이 이뤄지는 것은 아니다. 2019년 7월 일본은 반도체 소재 등 3개 품목에 대해 한국으로의 수출을 규제하였다. 반도체 핵심소재인 불화수소, 불화 폴리이미드, 포토 리지스트를 규제하면 한국 경제에 치명적인 타격을 줄 수 있다는 일본 정치계의 계산 때문이었다. 10여 년 전만 해도 이러한 일본정부의 계획은 성공한 지식이었을지도 모른다. 시장변화에 따른 기존 지식에 대한 지속적인 해체 학습을 하지 않은 것은 코닥이나 일본정부나 난형난제였던 것이다. 기업이든 국가든 배우고 해체하고 다시 배우는 것의 엄중함을 보여 주는 반면교사라 할 수 있다.

2) '이중고리 학습'으로의 전환

> "허물을 벗을 수 없는 뱀은 파멸한다. 의견을 바꾸는 것을 방해받는 정신들도 이와 마찬가지이다. 그들은 정신이기를 그친다."[62]

해체를 전제하는 학습

독일 철학자 프리드리히 니체는 『아침놀』 제5권(573)에서 학습의 본질이 무엇인지를 간명하게 제시한다. 뱀이 허물을 벗어야 살 수 있듯이 기존의 학습을 통해 획득한 의견이나 지식, 사유방식 등을 해체시킬 수 있어야 인간은 자기 극복을 할 수 있다는 것이다. 해체 혹은 고의로 잊는 것 또한 학습임을 말해 준다. 니체는 『차라투스트라는 이렇게 말했다』에서 자신의 지식과 신념에 대한 끊임없는 성찰이 필요함을 역설적으로 강조한다.

> "자신이 알고 있는 것에 반하는 말을 하는 자만이 거짓말을 하는 것이 아니다. 진정 거짓말을 하고 있는 것은 자신의 무지에 반하는 말을 하는 자이다. 그리고 너희는 다른 사람들에게 너희 자신에 대해 그런 식으로 말함으로써 너희 자신과 함께 이웃을 속인다."[63]

지식에 대한 이론 혹은 인식론은 학습의 본질에 대한 성찰을 요구한다. 학습이란 변화를 목표로 하며, 변화는 기존의 지식에 대한 성찰 혹은 해체를 전제로 한다. 성인교육의 선구자인 린드만은 성인교육은 지속적으로 새로운 '나'가 되어 가는becoming 변화의 과정임을 강조하였다. 요람에서 무덤까지의 생성生成의 과정 그 자체라는 것이다. 새로운 나를 창조한다는 것은 지식에 대한 학습의 지속적인 축적과 아울러 기존 지식에 대한 성찰과 부정 및 지식의 해체 위에 새로운 지식의 학습이 이어지는 과정이 유기적으로 이루어져야 하는 것이다. 린드만이 말하는 성인의 평생교육에는 이러한 변화를 위한 지식의 변증법이 내포되어 있다.

변화를 위한 학습에는 먼저 지식의 축적이 필요하다. 소크라테스 때부터 인간답게 살기 위해선 우선 알아야 한다는 주지주의가 당연시되었다. 앎은 좋은 삶good life을 위한 필수조건이었다. 그러나 평생학습이 당위적으로 요청되는 21세기 평생교육시대에 간과되기 쉬운 것이 기존의 지식에 대한 성찰과 해체이다. 학습을 통해 획득한 지식들이 언제나 고정불변의 것은 아니라는 학습이다. 지식의 가변성 혹은 구성주의적 관점은 19세기 경제학, 심리학, 철학 등에서 구조주의적 사고가 동틀 무렵부터 주목을 받게 되었다. 지식과 정보의 주기가 인류역사상 유례없을 정도로 단축된 21세기에 지식을 배우고 고의로 해체하고 다시 배우는 학습의 순환 고리는 필연적인 것이다.

이중고리 학습

『지식창조기업』의 저자인 경영학자 노나카 이쿠치로는 이런 변화를 '이중고리 학습double-loop learning'이라 말한다.[64] 그에 의하면 학습에는 두 가지 방법이 있다. 하나는 노하우를 습득해서 기존 전제에 입각하여 제반 문제들을 해결해 나가는 것이며, 다른 하나는 새로운 전제를 정립하여(특히 패러다임, 구조, 정신모델, 새로운 시각 등) 기존의 것들을 극복해 나가는 학습이다. 이 두 가지 형태의 학습법을 '학습 I'과 '학습 II'라고도 하고 '단일고리 학습single-loop learning'과 '이중고리 학습'이라고 한다. 그는 새로운 지식을 창조하기 위해서는 이 두 가지 학습이 상호작용함으로써 시너지 효과를 낼 수 있어야 한다고 주장한다. 다시 말해, 두 종류의 학습이 지속적으로 변증법적 과정을 거쳐야 한다는 것이다.

질 들뢰즈Gilles Deleuze, 1925~1995의 긍정과 부정의 철학대로, 학습은 그 자체로 자기 안에 부정을 잉태하고 있다. 학습 안에는 지식에 대한 긍정과 부정이 모두 들어 있는 것이다. 배운 것을 고의로 잊는 것은 지식에 대한 부정이다. 그러나 이 부정은 어떤 새로운 지식의 창조와 변화를 만들어 내기 위한 긍정의 한 단계이다. 고의로 잊는 것 자체[부정]가 학습[긍정]인 것이다. 따라서 평생학습이 없는 삶은 긍정을 부정하지만 평생학습은 부정조차 긍정한다. 2500여 년 전 중국 춘추전국시대의 노자의 말은 의미심장하다.

> "지식을 얻으려면 매일 뭔가를 더 쌓으라. 그러나 지혜를 얻으려면 매일 뭔가를 버려라."

21세기 지식의 불확정성 시대에 평생학습이 무엇인지를 알려 주는 촌철살인의 학습론이다. 정확히 말하면 이 말은 노자가 『도덕경』에서 말한 배움學과 도道의 본질을 의역한 것이다. 노자가 본래 한 말은 다음과 같다. "배움을 행하는 것爲學은 매일 보태는 것日益이며, 도를 행하는 것은爲道 매일 덜어내는 것日損이다." 이어서 노자는 말한다. "덜고 또 덜어내면 무위의 지경에 이르게 된다損之又損 以至於無爲."

노자의 이 말은 유학의 대표 경전인 공자의 『논어』에서 강조한 배움과는 배치되는 듯이 보인다. 공자는 배우고 또 배운 것을 익히는 것을 강조하기 때문이다. 노자가 『도덕경』에서 말하는 배움이란 이미 확립된 지식을 모방하고 반복하며 견지하는 형태의 배움을 의미한다. 공자 왈曰 맹자 왈 하며 성인의 말씀을 신주 모시듯이 배우고 익히는 유가사상에서의 배움의 개념을 지칭하는 것이다.

현대적 의미로 보면 학문적으로 검증된 지식, 비즈니스 사업모델이나 제품에 대한 기존의 지식과 정보, 기업경영전략에서의 성공한 모델 등과 같은 지식을 고수하며 배우는 것과 유사한 의미가 될 것이다. 이미 검증된 지식과 모델이라 간주하고 비판적 성찰 없이 반복해서 학습하는 것만이 강조되는 것이다. 이 경우, 배운다는 것은 날마다 '보태지는 것日益'이다. 당시나 지금이나 배움이라 하면 지식을 축적하는 것에 초점을 두었던 것 같다.

노자는 유가사상의 배움이 놓치고 있는 핵심을 예리하게 지적한다. 즉, 지식의 축적이 아닌 해체이다. 배움의 목적인 도를 행하기 위해서 혹은 지혜를 얻으려면 배운 것을 버리라는 역설paradox이다. 지식이라고 정의된 것들을 배우고 익히는學而時習 노력만 한다면 오히려 새로운 삶과 학문의 지혜, 경영의 지혜, 통치의 지혜를 얻지 못한다는 점을 지적하는 것이다.

『도덕경』 20장에서 노자는 한 걸음 더 나아간다. "절학무우絕學無憂, (그런) 배움을 끊으면 근심걱정이 없어진다." 근심걱정이 많은 건 그런 배움 때문이라는 것이다. 근심걱정이 사라지지 않는 국가나 조직이 간과하고 있는 중요한 이유를 지적하는 것이다. 이래저래 배우게 된 자신의 지식과 신념만을 고수하고 끊지 못하는 사람들이 많을 때 늘 시끄럽다. 배운 걸 끊기는커녕 보고 싶은 것만 보고 배울 때 확증편향이 강한 문화가 형성된다. 그리고 노자가 말한 우환이 생기게 된다.

3) 앎을 위한 앎의 부정

평생학습의 본질은 배우고 잊고 다시 배우는 데 있다. 특히 배운 것을 고의로 잊어버리는 학습의 중요성에 주목해야 한다. 배운다는 것learn은 새로운 지식이나 정보, 스킬을 획득하는 것이다. 그런 지식과 스킬대로 행동하고, 나아가 자신이 학습한 것들을 다른 사람에게 전하기도 한다. 배우고 또 배우는 것은 쉽지는 않지만 의지와 노력만으로 가능하다. 정작 어려운 일은 자신의 생각에 오류가 있음을 알았을 때 단호하게 그 생각을 버리는 일unlearn이다. 익숙한 것으로부터의 결별은 언제나 어렵다. 경제학의 관점에서 볼 때 조지프 슘페터Joseph Schumpeter가 강조하는 '창조적 파괴creative destruction'와 같은 맥락이다.[65] 새로운 지식을 창조하기 위해서는 낡은 것을 파괴, 도태시켜야 자본주의의 역동성을 가져올 수 있기 때문이다.

그러나 지금까지 살아오면서 나름대로 배워 알고 있는 기존의 지식, 지혜, 신념, 가치관을 버리는 일은 불편할뿐더러 고통스런 일이다. 자신이 옳다고 믿는 것, 내가 지지하는 정치인 혹은 정당만이 최선이라는 생각, 과거 자신의 성공모델에 사로잡힌 기업경영자의 신념을 하루아침에 버린다는 것은 쉬운 일이 아니다. 특히 학문이든 경영이든 한 분야의 전문가일수록, 그리고 지위가 올라가고 나이가 들어갈수록 심해지는 인지적 편향cognitive bias은 기존의 지식에 대한 부정을 더욱 어렵게 만든다. 인간의 인지적인 자원은 제한되어 있기에 인지 자원을 절약하려는 '인지적 구두쇠cognitive miser'[66] 현상이 전문성, 나이, 지위의 상승과 비례하기 때문이다.

낡은 신념과 지식, 사상을 버리는 것은 평생교육에서 개발해야 할 학습의 한 부분이다. 서울 사람이 호주 시드니에 가서 운전을 배울 때 먼저 학습해야 할 것이 있을 것이다. 서울에서 운전하던 습관적인 지식과 경험을 버리는 것이다. 그래야 새로운 시드니의 운전법을 배울 수 있다. 기존의 운전 지식에 연연해 우물쩍 거리다간 자신의 안전은 물론 주위 사람들의 안전마저도 위험에 빠뜨리게 된다. 아인슈타인은 '잊음의 학습'의 필요성을 다음과 같이 강조한다.

"미친 짓insanity이란, 매번 똑같은 행동을 반복하면서 다른 좋은 결과를 기대하는 것이다."

이렇게 볼 때 배운 것을 '고의로 잊는다unlearn'는 것은 '늘 변화하는 것ever-changing'이다. 미지의 것unknowns을 발견하기 위해 우리가 알고 있고 가치를 두고 있는 모든 것에 대해 이때까지와는 다른 질문들을 제기함으로써 늘 변화하고 유동적으로 탐구하는 학습인 것이다.

'다시 배운다relearn'는 것은 단순히 새로운 지식을 학습하는 것에 그치지 않는다. 보다 근본적으로 '새롭게 배우는 것'이다. 새롭게 배운다는 건 학습의 초점을 다시 맞추는 것이다.[67] 학습의 초점이나 가정, 목적, 방법을 바꾸지 않고 새로운 지식이나 지혜를 배울 수는 없기 때문이다. 스티브 잡스Steve Jobs는 배움은 '점들의 연결connecting the dots' 과정이라고 말했다. 또는 학문적 사실들data points 간의 관계를 이해하는 과정이기도 하다. 따라서 스티브 잡스에 의하면, 새롭게 다시 배운다는 것은 그 점들 자체에 대해 혹은 기존의 정보나 사실 자체에 대해 질문하는 것에서 시작하는 것이다.

> 우리는 어떤 점(사실, 정보)들을 관찰하고 주의를 집중하고 있는가?
> 그런 점(사실, 정보)들은 얼마나 중요하고 적절한 것인가?
> 다른 어떤 점(사실, 정보)들을 고려해야 하는가?
> 우리가 알지 못할 수도 있는 다른 점(사실, 정보)들은 무엇일까?

그 다음, 각 질문에 대한 연결connection이 무엇인지를 검토할 수 있을 것이다. 질문은 위의 방식과 같은 맥락이다.

> 우리는 어떤 연결에 주의를 집중하고 있는가?
> 그런 연결은 얼마나 중요하고 적절한 것인가?
> 다른 어떤 연결을 고려해야 하는가?
> 우리가 알지 못할 수도 있는 다른 연결들은 무엇일까?

마지막으로, 그런 연결들을 해석하는 우리 능력에 대한 질문을 제기해야 한다.

> 우리가 진실이라 믿고 있는 연결들로부터 어떤 통찰력을 얻는가?

그런 통찰력들은 얼마나 중요하고 적절한가?
그런 연결들을 해석하는 다른 어떤 방법은 없는가?

이러한 학습의 방법은 주로 지식창조가 시급한 기업경영이나 인적자원개발 분야에서 적절해 보일 수 있다. 그러나 어떠한 영역의 학문을 하든, 평생학습의 분야에 관계없이 이러한 지식에 대한 비판적 성찰을 통한 새로운 학습re-learning 방법은 기본적으로 차이가 없다.

개인이건 조직이건 평생학습을 한다는 것은 새롭게 되어가는 것이며 생성하는 것이다. 어쩌다 한번 배운 지식과 정보에만 집착할 때 사람은 생성 아닌 소멸상태로 전락하게 된다. 21세기 문학계의 거장이라 불리는 아르헨티나의 호르헤 루이스 보르헤스Jorge Luis Borges, 1899~1986는 바로 이 점을 예리하게 지적한다.

"우리가 단순히 뭔가를 기계적으로 반복하고 있을 때 우리는 뭔가를 느끼지 않고 뭔가 새로운 것을 발견하지 않는다. 그 순간 우리는 죽은 것이다."[68]

기존의 것을 반복만 하는 평생학습은 죽은 것이다. 삶의 생성으로서의 평생학습은 버리는 것을 학습하는 것이다. 버릴 때 사는 것이다. 보르헤스는 말한다.

"오늘 우리의 하루를 살펴본다면 우리는 거기에서 많은 죽음을, 또한 많은 탄생을 발견하게 될 것이다."[69]

개인이 그렇고, 기업을 포함한 조직, 국가가 그렇다.

07

지식창조 기업과 인식론

인식론은 기업경영론이다. 제품과 서비스, 기업 이해관계자들에 대한 이해는 그 자체로 지식 이론이자 인식론이기 때문이다. 피터 드러커Peter Drucker, 1909~2005는 우리는 현재 엄청난 변혁의 시대에서 엄청난 도전을 받고 있다고 말한다. 그 도전은 경제의 핵심 자원으로서의 지식 패러다임이며, 개인의 의식구조뿐만 아니라 조직의 의식구조마저도 바꿀 것을 요구받는 도전이다.[70] 개인이든 조직이든 지식에 기반한 의식구조는 그 자체로 인적자원이며 인적자원개발HRD의 영역이 된다.

이 장에서는 조직의 의식구조 혹은 지식 패러다임이 기업경영과 어떤 관계에 있는지를 고찰한다. 특히 경영 위기에 봉착한 글로벌 기업들 중, 장난감 기업 레고와 삼성TV가 경영전략의 변화를 통해 극복해 나가는 과정을 인식론적 관점에서 분석하기로 한다.[71]

1. 기업의 인식론과 기업의 위기

기업의 경영전략에는 인식론이 자리하고 있다. 소비자를 포함한 기업의 이해관계자와 제품 및 서비스에 대한 인식론이 경영전략에 직간접적으로 작용한다. 기업은 변화하는 기업환경에 부응하여 인식론적 패러다임을 전략적으로 수정한다. 실제로 위기를 극복한 기업의 사례를 분석함으로써 철학의 제1분야인 인식론을 설명해 보도록 한다.

1) 레고와 삼성TV의 위기

사례 ❶ 레고Lego 위기극복의 인식론적 비결

1930년대 덴마크의 목수 올레 크리스티안센Ole Christiansen은 나무 가구와 장난감을 만드는 사업을 시작하였다. 아동용 완구의 대명사는 그렇게 탄생했다. 레고의 핵심 특허는 50년 이상이 흐른 지금까지 그대로 남아 있다.

그러나 수십 년 동안 성장과 혁신을 거듭하던 레고는 돌연 심각한 부진에 빠졌다. 2000년까지만 해도 레고는 세계 5위의 완구 회사로 평가되었지만 2003년에 이르자 대규모 적자를 낸 것으로 발표됐다. 그들의 표현대로라면 당시 레고에서는 매일 100만 달러의 현금이 빠져나가고 있었다.

'금세기 최고의 장난감 상'을 두 차례나 받았던 회사가 핵심 소비자층과 완전히 멀어졌다. 과연 어떻게 된 일일까? 그리고 레고는 어떻게 안개 속의 위기에서 벗어나 그 수수께끼를 풀게 되었을까? 쇠락해 가던 재래 장남감이 어떻게 모두가 열광하는 주인공이 되었을까?

사례 ❷ TV시장을 뒤엎은 삼성의 관점 혁명

2000년대 들어. 삼성의 TV부문 임원들은 안개 속을 헤매고 있었다. 각종 최신 기술을 선보였음에도 불구하고 삼성TV는 시장에서 약세를 면치 못하였다. 당시 삼성TV의 외관은 핵심 경쟁사 소니Sony를 비롯한 타사 제품들과 흡사하였다. 모든 TV수상기는 새로운 특장들을 선전하는 스티커들로 뒤덮여 있었고 전시용 제품에서 내뿜는 푸른빛이 매장을 가득 채웠다. 한 소비자는 매장에서 TV를 구매할 때의 경험을 비유적으로 '스타워즈(별들의 전쟁)'라고 표현했다.

삼성의 고위 경영진은 소비자들의 불만이 커지고 있다는 걸 명확히는 파악하지 못했지만 뭔가 이상하다는 것은 알아차렸다. 소비자들의 분위기가 달라지고 있었다. 삼성 경영진은 회사가 위기에 직면하고 있다는 사실을 감지하기 시작하였다.

임원들은 문제의 재구성부터 시작하기로 결정하였다. 그들은 질문을 바꿨다. 전 세계 TV시장의 판도를 바꾼 삼성의 관점 혁명은 질문의 전환에서 시작된 것이다. 2007년 삼성의 TV시장 점유율은 11.3%였다. 그러나 불과 5년 뒤인 2012년 삼성의 시장점유율은 두 배 이상 증가한 28.5%가 되었다. 삼성이 세계 TV시장의 리더로 올라서게 된 그 관점혁명이란 무엇인가?

레고와 삼성TV가 위기를 극복하고 세계적인 선도 기업으로 올라서게 된 배경은 서로 다를 수 있다. 그러나 공통점은 지식에 대한 관점 전환 혹은 인식론적 패러다임의 혁신이라 할 수 있다.

2) '상자 안'과 '상자 밖' 사유

지식에 대한 접근은 데카르트를 중심으로 하는 전통적인 인식론적 접근과, 19세기에 등장한 후설과 하이데거를 중심으로 하는 존재론적 접근[해석학적 현상학]으로 구분할 수 있다. 또한 두 가지 접근을 바탕으로 하는 학습을 전자는 단일고리$_{\text{single-loop}}$ 학습, 후자는 이중고리$_{\text{double-loop}}$ 학습이라고도 한다. 보다 단순화시킨다면 전통적인 인식론은 '상자 안' 사유, 대안적인 인식론은 '상자 밖' 사유라고 정의할 수 있을 것이다. 레고와 삼성TV를 포함해 아디다스, 인텔 등 기업경영의 위기를 극복한 기업들의 공통점은 '상자 안' 관점에서 '상자 밖' 관점으로의 인식론적 패러다임을 전환했다는 데 있다.

'상자'란 사유의 틀$_{\text{frame}}$ 혹은 패러다임을 의미한다. 우리는 흔히 한 개인의 사고방식은 각자의 독특한 특성이려니 생각하기 쉽다. 그러나 인간의 인식방법 혹은 사유방식은 역사적으로 형성된 사유 틀에 의존한다는 점을 함께 생각할 필요가 있다. 다시 말해, 태어나면서부터 사유를 위한 사유 틀과 범주들을 생득$_{\text{生得}}$하는 것 같이 보일 수도 있지만 인간은 역사적으로 형성된 사유 틀을 가지고 구체적인 개인적 · 사회적 현실

을 바탕으로 사고를 전개해 나가는 것이다.[72]

서양에서는 창의성을 언급할 때 흔히 '상자 밖에서 생각하라Think outside the box.'는 말을 한다. 이 말은 케임브리지 사전에 의하면 '전통적인 혹은 고정관념expected ideas에서 벗어나 새로운 아이디어를 사용해 상상력 있게 생각해 보는 것'을 의미한다. 어떤 문제를 해결할 때 기존 관념의 틀을 벗어나 새롭고 신선한 창의적인 아이디어를 떠올려 보라는 것이다. 상자Box는 기존 관념의 틀이나 패러다임을 의미한다. 지식이나 앎에 대한 전통적인 인식론 역시 '상자'에 비유할 수 있을 것이다.

'상자 밖'이란 개념은 '아홉 점 퍼즐nine dots puzzle'로 널리 알려지고 있다. 종이 위에 점 아홉 개가 정사각형 대형으로 찍혀 있다. 종이 위에서 연필을 떼지 않은 채 반드시 네 개의 직선을 그어 아홉 개의 점을 모두 연결해야 하는 것이 퍼즐이다. 문제는, 이 퍼즐을 풀려면 기존의 생각의 패러다임을 벗어나야 한다는 것이다. 아홉 개의 점이 위치한 사각형이라는 프레임을 벗어나 새로운 방식으로 바라봐야만 풀 수가 있는 것이다.[73]

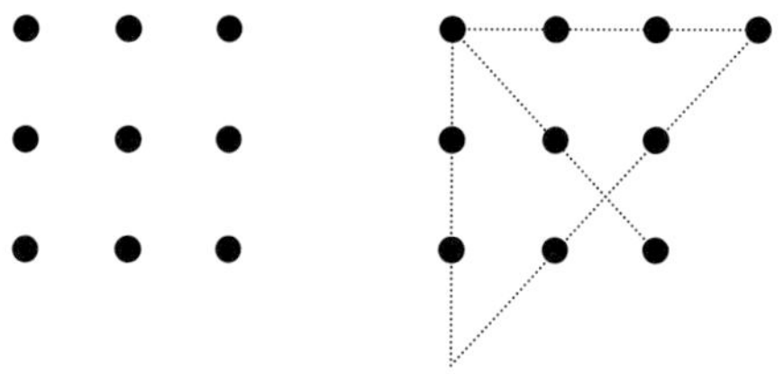

그림 7-1 상자 밖 사유를 위한 퍼즐

3) 인식론적 접근과 존재론적 접근

철학은 존재에 대한 사유에서 시작되었다. 그런데 존재에 대한 사유의 시작은 인식이다. 인간의 사유는 인식론적이며 동시에 존재론적인 것이다. 따라서 지식 개념에 대한 이해는 '인식론적 접근epistemological approach'과 '존재론적 접근ontological approach'이 통합적으로 적용될 때 가능하게 된다.

그러나 근대철학 이후 존재란 무엇이며, 왜(어떻게) 존재하는지, 존재를 존재하게 하는 원인과 이유, 즉 '존재의 근거'에 대해 의문을 가지면서부터 인간사유의 인식론적 차원이 급격하게 발전하게 된다.[74]

특히 근대철학의 문을 연 르네 데카르트Rene Descartes,1596~1650적 인식론이 '상자 안' 사유방식의 전형으로 자리 잡게 되었다. 전통적인 '상자 안' 사유의 특징은 참된 지식은 인간과 독립적으로 존재한다는 생각, 그리고 인식의 주체와 대상을 구분하는 이원론이다.

인식론적 접근

데카르트의 인식론은 플라톤과 아리스토텔레스처럼 객관적 실재를 주장한 서양 고대철학을 바탕으로 이해되어야 한다. 데카르트의 인식론은 근대철학의 제1원리인 '코기토 에르고 숨Cogito, ergo sum.'이란 문장에서 시작된다. '나'라는 주체가 존재하는 것은 바로 내가 생각하기 때문이라는 것이다. 당시 상황에서는 가히 혁명적 인식전환이라 할 수 있다. 나의 존재를 신의 피조물로 본 중세적 인식과 결정적으로 갈라서는 것이기 때문이다.

따라서 '방법론적 회의'로서의 코기토 명제는 근대철학의 문을 연 것으로 이해되고 있다. 코기토 명제의 목적은 의심의 여지가 없는 '확실한 지식'을 찾는 데 있다. 데카르트는 인간에게는 확실한 지식에 이르는 능력, 즉 본유관념innate idea이 인간의 이성 안에 내장되어 있다고 확신하였다. 이때부터 이성은 확실한 지식의 원천이자 자연을 비추어 주는 빛으로 여겨졌다.

데카르트 이후 근대 인식론의 관심은 인간 이성의 힘으로 진리에 도달할 수 있다는 믿음을 바탕으로 인식 주체와 대상을 엄격히 구분하고, 인식주체가 어떻게 인식주체 외부[대상]의 객관적 진리를 인식할 수 있는가에 초점이 맞추어졌다. 데카르트의 인식론은 영국의 존 로크Locke, 데이비드 흄Hume, 버클리Berkeley 같은 철학자들에 의해 경험론으로 발전하였다.

이들은 순수한 이성만으로 참 지식을 발견할 수 없으며 "세계에 대한 지식은 오로지 감각만을 사용해서 발견할 수 있는 것"[75]이라고 주장하였다. 경험론이 강조하는 인식 혹은 지식의 방법은 귀납법 혹은 귀납적 논증이다. 수많은 고니를 관찰한 결과 모두 하얀색이기에 백조라는 결론을 도출하는 방법이다. 이들의 인식론은 다시 임마누엘 칸트에 이르러 '인식 주체'에 초점을 맞추는 방향으로 전회가 된다.

이러한 인간 이성이나 감각을 통해 대상이나 현상에 대한 확실한 지식을 발견할 수 있다는 믿음은 근대 이후 서양인들의 사유방식의 근간을 이루게 되었다. 일상생활에서는 물론 다양한 조직의 경영이나 기업교육에서 이성은 지식과 지혜의 든든한 안내자로 여겨졌다.

이와 같이 전통적으로 지식 개념에 대한 이해는 인식론적 접근에 지나치게 경도된 반면, 지식에 대한 '존재론적 접근'은 상대적으로 간과되어 왔다. 그러나 전술한 대로 존재론과 인식론은 동전의 양면이다. '존재에 대한 인식'으로 우리는 모든 지식을 획득하기 때문이다. 다시 말해, 존재를 구성하고 있는 본질이 과연 무엇으로 되어 있는지에 대한 우리 인간의 인식이 바로 지식을 구성한다. 따라서 지식에 대한 인식론적 접근은 인식주체인 나, 우리, 경영자 혹은 연구자에게 너무 많은 자의적 해석의 권한을 부여하게 된다. 이 경우 지식 개념에 대한 이해에 심각한 오해가 발생할 수 있다. 인식주체로서의 인간은 본래부터 인식론적 한계를 지니기 때문이다.

존재론적 접근

19세기 후반 들어 인식의 보루인 이성에 대한 절대적 신뢰는 흔들리기 시작했다. 주체와 대상을 엄격히 구분하는 이원론적 사고는 대상인 사물이나 현상의 본질을 제대로 포착하지 못한다는 것이 드러났기 때문이다. 오히려 마르틴 하이데거Martin Heidegger, 1889~1976의 현상학에서 강조하듯, 인간과 사물에 대한 인식 및 지식은 각각이 처한 상황이나 의미 구조 속에서 찾을 수 있다는 주장이 힘을 얻기 시작하였다.

존재론적 접근은 인식 주체가 아닌 인식 대상의 '존재' 혹은 '현상'에 초점을 맞춘다. 경영자가 아닌 소비자, 레고나 TV의 소비자인 어린이, 가정의 소비자 등에서 발견되는 현상학적 지식에 권한을 부여한다. 인식론적 접근의 한계는 존재론적 접근을 통해서 수정 · 보완될 필요가 있음을 말해 주는 것이다.[76] 이러한 인식론적 전환이 현실적으로 위력을 발휘한 분야가 기업이다. 인식론에 대한 경영자들의 인식여부와 상관없이, 기업경영에서 플라톤에서 데카르트를 잇는 전통적인 지식이론, 그리고 후설과 하이데거의 현상학에 기초한 지식이론들이 혼용되고 있는 것이다. 다시 장난감 기업 레고와 삼성TV 사례로 돌아가 보자.[77]

4) 디폴트 사고와 센스메이킹

상자 안 사유와 상자 밖 사유, 혹은 인식론적 접근과 존재론적 접근은 기업경영의 관점에서는 디폴트 사고와 센스메이킹이란 개념으로 정의할 수 있다.[78] 먼저, 장난감 기업 레고Lego의 사례를 중심으로 살펴보자.

전통적인 디폴트 사고

위기에 봉착했을 당시 레고의 기업문화와 경영전략은 인식론적인 혼돈 상태였다. 기업의 주 소비자인 어린이들의 장난감에 대한 인식이 변했다는 인식을 하고 있었다. 원래 레고 하면 브릭을 떠올렸지만 매출이 매년 급감하게 되자 회사에서는 브릭에 대한 관심이 점차 시들어져 갔다. 대신 레고라는 브랜드에만 관심이 쏠려 있었다. 회사는 브릭 대신 액션 피규어나 비디오 게임 같은 분야에 진출함으로써 브랜드 가치를 높이려고 했다. 기존의 레고 이미지를 벗고 뭔가 쿨한 모습을 연출하려는 움직임이 시작되고 있었다. 레고는 시장점유율을 늘리기 위해 핵심 소비자층, 즉 레고를 갖고 노는 어린이들을 버리고 있었던 것이다.

당시 회사는 몇 가지 핵심 전제에 따라 움직였다. 레고는 여러 차례의 연구를 통해 하나의 인식론적 결론을 도출하였다. "과거와 달리 아이들이 시간적 압박을 많이 받고 있기 때문에 더 이상 놀 시간이 없다!"는 전제였다. 아이들의 하루 스케줄, 놀이 시간, TV 보는 시간, 조기교육 성향 등을 면밀히 연구한 끝에, 그들은 조립에 시간이 오래 걸리는 브릭 완구가 사양길에 접어드는 것은 명백한 현실이라고 판단했던 것이다. 게다가 레고는 단시간에 재미를 선사하는 플러그 앤드 플레이 완구들과의 경쟁력도 감안해야 했다. 디지털 공간에 접속하기만 하면 놀이의 재미를 배가시키는 신기한 소리와 시각 효과들이 가득한데, 구식 브릭을 조립하는 단순한 기능만으로 경쟁이 가능할 리 없다고 판단하였다.

기업이 경영위기에 직면할 경우, 경영진이 문제해결을 위해 활용하는 관성적인 사고는 디폴트 사고default thinking[79]이다. 단선적linear이며 합리적인rational 문제해결법으로서 경영진은 과거 여러 차례 경험을 통해 문제가 뭔지도 알고, 어떻게 하면 가장 빨리 원하는 목표 지점에 도달하는지 안다고 생각할 때 활용하는 방법이다. 디폴트 사고에 기초한 단선적 문제해결법은 논리적 분석을 통해 사업상 이익과 성장률을 극대화할 수 있는 근거와 데이터를 철저히 수집해서 거기에 '연역적 논리'와 '구조화된 가설'을 대입한다. 이런 해결법은 자원의 최적화, 제품 포트폴리오 간의 균형유지, 생산성 향상, 단기에 수익이 많은 시장에 투자, 운영상 복잡성 감소, 지출에 걸맞은 가치 등의 과제에 유용한 것으로 평가받고 있다.

레고에 새로 부임한 CEO 크누드스토르프Knudstorp는 연이어 대규모 적자가 발생하자 변화를 모색할 수밖에 없었다. 우선 그는 경영효율화를 위해 비용을 절감해야 한다고 생각했고 디폴트 사고를 활용하였다. 그러나 동시에 그는 무언가 잘못되고 있다는 인식을 하게 되었다. 수치를 뛰어넘는 요소들을 놓치고 있다는 것을 직감하였다. 그 요소란, 레고 브랜드의 핵심과의 연결고리가 점점 약화되고 있다는 것이다. 경영의 관점에서 볼 때 마치 '안개 속을 항해하고 있는 느낌'이었다는 것이다. 기존의 디폴트 사고로는 해결할 수 없는 문제에 직면하게 된 것이다. 디폴트 사고는 오로지 생산성 극대화라는 비즈니스 과제를 해결할 경우에는 효과적이다. 그러나 '사람들의 행동'과 관련된 비즈니스 과제를 해결해야 할 때는 한계에 부딪히게 된다.

대안으로서의 센스메이킹

단선적 문제가 아니라 특정한 문화적 변화가 포착되었을 때, 섣불리 과거 사례로부터 수집한 수치적 가설을 대입하며 잘못된 확신으로 흐르기 쉽다. 이러한 문제해결을 위해 마두스베르그와 라스무센이 제기하는 방식은 상황을 이해하는 '센스메이킹sense making'이다. 일체의 가설이나 편견 없이 소비자의 삶의 상황 속에 들어가 그들의 행동을 다양한 관점에서 관찰하고 데이터를 축적하여 그 연관성을 찾는 방법을 일컫는다. 이 방식의 학문적 바탕을 제공하는 것이 철학을 중심으로 하는 인문과학이다. 디폴트 사고는 눈앞에 보이는 전경(예: 스포츠웨어의 시장점유율 하락)에 파고드는 반면, 인문과학적 사고는 보이지 않는 배경이나 우리가 지각하는 것 이면에 있는 다층적인 뉘앙스(예: 사람들이 운동을 하는 이유는 경쟁이 아니라 행복해지기 위해서이다.)를 탐구한다.[80]

소비자나 제품에 관한 인식 혹은 지식 창출의 방법으로서의 디폴트 사고와 센스메이킹은 우열의 문제가 아니라 서로 다른 용도에 적합하며 보완적인 도구로 활용되어야 한다. 예를 들어, 이미 시장에서 검증된 약품을 판매할 때는 디폴트 사고에 입각해 단선적이고 논리적으로 접근할 수 있다. 향후 시장 확대와 이윤 극대화는 전적으로 효율성, 세일즈, 판매망 등과 관련된 문제이기 때문이다. 반면, 소비자의 복잡한 행동 원인을 규명할 때에는 센스메이킹 방법이 유용할 수 있다.[81] 이 두 가지 중 한 방법론을 배제할 경우 사람과 제품, 시장에 대한 정확한 인식을 기대하기는 힘들게 된다.

레고의 신임 CEO는 전통적인 디폴트 사고만으로는 기업의 경영 위기를 돌파할 수 없음을 인식하게 되었다. 시장 상황이 급변하고 있으며 레고의 고객이었던 어린이들이 왜 브릭 장난감에서 관심이 점차 멀어지고 있는지 이해할 수 없었기 때문이다. 그는 전형적인 틀을 벗어나는 센스메이킹 방법으로 경영의 키를 돌렸다.

2000년대 들어 삼성TV는 각종 최신 기술을 선보였음에도 불구하고 시장에서 약세를 면치 못했다. 당시 삼성TV의 외관은 핵심 경쟁사 소니$_{\text{Sony}}$를 비롯한 타사 제품들과 흡사했다. 삼성의 고위 경영진은 소비자들의 불만이 커지고 있다는 걸 명확히는 파악하지 못했지만 뭔가 이상하다는 것은 알아차렸다. 소비자들의 분위기가 달라지고 있었다. 소비자들은 끝도 없는 공학 발전 퍼레이드에 싫증을 느끼고 있었다. 삼성 경영진은 전통적인 디폴트 사고로는 문제해결에 한계가 있음을 인식하였다. 그들은 인문과학 분야의 분석가들로 팀을 구성하여 소비자들에 대한 관찰 데이터를 수집하고 분석하는 센스메이킹 방식으로 전환하였다.

결론부터 말하면, 레고와 삼성TV는 전통적인 인식론(지식의 인식론적 접근, 디폴트 사고, '상자 안' 사고)에서 현상학적 인식론(지식의 존재론적 접근, 센스메이킹, '상자 밖' 사고)으로의 관점 혁명을 통해 위기를 새로운 도약의 기회로 만들었다. 먼저 두 기업의 인식론적 전환의 과정을 요약 제시한 후 두 가지 인식론 전통에 대한 논의를 상술하기로 한다.

2. 레고, 삼성TV의 관점 혁명[82]

1) 레고의 인식론적 전환

다시 레고 기업의 현실로 돌아가 보자.[83] 당시 레고 경영진의 인식론을 지배하고 있었던 사유방식은 디폴트 사고default thinking 혹은 전통적인 사유방식이었다. 레고 경영진은 여러 차례의 사내 연구를 통해 "과거와 달리 아이들이 시간적 압박을 많이 받고 있기 때문에, 더 이상 놀 시간이 없다."는 결론을 도출하였다. 이런 상황에서는 언제나 레고의 매출 증대를 위해 전통적인 문제설정에 의지해 왔다. 전통적인 인식론의 문제설정은 사물의 본질을 묻는 '무엇what?'의 질문방식이었다.

'아이들은 무슨(what) 장난감을 좋아할까?'

이런 질문방식은 장난감을 갖고 노는 놀이 주체主體인 아이들보다는 대상客體인 장난감에 초점이 맞추어진다. 아이들이 좋아하는 장난감의 '본질essence'을 묻는 것이다.

그러나 레고는 매출 실적 악화에 따른 경영위기를 단선적이며 합리적인 해결방법, 즉 디폴트 사고 혹은 관성적인 사고로는 해결할 수 없음을 인식하게 되었다. 레고의 위기가 단순히 눈앞에 보이는 전경, 예를 들면 매출 부진이나 시장점유율 하락에 있는 것이 아니라고 판단되었기 때문이다. 대신 레고의 위기 해결은 눈에 보이지 않는 배경이나 우리가 지각하는 것 이면에 있는 다층적인 뉘앙스, 예를 들면 '아이들에게 놀이란 어떤 의미를 지니는가?' '레고는 아이들의 장난감으로서 어떤 역할을 하는 것인가?' 등에 대한 탐구를 통해 가능하다는 생각을 하게 되었다. 즉, 센스메이킹(상황이해) 문제해결법이다.

하이데거의 질문방식은 도구적 존재로서의 레고 브릭 장난감이 아이들의 놀이 세계에서 어떤 쓰임새를 지니는지, 혹은 장난감의 '세계귀속성'에 초점을 맞추게 된다.

'아이들이 장난감을 갖고 노는 이유는 무엇인가?'
'아이들의 레고 놀이를 사로잡고 있는 힘은 대체 어떤 것인가?'
'아이들의 놀이에서 레고는 어떤 쓰임새가 있는가?'
'놀이 속에는 어떤 것이 표현되거나 숨어 있는가?'

장난감의 보편적 속성이나 본질을 묻는 것이 아니라 도구적 존재인 장난감의 놀이에서의 쓰임새, 장난감에 대한 아이들의 이해에 초점을 맞추고 있는 것이다. 이때 중요한 것은 언제나 '아이들'이라는 요소, 즉 '장난감을 이해하고 있는 아이'란 요소가 분석에서 이미 전제되어 있다는 점이다. 장난감의 본질은 아이들과의 관계 속에서만 파악될 수 있기 때문이다. 현상학적 인식론을 바탕으로 경영진은 현상으로서의 놀이를 이해하는 연구로 방향을 전환하였다. 레고는 하이데거의 해석학적 현상학에 기초한 5단계 탈출전략을 치밀하게 모색하게 된다.

1단계: 질문의 전환. 앞서 언급한 대로 디폴트 사고에서는 매출을 올리기 위해 '아이들은 무슨 장난감을 좋아할까?' 식의 질문을 했다. 반면에 새 경영진은 하이데거식 질문에 기초해 '아이들에게 놀이의 역할은 무엇일까?'로 질문을 바꾸었다. 연구진은 이 질문을 통해 아이들의 '놀이의 생태학'을 포착하게 되었다.

2단계: 아이들과 밀착해 생활하며 관찰하여 실체를 파악한다. 데이터 수집은 다양한 상황에 걸맞은 다양한 방법을 사용하였다. 참여적 관찰, 면접, 대상연구, 대화, 카드 분류, 일지, 영상, 사진 민족지학 등 다양한 기법이 동원되었다.

3단계: 놀이 속에 감춰진 아이들의 욕망은 무엇인가? 자료를 수집 · 분류한 후에는 자료 분석을 통해 패턴을 발견하는 것이었다. 이를 위해 팀원들끼리 끊임없는 대화, 발표, 지속적인 검토, 토론이 반복되었다. 그 결과 중대한 통찰에 도달했다. 먼저, 놀이의 한 가지 역할은 '어른의 관리감독에서 벗어나 숨 쉴 틈을 찾는 것'이다. 둘째, 아이들 모두 공통적으로 등급과 서열을 나누는 경향이 있다. 셋째, 가장 두드러진 관찰 결과는, 아이들은 놀면서 특정 기술을 완전히 습득한다는 것이다. 그리고 그 기술이 가치 있는 것으로 인식되면 아이들은 거기 매달리게 된다.

과거 경영진의 전제와는 반대로 아이들에게 가장 의미 있는 놀이는 기술 습득의 기회가 있고 난이도가 높은 놀이인 듯 했다. 조사팀은 그 통찰을 '즉각적인 매력 vs 투쟁 끝의 권리 획득'으로 정리하였다. 핵심 패턴을 정리하면, 아이들은 놀이를 통해 자유를 맛보고, 서열을 이해하며, 기술을 완전히 습득하고, 친구들과 사귄다. 네 가지로 분류된 범주는 '감시–위계–기술 습득–사회적 놀이'이다.

4단계: 우리의 고객은 '장래의 설계자들'이다. 패턴을 발견한 후 패턴의 사업적 의미를 규정하는 것, 즉 핵심 통찰을 이끌어내는 것이다. 레고는 '시간적 압박'이란 잘못된 전제에 초점을 맞추는 대신, 핵심 소비자들, 즉 레고 놀이를 통해 기술을 완전히 습득하고 싶어하는 아이들과의 관계를 재건하기 시작하였다. 그 아이들에게는 시간이 충분했고 놀이에 전념하고자 하는 욕구도 있었다. 레고와 아이들과의 연관성을 둘러싼 명료함의 순간에 도달했을 때 회사의 새로운 슬로건을 탄생시킬 수 있었다. 그것은 '장래의 설계자들에게 영감을Inspiring the Builders of Tomorrow!'이었다.

5단계: 이를 바탕으로 도출된 핵심 가치를 전사적으로 확산시키는 것이었다.

2) TV 시장을 뒤집은 관점 혁명

2000년대 들어 삼성의 TV부문 임원들은 안개 속을 헤매고 있었다. 각종 최신 기술을 선보였음에도 불구하고 삼성TV는 시장에서 약세를 면치 못했다. 삼성의 고위 경영진은 소비자들의 불만이 커지고 있다는 걸 명확히는 파악하지는 못했지만 뭔가 이상하다는 것은 알아차렸다. 소비자들의 분위기가 달라지고 있었다. 소비자들도 끝도 없는 공학 발전 퍼레이드에 싫증을 느끼고 있었다. 그때까지만 해도 삼성의 제품에 대한 지식 혹은 관점은 전통적 인식론에 기초한 디폴트 사고였다. 그러한 제품에 대한 인식은 끊임없이 소비자들에게 전달되고 있었다.

'TV도 전자제품의 하나일 뿐이다.'

바로 그게 문제였다. 삼성의 고위 경영진은 이 메시지에 대한 소비자들의 불만이 커지고 있다는 걸 명확히는 파악하지 못했지만, 뭔가 이상하다는 것은 알아차렸다. 임원들은 문제의 재구성부터 시작하기로 결정했다.

1. **질문의 전환**: 그들은 질문을 바꿨다. '어떻게 하면 TV를 더 많이 팔 수 있을까?'라는 질문을 현상학적 인식론의 물음으로 바꾼 것이다.

'가정에서 TV라는 현상은 무엇일까?'

2. **데이터 수집**: 경영진은 인문과학 분야 분석가들로 팀을 구성하여 관찰 데이터들을 수집하기 시작하였다.
3. **패턴 분석**: 사람들은 TV를 거실 구석에 둔다. TV를 사는 일에 여성들이 관여하기 시작했고, TV 외관이 예쁘지 않다는 불만이 있다. 소비자들은 시간이 지나도 질리지 않은 매력적인 물건을 집에 두고 싶어 했다. 여기에는 TV도 포함된다.
4. **핵심 통찰**: 도출 TV는 기술의 집약체로서 기능하지만, 가정에서는 다른 역할도 수행한다.

'TV는 가구의 일종이다!'

명백하면서도 획기적인 깨달음이었다.

5. **핵심 가치의 전사적 확산**: TV는 가구라는 새로운 시각을 바탕으로 제품 라인 전체를 새롭게 디자인하는 작업에 착수하였다. 북유럽의 장인들에게 배우기 위해 단기 디자인 강좌에 등록하고 여러 국가 디자이너에게 지도를 받았다. 그 결과 TV에서 뿜어 나와야 할 빛은 북유럽의 촛불이 연상되는 따뜻하고 부드럽고 온화한 것이어야 한다고 판단하였다. 크고 네모난 상자 형태를 포기하고 자연물의 유기적 형태가 떠오르는 유선형 디자인을 채택하였다. 최신 TV 내부에 적용할 기술 개발에 막대한 시간과 자원을 투입하였다. 공학적 역량과 소비자에 대한 통찰이 결합하면서 TV 디자인의 새로운 기준이 탄생하였다.

소비자의 반응은 '이제 삼성은 소니와 다른 느낌이 든다.'였다. 전 세계 TV시장의 판도를 바꾼 삼성의 관점 혁명이 결실을 보게 된 것이다. 2007년 삼성의 TV시장 점유율은 11.3%였다. 그러나 불과 5년 뒤인 2012년 삼성의 시장점유율은 두 배 이상 증가한 28.5%가 되었다.

3. 전통적 인식론과 문제설정

레고와 삼성TV의 관점 혁명을 가져온 사례를 바탕으로 전통적 인식론과 현상학적 인식론의 차이가 무엇인지를 논의하기로 한다. 영국 철학자 알프레드 노스 화이트헤드Alfred North Whitehead, 1861~1947가 '서양철학 전통은 플라톤의 주석에 불과'하다고 평가할 정도로 플라톤의 영향은 절대적이다. 학자에 따라서는 아리스토텔레스의 철학사적 업적을 더 높이 평가하기도 한다. 분명한 것은 플라톤과 아리스토텔레스만큼 철학사에, 인류 역사에 절대적인 영향을 준 철학자는 없다는 점이다. 따라서 전통적 사유방식은 플라톤과 제자 아리스토텔레스를 중심으로 살펴보기로 한다.

1) 플라톤적 인식론

플라톤의 이데아론은 존재론일 뿐만 아니라 인식론이다.[84] 지식은 존재를 대상으로 한다. 따라서 철학이 출발하면서부터 인식론과 존재론은 불가분의 관계에 있어 왔다. 존재론의 중요한 관심은 존재하는 것들의 '변화'에 있다. 우리에게 보이는 세상만물은 변화한다. 그러나 과연 변화만이 있을까?라는 의문이 들 수밖에 없다. 왜냐하면 사물의 변화는 A에서 'A 아닌 것'이 되는 것인데, 사물의 최소한 어떤 부분은 변하지 않고 연속성이 있어야만 그 사물이 '변화한다'고 말할 수 있기 때문이다. 만일 연속성 없이 모든 부분들이 변화한다면 그것은 변화가 아닌 생성과 소멸만이 반복되는 것이다. 그렇다면 어제 봤던 집 앞 목련은 하룻밤 사이에 다른 목련이라 불려야 된다. 어제의 나와 오늘의 나도 마찬가지이다. 세상에 존재하는 것들은 모두 이렇게 생성소멸하는 것으로 끝나는 것일까?

인식론의 물음과 대응설

플라톤을 중심으로 하는 전통적 인식론은 이런 물음에서 시작된다. 인식의 대상인 존재자체에 관한 물음이다. 플라톤의 대답은 변화하는 감각적 세계 배후에는 불변하는 본질이 존재한다는 것이다. 이 본질이 참 지식이며 학습의 대상이다. 따라서 '진리 혹은 지식이 되기 위한 조건이 무엇인가?'라고 물으면 '나의 신념이나 판단이 실제와 일치하면 참 지식이다.'라고 대답해야 한다. 이른바 대응설對應設이다. 실제로 존재하는 것[實在]에 대한 신념이나 판단이 참된 지식이며 진리인 것이다. 대응설은 필연적으로 생성소멸하는 현실 세계 속에는 어떤 '객관적 실체'가 존재한다는 실재론을 전제로 한다. 따라서 무엇이 참된 판단, 지식인가를 묻는 질문에 대하여 대응설은 객관적인 실체와 그대로 일치하는 판단 혹은 대응하는 관념을 진리라고 답한다.

서양의 인식론을 말하면 데카르트를 생각하지만 데카르트의 인식론은 대응설로 규정되는 플라톤 인식론에 대한 선이해를 요구한다. 따라서 지식의 조건으로서의 대응설을 이해하기 위해서는 그 전제 조건인 객관적 실체에 대한 플라톤 철학에 대한 이해가 요구된다. 주지하다시피 플라톤은 눈에 보이는 감각적인 현상 배후에는 참된 본질 혹은 실재인 이데아가 존재한다고 보았기 때문이다. 이데아는 감각이 아닌 이성적 직관에 의해 인식이 가능한 것이다.

현상과 실재[이데아]로 구분하는 플라톤의 이데아론은 이후 이원론적인 서양 인식론의 바탕을 이루게 된다. 즉, 사물의 현상과 본질, 인식하는 주체와 인식 대상, 인간의 마음과 세계를 분리하는 인식론이 등장하게 되는 것이다. 장난감 레고의 경우, 플라톤을 모르더라도 브릭 장난감의 제작자나 경영진은 아이들이 좋아하는 장난감의 본질이 무엇인지에 초점을 맞추게 된다. 장난감의 본질은 객관적으로 존재하는 것이란 믿음하에 그 본질이 무엇인지를 제작자나 경영진이 결정한다. 같은 맥락에서 놀이의 주체로서의 아이들과 대상인 장난감을 분리한다.

현상과 이데아

플라톤은 눈에 보이는 많은 현상 이면에는 그 현상을 현상이게끔 만드는 보이지 않는 본질, 즉 이데아idea[85]가 숨어 있다고 말한다. 이데아는 참으로 존재하는 실재reality이자 본질이며 형상Forma 혹은 형식, 원리 및 법칙과 동일한 의미를 갖는다. 플라톤은 『국가』(제6권 507a)에서 이를 구체적으로 설명한다. "우리는 많은 것polla을 '아름답다' 혹은 '아름다운 것들이다'라고 하며, 많은 것을 '좋다' 혹은 '좋은 것들이다'라고 말하고, 또한 이런 식으로 각각의 것들hekasta을 '…(이)다einai'라고 말하고 또한 표현상 구별하네." 이어 그는 이러한 사물의 현상 혹은 사물에 대한 정의 이면에는 이데아가 있음을 논증한다.

> "그런가 하면 아름다운 것 자체니, 좋은 것 자체니 하고, 그리고 그때 우리가 '많은 것 polla'으로 상정한 모든 것과 관련해서도 이런 투로 말하며, 이번에는 각각의 것에 한 이데아가 있는 것으로 상정하여, 이 한 이데아에 따라 이 각각을 '실재하는 것ho estin'이라 우리가 일컫네."

플라톤은 가구를 만드는 장인의 사례를 들어 모든 사물에는 이데아가 있음을 주장한다. 이른바 목수 혹은 장인匠人, demiourgos의 이데아(10권 596b)이다. 목수가 식탁을 제작하려 한다. 목수는 무작정 만드는 것이 아니라 먼저 식탁의 이데아를 떠올린다. 그 다음 그 이데아를 기초로 자신이 구상하는 식탁을 만드는 것이다. 따라서 목수가 제작하는 식탁의 모습은 각양각색일 수 있지만 식탁의 이데아는 하나인 것이다.

마찬가지로 애완견에는 포메라니안도 있고 요크셔테리어, 말티즈, 파피용도 있다. 이런 다양한 종류의 애완견들은 애완견이란 개념들 아래 포함된다. 그러나 애완견의 개념[이데아]은 일상의 다양한 애완견과는 독립적인 존재를 갖는 것이다. 이데아는 우리 사유 밖에 있는 독자적인 존재이다. 식탁의 이데아, 개의 이데아 등이 존재하는 것이다.

다양한 종류의 애완견들은 개의 '이데아'의 모사模寫이다. 따라서 우리 집 거실에서 뛰어노는 애완견은 개의 이데아보다 완전하지 않다. 개는 죽지만 보편자, 즉 개의 이데아는 죽지 않는다. 생성소멸이 없는 것이다. 서산 너머 지는 노을의 아름다움은 아름다움의 이데아보다 완전하지 않은 것이다. 이러한 이데아적 사유방식은 우리가 일상에서 의식하지 못하면서 근거로 삼는 여러 관념으로 이어진다. 예를 들어, '사물에는 본질이 있다.' '인간은 완전한 합리적 사고를 하기 위해 애쓴다.' '이론의 순수성은 우리 주변의 특정한 사물보다 우월하다.' '인간은 세계의 대상들에 의미를 부여하는 주체이다.' 등등의 관념이 그것이다.[86]

눈에 보이는 사물에만 이데아가 있는 것은 아니다. 감각기관을 통해 지각할 수는 없지만 지성을 통해 이해할 수 있는 것들이 존재한다. 원이나 삼각형 등과 같은 수학적 개념들ideas이 존재하지 않는가? 우리가 칠판에 원이나 삼각형을 그릴 수 있는 것은 원이나 삼각형의 이데아가 보편적이고 불변적으로 존재하기 때문이다. 한 발 더 나아가 정의나 지혜, 선, 아름다움, 덕 등과 같은 추상적인 개념 배후에도 이데아가 존재한다. 아름다움을 아름답게 만드는 이데아, 선을 선으로 만드는 이데아가 아름다운 모습 혹은 선한 행동 너머에 존재한다는 것이다.

예를 들어, 일본 지하철에서 철로에 떨어진 승객을 구하고 사망한 한국인 청년을 생각해 보자. 그의 행위에서 무엇이 좋은 행위인가? 선로에 떨어진 사람을 구하러 달려나가는 것? 선로에 뛰어 내리는 것? 그 사람을 끌어 올리는 것? 여기서 우리는 '저런 동작이 바로 좋음이다.'라고 좋음을 가리키거나 설명할 수 없다. 그 좋음은 감각기관의 지각대상이 아니지만 여전히 그 청년의 행위가 좋은 행위라고 확신한다. 플라톤에 따르면 우리는 이미 그런 행위를 좋은 행위라고 이해할 수 있도록 해 주는 좋은 행위에 대한 이데아를 가지고 있기 때문이다.[87]

보편적 · 초월적 진리

이데아는 눈에 보이지 않으며 당연히 우리의 감각으로 인식할 수 있는 대상이 아니다. 눈에 보이지는 않지만 지성의 대상 혹은 사고의 대상이 된다. 『국가』 507b–c에서 플라톤은 이를 명확히 한다. 식탁이나 아름다운 가을 산 등과 같은 현상들은 (눈에) 보이기는 하지만 지성$_{nous}$에 알려지는 것은 아닌 반면에, 이데아들은 지성에 알려지기는 하지만 [눈에] 보이지는 않는다는 것이다. 따라서 이데아는 우리의 감각적 인식과는 무관하게 어딘가에 독립적으로, 객관적으로 존재하는 실체이다.[88] 이렇게 볼 때 플라톤은 지식에 대한 객관주의적 관점을 실제로 탄생시킨 장본인이라 할 수 있다. 또한 현상 너머에 존재하는 본질이 실존, 즉 진정으로 존재하는 실재의 영역이라고 확신했다는 점에서 철저히 이상주의를 탄생시킨 철학자이기도 하다.

플라톤에 따르면 세계는 존재의 세계와 생성의 세계, 즉 형상과 감각세계의 사물로 구분된다. 다시 말해 세계는 두 부분, 즉 이데아로 존재하거나, 아니면 감각기관을 통해 지각할 수 있는 사물들로 존재하는 것이다. 눈에 보이는 삼라만상은 참 존재인 형상 혹은 이데아의 그림자이다. 그렇다면 지식이란 실제로 존재하지만 눈에 보이지 않는 이데아 혹은 실체와 일치할 때 참된 지식이 되는 것이며, 교육은 참 지식으로서의 이데아를 발견해 알게 하는 데 있는 것이다. 플라톤의 인식론으로서의 교육론이 구체적으로 드러난 것이 철학사에 가장 유명한 비유로 알려져 있는 '동굴의 비유'(『국가』 제7권)이다.

동굴의 비유에서 플라톤이 강조하는 것은 단순 명확하다. 우리 인간은 태생이 무지의 상태에 있다. 지식과는 거리가 먼 개인적인 속견doxa을 참 지식인양 생각하며 살고 있다. 우리는 동굴에서 벗어나 그 자체가 불변적이고 완전한 이데아들에 대해서만 객관적 지식, 즉 에피스테메episteme를 가질 수 있는 것이다. 플라톤에 따르면 평생교육자에게는 학습자를 무지의 동굴에서 밖으로 인도해 참 지식을 인식하게 해 주어야 할 의무가 있는 것이다.

플라톤의 이데아론은 현실과는 거리가 먼 이상적인 관념론으로 생각할 수도 있다. 그러나 인간에게는 지각의 세계와 이데아 세계 간에 극복할 수 없는 장벽이 존재하는 것은 아니다.[89] 실제로 우리는 두 세계 사이에서 역동적인 긴장 속에 살고 있다. 일상생활에서 우리는 어떤 행위가 다른 행위보다 더 좋다는 것을 인식한다. 세월호 사건에서 누구의 행위가 더 좋고 혹은 더 나빴는지를 인식한다. 좋음의 이데아에 대한 희미한 불빛을 우리의 지각의 세계에서 보는 것이다. 교육과 학습을 통해 이데아에 대한 직관을 추구할 때 현실세계에서 선과 악을 보다 잘 구분할 수 있게 되며, 반대로 현실세계에서의 선악 구분에 대한 노력을 통해 좋음의 이데아를 보다 잘 직관할 수 있게 되는 것이다. 이런 방식으로 우리는 이데아를 직관하는 것[이론]과 감각 세계를 경험하는 것[실천] 사이의 지속적 상호작용[변증법]의 형태로서 인식의 과정을 갖게 된다.[90]

플라톤의 인식론은 헬레니즘 시대를 거쳐 중세의 그리스도교적 인식론에 결정적인 영향을 미치게 된다. 중세철학은 아우구스티누스, 토마스 아퀴나스 등이 중심이었지만 특히 아우구스티누스의 사상이 절대적이었다. 아우구스티누스는 플라톤과 그리스도교의 교리를 종합해서 신앙과 이성을 종합하였는데, 그는 플라톤 철학의 '이데아' 개념을 '신'의 개념으로 대체하고 플라톤 철학의 틀에 맞추어 그리스도교의 교리를 전개해 나갔다.

2) 아리스토텔레스의 인식론

플라톤의 이원론적 인식론은 제자인 아리스토텔레스에게 전승된다. 그러나 철학사에서 의미 있는 인식론적 전환이 이루어진다. 아리스토텔레스는 참된 지식은 사물들의 형상[이데아]이라는 플라톤의 철학에 동의하였다. 즉, 실재성 혹은 본질은 형상eidos; forma에 있다는 확신이다.

본질은 사물 안에

그러나 플라톤과 달리 사물의 형상은 그 사물 너머 어딘가에 있는 것이 아니라 그 사물 안에 내재해 있다고 주장하였다. 즉, 개체의 본질은 개체에 이미 내재하고 있다고 보는 내재형상內在形相인 것이다. 그러나 플라톤과 마찬가지로 인식주체를 벗어난 본질, 즉 객관적 실재가 존재한다고 믿었다는 점에서 두 사람 모두 객관주의자라는 공통점이 있다.

또 다른 중요한 전환은, 플라톤이 감각적 인식을 일시적이고 믿지 못할 것으로 본 반면 아리스토텔레스는 감각적 인식도 지식을 획득하는 중요한 요인으로 간주했다는 점이다. 생물학자답게 아리스토텔레스가 스승보다 훨씬 더 과학적인 사유를 했다는 것을 알 수 있다. 고대의 철학자들과는 달리 아리스토텔레스는 감각을 신뢰하였으며 감각을 사용하여 관찰하고 표본을 모으며 실험하였다.[91] 아리스토텔레스에 따르면,

> "지식은 감각경험과 함께 시작된다."[92]

플라톤에게는 많은 개별 사물들에 관여하는 하나의 형상이 있을 뿐이지만, 아리스토텔레스에게는 형상의 세계 같은 초현실은 없으며, 이 강아지, 이 사람, 이 나무 같이 독립적인 개별 사물들, 즉 실체實體, ousia들만이 존재할 뿐이다. 그에 따르면 우리가 빨간 장미, 빨간 튤립을 보고 '빨강'이란 속성에 대해 말할 수 있다고 해서 빨강이란 속성을 저 어딘가에 독립적으로 존재하는 이데아로 만들지는 못한다. 빨강이란 속성은 빨간 사물들에만 존재하는데 왜냐하면 빨간 사물들이 있기 때문이다.

사물은 질료와 형상

아리스토텔레스에 따르면 각각의 사물은 눈에 보이는 질료質料, materia 혹은 기체基體와 본질인 형상形相, forma으로 구성된다. 즉, 자연계의 독립적인 각각의 대상은 질료에 어

떤 형상적 성질이 갖추어진 복합체[93]라는 것이다. 아리스토텔레스의 형상과 질료의 구분은 현실태actuality와 가능태potentiality의 구분과 밀접하게 관련된다. 질료는 형상들의 형상화하는 힘들의 지원을 받아 스스로를 현실화할 수 있기에 가능성[可能態]을 갖고 있다. 질료로 하여금 현실성[現實態]을 획득하도록 돕는 형상은 플라톤의 이데아와 마찬가지로 사물의 영원한 원형일 뿐 아니라 동시에 사물들의 목적이며 비형상적 질료가 현실이 되게 하는 힘이다.[94]

우리는 이성을 사용하여 사물들[실체들] 속에서 보편적 형상들을 구분해 낼 수 있다. 오귀스트 로댕Rodin의 '생각하는 사람'이란 조각상을 생각해 보자. 높이 186cm의 이 석고상은 로댕의 예술혼과 석고의 복합체이다. 작품의 재료인 석고를 질료라 한다면 형상은 로댕의 예술적 구상構想 혹은 상상력이 될 것이다. 질료인 석고는 형상인 로댕의 예술적 구상이 없다면 불완전한 가능태可能態일 뿐이다. 그러나 석고는 로댕의 예술혼의 형상화하는 힘의 지원을 받아 조각상인 현실태現實態로 변화하는 것이다. 변화는 불완전한 가능태의 현실화[95]인 것이다.

아리스토텔레스는 이러한 생물학적 측면을 일반화하여 인간을 포함한 모든 사물에 적용한다. 모든 개별 사물은 가능태와 현실태의 긴장으로 가득 찬 혼합이며, 모든 사물은 그것들의 잠재력의 현실화를 추구하는 것이다.[96] 도토리는 지금 이 순간 단지 열매에 불과하지만 그 자체 내에 떡갈나무가 될 자연적 능력들[잠재력]을 가지고 있는 것이다. 가능태로서의 도토리는 열매 내에 가지고 있던 능력들이 실현됨으로서 현실태인 떡갈나무라는 목적을 향해 변화해 나가는 것이다. 인간도 마찬가지이다. 인간이 인간답게 산다는 것은 인간의 고유한 기능 혹은 능력[가능태]을 발휘하며 사는 것[현실태]이다. 인간을 다른 동물과 구분시켜 주는 것은 이성 혹은 지성이다. 따라서 인간답게 사는 것은 이성적 능력을 잘 발휘하며 사는 것이다.

지식은 감각경험에서

그렇다면 아리스토텔레스에게 지식이란 무엇일까? 플라톤과 달리 아리스토텔레스에게 지식에 이르는 첫 단계는 감각경험에서 시작한다. 감각기관을 통해 각각의 사물들을 경험하는 것이다. 그 다음 단계가 부수적인 것의 추상을 통해 본질적이고 보편적인 것에 이르게 되는데 이것은 바로 정의定義로 포착된다.[97] 예를 들어, 포메라니안이나 요크셔테리어, 말티즈, 파피용 등의 본질적 속성들에 대한 정의를 포착하게 되면 귀납적 방법을 통해 우리는 애완견에 대한 보다 고차원의 지식 혹은 본질에 대한 통찰을 갖게 된다. 우리가 추구해야 할 지식은 바로 본질적이고 보편적인 속성들에 대한 지식인 것이다. 본질적인 것에 대한 인식을 획득한 후에는, 이 인식을 다른 참된 명제를 얻기 위한 논리적 추론에 이용할 수 있게 된다. 즉, 애완견이 포유동물이고 말티즈가 애완견임을 안다면, 우리는 말티즈가 포유동물임을 연역할 수 있는 것이다.

아리스토텔레스의 이러한 삼단논법은 현대인의 일상에서 강조되는 논리적 사유와 연계된다. 앞서 살펴본 대로 삼단논법은 대전제–소전제–결론의 순서로 진행된다. 예를 들어, 일상에서 많은 논쟁의 대상이 되고 있는 임신중절의 문제는 삼단논법은 물론 아리스토텔레스의 가능태의 현실적 적용에 대한 논의를 제공한다. 낙태 반대론자들은 실천적 삼단논법을 통해 반대 논증을 펼친다.

대전제: 인간을 살해하는 것은 악한 행위이다.

소전제: 태아는 인간이다.

결론: 따라서 태아를 살해하는 것은 악한 행위이다.

논쟁거리는 소전제이다. '태아는 과연 인간인가?'라는 것이다. 이 문제를 해결하기 위해서는 먼저 대전제를 검토해야 한다. 즉, 인간이란 무엇인가를 물어야 한다.

같은 맥락에서 정치철학자인 마이클 샌델Michael Sandel은 배아복제 문제를 제기한다.[98] 배아줄기세포 연구를 반대하는 논리는 배아줄기세포 연구가 인간배아를 파괴하므로 옳지 않다는 것이다. 배아연구 자체가 인간 존엄성을 말살하는 여러 관행으로 향하는 길을 열어 줄 것이라는 이유이다. 여기서도 논쟁거리는 소전제, 즉 '배아가 과연 인간인가?'에 있다. 아리스토텔레스에 따르면 배아는 가능태로서 현실태가 되어 자체의 목적인 완전태entelecheia로 나아갈 수 있는 가능성을 갖고 있다. 배아는 인간이 될 수도 있고 안 될 수도 있다. 샌델은 아리스토텔레스의 비유를 들어 논증한다. 모든 떡갈나무는 한때 작은 도토리였지만 그렇다고 해서 도토리가 곧 떡갈나무라는 논리는 성립되지 않는다는 것이다. 나의 소유였던 도토리 한 알을 뒤뜰의 다람쥐가 먹어 버리는 경우와 떡갈나무가 폭풍우에 쓰러져 죽는 경우에 내가 경험하는 상실감은 엄

연히 다르지 않느냐는 것이다.[99]

아리스토텔레스에게 참된 지식인 본질에 대한 통찰을 위해서는 어떤 현상을 현상이게끔 만들어 주는 원인causa들을 알아야 한다. 아리스토텔레스에 의하면 모든 존재자는 네 가지 원인을 가지고 있으며 이 원인들을 통해 실체가 펼쳐진다. 이 원인들을 중세 스콜라철학에서 도입된 라틴어 명칭에 따라 정리하면 다음과 같다.

1. **질료인**causa materialis: 예를 들어 로댕의 조각상을 만드는 데 쓰이는 석고; 모든 사물은 질료로 이루어져 있다. 건물의 질료는 벽돌과 철근 등이다.
2. **형상인**causa formalis: 조각상의 고유한 예술적 구상; 사물은 자신의 형상에 따라 규정된다.
3. **작용인**causa efficiens: 조각상을 만드는 로댕; 모든 전개는 이를 재촉하는 추진력이 필요하다.
4. **목적인**causa finalis: 조각상의 예술적 용도; 어떤 일이든지 반드시 목적이 있다.

3) 데카르트의 인식론

데카르트의 철학은 제10장에서 논의하기에 여기서는 인식의 관점에서 간략히 살펴보기로 한다. 근대철학은 데카르트에서부터 출발한다. 중세 인식론의 그림자가 채 걷히지 않은 시대에 데카르트는 근대철학의 '제1원리'로서 코기토를 제시한다. 즉, "코기토, 에르고 숨Cogito, ergo sum."이다. "나는 생각한다, 고로 나는 존재한다."란 뜻이다.

나의 본질은 사유하는 것

존재의 확실성을 획득하기 위해 모든 것을 의심해 보지만, 의심하는 '나'가 있다는 것은 의심할 수가 없는 명백한 사실이라는 것이다. '나'가 없다면 의심하는 행위는 있을 수 없는 것이다. 사유는 나와 분리될 수 없다. 인간의 본질은 사유하는 것, 즉 '레스 코기탄스res cogitans', 즉 의심하고, 통찰하고, 긍정하고, 원하고, 자신을 느끼는 그런 존재이다.

데카르트는 그렇게 명백하게 존재하는 '나'가 여러 명이 있는데, 그들이 모두 인정하는 지식이 있다면 그것의 존재 역시 의심할 수가 없다고 주장한다. 예를 들어, 3+3=6과 같은 수학적 지식은 누구도 의심할 수 없는 확실한 것이다. 이렇게 데카르트는 철학의 출발점은 의심할 수 없이 자명하고 확실한 것이어야 했다. 이렇게 확실한 것에 도달하기 위한 회의, 생각, 의심이란 방법을 '방법적 회의'라고 한다.

데카르트는 인간에게는 사물과 현상에 대한 확실한 인식을 할 수 있는 능력이 본래적으로 구비되어 있다고 주장한다. 즉, '본유관념innate idea'인데 인간의 이성 안에 내장되어 있다고 말한다. 인간의 이성이 사물과 자연에 대한 확실한 인식의 원천인 것이다. 데카르트에 따르면 이제, 중세와 달리 인간은 신으로부터 독립된 주체, 이성을 갖춘 주체로서 혼자만의 힘으로 확실한 인식에 이를 수 있다는 낙관적인 전망을 할 수 있게 되었다. 주목할 점은 인간이 인식주체라는 것은 항상 인식의 주체와 대상 혹은 객체를 분리시키고 있다는 점이다. 결과적으로 데카르트는 근대철학의 출발점으로서 이성을 갖춘 인식주체를 주창함으로써 인간을 중세의 신으로부터 독립한 것은 물론, 인식의 대상인 자연세계로부터 분리시키게 되었다.

그런데 여기서 데카르트는 중요한 문제에 부딪히게 된다. 한마디로 내가 올바로 인식하고 있는지를 어떻게 알 수 있는가의 문제이다. 즉, 인식하는 주체와 인식되는 대상이 정확히 일치하는지를 어떻게 알 수 있는가라는 문제이다. 정원에서 날아다니는 나비를 바라본다. 문제는 내가 지금 보고 있는 나비가 실제의 나비와 일치하는지를 어떻게 보증할 수 있느냐는 것이다. 여기서 주체가 대상을 과연 올바로 인식할 수 있느냐의 '인식론'의 문제가 제기되는 것이다.

사유와 연장의 이원론

데카르트는 모든 사물에는 공통적으로 존재하는 두 개의 독자적인 실체가 있다고 주장한다. 즉, '사유思惟하는 것res cogitans'과 '연장延長된 것res extensa'이다. 실체substance란 변하지 않는 본질이다. 연장은 물질 혹은 물체의 실체인데 어떤 공간적인 자리를 차지하고 있다. 반면에 사유는 '생각하는 성질'로서 정신의 실체이다. 사유는 연장과 달리 공간적인 자리를 차지하고 있지 않다. 존재하는 모든 것은 '사유하는 실체' 아니면 '연장된 실체' 중 하나이다. 이 둘은 서로 독립적이어서 사유는 길이, 넓이, 깊이 등으로 표현되는 연장을 갖지 않으며, 반면에 물체는 생각하지 않는다.[100]

데카르트의 철학은 플라톤 이후의 이원론과 같은 맥락에서, 사유로서의 정신과 연장으로서의 육체란 두 개의 실체를 가정한다는 점에서 철저히 이원론의 전통을 이어받은 것이다. 이데아와 모상을 구분하는 플라톤의 이원론, 중세 아우구스티누스의 신의 도성과 세속도시라는 이원론이 데카르트에 와서는 연장과 사유라는 근대적 이원론으로 이어졌고, 오늘날에는 정신과 물질의 사유 유형으로 구분하는 전통이 된 것이다.

그러나 앞서 언급한 대로 정신과 육체가 서로 독립된 실체라면, 다시 말해 인식주체인 정신과 인식대상이 별개라면 도대체 이 양자는 어떻게 일치할 수 있으며 또 일치한다는 것을 보증할 수 있느냐의 문제가 부상하게 된다. 이와 같이 근대철학의 인식론은 출발에서부터 어떻게 인식의 확실성을 입증할 수 있느냐의 딜레마에 빠지게 된다. 이후 이 딜레마의 해결을 위한 노력이 데이비드 흄이나 임마누엘 칸트철학의 중심과제로 자리하게 된다.

데카르트의 인식론 이후 서양인들은 물론 데카르트를 모르는 문화권의 사람들까지 알게 모르게 데카르트적인 생각을 하며 산다. 인지생물학자인 움베르토 마투라나의 말[101]대로 많은 사람은 자신이 정확히 인식할 수 있는 세계 안에서 살고 있다고 생각한다. 그런 세계 안에서 사물과 현상이란 오직 자신에게 보이는 그대로 존재한다고 확신한다. 그리고 확실해 보이는 것들에 대해 대부분 조금도 의심하지 않는다. 그러나 이런 데카르트적인 확실성의 유혹을 떨쳐 버리라는 주장이 철학은 물론 인지생물학이나 언어학, 인지과학 등에서 활발히 제기되고 있다.

전통 인식론에 대한 비판

플라톤과 아리스토텔레스, 데카르트를 잇는 서양전통철학에서의 인식론은 무엇이 참으로 실재하는 것이며, 그 실재를 어떻게 알 수 있는가에 초점을 맞추었다. 고대 그리스 철학은 이러한 존재론이자 인식론의 문제로부터 출발한 것이다. 플라톤과 아리스토텔레스는 인간의 지성은 참 지식 혹은 실재를 알 수 있다고 주장했다. 이들에게 지식은 곧 존재의 지식이었다. 플라톤은 이데아의 모상인 사물들을 통해 실재로서의 이데아를 인식할 수 있다고 말하고, 아리스토텔레스는 형상과 질료 혹은 마음 속의 관념들과 감각세계의 사물들의 본질 간에 일치를 인식할 수 있다고 주장하였다. 따라서 존재하는 것[존재론]과 우리가 알 수 있는 것[인식론] 사이에 건널 수 없는 간격이 없다고 보는 형이상학적 실재론을 주창한 것이다. 전술한 바대로 중세를 거쳐 데카르트에 와서는 인식주체로서의 인간의 마음과 인식대상이 세계 사이의 간격이 벌어진다. 인식대상으로서의 세계는 '이 세계와 대응하는 외적 실재의 내적 표상'이 되었다.

플라톤에서 데카르트에 이르기까지 참 지식이란 사물의 실재와 일치할 때 형성된다. 이른바 대응설對應說이다. 나의 말이나 신념, 판단이 실재와 일치하면 그것은 진리라는 것이다. 앞서 본 대로 대응설은 객관적 실체가 존재한다는 실재론을 전제한다. 대응설은 물론 이성, 정신만이 주체일 뿐 육체의 감각, 느낌, 감정은 존재하지 않은 탈脫신체화된 인식론이다. 가장 단순한 형태의 대응설은 다음과 같이 서술될 수 있다.[102]

> "한 진술은 사물이 이 세계에 존재하는 방식과 합치할 때 참이다. 그 진술은 사물이 이 세계에 존재하는 방식과 합치하지 않을 때 거짓이다."

고전적인 대응설에 비판의 날을 세운 철학자가 메를로퐁티이다. 그에 따르면 데카르트가 말하는 것과 달리 주체와 대상은 독립적인 개체들이 아니라고 주장한다. 주체와 객체는 우리가 '주관적' 및 '객관적'이라는 개념을 부과하는 유동적인 통합 경험의 배경, 즉 '지평'에서 유래한다는 것이다.[103]

4) 전통적 문제설정과 레고

철학에서의 문제설정은 그 당시 철학의 관심사에 결정적인 영향을 받게 된다. 플라톤을 중심으로 하는 전통 인식론의 관심은 사물이나 현상의 본질에 있다. 당연히 철학에서의 문제설정은 본질에 대한 물음에 두게 된다. 예를 들어, 누군가가 흐드러지게 활짝 핀 벚꽃이나 가을 산을 수놓은 단풍, 혹은 금발의 젊은 여성을 보고 '참 아름답습니다.'라고 말했다고 하자. 플라톤이나 소크라테스가 이 말을 들었다면 이렇게 말할 것이다. '아름다움이란 무엇인가?' 다시 말해, '그런 것들이 아름다운가? 그 모두가 아름답다고 한다면 거기에는 그들을 아름답게 만드는 어떤 공통된 아름다움이라는 것이 있어야 될 것이다. 아름다운 것을 아름답게 만드는 것이 무엇what일까?' 다시 말해, 아름다움의 '본질'을 묻는 것이다.

'아름다움이란 무엇인가?'라고 문제설정을 하게 되면 자연스레 거기서 나올 수 있는 생각은 '아름다움은 어떤 것이다.'라는 식이 된다. 거기에는 참된 아름다움과 거짓된 아름다움이란 대비가 깔려 있으며, 참된 아름다움이 중요하고 그것이 철학이나 교육이 추구해야 할 목표라는 사유방식이 내재되어 있다. 따라서 어떻게 문제를 설정하느냐의 문제설정 방식은 그 문제를 가지고 사고하는 사람들의 사고방식을 제한한다.[104)]

앞에서 언급한 레고의 상황을 좀 더 상세히 살펴보자. 본질에 대한 전통적인 질문방식은 레고와 같은 기업경영에서도 쉽게 발견된다. 경영의 관점에서 레고의 관심은 '어떻게 하면 매출을 올릴 수 있을까?'에 있었을 것이다. 이 경우 자연스럽게 제기되는 질문은 다음과 같다. 아이들은 무슨 장난감을 좋아할까?

'아이들이 좋아하는 장난감은 무엇일까?' '무엇$_{\text{what}}$?'의 질문방식을 통해 장난감의 본질 혹은 본성을 묻고 있는 것이다.

'아이들이 좋아하는 장난감은 무엇인가?'라고 문제설정을 하면 그로부터 나올 수 있는 생각은 '아이들이 좋아하는 장난감은 어떤 것이다.'라는 식이 된다. 거기에는 좋은 장난감/안 좋은 장난감이란 대비가 깔려 있으며 좋은 장난감이 우리가 추구해야 할 장난감의 본질인 것이란 사고방식이 포함되어 있게 된다. 이러한 문제설정 방식은 그 방식대로 사람들의 사고방식을 제한하게 된다.

이런 질문방식은 장난감을 갖고 노는 놀이 주체$_{\text{主體}}$인 아이들보다는 대상$_{\text{客體}}$인 장난감에 초점이 맞추어진다. 아이들이 좋아하는 장난감의 '본질$_{\text{essence}}$'을 묻는 것이다. 여기에는 아이들의 특성, 본질은 모두 보편적이라는 인식이 전제되어 있다. 따라서 이들이 좋아할 장난감의 본질을 분석하는 데 더 많은 노력을 하게 된다. 경영자의 인식 여부와 관계없이 플라톤적 인식론에 기초한 질문방식을 택하고 있는 것이다.

'상자 안' 인식론은 플라톤을 중심으로 하는 전통 형이상학의 접근방식이었다. 전통적인 존재론적 인식론에서는 인식의 주체와 객체[대상]이 엄격히 구분되고 언제나 이성을 갖춘 인식 주체가 중심이었다. '아이들이 좋아하는 장난감은 무엇일까?'란 질문에 대해, 플라톤은 이성 혹은 지성을 통해 장난감이란 존재의 본질을 규명하려 하였다. 데카르트는 이성을 통해서만 장난감에 대한 인식이 가능하다는 전제하에 이성은 '인식하는 주체로서의 이성'으로 고착화되었다. 장난감에 대한 인식의 중심은 인식 주체인 장난감의 기획자나 제작자 혹은 경영자에게 있었다.

그러나 인식 주체인 인간의 이성은 태생적으로 인식론적 한계를 지닌다. 플라톤 이후 20세기에 이르기까지, 전통 형이상학을 근원으로 한 서양의 과학기술문명은 장난감이 상징하는 모든 사물을 이론적 '관찰' 대상으로만 전락시켰다. 존재하는 것에 숨어 있는 신비한 의미를 말살시키도록 현대인의 의식의 세계를 식민지화했다는 비판을 받고 있는 것이다. 이성을 절대시한 인류의 문명사는 다른 한편으로 인식론적 오류의 역사였던 것이다.

4. 하이데거 인식론과 문제설정

'상자 밖' 인식론은 전통적인 존재론적 사유를 극복하기 위해 출발한 해석학적 현상학이 중심이 된다. 탈脫 이원론에 기초한 인식론이다. 예를 들어, 전통적인 존재론에서는 인간의 속성을 남성, 여성이란 생물학적 속성으로 구분한다. 그러나 인간의 양상인 남성성, 여성성이란 문화적 성은 이분법적으로 구분하기가 쉽지 않다. '남자답다'거나 '여성스럽다'는 경험은 어떤 상태이며 어떻게 파악할 수 있는지, 또한 남자가 된다는 것 혹은 여자가 된다는 것은 뭘 의미하는 것인지 등의 질문에 답해 줄 수 있는 것은 현상학밖에 없는 것이다.[105] 현상학이 내건 슬로건대로 아무런 편견없이 '사물 그 자체로to the things themselves'를 들여다볼 때 존재가 드러나기 때문이다.

해석학적 접근을 통하여 현상의 본질을 존재론적으로 이해하려는 접근방식이 마르틴 하이데거의 현상학이다. 현상학이란 현상에 관한 학문이며, 현상이란 칸트의 물자체Ding an Sich를 나타내는 것을 말한다.[106] 물자체를 알아야 사물의 본질을 알 수 있다는 점에서 현상은 사물의 본질과 필연적으로 연계되어 있다. 하이데거에게 해석학은 방법론의 문제 혹은 텍스트의 의미에 국한된 것이 아니라 '존재'의 의미를 밝혀내는 학문이다. 결국 해석학적 현상학은 현존재와 현존재가 처한 현상 혹은 상황을 다루는 존재론의 영역임을 알 수 있다.

플라톤에서 데카르트에 이르기까지 서양 전통 인식론은 '코기토'에서 보듯이 인간의 의식[마음]을 마치 대상과는 고립된 사물처럼 다루었다. 그러나 하이데거에 따르면 인간의 마음은 대상과 엄밀히 구분되는 것이 아니라 언제나 대상과 관계한 채로 존재한다. 현상학의 창시자인 에드문트 후설Edmund Husserl, 1859~1938의 핵심 사상인 의식의 '지향성Intentionalität' 개념이 말해 주듯, 의식은 고립된 것이 아니라 언제나 무엇인가를 향하고 있다. 지향성의 공식은 다음과 같다.

"모든 의식은 무엇에 대한 의식이다."[107]

대상과 관계하지 않는 의식은 의식일 수 없기 때문에 대상과의 관계가 그 자체 바로 의식 존재가 된다. 우리의 경험으로도 의식은 잠을 자고 있지 않는 한 늘 무엇에 대한 의식이며, 무엇인가를 지향하고 있는 의식임을 알 수 있다. 의식 그 자체만으로 대상과 무관하게 존재할 수는 없는 것이다.

인식의 대상은 언제나 의식에 주어지는 대상으로서만 존재하는 것이며 의식 밖의 대상일 수가 없다. 데카르트에게서 보듯 대상의 존재 양식이 따로 있고, 그 대상이 의식에 주어지는 형태가 따로 있는 것이 아니라, 의식에 주어지는 방식대로 대상은 존재하는 것이다. 인간의 의식에게 존재하는 그대로의 모습을 보여 주는 대상을 '현상'이라고 부르는 것이다. 하이데거에 따르면 내가 존재한다는 것은 '세계 안에 있다'는 의미이다. 인간은 세계 안에서 자신을 드러내는 대상[현상]들과의 관계 속에서만이 존재가 드러난다는 것이다. 여기서 우리는 하이데거가 인식론에서 존재론으로 과감한 전환을 하고 있음을 볼 수 있다. 전통적인 인식론적 진리가 사유에 의존했던 것과는 달리, 하이데거의 존재론적인 진리는 우리의 삶과 함께 드러나는 것이다. 따라서 인간 존재를 이해하기 위한 현상학적 접근을 택한다.

하이데거의 말대로 "현상학은 존재자의 존재에 대한 학문, 즉 존재론이다".[108] 하이데거 존재론Ontologie의 문제는 '도대체 무엇이 '존재자의 존재'인가?'에 있다. 간단히 말하면 존재자들의 근원인 '존재Sein', 혹은 '존재자의 존재'를 규명하는 데 있다. 하지만 하이데거의 현상학은 난해하기로 정평이 나 있다. 여기에서는 글의 의도와 성격, 즉 '아이들이 좋아하는 장난감이란 무엇인가?'의 답을 찾는 것에 초점을 두고 하이데거의 존재론을 약술하기로 한다. 다시 말해, 장난감이란 존재의 특성을 해석학적 현상학의 관점에서 포착해 보자는 것이다.

하이데거는 전통적 형이상학의 존재인식이 자기동일성을 지닌 채 '지속적으로 현존하는' 것만을 참되게 '존재하는' 것으로 간주해 왔다[109]는 비판에서 출발한다. 즉, 본래적인 존재의 의미는 항상 보편적이며 '지속적으로 현존하는 것'에 있었다. 그러나 하이데거는 존재의 본질을 삶 속에서 실존하는 작용이며 운동으로 보았다. 따라서 하이데거의 현상학은 본질essence에 대한 인식을 추구한다는 점에서는 전통 형이상학과 마찬가지이다. 그러나 플라톤의 존재에서처럼 객관적, 보편적인 본질이 아니라 모든 존재를 실존existence으로 상정하고 접근한다.

1) 박인환 시詩의 존재

하이데거는 『존재와 시간Sein und Zeit』[110]의 첫 장을 '존재에 대한 물음을 분명히 다시 제기해야 할 필연성'이 있다는 말로 시작한다. 아이들의 장난감, 가정의 TV, 휴대폰 등의 존재의 의미를 새롭게 인식해야 한다는 것이다. 존재에 대한 물음은 하이데거의 말대로 "플라톤과 아리스토텔레스 같은 거인들을 숨 가쁘게 몰아대며 연구를 하도록 만들었지만 그 이후로는 침묵 속에 빠져버리고"만 물음이다. 하이데거는 전통적인 존재론의 한계를 극복하기 위해서 먼저 **존재**Sein와 **존재자**Seiende를 상당히 넓은 의미에서 이해하고 구분한다. 그리고 '있음', 즉 현존Dasein의 개념을 매개로 새로운 존재론적 사유의 개념을 정립한다. 그렇다면 존재와 존재자란 무엇인가?

존재와 존재자

사실 우리는 일상적인 존재이해 속에 살고 있다. 하이데거에 따르면 존재의 진리가 가장 잘 드러나는 본질적인 분야가 바로 예술이다. 따라서 시인은 철학자와 마찬가지로 본질의 영역, 즉 존재를 다루는데 다만 다른 형식으로 말할 뿐이라고 말한다. 하이데거의 말대로 시인이 존재의 개념을 삶 속에서 어떻게 말하고 있는지를 애잔한 노래와 함께 음미해 보는 것도 좋을 것이다. 시인 박인환이 1956년에 쓴 시 「세월이 가면」이다.

"지금 그 사람 이름은/ 잊었지만/ 그 눈동자 입술은/ 내 가슴에 있네.

(중략) … 사랑은 가고 옛날은 남는 것/ 여름날의 호숫가 가을의 공원/
그 벤치 위에/ 나뭇잎은 떨어지고/ 나뭇잎은 흙이 되고/ 나뭇잎에 덮여서/
우리들 사랑이 사라진다 해도/ … (후략)"

시인의 노랫말의 '존재론적' 백미는 시작과 끝을 장식하는 구절이다. "지금 그 사람 이름은 잊었지만/ 그 눈동자 입술은/ 내 가슴에 있네." 그래서 시인은 "바람이 불고/ 비가 올 때도/ 저 유리창 밖/ 가로등/ 그늘의 밤을 잊지 못하지" 하는 것이다.

시인의 심상을 하이데거의 눈으로 보면 존재가 다가온다. 우리는 이 노랫말에서 시인의 의식의 '지향성'을 보고 있다. 시인의 의식은 지금 과거 사랑과 관련된 대상에 대한 의식이다. 그 대상으로서의 사랑은 추억일 뿐 지금은 사라진 과거의 일이다. 호숫가나 공원, 벤치에 그 사람은 더 이상 존재하지 않는다. 존재하는 것은 아무것도 없고 오로지 과거를 회상하는 시인만이 있을 뿐이다. 여기서 두 가지 질문을 제기할 수 있다. 첫째, 시인에게 과거의 사랑은 지금은 존재하지 않는 것일까? 둘째, 시인에게 호숫가, 공원, 벤치의 존재는 무엇인가? 이 두 가지 질문에서 하이데거의 핵심 개념인 존재와 존재자 및 현존재의 의미를 찾을 수 있다.

먼저, 시인에게 과거의 사랑은 존재하는가? 전통 형이상학에서는 존재를 시간이 흘러도 변함없이 '지금의 방식으로 있는 것'으로 규정하였다. 따라서 존재는 과거와 미래가 없으며 생성소멸이 없는 것이었다. 이에 반해 하이데거의 존재$_{Sein}$란 현재와 과거, 미래란 시간을 함께 사유한다. 따라서 플라톤적 인식에서는 시인의 사랑은 '존재'가 아니지만 하이데거의 눈에는 사랑은 과거였지만 지금 '존재'한다. 시인이 벤치 위의 나뭇잎을 보면서, 호숫가를 거닐고 공원을 회상하면서 만들어 내는 상황이 '존재'인 것이다. 그 옛날 서울 인왕산에 호랑이가 나타났다고 하자. 사람들은 호랑이를 보지 못했어도 사람들에게 호랑이는 인왕산에 존재하는 것이다.

그렇다면 시인에게 호숫가, 공원, 벤치는 무엇인가? 아니 시인은 무엇인가? 하이데거에 따르면 모두가 '존재자$_{Seiender}$'이다. 존재자란 말 그대로 존재하는 사물이다. 시인은 존재자이며 시인의 눈앞에 보이는 호숫가, 공원, 벤치, 그리고 벤치 위의 나뭇잎들이 모두 존재자이다. 그렇지만 같은 존재자라고 시인과 벤치가 같을 순 없지 않은가? 물론 다르다. 공원이나 벤치, 호수는 그냥 존재하지만 시인은 '실존'하고 있기 때문이다. 실존은 인간인 현존재의 독특한 존재양식이다. 실존이란 인간은 존재자체가 다른 존재자와 관계를 맺을 수 있고 또 맺고 있는 존재라는 의미이다. 시인에게는 과거의 연인과의 사랑의 관계, 사랑이란 '존재'가 삶과 사랑에 대한 실존적 이해를 가져다주며 시인을 현존재로 만들어 주는 근거가 되고 있다. 즉, 존재는 존재자의 원리인 것이다.

눈앞의 존재자, 손안의 존재자

하이데거는 시인이란 '인간 존재자das menschliche Seiende'를 다른 두 존재자, 즉 '눈앞의 존재자das Vorhandene' 그리고 '손안의 존재자das Zuhandene'와 구분한다.

'눈앞의 존재자'는 아직 '인간의 손'을 거치지 않은, 눈앞에 보이지만 나의 관심 밖에 있는 모든 존재물을 가리킨다. 자연계의 흙이나 모래, 나무 등이다. 어디서든 볼 수 있는 벤치, 공원, 호수도 눈앞의 존재자들이다.

반면에 '손안의 존재자'는 이미 어떤 이유로든 '나의 손'에 닿은 것으로서 '나의 관심'에 의해 결정되는 환경 속의 모든 도구적인 존재물이다. 스마트폰이나 TV, 자동차, 어린이가 갖고 노는 장난감 등이다. 시인의 추억이 담긴 호수, 공원, 벤치도 이에 포함될 것이다. 이런 존재자들은 눈앞의 존재자들과 마찬가지로 자기의 근원적 존재 의미를 묻지 않는다. 그렇다면 실존적 존재인 시인은 이들 존재자와 무엇이 다른가?

그 차이는 인간은 '현존재現存在, Dasein'라는 데 있다. 하이데거는 인간을 '현존재'라고 부르며 다른 존재자와 차별화시킨다. 현존재를 의미하는 '다자인Dasein'은 지금 거기에da=there 그냥 있는sein=be 존재라는 뜻이다. 말 그대로 인간을 포함한 모든 존재자는 그냥 어쩌다 '거기에 있는 존재being there'이다. 그러나 인간만은 자신의 근원적 존재를 문제삼고 고민한다. 이를 통해 "그 자신으로 존재하거나 아니면 그 자신이 아닌 것으로 존재하거나 할 수 있는 가능성"[111)]과 개방성을 갖고 있다.

니체의 말대로 짐승으로 살 수도 있고 자기를 극복하고 성취하는 존재인 위버멘쉬로 살 수 있는 가능성과 선택의 자유를 지니고 있다. 여기에 다른 존재자들과 차이가 있다. 따라서 하이데거는 현존재란 말은 인간에게만 사용해야 한다고 주장한다. 다른 존재자는 인간과 구분되는 '눈앞의 존재자'나 혹은 '손안의 존재자'인 것이다.

현존재의 독특한 존재방식은 '실존'이다. 하이데거에 따르면 실존은 '현존재가 다른 현존재 혹은 존재자들과 이렇게 저렇게 관계 맺을 수 있고 또한 항상 어떻게든 관계를 맺고 있는 존재 양식'[112]을 의미한다. 지금 여기에 살면서 다른 사람, 사물들과의 관계 속에서 끊임없이 자신의 존재와 삶과 사랑의 의미를 묻고 창조해 나가는 존재방식이다. 박인환의 '시인'은 벤치 위의 나뭇잎을 보면서 과거의 사랑을 회상하고 스스로 자신의 '존재'에 대해 고민하고 성찰하며 모종의 태도를 취하면서 자신의 '존재가능성'을 실현한다고 하자. 시인은 진정한 현존재인 것이다.

2) 세계-내-존재인 인간

그렇다면 현존재의 존재방식은 어떠한가? 현존재의 특출난 존재방식이 무엇인지를 추적해 나가는 것이 하이데거 철학의 핵심이다. 하이데거에 의하면 현존재는 스스로 독립적으로 존재하면서 다른 현존재나 '눈앞의 존재자' 혹은 '손안의 존재자'들과 무관한 존재가 아니다. 내가 존재한다는 것은 일차적으로 세계-안에-존재하는 것이다. 하이데거는 현존재인 인간의 존재하는 사태를 '세계$_{\text{Welt}}$ 안에서 존재하는 것', 즉 '세계-내-존재$_{\text{In-der-Welt-sein}}$'에서 찾는다.[113] 세계 안에서 자신의 가능성을 구현하고 개개의 존재자들을 인식하며 그 의미를 이해한다.

여기서 우리는 하이데거의 '세계'가 전통적 형이상학적 사유를 비판하고 또한 결별하고 있음을 보게 된다. 전통 형이상학과 주관성의 철학을 강조한 근대 데카르트는 주체와 객체를 분리하는 이원론적 인식론에 근거해 세계를 이해하고자 하였다. 존재자에 대한 객관적인 인식을 통해서야 비로소 존재자가 드러나고 실천적인 관계가 가능하다고 생각하였다. 그 결과 세계는 대상화되고 자연사물성의 개념으로 의미가 제한되고 말았다. 하이데거는 이런 전통적 세계개념은 본래 공속관계에 있는 인간과 세계를 분리시킨다고 비판한다.

하이데거의 관점에서 세계$_{\text{Welt}}$란 우주나 천체, 삼라만상 같은 자연과학적인 공간이 아니다. '세계-내(안에)'의 '내(안에)$_{\text{being-in}}$'란 것은 꽃바구니에 꽃이 담긴 것처럼 어떤 공간 안에 있음을 의미하지 않는다. 인간의 생로병사와 희노애락이 함께하는 생활환경$_{\text{umwelt}}$이며 실존적-존재론적 방식을 지칭한다.[114] 인간과 함께 세계 속에 존재하는 것들은 인간의 목적을 실현하는 데 필요한 도구라는 의미를 지닌다. 어린이에게 장난감은 도구적 존재인 것이다. 스마트폰, 인터넷, TV 등은 인간의 욕구나 목적을 실현하기 위한 수단이며 인간이 가진 목적의 전체 체계 안에서 각기 나름의 역할을 부여받은 도구로서의 의미를 지닌다. 인간은 이런 도구적 존재자를 통해 다른 사람들을 만나고 그들과 함께 이 세계 속에 거주하는 '세계-내-존재(세계-안에-있음)'가 되며 세계 안에서 현존재의 존재양식을 지닌다.

여기서 '내-존재'[안에-있음]란 무엇일까? 유의할 점은 '안에 있음'은 어떤 물리적 근접성이나 공간적 의미가 아니라는 점이다.[115] 안에 있음은 '곁에 있음'이다. 곁에 있음은 세계 안에서 만나게 되는 존재자의 존재와 결속되는 것을 의미하는 것이지 단순한 공간적인 거리를 뜻하는 것이 아니다.

현존재인 인간 외의 다른 사물들은 '곁에 있음'이 될 수 없다. 엄마와 공원에서 놀고 있는 아기를 상상해 보자. 아기는 엄마 '곁에 있는 것'이다. 커피를 마시려 담소하고 있는 친구들 역시 서로의 '곁에 있음'이다. 레고를 갖고 놀이에 열중하고 있는 아이들을 생각해 봐도 마찬가지이다. 레고라는 장난감을 매개로 아이들은 서로가 '곁에 있음'이며, 그 곁에 있음[내-존재]이란 아이들이 서로의 존재와 결속이 됨을 의미한다. 레고를 비롯한 장난감 기업들이 주목해야 할 장난감의 역할이며 장난감의 존재이유 중 하나라고 할 수 있다. 현존재인 어린이는 오랜 시간 함께 한 인형한테도 특별한 애착을 갖는다. 하물며 애완견은 말할 나위 없다. '손안의 존재자'인 인형이나 애완견은 현존재가 아니지만 아이의 '곁에 있음'이며 아이의 존재와 결속될 수 없는 것이다.

그러나 인형과 인형의 관계는 다르다. 그들은 현존재가 아니기에 같은 공간에 가까이 있더라도 본성상 '내-존재'[안에-있음]가 될 수 없다. '곁에 있음'이 될 수 없는 것이다. 아무리 오랫동안 공간적으로 곁에 있다 해도 인형이란 존재자의 존재와 결속이 될 수 없다. 인형과 인형의 관계는 '내 존재'가 아니며, 따라서 '곁에 있을 수 없는 것'이다. 오직 처음부터 '관계로서 머물고 있는' '타자와 함께 있는' 존재로 규정되는[116] 인간만이 세계 안에서 다른 현존재와 함께 있을 수 있는 것이다.

3) 도구적 존재의 인식

일상에서 우선 만나게 되는 존재자는 도구들이다. 그런데 이런 도구들의 특징을 살펴볼 필요가 있다. 장난감 레고의 브릭이나 거실의 TV, 스마트폰 등의 도구적 존재자를 이해하는 데 의미 있는 시사점을 제공하기 때문이다. 망치로 예를 들어 보자. 도구적 존재자인 망치는 못을 박는 데 사용되는데 못이라는 다른 도구적 존재자와의 관계 속에서 자신의 기능을 수행하는 조건에서 망치라 불린다. 마찬가지로 모든 도구적 존재자는 본성상 홀로 존재할 수 없으며 언제나 다른 도구적 존재자와의 관계 속에서 존재한다.

망치는 자신의 고유한 쓰임새를 매개로 다른 도구적 존재자들, 이를테면 못이나 나무, 대패, 집, 벽 등과 연결되어 있다는 점을 생각해 볼 때, 도구적 존재자들은 '쓰임새 지시연관' 속에서만 각각의 고유한 의미를 지니며 존재할 수 있는 것이다. 도구의 독특함은 도구가 지니는 세계연관에 있는 것이다. 따라서 하이데거는 "엄밀히 말해서 하나의 도구는 없다."[117]고 말한다. 이 세상에 망치 하나만 홀로 존재한다면 망치의 의미를 지닌 대상으로 인식할 수 없는 것이다.

관계 속에 존재하는 제품

하이데거의 도구적 존재자의 존재 의미는 기업에서 제품이나 소비자를 이해하는 의미심장한 인식방법을 제공한다. 전통 형이상학에서의 존재는 존재 자체로서 의미를 지닌다고 보았다. 존재자를 그 자체로 독립된 실체로 고찰함으로써 존재자의 '세계내부성' 혹은 '**세계귀속성**'[118]을 간과했던 것이다. 그러나 하이데거는 도구적 존재자는 본질적으로 "무엇을 하기 위한 어떤 것"[119]임을 명확히 한다.

다시 말해, 우리가 일상에서 생활하며 만나게 되는 존재자는 손안에 들고 사용하는 '도구들'이지, 그저 손 놓고 멀뚱히 바라보기만 하는 '사물들'이 아니다. 하이데거는 '도구'와 '사물$_{res}$'을 구별하는 것이다. 도구는 일상의 둘러봄에 의해 발견되고 있는 손안의 것으로서 그것의 존재는 손안에 있음인데 반해, 사물은 손을 놓고 관찰하는 바라봄의 대상으로서 눈앞에 놓여 있는 것이며 그것의 존재는 그저 눈앞에 있음이다.[120]

레고와 같이 아이들이 갖고 노는 장난감, 집안의 TV, 세탁기, 스포츠웨어 등의 본질은 도구적 존재자임에 있다. 이런 존재자들의 독특함은 언제나 다른 것과의 연관 속에서만 존재한다는 데 있다. 손안의 존재자는 그것이 다른 사물들과 독립하여 그 자체로 눈앞에 있지 않는 정도가 강하면 강할수록 오히려 그 자체로서 존재하는 셈이다.[121] 장난감은 장난감으로서의 쓰임새를 매개로 다른 존재자인 아이들과 연결되어 있으며 장난감으로서의 고유한 의미를 지니며 존재할 수 있는 것이다. 아이들 없는 장난감이란 존재할 수 없는 것이다.

장난감이 장난감으로서 파악되는 이유는 그것이 아이들을 비롯해 장난감의 추억이 있는 부모들, 놀이방 등 다른 존재자들과의 관계에서, TV가 TV로서 인식되는 이유는 그것이 가정의 구성원들, 집을 방문하는 친지들 등 다른 존재자들과의 관계에서 각각 고유한 의미를 지닌다는 것이다. 따라서 장난감의 본질은 아이들과의 연관 속에서만 발견할 수 있는 것이다. TV의 기능과 독특함은 언제나 가정의 거실 내의 다른 것들과의 연관 속에서만 찾을 수 있는 것이다. 그렇다면 해석학적 현상학의 관점에서 볼 때 장난감 레고의 매출이 급격히 하락했다는 것은 어떠한 의미가 있을 것인가?

그 해답은 하이데거가 말하는 도구적 존재의 독특성 혹은 **쓰임새 지시연관**에서 찾을 수 있을 것이다. 레고 브릭 장난감의 인기가 시들어졌다는 것은 하이데거의 표현을 빌리면 도구적 존재자의 존재 의미가 시들어졌다는 것과 맥을 같이 한다. 도구적 기능이 상실됐다는 것이다. 하이데거에 따르면 도구는 "사용불가능성의 발견에서 눈에 띄게 된다." 하이데거의 말을 들어 보자.[122]

> "(우리는) 가까이 손안에 있는 존재자가 배려함에서 사용 불가능한 것으로, 그것의 특정한 사용을 위해서 차비가 되어 있지 못한 것으로 만나게 될 수 있다. 작업도구는 파손된 것으로 판명되고 재료는 부적절한 것으로 드러난다. 도구는 여기에서도 어쨌거나 손안에 있기는 하다. 그러나 사용불가능성을 발견하고 있는 그것은 속성을 확정하는 바라봄이 아니라 사용하는 왕래의 둘러봄이다. 이러한 사용불가능성의 발견에서 도구는 눈에 띄게 된다. … 손안의 것은 손안에 있지 않음을 알게 되면서 절실함[강요]의 양태에 오게 된다."

망치의 기능이 상실될 때

망치는 망치의 기능을 상실할 때 비로소 존재가 부각된다. 도구적 존재자는 역설적으로 도구로서 제 기능을 상실할 때 그 존재의 의미가 드러난다는 것이다. 도구로서의 망치가 기능에 문제가 없는 동안에는 우리의 시선은 망치가 아니라 망치로 내리치려는 못에 고정돼 있게 된다. 그러나 망치가 부러져 망가지게 되면 그때서야 우리의 시선은 못에서 망가진 망치로 옮겨간다. 도구적 존재자인 레고의 사례에도 똑같이 적용될 수 있다.

"레고는 레고의 기능을 상실할 때 존재의 의미가 드러난다."

평소의 쓰임새가 멀쩡한 장난감은 '손안의 도구'로 존재한다. 아이들의 배려 속에 있지만 별로 눈에 띄지 않는다. 그러나 장난감이 망가지면 장난감은 '그 자체 존재'에서 벗어나 다른 존재자와의 연관에서 분리되어 '눈앞의 것'으로서 앞에 놓이면서 바라봄의 대상으로 변한다. 그런데 이렇게 도구인 장난감이 사용사태의 맥락에서 분리되어 하나의 눈앞의 것으로서 고찰의 대상이 되면, 지금까지 눈에 띄지 않았던 그 도구의 도구연관이, 또한 그로써 그 도구의 세계귀속성이 두드러지게 드러날 수 있는 것이다.[123]

따라서 하이데거의 논거에 따르면 장난감 레고 브릭의 문제는 아이들과의 쓰임새 지시연관 속에서 찾아야 한다. 그 쓰임새 지시연관이 무엇인지를 찾아내는 것에 위기 돌파의 해법이 달린 것이다. 그 쓰임새가 장난감이란 존재의 참모습이다. 그럼 그 쓰임새는 어디에서 찾을 수 있는가?

하이데거에 따르면 장난감 존재의 참모습은 원래 숨어 있지 않은 것, 열려 있는 것이다. 그러나 장난감을 규정하고 해석하는 인간의 눈이 왜곡되어 있는 것이다. 따라서 레고 경영진의 역할은 그 왜곡되어 있는 현상의 본질을 파악하고 새롭게 해석하는 데 있는 것이다. 실제로 레고 경영진은 해석학적 현상학의 관점에서 레고 브릭 장난감의 존재 혹은 쓰임새 지시연관의 문제를 찾아내었고, 레고를 다시 아이들이 손 안에 들고 사용하는 도구로 돌려 놓았다.

주목해야 할 점은 도구적 존재자들과 그들 사이에 존재하는 쓰임새 지시연관 중에서 실존론적 관점에서 볼 때 선행하는 것, 그러한 관점에서 보다 더 근원적인 것은 도구적 존재자가 아니라 쓰임새 지시연관이라는 점이다.[124] 도구적 존재자들의 존재가 그러한 쓰임새 지시연관의 존재를 결정하는 것이 아니라, 그러한 쓰임새 지시연관의 존재가 도구적 존재자의 존재를 결정하기 때문이다. 따라서 도구적 존재자는 원래 가지고 있는 고정된 의미로 기능하는 것이 아니라 그때마다 지시가 만들어지는 것이다.

이런 논거는 주위의 일상적 사례에서 입증할 수 있다. 예를 들어, 식칼이라는 의미로 파악된 존재자가 남을 해치는 또 다른 쓰임새 지시연관에 들어서게 되면 전혀 다른 의미를 지닌 도구적 존재자가 될 수 있기 때문이다. 이 경우 동일한 대상인 식칼은 '남을 해치기 위해 사용된 무기'라는 의미를 갖게 될 것이며 일종의 나쁜 무기로 인식되는 것이다. 식칼에는 식칼의 용재성만 있는 것이 아니라 그 외에 다른 세계의 관계가 모두 다 들어 있는 것이다.

따라서 쓰임새 지시연관의 변화에 따라 존재자의 의미는 전혀 달라진다. 쓰임새 지시연관은 그 연관 속에 들어 있는 도구적 존재자들에 선행하여 존재하면서 그들을 그러한 의미를 지닌 도구적 존재자들이 되도록 해 주는 도구적 존재자의 존재근거라 할 수 있는 것이다.[125] 그렇다면 장난감의 쓰임새 연관이 무엇인지를 찾아내야 할 것이다. 하이데거의 논거에 따르면 그 쓰임새 연관은 장난감을 대상으로 주체인 제작자나 경영진의 사유에서 발견되는 것이 아니라 '세계-내-존재'로서의 아이들과 장난감과의 공속共屬 관계를 현상학적으로 분석할 때 찾아낼 수 있는 것이다.

자신을 개방하는 도구적 존재

도구적 존재의 특징인 개방성에 대해 좀 더 고찰할 필요가 있다. 장난감이란 도구적 존재의 특징은 개방성이다. 본래 숨어 있지 않은 것이며 언제나 열려 있는 것이다. 하이데거가 말하는 알레테이아Aletheia, 즉 '드러남으로써의 진리관'이다. 따라서 장난감이 망가지거나 쓰임새가 결여된다면, 우리는 그 장난감이 자신을 열어 보이는 존재의 의미를 포착해야 한다. 먼저 하이데거는 장난감이라는 손안의 존재[도구]의 결여적 양태를 세 가지로 구분한다.[126]

첫째, 도구의 사용가능성에 손상이 간 경우로서 잘 사용하던 도구가 사용 불가능이 되어버린 경우이다. 둘째, 사용 가능한 상태이기는 하지만 사용되어야 할 그 자리에 없음으로 해서 절실하게 필요함만을 안겨 주는 경우이며, 셋째, 사용 가능한 도구이기는 하지만 우리가 의도하고 있는 목적에 맞지 않는 도구로서 그 자리에 있는 경우가 그것이다. 레고의 경영진은 이 중 브릭 장난감은 어디에 해당되는지를 파악해야 할 것이다. 만일 세 번째의 결여적 양태를 발견했다면, 이 위기를 해결하는 방법의 출발은 레고 장난감이란 도구적 존재가 드러내 보여 주고 있는 그 존재의 의미를 찾아내는 것이다.

도구적 존재의 개방성에 대한 사례를 들어보자.[127] 옥수수 연구로 노벨 생리학상을 수상한 바바라 맥클린톡Barbara McClintock, 1902~1992의 이야기이다. 맥클린톡은 다른 동료 학자보다 유전학의 신비를 어떻게 더 깊이 파악할 수 있었는지에 대한 물음에 다음과 같이 대답하였다.

> "자세히 들여다볼 시간을 가져야 하고, 그 물질이 당신에게 건네는 말을 이해하려는 인내심이 있어야 하며, 그것이 스스로 당신에게 다가오도록 하는 개방성을 가져야 합니다. 무엇보다도 유기체에 대한 느낌을 갖고 있어야 합니다."

맥클린톡은 도구적 존재가 자신을 개방하고 있는 것, 즉 도구에게서 드러나는 진리를 포착하는 것의 중요성을 강조하는 것이다. 이를 위해서는 인식론적 전환이 요청된다.

일반적으로 과학자들이 옥수수 연구를 하면서 옥수수가 자신에게 말을 건넨다는 사실을 이해하기는 쉽지 않다. 옥수수가 다가올 수 있도록 과학자가 개방성을 가져야 한다는 생각 역시 마찬가지이다. 대신 인식주체인 과학자가 인식대상인 옥수수의 특성을 파악하는 데만 관심을 갖게 될 것이다.

장난감 레고 경영자들이 브릭 장난감이 자신의 모습을 드러낸다거나 말을 걸어 오며 또한 장난감이 자신에게 다가올 수 있도록 개방성을 가져야 한다는 것 또한 납득하기 어려운 일일 것이다. 그러나 하이데거에 따르면 본래 모든 사물의 현상이란 어원부터가 '자신을 내보여 준다'[128]는 의미가 있음을 상기할 필요가 있다. 모든 존재자는 자신을 내보여 주고 있는데 인간이 포착하지 못하고 있을 뿐인 것이다. 하이데거의 해석학적 현상학은 바로 이 점을 포착하라고 말해 주는 것이다.

4) 하이데거식 문제설정과 레고

하이데거는 장난감과 같은 도구의 존재방식은 '손안에 있음Zuhandensein'임을 강조한다. 그는 장난감의 주인인 사람을 제외하고 일상에서 우리가 마주치게 되는 모든 존재자의 본질적인 존재양식을 '손안에 있음'으로 설명한다. 도구로서의 장난감의 독특함은 그 자체로 독립하여 존재하는 것이 아니라 언제나 다른 것과의 연관 속에서만 자신의 고유한 의미를 지니면서 존재한다는 데 있다. 이러한 연관은 장난감 고유의 쓰임새를 매개로 이루어진다. 망치가 망치로서 인식되는 이유는 못은 물론이고 목재, 대패, 벽, 집 등 다른 존재자들과의 관계에서 고유한 의미를 지니기 때문이다.

마찬가지로 레고는 놀이의 주체인 어린이 자신은 물론 또래 아이들, 놀이 장소, 레고의 추억이 있는 부모 등 다른 존재자들과의 관계에서 레고의 고유한 의미를 지니는 것이다. 이것이 장난감 레고의 세계귀속성이며 존재론적 원천인 것이다. 하이데거의 이러한 '도구의 세계귀속성'은 존재자를 그 자체로 독립하여 있는 실체로 고찰하는 플라톤적 인식론과 비교된다. 전통적인 존재론적 경향은 도구적 존재자의 세계현상을 건너뛰고 장난감인 존재자의 세계귀속성을 간과한 것이다.[129]

장난감의 주인인 인간은 세계-안에-존재[세계-내-존재]하면서 세계 안에서 만나는 '눈앞에 있음'의 존재자들에게 의미를 부여하며 자신의 세계를 형성해 나가는 현존재인 것이다. 따라서 어린이들은 일상의 삶 속에서, 상황 안에서 도구적 존재인 장난감에게 나름의 의미를 부여하며 쓰임새를 발견하여 사용하면서 자신의 세계를 형성해 나간다. 따라서 플라톤적 인식론과는 달리 놀이 주체인 아이들과 대상인 장난감이 분리될 수 없다. 레고라는 장난감의 본질이 따로 있는 것이 아니라, 장난감을 갖고 노는 아이들의 행위방식, 관계맺음의 방식을 통해서만 장난감을 이해할 수 있다고 보는 것이다.

도구적 존재로서의 장난감 및 현존재로서의 어린이에 대한 인식을 바탕으로 할 때 하이데거의 질문방식은 플라톤적 인식론과 문제설정을 달리하게 된다. 플라톤식 인식론에서는 '아이들이 좋아하는 장난감이란 무엇인가?'란 질문을 제기하였다. 아이들이 좋아하는 장난감의 본질이 무엇인지, 그런 장난감을 포괄적으로 정의할 것을 요구하는 것이다. 반면에 하이데거의 질문방식은 도구적 존재로서의 레고 브릭 장난감이 아이들의 놀이 세계에서 어떤 쓰임새를 지니는지의 세계귀속성에 초점을 맞추게 된다. 즉, 놀이의 현상학에 대한 질문이다. 앞서 제시한 대로 하이데거의 질문방식은 다음과 같이 된다.

"아이들이 장난감을 갖고 노는 이유는 무엇인가?"

"아이들의 레고 놀이를 사로잡고 있는 힘은 대체 어떤 것인가?"

"아이들의 놀이에서 레고는 어떤 쓰임새가 있는가?"

"놀이 속에는 어떤 것이 표현되거나 숨어 있는가?"

장난감의 보편적 속성, 본질을 묻는 것이 아니라 도구적 존재인 장난감의 놀이에서의 쓰임새, 장난감에 대한 아이들의 현상학적 이해understanding에 초점을 맞추고 있는 것이다. 이때 중요한 것은 언제나 '아이들'이라는 요소, 즉 '장난감을 이해하고 있는 아이'란 요소가 분석에서 이미 전제되어 있다는 점이다. 장난감의 본질은 아이들과의 관계 속에서만 파악될 수 있기 때문이다.

08

학습의지라는 인간본성

아리스토텔레스에 따르면 인간은 본성상 알기를 갈망하는 존재이다. 하지만 아리스토텔레스는 앎에 대한 갈망이 학습에 대한 갈망으로 반드시 연계되느냐에 대해서는 유보적인 입장이다. 그에 앞서 스승인 플라톤은 앎에 대한 갈망이 인간의 근원적 욕망인 에로스에서 기인한다고 밝혔다. 일찍이 고대 중국의 공자는 '호학好學', 즉 끊임없이 배우기를 좋아하는 것이 인간의 본성임을 천명하였다. 그는 "나만큼 배우기를 사랑하는 사람은 없다不如丘之好學也."는 말로 인간됨의 특징을 '배움에 대한 사랑'으로 보았다. 고대 그리스나 중국뿐만이 아니다. 인간이 '배움의 동물'이란 명제는 철학이 태동한 모든 문화권에서 예외 없이 당위적으로 받아들여졌을 것이다.

그렇다면 '인간은 왜 학습을 할 수밖에 없는가?'란 근원적 물음이 제기될 수밖에 없다. 그러나 학습이라는 인간본성에 대한 물음에 답을 제시하는 것은 쉽지 않을 것이다. 왜냐하면 그 자체로 순환논리에 빠지기 때문이다. 그럼에도 불구하고 철학사를 돌이켜 보면 인간은 배움의 동물이란 당위적 명제의 근거를 제시한 대표적 철학자가 플라톤과 니체임을 발견하게 된다. 2400여 년이란 긴 '시간의 선로' 위에 놓여 있는 플라톤과 니체의 철학은 다양한 관점에서 극명하게 대척점에 서 있다. 그러나 학습 개념을 전면에 내세우지 않으면서도 학습의지가 인간의 본성임을 포착하고 있다는 점에서 공통점을 찾을 수 있다. 물론 그 학습의지의 본질에 있어서는 엄연한 차이가 노정된다. 이 장에서는 인간은 왜 평생학습을 하는가에 대한 물음을 철학사에서 양 극단에 있는 플라톤과 니체의 철학을 중심으로 고찰하기로 한다.

1. 플라톤과 니체의 문제설정

인간은 영원히 자기동일성을 유지할 수도 없지만 유지하길 원하지도 않는다. 따라서 인간의 차별화된 특징은 끊임없이 자기 자신을 새롭게 변화시키길 원하며 '새로움newness'을 추구하는 존재라는 데 있다. 인간은 왜 새로움을 추구하고 또 배우려고 하는가에 대한 플라톤과 니체의 관점은 이들 철학 근저에 자리하고 있는 문제설정problematique에 초점을 맞출 때 수면 위로 드러난다.

1) 플라톤의 문제설정

문제를 어떻게 설정하느냐에 따라 그 문제를 사고하고 처리하며 대답하는 방식은 전혀 달라지기 때문이다.[130] 질문방식을 바꾸면 새로운 본질이 포착될 수 있는 것이다. A란 질문을 하면 B란 질문을 했을 때 보이지 않던, 가리어져 있던 본질이 포착된다.

앞에서 하이데거를 논의하면서 언급한 대로 소크라테스와 플라톤을 출발로 하는 서양전통철학의 관심은 변화하는 현상계 이면에 존재하는 불변의 실재를 규명하는 것이었다. 따라서 철학의 주된 질문 방식은 바로 '무엇인가What…?'의 형태였다. '존재란 무엇인가?' '인간이란 무엇인가?' '아름다움이란 무엇인가?'처럼 사물과 현상의 본질에 대한 물음을 제기하는 것이었다. 무엇을 묻든지 간에 공통점은 눈에 보이는 생성 소멸하는 자연계나 현상은 참된 실재實在 혹은 본질이 아니라는 것을 전제로 하는 것이다. 사물의 실재 혹은 본질은 눈에 보이는 현상을 넘어 존재하는 그 무엇이라는 신념이다. 이러한 형이상학적 관점은 필연적으로 현상과 본질을 구분하는 이원론적 사유방식을 갖게 만든다.

'무엇인가?'의 질문에는 주목할 만한 특징이 있다. 이 질문에는 '~이다'라는 답이 뒤따르는데 이 답의 근저에는 암묵적으로 동의하는 전제가 있음을 알 수 있다. 특정한 사고방식이 전제되어 있다는 것이다. 질 들뢰즈Gilles Deleuze, 1925~1995[131]는 이 점을 예리하게 분석한다. 그에 따르면 '그것이 무엇인가?'라는 물음은 또 다른 시점에서 보여진 의미를 설정하는 방식이다. 본질 혹은 존재는 어떤 관점의 현실이며 다수성을 전제로 한다. 우리가 아름다움이란 무엇인가라고 묻는 것은 우리가 무슨 관점에서 사물을 아름답다고 보게 되는가를 묻는 것이다.

같은 논리로 '평생학습이란 무엇인가?'라는 질문은 우리가 무슨 관점에서 평생학습을 보게 되는가를 질문하는 것이다. 결국 평생학습의 본질을 특정한 시기, 특정한 사고방식의 관점에서 묻는 것이다. 따라서 인간이 왜 평생학습을 하는가에 대한 본질을 포착하는 데 한계가 있게 된다.

문명사적 변화와 맞물려 1800년대 들어서면서 이러한 질문방식은 근본적으로 변화를 맞게 된다. 헤겔에 이은 마르크스의 철학, 다윈의 지대한 영향을 받은 프로이트의 정신분석학 등은 인간을 포함한 사물의 본질에 대한 전통 형이상학적 전제에 도전을 시작한다. 그 도전의 선봉에 선 철학자가 독일의 프리드리히 빌헬름 니체Friedrich Wilhelm Nietzsche, 1844~1900이다.

2) 니체의 문제설정

니체는 고대 그리스철학 이후 2500년 동안 서양사회에서 신봉해 온 진리, 가치, 도덕 등의 보편성, 절대성의 뿌리가 무엇인지 그리고 어디에서 기인했는지에 대한 물음에서 출발한다. 그리고 그 족보를 추적해 나간다. 『도덕의 계보학』에서 보듯 니체의 계보학은 비판철학의 한 형태로서 플라톤 이후의 전통적 사유방식에 대한 해체를 시도하고 있다.

계보에 대한 추적을 끝낸 후 니체는 사물의 본질, 진리는 선험적으로 존재한다는 전통 형이상학의 관점이 허구적임을 역설한다. 진리는 발견하는 것이 아니라 창조하는 것이다. 그는 저서 『이 사람을 보라』에서 "도덕에 대한 나의 전투가 시작되었다."고 철학의 전쟁을 선포한다. 전통적으로 "경외되고 심지어는 숭배되기까지 했던" 아름다움美, 도덕善, 진리眞 등에 대한 도전을 선언한 것이다. 이를 위해 니체는 "'왜? 무슨 목적으로?'라는 질문을 나는 최초로 전체적으로 제기할 것이다."라고 선언한다. 니체는 플라톤이나 아리스토텔레스의 질문방식을 근본적으로 바꾸어 버린다. 즉, '무엇What인가?'란 물음에서 '왜Why 혹은 어느 것Which인가?' 물음으로의 전환이다. 사물의 본질이 선험적으로 존재한다면 본질을 묻는 질문방식은 '~이란 무엇인가?'이다. 앞서 본대로 이것이 서구 형이상학의 뿌리로 간주되는 질문이다. 그러나 보편적이며 절대적인 진리를 거부하는 니체의 관점에서는 이런 질문방식은 더 이상 의미가 없게 된다.

니체의 질문인 "왜 그것이 아름다운가?" "어느 것이 아름다운가?"는 아름다움의 예를 들라는 것이 아니다. 대신, "'아름답다'라고 너를 사로잡고 있는 힘은 대체 어떤 것인가? '아름답다'고 규정하는 의지는 어떤 것인가? '아름답다'는 것에는 어떤 것이 표현되거나 숨어있는가?"를 묻고 있음에 주목해야 한다. 갈색 머리의 늘씬한 서양 모델을 아름답다고 한다면, 그 이유는 그 모델의 몸을 아름다움의 척도로 갖고 있기 때문이다. 늘씬한 몸, 갈색머리, 서양인 등의 척도가 될 것이다. 이 척도가 그 모델을 아름답다고 느끼게 만든다. 이 척도가 그를 사로잡고 있는 힘, 의지이다.

니체의 질문방식을 평생학습에 적용시켜 보자. 플라톤적 질문방식 대로, '평생학습이란 무엇인가?'란 질문에는 '평생학습이란 ~이다.'라는 답이 나온다. 전술한 바대로 이런 방식의 질문은 이미 특정한 사고방식을 전제로 하기에 시대가 바뀌고 사고방식이 변하면 평생학습의 본질이 달라질 수가 있다. 이와는 대조적으로 니체는 '사람은 왜 배우려고 하는가?' '사람은 왜 평생 동안 학습을 하는가?'라고 질문할 것을 제안한다. 플라톤식 질문과는 다른 의미의 평생학습의 본질이 포착될 것이다. '인간이 평생 동안 학습을 하지 않을 수 없는 어떤 힘'을 묻는 것이다. '학습을 사로잡고 있는 힘은 어떤 것인가? 학습을 점령하고 있는 의지는 어떤 것인가? 학습 행위 안에는 어떤 것이 표현되거나 숨어 있는가?'를 묻는 것이다.

니체의 논거에 따르면 이런 질문 방식이 제기하는 의미, 힘, 가치가 평생학습의 본질이다. 평생학습의 본질에 대한 플라톤 이후 서양전통 형이상학의 사유방식과 니체의 사유방식의 차이가 여기에 있다.

2. 플라톤의 에로스와 평생학습

플라톤의 에로스 혹은 플라톤적인 사랑은 인식하는 영혼이 절대적으로 완전한 것을 찾고 이를 인식하고자 하는 열망[132]을 말한다. 플라톤에 의하면 인간의 영혼은 에로스 신으로 가득 차 있다. 에로스 신은 인간 영혼으로 하여금 완전성을 열망하게 하고, 모든 존재에 담겨 있는 최종적인 것으로서 지고한 아름다움에 다가가도록 재촉하는 힘이다. 플라톤의 에로스 혹은 인식에의 열망이 바로 평생학습에의 의지 혹은 열망이라 볼 수 있다.

1) 에로스와 학습욕망

플라톤의 평생학습의지는 인간의 가장 근원적인 욕망인 '에로스Eros'에서 찾아볼 수 있다. 플라톤은 이데아 혹은 보편적 실재에 대한 동경이 인간 안에 내재한다고 믿었는데 그것이 바로 에로스이다. 즉, 아름다움과 좋음, 선에 더욱 더 가까이 다가가는 것에 대한 인간의 동경인 것이다. 사랑으로 번역되는 그리스어 '에로스'는 자칫 관능적인 성욕으로만 이해하는 오류에 빠지기 쉬운 단어이다. 그러나 플라톤의 에로스는 자신의 '결핍deficiency'이나 불완전성을 자각하고 그 상태를 벗어나 극복하려는 인간의 근원적인 의지이자 욕망을 의미한다. 나에게 없기 때문에 가지고 싶어 하는 욕망, 내 밖의 다른 어떤 것을 지향하는 욕망이 에로스이다. '좋은 것을 얻기 위한 모든 인간의 욕망'이 에로스인 것이다. 따라서 플라톤의 관점에서 볼 때 인간이 끊임없이 배우려는 욕망과 의지는 인간 누구나가 가지고 있는 에로스에서 비롯되는 것이다.

인공지능 바둑기사와의 대국에서는 인간이 패배할 확률이 훨씬 높다. 그러나 패배한 후 포기하지 않고 자신의 결핍을 극복하여 다시 도전하려는 욕망은 인간에게만 있다. 이 욕망 혹은 의지가 바로 인간이 가지고 있는 플라톤의 에로스이다. 플라톤에 따르면 인간과 인공지능과의 근원적 차이는 '에로스'에 있다. 인간은 에로스를 본성으로 갖고 있는 존재자인 반면 인공지능은 에로스가 없다. 오히려 인공지능을 만들려는 욕망 또한 인간의 에로스인 것이다.

에로스는 인간의 근원적인 욕망이다. 무언가를 욕망한다는 것은 무언가의 결핍을 인식한다는 것을 의미한다. 반대로 무언가의 결핍은 무언가의 욕망이 존재함을 의미한다. 욕망은 결핍의 인식근거이며 결핍은 욕망의 존재근거가 되는 것이다. 따라서 욕망과 결핍은 존재론적으로 하나이다. 존 듀이의 경험이론에서 보면 욕망과 결핍은 개념적으로는 구분되나 '사실적 분리'는 아니다. 플라톤의 에로스가 '결핍'으로서의 사랑이자 '욕망'으로서의 사랑이란 의미라는 것을 보아도 알 수 있다. 부버$_{Buber}$의 개념을 빌린다면 욕망과 결핍은 낱개의 말이 아니라 '짝 말$_{Wortpaare}$'인 것이다.

생태계의 모든 수컷과 암컷의 짝짓기는 결핍의 발로이다. 이성에 대한 인간의 성적 욕망은 짝을 이루려는 성적 결핍을 의미한다. 그래서 사랑을 갈구하는 연인의 모습은 자연스럽고 아름다운 것이다. 배움에 대한 욕망은 자신의 결핍을 채우려는 욕망이자 의지이다. 문해 교육 교실에서 한글을 배우는 노인의 욕망 역시 자연스럽고 아름다운 것이다. 섹스나 학습이나 모두 결핍의 존재근거이다.

플라톤에 의하면 인간의 본성은 에로스이기에 인간은 항상 자신의 결핍을 근원적으로 인식하는 존재이다. 인식하는 것에 그치지 않고 그 결핍을 메우고자 욕구하는 존재이다. 여기에 인간만이 가지는 독특한 아름다움과 위대함이 있다. 아무리 인공지능 바둑기사가 인간을 이긴다 해도 그리 위대해 보이지는 않는다. 오히려 인공지능과의 대국에서 패배를 인정하고 돌을 던지는 인간의 슬픈 얼굴을 보고 사람들은 감동한다. 파스칼은 『팡세』에서 인간은 자연에서 가장 연약한$_{feeble}$ 갈대에 불과하지만 '생각하는 갈대$_{thinking\ reed}$'이기에 위대하다고 말한다. 그러나 플라톤의 에로스는 우리에게 다음과 같이 말한다. 인간은 우주에서 가장 결핍된 갈대에 불과하다. 그러나 '그 결핍을 채우려는 갈대'이기에 위대하다.

그렇다면 인간 본성으로서의 에로스는 어떻게 평생학습의지와 관련이 있는 것인가? 이를 위해서는 플라톤의 에로스 이론을 고찰할 필요가 있다. 플라톤은 저서 『향연』에서 에로스의 성격을 포착할 수 있는 흥미 있는 대화들을 공개하고 있다. 기원전 384년에 씌어진 것으로 추정되는 이 대화편은 비극작가 아가톤$_{Agathon}$이 비극경연에서 처음 우승한 것을 자축하기 위해 자기 집에서 베푼 술잔치$_{symposion}$에서 여러 사람이 에로스$_{Eros}$에 관해 피력한 견해를 기록한 것이다. 파이드로스를 시작으로 여러 사람이 에로스를 찬미한 후에 소크라테스가 등장한다. 소크라테스는 에로스의 출생성분을 만티네아Mantineia의 지혜로운 여인인 디오티마Diotima한테 들은 이야기라 하며 홍미롭게 전해 준다.

2) 중간성과 결핍성, 학습의지

결론부터 말하면 에로스는 '중간자적 존재'라는 특성을 지닌다. 에로스는 아름답지도, 그렇다고 추하지도 않다. 지혜롭지 못한 것은 무지가 아니라 지혜와 무지 사이에는 무엇인가가 있는데, 에로스는 중간자적인 그 무엇이다(202a). 디오티마는 설명을 부연한다. 지혜와 무지 사이에는 '옳은 의견을 가지고 있지만 합리적으로 설명하지 못하는 것'이 있다. 이건 아는 것도 아니고 무지도 아닌 것이다. 그러니 "아름답지 못한 것은 필연적으로 추하고, 좋지 못한 것은 필연적으로 나쁘다고 우기지 말라."(202b)는 것이다. 마찬가지로 에로스도 이런 중간자적 존재, 혹은 중간계에 속하는 다이몬daimon적인 존재인 것이다.

에로스의 탄생 배경

에로스의 이런 중간자적 성격을 이해하려면 그의 출생과 관련된 비밀을 알아야 한다. 아프로디테가 태어났을 때 신들이 잔치를 벌였는데(203b), 그들 중에는 재주와 풍요의 남신 포로스Poros도 있었다. 식사가 끝날 무렵 가난과 빈곤의 여신인 페니아Penia가 구걸하러 왔다가 포로스와 마주치게 되었다. 빈곤의 여신답게 페니아는 사방에 빈곤을 뿌리는 일을 하러 다녔고 당연히 사람들에게 기피의 대상이 되었으며 그녀 자신도 가난의 전형이었다. 그런 페니아가 포로스를 만나게 되었으니 신분상승의 절호의 기회를 잡은 것이다. 페니아는 포로스가 술[넥타르]에 취해 제우스의 정원에서 잠에 곯아 떨어져 있는 사이 포로스의 아이를 갖기로 작정하고는 포로스 옆에 누워 에로스를 잉태하게 된다. 에로스는 흔히 섹스 혹은 성적인 사랑性愛으로 표현되듯이, 에로스는 이렇게 육체적인 성애性愛에서 출발한 것이다.

이러한 에로스의 출생의 비밀은 그의 본성을, 그리고 에로스를 본성으로 하는 인간의 본성을 잘 시사해 주고 있다. 그 본성이란 에로스는 혹은 인간이란 지혜와 무지의 중간에 있는 존재라는 점이다. 따라서 평생 동안 지식과 지혜를 갈구하는 자, 즉 애지

자愛知者가 에로스의 본성이자 인간의 본질인 것이다. 에로스는 빈곤의 여신이 재주와 풍요의 남신을 유혹해 동침을 해서 낳은, 요즘말로 사생아인 셈이다. 에로스의 잉태일이 미의 여신 아프로디테의 출산일이었기에 에로스는 본성적으로 아름다움을 사랑하는 존재가 된다. 포로스의 아들답게 재주가 많아 좋은 것과 아름다운 것을 얻을 수 있으며 용기가 충만하고 지식을 사랑하며 평생 동안 지혜를 사랑하고 추구하는 본성을 물려받았다.

다른 한편으로 빈곤의 여신인 페니아의 본성을 이어받았다. 항상 가난하고 거칠고 무언가를 구걸하면서 거리를 헤매는 특성이 있다. 많은 사람이 생각하듯 부드럽고 아름답기는커녕 사실은 딱딱하고, 더럽고 맨발이고, 집도 없고, 언제나 거적도 없이 맨땅에서 자며 대문 밖이나 길바닥에서 노숙하는 특성이 있다(203d). 어머니의 본성을 타고난 그에게는 항상 결핍이 따라다니게 된다.

결핍이 곧 학습의지

중간성과 결핍성, 이것이 에로스의 본성이다. 또한 에로스를 갖고 있는 모든 인간의 본성이기도 하다. 빈곤하면서도 부유하고, 투박하면서도 부드럽고, 더러우면서도 아름다우며, 구걸해 먹으면서도 탁월한 사냥꾼이 바로 에로스이다. 지와 무지의 중간에 위치에 있기에 지혜롭지도, 그렇다고 무지하지도 않은 존재이다. 그러나 자신이 무지하다는 것을 자각하기에 언제나 지혜를 갈구하는 존재이다. 플라톤에 의하면 에로스를 본성으로 하는 인간이 평생 동안 지식을 추구하고 지혜를 갈구할 수밖에 없는 이유가 여기에 있는 것이다. 학습자로서 인간은 항상 자신의 부족함을, 그리고 무언가에 결핍되어 있음을 자각한다. 그래서 부족함을 채우고 극복하기를 욕망한다. 욕망이 충족될 때 인간은 만족하고 행복감을 느낀다. 평생학습 없이는 행복할 수 없다는 논리를 플라톤의 에로스는 제시하는 것이다. 플라톤이 강조하는 말에 주목할 필요가 있다.

> "무지한 자들은 지혜를 사랑하지 않고 지혜로운 자가 되기를 원하지 않는다. 무지의 문제점은 아름답지도 훌륭하지도 지혜롭지도 않은 자가 그러한 자신에게 만족하는 것이다." (204a)

플라톤이 『향연』에서 소크라테스의 말을 빌어 정의하듯 "에로스는 어떤 것들에 대한 사랑과 욕망이다. 어떤 것들이란 자신에게 결여되어 있는 것들이다"(200c). 인간은 자신에게 결여되어 있는 것들을 끊임없이 가지고 싶어 하거나 혹은 결핍된 상태로부터 벗어나려는 근원적인 욕망, 즉 에로스를 모두가 예외 없이 가지고 있다는 것이다. 그렇다면 인간에게 결여된 것은 무엇이며 인간은 어떤 단계를 거쳐 그 결핍을 극복하고 선을 실현하는가? 플라톤에 따르면 에로스는 상이한 단계를 거쳐 발달하는데 최종 목표는 참된 실재[이데아]로서의 선이다. 인간의 가장 근원적 욕망인 에로스는 참된 실재를 인식할 때 비로소 충족된다는 것이다. 플라톤이 말하는 평생학습의 단계와 궁극적 목표인 셈이다.

3) 에로스의 변증법적 과정

에로스는 육체적 욕망에서 시작하지만 거기서 그치지 않고 점차 높은 차원의 것, 정신적이며 지적인 사랑으로 변증법적 과정을 거쳐 변모해 가게 된다(210a). 플라톤은 에로스를 충족시키는 변증법적 과정을 사랑의 성역聖域에 입문하는 것이라고 말한다.

첫째 단계의 에로스는 결여되어 있는 자신의 반쪽에 대한 성애이다. 에로스는 육체적인 성애性愛의 욕망에서 시작한다. 인간은 본래 완전한 전체全體였는데 심술궂은 제우스신이 두 쪽으로 갈라 놓았다(190d). 그래서 인간은 끊임없이 다른 반쪽인 이성을 그리워하고 육체적인 합일合一에의 욕망을 지닌다는 것이다. 저마다 평생 사랑할 상대를 만나 본래의 상태를 회복하는 길(193c)을 찾으려는 욕망이다. 따라서 젊은 시절의 에로스적 활동은 한 사람의 아름다운 몸을 사랑하고 그 사람과 아름다운 대화를 갖는 데서 시작한다.

> "먼저 한 사람의 몸을 사랑하여 거기에서 아름다운 담론談論을 낳아야 한다."(210a)

주목할 점은 한 사람의 몸이란 '소년'을 말하며 사랑하는 주체 역시 '연상의 남자'라는 점이다. 당시 아테네에서는 동성애가 일반화되어 있었으며 『향연』에 나오는 에로스론의 배경 또한 동성애이다. 향연에 나오는 다음의 말은 이를 가감 없이 드러내 준다. "소년에게는 어려서부터 자기를 사랑해 줄 고결한 연인[손위의 남자]을 갖는 것보다, 그리고 연인에게는 고결한 연동戀童을 갖는 것보다 더 큰 축복이 무엇인지 나로서는 말할 수 없네."(178c)

따라서 흔히 정신적인 사랑의 전형으로 이해되는 플라토닉 러브는 이성 간의 사랑이 아니다. 동성, 그것도 중년의 남성과 미소년 간에 이루어지는 정신적인 사랑이란 점에 유념할 필요가 있다. 『향연』을 보면 고대 그리스에서는 남자들 간의 동성애가 단순히 성적 욕망의 문제가 아니라 선과 정의를 알고 실천하는 덕성을 갖춘 인간으로 만들어주는 원동력이 된다는 점을 알 수 있다. 육체적 사랑보다는 지성적인 사랑에 초점이 맞추어져 있는 것이다. 따라서 플라토닉 러브는 동성애 그 자체를 의미하거나 동성 간의 정신적 사랑에서 끝나는 것이 아니다. 그렇다면 정신적 사랑이라 해도 왜 하필 동성 간일까? 이를 위해서는 플라토닉 러브의 신화적 배경을 이해할 필요가 있다.

플라톤의 『향연』에 참가한 파우사니아스Pausanias에 따르면 사랑의 신인 에로스는 두 분이다(180d~181d). 어머니 없이 태어난 아프로디테인 우라니아Ourania와 협력하는 에로스, 즉 '우라노스의 에로스'가 있고, 제우스와 디오네의 따님인 아프로디테와 협력하는 에로스, 즉 '만백성의 에로스'가 있다. 후자는 말 그대로 만백성의 것이라서 보잘것없는 인간들이 경험하는 에로스이다. 부모 사이에서 태어난 까닭에 양성적 요소를 다 갖추어 소년 소녀 모두 사랑한다. 또한 상대의 혼보다 몸을 더 사랑하고 사랑의 과정보다는 목표에만 신경 쓴다. 선악을 가리지 못하고 지성적이지 못하며 아무튼 덜 성숙한 에로스이다. 남녀가 만나 사랑하고 결혼하고 임신과 출산을 하는 것은 바로 만백성의 에로스의 역할인 것이다.

반면에 전자, 즉 우라노스의 에로스는 천성이 어머니 없이 출생한 까닭에 여성적인 요소는 없고 남성적인 요소만 갖춘 여신에게 속한다. 그래서 이 에로스는 소년들에 대한 사랑이 되는 것이다. 그런 에로스에게 영감을 받은 자들은 본성상 더 강하고 더 지성적이며 남성적인 것을 지향한다. 턱에 솜털이 나기 시작할 무렵의 지성을 갖춘 소년들만을 사랑하는 것이다(181d). 중요한 점은 플라토닉 러브는 육체적 사랑에서 시작하지만 여기서 그치지 않는다는 것이다.

둘째 단계는 한 개인의 몸의 아름다움은 다른 사람의 신체미와 대동소이하다는 것을 인지하게 되고, 이를 통해 세상의 모든 아름다운 몸에 있는 아름다움의 형상을 사랑하게 되는 단계이다. 이제는 "한 몸에 집착하는 것은 경멸스럽고 보잘것없는 일"(210b)임을 인식해 어느 한 개인의 몸에 집착하지 않게 된다.

셋째 단계에 와서 에로스는 질적인 변모를 하게 된다. 그는 육체보다는 정신적인 아름다움이 더 가치 있음을 깨닫게 된다. "누군가 몸의 매력은 보잘것없어도"(210b) 영혼이 아름다우면 그를 사랑하고 보살펴 주며 그와의 대화를 통해 젊은이들을 더 훌륭한 사람들로 만들어 줄 담론을 출산하게 된다. 나아가 그는 일상적 활동들과 법, 관습들에서 아름다움을 발견하게 되며, 이를 통해 육체적 아름다움이 사소한 것임을 인식하게 된다.

넷째 단계에서 에로스는 일상적 삶에서 정신적 세계로 넘어가 지식과 학문의 아름다움으로 그의 시야는 점점 확대된다. 이제는 수많은 아름다움을 보면서 더 이상 특정 인간, 특정 사물의 아름다움에 노예처럼 집착하지 않는다(210d). 지혜를 향한 무한한 사랑에 마침내 눈앞이 밝게 트이면서 보편적인 미[아름다움]와 직접 대면하게 된다. 플라토닉 러브의 최종 목표는 아름다움 그 자체인 것이다.

보편적인 아름다움, 플라톤적 평생학습의 목표는 바로 이것이다. 이성이든 동성이든 한 인간과 세상의 아름다움에 대한 사랑에서 출발하여 계단을 올라가듯 모든 아름다운 활동으로, 아름다운 지식으로, 아름다운 것 자체만을 대상으로 하는 특별한 지식으로 올라가 마침내 알게 되는 아름다운 것 자체, 이것이 보편적인 아름다움이며 에로스의 변증법적 학습과정을 통해 추구되어야 할 플라톤적인 평생학습의 목표인 것이다.

4) 참된 지식인 선, 아름다움

플라톤의 에로스는 변증법 과정을 거쳐 최종적으로 보편적인 아름다움으로 나아간다. 이런 발전과정은 물론 자동적으로 일어나는 것은 아니다. 또한 교육이나 학습 없이 누구나가 그런 것도 아니다. 그런 가능성을 모든 인간은 갖고 있다는 것이다. 에로스는 인간을 경험적인 현상現象계에서 초월적 형상形相계로 비상할 수 있는 부상력浮上力을 지니고 있음을 의미하는 것이다. 그렇다면 에로스가 추구하는 미의 사다리의 정점인 아름다운 것 자체, 혹은 보편적인 아름다움이란 무엇인가?

선의 이데아

주목해야 할 점은 플라톤이 말하는 보편적 미[아름다움] 그 자체는 선과 본질상 구분되지 않는다[133]는 점이다. 또한 플라톤 철학에서 아름다움이란 이데아, 실재, 형상 혹은 형식form, (라)forma 등과 동일한 의미를 갖는다는 점을 기억할 필요가 있다. 아름다움 그 자체가 선과 본질상 구분되지 않는다는 것에 의문이 들 수 있다. 그러나 에로스는 단순한 갈망이 아니라 좋은 것을 얻는 것을 목표로 하는 욕망이다. 이때의 '좋은 것good'은 바로 '선'을 가리키기 때문이다. 여기서 플라톤의 선 개념을 이해하기 위해서는 먼저, '선' 하면 떠오르는 일상의 도덕적 연상聯想들을 말끔히 지워 버려야 한다.[134]

예컨대, '선한 인상' '선한 사람' 할 때의 그 '선'과는 전혀 관련이 없기 때문이다. 선 개념은 그리스어 '토 아가톤to agathon'의 번역인데 이 단어는 어떠한 도덕적 자질과는 전혀 무관한 개념이다.

고대 그리스인들에게 선은 인간이 욕구하는 것 중에 가장 가치 있는 것이자 가장 원하는 것이다. 앞서 언급한 대로 에로스의 변증법의 최정점에 있는 것, 즉, 에로스가 욕구하는 최상의 것은 아름다움 그 자체이다. 따라서 플라톤에게 인간 욕구의 대상으로 인간이 가장 원하는 것은 '선'이자 '미'인 것이다. 이런 최상위의 개념을『향연』에서는 미의 이데아, 즉 에로스를 충족시켜 주는 최상위의 아름다움을 최상의 선과 동일시하고 있다. 또한 플라톤의『국가』에서는 최상위의 개념을 선의 이데아로 설명하고 있다.[135] 선과 아름다움이 본질상 구분되지 않는 이유이다. 아름다움과 선은 다음과 같이 위계를 이루고 있다.

에로스가 궁극적으로 추구하는 아름다움 그 자체, 보편적인 아름다움은 '최상의 선'이며, 그전까지 열렬히 추구해 왔던 '육체의 아름다움' '제도의 아름다움' 등은 '다수의 선'에 해당하는 것으로 해석될 수 있다.[136]

그 위계의 정점에 '아름다움 그 자체'가 있는 것이며, 이는 최상의 선 혹은 선의 이데아와 본질상 같은 것이다. 플라톤의 에로스가 추구하는 아름다움은 곧 선의 다른 말이다. 그러나 주목할 점은 플라톤의 선善은 세상과 동떨어진 추상적·관념적 개념이 아니라 우리가 살아가면서 '가장 원하는 것'을 의미한다는 점이다. 어떤 주어진 시간에 내가 '되고 싶은 것' '하고 싶은 것' '갖고 싶은 것' '배우고 싶은 것' 등이 바로 나의 '선'이다. 예를 들어, 우리의 일상에서 무엇을 하고 싶어 하고, 되고 싶어 하는 누군가의 간절한 바람이 있다면 그것이 선이다. 누군가 돈을 벌기 위해, 독립운동을 하기 위해, 또는 박사학위를 취득하기 위해 자신의 삶을 기꺼이 포기하려 한다면, 그 순간 그에게는 돈이나 국가의 독립, 혹은 박사학위가 곧 선인 것이다.[137]

일상에서의 선

잉글랜드 프리미어리그 토트넘의 공격수인 손흥민이 언론 인터뷰에서 이런 말을 한 적이 있다. "지금 나에게는 모든 경기가 소중하다. 그래서 정말 인생을 걸고 뛰고 있다." 인터뷰를 보면 그는 현재 주어진 시간에 축구를 잘하기 위해 자신의 삶을 기꺼이 포기하고 있다. '모든 경기가 소중하다'는 말에서 그가 가장 원하는 것이 축구이며, '인생을 걸고 뛰고 있다'는 말에서 축구를 위해 자신의 삶을 기꺼이 포기하고 있음을 알 수 있다. 그에게 축구는 플라톤이 말하는 '선'이자 '아름다움'인 것이다. 그리스어로 아가토스 아네르$_{\text{agathos aner}}$란 말이 있다. 우리말로 직역하면 '선한 사람'이란 뜻인데 착함을 의미하는 선한 사람과는 전혀 관련이 없는 말이다. 이 단어는 어떤 일이나 기능을 잘 수행하는 것을 뜻하고, 당시 그리스의 시대적 상황에서 이해되듯 가장 흔히 사용되는 의미는 '싸움을 잘한다'는 뜻이었다.[138] 따라서 손흥민의 축구경기를 보면서 '손흥민은 정말 좋은 선수$_{\text{good man}}$야.'라고 말한다면, 이때의 '좋은$_{\text{good}}$' 선수가 바로 '선$_{\text{to agathon}}$한' 사람을 의미하는 것이다.

우리 모두에게는 인식을 하든 안하든 간에 각자의 삶에 선의 개념 혹은 중추적인 역할을 하는 개념이 있음을 알게 된다. 플라톤에 의하면 각자에게 그런 선이란 자주 달라질 수 있지만 자신의 선이라고 생각하는 것은 매 순간 존재한다.[139] 선을 가지고 산다는 것은 '늘 무엇인가를 위해' 살아가는 존재라는 것이다. 아무리 그렇게 하지 않으려 발버둥 쳐도 인간은 무엇인가를 목표로 할 수밖에 없는 존재이다. 본성적으로 목적지향적인 존재인 것이다. 돌이켜 보면 우리나라의 교육도 철저히 목적 지향적이었음을 알게 된다. 어렸을 때부터 교실 벽의 급훈이나 교훈은 우리가 지향하는 교육의 목적이 무엇인지를 명확하게 보여 주었다. 교육을 담당하는 사람들에게 '자아실현'은 그 의미를 알든 모르든 교육의 궁극적 목표가 되어 왔다. 학교 밖에서의 일상도 양상은 다르지만 목표 지향적이긴 마찬가지이다.

5) 목표지향성과 평생학습의지

플라톤에 따르면 인간 본성인 에로스는 그 자체로 목표지향적이다. 인간이 반드시 원해서가 아니라 본성적으로 무엇이든 추구하고 지향할 수밖에 없는 존재인 것이다. 플라톤의 『국가』에 함축된 교육이론을 명쾌하게 파헤친 영국 철학자 리처드 레위스 네틀쉽Richard Lewis Nettleship, 1846~1892의 말은 이를 함축적으로 표현하고 있다.

> "인간은 순간을 살면서도 언제나 그 순간 너머의 그 무엇을 생각한다."[140]

고대 그리스 시대부터 지금까지 인간은 살아가면서 언제나 '가장 원하는 것', 즉 선을 가지고 있으며 그 선을 추구한다는 것을 진리로 받아들이고 있다. 나란 존재는, 그렇게 하지 않으려고 아무리 애써도 늘 무엇인가를 위해 살아가는 존재인 것이다. 배우지 않으려 해도 배울 수밖에 없는 의지를 지닌 존재이다.

인간의 목표지향성

플라톤과 아리스토텔레스는 물론이고 고대 그리스인들에게 합리적 존재란 말은 지금과는 달리, 인간은 무엇인가를 목표로 할 수밖에 없는 존재라는 의미였다. 왜냐하면 인간이 무엇인가를 추구하는 것은 인간 자신의 본성의 구성에서 기인하는 것이며, 따라서 무엇인가를 추구하는 것이 합리적인 것이다. 인간본성의 핵심은 이성이다. 고대 그리스에서는 다른 존재자와 구분되는 인간본성의 특징을 인간만은 이성을 가지고 있다는 점에서 찾았다. 이성을 갖고 있기에 인간은 끊임없이 선을 추구할 수밖에 없는 것이다. 따라서 합리적인 삶이란 이성이 자신의 기능을 완벽하게 수행하는 삶, 즉 선을 추구하는 삶인 것이다.

이성과 선은 분리 불가능한 관계에 있다는 인식이 바로 고대 그리스 도덕철학의 근간을 이루는 것이었다. 인간은 이성을 가지고 있기 때문에 도덕적인 존재일 수밖에 없다. 역으로 인간에게 도덕이라는 능력이 주어진 것은 인간이 이성을 가지고 있기 때문이고 이성은 인간에게 목적을 위해서 살 것을 강제한다.[141] 따라서 도덕과 학문에 관한 플라톤과 아리스토텔레스의 철학적 관점은 철저히 목적론적teleological 관점에

3. 학습을 사로잡는 힘과 의지

"사냥꾼이 흥미를 가진 것은 토끼가 아니다. 사냥 그 자체이다."

17세기 프랑스의 수학자이자 철학자인 블레즈 파스칼Blaise Pascal, 1623~1662의 말이다. 20세기 가장 뛰어난 사상가 중 한 사람으로 평가받는 프랑스의 시몬 드 보부아르Simone de Beauvoir, 1908~1986는 저서『모든 사람은 혼자다』에서 인간 행동 이면에 숨어 있는 의지를 파스칼의 말로 묘사하고 있다.[145)]

누가 봐도 사냥꾼의 목표는 토끼이다. 하지만 40년을 채 살지도 못했던 프랑스의 천재 철학자이자 심리학자인 파스칼의 눈에 보인 것은 토끼가 아니라 사냥꾼이다. 토끼를 잡으려는 **사냥꾼의 의지**Will이다. 파스칼은 사냥꾼을 사로잡고 있는 힘Power, 사냥을 점령하고 있는 어떤 힘에의 의지를 꿰뚫어 보고 있는 것이다. 파스칼의 인간 본질에 관한 혜안은 19세기 프리드리히 니체의 권력의지, 그리고 니체의 영향을 받은 20세기 하이데거, 보부아르, 사르트르 같은 실존주의 철학자들에 의해 전달되고 있다.

1) 권력의지인 학습의지

이들에 따르면 히말라야를 등정하는 산악인의 관심은 히말라야가 아니다. 등정 그 자체이다. 프로바둑기사나 영국 프리미어리그 축구선수의 흥미는 우승이 아니라 축구 그 자체이다. 평생교육 대학원 과정에 있는 사람들 역시 마찬가지이다. 내면을 들여다보면 '평생교육 석 · 박사과정생들이 흥미를 가진 것은 학위가 아니라 학습 그 자체인 것이다'. 파스칼의 말은 평생학습의 본질을 극명하게 보여 준다.

앞에서 평생학습의 본질을 포착하기 위해서는 질문을 바꿀 필요가 있음을 언급하였다. '평생학습이 무엇인가?'를 '왜 평생학습을 하는가?'로 바꾸는 논의였다. 니체식 질문은 '학습을 사로잡고 있는 힘과 의지는 어떤 것인가?'를 묻는 것이며, 이러한 학습에의 힘 혹은 의지가 바로 평생학습의 본질인 것이다. 니체에 따르면 학습에의 의지는 인간의 본질로서의 권력의지 혹은 힘에의 의지Der Wille zur Macht의 한 양상이다. 인간의 모든 행동 내면에는 그 행동을 지배하는 권력의지가 있다. 하이데거는 니체의 권력의지를 존재하는 모든 것의 본질로 규정한다. 권력의지가 인간의 본질이란 점은 그의 유고인『권력에의 의지』에서 마지막 문장을 다음과 같이 명확하게 마무리하고 있는 것에서 드러난다.

"이 세계는 권력에의 의지이다-그리고 그것 이외에는 아무것도 아니다!
게다가 또한 여러분 자신이 이 권력에의 의지이며-그리고 그것 이외에는 아무것도 아닌 것이다."

니체는 인간을 포함한 실재 전체를 규정하는 원리가 바로 권력의지란 점을 역설한다. 물론 하이데거의 표현대로 니체의 권력의지를 현상과 본질이란 형이상학적 존재방식을 따르는 것으로 해석하는 데는 논의의 여지가 있다. 월터 카우프만Walter Kaufmann, 1921~1980의 말대로 현상과 본질이란 이원론적 세계를 배척하는 니체의 사상에 비추어 볼 때 현상現象계를 넘어 존재하는 궁극적 실체로서의 권력의지란 형이상학적 개념은 모순되기 때문이다.

니체가 말하는 권력의지는 플라톤적인 통일적 원리로서의 일자一者가 아니라 일자이면서 동시에 다수이다. 이 세계, 실재가 하나이면서 다수성이듯이 권력의지 역시 단수이면서 복수, 즉 통일성, 보편성, 전체로서의 일자인 동시에 복수성, 개별성 및 다양성인 것이다. 다시 말해, 권력의지는 존재의 가장 심연에 자리하고 있는 하나의 보편자, 일자로서 단수이면서 복수이다. 히말라야 등정도 권력의지이며 손흥민의 축구도, 시인의 시작도, 대학원생의 학위과정도 권력의지인 것이다. 니체에 따르면 학습에의 의지는 곧 권력에의 의지이다. 권력에의 의지의 한 형태로서 **학습에의 의지**가 발현되는 것이다.

주목할 것은 권력에의 의지란 세속적인 의미에서의 타자에 대한 지배욕이나 권력욕과 동의어가 아니란 점이다. 이런 오해 때문에 한국어 번역은 주로 '힘에의 의지'라고 한다. 또한 권력의지는 스포츠 활동과 같은 단순히 어떤 만족이나 쾌감 추구를 위한 것도 아니다. 나아가 먹고 살기 위한, 생존을 위한 '삶에의 의지'와는 근본적으로 차이가 있다. 이러한 쾌락 추구나 삶에의 의지를 초월하는 근원적인 힘을 의미하는 것이다. 죽음을 무릅쓰고 세계 최고봉을 등정하는 행위가 단순한 쾌락 추구나 생존을 위한 의지와 같을 수는 없다. 마찬가지로 고령의 노인들이 문해 학습을 하거나 검정 고시를 보고 대학에 진학하는 것을 단순한 생존을 위한 의지로 볼 수는 없는 것이다.

권력의지로서의 학습의지는 인간 실존의 "가장 일반적이고도 가장 심층적인 본능"이다. 들뢰즈Deleuze의 말대로 평생학습의 힘은 의지가 원하는 것이 아니라 그와는 반대로 의지 속에서 원하는 어떤 것이다. 평생학습은 학습자가 원해서 하는 게 아니라 '그 무엇이 원해서 하는 것'이다. 의지가 원해서 학습하고 의지가 원하지 않는다고 해서 학습하지 않을 수 있는 것이 아니란 의미이다. 학습은 인간으로 태어난 이상 할 수밖에 없는 그 무엇, 즉 권력에의 의지인 것이다.

2) 빈센트 반 고흐와 학습의지

> "사람을 바보처럼 노려 보는 텅 빈 캔버스를 마주할 때면 그 위에 무엇이든 그려야 한다. 너는 텅 빈 캔버스가 사람을 얼마나 무력하게 만드는지 모를 것이다. 비어 있는 캔버스의 응시, 그것은 화가에게 '넌 아무것도 할 수 없어.'라고 말하는 것 같다."

서양 미술사에 불후의 족적을 남긴 네덜란드의 후기 인상주의 화가, 빈센트 반 고흐Vincent van Gogh, 1853~1890가 동생 테오Theo에게 보낸 편지의 내용이다. 고흐는 지독한 불운을 극복하고 평생 독학으로 화가의 길로 들어섰다는 점에서 평생학습의 전형을 보여 주고 있다. 고흐의 치열한 작품에의 열정은 2017년 제작된 영화 〈러빙 빈센트Lonving Vincent〉[146]에서 생생하게 녹아 있다.

고흐의 그림들로 엮어진 영화는 그 자체가 살아 있는 그림이었지만, 유난히도 인상적인 그림은 고흐의 자화상들이었다.[147]

헤밍웨이의 산티아고 노인처럼, 가난에 찌든 젊은 고흐의 얼굴은 노인처럼 노쇠해 있었지만 "오직 두 눈만은 바다와 똑같은 빛깔을 띠었으며 기운차고 지칠 줄 몰랐다". 아니 너무도 기운찬 나머지 뭔가를 쏘아보는 이글거리는 눈빛이 사람을 압도하고 있었다. 그런 눈빛은 어디서 비롯된 것일까? 다행히도 화가로서의 짧은 삶을 함께 했던 동생 테오에게 보낸 편지들이 남아 있어 그 이유를 나름대로 상상할 수가 있다.

기록광이었던 고흐는 세상을 떠날 때까지 동생에게 무려 668통의 편지를 썼다고 한다. 눈빛은 삶의 이력이다. 고흐의 기운차고 지칠 줄 모르는 눈빛에서 우리는 그의 불우하고 고단했던 삶의 눈빛과 더불어 평생의 학습에 대한 치열한 의지를 보게 된다. 아르투르 쇼펜하우어Arthur Schopenhauer, 1788~1860의 '삶에의 의지the will to live'도 있었겠지만, 삶에의 의지와는 근본적으로 다른 니체의 권력에의 의지로서의 평생학습의지의 발현이다.

고흐는 27~28세가 되어서 본격적으로 화가 활동을 시작하였다. 화랑업을 하는 동생 테오에게 전적으로 의지해 경제적 지원을 받았다. 37세라는 짧은 인생을 불꽃처럼 살면서 무려 900점 이상의 유화를 그리고 1,100개 이상의 스케치를 남겼다. 대부분의 작품이 생애 마지막 2년 동안 완성된 것이라고 하니 그의 작품에의 의지가 얼마나 치열했는지를 상상할 수 있다. 그런데 잘 알려진 대로 살아생전에 그림을 제대로 판 것은 「붉은 포도밭」이란 작품 한 개에 불과하였다. 스케치는 10여 점 팔렸다고는 하지만 생계에 보탬이 되지 않기는 마찬가지였을 것이다.

고흐의 이러한 작품에 대한 불꽃같은 열정은 선을 향한 의지로서의 플라톤의 에로스와 니체의 권력의지로서의 학습의지와 맞닿아 있다. 플라톤의 에로스가 추구하는 가장 아름다운 것, 즉 최상의 선은 실재를 의미한다. 화가를 포함한 예술가가 추구하는 방향도 다를 바 없다. 어찌 보면 참 지식, 진리를 지향하는 평생학습도 마찬가지일 것이다. 하이데거가 『예술작품의 근원에 대하여』에서 예술의 본질이 실재하는 것, 즉 '진리의 비은폐성unveiling of the truth'에 있다고 말한 이유가 여기에 있다. 하이데거에 의하면 고흐의 수많은 작품은 '진실로 무엇인가에 대해 해명'을 시도하고 있는 것이다. 은폐되어 있는 실재를 추구하는 것이 플라톤의 에로스라는 점에서 고흐의 한평생은 실재를 드러내려는 에로스적 학습의지의 발현이었다고 할 수 있다.

고흐에게 실재는 자신의 근원적 욕망을 최고도로 충족시킬 수 있는 최상의 선이며, 캔버스는 자신의 내면에 은폐되어 있는 실재를 드러내는 학습공간이었을 것이다. 진리의 비은폐성을 구현하는 캔버스는 때로는 두렵고 고통스럽다. 고흐는 말한다.

"사람을 바보처럼 노려보는 텅 빈 캔버스를 마주할 때면 많은 화가들은 두려움을 느낀다."

고흐의 말대로 우리 모두는 삶이란 텅 빈 캔버스를 마주하며 인생을 시작했고 또 마주하며 살고 있다. 우리의 삶도 캔버스처럼 무한하게 비어 있는 여백, 우리를 낙심하게 하고 가슴을 찢어놓을 듯 텅 빈 여백을 우리 앞으로 돌려놓는다. 그것도 영원히! 그 텅 빈 삶의 캔버스를 마주하는 태도는 자유롭게 선택할 수 있다.

어떤 사람들은 고흐의 말대로 "잘못을 저지르지 않으면 훌륭하게 될 것"이라고 생각하고 실수를 두려워한다. 그래서 학습을 포기한다. 고흐는 "그들은 그런 식으로 자신의 침체와 평범함을 숨기려고 하지만, 그건 착각"이라고 단언한다. 인생이란 텅 빈 캔버스를 마주하고 앉아 실수를 두려워해 주저하며 시간을 죽이지 말라는 것이다. 고흐는 우리 모두는 삶이란 텅 빈 캔버스 앞에서 두려움을 느낄 수도 있다고 말한다. 그러나 삶이란 텅 빈 캔버스는 '넌 할 수 없어.' 하는 캔버스의 마법을 깨부수는 열정적이고 진지한 사람을, 그런 평생학습자를 두려워한다고 조언한다. 삶의 결과를, 배움의 결과를 계산하지 말고 학습 그 자체에 열정을 불살라야 한다는 것이다.

고흐는 자신의 철학대로 10여 년의 짧은 작품 활동기간 중 무서울 정도로 그림을 그리고, 구겨버리고, 다시 그렸다. 찢어지게 가난했던 터라 유화물감이 다 떨어지면 데생을 하고, 동생이 물감을 사 주면 또 다시 그림을 그렸다. 니체의 말대로 그리지 않으면 죽을 수밖에 없다는 치열한 권력의지 그 자체였다. 그린다는 것 자체가 삶이었고 학습에의 의지였다. 누가 알아주지 않아도 그림의 학습 자체가 목적이었다. 삶이란 공허한 캔버스에 뭔가 그리지 않으면 그 캔버스가 자신을 경멸할 것이란 신념하에 실수를 두려워하지 않았다.

고흐는 동생 테오에게 이렇게 말했다.

> "나중에 사람들은 반드시 나의 그림을 알아보게 될 것이고, 내가 죽으면 틀림없이 나에 대한 글을 쓸 것이다."

고흐의 작품활동의 근원 혹은 본질 규정이 니체의 권력의지와 불가분의 관계에 있음을 함축하는 말이라 할 수 있다. 그러나 설령 나중에라도 누가 나의 삶의 그림을 알아주지 않아도 뭐가 그리 대수일 것인가? 돈 맥클린이 그의 곡 〈빈센트〉(1970년)에서 고흐를 노래했듯, "이 세상은 당신만큼 아름다운 사람을 위한 곳이 아니었다."란 찬사면 충분하지 않을까?

미주

1) Delors, J., Mufti, I. A., Amagi, I., Carneiro, R., Chung, E., Geremek, B., ... Nanzhao, Z. (1996). *Learning: The treasure within*. Report to UNESCO of the International Commission on Education for the Twenty-first Century. Paris: UNESCO. pp. 86-88.
2) 같은 책. pp. 86-87.
3) Adler, M. (2000). How to think about the Great Ideas. 최홍주 역(2007). **개념어 해석**. 서울: 모티브북. p. 93.
4) 같은 책. p. 90.
5) 같은 책. p. 93.
6) 같은 책. p. 94.
7) 같은 책. p. 95.
8) 같은 책. p. 97.
9) Heidegger, M. (1996). *Being and time: A translation of Sein und zeit*. trans. by J. Stambaugh. Albany: State University of New York Press. p. 57.
10) Yeaxlee, B. A. (1929). *Lifelong education*. London: Cassell. p. 28.
11) Borges, J. L., & Barnstone, W. (1982). *Borges at Eighty*. 서창렬 역(2015). **보르헤스의 말: 언어의 미로 속에서, 여든의 인터뷰**. 서울: 마음산책. p. 38.
12) 이상오(2016). **지식의 탄생**. 서울: 한국문화사. p. 112.
13) 여기서 '인식'이라는 말은 '지식'이라는 말과 의미상의 차이는 없으며, 다만 '인식'이라는 명사는 '인식하다'는 동사를 동족어로 가지고 있는 데 반하여, '지식'은 그렇지 못한 관계로 통상 '인식'이라는 말이 사용되는 것으로 보인다. 그러니까, '인식론' 또는 '인식이론'을 '지식론' 또는 '지식이론'이라고 일컬어도 무방하다. (참조: 박종현, 2004, p. 96.) 어원에서 드러나듯 인식론은 인간의 인식의 기원과 본질 그리고 이의 한계 등을 연구하는 철학의 제1분야라고 할 수 있다. 이상오는 보다 넓은 의미에서 인식론을 정의한다. 인식론은 절대 불변의 진리와 우주 그리고 인생의 본질을 설명하는 지식의 근거, 성격, 구조, 방법 등을 탐구의 대상으로 하는 '앎의 과학' 또는 '지식에 관한 과학'이라는 것이다. 구체적으로 "우리는 무엇을 알고 무엇을 알 수 있는가?" "지식이란 과연 무엇인가?" "지식은 어떻게 획득되는가?" "인간은 어떻게 알 수 있는가?" "인식한다는 것은 구체적으로 무엇을 안다는 것인가?" "안다는 것은 과연 무슨 뜻인가?" 등등 이러한 질문에 인식론은 해답을 제공하려 시도하는 것이다. (참조: 이상오(2016). **지식의 탄생**. 서울: 한국문화사. p. 190.)
14) Popper (1968: 3) (Hamlyn, 1970, p. 280)에서 재인용.

15) Kellogg, M. (2010). *Three questions we never stop asking*. 이진경 역(2014). **철학의 세 가지 질문**. 서울: 지식의 숲. p. 12.
16) Delors et al. (1996). p. 87.
17) 이만성(1984). 연역법과 귀납법의 한계와 범주. **제주대학교 논문집**. 제19집. pp. 227-244.
18) Hospers, J. (1953). *An introduction to philosophical analysis*. 이재훈 역(2016). **철학적 분석은 어떻게 하는가?** 서울: 서광사. p. 110.
19) 이만성(1984). 같은 곳
20) Maney, K. (2009). *Trade-off: Why some things catch on, and others don't*. 김명철 역(2010). **트레이드 오프**. 서울: 랜덤하우스.
21) Nonaka, I. (1991). *The knowledge-creating company*. 장은영 역(1995). **지식창조기업**. 서울: 세종서적. p. 77.
22) Russel, B. (1912). *The problems of philosophy*. 박영태 역(2000). **철학의 문제들**. 서울: 이학사.
23) 포퍼의 '반증가능성의 원리principle of falsifiability'는 카르납Carnap을 중심으로 하는 논리 실증주의자들의 주장이였던 '검증가능성의 원리principle of verifiability'를 대치하자는 것이었다. 이들은 과학은 경험과 관찰을 통해 검증되는 사실명제, 즉 우유의미한 명제의 논리적 결합체이어야 하며, 경험과 관찰로 검증될 수 없는 명제는 무의미한 것에 불과하기에 과학이 아니라고 주장하였다. 포퍼는 검증가능성의 원리가 경험주의의 난점인 흄Hume의 '귀납의 문제'에 걸린다는 것을 지적하였다. (참조: 오춘희(2008). 칼 포퍼. 연세대학교 교육철학연구회 편. **위대한 교육사상가들VII**. 서울: 교육과학사. p. 327.)
24) 포퍼에게는 과학적 지식이란 개별적 사실명제의 귀납적 일반화가 아니라 아직 반박되지 않은 가설적 이론체계로서, 반박되기 전까지만 유효한 잠정적인 진리체계를 의미한다. 과학의 명제는 하나의 가설적 추측에 불과하며, 이 명제는 반박이 가능할 경우에만 의미를 지닌다. 그러므로 포퍼는 과학적 명제의 기준은 검증가능성이 아니라 반증가능성이 되어야 하며, 이것이 바로 '과학과 비고학의 구획의 기준'이라고 주장하였다. (참조: 오춘희(2008). 칼 포퍼. 연세대학교 교육철학연구회 편. **위대한 교육사상가들VII**. 서울: 교육과학사. p. 328.)
25) Bossart, Y. (2014). *Ohne heute gabe es morgen kein gestern*. 이원석 역(2020). **세상과 생각을 여는 철학자의 사고실험**. 서울: 북캠퍼스. p. 209.
26) 철학사에서 그만큼 '천재'란 평가를 받은 사람도 드물다. 저명한 경제학자 케인즈는 비트겐슈타인이 10여 년의 방황을 접고 케임브리지로 돌아오자 이렇게 말했다. "신이 도착했다!" 대리석처럼 차갑도록 분석적이며 논리적인 괴짜 철학자라서인지 실명을 제목으로 한 영화(1993)도 만들어졌다. 언어분석을 바탕으로 서양철학 자체를 파괴하려 했던 철학자이니만큼 그의 전기 영화가 나온 것도 어찌 보면 이상한 것은 아닐 것이다.

27) 같은 책. p. 210.

28) 같은 책. p. 211.

29) 같은 책. p. 212.

30) 잘 알려져 있다시피, 비트겐슈타인의『논리철학논고』는 참으로 이해하기 어려운 저작이다. 그 복잡함과 난해함으로 인해 이 저작은 철학사상 둘째가라면 서러울 만큼 드높은 악명을 부여받았다. 이 저작은 이를 이해하려고 시도하는 사람에게는 마치 거대한 조각 맞추기 퍼즐을 연상시킨다. 처음 몇몇 조각들은 쉽게 맞추어지는 듯 보인다. 그러나 어느 지점에 이르면 맞출 수 없는 조각이 나타나고, 그때까지 맞추었던 조각들은 모조리 해체된다. 또 다른 시작과 해체 과정이 몇 번씩 반복된다. 매우 짧고 함축적인 문장들, 시적이고 은유적인 표현들, 엄격한 논증이 결여된 채 마치 선언하듯 던져지는 경구들로 가득 찬 이 저작은 마치 잡힐 듯하면서도 항상 일정한 거리를 유지하는 신기루를 떠올리게 한다. 사정이 이렇기에,『논리철학논고』에 대한 해석은 해석가마다 구구하고 다양하다. 그 견해들은 수수께끼 같은 논고의 명제들에 대한 해석이 지닐 수 있는 논리적 가능성만큼이나 다양하다. (참조: 박정일(2003). **논리철학논고**. 서울대학교 철학사상연구소.)

31) 박정일(2003). **논리철학논고**. 서울대학교 철학사상연구소. p. 31.

32) 같은 책. p. 34.

33) 같은 책. p. 5.

34) Wittgenstein, L. J. J. (1922). *Tractatus Logico-Philosophicus* 이영철 역(1991). **논리-철학 논고**. 서울: 천지; 박정일(2003). p. 16.

35) 송언근(2003). **존재론적 구성주의와 지리 교육**. 서울: 교육과학사. p. 17.

36) 이상오(2016). p. 588.

37) 객관주의는 상대주의와 오랫동안 이분법적 논쟁을 해 왔다. 이 논쟁의 중심에는 객관주의 지식관을 대변하는 데카르트가 자리하고 있다. 따라서 엄밀히 말하면 지식은 객관주의, 상대주의, 그리고 구성주의로 발전해 왔다고 하는 것이 타당하다. 그러나 객관주의와 상대주의의 이분법적 논쟁은 학문적으로는, 특히 가다머를 중심으로 하는 해석학에 의해 극복되는 역사를 가져왔다. 그런데 구성주의 역시 이러한 객관주의와 주관주의의 이분법적 지식논쟁을 불식시키는 데 기여했다는 사실에서 해석학과 유사한 길을 걷고 있다고 할 수 있다. (참조: 이상오(2016). **지식의 탄생**. 서울: 한국문화사. pp. 588-589.)

38) 김정래, 서용석, 손종현, 이현민, 장사형, 조용기, 차미란, 홍윤경, 홍은숙(2017). **교육과 지식: 플라톤의 교육내용**. 서울: 학지사. p. 50.

39) Davis, B. (2004). *Inventions of teaching: A genealogy*. 심임섭 역(2014). **구성주의를 넘어선 복잡성 교육과 생태주의 교육의 계보학**. 서울: 도서출판 씨아이알. p. 81.

40) 윤은주(1997)의 내용을 송언근(2003). p. 18에서 재인용.

41) Davis, B. et al.(2000). *Engaging minds: Changing teaching in complex times*. 한승희, 양은아 공역(2008). **마음과 학습: 교육학의 복잡계적 접근**. 서울: 교육과학사. p. 154.

42) Merriam, S. B., Caffarella, R. S., & Baumgartner, L. M. (2007). *Learning in adulthood: A comprehensive guide*. 기영화, 홍성화, 조윤경, 김선주 공역(2009). **성인학습론(제3판)**. 서울: 아카데미프레스. p. 262.

43) Ashton, P. T. (1992). *Editorial. Journal of Teacher Education, 43*(5). 배영주 역(2005). **자기주도 학습과 구성주의**. 서울: 원미사. p. 82에서 재인용

44) 추병완(2000). 구성주의의 교육적 함의. **교육과정평가연구**, 3(1), 1-15. 추병완은 Phillips(1995)의 말을 인용하여, 오늘날 구성주의는 교육이론과 실천의 전반에 있어서 하나의 세속화된 종교가 되고 있을 정도라고 말한다. 구성주의가 유사 종교화 경향 혹은 경직된 이데올로기화 경향을 보인다고 말하며, 이를 구성주의의 '추한 모습'이라고 비판하고 있다.

45) Merriam, S. B., Caffarella, R. S., & Baumgartner, L. M. (2007). *Learning in adulthood: A comprehensive guide*. 기영화, 홍성화, 조윤경, 김선주 공역(2009). **성인학습론(제3판)**. 서울: 아카데미프레스. p. 260.

46) Moshman, D. (1982). Exogeneous, endogenous, and dialectical constructivism. *Developm ental Review*, *2*, 371-384. 모쉬만의 구분은 추병완(2000)의 논문을 참조하였음.

47) Driver, R., Asoko, H., Leach, J., Mortimer, E., & Scott, P. (1994). Constructing scientific knowledge in the classroom. *Educational Researcher, 23*(7), 5-12.

48) 추병완(2000). p. 6.

49) Merriam, S. B., Caffarella, R. S., & Baumgartner, L. M. (2007). p. 261.

50) Steffe, L. P. & Gale. J. (1992). *Constructivism in education*. 이명근 역(2005). **교육과 구성주의**. 서울: 학지사. p. 34.

51) Fosnot, C. T. (1996). *Constructivism: A psychological theory of learning*의 내용을 추병완(2000). pp. 8-9에서 재인용.

52) Solomon, R., & Higgins, C. (1996). *A short history of philosophy*. 박창호 역(2015). **세상의 모든 철학**. 서울: 이론과 실천. p. 96.

53) Durant, W. (1978). *The story of philosophy: The lives and opinions of the greatest philosophy*. 황문수 역(2010). **철학이야기**. 서울: 문예출판사. p. 170.

54) Kellogg, M. (2010). p. 36.

55) 같은 곳.

56) 플라톤은 50년이 넘는 기간에 소크라테스가 대담을 주도하는 20편 이상의 철학적 대화편과 소크라테스의 변론 장면을 기술한『소크라테스의 변론』을 출판했는데, 이것들은 모두 지금까지 전

해 온다. 그밖에도 13편의 서한이 있지만, 과연 플라톤이 썼는지를 두고 논란의 여지가 많다.

플라톤의 저술은 편의상 초기작, 중기작, 후기작으로 구분한다. 『소크라테스의 변론』『크리톤』『이온』『뤼시스』『라케스』『카르미데스』 등으로 대표되는 초기작에서는 소크라테스가 주역을 맡아 대담자들이 제시한 견해들을 검토하고 폐기한다. 『프로타고라스』『고르기아스』『메논』『파이돈』『파이드로스』『국가』『향연』『테아이테토스』 등으로 대표되는 중기 대화편에서는 소크라테스가 여전히 주역을 맡지만, 플라톤이 혼불멸론과 형상이론 같은 자신의 견해를 제시하며 소크라테스의 견해를 해석하고 부연한다. 『필레보스』『티마이오스』『크리티아스』『소피스트』『정치가』『법률』 등으로 대표되는 후기 대화편에서는 소크라테스와 함께 혼불멸론과 형상 이론이 뒷전으로 물러나고 철학적 논리적 방법론에 관심이 집중되고 있다. (참조: Plato, J. 천병희 역(2016). **플라톤의 다섯 대화편: 테아이테토스, 크리티아스, 필레보스, 파르메니데스, 티마이오스**. 경기: 숲. pp. 6-7.)

57) 니키아스는 BC 423년과 421년의 평화협약, 즉, '니키아스 평화협정'을 이끌어내어 스파르타와 아테네의 전쟁을 휴전하게 했던 장군이자 정치가이다. 훗날 시칠리아의 시라쿠사 원정 사령관에 임명되어 전투에 나섰다가 아테네 해군을 전멸시키고 자신도 죽게 되는 실패한 지휘관이기도 했다. 그는 유능한 전략가였지만, 시칠리아 전선에서는 지나치게 소심하게 대처한 탓에 패배하고 말았다. 라케스 역시 군인으로 전투 중에 생을 마친 사람이다.

58) Plato, J. (2016). 천병희 역. **플라톤의 다섯 대화편: 테아이테토스, 크리티아스, 필레보스, 파르메니데스, 티마이오스**. 경기: 숲. pp. 39-42의 내용을 요약 정리함.

59) Xenophon (1773). *The Rural Socrates: Being memoirs of a country philosopher*. 천병희 역(2018). **소크라테스 회상록**. 서울: 도서출판 숲.

60) Toffler, A. (1970). *Future shock*. 장을병 역(1990). **미래의 충격**. 서울: 범우사.

61) 삼성 갤럭시 사례는 김광현, 삼성 갤럭시 10년. 동아일보 2019. 1. 12.(횡설수설)의 내용을 인용하였음.

62) Nietzsche, F. W. (1881). *Morgenrothe*. 박찬국 역(2008). 니체전집 10권. **아침놀**. 서울: 책세상. p. 422.

63) Nietzsche, F. W. (1883-1885). *Nietzsche Werke, Kritische Gesamtausgabe, vol. VI-1: Also sprach Zara*. 정동호 역(2015). 니체전집 13권. **차라투스트라는 이렇게 말했다**. 서울: 책세상. p. 101.

64) Nonaka, I.(1991). *The knowledge-creating company*. 장은영 역(1995). **지식창조기업**. 서울: 세종서적. p. 77.

65) Schumpeter, J. A. (1994). *Capitalism, socialism and democracy*. London: Routledge. pp. 82-83.

66) Stanovich, K. E. (2010). The cognitive miser: Ways to avoid thinking. In What intelligence tests

miss: The psychology of rational thought. New Haven: Yale University Press. pp. 70-85.

67) Chalmers, A. F. (1976). *What is this thing called science?* 신중섭, 이상원 공역(2003). **과학이란 무엇인가?** 서울: 서광사. pp. 99-100.

68) Borges, J. L., & Barnstone, W. (1982). p. 38.

69) 같은 책. p. 39.

70) Drucker, P. (1999). *Management challenges for the 21st century*. 이재규 역(2006). **21세기 지식 경영.** 서울: 한국경제신문사. p. 11.

71) 레고와 장난감 기업 사례에 관련된 내용은 다음의 책에서 인용하였음. Madsbjerg, C., & Rasmussen, M. B. (2014). *The moment of clarity*. 박수철 역(2014). **우리는 무엇을 하는 회사인가?** 서울: 타임비즈. 두 기업의 위기상황 및 극복해 나가는 전반적인 과정은 위의 책 내용에서 발췌 및 보완하였으며, 그 과정에 관련된 철학적 내용은 필자가 설명하였음.

72) 남경희(2014). **플라톤: 서양철학의 기원과 토대.** 서울: 아카넷.

73) Madsbjerg, C., & Rasmussen, M. B. (2014). p. 93.

74) 이상오(2016). **지식의 탄생.** 서울: 한국문화사. p. 389.

75) Ladyman, J. (2002). *Understanding philosophy of science. New York: Routledge*. 박영태 역(2003). **과학철학의 이해.** 서울: 이학사. p. 261.

76) 같은 책. p. 11.

77) 이하 기업 사례에 관련된 내용은 다음의 책에서 인용하였음. Madsbjerg, C., & Rasmussen, M. B. (2014). *The moment of clarity*. 박수철 역(2014). **우리는 무엇을 하는 회사인가?** 서울: 타임비즈.

78) 레고의 사례는 Madsbjerg, C. & Rasmussen, M. B. (2014). 같은 책 pp. 158-159의 내용을 인용하였음. 이 책의 저자들은 아디다스의 사례도 제시한다. 2000년 초 아디다스는 향후 5~8년을 내다보고 회사전략 수립에 고심하고 있었다. 그때까지 아디다스의 전문영역은 프로 선수들의 경기력을 향상시킬 수 있는 최신 기술을 도입한 제품을 만들고 자신들이 후원하는 선수나 팀으로 하여금 그 제품을 사용하게 하면, 그것이 트렌드를 이끌고 나머지 아마추어 시장은 저절로 따라왔다. 하지만 스포츠와 운동 영역에서 일어나는 문화적 변화의 조류가 심상치 않음을 감지하게 되었다.

사람들은 성과, 성적, 경쟁이 존재하는 스포츠 세계에서 빠져나와 피트니스 센터로 몰려가고 있었다. 소비자들이 달라지고 있었다. 아디다스는 인식론적 전환의 필요성을 절감하게 되었다. 연구팀은 전형적인 기업의 질문 "스포츠 제품을 어떻게 팔 것인가?"에서 질문의 방향을 다음과 같이 선회하였다. "스포츠란 대체 무엇인가?" 질문에 대한 현상학적 연구 결과, 아디다스는 이제 고전적인 스포츠에만 초점을 맞추는 대신 더 폭넓게 정의된 도심 유사 스포츠 활동을 포괄하는 한편, 제품 라인의 성능과 디테일에도 깊은 관심을 기울이게 되었다.

79) 디폴트 사고는 연역적 추론에 바탕을 둔 것으로 단선적이며 합리적인 문제 해결을 통해 과제를 다룬다. 특히 막대한 데이터의 정량분석에 관여한다. 이 사고는 시스템의 생산성 증대와 같은 요구에 맞닥뜨렸을 때 등의 비즈니스 도전과제에 적합하지만, 인간행동과 관련된 도전과제를 다루는 데는 효과적이지 못하다. (참조: Madsbjerg & Rasmussen (2014))

80) Madsbjerg, C., & Rasmussen, M. B. (2014). *The moment of clarity.* 박수철 역(2014). **우리는 무엇을 하는 회사인가?** 서울: 타임비즈. p. 30.

81) 같은 책. p. 33.

82) 이하의 사례는 Madsbjerg, C., & Rasmusen, M. B. (2014)에서 발췌한 것임.

83) 같은 책.

84) Skirbekk, G., & Gilje, N. (2000). *Filosofihistorie.* 윤형식 역(2016). **서양철학사 1.** 서울: 이학사. p. 108.

85) 이데아Idea 또는 에이도스Eidos는 둘 다 '보다'라는 뜻의 희랍어 동사 '이데인Idein에서 파생된 것인데, 이데아는 보는 행위로서의 '시각'을 의미하고 에이도스는 보는 대상으로서의 이미지, 형식, 형태에 가까운 것이었다가, 나중에 동의어가 되었다. '이데아'의 이 어원은, 실재는 육안을 통해서 볼 수 없는 것임에도 불구하고 마치 육안으로 보듯이 확실한 것, 그 실재성을 의심할 수 없는 것임을 시사한다. (참조: 김정래, 서용석, 손종현, 이현민, 장사형, 조용기, 차미란, 홍윤경, 홍은숙(2017). **교육과 지식: 플라톤의 교육내용.** 서울: 학지사. p. 56.)

86) Madsbjerg, C., & Rasmusen, M. B. (2014). p. 134.

87) Skirbekk, G., & Gilje, N. (2000). *Filosofihistorie.* 윤형식 역(2016). **서양철학사 1.** 서울: 이학사. p. 98.

88) 당연히 플라톤의 인식론은 객관주의적 관점을 대변하는 것으로 비판받게 된다.

89) Skirbekk, G., & Gilje, N. (2000). p. 101.

90) 같은 책. p. 102.

91) Solomon, R. C., & Higgins, C. M. (1996). *A short history of philosophy.* 박창호 역(2015). **세상의 모든 철학.** 서울: 이론과 실천. p. 118-119.

92) Skirbekk, G., & Gilje, N. (2000). 같은 책. p. 139.

93) 영어에서 하나의 구체적 대상a concrete object이라 할 때 구체적concrete이란 말은 아리스토텔레스가 그러한 대상에 적용했던 희랍어 'synthetos'의 번역어로서 '합침' '짜맞춤' '붙은' 혹은 '복합적'이란 뜻을 지닌 'concretus'라는 라틴어에서 유래한 것이다. (참조: Guthrie, W. K. C. (1960). *The Greek philosophers-From Thales to Aristotle*. 박종현 역(2000). **희랍 철학 입문: 탈레스에서 아리스토텔레스까지.** 서울: 서광사. p. 168.)

94) Storig, H. J. (1950). *Kleine weltgeschichte der philosophie*. 박민수 역(2018). **세계철학사.** 서울:

자음과 모음. p. 270.

95) Ackrill, J. L. (1965). Aristotle's distinction between energeia and kinesis. *New Essays on Plato and Aristotle*. Routledge & Kegan Paul. p. 139.

96) Skirbekk, G., & Gilje, N. (2000). p. 148.

97) 같은 책. p. 140.

98) Sandel, M. (2010). *Public philosophy: Essays on morality in politics*. 인진환, 이수경 공역(2010). **마이클 샌델: 왜 도덕인가?** 서울: 한국경제신문사. pp. 85-91.

99) 같은 책. p. 87.

100) Spierling, V. (2001). *Kleine geschichte der philosophie*. 정대성 역(2004). **세계사를 바꾼 철학의 구라들**. 서울: 이룸. p. 210.

101) Maturana, U. R., & Varela, F. J. (1984). *Der Baum der Erkenntnis*. 최호영 역(2018). **앎의 나무**. 서울: 갈무리. p. 22.

102) Lakoff, G., & Johnson, M. (1999). *Philosophy in the Flesh: The embodied mind and its challenge to Western thought*. 임지룡, 윤희수, 노양진, 나익주 공역(2018). **몸의 철학: 신체화된 마음의 서구 사상에 대한 도전**. 서울: 도서출판 박이정. p. 152.

103) 같은 책. p. 155.

104) 이진경(2014). **철학과 굴뚝 청소부**. 서울: 그린비. p. 22.

105) 같은 책. p. 122

106) 이상오(2016). **지식의 탄생**. 서울: 한국문화사. p. 344.

107) Merleau-Ponty, M. (1945). *Phenomenologie de la perception*. 류의근 역(2018). **지각의 현상학**. 서울: 문학과 지성사. p. 28.

108) Heidegger, M. (1926). *Sein und Zeit (17th edition)*. 이기상 역(2013). **마르틴 하이데거: 존재와 시간**. 서울: 까치. p. 60.

109) Hoffe, H. O. (1994). *Klassiker der philosophie Volume 1&2*. 이진우 외 공역(2014). **철학의 거장들: 니체에서 사르트르까지**. 서울: 한길사. p. 333.

110) Heidegger, M. (1926).

111) 같은 책. pp. 28-29.

112) 같은 책. p. 572.

113) 하이데거는 인간이 세계-내-존재라는 사실을 현사실Faktum이라 칭한다. 이와 대조적으로 일반적인 사물들이나 사건들이 시공간 안에 놓여 있거나 그 안에서 일어나고 있는 것을 사실Tatsache라고 칭한다. 다시 말해, 인간 현존재의 세계 안에 있음은 '현사실'이며 일반 사물이나 사건은 그냥 '사실'이다.

114) King, M. (1964). *Heidegger's philosophy: A guide to his basic thought*. New York: Macmillan.

115) Heidegger, M. (1996). p. 51.

116) Heidegger, M. (1988). p. 296.

117) 같은 책. p. 100.

118) 하이데거는 세계-내-존재를 인간 현존재의 존재방식에만 국한하여 사용한다. 엄밀한 의미에서 세계-안에-있을 수 있는 존재자는 인간 현존재뿐이다. 따라서 인간 현존재에게만 '세계적'이라는 서술을 할 수 있다고 강조한다. 반면에 현존재가 아닌 사물들, 즉 눈앞의 존재자나 손안의 존재자가 '세계 안에' 존재하는 방식을 현존재의 존재방식과 구별하기 위해 하이데거는 '세계 내부'라는 표현을 사용한다. 따라서 사물들에게는 '세계내부적' 혹은 '세계귀속적weltzugehorig'이란 표현을 사용해야 한다. (참조: Heidegger, M. (1926). 역자 주. p. 576.)

119) 같은 책. p. 101.

120) 같은 책. 역자 주. p. 577.

121) 같은 곳. p. 578.

122) 같은 책. p. 106.

123) 같은 책. 역자 주. p. 579.

124) 이남인(2012). **현상학과 해석학: 후썰의 초월론적 현상학과 하이데거의 해석학적 현상학**. 서울: 서울대학교 출판문화원. p. 407.

125) 같은 책 p. 408.

126) Heidegger, M. (1926). 역자 주. p. 108 및 역자 주. p. 579.

127) 이하의 사례 내용은 Keller, E. F. (1985). *Reflections on gender and science*. New Haven: Yale University Press.의 내용을 하상우(2013)에서 발췌하여 재구성한 것임. (참조: 하상우(2013). 전공역학 수강생들의 조별 학습에 대한 이해: 해석학적 관점을 기반으로. 서울대학교 대학원 박사학위논문.)

128) 하이데거는 '현상現象'이라는 용어가 소급해 올라가는 그리스의 표현 파이노메논painomenon은, '자신을 내보여 준다'를 의미하는 동사 파이네스타이painestai에서 나왔음을 강조한다. 따라서 파이노메논은 '자신을 내보여 주고 있는 그것' '스스로를 내보여 주는 것' '드러내는 것'을 말한다. 파이네스타이 자체는 '백일하에 내놓는다' '밝은 데에 놓는다'는 파이노paino의 중간 동사형이다. 파이노는 빛, 밝음, 다시 말해 '그 안에서 어떤 것이 드러나며, 그 자신에서 보여지는 그것'을 뜻하는 포스pos와 같이 파(pa)라는 어근에 속한다. 따라서 현상이라는 표현의 뜻으로서 확정할 수 있는 것은 '자신을 그 자체에서 내보여 주는 것' '드러나는 것'이다. (참조: Heidegger, M. (1926). *Sein und Zeit (17th edition)*. 이기상 역(2013). **마르틴 하이데거: 존재와 시간**. 서울: 까치. p. 49.)

129) Heidegger, M. (1926). 역자 주. p. 578.

130) 이진경(2014). **철학과 굴뚝청소부**. 서울: 그린비. p. 21.

131) Deleuze, G. (1962). *Nietzsche et la philosophie*. 이경신 역(1998). **니체와 철학**. 서울: 민음사. p. 138.

132) Spierling, V. (2004). pp. 61-62.

133) Jaeger, W. (2003). *The Theology of the Early Greek Philosophers: The Gifford*. Wipf and Stock.

134) Nettleship, R. L. (2012). *Lectures on the Republic of Plato*. 김안중, 홍윤경 공역(2010). **플라톤의 국가론 강의**. 서울: 교육과학사. p. 220.

135) 플라톤의 이데아는 변화하지 않는 원형이고, 지각될 수 있는 사물은 이 이데아의 피상적인 불충분한 모사물에 불과한 것이다. 사물은 이데아에 많이 관여할수록 그만큼 이데아들을 모방하게 되어 더 아름답고 선하게 된다. 플라톤의 사랑 혹은 에로스는 최종적인 이데아, 이데아들의 이데아는 존재하는가, 상이한 이데아들의 공통적인 본질은 무엇인가의 물음을 추구한다. 플라톤은『국가』의 제7권 동굴의 비유에서 소크라테스로 하여금 이 최고의 이데아에 대해 말하게 한다. 여기서 동굴 체류는 가시적인 세계에서 펼쳐지는 우리의 삶, 즉 육체를 가진 우리 영혼의 삶과 같다. 물질세계 내에서 우리의 경험적인 지식은 제아무리 뛰어나다 할지라도 언제나 모사물에 대한 지식, 즉 의견doxa에 지나지 않는다.

플라톤적인 사랑은 그림자에 만족하지 않고 빛을 향해 그 근원을 파고든다. 인식자는 '찬란하게 빛나는 눈'으로 동굴 바깥의 태양을 바라본다. 태양은 최고의 이데아, 즉 선의 이데아를 상징한다. 선의 이데아는 모든 인식과 진리의 근원이다. 태양이 사물들을 눈에 보이게 할 뿐만 아니라 사물들에게 생명을 부여하는 것처럼 선의 이데아 역시 이데아를 인식할 수 있게 하는 일에만 그치는 것이 아니다. 즉, 선의 이데아는 존재의 근원이며 모든 이데아들이 지니는 선함의 원인이 된다. (참조: Spierling, V. (2004). pp. 63-66.)

136) Nettleship, R. L. (2012). *Lectures on the Republic of Plato*. 김안중, 홍윤경 공역(2010). **플라톤의 국가론 강의**. 서울: 교육과학사. p. 59.

137) Nettleship, R. L. (2012). p. 221.

138) 같은 곳.

139) 같은 곳.

140) 같은 책. p. 222.

141) 같은 곳.

142) 같은 책. p. 225.

143) 같은 책. p. 230.

144) 같은 곳.

145) Beauvoir, S. (1944). *Pyrrhus et Cineas*. 박정자 역(2016). **모든 사람은 혼자다**. 서울: 꾸리에.

146) 2017년 영국에서 개봉한 애니메이션 독립영화로서 도로타 코비엘라 감독이 각본까지 쓴 작품이다. 빈센트 반 고흐의 삶과 죽음을 둘러싼 이야기를 다루고 있으며 국내에서도 같은 해 11월에 개봉되었다. 일반 영화의 개념을 뛰어넘는 '독창적인 스타일의 영화'이다. 세계 최초로 손으로 그린 유화 장편 애니메이션으로 125명의 화가들이 동원되어 10년간에 걸쳐 고흐의 화풍을 그대로 재현해 냈다는 점에서 종합예술의 전형이라 할 수 있다.

147) 고흐는 이례적으로 자화상 40여 점을 남겼다. 아마도 돈 주고 모델을 쓸 형편이 못 되었기 때문에 자화상을 그렸을 것으로 생각된다. 자화상에서 고흐는 광인의 모습, 늙고 지친 왕의 모습, 방탕한 모습, 침묵에 빠진 자신의 모습을 보여 주고 있다.

제3부

'행동하기 위한 학습'과 철학

평생교육의 두 번째 기둥은 행동하기 위한 학습learning to do이다. 아는 것과 행하는 것을 구분하는 것은 쉽지가 않다. 들로 보고서는 앎을 위한 학습과 행함을 위한 학습은 불가분indissociable의 관계로서 구분하기가 매우 힘들다는 점을 강조한다. 동서고금을 통해 '아는 대로 행한다.'와 '아는 대로 행하지는 않는다.'는 주장이 대립되어 왔다. **지행합일**知行合一과 **지행괴리**知行乖離의 입장이다.

지행합일은 왕양명과 소크라테스의 입장이다. 소크라테스는 '누구든지 좋은 것善인 줄 알면 반드시 행한다.'[1]는 철저한 주지주의 입장을 고수하였다. 금연을 하지 못하는 것은 의지력이 약해서가 아니라 흡연의 폐해弊害를 제대로 알지 못하기 때문이라는 것이다. 왕양명 역시 앎과 행함이 본체적 의미에서 분리될 수 없다고 주장하였다. 차이가 있다면 소크라테스는 앎을 통해 행함을, 왕양명은 행함을 통해 앎이 획득된다는 점을 강조한 것이다.[2]

앎과 행함이 불가분의 관계라는 것은 앎의 의미에서도 드러난다. 앎에는 크게 두 가지가 있다. 하나는 '**~을/임을 안다**'는 것이다. 지식이나 이론, 표상 등이 이에 해당된다. 지식이나 정보를 아는 주체는 정신 혹은 영혼이라고 생각된다. 다른 하나는 '**~을 할 줄 안다**'는 것이다. 노동, 놀이,

실천 등이 이에 해당된다. 여기서의 주체는 **몸, 신체**이다. '삼각형의 내각의 합이 180도임을 안다.'고 할 때의 앎은 앞의 것이고, '자동차를 운전할 줄 안다.'고 할 때의 앎은 뒤의 것이다. 앞의 앎은 머릿속에 있는 지식과 정보라면 뒤의 앎은 몸에 밴 행동지식이다. 이 두 가지 앎의 관계에 대한 설명은 전통철학과 현대철학의 차이의 일단을 보여 준다.

'~을 안다'에 초점을 맞출 경우 전통철학은 머릿속의 정보나 지식을 실현 또는 표현하는 것이 행동으로 드러나는 것이라고 본다. 여기서는 지식[아는 것]과 행동[행하는 것] 사이의 구분을 전제로 한다. 안다면 행하기도 하지만 알지만 실행하지 않는 경우도 있다. 반면에 '~을 할 줄 안다'에 초점을 맞출 경우 현대철학이나 생리학은 몸에 익숙해진 혹은 체화된 행동지식이 실현되는 것이 행동이라고 본다. 여기서는 지식과 행동 간의 구분이 아닌 통일을 전제한다. 알면 행할 줄 안다는 지행합일을 전제하는 것이다.[3)]

행동을 통한 지식의 주체는 몸이다. 이른바 '**몸의 철학**'이 대두되는 이유이다. '~을 안다'고 할 때의 앎은 내 머릿속에서 내부적으로 일어나는 것이며 주체가 정신이다. 반면, '~을 할 줄 안다'고 할 때의 앎은 직접 행동하는 것으로서 주체는 몸이 된다. 데카르트의 '나는 사유한다$_{\text{je pense}}$.'가 대변하듯이 전통적으로 앎의 주체는 정신이라 생각하였다. 그러나 19세기에 들어 메를로퐁티는 '나는 할 수 있다$_{\text{je peux(I can)}}$.'로 주체를 신체로 이동시킨다.[4)] 나의 고유한 신체활동이 사유보다 앞서는 주체라는 것이다.

제3부에서는 앎과 행함은 불가분의 관계라는 점에서, 먼저 **앎의 철학**이라 할 수 있는 인식론을 살펴보기로 한다. 이어 행동을 통한 지식의 주체는 몸이라는 전제하에 **몸의 철학** 혹은 신체화된 인지이론에 대해 논의하기로 한다.

09

앎과 행함의 철학

1. 지행합일과 지행괴리

앎과 행함의 합일의 중요성, 반대로 앎과 행함의 괴리의 문제는 동서양 철학자들의 공통적인 관심사이다. 아리스토텔레스는 『니코마코스 윤리학』에서 인간의 탁월성은 행동하는 것, 그것도 배운 것을 습관이 되도록 행동하는 데 있다는 지행합일을 강조하였다. 중국 고대 유가儒家 경전(오경五經) 중 하나인 『예기禮記』의 '학기學記' 편에는 '교학상장敎學相長'이란 말이 나온다. 가르치는 사람과 배우는 사람은 서로를 키운다는 말이다.

> "아름다운 요리가 앞에 있어도 먹어 보지 않으면 그 맛을 알 길이 없고, 지극한 도리가 앞에 있어도 배워 보지 않으면 그 위대함을 알 길이 없다."[5]

1) 알면 아는 대로 행한다

철학의 출발을 소크라테스라 한다면 지행합일설의 출발 역시 소크라테스라 할 수 있다. 소크라테스는 인간의 이성을 철저히 신뢰하는 **주지주의**主知主義 입장을 견지하였다. 이성이 의지나 감정보다 먼저이기에 제대로 아는 것이 우선이며 인간의 "의지는 이성을 따르게 마련voluntas sequitur intellectum"이라고 생각하였다. 알면 아는 대로 행동한다는 생각 혹은 "아무도 알면서 잘못하지 않는다nemo sciens peccat."[6]는 주지주의적 신념은 그리스 철학의 전제였던 것이다.

따라서 선한 행동을 하기 위해서는 먼저 선을 아는 것이 중요한 것이다. 담배를 끊지 못하는 것은 의지가 약해서가 아니라 흡연의 나쁜 점을 제대로 알지 못하기 때문이라는 것이다. 흡연이 나쁘다는 걸 알면서도 흡연하는 사람은 없는 것과 마찬가지로 '악한 행동이 무엇인지를 알면서 악을 행하는 사람은 없다.'는 믿음이었다. 이러한 주지주의에 의하면 인간에게는 도덕적으로 실수가 있을 뿐 엄밀한 의미의 윤리적, 종교적인 의미의 죄는 존재하지 않게 된다.

스승의 뒤를 이은 플라톤의 이데아, 아리스토텔레스의 윤리이론과 형이상학, 그리고 스토아철학은 기본적으로 소크라테스의 주지론主知論과 맥을 같이 한다. 참된 실재는 인간 이성에 의해 발견된다는 믿음을 바탕으로 하기 때문에 앎 혹은 지식이 전제조건이라는 인식이다. 플라톤의 이데아는 마치 태양이 빛을 발하고 모든 사물을 보게 하는 것처럼 이성으로 알 수 있는 예지계叡智界의 최고 위치에 있으면서 만물을 동시에 비춰 준다. 따라서 이성은 그 이데아를 인식할 수 있다는 주지주의 입장을 고수한다.

그러나 주목할 점은 플라톤의 제자인 아리스토텔레스는 소크라테스와 플라톤의 주지주의 전통에 반대한다는 점이다. 그는『니코마코스 윤리학』에서 앎이 절대적으로 중요하지만 누구나 안다고 행동하지는 않는다는 점을 분명히 한다.[7] 따라서 그는 아는 것은 반드시 실천하라고 강조한다. 인간이 탁월성에 도달하고, 이를 통해 행복eudaimonia해지기 위해서는 올바른 지식episteme이 선행되어야 한다고 전제한다. 그러나 행동energeia과 실천이 따르지 않는다면 의미 없다는 것이다. 나아가 활동과 실천은 습관화되도록 지속성을 지녀야 한다고 강조한다. 아리스토텔레스는 지속적인 실천의 중요성을 다음의 은유적 표현으로 강조한다.

> "제비 한 마리가 날아들었다고 봄이 온 것이 아니며, 따스한 날 하루가 봄을 만드는 것이 아니다."[8]

중세에 들어 교부철학자인 아우구스티누스는 소크라테스에서 스토아학파에 이르기까지 이어져 온 '알면 잘못하지 않는다.'는 그리스 철학의 주지주의를 수용한다. 그는 '알지도 못하면서 어찌 믿을 수 있단 말인가?'라는 말로 이성의 우선성을 말한다. 동시에 인간은 '무지에 의해서가 아니라 의지 때문에 죄를 짓는다.'는 윤리학적 명제를 제시한다.[9] 인간에게는 자유의지란 능력이 있기에 선하고 악한 행동을 선택할 수 있다는 것이다.

나아가 아우구스티누스는 이성과 신앙은 서로 보완된다는 상보적相補的인 관계를 강조한다. 진정한 이해를 위해서는 신앙이 선행되어야 하고, 이성은 신앙과 결부되어야 본연의 임무를 완전하게 수행할 수 있다고 주장한다.[10] 따라서 그는 "알기 위해서 믿으라Credo ut intelligas."고 말한다. 믿지 않으면 이해하지 못한다는 말과 다름없다. 즉, 이성은 신앙의 도움을 받아야 참된 진리를 알게 되는 것이다.[11]

2) 안다고 행하는 건 아니다

소크라테스에서 시작한 주지주의 전통은 19세기에 들어 다양한 비판에 부딪히게 된다. 프로이트와 마르크스는 심리학과 경제학의 관점에서, 그리고 니체는 철학의 관점에서 인간 의지는 이성을 따르지도 않을 뿐만 아니라 이성에 선행하고 이성에 지시한다는 사실을 강조한다. 특히 니체는 인간은 이성에 의해 올바른 인식을 할 수 있고 그에 따라 올바른 행동이 뒤따른다는 주지주의 전통을 강하게 비판한다. 이성을 가졌다고 자부하는 인간이지만 실은 자신에 대한 무지, 즉 이성이 지시하는 대로 선을 행하고 악을 피한다는 착각 속에 살고 있다고 말한다.

니체는『아침놀』에서 이성을 가진 '주체'라는 오래된 '망상'이 여전히 존재한다고 비판한다. 그에 따르면 인간은 스스로가 어떻게 행동을 하게 되는지 아주 정확히 알고 있다고 착각한다. 나는 내가 무엇을 원하는지, 내가 무엇을 했는지를 알고 있다는 생각, 나는 자유롭고 내 행위에 책임을 지며 다른 사람으로 하여금 책임을 지게 한다는 생각을 의심하지 않고 있다. 예전이나 지금이나 사람들은 자신과 남들 모두가 무엇을 원하고 행동하는지를 안다고 생각한다는 것이다. 니체는『아침놀』제2권(116)에서 다음과 같이 말한다.

"이 점에서는 위대한 회의주의자들이자 찬탄할 만한 개혁자들이었던 소크라테스와 플라톤 역시 순진하게도 '올바른 인식에는 올바른 행위가 뒤따를 것임에 틀림없다.'라는 저 가장 치명적인 편견, 저 가장 깊은 오류를 여전히 신봉하였다."

소크라테스와 플라톤을 비롯한 전통적인 주지주의자들이 인간은 이성에 의해 올바로 생각할 수 있으며 당연히 올바른 행동을 한다는 생각, 즉 행위의 본질에 대한 인식이 존재한다는 생각은 일반적인 망상이며 어리석은 자만이라고 비판한다. 주지주의자들은 옳은 행위가 무엇인지를 인식하는 데도 불구하고 옳은 행위가 따르지 않는다는 것은 '끔찍한 일'이라는 생각이 유일한 논증이며 그 반대는 생각할 수도 없는 어리석음으로 여겨 왔다는 것이다. 그런데 그 반대야말로 사실이란 점을 역사는 증명하고 있다고 니체는 말한다. 무엇을 안다는 것이 행위로 이어지기에는 결코 충분하지 않다는 것이다. 니체는 다음과 같이 결론을 내린다.

"인식에서 시작해 행위에 이르는 다리는 지금까지 단 한 번도 놓인 적이 없었다."[12)]

2. 행함이 앎, 앎은 행함

니체에 따르면 행하는 것이 곧 아는 것이며 앎이 곧 행함이다. 행동하지 않고 머리로 이해하는 앎은 다시 효과적인 행위로 연결되지 못하고 결국 삶과 분리된 관념적인 앎으로 전락하게 된다. 니체는『즐거운 학문』(304)에서 행동의 중요성을 다음과 같이 말한다.

"이것을 행하지 마라! 단념하라! 너 자신을 극복하라!라고 말하는 모든 도덕은 내게 근본적인 반감을 불러일으킨다. 반면에 아침부터 저녁까지 어떤 일을 행하고 또 행하도록 하고, 밤에도 그 일에 대해 꿈꾸게 하는 도덕, 이 일을 가능한 한 잘 해내는 것 외에는 다른 아무것도 생각하지 않도록 만드는 도덕에 나는 호감을 느낀다!"

니체철학에서 보듯이 행동하는 것의 중요성을 가장 강조한 철학이 실존주의이다. 인본주의로서의 실존철학은 평생교육의 핵심적 바탕을 제공하며 특히 행동하기 위한 학습의 철학적 준거를 제공한다.[13] 인간 실존은 행함을 통해 비로소 이루어지며 행함의 주체는 몸[신체]이다. 아무리 축구에 대한 지식이 많고 기량을 쌓았으며 발재간이 있다 하더라도 아직까지 그의 몸이 그라운드를 밟지 못했다면 그는 아직 축구선수가 아니다. 축구선수라는 실존은 축구시합에 앞서서 존재하는 것이 아니라 몸을 이용한 축구시합과 더불어 존재한다.

1) 실존주의와 행함

아는 것과 행하는 것은 분리될 수 없고 또 분리되어서도 안 된다. 전통철학이건 현대철학이건 모두가 한 목소리를 낸다. 그러나 주체가 누구인가에 대해서는 차이가 노정된다. 플라톤에서 데카르트를 거쳐 헤겔에 이르기까지의 주지주의 전통에서 앎과 행함의 주체는 영혼[이성, 정신]이었다. 반면, 19세기 이후로는 '몸'을 주체로 보는 관점이 철학과 생리학 등에서 설득력을 얻고 있다. 몸이 주체가 되어 실행이 되지 못한 앎은 참된 앎이 아닌 것이다. 축구선수는 축구시합을 통해서, 사랑하는 관계에 있는 연인들은 사랑을 통해서 각각 축구선수와 연인이 되는 것이다. 고인이 된 가수 김광석은 바로 이 점을 노래하고 있다. 제목은 〈너무 아픈 사랑은 사랑이 아니었음을〉이다.

> 그대 보내고 멀리 가을 새와 작별하듯/ 그대 떠나보내고 돌아와
> 술잔 앞에 앉으면 눈물 나누나/ 그대 보내고 아주 지는 별빛 바라볼 때
> 눈물 흘러내리는 못다 한 말들/ 그 아픈 사랑 지울 수 있을까
> 어느 하루 비라도 추억처럼/ 흩날리는 거리에서
> 쓸쓸한 사람 되어 고개 숙이면 그대 목소리
> 너무 아픈 사랑은 사랑이 아니었음을/ 너무 아픈 사랑은 사랑이 아니었음을
> 어느 하루 바람이 젖은 어깨 / 스치며 지나가고 내 지친 시간들이
> 창에 어리면 그대 미워져/ 너무 아픈 사랑은 사랑이 아니었음을

김광석의 〈너무 아픈 사랑은 사랑이 아니었음을〉의 독백은 하모니카의 애잔한 떨림 속에 허공에 울려 퍼진다. 노래를 쓴 시인의 가사도 그렇지만 감정을 씹어 삼키는 김광석의 울림의 창법은 듣는 이에게 가슴 저린 공명을 일으킨다. 이루지 못한 사랑의 아픔에 대한 공명이다. 그의 음악은 음악의 본질을 넘어서 철학의 본질까지 꿰뚫고 있다. '지금 여기'의 일상성에서 드러나는 인간 실존의 모습을 가감 없이 묘사한다. 누군가의 말대로 '노래하는 철학자'이다. 그중에도 이 노래는 그의 삶의 마지막 무대를 장식했던 곡이기에 남다르게 다가온다.

김광석에게 '너무 아픈 사랑은 사랑이 아니었다'. 그의 애잔한 사랑의 정의定義에서 앎과 행함의 관계, 그리고 앎과 행함의 주체로서의 '몸'[신체]의 철학적 의미를 생각하게 된다. 그에게 '사랑이 너무 아픈' 이유는 이루어지지 않았기 때문이다. 그런 사랑은 사랑이 아니었다. 김광석의 아픈 사랑은 실존철학의 정수를 보여 준다. 사르트르는 이 가수의 사랑의 아픈 체험을 간명하게 정의한다.

> "실존주의자에게 있어서, 이루어지는 사랑 말고 다른 사랑이란 있을 수 없다.
> 또한 사랑 속에서 스스로 드러나는 사랑의 가능성 말고 다른 사랑의 가능성이란 있을 수 없다."[14]

사랑에 대한 이러한 실존주의적 사유가 자신의 사랑에 성공하지 못한 사람에게는 가혹한 것으로 보일 수 있다. 첫사랑의 날카로운 추억을 고향처럼 간직하고 살아가는 사람에게는 더욱 그럴지도 모른다. 반면에 사랑의 패자는 언제나 더 많이 사랑하는 사람이라고 흐느끼는 사람에게는 어쩌면 구원의 철학일지도 모른다. 그렇다면 '너무 아픈 사랑은' 왜 사랑이 아니라는 것일까? 사랑에는 플라톤의 '플라토닉 러브'나 막스 뮐러의 '독일인의 사랑'도 있지 않은가? 그러나 실존주의에서 보는 관점은 다르다. 실존주의의 범주가 넓으니 관점의 차이가 있는 사르트르와 메를로퐁티로 좁혀서 생각해 보자.

2) 사르트르, 사랑의 앙가주망

사르트르에게 '너무 아픈 사랑'인 것은 몸으로 실천하지 못한 사랑이기 때문이다. 나의 행위가 개입되지 못한 미완의 사랑이라는 것이다. 사랑했지만, 아니 사랑했다고 생각했지만 정현종의 시「사물의 꿈4—사랑의 꿈」의 한 구절처럼 "그대의 사랑은 사랑을 그리워하는 사랑일 뿐"이었던 것이다. 실존주의가 포착하는 사랑의 조건은 바로 '행함' '실천'을 의미하는 앙가주망engagement이다. '너무 아픈 사랑'이란 말은 상대를 '그리워하는 사랑일 뿐' 연인과의 관계에서 나의 행위가 깊이 관여되어 있지 못함을 의미한다. 시몬 드 보부아르Beauvoir, 1908~1986는 다음과 같이 말한다.

> "하나의 대상은 내가 그 안에서 내 모습을 찾아볼 수 있을 때만 나의 것이 된다."[15)]

하나의 대상이 내게 속하기 위해서는 그것이 나에 의해 수립되어야만 한다는 것이다. 내 연인 안에서 내 모습을 찾아볼 수 있기 위해서는 내가 연인과의 관계에 참여했을 때만 가능한 얘기이다. 사랑과 '너무 아픈 사랑'의 차이는 바로 나의 참여 혹은 행위에서 비롯되는 것이다.

실존주의에서 인간은 물체가 아니라 자발성이다. 희망하고 사랑하며, 욕망하고 행동하는 자발성이다.[16)] 연인과의 사랑은 주어지는 것이 아니라 나의 자발적인 참여를 통해 만들어 가는 것이다. 나의 참여와 행위 이전에는 사랑 혹은 연인관계는 결정되어 있지 않다. 필연적으로 행함의 앙가주망, 사랑의 실천을 통해 이루어져야만 사랑인 것이다.

따라서 실존주의 관점에서는 '이루어지는 사랑 말고 다른 사랑이란 있을 수 없다'. 사르트르는 "예술 작품 속에서 스스로를 표현하는 천재 말고 다른 천재가 있을 수 없다."[17)]는 말로 이를 설명한다. 로버트 프로스트Robert Frost의 천재성이란 프로스트 작품 전체인 것이다. 화가 빈센트 반 고흐Vincent van Gogh는 자유로운 앙가주망을 통해 그림 작품을 완성함으로써 자기 자신을 실현하는 것이다. 고흐의 천재성이란 고흐의 작품 전체인 것이다.

사르트르의 행함의 사상은 하이데거의 철학적 현상학의 관점과 맥을 같이 한다.

『예술작품의 근원』에서 '고흐의 구두'를 놓고 하이데거는 존재와 행함의 관계를 명확히 제시한다.[18] 고흐의 구두와 상점 진열대의 구두의 존재론적 차이는 누군가의 발에 신겨져 대지와 닿았다는 데 있다. 하이데거는 고흐의 닳고 닳은 구두의 묵직한 무게감 속에는 농부의 힘겨운 발걸음이, 논두렁 밭두렁 사이를 묵묵히 걸어가는 농부의 일상이 담겨 있음을 보았다. 구두의 존재는 제화공이 만든다고 발생하는 것이 아니라 누군가가 신고 다니는 현실적 상황에서만 발생한다는 것이다.

사르트르의 논리대로 축구선수의 존재는 축구경기에 앞서서 발생하는 것이 아니라 축구경기를 함으로써 존재하게 되는 것이다. 아무리 연습을 많이 하고 기술을 익혔다 해도 실전에 투입되지 못했다면 그는 아직 축구선수로서의 존재가 아닌 것이다. 축구선수의 존재는 그라운드를 밟고 경기를 뛰는 데서 드러난다. 축구를 하든 사랑을 하든 그림을 그리든 아니면 시를 쓰든 각자의 존재는 자신의 업이란 현실적 상황과 맞물려 탄생하는 것이다. 따라서 하이데거의 관점에서 볼 때 세계는 축구선수라는 존재자의 집합체가 아니라 축구란 '행동'을 하는 현존재da-sein의 집합이며 상호작용이다. 사랑하는 연인의 세계는 두 연인이란 존재자의 총체가 아니라 사랑의 행위를 하는 구체적인 상황이자 존재의 연속인 것이다.

인간은 자신의 삶 속에서 자유로운 앙가주망을 통해 자신의 모습을 그려낸다. 실존적 자유를 토대로 한 앙가주망을 통해 어떤 한 인간형을 실현함으로써 자기 자신을 실현하는 것이다. 사랑도 같은 맥락이다. 그림을 그리는 고흐를 빼고 고흐를 생각할 수 없듯이 사랑이 실천되지 않는 사랑을 생각할 수 없다. 인간은 사랑의 실천을 통해서만 사랑을 실현하고, 이를 통해 자기 자신을 실현하는 존재이다. 실존주의 관점에서 볼 때 사랑의 행함이 없는 일방적 사랑은 사랑이 아니다. 김광석의 노래에서 '연인을 아주, 멀리 보내고 돌아와 술잔 앞에 앉아 눈물짓는' 그런, 너무 아픈 사랑은 사랑이 아니다. 그의 육화된 아픈 사랑은 시적詩的 사랑이 될 수는 있을지언정 실재적인 사랑은 아닌 것이다. 그래서인지 노래 역시 그런 사랑은 다시 오지 말라는 절절한 심정으로 끝을 맺는다.

이제 우리 다시는 사랑으로/ 세상에 오지 말기
그립던 말들도 묻어버리기/ 못다 한 사랑

인간은 삶을 살아가면서 지속적으로 자신에게 앙가제하며 자신의 모습을 그려낸다. 실존주의 관점에서 이렇게 그려지는 모습 말고 다른 것이란 있을 수 없다. 인간은 행동을 통해서 정의된다. 자유로운 앙가주망을 통한 '실재'만이, 실재적 사랑만이 중요하다는 것이다. 반면에 사르트르는 꿈이나 기대, 희망은 인간을 단지 무너진 꿈으로, 이루지 못한 희망으로, 쓸데없는 기대로 정의하게 한다는 것을 지적한다. 다시 말해, 꿈, 기대, 희망은 사람들을 긍정적이 아니라 부정적으로 정의한다는 것이다.[19] 사르트르에게 있어서 '실존적 자유'를 토대로 한 앙가주망은 물론 사랑에만 국한되는 개념은 아니다. 본래 앙가주망이란 직접 사회문제에 참여, 즉 앙가제s'engager하여 점진적으로 세계를 변화시킴으로써 결과적으로 자기 선택의 폭, 행위의 범위를 확장시키는 것이다. 다시 말해, 실천을 통해 상황을 변화시킴으로써 궁극적으로 자신을 해방시키는 것이 사르트르의 앙가주망이며 또한 실존주의 윤리학의 궁극적 목적인 것이다.

10

전통적 앎, 주체는 정신

인식 혹은 지식의 문제는 고대 그리스의 소피스트, 플라톤, 아리스토텔레스 등에 의해 철학의 주제로서 출발하였다. 아리스토텔레스는 저서『형이상학』의 첫 문장을 "모든 인간은 본성상 알기를 갈망한다."로 시작한다. 인식의 문제는 인간본성의 문제임을 강조한 것이다. 그러나 지식 혹은 인식의 문제가 철학의 핵심 주제로 등장한 것은 근대철학에 와서부터이다. 근대철학은 17세기 중반에서부터 19세기 초까지에 이르는 유럽의 철학적 사유를 지칭한다. 이 시기는 전통적, 특히 중세의 신학적 세계관과 갈릴레오 갈릴레이Galileo Galilei, 1564~1642, 아이작 뉴턴Isaac Newton, 1643~1727과 같은 새로운 자연과학적 세계관이 충돌하는 시기였다. 따라서 과학적 세계관의 영향을 받아 전통형이상학은 점차 퇴조하게 되고 철학적 지식도 자연과학적 지식과 같은 명증성, 확실성을 요구받게 된다. 자연히 지식의 문제[인식론]가 부상하게 된 것이다.

근대철학의 혁명적인 성과는 중세적 사유방식에서 탈피하여 근대적 인식주체로서의 '나', 즉 자아의 발견이라 할 수 있다. 주체로서의 '나'가 중심이 되어 세계에 대한 온전한 지식, 진리를 인식 및 획득할 수 있다고 믿게 된 것이다. 물론 외부 세계에 대한 지식과 진리를 어떻게 알 수 있느냐에 대한 인식론은 명확한 차이가 있다. 우리가 어떻게 세계를 객관적으로 참되게 인식할 수 있느냐의 물음이다. 이 물음에 대해 인식의 원천 혹은 인식의 방법을 합리[이성]에 두는 전통과 감각경험으로 보는 전통의 두 가지 거대한 물줄기로 구분된다.

다시 말해, 근대철학에서의 인식론은 크게 대륙의 **합리주의** 혹은 이성주의rationalism와 영국을 중심으로 한 **경험주의**empiricism의 두 가지 커다란 물줄기를 형성하게 된다. 대륙의 합리주의는 데카르트와 스피노자, 라이프니츠로 이어지며, 영국의 경험주의는 로크와 버클리, 흄을 중심으로 전개된다. 합리주의는 인간에게 공통된 선천적인 **본유관념**innate idea을 상정한다. 본유관념을 토대로 인간은 주관적 관념이 아닌 객관적 지식들을 만들어 나갈 수 있다고 주장한다. 반면, 경험주의는 본유관념은 중세 스콜라철학의 잔재라고 폄하한다. 대신 인간 정신은 아무것도 쓰여 있지 않은 백지tabula rasa와 같은 상태로 태어난다고 주장한다. 그 위에 경험이라는 색연필로 쓰기 시작하면서 지식을 획득한다는 것이다.

합리론의 문제의식과 경험론의 문제의식을 종합한 철학자가 독일의 임마누엘 칸트이다. 칸트는 합리론과 경험론이 갖는 근본적인 한계가 무엇인지를 간파하였다. 본유관념을 바탕으로 인식의 기반을 이성적 사유와 연역으로만 보는 합리론은 독단주의dogmatism로 흐를 수 있다는 것이다. 반면, 경험론이 **백지설**tabula rasa을 바탕으로 인식의 기반을 감성적 경험과 귀납으로만 보는 것은 결국에는 회의주의scepticism로 흐를 수 있음을 지적한다. 따라서 칸트는 문제설정을 달리한다. 합리론과 경험론이 공통적으로 인식 내용에만 관심을 갖고 그 지식, 인식이 참이냐 아니냐를 밝히는 데만 초점을 맞추고 있는 점을 비판한다. 우리가 지식을 안다는 건 모두 우리의 인식능력을 통해 획득한 것이기 때문이다. 따라서 칸트는 문제설정의 방향을 거꾸로 전환한다. 인식의 내용에서 눈을 돌려 우리의 인식 형식을 비판적으로 검토하고 연구하자는 것이다. 이른바 '코페르니쿠스적 전환Kopernikanische Wende'이다. 두 가지 인식론 전통을 살펴보기로 한다.

1. 대륙의 합리주의

유럽대륙을 중심으로 발전한 합리주의rationalism는 감각경험에 의해 획득한 것들을 지식으로 인정하지 않는다. 감각 자체가 불완전하기에 감각에 의한 개별적 사실들 역시 가변적이기 때문이다. 지식이란 객관적이고 불변하는 것이며 보편적인 것이다. 이런 지식은 오직 이성에 의해서만 파악할 수 있다고 생각하였다. 이성 안에는 참 지식을 알 수 있는 선천적인 인식능력[본유관념]이 내재되어 있기 때문이다. 따라서 합리주의는 이성을 통해 인식을 정당화한다. 합리주의는 이러한 지식을 얻는 방법으로서 주로 연역적인 방법을 이용한다. 보편으로부터 개별을 도출해 내는 방법이다. 그러나 이성에 대한 절대적 신뢰는 독단으로 흐를 수밖에 없다. 우리의 감각 경험과 물리적 현상을 무시함은 물론, 과연 모든 인간이 본유관념 같은 선천적인 인식능력을 갖고 태어나는가? 란 비판에 직면할 수밖에 없는 것이다.

대륙의 합리론은 데카르트를 시작으로 스피노자, 라이프니츠 등을 중심으로 하며, 이들은 인식의 원천, 기반을 이성적인 사유와 연역이라고 주장한다. 합리주의자들은 인간이 확실하게 신뢰할 수 있는 지식 혹은 인식은 오로지 이성의 사용을 통해 나온다고 주장한다. 감각경험은 지식의 원천이 될 수 없으며 이성만을 사용해 세계에 대한 지식을 획득할 수 있다는 믿음이다. 이들에게 수학은 참된 지식으로 신뢰할 수 있는 지식의 이상적인 모델을 제공하는 것이었다. 주체로서의 이성에 대한 신뢰는 신 중심의 중세로부터의 결별을 선언하는 것과 다름없었다.

1) 데카르트의 사유와 연장

르네 데카르트Rene Descartes, 1596~1650는 근대철학의 문을 연 철학자다. 수학의 천재로서 대수학을 기하학에 응용하는 수학의 한 분야인 좌표기하학을 개척하였다. 수학은 그에게 확실성을 보증할 수 있는 대표적인 것이었고 수학적 확실성을 지식의 다른 영역에 적용할 수 있는지에 관심을 집중하였다. 데카르트가 수학에 매료된 것은 수학적 논증은 매우 단순하고 분명해 논박이 불가능하며 연역적으로 논리적 단계를 밟아 나가면서 새로운 수학적 진리[법칙]을 발견하게 되기 때문이다. 이런 수학적 결론은 모두가 믿을 수밖에 없는 것이며 또한 유용한 것이라 생각하였다. 그는 수학적 명제와 같이 확실성과 명증성을 지닌 지식을 이성을 통해 획득할 수 있다고 생각하였다.

두 가지 실체: 사유와 연장

데카르트의 핵심 사상은 두 가지이다.[20] 즉, 사유思惟적 실체res cogitans와 연장延長적 실체res extensa이다. 인간은 사고하는 실체이고 물체는 운동 중인 연장성이다. 사르트르식으로 말하면 즉자적 존재Being-in-itself와 대자적 존재Being-for-itself이며, 일반적인 의미에서의 몸body과 마음mind의 구분, 즉 심신이원론이라 할 수 있다. 데카르트의 철학 체계 안의 모든 것은 바로 정신과 물체의 이원론이란 관점에서 설명된다. 데카르트는 두 개의 실체인 '사유思惟'와 '연장延長'은 모든 사물에 공통적으로 존재한다고 주장한다. 실체Substanz란 현존하기 위해서 다른 어떤 것에 의존하지 않고 그 자체로 존재하는 것이다. 다른 변화는 만들어 내지만 다른 것에 의존하지 않는 불변의 본질이다. 엄격한 의미에서 신만이 실체라 할 수 있다. 하지만 피조물도 그 성질이 다른 것 속에 있는 것이 아니라 자신 안에 있다면, 또 우리가 다른 것의 개념을 동시에 함께 생각하지 않고서 그것에 대해 생각할 수 있다면 실체일 수 있는 것이다.[21]

연장은 물질이나 물체의 핵심적인 특징으로서 어떤 공간을 차지하고 있는 성질을 말한다. 사유는 말 그대로 생각하는, 사고하는 성질이다. 사유는 정신의 실체로서 연장과 달리 공간적인 자리를 차지하지 않는다. 이 두 개의 실체 중 데카르트에게는 사유[생각]가 존재[연장]보다 우선한다. 따라서 데카르트의 철학은 정신과 육체[물체]를 구분하는 철저한 이원론이며 정신이 육체에 우선한다는 점에서 관념론이라 할 수 있다. 일상에서 또는 학교를 포함한 평생교육에서 정신과 물질, 주체와 객체를 구분하는 이분법적 세계관, 그리고 양자를 서로 배타적인 요소로 여기는 자연스러운 성향은 바로 이런 '데카르트식 이원론Cartesian dualism'에서 비롯되었다고 볼 수 있다.

기업교육을 포함한 다양한 평생교육의 관점에서 주목해야 할 점은, 데카르트는 인간을 곧 사유하는 실체로 본다는 점이다. 몸은 단지 정신의 지배를 받는 기계와 같다. 따라서 데카르트는 나는 몸이 아니며 몸 없이 존재할 수 있다고 본다. 그는『제1철학에 관한 성찰Meditations on First Philosophy』에서 이 점을 분명히 한다.[22]

"…신은 내가 맑고 또렷하게 인식하는 모든 것을 내 인식과 똑같이 만들어 낼 수 있다. 이것을 나는 안다. 그러므로 내가 하나를 다른 하나 없이 맑고 또렷하게 인식할 수 있다는 사실만으로, 나는 둘이 다르다는 것을 확신하는데, 그것은 적어도 신만은 둘을 분리해 놓을 수 있기 때문이다. 둘을 분리하려면 어떤 힘이 필요하냐는 질문은 둘이 다르다는 판단과는 무관하다. 그러므로 내가 존재함을 알고, 동시에 오로지 내가 생각하는 존재라는 사실이 내 본성

또는 본질임을 알기만 하면, 내 본질은 내가 생각하는 존재라는 사실뿐이라고 결론 내릴 수 있다. 나는 나와 긴밀하게 결합된 몸을 갖고 있다. 그러나 한편으로 연장성이 없고 생각하는 존재라는 측면에서, 나는 나 자신에 대해 맑고 또렷한 관념을 갖는다. 다른 한편으로 연장성이 있고 생각하지 않는 존재라는 측면에서, 나는 몸에 대해 또렷한 관념을 갖는다. 이런 이유로 확신하건대, 나는 분명히 내 몸과 다르며, 몸 없이 존재할 수 있다."

데카르트의 논증이 옳다면, 마음은 뇌를 비롯한 몸 없이 존재할 수 있다. 몸과 뇌가 완전히 소멸한 뒤에도 살아남을 수 있다면 데카르트의 마음은 마치 영혼을 생각하게 한다. 데카르트의 논증을 다시 정리해 보면 마음을 몸과 철저히 분리하는 이원론이 명백해진다. 이른바 데카르트의 상상가능성$_{\text{conceivability}}$ 논증이다.[23]

1. 나는 내 마음이 내 몸 없이 존재하는 것과 내 몸이 내 마음 없이 존재하는 것을 맑고 또렷하게 상상할 수 있다.
2. X가 Y 없이 존재하는 것과 Y가 X 없이 존재하는 것을 맑고 또렷하게 상상할 수 있으면, X는 Y 없이 존재할 수 있고 Y는 X 없이 존재할 수 있다.
3. 그러므로 내 마음과 몸은 제각기 독립적으로 존재할 수 있다.
4. 그러므로 내 마음과 몸은 다르다.

육체와 정신, 이원론의 문제

그러나 데카르트가 주장하는 인간에게서의 연장과 사유, 육체와 정신의 철저한 구분은 19세기에 들어서면서 본격적으로 비판에 부딪히게 된다. 인간은 육체와 정신의 결합인데 두 가지 실체가 아무런 공통성을 갖고 있지 않다면, 양자가 하나의 존재에서 밀접히 결합되어 나타나고 심지어 일정한 영향을 주고받는 것이 어떻게 가능한가의 문제[24]가 대두되는 것이다. 다시 말해, 육체는 정신에 의해 규정된다고 하면 육체[연장]라는 실체는 정신[사유]에 의존하게 되는 것이다. 그렇다면 실체는 다른 것에 의한 결과가 아니며 다른 것에 의존하지 않는다는 실체의 정의$_{\text{定義}}$와 배치되는 것이다. 마치 모닥불을 피웠을 때 낭만적인 빛과 따스한 열이 발생되는 것과.같다. 주위를 따뜻하게, 낭만적으로 만드는 모닥불의 열과 빛은 모닥불에 의존한다. 그 열과 빛은 실체가 아닌 것이다.

결국 정신과 육체는 무한한 실체인 신을 제외하고는 다른 어떤 것에도 의존하지 않아야 된다. 그러나 데카르트는 정신이 육체를 이성적으로 통제한다고 생각하였다. 육체를 통제하기 위해서는 육체를 먼저 알아야 한다고 생각한 데카르트는 말년에 『정념론Les passions de l'ame』(1649)이란 책을 저술하면서까지 인간의 감정과 정념을 연구한다. 그런데 문제는 인간의 몸과 감정, 욕망은 이성이 항상 통제할 수 있는 것이 아니며 제멋대로라는 데 있다. 그렇다면 정신은 인간 삶의 추동적 힘이라 할 수 있는 의지나 감정, 욕망을 이성적으로 어떻게 통제할 수 있느냐의 문제가 대두된다. 다시 말해, 인간의 정신과 육체는 어떻게 이성적으로 일치될 수 있느냐는 것이다.

데카르트는 『정념론』에서 송과선松果腺, pineal gland이란 가설을 제시한다. 송과선에 저장된 관념들이 인간의 사유를 가능하게 하기 때문에 송과선이 정신의 진원지라는 것이다.

> "영혼이 몸 전체에서 이 샘 외에 즉각적으로 기능을 실행하는 다른 어떤 장소도 가질 수 없다는 것을 확신하는 이유는 다음과 같다. 나는 뇌의 다른 부분이 우리가 두 눈, 두 손, 두 귀를 가지고 있는 것처럼 역시 모두 이중(쌍)이고, 나아가 외부 감각의 모든 기관도 이중이라는 것을 주시한다. 그리고 어떤 사물에 대해서는 어떤 때든 하나의 단순한 생각만을 갖게 된다. 따라서 두 눈을 통해 오는 두 이미지나 다른 감각기관의 쌍을 통해 오는 두 개의 인상이 영혼에 도달하기 전에 하나의 인상으로 합쳐져서 그 대상을 두 개가 아니라 하나로 표상하도록 할 수 있는 어떤 장소가 필연적으로 있어야 한다는 것을 주시한다."[25]

데카르트는 "비록 영혼이 전체 육체와 연결되기는 하지만 여전히 영혼 안에는 다른 모든 부분보다도 자신의 기능을 더욱 특별하게 발휘하는 어떤 부분이 있다."[26]고 말한다. 나아가 육체와 정신이 만나서 육체가 정신의 지시를 듣고 따라 주는 장소가 송과선이라고 주장한다. 데카르트의 심신 상호작용론을 다시 살펴보자.

예를 들어 데카르트는, 악수를 하기 위해 손을 내밀었다면 정신이 육체에 영향을 준 것이고, 조깅하다 넘어져 고통을 느꼈다면 육체가 정신에 영향을 준 것이라고 생각하였다. 정신과 육체가 상호작용 관계에 있는 것이다. 그렇다면 두 개의 다른 실체인 의식[정신]과 연장[육체] 사이에 어떻게 에너지 전이가 일어날 수 있을까? 데카르트는 정신적인 것과 물질적인 것 사이의 상호작용이 일어나는 장소, 즉 정신과 육체의 연결 장소를 송과선이라 하는 것이다.[27] 그럼 송과선은 어디에 있는가?

데카르트는 정신과 육체가 만나 교감할 수 있는 장소인 송과선은 뇌의 한 가운데에 있다고 생각하였다. 물론 데카르트는 정신과 송과선의 상관관계에 대해 과학적으로 추적하지는 못했다. 그러나 역설적으로 데카르트의 송과선은 정신이 육체에 속해 있다는 것, 정신이 육체의 일부분이라는 것을 인정해 버린 셈이 된다. 정신이 송과선에 들어오는 순간 정신은 곧 육체의 일부인 송과선이 되기 때문이다.

생각한다, 고로 존재한다

다시 데카르트의 출발점으로 돌아와 보자. 데카르트는 '우리는 어떻게 확실한 인식에 도달할 수 있는가?'의 물음에서 출발한다. 이를 위해서는 무엇보다 먼저 나의 출발점의 확실성을 따져 보아야 한다고 생각하였다. 그리고 그 무엇도 확실하지 않다는 가정하에 확실한 것에 이르기 위한 의심, 회의라는 방법을 사용한다. 이를 '방법적 회의'라고 한다. 데카르트는 대륙의 합리론이자 근대철학의 제1원리인 '코기토'에서 출발한다. 주목할 점은 중세 초기 아우구스티누스(Augustinus, 354~430)가 형이상학의 제1원리로 생각했던 명제가 데카르트와 동일하다는 점이다.[28]

데카르트는『방법서설』에서 모든 것을 철저히 의심하는 데서 출발하여 의심할 수 없는 확실한 것에 이르는 체계적인 회의 방법을 설명한다.

> "나는 지금까지 내 정신 안에 들어온 모든 것은 꿈에서 등장하는 환상보다 조금도 참되지 않다고 여기기로 결심하였다. 그러나 이렇게 내가 모든 것이 거짓이라고 생각하는 동안에도 이렇게 생각하는 나 자신은 반드시 무언가로 존재해야 한다는 점을 바로 깨닫게 되었다. 그리고 '나는 생각한다. 그러므로 나는 존재한다.'는 진리는 매우 확고하고 확실한 것으로서 회의주의자들이 제기하는 가장 터무니없는 억측에 의해서도 결코 흔들리지 않는다는 점에 주목하여 나는 이것을 내가 추구했던 철학의 제1원리로 받아들이는 데 조금도 주저할 필요가 없다고 판단하였다."[29]

데카르트는 "나는 생각한다. 고로 나는 존재한다Cogito, ergo sum. 코기토, 에르고 숨." 원리가 도출되는 과정을 설명하고 있다.[30] 내가 외계로부터 지각하는 모든 것을 다 의심해 보니 착각일 수도 있다. 허나 지금 이 순간 의심하고 있는 내가 있다는 사실은 의심할 수 없다는 것이다. 데카르트는 '사유하는 존재로서의 나'라는 명석 · 판명한clare et distincte 인식으로부터 확실한 지식에 이를 수 있게 되었음을 강조한다. 그렇다면 인간에게 확실한 지식에 이르는 능력이 있는가? 데카르트는 인간의 이성은 타고난 관념, 즉 '본유관념innate idea'을 구비하고 있다고 주장한다. 선천적인 인식능력이 확실한 지식의 원천인 것이다. 마치 어린아이가 통풍에 걸리기 쉬운 성향을 유전적으로 타고나는 것과 똑같은 방식으로 자명한 원리들에 대한 본유관념을 지닌다는 것이다.[31]

본유관념

데카르트에게 나는 본유관념을 지닌 사고하는 주체이며 육체를 지닌다는 것은 나의 본질과 무관한 것이다. 내가 사고하는 주체라는 것은 사고를 해야 할 대상 혹은 객체가 있다는 것을 전제로 한다. 다시 말해, 내가 사고한다는 것은 대상이 '나' 아닌 외부의 대상 혹은 객체이며 그 대상에 대한 확실한 지식, 인식을 할 수 있다는 것이다. 데카르트는 이렇게 인식주체와 인식대상을 철저히 구분하고, 주체와 대상이 일치하는 것을 진리라고 보는 인식론을 출발시킨 것이다.

그런데 여기서 중요한 인식론의 문제가 대두된다. 내가 명석 · 판명하게 인식하는 모든 것이 과연 참인지 아닌지를 무엇이 보증하는가의 문제이다. 다시 말해, 주체인 나의 인식이 인식의 대상과 일치하는지를 어떻게 보증할 수 있는가의 문제가 발생한다. 예컨대, 내가 자목련에 대해 알고 있는 것이 실제의 자목련과 일치하는지 아닌지를 어떻게 알 수 있느냐는 것이다. 여기서 주체인 내가 외부의 대상을 과연 올바로 인식할 수 있느냐라는 인식론의 문제가 대두되는 것이다. 데카르트는 신의 본성이 이를 보증한다고 말한다. 인간의 감각경험은 불완전하지만 이성에는 본유관념이 내재되어 있어 완전한 것을 인식할 능력이 있는데, 이런 능력은 신이 부여한 것이라고 주장한다. 데카르트는『방법서설』에서 이를 명확히 밝힌다.

"따라서 이런 논증의 설득력은 오직 다음과 같은 사실에 놓여 있다. 만일 실제로 신이 존재하지 않는다면 나 자신이 현재와 같은 본성을 지닌 존재로, 즉 신의 관념을 부여받은 존재로 현존할 수 없다는 사실을 나는 깨달았다. 여기서의 신은 내가 그에 대한 관념을 지니는 바로 그런 신이며, 비록 내가 그의 모든 완전성을 파악할 수는 없지만 어느 정도는 생각할 수 있는 완전성을 소유한 신이며, 어떤 결함도 지니지 않는 신이다."[32]

데카르트에 따르면 우리의 외부 세계에 대한 지식은 이성을 통해, 그리고 이성에 기반한 연역적 추론의 과정을 통해 획득된다. 우리의 감각경험을 통한 인식은 본질적으로 신뢰할 수가 없으며 참된 지식 혹은 인식이 될 수 없다는 믿음에 바탕을 둔 합리주의라는 철학사조가 나타나는 것이다. 이후 합리주의는 17, 18세기에 꽃을 피우게 되며 지금까지 서양철학의 중요한 전통이 되고 있다.

2) 스피노자의 에티카와 일자

바뤼흐 스피노자Baruch Spinoza, 1632~1677는 데카르트와 거의 동시대인으로서 데카르트를 수용하면서도 그만의 독특한 철학을 세운 네덜란드 철학자이다. 그는 데카르트의 과학적 지식의 체계를 구축하기 위한 방법적 회의 및 논리적 추론을 통해 결론을 연역해 가는 철학을 받아들였다. 반면에 정신[사유]과 육체[연장]란 실체의 분리 및 주체의 대상에 대한 인식방법 등 존재론과 인식론 및 윤리학 분야에서 데카르트에 대한 비판적 입장을 취하고 있다.

실제로 그는 정신과 육체를 분리하고 신체를 정신이나 영혼보다 열등하다는 데카르트의 주장에 반대하였다. 그는『에티카』에서 신체의 능력을 알지 못하는 사람들의 무지를 비판한 적이 있다. "사람들은 많은 것이 정신의 결단에 달려 있다고 말하지만, 경험은 반대로 신체가 활발하지 못할 때 정신이 적합한 사유를 하지 못함을 보여 주지 않는가? 신체의 능력에 대해 알지 못한다면 우리는 계속해서 "술주정뱅이가 자유의지로 떠들고, 겁쟁이가 자유의지로 도망치며, 젖먹이가 자유의지로 젖을 원한다고 말할 것이다".[33] 스피노자는 데카르트의 합리론에 서서 누구보다 데카르트를 비판했던 것이다.

스피노자는 종교적, 시대적 상황으로 고독한 삶을 살면서 생계유지를 위해 안경,

현미경 등에 사용되는 렌즈를 가공해 팔았는데, 안경을 갈 때 나오는 가루로 폐질환에 걸려 44세란 비교적 이른 나이에 생을 마감하였다. 그러나 주저인『에티카』를 포함한 그의 저서들은 쇼펜하우어와 니체, 베르그송 등 서양철학의 심층적인 차원에까지 영향을 미치게 된다.

일자, 하나의 실체

스피노자의 합리주의 철학이 가장 잘 드러난 책은『에티카』이다. 정확히 번역하면『기하학적 방식으로 서술된 윤리학Ethica』이다. 이 책의 출발점은 데카르트가 두 개의 실체를 가정했던 그 실체substantia라는 개념이다. 실체 개념은 존재론적, 인식론적 측면에서 중심이 되는 개념이다. 앞서 논의했듯이 데카르트는 '사유思惟'와 '연장延長'이란 두 가지 실체를 가정하였다. 그러나 데카르트의 문제는 인간은 육체와 정신의 결합인데, '다른 것에 의존하지 않고 그 자체로 존재하는 두 실체'가 어떻게 서로 일치할 수 있는지 또는 없는지를 확인할 수가 있느냐에 부딪히게 된다.

인식론적 관점에서 스피노자는 실체와 속성의 개념을 제시한다. 스피노자는 데카르트처럼 사유와 연장이란 두 개의 실체를 가정하는 대신 실체를 일원론적 입장에서 본다. 스피노자가 말하는 실체는 하나인 것이다. 즉, 일자一者 사상이다. 실체Substanz란[34] 현존하기 위해서 다른 어떤 것에 의존하지 않고 그 자체로 존재하는 것이다. 실체는 모든 사물의 근저에 자리하면서 모든 존재의 원인이 되며 필연적으로 무한한 것이다. 스피노자는『에티카』제1부(정의3)에서 실체를 다음과 같이 정의한다.

> "실체란 자신 안에 있으며 자신에 의하여 생각되는 것이라고 이해한다. 즉, 실체는 그것의 개념을 형성하기 위하여 다른 것의 개념을 필요로 하지 않는 것이다."

베넷Bennett은 "실체가 자신에 의하여 생각되는 것"이란 스피노자의 말은 곧 실체의 논리적 독립성뿐만 아니라 '인과적 자족성causal self-sufficiency'[35]을 포함한다고 분석한다. 이런 점에서 스피노자는 데카르트의 실체 개념을 수용한 것이다. 데카르트는 실체를 "존재하기 위해서 다른 어떤 것도 필요로 하지 않고 존재하는 것"으로 보기 때문이다.[36] 스피노자의 '자기원인' 개념은 아리스토텔레스의 '제1원인causa prima, 까우사 프리마', 즉 원인의 원인을 추적해 올라가면 더 이상 올라갈 수 없는 최초의 원인과 동일한 것이다. 물론 개념의 의미에는 차이가 있다.

스피노자는 실체의 의미를 부연 설명한다. "하나의 실체는 다른 실체에서 산출될 수 없으며(정리6), 모든 실체는 필연적으로 무한하다."(정리8) 그렇다면 결국 실체 개념은 신의 개념과 일치한다. 스피노자는 "신 이외에는 어떠한 실체도 존재할 수 없으며 또한 파악될 수도 없다."(정리14)고 단정한다. 또한 "자연 안에는 오직 하나의 실체만이 존재"하기에 실체는 모든 존재자를 총괄하는 자연개념과도 일치하게 된다. 여기서 신은 그리스도교적 구원자 관념이 아닌 물질적 존재이며 자연 그 자체이다. 따라서 스피노자의 실체는 다음과 같은 등식이 성립된다.

실체 = 신 = 자연

속성이란 실체에 대하여 실체의 본질을 구성하는 것이며 지성이 인식하는 것이다(정리10).[37] 스피노자는 데카르트가 말하는 사유와 연장 혹은 정신과 물질은 실체의 속성이라고 주장한다. 즉, 실체로서의 신은 사유하는 사물res cogitans(사고 작용을 가진 것: 정신, 영혼 등)과 연장된 사물res extensa(양적인 것, 측정 가능한 대상)을 모두 갖고 있는 자연 그 자체인 것이다. 스피노자는 "사유는 신의 속성이다." 또는 "신은 사유하는 것"(제2부 정리1)이며, "연장은 신의 속성이다." 또는 "신은 연장된 것"(정리2)이라고 제시한다. 유일한 실체인 신, 즉 자연은 무한히 많은 속성을 지니지만 그중 우리에게는 단지 연장과 사유만이 알려져 있다[38]는 것이다.

그는 신의 개념에 '연장'이라는 물질성을 포함시킴으로써 데카르트는 물론 '순수형상'으로서의 중세적 신의 개념과 대척점에 서게 된다.

실체는 속성들을 통해 인식된다. 스피노자는 비록 두 속성이 실제로 서로 다른 것으로 파악된다고 해도 그 두 속성은 하나의 실체를 구성한다(제1부 정리10)고 말한다. 즉, 하나의 실체는 두 가지 서로 다른 속성을 통해 인식된다는 것이다. 같은 논리로 자연 안에는 오직 하나의 실체만이 존재하지만, 그 실체인 자연은 무한한 속성들로 이루어진 존재자인 것이다. 이렇게 해서 스피노자는 데카르트가 직면했던 두 실체 간의 '일치'의 문제를 애초부터 발생시키지 않는다.

예를 들어 보자. 정삼각형이 있다. 이 정삼각형의 실체는 다양한 속성을 통해 인식된다. 정삼각형의 실체를 여러 가지로 표현할 수 있는 것이다. 우선 '정삼각형은 세 개의 꼭지점을 갖고 있다.' 다른 방식으로는 '정삼각형의 세 내각의 합은 180도이다.' 또 다른 방식은 '정삼각형은 세 변의 길이가 같다.'라는 식으로 표현할 수 있다. 동일한 정삼각형의 본질을 다른 속성들로 표현한 것이다. 다른 말로 정삼각형은 다른 속성들로 인식된 것이다. 여기서 이 세 명제는 서로 다른 내용을 담고 있다. 세 개의 속성이 다르기에 동일할 수가 없다. 동일하지 않기 때문에 서로 다른 속성이 되는 것이다.

양태로 존재하는 실체

따라서 이들 세 명제는 같지 않은, 서로 다른 명제이면서, 이 세 명제가 하나의 동일한 정삼각형[실체]의 본질을 표현하는 것이다. 세 명제는 동일한 실체를 다른 차원에서 표현한 것이다. 따라서 앞서 언급한 대로 데카르트가 사유와 연장이란 두 개의 실체를 가정하고 직면했던 인식론적 문제가 스피노자에게서는 발생조차 하지 않는 것이다.

존재론적 관점에서도 스피노자의 접근방식은 동일하다. 단, 실체와 함께 양태modus란 개념을 제시할 뿐이다. 양태는 신의 속성의 변형modification이다. 다시 말해, 실체는 다른 것에 의존하지 않고 자기 원인에 따라 움직이는 신 혹은 자연일 뿐이지만 그 실체는 다양하게 변화된 모습인 양태로서 표현되는 것이다. 예를 들어, 데카르트의 '생각하는 나'는 하나의 양태이다.[39] '나'는 직장에서는 '성실한 직장인'으로, 길거리에서는 매너 있는 '시민'으로 보이며, 친구를 만나서는 허물없이 말과 행동을 하는 '친구'로, 집에서는 자상하고 사랑스런 '부모'로서 역할과 모양이 변형되는 다양한 양태로서 표현된다. 따라서 철학자 질 들뢰즈Deleuze는 실체가 양태로 표현되는 것을 다음과 같이 말한다.

> "실체는 양태로 존재한다."[40]

스피노자에 의하면 "실체와 양태 이외에는 아무것도 존재하지 않는다. 모든 양태는 신의 속성의 변용일 뿐이기 때문이다"(제1부 정리28). 따라서 나를 포함해 이 세상에 존재하는 모든 개체는 이렇게 '양태'로서 존재한다. 스피노자는 양태를 무한양태와 유한양태로 분류하여 설명한다(제1부 정리21). 무한양태는 다시 직접과 간접으로 분류된다. 직접적$_{\text{immediate}}$ 무한양태는 신의 속성에서 직접 생기는 양태로서 사유의 무한한 지성과 연장의 속성에 따르는 운동과 정지가 있다. 간접적$_{\text{mediate}}$ 무한양태는 직접적인 무한양태의 매개로 인해 생기는 무한양태로서 무한한 변화 속에서 언제나 동일성을 소유하는 우주이다.[41] 반면에 유한양태$_{\text{finite mode}}$는 특수한 각각의 개별적인 사물들이다.[42]

우리의 감각을 통해 보이는 넓은 의미의 세계, 흔히 말하는 생성소멸하는 삼라만상 혹은 자연은 실체의 양태라고 할 수 있다. 일상적인 자연과 실체로서의 자연을 혼동할 수 있다. 스피노자는 이런 혼동을 피하기 위해 두 가지 개념을 구분한다. 먼저 실체로서의 자연을 '능산적 자연$_{\text{natura naturans}}$'이라 부르고, 우리의 눈에 비치는 유한한 사물의 총괄로서의 자연을 '소산적 자연$_{\text{natura naturata}}$'이라 칭한다. 능산적 자연이란 능동적으로, 스스로 자신을 생산하는 자연, 즉 실체이다. 반면, 소산적 자연은 수동적으로 산출되는 자연이란 뜻으로 다양한 양태로 존재하는 자연세계를 가리킨다. 우리의 감각경험으로 알 수 있는 생성소멸하는 자연을 의미한다. 자연이 갖고 있는 두 가지 개념은 자연은 실체로서 어떤 초월적 절대자에 의해 창조된 게 아니라 자연 스스로가 만들어 간다(능산적 자연)는 점을 강조하는 것이다. 실체로서의 자연은 자기원인으로 스스로 존재하는 것이며 스스로 창조하는 힘을 지니기 때문이다. 자연은 눈에 보이지 않지만 이러한 생산적인 힘으로 가득 차 있다는 것이다. 이 점에서 스피노자는 세상만물을 창조한 조물주로서의 그리스도교적 신관에 정면으로 도전하는 것이다.

요약하면 스피노자는 데카르트의 실체개념을 비판적으로 수용하여 독자적인 사유체계를 수립한다. 데카르트는 실체를 신으로서의 무한실체와 유한실체로 구분한다. 유한실체는 '사유'의 속성을 지닌 정신과 '연장'의 속성을 지닌 물체이다. 사유와 연장은 유한실체인 정신과 물체의 속성인 것이다. 스피노자는 두 개념을 수용하지만 이들을 신으로서의 실체의 속성으로 본다. 사유와 연장이 신의 속성이 되는 것이다. 또한 데카르트는 정신과 물체를 구분하는 이원론적 세계관을 수립한 반면, 스피노자는 사유와 연장을 신의 속성에 포함시켜 일원론적 세계관을 내세운다. 신에게는 무한히 많은 속성이 있지만 그들 중에서 인간이 인식할 수 있는 속성은 사유와 연장뿐이다. "신은 사유하는 것"이며 "신은 연장된 것"(제2부 정의1, 2)으로서 인간에게 표현된다. 데카르트에게 사유와 연장의 구분은 이들의 양태인 정신과 신체를 구분하는 심신이원론이지만, 스피노자에게 이 둘의 관계는 심신평행론parallelism이 되는 것이다.

3) 라이프니츠의 모나드와 시계

고트프리트 빌헬름 라이프니츠Gottfried wilhelm Leibniz, 1646~1716는 데카르트, 스피노자와 마찬가지로 가장 위대한 철학자이며 근대 합리주의의 완성자로 평가받는다. 그는 다양한 분야에서 탁월한 학문적 업적을 드러낸 천재로서 "모든 분야에서 복잡한 물음들에 대한 단순한 해결책을 발견하는 그의 능력이 우리로서는 도달 불가능하다."[43] 는 찬사를 받기도 하였다. 당시의 왕인 프리드리히 2세는 라이프니츠를 "아카데미 그 자체"라고 평했으며, 칸트는 그의 모든 비판서에서 그를 "유명한 라이프니츠"라고 칭하고 있다.[44] 근대 경험론은 흄이 완성자로 평가받듯이 근대 합리론은 라이프니츠에게서 정점을 이룬다고 볼 수 있다. 라이프니츠는 논리학을 이용하여 신이 실체의 세계를 어떻게 창조하였는지를 상세히 규명하면서 이 세계의 양대 법칙인 자연 법칙과 도덕 법칙이 신의 이성으로부터 기인한다는 점을 논증하고 있다.[45]

라이프니츠는 인간의 인식과 실천 부문에서 이성의 역할을 중심에 놓는다는 점에서 이성주의 혹은 합리론자이다. 그는 이성이 감각경험의 도움 없이 세계의 존재를 인식할 수 있으며, 정념이나 욕구를 실현하는 데 도구적인 역할을 수행하고, 나아가 이성 그 자체로 의지를 규정할 수 있다는 전형적인 합리주의 입장을 견지한다. 경험론자들은 '감각 안에 없는 것은 지성 안에도 없다.'고 주장하지만, 라이프니츠는 지성 자체는 예외로서 본유적인 인식능력이 있다고 말한다. 어린이라도 존재와 실체 등의 관념을 파악한다는 것이 아니라 파악할 성향을 지니고 있다는 것이다. 경험론이 이성을 백지상태tabula rasa라고 주장한다면 라이프니츠는 이성을 다음과 같이 표현한다.

> "이성은 앞으로 그려나갈 그림의 밑그림이 수number에 의해 이미 연필로 표시된 캔버스이다."[46]

그는 본유관념의 예로 논리학과 산술, 기하학 등의 원리들을 든다. '삼각형은 원이 아니다.'는 본유적이지만, '단맛은 신맛이 아니다.' 등의 진리는 감각으로부터 오는 것이기에 본유적이 아니라고 말한다.

실체는 오직 모나드뿐

합리주의자인 라이프니츠는 데카르트의 이원론, 즉 정신과 물체라는 두 독립적 실체로 구분하는 주장을 부정한다. 또한 하나의 실체 안의 두 가지 속성이란 일원론을 주장하며 데카르트의 두 실체 간의 상호작용을 심신평행론으로 재해석한 스피노자의 사상을 실체의 정의, 자유의지 및 결정론의 위협이란 측면에서 마찬가지로 부정하였다. 특히 데카르트가 해명하지 못한 사유와 연장 간 상호관계를, 실체는 오직 영혼과 같은 모나드$_{Monade}$ 뿐[47]이라는 주장으로 극복한다. 이 두 가지 실체는 아무 관련이 없지만 신의 정신 안에 들어 있는 예정 조화에 따라 서로 연결된다는 것이다.

그가 말하는 모나드의 특성은 네 가지 관점에서 고찰될 수 있다.[48] 첫째, 모나드는 점이다. 즉, 존재자의 본래적 근거는 점과 같은 형태의 실체들이다. 둘째, 모나드는 힘 내지 힘의 중심체이다. 하나의 물체는 점 모양을 가진 수많은 힘의 중심체가 이뤄내는 복합체이다. 셋째, 모나드는 영혼이다. 점과 같은 이 근원적 실체들은 영혼을 가진 것으로 생각된다. 넷째, 모나드는 개체이다. 똑같은 두 개의 모나드란 존재하지 않는다. 모든 모나드는 최상위의 신적 모나드에서 최하위의 가장 단순한 모나드에 이르기까지 빈틈없는 연속적 계열을 이루고 있다.

라이프니츠는 모든 모나드는 함께 어울려서 세계의 전체적 조화를 형성한다는 주장을 유명한 '시계의 비유'를 들어 설명한다.[49]

> "서로 조금의 차이도 없이 시곗바늘을 움직이는 두 개의 시계가 있다고 치자. 이러한 일치가 일어나는 것은 세 가지 방식으로 설명될 수 있다. 먼저, 두 시계는 애초부터 기술적 장치에 의해 연결되어서 서로 의존하기 때문에 차이를 나타낼 수 없다고 생각할 수 있다. 다음, 두 시계를 끊임없이 조절하는 기계 감독자가 있다고 가정할 수 있다. 마지막으로, 두 시계는 아주 정교하고 정확한 기술에 의해 제작된 것이기에 차이가 생길 수 없는 것이라 생각해 볼 수 있다."

라이프니츠는 세 번째 가능성을 선택한다.

> "신은 각각의 실체가 자신의 현존과 더불어 주어진 고유한 법칙만을 준수해도 서로 조화를 이룰 수 있게끔 두 실체의 속성을 정해 놓았다. 이로 인해 마치 두 실체 사이에서 상호 영향이 발생하거나 신의 손길이 늘 개입하는 것처럼 보이는 것이다."[50]

이것이 바로 라이프니츠의 예정조화설, 즉 신에 의해 미리 계획된 세계 조화의 이론이다.

라이프니츠의 인식론적 출발점은 '어떻게 인식 자체가 가능한가?' '세계가 어떻게 인간 이성으로 파악 가능한 것인가?'란 질문에 있었다. 먼저, 인식의 종류를 생각해 보자. 라이프니츠는 인간에게 가능한 인식의 종류를 데카르트와 마찬가지로 명석한 인식과 판명한 인식에 둔다(두 가지 인식 외에 충전적 인식과 직관적 인식을 제시했으나 이 둘은 신에게서나 가능한 인식으로 보았다). 명석한 인식은 감각적 인식에 해당하고, 판명한 인식은 이성적 인식에 해당한다.

감각적 인식과 이성적 인식

감각적 인식에는 기억에 의한 추리를 통한 인식이 있으며, 여러 차례 지각을 경험해서 생긴 습관을 통해 획득한 지식 등이 있다. 라이프니츠는 이성주의[합리주의] 입장을 견지하지만 그렇다고 감성의 역할을 아주 무시하지 않았다. 오히려 데카르트가 실체의 본성을 사유라고 주장한 것과 달리 실체의 본성은 지각과 욕구라고 주장하며 감성의 역할을 인정하였다. 인간은 이성을 가진 존재이기는 하지만, 오히려 전체 행동의 4분의 3은 다른 동물처럼 이성에 의하지 않고 경험이나 기억에 따라 행동한다고 보았다.[51] 단지 그는 인간 이성은 감각경험이나 정념, 욕구의 도움 없이도 사물을 인식할 수 있다는 점을 강조한 것이다.

감각적 인식이나 기억에 의한 인식의 대표적인 예가 종합판단에 해당하는 우연적 진리이다. 감각적 인식은 과거의 경험(예: 어떤 사물이 어떤 결과를 가져온다.)과 그에 대한 기억에 의해 한 사물의 존재로부터 그 결과를 추리하는 것이다. 이성적 추리를 통한 사물과 결과 사이의 보편적 관계의 인식이 아니다. 이런 사람은 마치 과거에 있었던 경험 많은 무자격 한약사와 같다. 이론은 없지만 오랜 경험을 통해 약재를 처방하는 한약사의 인식과 같은 것이다.

이성적 인식은 이성을 통해 사물을 인식하는 것이다. 인간이 동물과 구분되는 점이 바로 이성적 인식이다. 대표적인 예가 분석판단에 해당하는 필연적 진리이다. 그러나 필연적 진리만이 이성적 인식에 해당하는 것은 아니다. 어떤 사물과 그 결과 사이의 관계에 대한 보편성을 인식하고 그 사물로부터 결과를 추론한다거나, 어떤 사물에 대한 본질적 특징을 통하여 다른 사물과 구별할 경우 이것은 필연적 진리를 산출하는 것은 아니더라도 이성에 의한 인식[판명한 인식]이라 볼 수 있는 것이다.[52] 감각적 인식[지식]과 이성적 인식[지식]에 대한 예를 들어 보자.[53]

> "누군가가 나한테 '우리 옆집에는 빨간 머리의 남자와 그의 뚱뚱한 아내가 살고 있다.'라고 말한다. 이 말은 완벽하게 참일 수도 있지만 또 완벽하게 거짓일 수도 있다. 이를 입증하는 확실한 방법은 옆집에 사는 사람이 빨간 머리의 남자인지(아니면 검은 머리인지, 금발인지, 대머리인지), 또는 이 두 사람만이 옆집에 사는지에 대해 면밀한 관찰을 하는 것이다. 관찰과 경험을 통한 감각적 인식이 바로 이와 같다.
>
> 그러나 어떤 사람이 '우리 옆집에는 총각 한 명과 그의 뚱뚱한 아내가 살고 있다.'라고 말한다면 우리는 더 관찰할 필요도 없이 이 진술이 거짓임을 알게 된다. 우리는 이 진술을 확인하기 위해 관찰할 필요가 없다. 왜냐하면 '총각'은 미혼의 남자이기에 옆집 사람이 총각이면서 아내가 있을 수는 없기 때문이다. 이 진술은 자기 모순적이기 때문에 참일 가능성이 없다. 관찰과 경험 없이 이성으로 파악할 수 있는 '이성적 진리'가 바로 이와 같다."

라이프니츠에 따르면 모든 진리는 이 두 가지 논리적 유형에 속한다. 즉, 감각적 인식에 의한 '사실진리'와 '이성진리' 혹은 추론의 진리이다. 달리 말하면, 두 가지 진리는 라이프니츠가 논리학에서 모든 명제는 종합명제와 분석명제(이후 흄은 '명제' 대신 '판단'이라 한다.)라고 말하는 두 가지 명제를 의미한다. 주목할 점은 라이프니츠는 초기에는 후에 칸트가 구분한 종합명제와 분석명제의 구분을 부정하였다는 점이다. 모든 참인 명제는 분석명제와 같이 주어 개념의 분석을 통하여 술어가 주어에 포함되어 있음을 밝힐 수 있어야 한다고 보았기 때문이다.[54]

이성진리인 분석명제는 주어 개념 안에 술어가 명시적으로 포함되어 있는 진리이다. '총각은 결혼을 하지 않은 사람이다.'란 명제는 주어[총각]에 이미 술어[결혼하지 않은 사람이다]가 명확히 포함되어 있다. 관찰이나 경험이 필요 없다. '2+3=5'와 같은 수학적 명제도 마찬가지이다. 경험에 앞서, 즉 선험적으로 참이라는 게 증명되는 분석판단이다. 이성에 의한 판단의 문제로서 참인지 거짓인지가 필연적으로 판명되기에 필연명제이다. 앞의 예에서 '총각과 그의 아내'란 진술은 사실 확인이 필요 없이 그 용어의 사용상 참이거나 거짓일 수밖에 없는 분석명제에 해당한다.[55]

반면에 종합명제는 주어가 술어를 포함하지 않으며 지식을 확장한다. 주어의 분석을 통하여 주어의 분석이 계속되기에 주어 안에 술어가 포함되어 있음을 증명할 수 없는 '사실진리'인 것이다. '그 남자의 머리는 빨간색이다.' '목련은 흰색이다.'와 같이 사람이나 사물의 특질, 성질을 가리키는 판단이 그렇다. '안중근 의사가 이토 히로부미를 해치웠다.'와 같은 역사적 사실을 포함하는 판단은 후천적으로만 참이란 점을 알 수 있는 종합판단이다. 종합명제는 경험에 의해 판명되는 우연적 명제이다. 앞의 예에서 '빨간 머리 남자와 그의 뚱뚱한 아내'란 진술은 관찰과 경험에 의해 파악되는 종합명제에 해당하는 것이다.

모순율과 충족이유율

그렇다면 어떻게 이성적 인식이 가능한가? 라이프니츠는 인간의 이성적인 인식의 두 가지 원리를 전제한다. 즉, 모순율과 충족이유율sufficient reason이다. 이 두 원리는 다른 원리들에 의해 증명될 수 있는 것이 아니라 본유적인 원리가 된다. 이성적 인식이 되려면 이 두 원리를 모두 충족해야 한다. 첫째, 모순율은 모순을 포함하고 있는 것은 생각할 수 없다는 원칙을 말한다.[56] 모순을 포함하고 있는 명제는 참된 지식, 진리가 될 수 없기에 이성진리이든 사실진리이든 모순을 포함하지 않아야 한다. 라이프니츠는 『단자론Monadologie』(1714)에서 다음과 같이 말한다.

> "우리의 이성적 인식들은 두 가지의 큰 원칙에 기인한다. 첫 번째 원칙은 모순율인데, 우리는 이를 통해 모순을 범하는 모든 것은 거짓이라 판단하고 거짓인 것과 대립되거나 모순되는 모든 것을 참이라고 판단하는 것이다."[57]

앞의 예[이성적 인식]에서 '총각 한 명과 그의 뚱뚱한 아내'라는 명제는 모순을 범하는 것이다.

둘째, 충족이유율은 그 명제가 참이기 위해서는 충분한 이유가 있어야 한다고 보는 것이다. 꼭 그렇게 되어야만 하는 충분한 이유가 있어야 모든 사실은 참이 된다는 것이다. 라이프니츠는 충족이유율을 "어떤 것도 충분한 근거 없이는 존재하지 않는다Nihil est sine ratione sufficiente."[58]라고 정의한다.

> "두 번째로 이성적 인식들은 충족이유율에 기인하는데, 이를 통해 우리는 비록 대부분의 경우에는 우리에게 그 근거들이 알려지지 않는다 해도 어떤 것이 왜 이래야 하고 달리 되어서는 안 되는지에 대하여 충분한 근거가 존재하지 않는다면 어떤 사실도 진실 또는 존재하는 것으로 증명될 수 없고 어떠한 명제도 참으로 증명될 수 없다고 생각한다."[59]

어떤 것이 그러하게 된 데에는 반드시 그러하게 된 이유가 있어야만 한다는 것이다.

이 두 가지 원리는 라이프니츠가 구분하는 진리의 두 가지,[60] 즉 이성진리와 사실진리의 근거가 된다. 두 가지 진리 모두 공통적으로 명제가 모순을 포함하지 않아야 한다. 즉, 모순율을 충족시켜야 한다. 특히 이성진리는 수학적, 기하학적, 논리학적 진술처럼 필연적 진리로 정의되기 때문에 전적으로 모순율에 근거하여 참이 되는 명제이어야 한다. 또한 어떤 명제가 이성진리가 되기 위해서는 즉각적으로 부정하면 모순이 되는 동일 명제이거나, 주어 개념의 분석을 통해 동일 명제로 환원이 될 수 있어야 하기에, 이성진리의 근거는 동일 명제이다.[61] 사실진리의 근거 역시 모순율 충족에 있지만 이 조건은 단지 필요조건일 뿐이다. 어떤 사실에 관한 명제가 참이기 위해서는 충족이유율에 따라 참이기 위한 충분한 이유가 있어야 한다. 모든 것이 그러한 데에는 당연히 그러하게 된 이유가 있어야만 한다.

마지막으로, 모순율과 충족이유율을 이해하기 위해서는 라이프니츠의 신개념에 대한 이해가 필수적이다. 그는 신을 모든 사물의 최종 근거로 이해한다. 충족이유율에 따르면 우연적 진리의 근거가 존재해야 하는데 그것이 신이라는 것이다. 신이 우연적 진리, 즉 사실명제의 진리의 근거인 까닭은 사실명제가 대상으로서의 사태에 관한 진술이고 사태는 신에 의해 규정되는 것이기 때문이다. 따라서 신은 필연적이고 가장 완전한 존재이며 모든 존재의 최종 근거이기 때문에 신의 외부에 독립적인 것은 없다고 말한다. 신도 실체지만 모든 유한한 실체가 그로부터 산출되는 근원적 실체라는 것이다.

2. 영국의 경험주의

우리는 논리적인 이성理性 때문에 사랑에 빠지는 것일까? 이성 때문에 모차르트 음악을 듣고 먹음직스런 음식 앞에서 입맛을 다시는 것일까? 경험주의 입장에서는 단연코 아니다. 흄의 사상에 따르면 오히려 이성은 정념의 노예이다. 우리의 행동은 정서적 욕구와 정념 등에 지배되는 것이며 정념의 노예인 이성은 그 욕구를 충족시키는 데 이용될 뿐이다.

합리주의에 대한 주된 반응으로 17세기 영국에서 등장한 경험주의는 인식의 기반을 감성적 경험과 귀납이라고 주장한다. 감각적 경험으로 알 수 없는 선험적인 것들은 지식으로 인정하지 않는다. 모든 생각과 표상은 경험을 통해 획득된다는 것이다. 우리가 지각하지 못했던 것은 생각할 수 없다고 단정한다. 경험주의자, 특히 데이비드 흄에 의하면 우리가 존재하지도 않고 지금까지 보지 못한 '황금산'을 생각할 수 있는 것은 황금과 산을 보았기 때문이다.[62]

경험주의는 지식을 얻는 방법으로 주로 귀납법을 사용한다. 개별적 현상들을 하나하나 관찰해서 동일한 개념을 발견하거나 공통된 법칙을 구성하는 방법이다. 백조(고니)를 하나하나 관찰하고 검증해 보니 모두 흰색이어서 '백조는 희다'란 명제를 도출한 것이다. 그러나 호주대륙을 발견하면서 호주에 검은 고니(백조)가 서식한다는 게 발견되었다. 따라서 경험적 지식은 주관적, 상대적이기에 개연성은 높은 것이지만 확실한 지식, 진리는 불가능한 것이 된다. 귀납적 방법에 기초한 경험론은 결국 회의주의로 빠져들게 된다.

경험주의는 존 로크John Locke, 1632~1704가 토대를 마련했다면 버클리와 흄은 이를 발전시켰다고 할 수 있다. 경험주의는 지식은 오로지 감각적 경험을 통해 획득한 것이라고 주장한다. 외부세계에 대한 모든 지식과 정보는 인간의 감각경험으로 도출될 수 있다는 것이다. 정신은 이런 정보를 평가 및 조직하고 그로부터 결론을 이끌어 내며 다른 것과 정보를 결합시키는 데에 결정적인 역할을 한다. 그러나 지식과 정보 자체의 원천은 오직 감각경험일 뿐이라고 주장한다.

1) 로크의 백지설과 교육

존 로크는 데카르트와 마찬가지로 철저한 의심에서 출발했지만 그 의심은 데카르트와는 전혀 다른 것이었다. 데카르트는 세계가 이성에 내재해 있는 본유관념과 그에 의거한 연역적 방법에 의해 수학적으로 엄밀하게 설명될 수 있다는 확신을 버리지 않았지만, 로크는 경험이나 관찰에 의하지 않은 지식이나 개념은 오히려 과학적 지식의 발전에 방해가 된다고 보았다. 플라톤의 이데아처럼 인간은 세계에 대한 일정한 정도의 지식을 갖고 태어난다는 생각을 부정한다. 본유관념이란 생각도 마찬가지라는 것이다. 로크는 우리 지성이 과연 그런 능력이 있는가의 물음을 던진다. 우리 사유 자체의 수단과 가능성을 검토해야 한다는 것이다. 특히 인간의 의식은 어떻게 해서 표상과 개념이란 것을 갖게 되었는가? 그런 표상은 어느 정도의 확실성을 갖는가?[63]

백지설과 평생교육

'로크의 인식 가능한 대상의 한계는 무엇인가?'에 대한 관심은 후에 칸트의 코페르니쿠스적 전회와 같은 철학에 영향을 미치게 된다. 로크는 우리의 정신이 할 수 있는 한계를 파악할 수 있다면 우리가 인식할 수 있는 대상의 한계를 발견할 수 있다고 생각하였다. 로크는 주저인『인간지성론』(1670)의 서문에서 "인간의 능력을 고찰하고 인간의 능력을 방해하는 것이 무엇인지를 아는 것이 필수적"이란 점을 밝히고 있다. 우리의 지성능력 자체에 대한 한계와 대상들이 이 지성능력의 범위 안에 있는지의 여부를 탐구하는 것을 출발로 한다. 이를 위해 로크는 제1부에서 데카르트의 본유관념innate ideas이란 존재하지 않는다는 사실을 증명하는 데 집중한다. 그는 유아나 장애인, 야만족의 정신상태를 예로 든다. 그들에게 보편적인 이론적, 실천적 성질의 관념이나 개념, 원칙 같은 것이 존재하느냐고 반문한다. 로크는 본유관념을 부정하고 대신 백지설tabula rasa을 주장한다. 즉, 경험 이전의 인간의 의식은 아무것도 씌어 있지 않은 백지와 같은 상태인 것이다.

로크의 백지설은 21세기 평생교육시대에 의미 있는 시사점을 제공한다. 모든 사람이 백지 상태의 정신 혹은 의식세계를 갖고 태어난다면 우월하거나 열등한 사람 없이 모두가 평등한 상태로 삶을 출발하는 것이다. 따라서 개인의 의식세계와 나아가 삶을 결정하는 핵심기제는 평생교육이 된다. 개인이 무엇을 어떻게 교육 받고 학습하는지와 직결되기 때문이다. 17세기 신분계급이 중시되는 프랑스에서도 로크의 백지설은 가히 혁명적이었다. 신분에 관계없이 모두가 교육을 통해 사회적 종속에서 해방되고 평등해질 수 있다는 믿음을 주었기 때문이다.

단순관념과 복합관념

그는 주저 2부에서 우리의 의식내용 혹은 모든 관념은 오직 경험에서 유래한다는 것을 치밀하게 논증해 나간다. 로크에게 관념이란 의식내용을 의미한다. 경험을 통한 감각 이미지, 사상, 감정, 기억 등을 넓은 의미로 관념이라 칭한다. 그는 관념을 단순관념과 복합관념으로 구분한다. 단순관념은, 예를 들어 누런 금속을 보고 '누렇다'고 혹은 '금'이라고 판단하는 것이다. 외부 인상의 단순한 모사를 일컫는 것이다. 복합관념은 이 단순관념들을 결합해서 만드는 것으로서 '금'이란 단순관념과 '목걸이'란 단순관념을 결합해 '금목걸이'란 관념을 만드는 것을 의미한다. 신이나 인간, 정신, 물체 같은 보편적 개념은 복합관념으로서 인간의 오성悟性, understanding이 만드는 것이다.

주목할 점은 로크의 '관념'에 대한 생각은 물질과 정신이라는 두 개의 실체를 인정하는 결과를 가져온다는 점이다. '누렇다'는 단순관념을 야기하는 물질적 실체가 우리(주체)의 감각을 자극해서 단순관념이 생기는 것이기 때문이다. 그렇다면 인식주체와 인식대상을 구분하는 데카르트의 주장과 같은 맥락이 되는 것이다.

로크는 감각인 외적경험을 통해 의식에 들어온 것들을 통해 인간은 자신을 둘러싼 세계를 먼저 알아간다고 말한다. 로크는 의식에 들어온 것들을 제1성질과 제2성질로 구분한다. 제1성질primary qualities은 물체 자체에 속하는 성질이다. 물체의 연장과 형태, 길이, 넓이, 높이, 무게 등 측량 가능한 속성처럼 관찰자 개인의 지각과는 무관한 성질이다. 제1성질은 주체와 관계없이 모두가 동일하게 느끼는 성질이다. 객관적으로 대상을 설명하는 것이며 현실과 지각 사이에 직접적이고 명백한 관계가 존재한다. 제2성질을 이루는 것은 과학이 다룰 수 없는 성질로서 맛, 냄새, 색깔 등이 있다. 이들은 주체가 경험하는 것에 따라 달라지는 애매한 방식으로 대상 속에 들어 있는 것이다. 로크 인식론의 본질적인 내용은 인간은 사물의 관찰 가능한 속성과 성질만을 알 수 있기 때문에 그 속성과 무관하게 대상 그 자체가 무엇인지는 파악할 수 없다는 것이다.

2) 버클리, 존재는 오직 지각

아일랜드의 젊은 천재적 철학자로 평가받는 조지 버클리George Berkeley, 1685~1753는 24세 때 탁월한 심리학 저술인『새로운 시각이론An essay towards a new theory of vision』을 발표한다. 여기서 그는 우리가 거리나 크기 또는 눈에 보이는 대상들을 판단하는 것은 감각들 사이의 연결로 이루어지는 경험에 의존한다는 점을 밝혀낸다.

> "우리는 거리를 보는 것과 똑같은 방식으로 크기를 본다. 그리고 우리는 어떤 사람의 용모를 보고 부끄러움이나 분노를 느끼는 것과 같은 방식으로 거리나 크기를 본다. 이런 정념들 자체는 눈에 보이지 않지만 시각의 직접적인 대상인 색깔과 표정의 변화와 함께 눈을 통해서 들어오게 된다. 그리고 색깔과 표정의 변화는 오직 그런 정념을 수반하는 것으로 관찰되어 왔다는 이유만으로 그런 정념을 의미하게 되었다. 경험이 없다면 우리는 얼굴 붉힘을 기쁨의 표시로 여길 수 없듯이 부끄러움의 표시로도 여길 수 없을 것이다."[64]

시각으로 판단한 형태와 촉각으로 판단한 형태를 서로 연결하는 일은 오직 경험을 통해서만 배울 수 있다는 것이다.

버클리는 로크의 경험주의적 견해와 기본적으로 같은 선에 있다. 그러나 두 가지 관점에서 로크를 비판한다. 첫째, 로크의 실체 개념이다. 로크는 모든 복합관념은 인간의 오성[정신]이 결합한 것이라 말하면서 물질과 정신이란 두 가지 실체를 인정한다. 그러나 버클리는 이런 실체가 실재한다는 생각을 부정한다. 둘째, 로크와 달리 버클리는 제1성질과 제2성질을 구분하지 않는다. 로크는 제1성질은 물질 그 자체에 속하는 객관적 성질이라 주장한다. 그러나 버클리에 따르면 우리가 지각하고 인식하는 모든 것은—외적지각에 의한 것이건 내적 지각에 의한 것이건, 제1성질이건 제2성질이건, 단순관념이건 복합관념이건 상관없이—오직 우리 의식의 현상으로서, 우리 정신의 상태로서 주어지는 것이다.[65] 버클리는 하나의 사물이란 의식 내에 존재하는 감각들의 항상적 총량에 지나지 않는다고 말한다. 이를 바탕으로 그는 후에 널리 알려진 명제를 내세운다. 즉, 물질적 실체는 존재하지 않는다.

"존재는 지각된 것이다Esses est percipi."

사물의 존재는 단지 그것이 내게 지각되기에 성립한다는 것이다. 내가 컴퓨터 작업이 끝나서 컴퓨터를 끄고 사무실 문을 닫고 나서는 순간, 컴퓨터는 지금은 존재하지 않는 것이며 단지 '존재했던 것'이다. 다시 말하면, 존재란 지각된 것 혹은 '지각될 수 있는 것'이다.[66] 우리의 세계 안에서 물체는 현존하지 않으며 오직 사유하는 정신과 그 정신 안에 현존하는 관념만이 있다는 것이다. 오직 정신과 그의 관념만을 현실적 존재로 인정한다는 점에서 그의 견해는 철저한 관념론이라 할 수 있다.

3) 흄의 당구공과 인식론

데이비드 흄David Hume, 1711~1776은 흔히 근대철학을 극한으로까지 몰고 갔던 회의론자로 평가받는다. 흄은 영국의 경험론 및 계몽주의 철학을 빛낸 위대한 철학자 중 세 번째 인물이다. 로크는 잉글랜드 출신이고 버클리는 아일랜드, 흄은 스코틀랜드 태생이다. 흄은 경제학자인 아담 스미스Adam Smith, 1723~1790와 친구로서 교분이 두터웠으며 생전에는 경제학자로도 명성을 얻었다. 흄은 26세 때 자신의 대표작인『인간본성론A treatise of human nature』을 집필하였다. 흄은 책의 부제, '실험적experimental 추론법을 도덕적 주제들moral subjects에 도입하는 시도'에서 경험론적 관점을 명확히 밝히고 있어 인간본성의 바탕을 경험에 둔다는 점에서 로크 및 버클리와 일치하고 있다. '실험적'이란 말은 '경험과 관찰로 근거를 삼는다'는 것을 의미하기 때문이다.[67] 흄은 과학은 물론 철학에도 경험에 근거하지 않은 원칙을 제시할 수 없다는 점을 분명히 한다.

흄은 경험주의의 기본 전제를 로크와 공유한다. 즉, 외부 세계, 사물에 대한 우리의 지식이나 인식은 궁극적으로 경험(자신이나 타인의)을 통해서만 얻을 수 있다는 것이다. 따라서 우리의 인식 바깥에 독립적인 물질적 세계가 존재한다고 확신할 수 없다는 버클리의 사상에 동의한다. 흄의 경험론은 '자아란 무엇인가?'라는 개인의 자아의 존재부터 질문한다. 인간이 자신을 돌아보면서 자기 자신이라고 생각하게 만드는 것은 감각경험이나 사고, 정서, 기억 등인데 이들 모두는 불변하고 보편적인 것이 아니라 늘 변하고 유동적인 것이다.

자아는 지각의 묶음

그렇다면 경험하는 자아인 인식의 주체는 결국 허구인 것이다. 이런 논지를 바탕으로 흄은 '나'란 자아 혹은 정신이 따로 있는 것이 아니라, 단지 지각의 다발, 즉 인상과 관념의 꾸러미라고 주장한다. 자아, 주체 혹은 정신이라는 것은 인상과 관념이 끊임없이 번갈아 스치고 지나가는 극장, 그것도 무대조차 따로 없는 극장 같은 거라는 것이다. 데카르트의 근대철학의 출발점이자 로크나 버클리도 자명한 것으로 여겼던 '정신' '주체'라는 범주를 흄이 해체하는 것이다.[68]

자아가 허구라는 흄의 주장은 매우 충격적이다. 이런 주장은 이후 칸트의 철학에 지대한 영향을 미치게 된다. 따라서 논의에 앞서 흄의 인식론의 결론을 먼저 정리해 볼 필요가 있다. 인식의 주체인 자아가 허구라는 흄의 사상은 인식론적 회의주의에 떨어질 수밖에 없다. 인식의 대상은 주관적인 경험밖에 없으며, 뒤에 논의하겠지만 세계에 관한 지식을 가능케 해 주는 인과율도 허구라면 인식 자체가 불가능해진다는 결론으로 귀결되기 때문이다.

귀납적 지식은 습관에 의한 관념의 연상에 불과하다고 보기에 진리에 도달하지 못한다. 같은 맥락에서 흄은 라이프니츠와 마찬가지로 분석명제와 종합명제의 구분을 중요시한다. 그러나 흄은 분석명제는 동어반복이기에 어떤 지식도 가져오지 못하는 반면, 종합명제는 검증될 수 없기에 어떤 지식도 참인지 아닌지를 입증하지 못한다고 말한다. 따라서 어떤 명제도 참된 지식과는 관련이 없다는 것이다. 흄은 경험론을 극단으로 몰고 가 회의주의에 빠뜨리고 만 것이다.

지각은 인상과 관념

다시 논의를 계속하자. 흄은 로크의 경험론을 받아들이지만 몇 가지 점에서 새롭게 발전시킨다. 그는 로크나 버클리와 달리 관념으로 모든 표상을 포괄하는 대신 좁은 의미로 관념이란 개념을 사용한다. 흄은 감각경험에서 오는 지각을 인간의 정신 안에 떠오르는 모든 것을 통칭하기 위한 의미로 사용한다. 그는 지각perception을 오직 두 종류로, 즉 인상impression과 관념idea으로 나눈다. '인상'은 감각작용sensation과 정념passion, 정서emotion처럼 외적 및 내적 지각에 의해 분명히 주어지는 것을 의미한다. 반면, '관념'은 사고와 추론을 포함하는 지각으로서 희미한 상image이며 기억이나 상상력이 인상을 모사한 것을 일컫는다. 사유와 추론의 기초가 관념이 된다.

예컨대, 모처럼의 여행길에 숨 막힐 듯한 아름다운 경치를 보면서 그 풍경에 대한 '인상'을 받는다. 흄의 말대로 그 인상은 나의 "영혼에 처음 출현하는"[69] 감각작용인 것이다. 여행이 끝나고 집에 돌아와 여행길에 본 그 풍경을 떠올린다. 이때의 풍경은 생생하게 직접 목격한 풍경의 '인상'이 아니라 풍경의 '관념'인 것이다. 풍경의 '관념'은 풍경에 대한 나의 기억이 '인상을 모사模寫'한 것이다.

주목할 점은 어떤 대상에 대한 인상이 있어야 관념도 존재한다는 것이다. 인상이 없으면 관념도 없게 된다. 따라서 모든 지식은 관찰경험의 증거를 제시할 수 있어야 하며 경험에 근거하지 않은 어떠한 지식도 그 확실성을 보장받지 못한다. 흄의 이러한 인식의 기본적인 형태는 세계를 이해하는 방식인 인과관계 혹은 인과성 자체에 대한 비판으로 나아간다. 인식론의 관점에서 볼 때 흄의 독창적인 업적은 인과성에 대한 비판이라 할 수 있다.

인과성이 중요한 이유는 현재까지 알려진 세계의 모든 현상을 과학자는 물론 우리도 인과성의 개념을 통해 이해할 수 있기 때문이다. 과학은 이성에 기반한 정신활동을 통해 우주는 무질서한 혼동 상태가 아니라 서로 다른 사건들이 연결되는 지속적인 규칙성이 유지된다는 것을 밝혀냈고 또 밝혀내고 있다. 이에 반해 철학의 역할은 과학의 정신활동 그 자체를 연구하는 것이라 할 수 있다. 철학의 입장에서 흄은 과학의 정신활동인 인과론 그 자체를 비판한다. 흄의 비판은 둘 이상의 대상 간의 관계를 비교 또는 발견하는 추론reasoning에 바탕을 둔다. 흄에 의하면 추론은 서로 관련된 둘 이상의 대상들이 갖는 지속적 혹은 일시적인 관계를 비교, 발견하는 것이다.[70]

인과론의 비판

추론은 논증적 추론과 개연적 추론으로 구분한다. 논증적 추론은 관념 간의 관계에서 직관적으로나 논증적으로 확실한가를 따진다. 논증을 통한 지식이 성립되기 위해서는 증명이 되어야 하는 것이다. 개연적 추론은 '대상들 간의 관계를 비교, 발견'하는 것이다. 개연적 추론에서는 대상 간의 관계를 분석하기 때문에 어떤 확실성을 갖는 지식이 성립하지 않는다. 흄은 이 두 가지의 추론 중 단지 확실성을 갖는 관념 간의 관계만을 분석하는 것을 넘어 보다 폭넓게 인식작용을 포괄하는 개연적 추론을 더욱 중요시하였다. 그 이유는 인상이 혼합되어 있지 않은 채 관념만으로 하는 추론은 가공적일 뿐이기 때문이다.[71] 개연적 추론의 유일한 예가 바로 인과추론, 즉 원인에서 결과 혹은 결과에서 원인을 추론하는 것이다.[72]

일반적으로 인과성이란 자연에서 관찰된 어떤 변화(운동이나 행위)가 그와 시간적, 공간적으로 연관 있는 다른 변화와 결부되고, 이때 후자가 전자에 의해 야기된 것으로, 즉 전자의 필연적 결과로 간주되는 것을 말한다.[73] 그렇다면 우리는 어떻게 그런 필연적 결합을 가정하게 되는가? 흄에 의하면 인과성에 대한 표상이 진리가치를 지닐 수 있는 것은, 우리에게 결합을 인과적이고 필연적인 것으로 보여 주는 인상이 존재할 때뿐이다. 그러나 흄은 그런 인상이 존재하는 것은 아니라고 말한다. 외적 지각이나 실체 개념에서 그런 인상은 존재하지 않는다는 것이다. 내가 지각할 수 있는 것은 감각들뿐이다.[74] 흄은 원인과 결과의 관계를 설명하기 위해 당구공의 충돌을 자주 예로 든다.[75] 결론부터 말하면 다음과 같다.

"원인과 결과의 관념은 마음의 습관에 불과하다.[76]"

먼저 한 사람이 큐를 들고 A라는 공을 치면, 이 공은 다시 B라는 공을 맞히게 된다. 이때 내가 지각한 내용에만 초점을 맞춘다면 내가 본 것은 A라는 현상 다음에 B라는 현상이 일어난다는 사실뿐이다. 첫 번째 공이 두 번째 공에 충돌해야만 하는 필연적 연결의 관념이 나오는 인상을 받지 못한다. 즉, 지각작용이 내게 보여 주는 것은 언제나 '계기관계$_{\text{post hoc}}$'일 뿐 인과관계$_{\text{propter hoc}}$는 아니다.[77] 인과관계는 필연적인 관계를 의미하는데 우리가 당구공에서 관찰한 현상은 사건의 연속일 뿐인 것이다. 그럼, 어떻게 해서 인과관계로 착각하게 되는가?

흄에 의하면 우리가 처음으로 어떤 현상을 관찰할 때는 거기에 인과결합이 존재하는지, 아니면 두 움직임이 '우연히' 마주한 것인지 모른다. 그러나 두 움직임의 동일한 관계를 시간적, 공간적 연관 속에서 반복해서 관찰하면 이 두 가지가 필연적인 작용관계에 있다는 표상을 갖게 된다. 단순한 습관이 내부에서 인과연관의 표상을 발생시키는 것이며 나는 그 표상을 지각하고 내적 인상으로 삼는 것이다. 이렇게 반복되는 습관은 나의 정신에 기억으로 남게 되고 이후 당구를 계속 치게 되면 그 기억은 하나의 마음의 습관이 되어 인과관계의 관념이 형성되는 것이다. 그러나 당구공과 공의 관계는 인과관계가 아니라 습관에 의한 관념인 개연성에 불과한 것이다.

나아가 개연성이 아니라 항상 반복된다고 해도 인과관계는 아니다. A사건이 있을 때마다 반드시 B와 같은 사건이 일어난다고 해서, 혹은 변함없이 연속적인 접촉이 유지된다고 인과관계가 있는 것은 아닌 것이다. 예를 들어, 날마다 낮이 오고 그 다음에 밤이 찾아온다. 그러나 낮은 밤의 원인이 아니다. 낮과 밤은 서로 다른 것, 즉 천체가 스스로 고정된 자전축을 중심으로 태양의 주위를 공전하기 때문에 생기는 것이다. 고대 그리스 사람들처럼 태양의 신 아폴론이 태양을 마차에 싣고 하루에 한 번씩 동쪽에서 서쪽으로 날아가기 때문이라고 믿는 사람이 아니고서는 다 아는 사실이다. 따라서 어느 하나가 다른 것의 원인이 아니어도 둘 사이의 관계는 한결같이 유지될 수 있는 것이다.

인과론을 당연시해 왔던 당시의 철학계에 흄의 철학은 지식의 세계를 회의주의로 몰아넣게 된다. 지식뿐만 아니라 자아와 같은 실체에도 흄의 추론은 적용된다. 자아란 태어나서 죽음에 이르기까지 인상과 관념을 통해 형성된 다양한 지각이 끊임없이 나타났다가 사라지는 것에 불과하다. 자아란 인상과 관념, 즉 지각의 다발이며 인과론에서 보듯 습관이 만들어 낸 산물인 것이다. 합리론의 문을 연 데카르트의 '의심할 수 없는 자아의 명증성'과 대척점에 서 있게 된 것이다.

3. 칸트의 코페르니쿠스적 전환

서양 근대철학에서 칸트의 위치는 절대적이다. 근대철학의 합리론과 경험론이란 두 물줄기가 큰 호수로 흘러들게 되는데, 그 호수가 바로 칸트의 비판철학으로 평가

된다. 나아가 칸트의 비판철학의 호수는 피히테, 셸링, 헤겔 등의 독일관념론에 물을 공급하여 형이상학의 완성자라는 헤겔이란 바다로 나아가게 된다는 점에서 서양철학에서 칸트의 역할은 지대하다.

칸트의 지대한 역할은, 그때까지 인간의 모든 인식이 대상에 따라야 한다고 생각해 온 것을 뒤집은 것이다. 대신, 대상이 인간의 인식에 따라야 한다고 주장한다. 다시 말해 의식이 존재를 닮는 것이 아니라, 의식이 존재를 자기 자신과 닮게 하는 것이다.[78] 이것이 칸트의 코페르니쿠스적 전환이다.

1) 합리론과 경험론의 종합

임마누엘 칸트Immanuel Kant, 1724~1804의 인식론에 영향을 미친 철학자는 라이프니츠와 로크, 흄 등으로 알려져 있다. 칸트가 철학을 시작할 당시 독일은 라이프니츠의 극단적 합리론이 팽배해 있었다. 반면, 칸트는 로크의 경험론을 이어받은 흄의 극단적인 경험주의를 접하고 큰 영향을 받게 된다. 흄은 주체는 관념들의 다발(묶음)이라 정의하면서 주체를 해체시켰다. 흄에 의해 인간의 모든 감각경험에 의한 지식은 지극히 주관적이며 일회성과 우연성을 특징으로 하기 때문에, 단지 개연성이 높은 것일 뿐 확실한 인식[지식, 진리]은 불가능한 것이 되었다. 한마디로 우리는 어떤 것에 대해서도 객관적 인식을 가질 수 없다는 것이다.

칸트는 이런 흄의 회의주의 덕분에 "독단의 잠에서 깨어날 수 있었다."고 술회한다. 그리고 인간 주체와 인식의 문제를 다시 정초하는 철학적 작업을 시작하게 된다. 칸트는 합리론과 경험론이 갖는 근본적인 한계가 무엇인지를 간파하였다. 인식의 기반을 이성적 사유와 연역으로만 보는 합리론은 독단으로 흐를 수 있으며, 반면에 백지설을 바탕으로 인식의 기반을 감성적 경험과 귀납으로만 보는 경험론은 회의주의로 귀결될 수 있다는 점을 지적한다.

칸트는 논증이나 반증을 할 수 없는 본유관념을 설정하지도 않고, 반대로 모든 인식을 경험으로부터 이끌어 내는 백지설도 수용하지 않았다. 이를 바탕으로 칸트는 합리론과 경험론의 두 극단을 종합하는 새로운 철학, 즉 이성과 감성의 협력을 통한 새로운 인식 체계를 수립하였다. 서로 다른 고유한 기능인 지성과 감성의 결합에서 인식이 생겨난다는 주장이다. 그의 새로운 인식 모델 작업의 결실이 바로 『순수이성비판Kritik der reinen Vernunft』이다. 이 책의 재판 서론 첫머리에는 칸트 인식론의 핵심이 제시되어 있다.

> "우리의 모든 인식이 경험과 함께mit 시작된다는 것은 전혀 의심할 여지가 없다. … 그러나 우리의 모든 인식이 경험과 함께 시작된다 할지라도, 그렇다고 해서 우리의 인식 모두가 바로 경험으로부터aus 생겨나는 것은 아니다"(B1).[79]

짧은 문장에서 칸트는 인간의 실질적인 인식은 경험에서 시작된다는 점을 강조함으로써 경험주의를 받아들인다. 반면에 '그렇다고 해서'란 접속어를 통해 인식 모두가 경험에 의한 것이 아니며, 경험으로 얻어지지 않는 선천적인 이성의 형식이 필요한 점을 강조한다. 따라서 인간 인식의 두 줄기는 감성과 이성[지성]이다. 감성은 경험을 통해 들어오는 표상들[질료]을 받아들이는 수용능력이며, 이성은 그 표상들을 하나의 개념 혹은 판단으로 종합해 참된 인식에 이르게 하는 자발적 능력인 것이다. 칸트의 인식론은 양대 전통인 경험론과 합리론을 절충 혹은 종합해 제3의 길을 제시한 것이다.

2) 인식의 대상은 현상일 뿐

『순수이성비판』은 말 그대로 '이성Vernunft'에 의한 '이성' 자체의 비판을 의미한다. 이성이 알 수 있는 것과 알 수 없는 것의 한계와 범위, 작동방식 등을 철저히 비판하는 방식으로 주체를 다시 정립하려는 것이다. 비판의 결과 칸트가 강조하는 것은, 인간에게 가능한 경험의 대상은 시간과 공간 중에 주어지는 '현상'일 뿐, 결코 인식 주관과는 무관하게 존재하는 '사물 자체物自體'일 수 없다[80]는 것이다.

그는 우선 '현상Erscheinung'과 '사물 자체物自體, Ding an sich, thing in itself'를 구분하고 인간이 인식할 수 있는 대상은 '현상'만으로 제한하였다. '현상'이란 우리의 감각기관을 통해 나타나는[직관된] 대상을 의미한다. '사물 자체'는 우리의 인식능력과 상관없이 인식의 한계를 넘어 존재하는 '사물 자체'이다. 우리가 인식할 수 있는 것은 '그 자체로 있는 사물'이 아니라, 우리의 인식능력에 따라 '나타나는 대로의' 대상인 현상뿐인 것이다. 그렇다면 첫 번째 질문이 제기된다. 칸트는 왜 현상과 사물 자체를 구분하고 현상만을 인식할 수 있다고 했을까?

칸트는 우리가 현상만을 인식할 수 있지만, 그럼에도 불구하고 경험으로부터 독립된 선천적a priori 지식,[81] 즉 객관적, 보편적이며 필연적인 지식이 가능하다는 것을 강조한다. 이 말은 다음에서 논의할 '선천적 종합판단이 가능하다'는 말과 같다. 여기서 두 번째 질문이 제기된다. 칸트는 현상만을 인식하는 우리가 어떻게 선험적 종합판단이 가능하다고 했는가? 다시 말해, 우리의 인식 기관[형식]의 고유한 본성은 무엇인가? 이 물음이 『순수이성비판』에서 칸트가 해명하려는 인식론의 핵심이다.

우선 결론부터 말하고 논의를 진행하도록 한다. 칸트는 이 두 가지 질문의 답을 사유의 혁명인 '**코페르니쿠스적 전환**Kopernikanische Wende'을 통해 증명하고자 하였다. 다시 말해, 코페르니쿠스적 전환은 대상에 대한 관심에서 시선을 돌려, 그 대상을 구성하는 '주체의 능동적이며 자발적인 행위'에 대한 관심으로의 전환을 통해, 대상 인식에 있어서 인간 인식능력의 자발성이 갖는 의미를 극적으로 보여 주는 것이다.[82]

코페르니쿠스적 전환이란 천동설에서 지동설로의 전환이다. 천동설은 지구가 중심에 있고 그 주위를 태양이 돈다고 생각하는 것이다. 코페르니쿠스는 이를 거꾸로, 즉 태양이 중심에 자리하고 지구가 그 주위를 돈다는 지동설로 전환시켰다. 마찬가지로 칸트 이전에는 대상이 인식의 중심이자 기준이었다. 그 둘레를 우리의 주체가 회전하고 있었다. 칸트는 이런 사유방식을 전환해 주체를 인식의 중심에 놓고 대상이 그 주위를 도는 것으로 바꾸어 놓았다. 사유방식의 전환이면서 '사유방식의 혁명Revolution der Denkart'인 것이다. 칸트는 자신이 이룬 사유의 혁명을 코페르니쿠스와 비교한다.

> "그것은 코페르니쿠스의 최초의 생각과 유사하다. 코페르니쿠스는 천체가 관찰자 주위를 돈다고 가정하고서 천체의 운동을 설명하고자 했을 때 부딪혔던 난점을 해결하기 위해, 반대로 별들이 정지해 있다고 가정하고 천체운동을 설명하고자 시도한 사람이다."[83]

부연설명을 해 보자. 코페르니쿠스적 전환은 우리의 인식이 대상을 따르는 것이 아니라 대상이 우리의 주관적인 인식의 형식[법칙]을 따른다는 것이다. 칸트 이전의 대상 중심 인식론에서는, 대상[사물]은 주체의 인식과는 상관없이 존재 혹은 선재先在한다고 생각했다. 그 존재하는 사물을 우리 인식이 다가가서 그 사물을 앞뒤 좌우로 인식하면서 있는 그대로 그려내는 것[복사, 모사]에 초점을 두었다. 인식이란 이미 그 자체로 있는 존재자를 모사模寫하는 것模寫設이었다.

우리의 지각이나 표상은 그 대상을 비추는 것과 같다. 마치 거울이 사물을 비추는 것처럼 마음이 외부의 대상을 반영 혹은 반사하는 것이다. 따라서 참된 앎[진리]이란 우리의 인식[표상]이 외부에 존재하는 대상[사물]에 얼마나 정확히 일치[대응]하느냐가 기준이었다. '진리 대응설'이란 인식론이 주를 이루게 되는 것이다. 인식 혹은 참된 앎의 기준을 대상[객관세계]에 두기 때문에 부등호로 표시하면 '대상 > 인식'이었다.

3) 주체 중심의 인식론

그러나 칸트는 이러한 전통적 사유방식을 주체 우위의 인식론으로 전환시킨다. 대상인 사물들은 그 자체로 존재하는 독립적인 사물이 아니라 시간과 공간에 따라 질서지워져서 우리 인식에 나타나는 '현상Erscheinung'일 뿐이라고 주장한다.[84] 주체인 우리의 인식과 무관하게 존재하는 사물은 생각할 수 없다는 것이다. 오로지 주체와의 관계 안에서만 사물은 사물로서 나타날 수 있다는 것이다.

따라서 칸트에게 사물은 더 이상 사물이나 존재자가 아니라 인식주체인 나와 마주보는 '대상對象'이란 말로 불려진다. 사물은 인식주체에 '마주 서 있는' 대상이며 주체를 전제로 성립하기 때문이다. 이제 주체가 중심이 되어, 주체 앞에 마주 서 있는 대상을 규정하는 것이다. 과거처럼 주체가 사물을 베껴 내는 것이 아니라 그 대상은 '~~이다'라고 포착, 파악 및 '판단'을 하게 된다. 그 판단하는 틀[인식 형식]을 주체가 갖고 있는 것이다. 대상을 '~~이다'라고 파악하는 것(1차는 직관, 2차는 사고)은 주체의 인식형식을 부여하는 작용이며 주체가 대상 안으로 '초월'해 들어가는 것[초월적 활동]이다.

칸트에게 마음은 더 이상 거울이 아니다. 마음은 정보처리장치처럼 인식능력 혹은 인식의 형식을 갖춘 주체가 된다. 따라서 칸트는 우리에게 '하얀 백지'(백지설)가 있는 게 아니라 주관적인 인식형식이 존재한다는 점을 강조한다. 모든 대상은 그 인식형식에 맞아떨어져야만 인식될 수 있는 것이다. 따라서 이제 진리의 기준은 객관적 대상이 아닌 우리의 주관적 인식형식이 된다. '대상>인식'에서 '인식>대상'으로 전환, 즉 객관에서 주관으로의 전환인 것이다. 달리 말하면 인식의 성립 여부는 대상의 주도에 의한 수동적 '경험Erfahrung'이 아니라, 우리의 이성의 주도에 의한 능동적 '구성Konstruktion'에 달려 있게 된 것이다. 이런 주체중심으로의 사유의 전환은 이후 독일의 관념론을 거쳐 실존주의 등의 철학사조로 연결된다.

그럼, 칸트의 코페르니쿠스적 전환을 단계적으로 논의해 보도록 하자.

4) 코페르니쿠스적 전환의 단계

칸트는 먼저 우리의 선험적인 인식능력을 다룬다. 인간에게는 '선천적인 순수인식reine Erkenntnis a priori'이 있다는 것이다. 그는 이를 선험철학이라 부른다. 우리는 경험을 통해 표상[질료](로크의 관념)들을 받아들인다. 표상은 우리의 인식형성을 위해 필수적이다. 그러나 칸트는 그것만으로는 부족하고 우리의 선험적인 두 가지 인식능력, 즉 감성과 이성의 인식형식이 협력함으로써 제대로 된 인식이 가능하다고 본다. 따라서 칸트의 인식론은 '인식=질료+형식'이란 공식이 된다.

질료는 우리 안에 들어오는 것이고, 형식은 우리가 경험 이전에 갖고 있는 두 가지 인식능력인 감성과 이성이 각각 갖추고 있는 선험적인 인식의 틀로서 일회적, 우연적인 질료에 통일성, 보편성, 필연성을 투여해 제대로 된 인식을 형성하게 된다.[85] 칸트는 다음과 같이 말한다.

> "경험에서 감각인상은 그 개념들과 관련해서 전 인식능력이 발동하고, 그 경험이 성립하도록 하는 최초의 계기를 제공한다. 경험은 전혀 다른 두 종류의 요소, 곧 감각[기관]으로부터 유래하는 인식을 위한 질료와, 이 질료를 정리하는 순수한 직관과 사고의 내적 원천으로부터 유래하는 일정한 형식을 포함하고 있으며, 직관과 사고의 형식은 질료를 기연으로 해서 작동하게 되고, 개념을 산출한다."[86]

따라서 칸트는 감성과 이성(또는 지성: 좁은 의미의 이성)을 우리의 양대 인식능력으로 본다. 지식은 이 두 가지 핵심 요소의 협력에 의해 가능하며, 둘 중 하나라도 결여되면 인식이 성립할 수 없다. 감성이 없다면 대상이 우리에게 들어오지 않을 것이고, 이성이 없다면 대상으로 생각되는 게 없을 것이다. 칸트의 말처럼 "내용 없는 사상들은 공허하고, 개념들 없는 직관들은 맹목적"[87]이게 된다.

칸트는 이러한 주관적인 선험적 인식형식이 있기 때문에 우리에게 선험적 종합판단synthetisches Urteil a priori이 가능하다고 본다.[88] 다시 말해, 어떤 지식이 진정한 인식이 되기 위해서는 두 가지 조건, 즉 경험으로부터 독립적이어야 하고, 우리의 기존 인식에서 확장된 정보를 주는 종합판단이어야 한다. 두 가지 조건을 구비한 것이 선험적 종합판단인데, 칸트는 우리에게 선험적 인식형식이 있어 가능하다는 것이다.

칸트에게는 모든 판단이 분석판단과 종합판단으로 구분된다. 우리의 지식은 '~은 ~이다' 등과 같이 판단을 하는 것이다. 분석판단은 주어에 술어가 포함된 판단이다. 주어 개념에 이미 있는 것을 술어로 풀어낸 것이기에 설명판단이다. 예를 들어, '이 농구공은 둥글다.' '모든 처녀는 미혼 여성이다.'처럼 '농구공'이나 '처녀'란 주어에 술어 '둥글다'와 '미혼 여성이다'가 이미 내포되어 있기 때문에 경험과는 관련 없는 판단이다. 주어를 분석하기만 하면 필연적으로 술어 개념이 도출된다. 그런데 이런 분석판단은 지식을 분명하게 해 주고 보편성과 필연성은 있는데, 우리가 알고 있던 것 이상의 어떤 새로운 지식을 확장해 주지는 않는다.

반면, 종합판단은 지식을 확장해 주는 판단이다. 경험적 판단으로서 주어에 술어가 포함되지 않은 판단이다. 예를 들어, '이 농구공은 무겁다.' '이 처녀는 경찰이다.'처럼 농구공이나 처녀의 개념을 아무리 분석해도 '무겁다'나 '경찰'이라는 술어가 도출되지 않는다. 그런데 종합판단은 보편성(상대적 보편성만 있다)과 필연성은 없으나 우리에게 새로운 지식, 확장된 정보를 제공해 준다.

이렇게 볼 때 선험적 종합판단은 종합판단이기 때문에 지식이 늘어나고 확장하면서도 선험적이기에 보편성이 있는 판단이다. 칸트는 선험적이면서도 종합판단인 것[선험적 종합판단]이 가능한지를 묻는 것이다. 이런 선험적 종합판단들이 존재해야 학문이 성립할 수 있기 때문이다. 즉, 지식이 확장되어 가면서도 보편성이 있는 판단이어야 학문이 가능하기 때문이다. 칸트는 선험적 종합판단이 가능하며 대표적인 사례를 수학이나 물리학에서 찾을 수 있다고 보았다.[89] '8+7=15' 같은 수학적 판단은 경험적으로 일일이 세어 보지 않아도 타당하다는 것을 안다. 그래서 수학이 가능해진다. 얼핏 보면 8과 7의 합이 15이므로 분석판단으로 보일 수도 있다. 그러나 8과 7의 합이란 생각만으로 15가 나타나는 것은 아니다. 다른 수들의 합으로도 15가 가능하기 때문이다. 이런 수학적 판단은 보편성과 필연성을 지니면서 경험과 무관한 것이다.

그럼 선천적 종합판단이 가능하다면, 우리의 인식능력은 외부에 존재하는 대상의 지배를 받지 않는다는 것을 입증한다. 선천적 종합판단은 경험이나 대상에서 오는 것이 아니라 우리의 인식능력 자체에서 올 수밖에 없는 것이다. 따라서 인식의 근거는 인식 대상이 아닌 인식 주관의 판단형식에서 찾아야 하는 것이다. 결과적으로 우리 인식능력이 대상을 따르는 것이 아니라 외부 대상이 우리 인식의 형식[법칙]을 따른다는 코페르니쿠스적 혁명이 일어나는 것이다. 인식능력이 자신의 본래의 법칙에 따라 대상을 규정하고 그렇게 규정되는 대상만 구성한다는 것이다.

이런 점에서 칸트의 인식론은 경험과는 독립적이면서 경험을 가능하게 하는 초월론적$_{\text{tranzendental}}$ 주체의 사유라 할 수 있다. 다시 말해, 선험적 종합판단에 이르는 우리의 인식은 경험을 넘어서 존재하는 인식의 형식이나 틀에 의해 가능한 것이다. 그런 선험적 인식의 틀이 있기 때문에 그 틀에 맞추어 외부의 대상을 구성함으로써 보편적인 참된 지식에 도달할 수 있다는 것이다. 칸트의 인식론을 '구성주의$_{\text{constructionism}}$'로 부르는 이유가 여기에 있다. 여기서 인식의 형식 혹은 인식 틀은 어부의 그물망이나 붕어빵을 만드는 빵틀에 비유될 수 있다.[90] 인식주체는 바다[인식대상]를 향해 그물[인식틀]을 던져 그것을 다시 끌어 올림으로써[종합 · 구성함으로써] 지식을 얻을 수 있는 것이다.

5) 인식형식의 구조

그렇다면 우리의 그 인식형식의 구조는 무엇인가? 즉, 어떤 선천적 인식능력이 선천적 종합판단을 가능하게 하는가? 선천적 인식형식은 크게 두 가지이다. 앞에서 먼저 언급한 대로 칸트는 우리의 선험적인 두 가지 인식능력은 '감성'과 '이성'임을 강조한다. 이 두 가지 인식형식이 협력함으로써 제대로 된 인식이 가능한 것이다. 따라서 칸트의 인식론은 '인식 = 질료 + 형식'이란 공식이라고 말했다. 이제 이 두 가지 인식능력을 살펴 볼 차례이다.

감성은 감각하는 능력이자 직관할 수 있는 능력이다. 보고 듣고 맛보고 느끼는 등의 감각[직관]들을 통해 대상이 사물 자체$_{\text{Ding an sich}}$가 아닌 현상$_{\text{Erscheinung}}$으로서 우리에게 들어오게 하는 '수용능력'이다. 즉, 대상이 우리 마음을 '촉발'시켜 우리 안에 인식에 필요한 감각자료들 혹은 질료를 수용하는 역할을 하는 게 감성이다. 현상에 들어있는 질료는 매우 '잡다한' 특징이 있다. 그런데 감성은 그 잡다한 사물[질료]들을 수동적으로 아무거나 들여보내는 게 아니라 '시간'과 '공간'이라는 인식형식을 통해 질서를 지어 받아들인다. 즉, 우리의 의식이 대상을 지각할 때, 그 안에 있는 감성(이라는 직관능력)이 작동해서 공간과 시간(이라는 직관형식)을 통해 수용한다는 것이다.[91]

주목할 점은 대상이 일단 의식에 수용된 후 나중에 배열되는 것이 아니라 감성의 선험적 직관형식인 시간과 공간에 따라 대상을 질서지어 구성한 상태로 들어오게 된다는 점이다. 즉, 시간과 공간이란 선험적 형식과 더불어$_{\text{mit, with}}$ 모든 인식이 이루어지는 것이다. 감각의 인식형식이 공간과 시간이기에 칸트에게 존재하는 것은 모두 시간과 공간 안에 있는 것이다. 따라서 칸트에게는 형이상학적 존재자 혹은 형이상학적 세계는 성립하지 않는다. 단지 당위적인 형이상학적 세계는 존재할 수 있다.

이성은 감성에 의해 수용된 감각자료들을 능동적으로 규정하고 완전한 인식을 이루어 내는 능력이다. 그런데 칸트는 『순수이성비판』에서 사유능력인 이성을 세분화하여 지성$_{\text{知性, Verstand}}$(또는 오성)과 협의의 이성으로 구분한다. 두 능력 모두 잡다한 것들을 종합하여 하나의 통일체 형성을 추구하는 점에서는 공통이지만, 지성은 감성이 제공하는 잡다한 현상들을 종합해 인식 가치가 있는 개념을 만드는 것인 반면에, 이성은 지성이 이룩한 여러 지식을 종합해 더 큰 전체적 통일을 이루려고 한다.[92] 지성은 감성의 형식을 통해 들어온 감각자료들을 '범주$_{\text{Kategorie}}$'라는 선험적 형식을 통해 다시 가공해서 인식하게 된다. 이제 비로소 세계는 그 자체로서가 아니라 재구성된 현상으로서 재현[표상]되는 것이다.[93]

지성의 범주[94]는 크게 네 가지, 즉 양–성질[질]–관계–양상[양태]으로 구분되며, 각 범주는 세 가지의 '순수개념'들을 갖는다. (따라서 12개 범주가 된다.) 양은 '단일성–다수성–전체성'을, 성질은 '실재성–부정성–제한성'을, 관계는 '속성–인과성–상호성'을, 양상은 '가능성–현존성–필연성'을 갖는다. 지성은 이러한 순수개념들에 의해 직관의 다양성 안에 있는 그 무엇을 이해할 수 있는 것이다. 따라서 칸트는 『순수이성비판』(A50/B74)에서 다음과 같이 밝힌다. 즉, '감성은 표상들을 받아들이고 지성은 표상들을 관련시켜 사고한다'.

> "따라서 직관과 개념들은 우리 인식의 모든 요소를 이룬다. 그렇기에 그것들에 어떤 방식으로 대응하는 직관이 없이는 어떠한 개념들도, 또한 개념들이 없이는 어떠한 직관도 인식을 제공할 수가 없다."

칸트는 직관과 개념, 감성과 지성은 상호보완적임을 강조하는 것이다. 감성 없이는 대상이 주어지지 않고, 지성 없이는 대상이 사고되지 않는다. 따라서 칸트는 "내용 없는 사고는 공허하고 개념 없는 직관은 맹목이다."[95]라고 단언한다.

칸트의 범주 중에서 인과관계의 경우만 간략히 살펴보자.[96] 일반적으로 우리는 비가 내린 것과 땅이 젖었다는 각각의 사건을 인과율로 종합해 비가 와서 땅이 젖었다고 판단한다. 흄에게서 보았듯이, 이런 인식은 (내재적 관계가 아닌 외재적 관계에 있는) 독립적인 두 사건이 반복과 습관에 의해 만들어진 인과관계에 불과하다. 그러나 칸트는 우리의 인식은 이 두 사건을 인과관계로 보도록 선험적으로 틀이 지어져 있다고 본다. 따라서 비가 내려서 땅이 젖었다고 하는 판단은 원인과 결과라는 선험적 범주에 의해 구성된 것이다. 또한 그렇기 때문에 이것은 단지 개연성이 높은 정도에 머무는 것이 아니라 보편적이고 필연적인 지식이 될 수 있다.

지성 다음에 협의의 이성의 역할은 무엇인가? 칸트에 의하면 "우리의 모든 인식은 감관에서 출발하여 지성으로 나아가고 이성에서 끝난다".

11

정신적 인간에서 몸의 부활로

우리는 하루일과 중 가장 먼저 하는 일이 나의 몸(신체)을 보는 일이다. 몸과 함께 세상에 태어나서 매일 몸과 함께 살며 몸과 함께 세상을 떠난다. 몸은 인간실존의 절대한계인 것이다. 그런데 몸에 대한 사유방식은 다음의 두 사례에서 드러난다.

사례 ❶ 영화 〈공각기동대〉 – 인간은 정신

1995년에 개봉한 애니메이션 영화 〈공각 기동대: 고스트 인 더 쉘Ghost in the Shell〉은 메카닉 몸을 만드는 장면으로 시작한다.[97] 몸이 다 만들어지고 나서 전원이 켜지면 쿠사나기는 일반 사람처럼 활동한다. 쿠사나기는 자율적이고 도덕적인 존재로 존중받는데 이유는 그녀에게 고스트가 있기 때문이다. 영화에서 고스트는 기억과 같은 정신의 내용물이나 메카닉인 몸으로 환원되지 않는 것으로 설정된다.

사례 ❷ 「그리스인 조르바」 – 인간은 육체

니코스 카잔차키스의 『그리스인 조르바』의 한 대화 내용이다.[98] 어느 금욕주의자가 여자를 보고 육욕의 갈등이 견디기 어려워 도끼를 들어 생식기를 잘랐다는 얘기를 듣고는 버럭

소리를 지른다. "참 병신 같은 친구도 다 있네…. 그걸 자르다니! 그런 병신은 지옥에나 가야지. 그것 참 순진하고도 깜깜한 친굴세. 그건 장애물이 아니에요!" "하지만, 아주 큰 장애물이 될 수도 있겠지요. 하늘나라로 들어가는 데." 그러자 조르바는 한심하다는 듯이 말한다. "… 이 답답한 양반아. 그건 천국으로 들어가는 열쇠라는 걸 왜 모르셔?"

사례 ①은 데카르트의 인간에 대한 생각과 거의 같다. 데카르트에게 인간은 몸과 정신으로 구성되어 있지만 인간의 주체성은 마음이나 정신에 있다고 보았다. 몸은 인간 이성의 지시에 따라 수동적으로 움직이는 기계나 도구 정도로 폄하되어 왔다. 사례 ②는 '나는 나의 몸이다'라는 생철학이나 실존철학의 입장을 떠올리게 해 준다. 조르바는 인간은 정신과 육체의 결합체임을 본능적으로 깨닫고 있다. 인간의 주체성은 정신에 있는 것이 아니라 몸에 있다는 주장이다.

플라톤 이래 데카르트에 이르기까지 서양 철학자들은 인간의 본질을 영혼이나 정신, 사유라고 규정하였다. 데카르트의 '나는 사유한다je pense.'가 말해 주듯 앎과 행함의 주체는 정신이었다. 그러나 19세기에 들어 마르크스와 프로이트, 니체, 메를로퐁티 등은 '나는 나의 몸이다.'란 명제를 제시하며 주체를 신체로 이동시킨다. 주지주의 전통에서 정신의 지시를 받는 자동기계로 여겨졌던 몸을 행동하는 주체로 재탄생시킨다. 행동하는 몸을 메를로퐁티는 '나는 할 수 있다je peux (I can).'로 표현한다. 나의 고유한 신체활동이 사유보다 앞서는 주체라는 것이다.

1. 신체에 대한 새로운 해석

형태심리학의 창시자인 루이 꼬르망Louis Corman, 1901~1995은 심리학이 저지른 오류 가운데 가장 심각한 것은 서양철학사에서 보듯이 육체와 정신의 철저한 분리를 확립한 것이라고 평가한다.[99] 같은 맥락에서 성인교육학자인 샤란 메리엄Sharan Merriam도 다음과 같이 말한다.

"서양에서는 정신이 어디에 있는지도 모르면서도 전통적으로 학습을 정신에서 일어나는 지적인 프로세스로 정의해 왔다."[100]

학습에 대해 말할 때 신체와 영혼은 거의 고려되지 않는다는 것이다. 나아가 신체적 활동을 통해 얻는 학습은 저급한 것으로까지 인식되었다. 학습과 교육의 초점은 오직 "무지에서 지식으로의 정신상태의 변화이다. 서양의 교육에서 가장 높은 지위는 그것이 효용이 있는가 여부와 상관없이 가장 추상화되고 비물질적인 학습의 몫이고, 가장 하위의 지위는 우리가 하루하루 신체적 활동을 통해 얻는 구체적이고 물질적인 학습이다".[101] 따라서 학습은 곧 정신적 프로세스, 사고와 인지를 통한 지식의 습득을 의미하는 것이었다. 그러나 1900년대 말에 들어서면서 성인학습이론에서 신체가 새롭게 조명을 받게 되었다.

1) 신체 없는 철학전통

서양철학이 동틀 무렵부터 현상과 본질을 구분하는 이원론적 사유방식은 신체와 이성[영혼]의 엄밀한 구분 및 육체에 대한 이성의 우위와 관심으로 이어졌다. '인간' 하면 이성이었고 신체는 항상 관심 밖으로 밀려나 있었다. 소크라테스가 "너 자신을 알라."면서 자신에 대한 무지를 환기시켰지만 이때의 '너' 역시 이성을 바탕으로 한 반성적인 자아였다. 사람은 알아야 하고 또 알면 이성의 지시에 따라 몸의 행동은 따라온다는 **주지주의**主知主義 신념을 견지한 것이다. 몸[신체]은 '철저히 소외된 철학적 담론의 고아'였던 것이다.

플라톤의 『국가』를 비롯한 대화편에서 인간의 본 모습은 곧 영혼이었다. 육체는 영혼의 감옥일 뿐 영원불멸하고 이데아의 세계로 돌아갈 운명인 영혼만이 참된 자아로 인정받았다. 플라톤의 제자인 아리스토텔레스에게서도 인간은 영혼과 육체의 결합이며 이 합일체가 이성적이면서 사회적인 존재로 여겨졌다. 로마시대로 접어들면서 플로티누스를 비롯한 신플라톤주의의 인간관이 그리스도교 전통과 조우하게 되었고 영혼 중심의 자아관은 종교적 색채를 띠게 되면서 더욱 공고해졌다. 신플라톤주의에 그리스도교 사상의 옷을 입힌 아우구스티누스의 철학 및 신학은 이후 중세 천 년의 영혼

중심의 자아관의 토대를 마련하게 되었다. 인간의 자아는 곧 영혼이며 영혼은 신의 모상으로 플라톤 철학과 마찬가지로 궁극적으로 신에게로 돌아갈 운명이었다. 육체는 잠시 영혼이 머무르는 덧없는 장소일 뿐 절대자와의 유기적 관계 속에 있는 영혼만이 구원의 대상이자 진정한 자아였다.

데카르트에 의해 문을 연 근대철학에서 이성 중심의 이원론은 더욱 체계화되었다. 데카르트에게 인간은 '사유'하는 존재와 '연장'적 존재의 결합으로 이해된다. 내가 존재한다는 것은 곧 사유한다는 것이다. 즉, 나의 본질 자체가 바로 사유이기에 지각하고 의심하고 판단하는 등의 의식 활동[사유]의 주체로서 나는 존재하는 것이다. 데카르트의 "나는 사유하기에 존재한다."는 명제는 나란 존재의 본질은 곧 의식이라고 단언하는 것이다. 주목할 점은 소크라테스, 플라톤 그리고 중세를 거쳐 데카르트에 이르기까지 이러한 이성[영혼] 중심의 전통적인 이원론에서는 자아로서의 몸[신체]은 관심의 대상이 아니었다는 것이다. 행함의 주체는 이성이며 몸은 이성의 지시에 따라 움직이는 수동적인 물질에 불과한 것으로 생각했다. 앎과 행동의 주인은 우리의 '의식consciousness'이라는 믿음이다.

2) 의식과 몸은 하나다

그러나 행동의 주체를 오로지 의식이나 정신에 두는 사유방식은 19세기 이후 철학과 인지과학 등에서 의미 있는 성과들이 이어지면서 새로운 국면을 맞게 된다. 데카르트에서 경험주의를 거쳐 칸트와 독일 관념론에 의해 정교하게 다듬어진 이성[의식] 중심의 주체철학은 카를 마르크스의 역사유물론, 프리드리히 니체의 계보학, 지그문트 프로이트의 정신분석학의 등장과 함께 재고의 대상이 되었다. 아울러 의식의 주체와 의식의 대상, 몸과 영혼 등을 철저하게 구분하는 데카르트적 이원론 철학의 한계가 노정되기 시작하였다. 반면에 우리의 생활세계에서 세계를 경험하고 지각하게 되는 것이 '몸'[신체]이란 점에 대한 새로운 철학적 자각과 인지과학적 성과들이 나오기 시작하였다.

서양철학에서 몸의 중요성을 최초로 역설한 철학자가 니체이다. 니체는 "나는 전적으로 나의 몸이며, 그 밖의 아무것도 아니다."고 단언한다. 니체 사후 프랑스 포스트모더니즘의 선구자라 할 수 있는 메를로퐁티Merleau-Ponty, 1908~1961는 우리가 의식에 이르게 되는 과정을 신체의 현상학적 기술을 통해 치밀하게 논증하고 있다. 그 논증의 결과는 "나는 나의 몸이다."로 요약된다. 메를로퐁티의 몸의 철학은 이후 데리다, 들뢰즈, 푸코 등 프랑스 철학자들을 중심으로 활발한 논의가 이루어지게 된다.

메를로퐁티에 이어 마음이 신체화되어 있다는 사실을 본격적으로 연구한 학자들이 움베르토 마투라나Humberto Maturana, 1928~2021, 프란시스코 바렐라Francisco Varela, 마크 존슨Mark Johnson, 조지 레이코프George Lakoff를 비롯한 인지과학자들이다. 이들은 몸이 마음의 인지기능에 영향을 미친다는 '신체화된 인지이론'을 주장한다. 이때까지 몸은 마치 컴퓨터의 입출력 장치처럼 단지 감각기관을 통해 정보를 획득해 뇌로 전달하고 지시를 받아 행동으로 옮기는, 단순한 뇌의 주변장치로 간주해 왔었다. 그러나 신체화된 인지이론은 몸의 중심성을 회복해 몸을 마음 안으로 되돌려 놓는 새로운 신체화된 철학을 내세우는 것이다.

예를 들어, 낯선 사람들이 있는 곳에서 뜨거운 커피 잔을 들고 있다고 생각해 보자.[102] 신체화된 인지이론 실험에 의하면 낯선 사람을 대하는 사람의 기분도 누그러진다. 실내 온도가 알맞은 방안에 있어도 마찬가지 결과가 나온다. 딱딱한 의자에 앉아 협상을 하면 마음이 부드러운 남자도 상대를 심하게 다그친다. 무거운 배낭을 등에 지고 산에 오르면 비탈이 더 가파르게 느껴진다. 목이 마르면 물이 들어 있는 병이 더욱 가까이 있는 듯한 착각을 일으키게 된다. 이런 실험결과는 몸의 순간적인 움직임이나 사소한 움직임이, 예를 들어 부드러운 물건을 접촉하거나 고개를 끄덕이는 행동이 사회적 판단이나 문제해결능력에 영향을 미칠 가능성이 있음을 입증한다. 인지와는 무관해 보이는 깨끗함, 따뜻함, 딱딱함 같은 감각도 인지와 무관하지 않음이 밝혀진 것이다.

2. 니체, 나는 전적으로 신체일 뿐

"신체를 경멸하는 자들에게 나 나의 말을 하련다… 나는 신체이자 영혼이다. 어린아이는 이렇게 말한다… 그러나 깨어난 자, 깨달은 자는 말한다. 나는 전적으로 신체일 뿐, 그 밖의 아무 것도 아니며, 영혼이란 것도 신체 속에 있는 그 어떤 것에 붙인 말에 불과하다."[103]

니체는 플라톤에서 데카르트로 이어지는 전통철학의 신체관을 비판하고 자신의 철학을 명확히 제시한다. 전통철학의 신체관은 "배후세계를 신봉하는"[104] 자들이 갖고 있는 망상과 같은 맥락이란 점을 지적한다. 즉, 전통철학은 이원론에 입각해 '신체를 경멸'했다는 것이다. 신체가 야위고 허기져 있어야 영혼이 신체에서 벗어날 수 있다고 생각하며 신체를 무시했다는 것이다. 그는 데카르트가 나란 주체는 곧 정신이고 육체는 하나의 기계로 간주한 것에 정면으로 도전하다. 니체는 오히려 '정신과 영혼이 신체 속에 있는 그 어떤 것에 불과하다'고 말한다.

> "형제여, 네가 '정신'이라고 부르는 너의 작은 이성, 그것 또한 너의 신체의 도구, 이를테면 너의 커다란 이성의 작은 도구이자 장난감에 불과하다."[105]

니체는 인간은 신체와 영혼이 아니라 '전적으로 신체'라고 단언한다. 니체에게 나란 곧 몸이다. 니체는 "우리는 생각하는 개구리가 아니다. 차가운 내장을 지니고서 객관화하고 기록하는 기계가 아니다."라고 강조한다. 대신, "우리는 항상 산고를 겪으며 우리의 사상을 탄생시킬 수밖에 없는"[106] 신체임을 역설한다. 따라서 "나는 전적으로 몸$_{\text{Leib}}$일 뿐, 그 밖의 아무것도 아니다". 의식에 대한 몸의 우선성, 즉 정신은 몸을 매개로 표현된다는 것이다. 니체의 신체의 중요성은 그가 『차라투스트라는 이렇게 말했다』의 한 장을 '신체'(신체를 경멸하는 자들에 대하여)에 할애하고 있음을 보아도 알 수 있다. 니체의 정신과 신체와의 관계에 대한 자세한 설명은 3절의 '신체가 바로 나 자신'에서 하기로 한다.

1) 파르메니데스, 이원론의 근원

니체는 루이 꼬르망의 분석대로 전통철학에서의 육체와 정신의 철저한 분리를 철저하게 비판한다. 니체는 그 이원론의 근원을 데카르트는 물론 소크라테스 이전의 파르메니데스$_{\text{Parmenides, BC 510\sim450}}$까지 거슬러 올라가 찾는다. 파르메니데스 때부터 정신과 육체의 구분에 따라 "신체를 경멸하는" 철학사조가 시작되었다는 것이다. "파르메니데스는 추상적 사고에 대한 적성과 감각을 난폭하게 분리시키고, 따라서 감각과 이성을 마치 전혀 다른 두 개의 능력인 것처럼 분리시켰다. 그리하여 그는 개념적 사유 능력 자체를 파괴하고 정신과 육체의 완전히 잘못된 구분에까지 이르렀다."[107]고 비판한다.

정신과 육체를 구분하는 파르메니데스의 철학은 플라톤의 이성중심주의의 육체에 대한 관점으로 이어진다. 플라톤은『국가』에서 육체의 욕망에 관한 서양의 전통적 관점을 명확하게 규정한다. "욕망은 각자의 영혼의 대부분을 이루고 있고, 그 성향상 도무지 재물에 대해 만족을 모르는 것일세. 이 욕망이 육체적 쾌락으로 그득하고 강대해진 나머지 제 할 일은 하지 않고, 오히려 어울리지도 않게 다른 것들을 자신에게 예속시켜 지배하려 들고, 따라서 이들 모두의 삶 전체를 뒤집어엎게 되는 일이 없도록 영혼의 다른 부분들은 욕망을 감시하게 될 것이다."[108] 플라톤이 영혼을 세 부분으로 구분하면서 욕망은 이성에 의해 지배를 받아 극복되어야 한다는 것을 강조하고 있는 것이다.

이처럼 서양의 전통적인 이성 중심주의는 욕망을 철저히 이성의 관점에서 규정함으로써 한 번도 욕망을 '욕망 자체로서' 고찰하지 못했던 것이다.[109] 이러한 사유방식은 그리스 로마의 철학과 육체를 죄악시한 중세 기독교 신학을 거쳐 근대철학에 이르기까지 2500년 동안 서양문화를 저주처럼 짓눌러 왔다. 19세기 들어 마르크스, 니체, 프로이트의 등장과 더불어 이성에 의해 배제되었던 몸, 욕망, 권력이 새로운 철학적 조명을 받게 된다. 누구보다 몸에 대한 전통적 입장을 전복시키면서 몸과 욕망에 기초한 인간실존에 대해 새로운 사유방식을 제시한 철학자가 니체이다. 니체는 말한다.

> "지난날에는 영혼이 신체를 경멸하며 깔보았다. 그때만 해도 그런 경멸이 가장 가치 있는 것으로 받아들여졌다. … 그러나 너희 영혼, 궁핍함이요, 추함이며 가엾기 짝이 없는 자기만족이 아니냐?"[110]

그렇다면 니체는 왜 이렇게 몸의 중요성을 역설하는가? 니체의 철학은 서양 전통철학에 기반을 둔 공허한 도덕, 삶과 괴리된 형이상학의 추상화에 맞선 투쟁이라 할 수 있다. 그의 기본 인식은 삶은 몸을 통해 실행되기에 삶에 관한 성찰인 철학은 몸에 뿌리를 내리고 있어야 한다는 것이다.[111] 다시 말해, 몸은 구체적인 인간실존의 형태

를 취하는 것이기에 철학적 개념들과 인간의 구체적 삶은 분리되어서는 안 된다는 것이다.[112)]

몸과의 연관을 고려치 않는 철학적 사유는 삶과 현실의 실체를 규명할 수 없고 추상적이며 공허하기 때문이다. 이렇게 볼 때 몸에 대한 전통철학은 몸으로만 그치는 것이 아니라 철학자들이 수천 년 동안 신봉해 왔으며 가장 확실한 지반으로 믿어온 도덕, 가치에 대한 신념과 직결된다. 따라서 니체의 '몸' 사상은 니체의 인간관이며, 실존주의적 생의 철학의 관점에서 니힐리즘의 바탕인 전통 형이상학에 대한 비판이자 대결이란 관점에서 이해될 필요가 있다.

2) 몸의 회복은 삶의 회복

육체를 평가절하해 온 서양 전통철학에 대한 니체의 비판은『아침놀』의 서문에 잘 나타나 있다. 니체는 자신의 철학의 목표가 몸에 대한 올바른 이해를 통해 육체적 또는 정신적으로 건강한 삶을 회복하는 데 있음을 강조한다. 이를 위해 그는 자신의 철학적 작업을 플라톤에서 칸트까지 이어지는 철학을 근본적으로 규정하는 초월적인 도덕규범, 즉 도덕규범의 근원을 초월적인 것으로 보는 편견을 조사하고 파고들어 붕괴시키는 작업이라고 생각한다. 초월적인 도덕규범의 잔인한 지배에서 인간을 해방시켜 인간의 잠재적인 능력을 최고도로 발휘할 수 있는 정신적 토대를 제공하기 위해서였다.[113)] 초월적 도덕규범과 육체[몸]는 분리시킬 수가 없다. 예를 들어, 육체를 죄악시하는 기독교적 성도덕에서는 육체적 순결을 무조건 강조함으로써 죄책감을 만연하게 하고, 그 결과 사람들로 하여금 자신을 학대하게 하는 결과를 초래했기 때문이다.

니체에게 몸은 단순한 생물학적 의미의 몸이 아니다. 몸은 인간과 삶의 본질인 힘에의 의지의 표현이다. 이 점이 니체의 몸 사상의 핵심을 이룬다. 니체에 따르면 인간 그 자체 및 삶 그 자체는 본질적으로 권력의지 혹은 힘에의 의지$_{\text{Wille zur Macht}}$이다. 니체는 유고인『힘에의 의지』에서 다음과 같은 결론을 내린다.

> "이 세계는 힘에의 의지이다—그리고 그것 이외에는 아무것도 아니다! 게다가 또한 여러분 자신이 이 힘에의 의지이며—그리고 그것 이외에는 아무것도 아닌 것이다!"[114)]

니체에게 삶이란 모든 존재의 본질로서의 힘에의 의지이다. 힘에의 의지는 존재자의 '가장 일반적이고도 가장 심층적인 본능'인 것이다. 니체에게 요람에서 무덤까지 인간의 실존적 삶의 모든 개별적이고 다양한 행위는 힘에의 의지의 표현이다. 힘에의 의지가 활동하는 장이 바로 인간의 몸이다.

니체에게 힘에의 의지는 근본적으로 욕망의 의지이기에 삶은 근본적으로 끊임없는 성장이며 생성이고 의욕하는 것이다. 전통철학의 존재처럼 자기 동일성을 유지하는 것이 아니라 니체에게 존재란 지속적으로 변화하는 것이며 몸이 살아 움직이고 숨을 쉬는 것이다. 니체는 이것이 바로 존재에 대한 "근본적 확실성"이라고 말한다.[115] 니체 스스로도 연구실에 앉아 있는 철학자가 아니라 끊임없이 들판에서 걷고, 산을 기어오르고, 서 있는 철학자였다. 니체에게 삶이란 운동이기에 부동성은 바로 죽음이었다. 니체는『이 사람을 보라』에서 다음과 같이 말한다.

> "가능한 한 앉아 있지 말라; 야외에서 자유롭게 움직이면서 생겨나지 않은 생각은 무엇이든 믿지 말라—근육이 춤을 추듯이 움직이는 생각이 아닌 것도 믿지 말라. 모든 편견은 내장에서 나온다.—꾹 눌러앉아 있는 끈기—이것에 대해 나는 이미 한번 말했었다–신성한 정신에 위배되는 진정한 죄라고.—"[116]

니체에게 힘에의 의지로서의 욕망은 성욕이든 소유욕이든 또는 권력욕이든 간에 인간이 살아 있다는 것을 말해 주는 것이다. 실재가 아닌 생성과 불변의 존재를 구분하는 전통 형이상학의 이원론을 거부하면서 "살아 있는 것das Lebende이 존재이다. 그밖에는 어떤 존재도 없다."[117]고 단언한다. 니체는 이를 "영혼과 숨결과 실존이 존재와 동등하게 되었다."고 표현한다.

니체의 힘에의 의지는 다양한 욕망의 형태로 표출되고 관철된다. 욕망이라 하면 단순한 정념, 감정을 떠올리게 되지만 니체가 말하는 욕망은 다르다. 니체에 따르면 인간 욕망의 근저에 자리하고 있는 것이 바로 세상을 해석하려는 욕구이다. 니체는 말한다. "우리의 욕구는 세계를 해석하는 것이다. 우리의 본능과 그것의 찬성하고 반대하는 것, 모든 본능은 일종의 지배욕이며, 모든 본능은 자신의 관점을 가지고 있다. 본능은 이 관점을 다른 본능들에 규범으로써 강요하려 한다."[118] 이러한 해석에의 욕망에서 니체는 관점주의를 도입한다. 그에 의하면 우리가 가진 각각의 근본 충동들은 모든 사건과 체험에 대해 상이한 관점에서 평가를 내리기 때문에 각각의 충동은 다른 충동들과 관련하여 촉진되기도 하고 방해를 받기도 한다.[119]

3) 신체가 바로 나 자신

그렇다면 힘에의 의지의 장인 '몸Leib'과 이성은 어떤 관계에 있는가? 나는 신체일 뿐 그 밖의 아무것도 아니란 말은 무엇인가? 먼저 니체의 설명을 듣고 예를 들어 보기로 하자.

니체는 영혼과 육체를 분리하여 그중 하나를 '나'로 보는 관점을 부정하고 인간을 '총체성'에서 파악한다. 총체성이란, 인간을 이성적인 능력과 육체적 능력 그리고 욕구하는 부분이 통일체를 형성하는 존재로 보는 것이다. 이런 총체적 존재로서의 인간, 즉 신체가 바로 나 '자기das Selbst' 자신이다. 니체는 신체가 바로 나 '자신das Selbst'이며 '큰[大] 이성die große Vernunft'이라 칭한다. 전통철학에서 말하는 '정신'은 '큰 이성'에 포함된 '작은 이성'으로서 큰 이성인 신체의 도구가 된다는 점을 강조한다. 니체는 '신체를 경멸하는 자들에 대하여'에서 "인간은 전적으로 신체일 뿐"임을 강조하면서 신체인 '자기'와 이성과의 관계를 설명한다.

> "신체는 '커다란 이성die gro ß e Vernunft'이며, 하나의 의미를 지닌 다양성이고, 전쟁이자 평화, 가축 떼이자 목자이다. 형제여, 네가 '정신'이라고 부르는 너의 작은 이성Kleine Vernunft, 그것 또한 너의 신체의 도구, 이를테면 너의 커다란 이성의 작은 도구이자 놀잇감에 불과하다."[120]

니체는 데카르트가 말하는 이성이나 정신을 힘에의 의지가 배제된 순수 사유로 보면서 이를 '작은 이성'으로 칭한다. 이 작은 이성은 전통철학에서 생각하는 대로 더 이상 자립적인 실체가 아니라 몸이라는 큰 이성의 도구일 뿐이다. 니체는 이어, 우리는 '자아Ich'라는 말을 자랑스럽게 사용하지만 본질적인 것은 우리의 '큰 이성'인 육체라고 강조한다. 그 육체는 '나'라고 말하지 않으면서 '나'를 결정한다고 단언한다.

예를 들어 보자. 너무나도 매력적인 남성 혹은 여성이 지나가는 걸 보았다.[121] 과연 이때 일어난 일이 눈과 심장을 지배한 정신의 자유의지에 의한 것일까? 하지만 눈이나 심장 못지않게 정신 역시 흥분으로 들떠 있다면, 이건 자유의지의 산물이 아니다. 니체는 "감각이 느끼고, 정신이 이해하고 판별하는 것들은 그 안에서 자신의 목적을 가지고 있지 않다."고 말하고, "하지만 감각과 정신은 그들이 바로 모든 것의 목적인 양 너희들을 설득하려 한다."고 비판한다. 그래서 정신의 작은 이성은 '그 사람이 몸짱이기 때문에', 혹은 '내가 좋아하는 스타일이기 때문에'라는 식으로 이유를 설명하려 든다. 그러나 왜 정신은 그런 타입을 좋다고 말하며 눈과 심장은 그런 타입에 요동을 치는 것일까?

그것은 "두 개의 눈을 통해서 세계를 바라보는 커다란 제3의 눈"이 있기 때문이다. 니체는 그 제3의 것을 신체라 하고, '자아'와 구별하여 '자기Selbst'라고 부르는 것이다.

> "감각과 정신은 한낱 도구이자 놀잇감이다. 그것들 뒤에는 자기das Selbst라는 것이 버티고 있다. 이 자기가 감각의 눈을 도구로 하여 탐색하며 역시 정신의 귀를 도구로 하여 경청하는 것이다. 자기는 언제나 경청하며 탐색한다. 그것은 비교하고, 강제하고, 정복하며 파괴한다. 이 자기가 지배하는 바, 자아를 지배하는 것도 그것이다."[122]

따라서 니체에 의하면, 우리가 일상에서 기뻐하고 슬퍼하는 것은 자아가 아니라 자기가 창조하는 것이다. 그런데 우리는 '자기'를 '자아'라고 잘못 읽는 것이다.

니체가 자아를 신체로서의 '자신das Selbst'이며 '큰 이성'으로 정의하는지를 이해하기 위해서는 보다 상세한 논의가 필요하다. 그러나 주목할 점은 니체의 몸Leib적 주체의 존재방식을 단순한 생물학적인 생生 혹은 삶 개념으로 이해해서는 안 되며 총체성에서 파악해야 한다는 것이다. 니체에게 정신과 육체는 분리된 실체가 아니라 밀접하게 연대되어 있으며 상호 보충적인 삶의 두 양상을 나타낸다.[123]

특히 인간은 힘에의 의지에 의해 끊임없이 현 상태를 극복하려는 힘Kraft이며 의욕하는 작용 그 자체이다. 그런데 힘에의 의지는 이성을 넘어 인간에 내재하는 선이성적prarational인 선험성이란 성격을 지닌다.[124] 이러한 자기극복과 초월의 과정이 인간의 몸을 장으로 펼쳐지는 것이 인간 주체의 존재방식이기에 단순한 생물학적 개념으로서의 몸Leib을 넘어서는 것이다.

힘에의 의지로서의 나의 몸은 언제나 앞을 전망하며 해석하는 '큰 이성'으로서의 역동적인 실체이다. 우리가 순수한 사유행위라고 생각하는 것들도 힘에의 의지인 몸에 의존하고 대응하는 방식으로 수행되는 것이다. 다시 말해, 인지적인 것이라 불리우는 것은 힘에의 의지와 이성의 기능들과의 공동 작업에 의해 이루어지는 해석작용의 '메아리'에 불과한 것이다. 마찬가지로 감각이나 지각작용도 단지 감각기관을 통해 외부세계를 수용하는 수동적인 작용이 아니다. 지각이라는 행위, 즉 어떤 것을 실제로 받아들이는 행위는 어떤 특정한 것을 선택해서 받아들이고, 이 과정에서 다른 것들을 필연적으로 밀어내게 되기에, 어떤 "특정한 것에 대한 긍정"이라고 할 수 있는 것이다.[125]

이렇게 지각의 신경생리학적 과정들은 의지의 힘과 불가분의 관계에 있으며 의지의 작용이 기능하는 순서상으로는 항상 첫 번째가 된다. 다시 말해, 지각경험은 우리의 내부세계에 의해 규정되는 것이다. 이 점이 정신과 신체란 전통적 이원론과 구분된다. 몸을 배제한 전통적인 주체의 존재적 특징은 자신의 행위와 행위자가 분리될 수 있다. 마치 번개가 칠 때 번개라는 행위자와 번쩍임을 분리하는 것과 같다. 또한 손을 들어 올리는 행위와 손을 들어 올리는 '나'를 철저히 구분하는 것과도 같다. 그러나 다음 장에서 논의하는 대로 이런 구분에 대한 인지과학적 관점은 다르다. 니체에게 주체인 나는 정신과 육체가 구분되는 것이 아닌 총체성으로부터 이해되어야 하는 존재이다. 생각하고 느끼고, 의욕하는 등의 행위들이 서로 분리될 수 없는 관계를 맺는 것이다.

3. 사르트르의 세 가지 신체

장 폴 사르트르Jean-Paul Sartre, 1905~1980는 니체가 말한 것과 같이, 신체와 정신을 구분하는 전통철학은 '배후세계의 착각'이라고 단정한다. 사르트르는 니체의 '배후세계의 착각'에서 벗어나 나타남의 배후에 있는 존재를 더 이상 믿지 않을 때 인간의 몸을 제대로 인식할 수 있다고 말한다. 그래야 아리스토텔레스 이후로 인간의 정신과 몸을 가능태可能態와 현실태現實態로 구분하고 마치 현실태의 배후에 어떤 소질素質이나 덕德 등의 가능태가 있다는 생각을 하지 않게 된다. 예를 들어, 천재화가인 빈센트 반 고흐에 대해, 우리는 '고흐는 천재를 가지고 있었다.' 혹은 '영원히 고갈되지 않는 특이한 능력' 등으로 이해하지 않는다. 고흐의 '천재'는 따로 떼어서 고찰된 작품도 아니고 그 작품을 생산하는 주관적인 능력도 아닌 것이다. 고흐의 작품은 그의 여러 가지 나타남의 총체로서 고찰된 작품을 말하는 것이다.[126]

사르트르는 정신 위주의 전통적 인식론은 몸이 경험하게 해 주는 삶의 의미를 완전히 무시하며 인간을 유령과 다를 바 없는 존재로 격하시켰다고 비판한다. 사르트르는 인간의 몸은 인식론적 차원이 아닌 몸과 의식이 분리되지 않는 존재론적 관점에서 이해되어야 한다고 주장한다. 대자존재인 인간의 의식은 몸의 행위를 통해 세계 안에서, 세계-내-존재로서 활동하는 것이며, 몸은 인간과 세계의 매개자로서 인간의 존재론적 토대가 되기 때문이다.

1) 대자존재, 즉자존재, 대타존재

사르트르는 신체를 세 가지로 구분하는데, 이는 세 가지의 존재 영역에 대응한다. 첫 번째 신체는 대자존재인 나의 신체, 두 번째는 나의 시선의 대상인 타자의 신체, 즉 대타 신체이며, 세 번째는 타자가 보는 나[대자]의 신체, 즉 타자의 시선(눈초리)에 포착된 것을 의식하는 나의 신체이다. 세 번째 신체는 첫 두 가지 신체에 대한 선이해를 요구한다.

사르트르의 두 가지 존재영역은 **즉자존재**卽自存在, Being-in-itself와 **대자존재**對自存在, Being-for-itself이다. 대자존재로서의 나의 몸은 컴퓨터처럼 대상으로서 존재하는 것이 아니라 인간 그 자체이며 의식과 구분이 불가능한 존재이다. 대자존재인 인간은 즉자존재인 사물과는 달리 자신soi에 대해서pour 존재한다. 반면에 즉자존재는 의식이 없는 사물처럼 그 자체에 있어서 존재한다. 인간 안에는 즉자존재와 대자존재가 존재한다. 아무 생각 없이 빈둥거리며 자유롭지만 무책임하게 사는 즉자의 무상성을 택할 수도 있고, 반면에 세상에 내던져진 즉자존재로서의 자신의 우연성을 정면으로 마주하고(對) 도전하며, 자신의 의미를 만들고 자율적으로 자신을 창조하는 존재가 될 수도 있다.

즉자존재는 그냥 "그것이 있는 바 그대로의 것"[127]이다. 타자를 설정하지 않고 자기

존재는 밖을 향하지 않고 자신 안에 있다. 참나무의 속이 꽉 찬 것처럼 자기 충족적이어서 타자와의 관계의 필요성을 갖지 못한다. 참나무는 의식도 고민도 없는 즉자존재이다. 반면에 대자존재인 인간은 본질이 '무無'이기에 속이 비어 있는 결핍상태임을 의식한다. 의식과 몸이 동일하기에 의식의 결핍은 곧 몸의 욕망으로 발현된다.

의식이 자기 자신을 기투하고자 한다면 몸은 이를 충족시키기 위해 자신을 둘러싸고 있는 환경을 '상황'으로서 의미 있는 공간으로 구성한다. 몸은 단순히 사물들의 한가운데 있으며, 주어진 사물에 수동적으로 관계를 맺는 것이 아니다. 오히려 몸은 사물들과 적극적인 관계를 맺으며, 사물에게 질서를 부여하고 하나의 상황을 존재시키는 것이다.[128] 이와 같이 결핍존재인 대자존재는 동시에 '가능성'을 의미하기에 늘 자기를 바깥에 두는 존재이다. '세계-내-존재'로서 타자와의 관계 속에서 자신을 형성해 나간다. 타인은 자신의 실존에 필연적인 존재이다. 대자존재인 인간은 곧 대타존재인 것이다.

세 번째 존재영역인 대타존재對他存在, Being-for-Others는 타인과 필연적으로 관계를 맺고 있는 상태로서의 존재, 나의 신체이다. 타자他者는 나와 분리된 존재가 아니라 나와의 관계성 속에서의 존재이다. 그러나 사르트르는 근본적으로 "타자는 사실 타인"이라고 전제한다. 다시 말해, "나로 있지 않은 나"라는 것이다.[129]

나는 타자를 "하나의 인간으로 있는 것"으로 파악하며, 나에 대한 타자의 파악 역시 마찬가지이다. 서로는 자유로운 주체적 존재이기에 서로 '시선'을 교환한다. 문제는, 서로 주체가 되길 원하는 각자에게 이 시선은 일종의 투쟁관계의 의미를 지닌다는 것이다.

사르트르에 의하면 "타자에 의해 보이고 있는 것etre-vu-par-autrui"[130]은 나의 끊임없는 가능성, 즉 늘상 벌어지는 일이다. 그런데 타인의 시선의 대상이 될 때 나는 물화物化가 되는 것이다. 우리가 목련꽃을 바라볼 때 목련이 물화되듯, 남의 시선으로 나는 사물과 같이 된다는 것이다. 이 경우 두 개체의 자유가 공존할 수 없게 된다.

하나의 가상사례를 생각해 보자. 내가 남몰래 누군가의 행동을 몰래 숨어서 훔쳐보고 있다고 생각해 보자. 한참 몰입해 있는데 뒤에서 느껴지는 인기척에 화들짝 놀라 돌아 보니 어떤 사람이 내게 시선을 던지며 가만히 내려다 보고 있다. 이 순간 나는 물화된다. 남의 행동을 훔쳐보는 나의 모습이 제삼자에게 들켰을 경우, 혹은 제삼자의 시선에 포착이 된 나의 신체는 물화物化되는 것이다. 다시 말해, 타자에 의해 나의 몸은 '즉자존재화' 혹은 대상화된다. 타자의 시선에 갇힌 나를 타자가 어떻게 인식할지 도저히 알 수 없으니 물화, 대상화되는 것이다. 미셸 푸코Michel Foucault, 1926~1984가 말하는 시선과 같은 맥락인 것이다.[131]

2) 사르트르 신체관의 비판

신체가 세 개의 존재영역에서 경험된다는 사르트르의 신체관은 결국 데카르트적 이원론의 연장에 머물고 만다. 특히 사르트르는 현상적 신체를 실재의 질서에 따라 구분함으로써 대자 신체와 대타 신체가 각각 분리되고 소외된 채 결합하지 못하는 난제에 부딪힌다. 또한 주체로서의 신체와 대상들(대상으로서의 신체보다 더 넓은 범위)의 소외 역시 불가피하다.[132]

메를로퐁티는 사르트르와 동일한 현상학적 기반 위에 서 있지만 '신체적인 지각'을 강조함으로써 의식과 신체를 분리한 사르트르를 정면으로 비판한다. 메를로퐁티에게 신체는 그 자체가 하나의 의식이기에 지향적이면서 동시에 반성적이다. 그는 한마디로 단언한다. "나란 나의 신체이다Ju suis mon corps." 따라서 '독일인의 사랑'이나 '플라토닉 러브'가 의미하듯 신체의 개입 없는 정신만의 사랑은 '너무 아픈 사랑'으로 남을 뿐이다. 메를로퐁티는 '영혼'과 '몸'이란 용어로 인간의 심신관계를 설명하지만 이 영혼과 몸은 모두 몸의 모습들을 가리키는 것이다. 그는 순수한 영혼 혹은 순수한 의식을 상정하는 것에 반대한다. 순수한 영혼, 의식이 아니라 인간에게는 '육화[체화]된 의식'이 있을 뿐이라는 것이다. 따라서 '나는 나의 몸'인 것이다.

이 점에서 사르트르와 메를로퐁티는 대척점에 서게 된다. 사르트르는 의식을 시선에 비유하기는 한다. 그러나 그 의식은 시선과 같은 신체적인 것은 아니다. 사르트르에게 의식은 신체적인 것과 독립해[초월해] 있는 순수하게 관념적인 것이다. 반면에 메를로퐁티에 따르면 그 어떤 정신이나 이성, 의식도 나의 몸과 분리된 것이 아니라 나의 신체 안에 깃들어 있는 것이다. 신체 없는 정신과 의식은 있을 수가 없다. 그는 『지각의 현상학』에서 '성적 존재로서의 신체' 및 '표현으로서의 신체와 언어' 등에 대해 치밀하게 논의하고 있다. 특히 남녀 간의 성과 사랑의 몸짓, 표정 등은 곧 사랑이며, 그 사랑은 곧 신체라는 사실을 강조한다. 전통철학과 달리 나의 신체는 단순한 인식의 대상이 아니라 사랑을 포함한 일상적 삶의 주체라는 점을 역설하는 것이다.

따라서 메를로퐁티는 내가 나의 신체를 인식하거나 혹은 내가 연인의 몸을 인식하는 유일한 수단은 스스로 그것을 산다는 것, 즉 그 신체와 합체하는 것뿐이라고 말한다. 타인과의 악수나 연인과의 포옹이나 키스, 섹스는 물론 각종 운동이나 몸을 이용한 예술 등은 모두 자신의 인체와 합체하는 행위인 것이다. 김광석의 '너무 아픈 사랑은' 타자로서의 연인을 인식하는 핵심 수단인 연인의 신체와의 합체가 결핍되어 있기 때문인 것이다. 이러한 결여는 연인에 대한 인식과 연인과의 상호성, 연인과의 공존으로 나아감을 가로막는다.

메를로퐁티에 의하면 나는 나의 신체성을 매개로 타자의 존재를 인식한다. 내가 연인의 상태를 아는 것은 나의 신체의 상태를 매개로 하는 것이다. 이를 통해 신체로서의 나는 연인이란 세계에 참여하는 주체가 되는 것이며 연인의 세계에 귀속하게 되는 것이다. 메를로퐁티는 하이데거의 '세계-내-존재'를 '세계-에로-존재'라고 표현함으로써 체화된 나의 세계에 대한 귀속성을 특별히 강조한다. 연인에 대한 지향성, 귀속성은 나의 신체를 초월한 의식이 아니라 나의 신체를 통해, 그리고 연인과의 합체를 통해 이루어지는 것이다.

김광석의 '너무 아픈 사랑'이 연인과의 체화된 사랑의 결여 때문인지는 알 길이 없다. 단지 "이제 우리 다시는 사랑으로/ 세상에 오지 말기" "못다 한 사랑"이란 말들이 내비치는 슬픔으로 짐작할 뿐이다. 아니, 메를로퐁티의 관점에서 해석한다면 노래하는 김광석의 신체는 그 자체가 체화된 사랑의 결여를 반증하고 있다. 메를로퐁티에 의하면 의식의 담지체인 신체는 세계에 대한 특정한 자세를 보여 준다. 무료함에 빠져 있는 노인들의 자세와 유치원에서 즐겁게 뛰어 노는 어린이의 자세를 비교해 보면 된다.

신체는 지향성과 함께 자기성찰의 능력을 가진다. 체화된 사랑을 노래하는 가수의 자세는 연인과 세계를 지향하면서 의미를 부여하는 자세가 될 것이다. 무료한 노인은 꾸부정한 자세로 꾸부정하게 세상을 바라보고 끌어안는다. 이루지 못한 사랑을 노래하는 가수의 슬픈 표정은 미완성의 사랑에 대한 반성을 보여 주는 것이다. 반면, 사랑하는 사람의 자세는 항상 밝고 날아갈 듯하다. 그에게 세상은 언제나 날아가려는 자세 끝에 헌신짝처럼 매달려 있을 뿐이다.[133)]

노래하는 가수의 신체적인 자세, 목소리는 연인과 세상에 대한 하나의 지향성이며 이미 그 속에 지향적인 의미가 내포되어 있는 것이다. '너무 아픈 사랑은'을 부르는 가수, 그리고 그 노래를 가슴절절하게 받아들이는 우리 모두는 지금 자신의 의식과 (과거) 연인에 대한 의식이 동시적인 것이다. 또한 신체적인 자세의 표현과 옛사랑에 대한 자기반성 역시 동시적이다.

12

메를로퐁티의 지각의 현상학

니체의 철학과 몸성에 관한 이론을 발전시킨 철학자가 프랑스 포스트모더니즘의 선구자라 할 수 있는 모리스 메를로퐁티Merleau-Ponty, 1908~1961이다. 메를로퐁티 철학의 핵심은 그의 주저인『지각의 현상학』이란 제목 속에서 찾을 수 있다. 인간이 바깥 세계를 최초로 경험하는 것은 자신의 지각을 통해서이다. 그런데 전통철학에서는 이 지각을 하는 주체가 정신 혹은 이성이라 단정하였다.[134] 앞서 언급한 대로 플라톤 이후 데카르트에 이르기까지 인간은 몸과 정신으로 이루어져 있지만 인간의 본질은 정신, 의식이라 생각하였다. 데카르트의 '나는 사유한다je pense.'가 말하듯 지각의 주체는 정신이었다.

그러나 메를로퐁티는 지각의 주체를 신체적 존재라고 주장한다.[135] 인간은 이성을 통해 마치 위성에서 보듯이 세계를 지각하는 것이 아니라 인간이 내던져져 있는 시공간 안에서, 즉 인간 현존재가 세계 안에 있다는 사실, 즉 현사실성Faktum으로서 지각을 접근한다. 왜냐하면 지각을 하는 주체인 인간은 신체적 존재로서 이미 세계 안에 있는 존재이기 때문이다. 메를로퐁티의 '나는 할 수 있다je peux(I can).'란 명제는 지각의 주체가 세계 속에 거주하는 신체적 존재로서의 인간임을 강조하는 것이다.

1. 정신-육체, 이원론의 거부

가을이라 가을바람/ 솔솔 불어오니/ 푸른 잎은 붉은 치마/ 갈아입고서
남쪽나라 찾아가는/ 제비 불러 모아/ 봄이 오면 다시 오라/ 부탁하노라.

널리 알려진 〈가을〉이란 동요의 가사이다. 작곡가 현제명은 가을의 정취를 이렇게 소박하고 순수한 시어로 형상화시켰다. 그렇다면 가을이 온 것을 작곡가는 어떻게 의식하게 되었을까? 여기에는 두 가지 관점이 있다. 정신과 신체, 의식과 대상을 구분하는 데카르트적인 이원론과 그 이원론을 부정하는 메를로퐁티의 관점이다.

첫째, 정신과 신체의 관계이다. 데카르트는 신체나 물질을 공간을 차지하는 '연장적인 것res extensa'으로, 정신은 공간에 위치하지 않은 '사유하는 것res cogitans'으로 규정한다. 정신과 신체를 주체와 도구의 위상으로 규정한 데카르트에 의하면 가을이 온 것은 나의 의식을 통해 알게 된다. 깊어가는 가을 밤 밖에 나오니 바람이 제법 선선하다면, 그 바람이 '선선하다'는 느낌은 의식의 작용이다.

그러나 메를로퐁티에 의하면 '가을이 왔네~'라고 의식하기 전에 신체(몸)가 먼저 가을이 왔다는 것을 지각한다. 바람이 선선하다는 것은 나의 온몸으로 지각하는 체험에 의한 것이다. 신체는 외부 대상을 의식에 반영하도록 해 주는 수동적인 역할만 하는 게 아니라, 일차적으로 대상을 가공하고 해석한 뒤 그 결과를 의식에 전달한다는 것이다.[136] 이 말은 신체가 물질적이란 점을 부정하는 것이 아니라 신체가 단순히 정신의 지시에 수동적으로 복종하는 관계가 아니라는 뜻이다.

둘째, 의식과 대상의 관계이다. 데카르트는 인간의 의식과 대상을 철저히 구분한다. 나의 의식은 그 자체로 독립적으로 존재할 수 있다고 주장한다. 마찬가지로 순수한 대상 역시 의식과 독립적으로 존재한다고 본다. 예를 들어, 우리는 겨울 밤, 밖에 나가자마자 '춥다'고 말한다. 그런데 무엇인 추운 것인가? 데카르트에 의하면 당연히 대상인 '날씨가 추운 것'이다. 추운 날씨가 독립적으로 존재하는 것이다. 그렇다면 '춥다'는 객관적 기준이 있어야 할 텐데 그 기준은 특정 지역에 따라 개인의 상황에 따라 다를 수 있다는 의문이 제기된다.

메를로퐁티에 의하면 '춥다'는 나와 추운 날씨는 엄격히 구분되지 않고 애매한 관계 속에 있다. 추위를 느끼는 나는 추운 날씨와 독립적으로 분리되어 있는 것이 아니다. 바깥 날씨가 추울 수 있다. 그러나 다시 생각해 보면 '내가 춥기도' 하다. 그 경계가 모호한 것이다. 추위는 나에게도 있고 날씨에도 있어, 추운 날씨와 추운 나는 서로서로 속에 애매하게 혹은 이중적으로 섞여 있는 것이다. 따라서 메를로퐁티는 의식과 대상의 경계가 모호하고 그것들이 애매하게 섞여 있다고 생각하며 의식과 대상의 이분법을 받아들이지 않는다. 순수 주체와 순수 대상을 거부하는 것이다.

1) 지각의 주체, 행동하는 몸

웃음치료에서는 웃으면 스트레스가 풀리고 마음이 밝아진다고 생각한다. 박장대소를 하면 마음도 밝아지고 슬픈 표정을 지으면 마음도 슬퍼진다. 대상이 누구든 사랑하는 사람의 자세는 항상 날아갈 듯하며, 그의 신체는 날아갈 듯한 자세를 신체 자체의 팽팽한 쾌감을 통해 알고 있다.[137]

평생교육이나 다양한 인적자원개발 현장에서도 이런 현상은 어렵지 않게 경험할 수 있다. 학습자의 몸짓, 태도, 언어 등을 보고 학습에 임하는 그의 의식, 정신을 가늠하는 것도 가능하다. 심리학의 실험에 의하면, 강의실에서 고개를 의도적으로 끄덕이면서 강의를 듣게 하면 고개를 좌우로 흔들면서 듣게 한 사람보다 훨씬 더 그 강의에 동의하게 된다. 즉, 몸으로 동의를 표시하면 마음의 동의도 더 커짐이 입증된 것이다. 마음으로 동의하면 고개를 끄덕이게 된다. 반대로 고개를 먼저 끄덕이면 마음에서 동의하는 심리가 생기는 것이다.

몸과 마음이 분리된 것이 아니라 밀접한 관계에 있다는 것을 인지과학에서는 **체화된 인지**embodied cognition, 즉 마음이 신체화되어 있다고 말한다.[138] 따라서 마음을 바꾸면 행동이 바뀔 수 있지만Being good–doing good, 반대로 행동을 먼저 바꾸면 마음이 바뀐다. 윌리엄 글래서William Glasser, 1925~2013의 현실요법에서는 우리는 의식을 바꿈으로써 행동을 바꾸기도 하지만, 반대로 몸의 행동을 바꿔서 의식의 변화를 가져올 수도 있다는 점을 강조한다. 의식에서 대상의식과 자기의식이 동시적이듯 신체에서 신체적인 자세의 표현과 자기반성, 즉 내감은 동시적이기 때문이다. 신체의 지향적인 자세는 세계

에 대한 의미 부여의 능력인 것이다.[139]

메를로퐁티는 정신과 육체, 즉 데카르트식의 사고적 실체와 연장적 실체라는 이원론을 극복하고자 노력한다. 객관으로서의 사물과 주관으로서의 의식을 구분하는 이원론은 결코 근원적인 존재방식이 될 수 없다고 보았다. 대신 그는 "세계-에로-존재"[140]라 부르는 신체적 행위로서의 근원적인 지각의 존재방식을 제시한다. 여기서는 지각하는 주관과 지각된 객관이 두 가지로 분리된 사태가 아니라 그 자체 근원적 통일성을 이룬다. 세계에로의 존재로서의 지각의 주체인 몸은 세계 속에서 보고 만지고 움직이며 직접 행동하는 주체이다.

여기서 지각은 단지 시각기관과 외부 대상들이 접촉한 결과가 아니라 지성적 · 감정적 · 실천적 활동으로 세계에 참여하는 것이다. 예를 들어, 자막이 달린 외국 영화를 관람할 때 대사, 그림, 소리, 음악을 종합하는 것은 나의 지성이 아니라 나의 몸이다. 다양한 감각이 소통되고 통일되는 것은 순수지성의 작용이 아니라 몸의 종합이며 지각적 종합에 의하는 것이다.[141] 따라서 메를로퐁티에게 나의 고유한 신체의 활동성은 이미 세계에 속해 있기 때문에 사유[정신]보다 앞서는 주체가 된다.

사유하는 주체에게는 의지와 결심이 문제가 된다. 반면, 메를로퐁티의 '나는 할 수 있다.'는 주체에게는 동기와 행동이 문제가 된다. 동기는 내 안에 있는 게 아니라 바깥에 있는 것이다.[142] 예를 들어, 저 앞에 산이 있다. 산을 보는 순간 내가 올라가야지라고 생각한다면 이때의 산은 동기가 된다. 산은 내 행동의 의미를 이미 담고 있는 것이다. 정신이 아니라 나의 신체가 세계 속에 나를 던지는 바로 그 순간 대상이 내게 동기를 불러일으키는 것이다. 의지나 결심은 오래 걸리지만 동기와 행동은 즉시 일어난다.[143]

산을 바라보며 사유하는 주체와 몸으로 행동하는 주체가 산을 지각하는 것은 다르다. 나의 정신이 포착할 수 없는 산이 있으며 나의 행동으로만 알게 되는 산이 있는 것이다. 따라서 메를로퐁티의 육화된 주체는 데카르트적 주체와 달리 지금 '여기' 있으면서도 '저기' 사물 위에 거주한다. 데카르트에게 산을 바라보는 것은 산에 대해 그저 사유하는 것이다. 그러나 메를로퐁티에게 산[대상]을 본다는 것은 드러나는 그 산[대상]에 들어간다는 것, 거주한다는 것이 된다.[144] 산을 보면서 내가 체험한 산의 의미를 곧바로 떠올린다면 이미 내가 그 산에 머물러 있으며 거주한다는 것을 뜻하는 것이다.

메를로퐁티는 주지주의나 경험주의가 신체의 운동을 '나'로부터 분리시킴으로써 지각이나 감각을 잘못 해석했다고 주장한다.[145] 나의 감각, 지각은 정신이 표상하기 이전에 이미 움직이고 있기 때문이다. 메를로퐁티는 다음과 같은 예를 든다. 어떤 사람이 상을 당한 친구를 조문하러 가서 끌어안아 주었다. 그 순간 어깨 너머에서 어느 아름다운 여인, 잘 차려진 음식이 보이는데 거기로 가는 시선을 막을 수 없었다. 그렇다면 이때 나의 의지에 의하지 않은 이 무심한 시선을 내가 아니라고 할 수 있을까? 그러한 시선의 운동을 하는 것 역시 나라는 것이다.

이러한 메를로퐁티의 주장은 전통철학과 대조적이다. 전통철학에서 지각은 이성의 영역에 한정되었다. 그러나 메를로퐁티에 의하면 지각은 이성에 의해 판단되는 것이 아니라 체험으로 이해되는 것, 즉 판단의 영역이 아니라 체험의 영역이다. 따라서 지각은 감각과 구분될 이유가 없으며 감각지각은 그 자체로 판단이다. 몸은 정신과 구분되지 않는다. 예를 들어, 이성 간의 사랑에서 몸과 정신을 구분하기 쉽지 않다. 여기서 몸은 감정적 대상이면서 주체가 된다. 이성 간의 사랑에 성적인 것을 배제하기 힘들다. 성적 지각이 구체적이라면 사랑이라는 관념은 추상적이다. 그런 의미에서 성적 행위는 사랑보다 더 실존적이다.[146]

2) 몸의 지각과 객관적 세계

경험주의에서는 모든 인식이 감각을 통한 경험으로부터 시작된다고 말한다. 붉음, 푸름, 뜨거움, 차가움 등을 분명한 감각으로 믿는다. 이런 감각경험으로 외적 사물을 지각함으로써 인상과 관념이 형성된다. 감각을 인상으로 규정하는 것이며 지각과 감각을 명백히 구분하는 것이다. 왜냐하면 지각은 앎의 영역으로서 이성에 의한 판단이기 때문이다. 그러나 앞에서 언급한 대로 메를로퐁티에 의하면 지각과 감각은 구별될 수 없다. 순수인상으로서의 감각을 인정하지 않는다.

예를 들어, 눈부신 햇살이 비치는 붉은 카펫에서의 순수인상이란 과연 무엇일까? 경험론자들은 붉은 카펫에서 '붉음'을 보지만 붉은 카펫은 놓인 자리에 따라, 조명이나 햇살의 밝기와 각도에 따라 검붉은 빛으로 혹은 노란색으로 나타날 수도 있다. 그럼에도 불구하고 경험주의가 보는 순수인상은 '붉음'이다.[147] 메를로퐁티는 순수인상의 허구성을 다음과 같이 지적한다.

> "순수인상은 발견될 수조차 없고 지각될 수 없으며 지각의 계기로 생각될 수 없다. 사람들이 그것을 도입한다면, 그것은 사람들이 지각적 경험에 주의를 돌리는 대신 지각된 대상을 위해서 그 지각적 경험을 망각하는 것과 같다. 시각적 장은 국소적 시각으로 이루어지지 않는다."[148]

메를로퐁티는 감각개념을 규정할 때는 감각되는 대상보다 감각이 이루어지는 실제 상황과 순간에 대한 주의 깊은 현상학적 관찰이 최우선적으로 요구된다고 강조한다. 그 실제상황은 바로 게슈탈트Gestalt심리학이 말하는 지각의 두 구조인 형形, 모양figure과 지地, 배경fond이다.[149] '형'은 지각적 경험에서 두드러져 보이는 장면, 즉 전경이고, 보이지 않는 배후의 장면인 배경이 '지'이다.

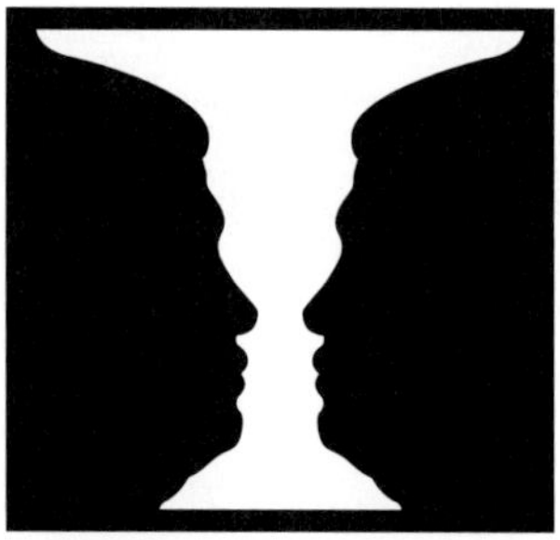

그림 12-1 루빈의 꽃병Rubin Vase

출처: Peterson, M. A. (1999). pp. 37-51에서 인용.

이 그림에 대한 각자의 지각은 '동일한 방식'으로 드러나지 않는다. 무엇이 전경이 되느냐에 따라 지각은 달라지기 때문이다. 모든 것이 '모양-배경' 구별 없이 나타나는 객관적인 원근법과는 다른 우리의 지각적 현상이다.

앞의 햇살이 비치는 붉은 카펫에서 보듯 우리는 어떤 대상을 지각할 때 바탕 혹은 배경에 따라 다르게 보임을 경험한다. 호텔 로비에 걸린 멋진 그림이 아파트 거실에서는 전혀 달리 보일 수 있는 것이다. 따라서 메를로퐁티는 순수인상은 발견될 수 없으며 지각은 형과 지를 총체적으로 파악할 때 본 모습을 찾을 수 있다고 말한다. 그런데 경험주의자들은 사물에 대한 지각을 순수인상으로 받아들임으로써 지각현상을 놓쳐 버리고 있다는 것이다.

감각을 인상으로 규정하는 것만이 문제가 아니다. 메를로퐁티는 감각을 의식의 요소로 받아들이는 것도 비판한다. 즉, 감각이 성질을 가진다는 규정의 문제이다. 메를로퐁티의 말대로 우리는 "본다는 것은 색이나 빛을 가지는 것이고, 듣는다는 것은 소리를 가지는 것이며, 감각한다는 것은 성질을 가지는 것"[150]이란 감각개념에 너무나도 익숙하다. 그러나 이런 감각개념은 모호하고 혼란스럽다. 메를로퐁티의 지적대로 붉고 푸름은 감각들이 아니라 감각 가능한 것이 아닌가? 붉음, 푸름이란 성질은 의식의 요소가 아니라 대상의 속성이다. 따라서 그 둘을 분리할 수가 없는 것이다.

메를로퐁티에 따르면 감각을 이렇게 분석하는 것은 감각의 대상들을 의식에로 옮겨 놓는 것이다. 심리학자가 말하는 소위 '경험의 오류'라는 과오를 범하는 것이다. 다시 말해, 우리는 사물 그 자체에 있다고 알고 있는 것을 사물의 의식에 있는 것으로 가정하는 오류를 범하는 것이다. 그리고는 지각된 것을 가지고 지각을 형성한다.[151] 그런데 지각된 것 그 자체는 지각을 통해서만 접근될 수 있기 때문에 결과적으로 우리는 이것도 저것도 이해하지 못하게 된다는 것이다.

메를로퐁티는 우리가 성질에 대하여 잘못 생각하는 두 가지 방식이 있다고 말한다.

> "하나는 그것을 의식의 대상인데도 의식의 요소로 만드는 것이려니와 성질이 언제나 의미를 가지는데도 말없는 인상으로 처리하는 것이고, 다른 하나는 그 대상과 의미를 성질의 차원에서 완결되고 규정되어 있다고 믿는 것이다."[152]

메를로퐁티의 말을 이해하기 위해 먼저 그가 제시한 뮐러-라이어$_{\text{Müller-Lyer}}$ 착시현상의 사례를 보자.

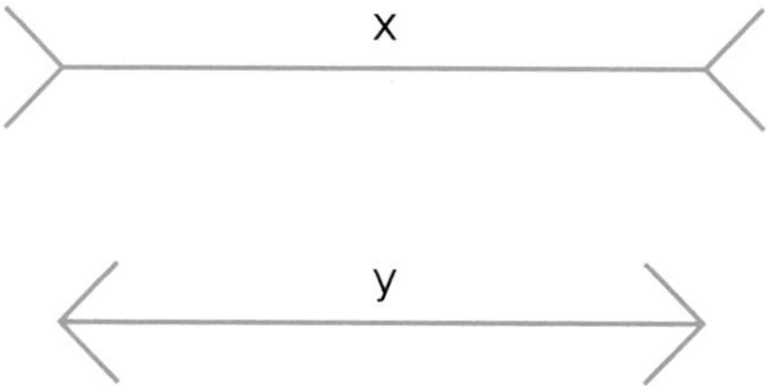

그림 12-2 뮐러-라이어의 착시현상

이 착시현상에서 문제는 x와 y의 선분이 같은 길이인가 아닌가 하는 것이다. 두 선분의 객관적 길이는 동일하지만 자연적 태도에 있어서 두 선분은 우리에게 서로 다른 길이로 나타난다. 바깥쪽 꺽쇠가 붙은 선분 x가 안쪽 꺽쇠가 붙은 선분 y보다 길게 나타난다. 다시 말해, 자연적인 지각 세계에서는 두 선분이 같은 길이가 아니라는 것이 참이다.

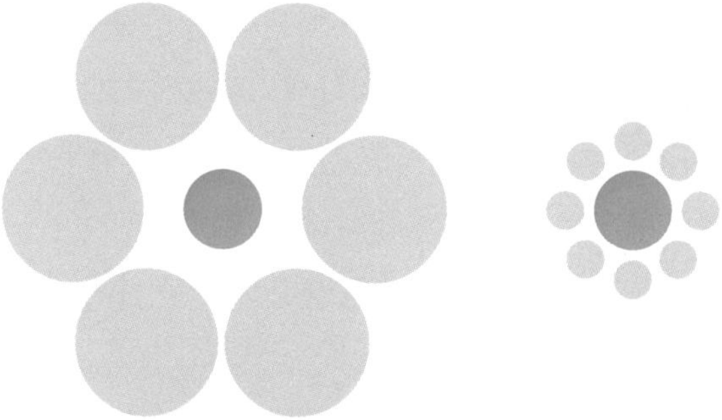

그림 12-3 에빙하우스 착시도형

[그림 12-3]도 같은 맥락이다. 크기와 모양이 똑 같은 점 두 개가 있다. 그러나 작은 격자 안에 점을 넣으면 크게, 큰 격자 안에 넣으면 동일한 원이 작게 보인다. 이러한 착시현상들은 마치 태양이 수평선에 있을 때와 중천에 있을 때, 두 태양은 객관적으로 동일한 거리에 있지만 우리가 체험한 두 태양의 크기는 다른 것과 같다. 마찬가지로 영화 속의 기차가 동일한 상황 속의 실제 기차보다도 더 빨리 다가오고 더 빨리 커지는 것을 우리가 보는 것과 같다"[153]

이런 착시현상에서 메를로퐁티는 두 가지 논의점을 끄집어 낸다. 하나는 앞서 살펴본 대로 우리 몸의 눈을 통한 지각은 형상과 지평의 종합적 구조로 이루어진다는 것이다. 동일한 선이나 점도 다른 조건이 부여되면 전혀 다른 선과 점이 된다. 즉, 대상은 배경과의 관계 속에서 제 모습을 드러낸다는 것이다. 다른 하나는 앞서 메를로퐁티가 말한 대로 우리는 그 선과 점이 "의식의 대상인데도 의식의 요소로 만드는" 잘못을 범하고 있다는 점이다. 다시 말해, 객관적 세계가 근원적이라는 잘못된 생각이다.

과학자들이나 심리학자들은 두 직선이 같은 길이인데 다른 것처럼 착시현상을 일으킨다는 점을 강조한다. 서로 다른 길이의 두 선분에서 그 배경(지)地,fond이 되는 서로 다른 꺾쇠들을 제거하여 객관적인(동일한) 관점으로 동일한 길이의 두 선분을 파악한다. 과학이나 지성적 판단은 지각에서 배경을 제거하고 지각적 현상 전체를 '동일한 자격'으로 '평준화'하는 것이다. 마찬가지로 과학 혹은 지성적 판단은 두 태양이 동일한 거리에 있는 만큼, 두 태양이 처해 있는 서로 다른 배경과 상황을 없애고 동일한 관점(원근법)에서 동일한 크기를 파악한다.

여기서 내려지는 결론은 객관적이며 수학적으로 측정 가능한 세계만이 참되고 근원적이란 주장이다. 그리고 자연적 태도에서 지각된 세계가 참인지 아닌지는 객관적 세계를 기준으로 결정되어야 한다는 것이다. 그렇다면 정말로 객관적 세계가 지각된 세계에 대해 그 척도와 기준이 될 수 있을 만큼 더 근원적인가? 이에 대한 메를로퐁티의 생각은 다르다. 그는 처음부터 주위 배경과 함께 주어지는 지각대상이 더 참된 근원적 실재를 말해 준다고 주장한다.

3) 대상의 의미, 시각적 장

좀 더 자세히 살펴보자. 메를로퐁티는 객관적 세계만이 참되다는 해석은 대상의 성질들을 의미로서 이해하지 않기 때문임을 지적한다. 우리가 체험한 세계는 과학이나 이성으로 파악한 세계가 아니다. 우리가 체험한 지각적 대상은 매 순간 특정한 어떤 배경 또는 어떤 지평에 물들여진 채로 나타난다. 수평선에 있는 태양은 수평선 위의 대기, 수평선 근처의 집과 나무라는 배경 속에서 나타나기 때문에, 중천을 배경으로 나타나는 태양과 달리 크게 보인다.[154]

메를로퐁티는 어떤 사물을 지각할 때 감각의 요소로만이 아니라 그 사물이 지니는 의미를 함께 받아들여야 한다는 점을 강조한다. 그는 이것을 '시각적 장champ visuel'이라 한다. 시각적 장은 두 직선이 비교 가능한 존재 영역에 놓여서가 아니라, 제각각 동일한 우주에 속하지 않는 것처럼 제각각의 맥락에서 포착되기 때문에 모순적 개념들이 교차하는 독특한 환경이다. 뮐러-라이어 착시에서 선분의 길이가 달라 보이는 이유는, 한 선분은 바깥쪽 꺽쇠를 '통해' 나타나고 다른 선분은 안쪽 꺽쇠를 '통해' 나타나기 때문이다. 메를로퐁티에 의하면 시각적 장에서 볼 때 그 각각의 꺽쇠의 성질은 제각각의 맥락에서 포착되며 각각에는 거기에 거주하는 의미들이 있는 것이다.

우리는 두 선을 지각할 때 선분과 화살을 따로 지각하지 않는다. 그러나 심리학자들은 화살로부터 따로 떼어 두 선분의 길이를 측정해서 같은 길이로 판단한다. 이것이 지각의 분석이다. 즉, 선택이 강요되는 것은 객관적 세계에서이며 심리학자들은 대상은 결코 애매하지 않으며 애매하다면 우리의 '착각'이나 부주의에 의한 것이라고 주장한다.[155]

그러나 메를로퐁티는 그 '착각'이라는 것이 사실은 자연적인 지각 세계에 속하는 것으로서, 우리가 실제로 세계를 읽는 올바르고 자연스러운 방식이며, 따라서 제거되어야 할 것이 결코 아니라고 강조한다.[156] 따라서 지각의 본래적인 모습을 이해하기 위해서는 개별 감각들을 분석할 것이 아니라 미 규정된 시각, 즉 내가 무엇인지 알지 못하는 시각을 적극적인 현상으로서 이해하고 받아들여야 한다고 강조한다.[157]

따라서 메를로퐁티에 의하면 두 선의 길이는 같지도 않고 다르지도 않다. 그 둘은 각각 다른 형태에 속하며 제각각의 맥락에서 포착되기 때문이다. 메를로퐁티는 성질을 의식의 요소로서 받아들임으로써 그것을 명증적으로 이해해서는 안 된다고 본다. 오히려 감각성질은 대상의 속성이며, 그것은 모호한 의미로 받아들여져야 한다고 말한다.[158]

우리가 일상에서 지각하는 대상은 매 순간 특정한 어떤 배경 또는 미 규정된 시각인 어떤 지평을 통해 드러난다. 이 배경은 수평선의 태양의 배경처럼 단순히 공간적인 것뿐만 아니라 시간적이며 개인의 문화적, 역사적인 것 등 일체를 포함하는 맥락으로서의 지평을 가리킨다. 그 지평은 메를로퐁티에 의하면 "미규정된 시각이며 내가 무엇인지를 알지 못하는 시각"[159]이다. 그리고 그런 배경 '속에서' 지각대상의 고유한 모양(형)形, figure이 나타나고, 배경(지)地, fond은 모양과 더불어 하나의 전체적 지각현상을 형성한다. 메를로퐁티는 미규정적인 것을 적극적 현상으로서 인식할 때 비로소 사물의 성질이 출현한다는 점을 강조한다.

지금까지 서양의 경험주의와 주지주의는 모두 우리의 감각을 통해 객관적 세계를 어떻게 지각하느냐에 관심을 두었다. 메를로퐁티는 객관적 세계를 완전히 부정하지는 않지만 객관적 세계만을 인정하는 것을 편견으로 간주한다. 세계를 객관화하는 것은 주관과 객관의 분리를 의미하며 이런 이분법적 사유구조는 '지각의 장'을 전혀 고려하지 않는다는 데 문제가 있다. 메를로퐁티가 지적하는 근대적 사유의 핵심적인 문제는 사유의 기반인 지각의 장을 고려하지 않는다는 점이다. 지각의 장은 곧 구체적인 삶의 세계로서 지각의 행위는 근대철학에서처럼 세계를 설명하는 것이 아니라 세계가 그 자체로 우리에게 주어지고 우리가 세계에 참여함으로써 서술하는 것이다.[160] 주목할 점은 우리가 세계에 관여하는 방법은 신체를 통해서라는 점이다.

2. 나는 나의 몸이다

우리는 거의 습관적으로 정신과 몸을 구분한다. 거울을 들여다보면서도 거울을 보는 나의 의식과 거울 속의 나를 구분하고 사유를 시작한다. 심지어는 '나는 내 몸을 가지고 있다.'고 생각하고 표현한다. 우리는 알게 모르게 서양 전통철학의 인식론을 따르는 것이다. 데카르트에서 칸트로 이어지는 주지주의 전통은 물론 로크와 흄을 비롯한 경험주의 철학에서도 의식과 신체, 정신과 몸은 철저히 분리되었기 때문이다. 이들에게 신체는 객관적 세계에 속하는 물리적 사물일 뿐이었다. 눈은 마치 카메라의 렌즈로, 다리는 자동차의 바퀴 정도로 보았다.

정신과 몸의 구분은 정신[사유]을 우위에 놓는 것을 의미한다. 신체는 나란 주체가 아닌 것으로 생각하였다. 내 신체는 나의 소유물이었다. 따라서 전통적인 몸에는 내가 없었다. 나라는 것은 일반적이고 보편적인 몸이 아니라 나만의 독특하고 고유한 몸이기 때문이다. 전통적인 몸은 의식에 대립하는 사물적 존재이기에 객관적 몸으로 설명되었다. 객관적인 몸은 의식이 없기에 객체이며 수단이며 분석되고 설명되는 몸이다. 의과대학 해부학실에서 실습생들이 시신을 대하는 몸이 바로 객관적인 몸이 될 수 있는 것이다.

1) 고유한, 현상적 신체

그런데 과연 나의 몸은 나의 의식과 분리될 수 있는 것인가? 생각해 보면, 몸은 내가 거리를 두고 소유하거나, 다른 소유물처럼 내 몸을 이용하지 못하기 때문에 '내 몸을 가지고 있다.'는 표현은 틀린 것이다. 신체가 단순한 인식의 대상이 아니라 삶의 주체라는 점이다. 메를로퐁티에 의하면 신체는 내 소유물이 아니라 내 신체를 통해 나를 볼 수 있는 것이다. 우리 각자의 몸은 고유한 신체이며 체험된 신체이다. 철인3종 경기를 마치고 땅바닥에 주저앉아 가쁜 숨을 몰아쉬는 바로 그 사람의 몸이다. 다른 사람은 그가 힘들어 한다는 걸 알 수는 있지만 실제로 그 느낌을 겪지 못한다. 나의 몸이 타인에게는 객관적인 몸이지만 나는 나의 몸을 벗어날 수 없기에 객관적 몸이 될 수 없다.

나의 몸이 객관적 몸이라면 나는 나의 몸과 분리될 수 있어야 하며 나의 몸을 벗어나서 내 몸을 볼 수 있어야 한다. 그러나 나는 나의 몸을 만질 수 없다. 손이 발을 만질 수 있다고 생각할 수 있지만 이 행위는 언제나 동시적이다. 손과 발은 각각의 몸이 아니라 그 자체로 몸이기 때문이다. 나는 만지는 동시에 만져지는 몸인 것이다. 나는 내 몸을 떠나 내 눈을 볼 수 없다. 내가 눈이기 때문이다.[161] 따라서 메를로퐁티는 다음과 같이 단언한다.

> "나는 나의 몸 앞에 있는 것이 아니다. 나는 몸 안에 있다. 아니 나는 나의 몸이다. je suis mon corps."[162]

나의 고유한 몸은 체험되는 몸이기에 현상적 몸(신체)corps phenomena이다. 철인3종 경기 후 숨 가쁨을 체험하고 있는 현상적 몸이다. 현상적 몸은 지금 여기에서 보고 듣고 느끼고 생각하면서 세계와 맞닿아 있는 몸이다. 메를로퐁티가 말하는 현상적 몸은 우리 각자가 고유하게 경험하는 '자기 몸'이며 항상 '세계-에로-존재'로서 감각세계에 닺을 내리고 '행동하는 몸'이다. 행동하는 몸은 노동을 연상시키지만 데카르트의 '사유하는 나' 역시 행동의 일종이다. 어린아이가 수없이 반복되는 연습을 통해 마침내 걷게 되는 것처럼 '사유하는 나' 역시 몸을 바탕으로 한 반복되는 학습을 통해 철학적 사유를 하게 되는 것이다.

현상적 신체는 언제나 어떤 공간, 즉 장$_{場,\ champ}$에 의해 세계와 관계를 맺게 된다. 나의 신체는 언제나 세계 안 어딘가에 위치해 있다. 메를로퐁티가 몸을 시간성과 공간성으로 파악하는 이유가 여기에 있다. 주목할 점은 여기서 공간이란 데카르트적인 균질적인 공간(부분 외 부분$_{partes\ extra\ partes}$), 즉 나와 무관한 대상들이 상호작용 없이 그저 나란히 있는 그런 공간이 아니라는 것이다. 예를 들어, 피아노 건반은 데카르트적인 균질적 공간이다. 그러나 피아노 연주자에게 건반 각각은 균질적인 공간이 아니라 음악적 공간이고 자신의 음악적 세계를 표현하는 장이다. 메를로퐁티의 공간은 의미를 지닌 상황적 공간인 것이다.[163]

메를로퐁티는 이와 같이 우리의 일반적인 통념은 물론이고 서양 전통철학의 관점을 뒤흔드는 '몸의 철학' '신체의 현상학'을 주창한다. 의식과 신체를 구분하는 것이 아니라 의식의 지향성의 근원을 신체 속에서 확립하는 것이다. 신체가 어떻게 의식적 삶을 창조하는가를 밝힘으로써 의식 일변도의 서양 전통철학의 초점과 관심을 신체로 되돌려 놓는 획기적인 전환의 철학이라 할 수 있다.

메를로퐁티는『지각의 현상학』에서 우리가 대상을 지각하고 인식할 때 그 주체는 선험적 의식이 아니라 우리의 신체라는 점을 강조한다. 신체의 감각기관들은 지각을 종합해 주는 대행자라는 것이다. 그렇다면 신체의 감각기관은 어떻게 지각 혹은 인식을 종합할 수 있는가? 메를로퐁티에 의하면 그것은 신체의 고유의 특징인 '지향적 구조' 때문이다. 이 점이 바로 후설의 의식의 현상학에서 메를로퐁티의 신체의 현상학으로 넘어가는 경로이다. 의식의 삶에서 신체의 삶으로의 전회는 메를로퐁티의 현상학을 사르트르 및 하이데거의 현상학과 차별화시키는 탁월한 사건이라 할 수 있다.[164]

2) 신체의 대상화 비판

전통적으로 경험주의와 주지주의는 모두 객관적 사고로 사물을 인식하고 설명하는 데 관심을 두었다. 특히 데카르트의 '코기토'에서처럼 신체를 객관적 대상으로 파악하였다. 정신은 주체이고 신체는 도구의 위상으로 규정되었기에 신체는 전혀 중요한 요소가 아니었다. 몸은 공간(연장)적인 물질이기에 영혼의 특징이 없으며, 사유하는 것은 공간적 특징이 전혀 없는 영혼[정신]이라고 보았다.

그러나 메를로퐁티는 신체를 대상화하는 것을 비판하면서 신체와 정신이 확연히 분리된 게 아니라고 주장한다. 신체가 정신의 일방적인 지시를 받아 움직이는 것이 아니라 지각이 신체를 통해 이루어진다는 점을 강조한다. 신체는 의식이 세계와 접촉하는 매개의 역할을 하지만, 대상을 의식에 반영하도록 해 주는 수동적인 역할에만 그치지 않고, 신체가 일차적으로 대상을 가공하고 해석한 뒤 그 결과를 의식에 전달한다는 것이다.[165] 앞서 언급한 대로 '가을이 왔네.'라고 의식하기 전에 가을이 왔다는 사실을 신체가 먼저 지각하는 것이다. 나의 의식에 전달된 '가을'은 나의 신체에 의해 해석된 가을인 셈이다. 이렇게 본다면 나의 의식에 들어오는 대상 역시 순수한 사물적인 실체가 아니라 나의 신체에 의해 해석 및 의미화된 존재가 된다.

메를로퐁티는 신체는 객관적 사고로는 규명할 수 없는 대상이라는 전제하에 객관적 사유방식의 문제점을 치밀하게 파헤치고 있다. 먼저, 공간적 · 시간적 관점에서 보자. 메를로퐁티는 어떤 집을 보는 것을 예로 든다.

> "나는 어떤 각도에서 이웃집을 보고, 사람들은 센강의 우안에서 그것을 달리 보며 내부에서 달리보고 비행기에서 달리 본다."

결국 집 그 자체는 그러한 출현들의 어느 것도 아니라고 말한다. 어느 곳에서도 보이지 않는 집이라는 것이다.[166] 집을 대상으로 간주하고 데카르트식으로 객관적으로 사고한다면 나오는 결론은 이와 같다.

그러나 메를로퐁티에 의하면 이웃집을 볼 때 나는 나의 망막과 수정체 같은 물질기관으로서의 나의 눈이 작용하는 것만이 아니다. 이 경우 나의 신체는 물질적 대상일 뿐이다. 눈은 외부 대상을 위치하게 하고자 하는 객관적 공간으로 처리되고 대상이 망막에 투영됨으로써 지각적 조망이 발생한다고 생각하게 된다. 신체는 지금 여기의 세계와 관여하지 않는 물질적 대상으로 제한된다. 따라서 정신과 신체의 관계는 인과적 관계로만 평가된다.[167] 그렇지만 신체는 망막과 수정체의 역할을 넘어선다. 내가 집을 볼 때 나는 내가 대상에 접근하는 어떤 방식을 표현하고 나에 의해 직접적으로 인식된 시선을 표현한다. 집[대상]을 본다는 것은 시각적 장의 테두리 내에서 대상을 가지고 고정시킬 수 있다는 것이며, 혹은 그것을 고정시킴으로써 그 유인에 응답하는 것이다.

예를 들어 보자. 내가 사람들로 혼잡한 커피숍에 문을 열고 들어와 오늘 만나기로 약속한 연인을 찾는다고 해 보자. 나의 망막과 수정체의 작동이 물론 일어날 것이다. 그뿐만이 아니다. 나의 몸은 연인을 더 잘 보기 위하여 주위의 사람들이나 물건을 '잠재우는 것', 즉 주위를 희미하게 보이도록 만든다. 특정한 대상인 연인을 응시할 때 그 연인은 살아나며 펼쳐지는 반면 다른 대상들은 주변으로 물러나며 잠자게 된다. 따라서 연인이란 전경, 즉 형形, figure에서 획득하는 것[보는 것]을 배경인 지地, fond에서 잃게 되는 것이 필요하게 된다. 연인이란 대상을 분명히 보려고 주위를 떠나는 일, 대상의 주위를 희미하게 보게 하는 일, 주위 대상들을 지평으로 삼는 일은 단순히 망막의 역할만이 아니라는 점이다.

이렇게 신체는 정신과의 인과적 사고유형의 것이 아니라는 주장은 현대 생리학의 많은 연구들이 입증하고 있다. 나의 신체는 인과적 사고 유형의 것이 아니며 메를로퐁티가 말하는 '부분 외 부분pates extra partes', 즉 부분에 부분이 더해지는 대상이 아닌 것이다. 앞서 예를 든 대로 피아노 연주자는 건반 각각을 부분 외 부분, 즉 건반에 건반이 더해진 것으로 지각하지 않는다. 그가 만난 건반 공간은 일종의 '음악적 공간'이고, 자신의 음악적 세계를 표현할 장소이다.[168] 같은 맥락에서 모기가 다리를 물면, 데카르트가 몸을 공간[연장]으로 보는 것과는 달리 그 물린 다리를 기하학적 공간 속에서 굳이 찾지 않고 손으로 긁어야 할 가려운 곳을 찾는 것이다.

3) 몸의 올바른 이해

이렇게 인간의 신체는 신체의 의식을 낳는 대상이라는 특이한 존재이다. 따라서 데카르트적 사유방식처럼 정신과 몸은 대립되는 것이 아니다. 나의 정신[주관]과 마주하고 서 있는 '객관적인 몸'이라는 생각은 인간의 몸에 대한 왜곡이다. 메를로퐁티는 인간의 몸이 객관적인 몸이 될 수 없다는 사실을 환각지와 질병부인anosognosie 현상의 사례를 들어 설명한다.[169]

환각지와 질병부인 현상

환각은 잘못된 지각을 의미하기에 치료해야 할 하나의 질병으로 분류된다. 환각지 현상은 수술 등으로 인해 몸의 일부가 없음에도 불구하고 있다고 느끼는 현상이다. 같은 맥락에서 질병부인 현상은 신체의 일부가 절단되었음에도 불구하고 그 사실을 인정하고 싶지 않은 심리상태를 말한다.

간단한 예를 들어 보자.[170] 다리를 잃은 어떤 사람이 있다. 그는 오랜 치료과정을 끝내고 퇴원해 집으로 돌아왔다. 집으로 돌아온 후 일상생활에는 달라질 것이 없다는 기대는 아침에 일어나 눈을 뜬 순간부터 무너진다. 그는 무의식중에 사고로 다리를 잃기 전처럼 기지개를 켠 후 침대에서 일어나기 위해 두 다리를 침대 밑으로 내려놓는다. 그런데 이제 그는 그렇게 할 수가 없다. 다리가 없기 때문이다. 그런데 문제는 없는 다리에서 느끼는 통증이다. 환각지 현상이 나타난 것이다. 다리가 절단됐다는 사실을 부인하는 현상이다.

환각지 현상에 대해서는 심리학적 혹은 생리학적 관점 등에서 분석을 한다. 그러나 메를로퐁티는 생리학적 설명도 심리학적 설명도 혹은 혼합적 설명도 허용하지 않는다고 말한다.[171] 먼저 환각지 현상은 생리학 기제로는 설명이 안 된다. 다리가 절단됐음에도 있다고 느끼는 현상은 마취를 시킨다고 사라지는 것이 아니기 때문이다. 심리학적 문제로 볼 수도 없다. 사고 당시의 트라우마에서 벗어나도 환각지가 사라지지 않는 경우가 있기 때문이다. 메를로퐁티는 "다리를 절단한 사람은 내가 지금 내 눈앞에 없는 친구의 존재를 생생하게 느끼듯이 자신의 다리를 느끼며… 그가 자신의 다리를 잃지 않음은 그가 자신의 다리를 계속 계산에 넣고 있기 때문"[172]이라고 말한다.

'세계-에로-존재'의 수레

결국 이런 환각지 현상은 신체의 경험으로서 객관적 인과성의 단순한 생리학적 결과로도 혹은 심리적 사고 작용으로도 설명될 수가 없다. 따라서 심리학적인 것과 생리학적인 것 사이의 존재를 확보하는 과제가 주어진다. 메를로퐁티에 의하면 생리학적 설명과 심리학적 설명을 모두 무시하는 이런 현상은 정반대로 '세계-에로-존재'의 관점에서 이해할 수 있다.[173]

메를로퐁티는 우리 내부에서 신체의 절단과 결손을 거부하는 현상은 그런 결손이나 절단에도 불구하고 자신의 세계로 계속 향하는 우리의 집착의 이면이라고 강조한다. 메를로퐁티는 인간은 세계에 속해 있으면서 세계에 매몰되지 않고 세계를 소유하고자 세계로 향해 나아가는 실존적 초월 운동성을 내포하는 존재, 즉 '세계-에로-존재etre-au-monde'라고 규정한다.[174] 인간의 고유한 신체는 세계에 소속되어 있으면서, 자기성이 상실되지 않도록 세계를 자기화해서 소유하고자 끊임없이 세계를 향해 나아가는 운동성을 내포한다는 것이다. 인간은 몸을 중재로 세계를 의식하는 것이다.

좀 더 설명해 보자. 메를로퐁티에 의하면 인간은 세계에 속해 있으면서 그러나 세계에 매몰되지 않고 세계를 소유하고자 세계로 향해 나아가는 실존적 초월운동이다.[175] 메를로퐁티는 이런 인간을 '세계-에로-존재'라고 칭하는 것이다. 이 개념은 하이데거의 '세계-내-존재In-der-Welt-sein'를 연상케 한다. 그러나 두 개념에는 중요한 차이가 내포되어 있다.

메를로퐁티와 하이데거 모두 인간[주체 혹은 실존]은 세계와 필연적으로 연관되어 있음을 강조한다는 점에서 두 개념은 같은 의미를 지닌다. 하이데거의 인간 규정인 '현존재Da-sein, 거기에 있음'라는 것은 인간의 특출난 존재방식으로서 '거기에', 즉 세계 속에서 다른 존재자들과의 관계 속에 자신을 개방하는 실존적 존재임을 의미한다. 하이데거가 말하는 '눈앞의 존재자'든 '손안의 존재자'든 다른 존재자와의 경험은 인간의 신체를 배제하고서는 불가능하다. 예를 들어, 망치라는 손안의 존재자는 나의 손에 맞게 만들어져야 한다. 따라서 망치는 나의 신체가 없으면 자신의 존재를 드러내지 못한다.

그럼에도 하이데거는 인간 실존에 대한 해명에 있어서 신체를 구체적으로 거론하지는 않는다. 메를로퐁티는 하이데거의 개념을 받아들이면서 신체 개념을 통해 하이데거의 현존재 개념을 새롭게 탄생시킨다. 주목할 점은 여기서 **신체는 객관적 신체와 구별되는 고유한 신체** 또는 체험된 신체를 의미한다는 것이다.[176] 즉, 내가 살고 체험하는 신체로서 나와 구별되지 않는 바로 나인 신체를 의미한다. 고유한 신체는 세계에 소속되어 있으면서, 자기성이 상실되지 않도록 세계를 자기화해서 소유하고자 끊임없이 세계를 향해 나아가는 운동성을 내포한다.

메를로퐁티에 의하면, 세계-에로-존재의 수레[운반 도구]가 바로 신체이다Le corps est le vehicule de l'etre au monde. 신체를 가진다는 것은 생명 존재에 대하여 일정한 환경에 가담하는 것이며 자신의 어떤 기획 혹은 계획과 일체가 되는 것이고 계속적으로 거기에 참여한다는 것을 의미한다. 따라서 환각적 팔을 가지고 있는 것은 팔만이 수행할 수 있는 모든 행동들에 열려 있는 상태임을 의미한다. 메를로퐁티는 환각지 환자는 팔이 절단되었음에도 불구하고 "그리로 향해 가서 다시 한번 글을 쓰거나 피아노를 연주하는 시도를 그려 내는 운동의 힘에서 그 환자는 자신의 통합성의 확실성을 발견한다."고 설명한다.

3. 신체의 지향성과 관점적 현상

환각지와 질병부인 현상은 우리의 몸은 심리적인 것과 생리적인 것으로 구분되어 이해될 수 있는 것이 아님을 말해 준다. 정신은 이미 신체와 분리될 수 없다는 점에서 메를로퐁티는 "나는 나의 몸이다."라고 말하는 것이다. 신체 안에 심리적인 의식이 담겨 있는 것이 아니라 신체 자체가 하나의 의식이란 점을 말해 준다. 그 신체는 본래적으로 세계-에로-존재로서 늘 세계를 향한 지향성을 지닌다.

1) 신체의 지향성과 자기반성

신체 자체가 하나의 의식이기 때문에 신체는 지향적이다. 메를로퐁티는 후설의 의식의 지향성의 의미에 충실하려면 의식작용을 몸과 구분해서는 안 된다는 점을 강조한다. 인간은 몸적 존재이기에 의식은 몸 의식일 수밖에 없다. 지향성intentionnalite은 의식작용이 아닌 몸의 작용으로 이해되어야 하는 것이다. 따라서 메를로퐁티는 지향성의 중요한 의미를 다음과 같이 말한다.

"우리는 세계에로 존재하기 때문에, 의미에 선고되어 있고 역사 속에서 이름을 갖지 않는 그 어떤 것도 행할 수 없으며 말할 수 없다."[177]

메를로퐁티에게 몸은 물리적이면서도 물리적 몸에 묶이지 않고 무한한 자기확장을 통해 세계를 지향하며 접촉한다.[178] 따라서 전술한 바대로 신체의 자세는 각자의 세계에 대한 지향이면서 의미를 부여하는 방식이다. 꾸부정한 노인들의 자세, 사랑을 듬뿍 받고 있는 어린아이의 자세, 한참 열애 중인 연인들의 자세는 각자의 방식으로 세상을 바라보며 끌어안는 것이다. 이들의 신체적인 자세에는 이미 지향적인 의미가 내재한다. 신체와 세계는 분리할 수 없는 친밀한 관계에 있는 것으로서 메를로퐁티는 "심장이 유기체 안에 있는 것처럼 고유한 신체는 세계 안에 있다."[179]고 말한다. 신체와 세계는 밀접히 연결되어 있는 것이다.

세계-에로-존재로서 신체는 세계에 어떤 사물처럼 존재하는 것이 아니라 세계에 거주하며 자기 나름의 세계를 소유한다. 나[영혼, 정신]는 나의 신체[몸]와 분리되지 않은 채 나의 의미나 의도를 표현한다. 내가 경상도식의 억양이나 혹은 전라도식의 말투로 말하면 그것이 곧 나 자신이고 나의 성격이며 그 사투리 억양에는 이미 나의 의미나 성격이 거주하는 것이다. 로큰롤의 의미와 로큰롤의 소리가 분리되지 않듯이, 나[영혼, 정신]의 의미는 나의 몸과 분리되지 않는 것이다.[180]

이러한 신체적 지향성은 고정적이거나 불변하는 것이 아니다. 삶의 변화와 더불어 신체적인 자세도 변하며 그에 따라 세계에 부여되는 의미도 변화한다.[181] 사랑에 빠진 연인은 삶이 변화되고 출근길의 발걸음도 경쾌해진다. 어제와 달리 세상이 밝고 아름답게 보인다. 직장 업무처리에도 적극적이며 힘이 붙는다. 사회학자인 피에르 부르디외Pierre Bourdieu, 1930~2002가 아비투스Habitus의 일상적인 실천을 통해 세계가 생산된다고 말한 것처럼, 신체의 지향적인 자세는 자신의 삶을 바탕으로 하면서, 그 신체적인 자세가 곧 세계를 형성하는 것이다.[182]

나아가 신체적인 자세는 자기반성적인 능력을 지닌다. 사랑에 빠진 연인들의 신체의 지향적인 자세는 자신의 지향성을 자기반성적으로 의식한다. 이들은 몸매를 가꾸기 위해 열심히 운동하면서 그 이유를 자기반성적으로 의식한다. 그래서 거울에 비친 멋진 몸매를 보면 마음이 가뿐하고 자신감이 생긴다. 몸은 자신의 지향성을 자기반성적으로 의식하는 내성적인 지각을 갖기 때문이다. 의식에서 대상의식과 자기의식이 동시적이듯 신체에서 신체적인 자세의 표현과 자기반성, 즉 내성적인 지각은 동시적이며 양자의 관계는 가역적인 상호관계이다.[183]

이렇게 신체적인 행위와 어떤 느낌이 직접 연결되어 있으며 둘의 관계가 가역적이라는 것은 일상적으로 경험된다. 웃음치료나 현실요법에서 볼 수 있듯이 의식을 바꾸면 몸의 자세가 변하지만 몸의 행동을 바꾸면 의식이 변하기도 한다. 이런 가역적 관계는 타인과의 관계에서도 그대로 적용된다. 타인의 어떤 몸짓을 보고 우리는 자신의 경험에서 비롯된 유추를 통해 상대 몸짓의 의미를 추측하지 않는다. 그런 유추를 하기 전에 먼저 신체적으로 반응한다.

예를 들어 보자. 치열한 접전을 벌이던 축구경기에서 우리 편 선수가 골을 넣고 감독을 향해 달려 온다. 멀리서 달려오는 선수를 감독은 먼저 팔을 벌려 안는다. 감독은 선수의 동작을 메를로퐁티의 표현대로 "양탄자의 색깔이 지각되는 것처럼"[184] 지각하지 않는다. 감독은 자신의 팔을 벌리는 동작의 의미를 동작과 더불어 인식한다. 감독의 동작은 선수가 달려오는 동작에 상응하는 것이다. 이를 통해 감독은 선수의 동작에 내재하는 의미까지 인식한다. 메를로퐁티는 다음과 같이 말한다.

> "동작의 의사소통이나 이해는 나의 의도와 타자의 동작의 상호성, 나의 동작과 타자의 행동에서 읽혀질 수 있는 의도의 상호성에 의해 얻어진다. 모든 것은 타자의 의도가 나의 신체에 거주하는 것처럼 또는 나의 의도가 그의 신체에 거주하는 것처럼 일어난다."[185]

서로 말은 없더라도 우리는 선수와 감독의 신체 동작에서 상호 간의 의사소통을 읽을 수 있다. 마찬가지로 메를로퐁티는 우리가 타인의 언어를 이해할 때 그의 몸짓이 개입한다는 것을 강조한다. 신체적인 자세가 자체로 지향성을 지니며 내적인 의미를 간직하듯 언어나 몸짓도 자체로 하나의 지향성이다.[186] 커피 잔을 마주하고 앉아 서로 바라보는 연인들을 상상해 보자. 그들 사이에는 굳이 언어가 아니라도 신체적인 자세만으로도 의사소통이 이뤄질 수 있다. 두 연인 간의 신체적인 자세 사이의 조응관계에서 보듯이, 우리의 일상에서 나의 언사나 몸짓에는 타인의 언사나 몸짓이 이미 상응하고 있는 것이다.

2) 몸은 하나의 관점

메를로퐁티가 말한 몸은 데카르트가 말한 몸과 달리 객관적 대상으로서의 몸이 아니라 '체험된 몸'이다. 또한 "세계에 대한 하나의 관점"으로서의 몸이다. 몸이 세계에 대한 하나의 관점이라는 것은, 나의 의식은 몸을 가졌기 때문에 세계를 '관점point de vue' 적으로밖에 볼 수 없고, 우리가 지각한 세계 역시 우리 의식과 상관해서 관점적으로 나타난다는 것이다.[187]

예를 들어, 나는 기업 HRD분야에 '몸' 담고 있다고 해 보자. 나는 '몸'을 통해 세계와 교섭하며 이 몸은 세계에로 나가는[세계를 만나는] 수레vehicule, 즉 방식이자 관점이 된다. 나의 관심은 늘 기업교육에 가 있으며 서점에 들를 때도, 사람을 만날 때도 관심은 기업교육이다. 내가 기업교육 세계에 몸담은 '눈'과 분리되지 않은 채 세계를 바라보기 때문이다. 이런 의미에서 메를로퐁티는 몸을 세계-에로-존재의 수레라고 하는 것이다.[188]

메를로퐁티에 의하면 기업교육 전문가로서의 나[영혼]는 언제나 몸으로서 기업교육 세계에 빠져 있는 '체화된 의식conscience incarnee' 혹은 육화된 코기토Cogito incarne이다. 그에 따르면 의식은 신체 자신의 경험에서 탄생한다. 신체가 자신을 스스로 체험하는 차원으로서 일어나는 것이다. 그것은 신체가 세계에 관여하고 개입되어 있어 일어나는 지향적 행위라고 하는 점에서 내가 나의 신체를 느끼는 방식, 내가 나의 신체를 사는 방식으로 풀이될 수 있다.[189]

메를로퐁티의 관점적 현상perspective은 전통적인 객관적 사유와 비교가 된다. 객관적 사유는 무엇보다도 사실(현상)과 거리를 두고 '그것 자체'로서의 즉자적 세계를 주장하거나 즉자적 세계를 전제하는 사유방식을 의미한다. 그러나 메를로퐁티에게는 관점적 현상perspective 속의 '관점'이 의식(주체)적 측면이고 '관점 속에서 보이는 대상'이 대상적 측면 혹은 물질적 측면이다.[190]

따라서 일상생활 속에서 우리가 지각한 세계는 우리 의식과 상관해서 관점적으로 나타난다는 점에 주목해야 한다. 메를로퐁티가 예를 든 것처럼, "나는 어떤 각도에서 이웃집을 보고, 사람들은 센강의 우안에서 그 집을 달리 보며 내부에서 달리 보고 비행기에서 달리 본다." 이웃집은 나에게 앞면은 거의 다 보이나 뒷면은 보이지 않고 옆면이나 위는 조금만 보인다. 메를로퐁티는 앞서 언급한 형$_{形,\ figure}$과 지$_{地,\ fond}$의 구조로 관점적으로 나타나는 지각적 세계를 설명한다. 다시 말해, 우리가 시각장의 어떤 부분을 '중심이 되는' 모양(전경)으로 지각하면, 다른 부분은 언제나 '가라앉고' 숨겨진 배경(지평)이 되는 현상이다.

예를 들어, 건물이 꽉 들어찬 도시에서 '123타워'를 지각한다고 할 때, 그 건물은 관점적으로 드러난다. 내가 시선을 집중한 그 건물은 전경 혹은 모양이 되어 두드러지게 나타나고 그 타워를 둘러싼 다른 건물들은 배경 또는 지평이 되어 뒤로 물러나 흐릿해진다. 타워 옆 다른 건물에 시선을 집중하면 이번에는 전경과 배경이 바뀌게 된다. 우리의 지각의 한 대상이 '명료'하게 모양으로 드러나면, 나머지 배경은 언제나 '불투명'하게 숨어버리게 됨으로써 지각적 대상의 전경과 배경은 동시에 전경으로서 다 드러나지 않는다. 결국 지각의 필연적 구조인 '모양-배경$_{figure\text{–}fond}$구조' 또는 관점적 현상$_{perspective}$은 "대상들이 자신을 숨기는 방식"이면서 동시에 "대상들이 자신을 드러내는 방식"인 것이다.[191]

또한 지각적 대상은 단순히 공간적인 의미만을 갖는 것이 아니라 그 대상과 관련된 모든 배경 속에서 나타난다. 보다 근원적이고 포괄적인 의미의 '관점적 현상'이라는 것이다. 촛불을 밝히며 사랑을 속삭이는 연인에게 촛불은 낭만이지만, 촛불에 화상 당한 경험이 있는 아동에게 촛불은 기피의 대상이 된다. 마찬가지로 나의 문화적, 시간적, 역사적 관점에 따라 그 이웃집의 관점적 모습도 달리 나타난다. 그 이웃집은 어렸을 때 내가 살던 집일 수도, 혹은 나의 짝사랑이 살고 있는 집일 수도 있는 등 그 대상을 '물들인' 다양한 배경 속에서 이웃집[지각적 대상]이 나타나기 때문이다. 그러나 데카르트 같은 심신이원론자들은 이런 관점적 현상을 무시하고 그 이웃집은 즉자적으로 존재하는 것이라 주장한다. 하지만 메를로퐁티에 의하면 즉자적인 것이라 불리는 대상[이웃집]은 이미 현상 속의 관점적인 대상이며 관점적으로 주어지는 것이 그 대상의 본래 모습이다.

따라서 메를로퐁티의 '지각적 세계'는 즉자적으로 존재하지 않고, 언제나 주체와 더불어 나타나고, 주체와 분리불가능한 채로 공존한다. 즉, 주체와 대상이 '함께-태어난다$_{co\text{–}naissance}$'는 현상이다.

13

신체화된 인지이론

인간은 곧 이성이라는 생각은 2천 년이 넘도록 서양사상을 지배해 왔다. 이성은 인간의 논리적인 추론능력은 물론이고 우리가 어떻게 행동해야 될 것인지에 대해 묻고, 문제를 해결하고, 가치평가를 하고, 비판하고 사고하는 능력, 그리고 나와 다른 사람들, 그리고 이 세계에 대한 이해에 도달하는 능력 등을 포함한다.[192] 반면에 몸의 역할은 간과되었고 몸이란 뇌의 주변장치에 불과하다는 견해가 주류를 이루었다.

앞에서 살펴본 대로 이러한 이성 중심의 인간관은 19세기 들어 니체와 메를로퐁티 등의 철학적인 비판에 직면하게 된다. 니체의 사상을 철학적 현상학의 관점에서 확장시킨 메를로퐁티 등의 몸의 철학은 서양 전통철학의 지배적 주류였던 몸과 마음의 구분 및 추상화된 정신[마음]을 절대 우위에 놓는 정신주의적 전통을 뛰어 넘는다. 이들의 뒤를 이어 1980년대에는 몸의 중심성을 회복하고 몸을 마음 안으로 되돌려 놓아야 한다는 새로운 주장, 즉 신체화된 인지이론이 등장하기 시작하였다.

1. 신체화된 인지이론의 발전

신체화된 인지이론은 과학적인 마음의 구조와 경험적인 마음 사이에 공통된 기반이 있음을 치밀하게 입증한다. 인지는 감각운동능력을 지닌 신체를 통해 나타나는 경험에 의존하는 것이라는 주장이다. 따라서 진정한 지식, 참된 깨달음은 몸과 마음이 함께하는 체화된 마음에서 달성된다는 사실을 밝혀낸다.

1) 인지과학의 등장

인지과학에서는 이성은 몸과 분리된 마음의 초월적인 특성이 아니며 우리의 두뇌, 몸, 그리고 신체적 경험의 본성에서 유래한다고 주장한다. 몸의 행위 하나하나가 세상의 환경과 일체가 되어 적응하는 과정에서 마음을 구성한다는 것이다. 현상학의 관점에서 볼 때 세상의 진리는 의식현상 속에 들어 있다. 그런데 의식은 몸을 중심으로 하는 생활세계를 바탕으로 하기에 몸을 떠난 의식현상은 설명하기 어렵다. 몸은 곧 인간의 실존이기에 몸을 도외시한 어떤 의식이나 관념은 허구적이라고 보는 것이다.

따라서 몸과 마음을 구분하는 전통적인 이원론은 관념적인 분리일 뿐이며 정신 혹은 마음은 인간의 몸의 활동의 하나의 특수한 방식인 것이다. 인간의 인식활동이나 철학은 몸을 통한 지각을 개념화한 것이다. 가브리엘 마르셀Gabriel Marcel, 1889~1973이 저서 『형이상학일기』에서 철학은 '자신의 몸이 느낀 한계경험limit-experience'을 실현하는 역사라고 말한 것도 같은 맥락이다. 철학적 개념과 이론은 철학자들이 자신의 몸을 통해 느낀 '한계경험'들을 보편적 의미로 개념화시킨 것이란 의미이다.

1950년대 들어 미국을 중심으로 마음을 연구하는 인지과학cognitive science이 등장하면서 인간의 마음을 컴퓨터의 정보처리체계로 접근하는 인지주의 패러다임이 확장되기 시작하였다. 인간의 마음과 컴퓨터, 그리고 두뇌가 본질적으로 동일한 추상적 원리를 구현하는 정보처리체계Information Processing System: IPS라고 보게 된 것이다. 마음은 뇌의 신경적 상태에 기초하며 마음의 과정을 정보의 처리, 변환이라는 계산적 관점computationalism에서 이해할 수 있다는 것이다.[193]

인지과학은 사람의 인지활동이 마음의 표상mental representation인 기호symbol에 의해 설명될 수 있다고 전제하기 때문에 사고, 지각, 기억과 같은 다양한 인지과정에서 기호가 조작된다고 본다. 마음이 기호를 조작하는 과정, 곧 특정 정보를 처리하는 과정은 계산computation이라 한다. 다시 말해, 인지과학은 마음을 기호 조작의 정보처리체계로 개

념화하고 마음이 컴퓨터처럼 표상[기호]과 계산[기호 조작]에 의해 설명될 수 있다고 주장한다.[194]

그러나 이러한 고전적 인지주의에서도 인간의 '몸'은 여전히 배제되었다. 몸의 역할이란 감각기관을 통해 들어오는 외부세계의 정보를 뇌로 전달하고 뇌의 지시에 따라 몸의 운동기관을 통해 수동적으로 행동하게 되는 것이다. 뇌만이 정보를 처리할 뿐, 몸은 마치 컴퓨터의 입출력 장치에 불과한 것으로 생각하였다. 1980년대 이후 이러한 고전적 정보처리접근에 기초한 인지과학으로는 마음의 본질과 특성을 충분히 설명할 수 없다는 비판이 제기되었다. 마음을 뇌 내부의 신경적 상태만으로 환원하는 것은 실제의 역동적인 마음과는 거리가 있으며 뇌와 신체, 환경 세상이 연결된 통합체상의 현상으로 마음을 재개념화해야 한다는 주장이 등장하게 되었다. 이런 움직임이 **'신체화된 인지**embodied cognition'접근이다.[195]

2) 신체화된 마음이론

마음이 신체화되어 있다는 주장은 미국의 언어철학자인 마크 존슨Mark Johnson과 언어학자인 조지 레이코프George Lakoff의 저서 『마음속의 몸The Body in the Mind』(1987)에서 본격적으로 제시되었다. 이들은 "몸은 마음속에 있고, 마음은 몸속에 있으며, 몸과 마음은 세계의 일부"라고 주장하였다. 이어 1999년 이들이 펴낸 저서 『몸의 철학Philosophy in the Flesh』은 신체화된 마음이론을 집대성한 성과로 평가받고 있다. 책의 부제에서 보듯 레이코프와 존슨은 새로운 신체화된 철학, 즉 몸 안에서의 몸의 철학을 통해 전통적인 서구사상의 몸과 마음의 이원론에 도전하고 있다. 다시 말해, 마음과 관련된 개념, 이성, 지식, 사고, 의지 등이 탈신체화되어 있다는 생각을 포기해야 한다는 것이다.

레이코프와 존슨은 '인지과학의 세 가지 주요한 발견'을 근거로 신체화된 마음이론을 전개하는데, 그 세 가지는 다음과 같다.

첫째, 마음은 본유적으로 신체화되어 있다(마음의 신체화). 인간의 마음은 몸에서 독립되거나 다른 사람들과 정확하게 동일하며 초월적인 이성을 공유하는 것이 아니다. 오히려 마음은 본유적으로 신체화되어 있고, 이성은 몸에 의해 형성된다. 마음이 컴퓨터 소프트웨어와 같아서 어떤 적절한 컴퓨터나 신경 하드웨어에도 작용할 수 있는 컴퓨터 같은 사람은 없다는 것이다. 둘째, 인간의 인지는 대부분 무의식적이다(인지적 무의식cognitive unconscious). 프로이트가 말하는 억압되어 있다는 의미의 무의식이 아니라, 의식이 접근할 수 없으며 또 너무 빨리 작용하기 때문에 집중할 수 없는 방식으로 의식적 인식의 표면 아래에서 작용한다는 뜻이다.[196] 따라서 의식적 사고는 거대한 빙산의 일각에 불과하며 모든 사고의 95%는 의식적 인식의 표면 아래에 있는 무의식적 사고이다.

셋째, 우리의 사고는 대부분 은유적metaphorical이다(은유적 사고). 개념적 은유는 우리의 사고와 언어에 널리 퍼져 있다. 은유에 의해 관습적으로 개념화되지 않은 일상의 주관적 경험을 떠올리기가 어려울 정도이다. 우리는 '애정은 따뜻함' '친밀함은 가까움' '사랑은 여행' '죽음은 무덤'과 같은 개념적 은유들을 무수히 사용하여 생각하고 말한다. 따라서 은유를 사용하지 않고 개인의 주관적인 경험과 판단에 관해 생각하는 것은 거의 불가능하다. 예를 들어, 유사성은 공간적인 가까움이고 차이는 공간적인 떨어짐을 뜻하는 '유사성은 근접성'이란 은유를 생각해 보자.[197] 이 은유 없이 유사성에 관해 생각한다고 상상하기는 매우 어렵다. 우리는 방대한 수의 이런 은유들을 자동적으로, 무의식적으로 습득하고 사용한다. 이런 은유들은 우리의 두뇌 속에서 물리적으로 실현되며 우리가 통제할 수 없는 것으로서 신체화된 경험에서 나오는 것이다.

『마음속의 몸』의 출간을 전후로 해서 칠레의 생물학자이자 철학자인 프란시스코 바렐라Francisco Varela는 스승인 움베르토 마투라나Humberto Maturana와 함께 저서 『앎의 나무The Tree of Knowledge』를 출간하였다. 이어 1991년 바렐라는 미국의 철학자인 에반 톰슨Evan Thompson, 인지심리학자인 엘리노어 로쉬Eleanor Rosch와 함께 『몸의 인지과학The Embodied Mind』을 출간하며 학문의 경계를 뛰어넘는 신체화된 인지이론을 정립하였다. 이 책에서는 동서양의 사상가를 한 명씩 끌어들여 몸과 마음의 관계를 흥미롭게 분석하고 있는데 그 한 사람이 프랑스의 철학자 모리스 메를로퐁티이다. 이 책에서 강조하는 점은 '우리의 인지는 몸과 환경의 상호작용을 통해 발생한다는 것'이다. 다시 말해, '인지는 감각운동능력을 지닌 신체를 통해 나타나는 경험에 의존한다는 것이다.

2. 생각의 주인은 몸

1980년대에 미국의 생리학자 벤자민 리벳Benjamin Libet, 1916~2007 연구팀[198]은 하나의 실험을 통해 인간은 생각하기 전에 몸이 먼저 움직인다는 충격적인 사실을 발견하였다. 리벳 연구팀의 실험의 출발은 1965년 독일의 신경학자인 한스 코른후버Hans Kornhuber, 1928~2009와 뤼더 데케Lüder Deecke, 1938~가 뇌전도EEG 기법을 통해 얻은 실험 결과였다.

1) 몸이 먼저 지시

코른후버와 데케는 피험자가 정해진 시간 내에 손가락을 움직이고 싶을 때 움직여보라고 한 후, 뇌전도EEG 기법을 통해 손가락을 움직이겠다고 생각한 순간과 실제로 손가락을 움직인 순간의 차이를 분석하였다. 결과는 의식적으로 손가락을 움직이겠다고 생각하고 실제로 손가락을 움직이기 대략 1초 전에 이미 특정한 뇌파의 변화가 일어났다는 것을 알아냈다. 그러나 코른후버와 데케는 준비전위와 행동의 순간만을 측정했을 뿐 피험자의 의식적인 결정이 내려지는 순간을 측정하지 못했다.

리벳 연구팀은 의식적인 결정이 내려지는 그 순간을 포착할 수 있는 방법을 찾기 시작하였다. 결국 이들은 시계를 이용하는 방법을 통해 그 시간을 찾아낼 수 있었다. 이를 바탕으로 6명의 피험자를 대상으로 각각 40회 이상의 시행을 통해 실험을 실시하였다. 실험설계 자체는 상대적으로 단순했다. 피실험자는 머리에 뇌파측정기, 우측 손목에 근전도를 측정하는 전극을 붙이고 1.8m 앞의 모니터를 주시하였다. 모니터에는 초록색 점이 2.56초마다 한 바퀴씩 돌았다. 피험자들에게는 '손가락을 움직이고 싶을 때 언제든 손가락을 움직이세요.'라고 주문하였다. 단, 손가락을 움직이고 싶다고 생각한 순간만 체크해 줄 것을 요구하였다.

실험결과는 큰 파장을 일으켰다. 정해진 시간 내에 손가락을 마음대로 움직이도록 했을 때, 손가락을 움직이겠다고 생각하고 손가락을 움직이기 약 1초 전에 이미 특정한 뇌파의 반응인 준비전위readiness potential가 일어난 것이다. 기존의 행동주의 심리학에서 주장하듯, 그리고 우리의 상식의 관점에서 볼 때 ① '손가락을 움직이겠다는 생각'

→ ② '뇌파의 움직임' → ③ '손가락이 실제로 움직임'의 순서가 되었어야 했다. 그러나 충격적이게도 실험결과는 기존의 믿음을 뒤엎는 것이었다. ② '뇌파[준비전위]의 움직임' → ① '손가락을 움직이겠다는 생각' → ③ '손가락이 실제로 움직임'의 순서가 나온 것이다.[199] 내가 손가락을 움직이겠다는 자유의지free will를 발휘하기 전부터 뇌파가 움직이고 있다는 사실이다.

이들 연구는 공통으로 우리의 행동은 물론이고 그 행동을 하고자 하는 의식적인 의도 전에 이미 무의식적인 뇌[뇌파], 즉 몸이 스스로 명령을 내린다는 것을 보여 주었다. 몸이 스스로 명령을 내린 것을 다른 몸인 손가락이 수행한 것이다. 실험결과는 우리의 의식적인 생각은 더 이상 주인이 아니며, 생각은 주인인 몸이 내린 명령을 의식이라는 스크린에 비쳐 알리는 앵무새 역할을 할 뿐[200]이란 사실을 말해 주는 것이다.

2) 체화된 인식체계의 대상 인식

인지는 체화된 행위이며 생각의 주인이 '몸'이라는 리벳의 실험결과는 인지생물학자인 움베르토 마투라나Humberto Maturana와 프란시스코 바렐라Francisco Varela의 자기생산체계이론과 맥을 같이 한다. 마투라나와 바렐라는 우리와 무관한 객관적 세계가 존재한다는 전통적 인식론 및 실재론으로부터 탈피해야 한다고 강조한다. 우리 몸의 특수한 인식 행동의 구조가 외부세계에 대한 우리의 앎을 결정한다는 것이다. 이들은 신기한 두 가지 앎의 현상으로부터 이를 증명한다.[201]

실험 I 다음 현상을 직접 체험해 보자. 왼쪽 눈을 감은 채 [그림 13-1]의 십자꼴을 똑바로 바라보라. 이때 책을 눈에서 약 40cm 떨어뜨려 이리저리 움직여 보라. 무슨 일이 생기는가? 결코 작지 않은 검은 점이 갑자기 사라질 것이다. 더 나아가 책을 조금 돌리거나 눈을 바꿔 떠 보라. 또는 이 그림을 다른 종이에 그대로 옮겨 그린 뒤 검은 점을 점점 크게 해 볼 수도 있다. 이때 검은 점을 얼마나 크게 해야 사라지지 않는지 살펴보는 것도 흥미롭다.

그림 13-1 맹점의 경험

출처: Maturana, H. R. & Varela, F. (1984). pp. 23-24.

흔히들 그 이유를 검은 점의 상이 와 닿는 망막부위는 시신경이 빠져 나가는 곳이기 때문에 빛에 무감각하기 때문이라고 말한다. 이 부위를 '맹점'이라 부른다. 하지만 이 설명은 왜 일상생활 속에서 우리의 시각에 늘 그만한 크기의 구멍이 뚫려 있지 않은가라는 물음에 답을 주지 못한다. 맹점의 실험이 극적으로 보여 주듯이 "우리는 우리가 보지 못한다는 것을 보지 못한다".

실험 II 붉은색과 흰색의 스탠드 두 개를 준비하여 [그림 13-2]와 같이 꾸며 보자. 붉은색 스탠드는 얇게 비치는 붉은색 종이를 필터로 쓰면 된다. 똑같은 지름의 원뿔 모양의 마분지로 전구를 씌운다. 왼쪽 전구 앞 마분지를 얇게 비치는 붉은색 종이로 막아본다. 그림처럼 손을 원뿔꼴의 빛 속에 넣고 바닥에 비친 그림자를 살펴본다. 어떤 현상이 일어나는가? 그림의 세 개 상황 가운데 맨 왼쪽의 손 그림자와 중간의 오른쪽 손 그림자는 청록색으로 나타날 것이다.

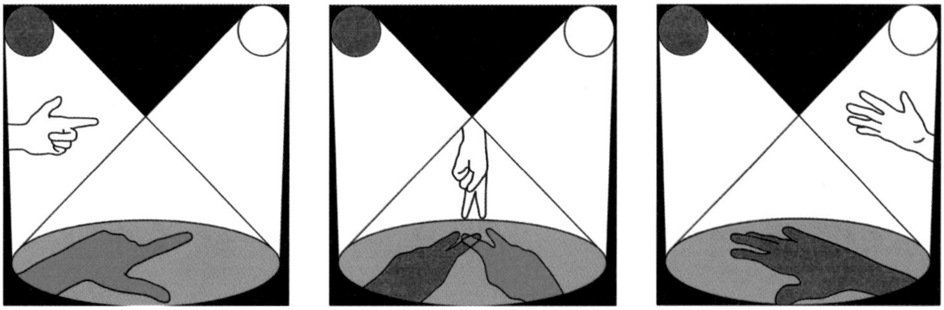

그림 13-2 '색 그림자' 실험

출처: Maturana, H. R. & Varela, F. (1984). pp. 26-28.

두 번째 상황도 맹점의 경우만큼이나 놀랍다. 예상할 수 있는 것은 오직 흰색과 붉은색 또는 그 둘이 섞인 담홍색뿐인데 청록색은 어디서 나타났는지 알 수가 없다. 외부세계에는 분명히 '있는' 점을 우리는 어떻게 '없는 것'으로 보며, 외부세계에는 '없는' 청록색을 우리는 어떻게 '있는' 것으로 보는 것인가? 마투라나와 바렐라는 이런 현상들로부터 다음과 같은 결론을 끌어낸다. 외부세계에 대한 우리의 앎은 외부세계의 객관적인 정보가 아니라, 우리의 특수한 인식 행동의 구조나 방식에 의해 구성된 것이다. 몸에 밴 우리의 인식행동 방식이 외부세계에 대한 우리의 앎을 결정한다는 것이다.[202]

3) 인지생물학의 코페르니쿠스적 전환

이 점에서 마투라나와 바렐라의 인지생물학은 18세기 칸트의 철학, 특히 칸트의 코페르니쿠스적 전회에 영향을 받았음을 알 수 있다. 저자도 이를 인정한다. 칸트는 당시의 대륙의 합리론과 영국의 경험론을 종합하여 새로운 인식의 패러다임으로 전환하였다. 즉, 진리의 기준을 객관에서 주관으로 전환하는 코페르니쿠스적 전환이다. 전통적으로 진리는 인식과 존재의 일치, 표상과 사물의 일치로 여겨져 왔으며 그 일치의 기준을 존재 혹은 객관 세계에서 찾았다. 예를 들어, '벚꽃이 하얗다'고 판단하면 그 인식이 참인지 아닌지는 실제로 그 꽃이 하얀지 아닌지의 여부에 의해 결정된다고 본 것이다. 주관적 인식이 객관적 실재와 일치하느냐의 여부가 진리를 판가름하는 기준이었던 것이다. 이렇게 진리의 기준을 객관세계에 두었다.

그러나 칸트는 그 인식이 우리에게 경험적으로 주어지는 내용만으로 구성되는 것이 아니라 그 인식내용을 정리하고 구조화하는 특정한 인식형식이 존재한다는 것을 밝혀냈다. 밖으로부터 주어지는 인식의 내용은 우리가 이미 구비하고 있는 주관적인 인식형식에 의해 규정된다는 것이다. 마치 우리가 푸른 안경을 쓰고 사물을 보면 모든 것이 푸르게 보이는 것과 같은 이치이다. 주관적이라는 것은 사물을 관찰하는 망원경이 다양하고 사진을 촬영하는 카메라가 다양하듯이 객관적인 외부 사물을 받아들이는 개개인의 인식형식 또한 다양함을 의미한다. 동물에 따라 사물을 인식하는 형식이 다르듯이 인간 또한 인식형식은 주관적이다. 모든 사물은 각자의 인식형식에 의해 받아들여지고 구성되어진 이미지일 뿐이다.

따라서 진리냐 아니냐의 여부는 외부로부터 주어지는 경험내용이 아니라 나 자신의 주관적 형식에 좌우되는 것이다. 외부의 객관적 세계는 나의 주관적 인식형식에 수용될 수 있을 때만 나에게 인식될 수 있으며 진리 또한 밝혀질 수 있다는 것이다. 따라서 칸트에게 있어서 진리의 기준은 더 이상 내용이 아니라 우리의 인식형식이며 객관이 아니라 주관으로 전환되는 것이다. 칸트에 와서 진리의 기준은 객관세계에 두는 것이 아니라 인간의 인식형식인 주관에 두게 된다. 객관에서 주관으로의 전환, 즉 코페르니쿠스적 전환인 것이다.

마투라나와 바렐라를 중심으로 한 인지생물학이 바로 코페르니쿠스적 전환인 것이다.마투라나와 바렐라는 무엇보다 인간을 포함한 생물을 자기생산체계$_{\text{autopoietic system}}$로 규정하며, 이런 관점에서 볼 때 생물은 자율적 존재이다. 자기생산체계라는 것은 생물이 자신의 구성요소를 스스로 생산하고 유지하는 것을 의미한다. 자기생산체계로서의 인간과 다른 생물은 자신의 작업을 통해 자기 자신을 정의하고 실현하기 때문에 자율적인 체계이다. 즉, "자기가 따르는 법칙이나 자기에게 고유한 것을 스스로 결정할 수 있는 체계"[203]라는 것이다.

주목할 점은, 이들은 인간 또는 생물의 인지활동이 세계를 객관적으로 묘사하는 것이 아니라 산출한다$_{\text{bring forth}}$는 점을 강조한다. 다시 말해 인간의 인지활동은 "저기 바깥에 있는 바로 저 세계의 표상이 아니라, 삶의 과정 속에서 '어느 한' 세계를 끊임없이 산출하는 일"[204]이라는 것이다. 이런 점에서 칸트의 코페르니쿠스 전환이나, 지식이란 인식자의 구성물이라 보는 구성주의 인식론과 맥락을 같이함을 알 수 있다. 마투라나와 바렐라는 이 점을 다음과 같이 설명한다.

"독자들은 마치 '사실'이나 물체가 저기 바깥에 있어서 그것을 그냥 가져다 머리에 넣으면 되는 것처럼 인식현상을 보아서는 안 된다는 사실을 늘 되새겨야 할 것이다. 이것이야말로 우리가 말하려는 모든 것의 근본이다.

어떤 물체가 '저기 바깥에' 있다는 경험은 인간의 구조에 의해 특수한 방식으로 형성된다. 이런 뜻에서 인간의 구조는 기술$_{\text{description}}$ 활동을 통해서 생겨나는 '물체'의 가능조건이다. 이러한 순환성, 행위와 경험의 뒤얽힘, 한편으로 우리의 존재방식과 다른 한편으로 세계가 우리에게 나타나는 방식 사이의 불가분한 관계, 이것들은 다시 말해 인식활동이 세계를 산출함을 뜻한다. [⋯] 함이 곧 앎이며 앎이 곧 함이다."[205]

미주

1) **프로타고라스** 358b. Plato. *Platonis Opera 3.* 박종현 역(2010). **플라톤의 프로타고라스/라케스/메논**. 서울: 서광사.

2) 동양에서 지행합일을 주장한 대표적 철학자는 왕양명이다. 그는 소크라테스와 마찬가지로 지와 행이 본체적 의미에서 분리되어 있지 않다고 보았다. 그러나 소크라테스는 지知가 선천적으로 내재해 있으며 인식을 통해 인간에게 확인된다고 본 반면, 왕양명은 지행합일의 지知가 행行을 통해 인간에게 획득되며 행위가 아니고서는 확인되지 않는다고 본 점에서 차이가 있다. 소크라테스는 선지후행先知後行을 강조했다면 왕양명은 선행후지先行後知를 주장한 것이다. 그러나 이주강(2012)은 왕양명의 논리체계를 보면 사실상 지행괴리知行乖離설이며, 지행합일을 주장하면서도 지가 아닌 행을 강조하는 양명학보다, 지를 강조하는 주자학이 오히려 지행합일설의 본래 의미에 부합하다고 주장한다. (참조: 이주강(2012). 소크라테스와 왕양명의 지행합일설에 관한 연구. **원불교사상과 종교문화**, 52, 245-275.)

3) 이주강(2012). p. 337.

4) 데카르트의 주체가 '나는 사유한다je pense.'로 정의되며 메를로퐁티의 주체가 '나는 할 수 있다je peux.'로 표현된다는 생각은 정지은(2013). 몸과 살, 그리고 세계의 철학자, 모리 메를로-퐁티. 철학아카데미(2013). **처음 읽는 프랑스 현대철학**. 서울: 동녘. p. 54에서 빌려 왔다.

5) '예기' 18편인 '학기'에 나오는 교학상장의 내용은 김용옥(2014). **도올의 교육입국론**. 서울: 통나무. p. 88에서 재인용함.

6) 성염(1993). 철학적 인간학 노트. 미간행 강의록.

7) Aristotele. *Aristotele's Ethica Nocomachea*. 강상진, 김재홍, 이창우 공역(2014). **니코마코스 윤리학**. 서울: 도서출판 길. p. 237.

8) "제비 한 마리가 날아들었다고 봄이 온 것은 아니다."는 말은 '우나 히룬도'(Una hirundo, 한 마리 제비가) '논 파킷 베르'(non facit ver, 봄을 만들지 못한다)라는 라틴어 격언으로 알려져 있다. 그러나 실은 아리스토텔레스가 남긴 그리스어 격언이다. 아리스토텔레스는 저서『니코마코스 윤리학』제1권에서 한 마리의 제비가 봄을 만드는 것도 아니며, 따사한 날 하루가 봄을 만드는 것도 아니란 점을 주지시킨다. '윤리학'이란 제목에서 짐작할 수 있듯이 아리스토텔레스는 이 말을 탁월한 인간, 탁월하고 행복한 삶을 원하는 사람에게 귀담아 들으라고 말한 것이다. 그는 이어 말한다. 봄이 그러하듯, "탁월하고 행복한 하루나 짧은 시간이 지극히 복되고 행복한 사람을 만드는 것도 아니다." 어쩌다 운동 한번 했다고 몸짱이 되는 건 아니란 얘기이다. 아테네 판 '춘래불사춘春來不似春'이라 할 수 있다.

9) Augustinus. (AD 390). *De Vera Religione*. 성염 역(2011). **참된 종교**. 서울: 분도출판사.

10) 김영진(2018). **아우구스티누스의 두 지평: 이성과 의지–주지주의와 주의주의 문제를 중심으로**. 서울: 한들출판사. p. 307.

11) 또한 아우구스티누스는 "믿기 위해 이해한다intellege ut credas."고 강조한다. 이해의 궁극적인 목적이 믿음에 있고, 이런 믿음에 기초할 때 비로소 참된 진리를 알 수 있다는 의미이다. 결국 신앙과 이성의 관계에서 참된 진리를 받아들이는 것은 믿음과 신앙이 선행할 때 가능하다는 것이다. (참조: 김영진(2018). pp. 307-308.)

12) Nietzsche, F. W. (1881). *Morgenrothe*. 박찬국 역(2008). **니체전집 10권. 아침놀**. 서울: 책세상. p. 133.

13) 엘리아스와 메리엄Elias & Merriam은 『성인교육의 철학적 기초』에 대해 논의하면서 인본주의는 실존주의에 바탕을 두었다는 점을 명시하고 제3의 심리학으로 불리는 인본주의 심리학에 초점을 맞추어 논의하고 있다. 웨인Wain도 같은 맥락에서 평생교육은 기본적으로 인본주의에 바탕을 두어야 한다고 주장하면서 실존주의와 인본주의는 기본적으로 차이가 없다는 점을 강조한다. 매트슨과 매트슨Matheson & Matheson은 실존주의는 평생교육의 철학적 기반으로서 자유주의자들 사이에서 이론적 발판이 된다고 점을 강조한다. (참조: Matheson, D., & Matheson, C. (1996). Lifelong Learning and Lifelong Education: acritique. *Research in Post-Compulsory Education, 1*(2), 219-236; Wain, K. A.(1985). Lifelong education and philosophy of education. *International Journal of Lifelong Education, 4*(2), 107-117)

14) Sartre, J. P. (1996). *Existen Est Un Huma*. 박정태 역(2014). **실존주의는 휴머니즘이다**. 서울: 이학사. pp. 58-59.

15) Beauvoir, S. (1944). *Pyrrhus et Cinéas*. 박정자 역(2016). **모든 사람은 혼자다**. 서울: 꾸리에. p. 24.

16) 같은 책. p. 25.

17) Sartre, J. P. (1996). p. 59.

18) Heidegger, M.(1952). *Der ursprung des kunstwerkes*. 오병남, 민형원 공역(1986). **예술작품의 근원**. 서울: 경문사. pp. 97-100.

19) 같은 곳.

20) Kenny, A. (2006). *The rise of modern philosophy*. 김성호 역(2016). **근대철학: 케니의 서양철학사 3권**. 서울: 서광사. p. 71.

21) Höffe, H. O. (1994). *Klassiker der philosophie, vol.1&2*. 김석수 외 공역(2014). **철학의 거장들: 근대편1_베이컨에서 흄까지**. 서울: 한길사. p. 113.

22) Descarte, R. (1641). *Meditationes de prima philosophia*. 이현복 역(1997). **성찰**. 서울: 문예출판사. p. 115.

23) Alter, T. & Howell, R. J. (2009). *A dialogue on consciousness*. 한재호 역(2018). **심야의 철학도**

서관. 서울: 글항아리. pp. 19-20.

24) Störig, H. J. (1950). *Kleine weltgeschichte der philosophie*. 박민수 역(2018). **세계 철학사**. 서울: 자음과 모음. p. 485.

25) Descartes, R. (1649). *Les passions de lame*. 김선영 역(2013). **정념론**. 서울: 문예출판사. p. 46.

26) 김재권(1996). *Philosophy of Mind*. Westview Press. 하종호, 김선희 공역(1997). **심리철학: 서론**. 서울: 철학과 현실사. p. 226에서 재인용.

27) Bossart, Y. (2014). *Ohne heute gabe es morgen kein gestern*. 이원석 역(2020). **세상과 생각을 여는 철학자의 사고실험**. 서울: 북캠퍼스. p. 164.

28) 흥미로운 점은 철학사에도 명제는 동일한데 지향점은 서로 대비되고 구별되는 사례가 있다. 바로 '코기토Cogito'이다. 중세의 교부철학자인 아우구스티누스와 근대철학의 문을 연 데카르트의 이야기이다. 근대철학을 연 '제1원리'인 '코기토 에르고 숨Cogito, ergo sum', 즉 '나는 생각한다. 고로 존재한다.'는 말은 데카르트가 1637년에 출간된『방법서설』에서 제시한 명제이다.

이 명제는 어찌 보면 단순해 보이지만 의심할 수 없는 전제에 이르기까지 극단으로 밀어붙인 결과 도출된 명제이다. 데카르트는 내가 직접 관찰한 것이라도 참 지식이라고 확신할 수 없다는 것에서 시작한다. 그는 당시의 교회 탑이 한낮에는 햇빛에 반짝거리다가 해질 무렵엔 빨갛게 타는 듯하고 그 이후엔 회색으로 보인다는 것을 고민한 것이다. 사물들이 나에게 나타나는 대로 존재한다는 것을 확신할 수 없게 된 것이다.

이런 의심은 다음 단계의 사색으로 이끈다. 수학 천재의 특이성 때문인지는 모르겠지만 데카르트는 꿈과 현실을 혼동하는 일이 잦았다고 한다. 이른바 내가 꿈에 나비가 된 것인지, 나비가 꿈에 내가 된 것인지 헷갈리는 장자몽의 경험이다. 그는 자기가 어떤 행동을 하고 있다고 굳게 믿었는데 그게 꿈이었음을 알게 된 순간들이 많았다고 한다. 철학자답게 선잠을 자다가 난롯가에 앉아 책을 읽거나 서재에 앉아 글을 쓰는 꿈을 꾼다든가 하는 것이다. 그렇다면 지금 이 순간에 내가 꿈을 꾸고 있지 않다는 것을 어떻게 확신할 수 있는가에 대한 의심으로 나아가게 된다.

확실성에 대한 의심이 이 정도에 이르자 이제는 제삼자를 끌어들여 회의의 강도를 증폭시킨다. 만약 악의로 가득 찬 악마가 있어서 나를 속이려는 목적을 갖고 나를 조종할 수도 있지 않을까하는 의심이다. 우리가 보기엔 코믹할 정도지만 그에게는 비극적일만큼 처절한 확실성의 추구 작업이었던 것이다. 이를 통해 그는 '생각하는 내가 존재한다.'는 것, 나의 의식의 자명성만은 확실하다는 결론에 이르게 된다.

'나'란 주체가 존재하는 이유는 내가 생각하기 때문이라는 명제는 중세적인 관점과 결정적으로 결별하게 되는 선언이었다. 왜냐하면 신 중심의 중세의 사유는 나의 존재 이유를 신의 피조물로 보기 때문이다.

그런데 흥미롭게도 데카르트의 멋들어진 '코기토' 명제가 사실은 천 년 전에 중세철학을 연 아우구스티누스 철학의 제1명제였다는 점이다. 아우구스티누스는 플라톤 철학과 그리스도교 교리를 종합해 신앙과 이성을 종합하려고 애썼다. 정확히 말하면 당시에 만연했던 믿음에 대한 다양한 회의론을 반박하는 데 이성적 사고를 활용하려고 했다. 그의 유명한 "알기 위해 믿어라Crede ut intelligas."는 말은 그의 코기토 명제가 지향하는 바가 무엇인지를 명확히 보여 준다.

아우구스티누스는 회의론자들이 의심할 수 없는 것을 찾아내려고 노력한 결과 찾아낸 명제가 바로 "나는 생각한다. 고로 나는 존재한다."이다. 다른 말로 하면, "만일 내가 속고 있다면, 나는 존재한다Si enim fallor, sum."이다. 회의론자들 말대로 우리의 감각에 주어진 것은 믿을 수가 없다. 내가 보고 듣고 말하고 생각하는 것 모두 불명확할 수가 있다는 데 동의한다. 그러나 '생각하고 있는 나'가 없다면 생각하고 의심하는 것은 불가능하다는 논거이다.

여기까지의 전제는 데카르트와 차이가 없다. 인식을 위한 전제조건을 의식의 내적인 '자기 확실성'에서 찾는 것은 동일한 것이다. 그러나 아우구스티누스의 코기토는 데카르트와 다른 곳을 응시하고 있다. 즉, 문제설정이 달랐다. 아우구스티누스는 모든 걸 의심해도 5+5=10과 같은 수학적 지식은 의심 없이 모두가 동의한다고 말한다. 같은 이유로 모두가 인정하는 도덕적 준거 또한 확실한 지식이자 진리가 아니냐고 반문한다. 이런 진리는 감각적 경험에서 나오지 않는다는 것이다.

그렇다면 아우구스티누스는 모두가 인정하는 이런 확실한 지식, 판단은 어떻게 가능한 것인가를 묻는다. 따라서 나 아닌 다른 어떤 확실한 것, 인간을 넘어서는 어떤 초자연적인 존재자에서 나올 수밖에 없다는 결론을 내리게 된다. 그 초자연적인 존재자가 신으로서의 예수 그리스도라는 것이다.

중세가 지나고 17세기에 들어 근대철학의 문을 연 데카르트는 아우구스티누스와 동일한 '방법적 회의'를 사용한다. 그 명제는 동일하다. 아우구스티누스와 마찬가지로 감각으로부터 주어진 것, 이성으로 추론하는 것까지 모든 것에 대한 의심을 극단으로 몰고 간다. 그래도 의심할 수 없는 건 의심하고 있는 내가 존재한다는 결론에 이르게 된다.

그런데 주목할 점은 두 철학자의 명제는 동일한데, 그 전제 위에서 바라보고자 하는 목표가 달랐다는 것이다. 아우구스티누스는 신의 존재, 지식의 원천으로서의 신의 존재에 대한 믿음을 확실하게 다지기 위한 것이었다. 그 결과 신학의 기초를 마련하게 되었다. 반면에 데카르트는 코기토를 통해 신의 존재증명이 아니라 확실한 지식과 진리에 도달하고자 했던 것이다. 그 결과 그 명제는 과학의 기초를 이루게 되었다.

29) Kenny, A. (2006). p. 71에서 재인용.

30) 흔히 데카르트의 코기토 명제는 근대철학을 연 것으로 이해한다. 그런데 아이러니한 것은 똑같은 명제, '나는 생각한다. 고로 존재한다.'가 중세철학의 문을 연 아우구스티누스 철학의 제1원리

였다는 사실이다. 하지만 아우구스티누스는 논증의 성격을 분명하게 밝히지 않았으며, 논증을 통해 해결하려던 문제도 그의 사상에서 극히 일부분을 차지했을 뿐이다. 그러므로 데카르트의 독창성은 코기토 논증을 처음 발명했다는 것보다는 코기토 논증의 중요성을 포착했다는 점에서 인정해야 한다. (참조: Russell, B. (1996). *A history of western philosophy*. 서상복 역(2019). **러셀 서양철학사**. 서울: 을유문화사. pp. 715-716.)

31) 같은 책. p. 209.

32) 같은 책. pp. 196-197에서 재인용.

33) B. Spinoza의 말을 고병권 (2014). **니체의 위험한 책: 차라투스트라는 이렇게 말했다**. 서울: 그린비. pp. 151-152에서 재인용.

34) 실체를 의미하는 라틴어 substantia의 'sub=그 아래 놓여 있는 것'이란 어원에서 보듯이 실체란 모든 사물의 근저나 배후에 자리 잡고 있으면서 모든 존재를 자체 내로 통합하고 포괄하는 일자 내지 무한자이다. 영원하고 무한하며 자기 자신에게서 비롯되어 존재하는 것이다. 실체 밖에는 그 무엇도 존재하지 않는다. 이렇게 볼 때 실체개념은 결국 신의 개념과 일치하며 모든 존재자의 총괄이라는 점에서 동시에 자연개념과도 일치하게 된다. 따라서 스피노자의 사상은 실체는 신이며 자연이다. (참고: Störig, H. J. (1950). pp. 495-496.)

35) Bennett, J. (1984). *A Study of Spinoza's Ethics*. Cambridge: Cambridge University Press. pp. 55-60.

36) Descartes, R. (1911). *The Philosophical Works of Descartes*. trans. by G. R. T. Ross. Cambridge University Press. 〈Principia Philosophiae〉 I.LI.

37) Spinoza, B. (1677). *Ehica in ordine geometrico demonstrata*. 강영계 역(2014). **에티카**. 서울: 서광사. p. 29.

38) Hösle, V. (2013). *Eine geschichte der Deutschen philosophie*. 이신철 역(2015). **독일철학사: 독일정신은 존재하는가**. 서울: 에코. p. 86.

39) Jaspers, K. (1966). *Spinoza*. Hannah Arendt (Ed.). Ralph Manheim (trans.). New York and London: A Harvest books. p. 37.

40) Deleuze, G. (1970). *Spinoza et le probleme de l'expression*. 이진경 역(2003). **스피노자와 표현의 문제**. 서울: 인간사랑.

41) Spinoza, B. (1677). p. 51. 주58 참조.

42) Wolfson, H. A. (1961). *The Philosophy of Spinoza, vol. I*. New York: Shocken Books.

43) Hösle, V. (2013). p. 74.

44) Höffe, H. O. (1994). p. 260.

45) 윤선구(2004). **라이프니츠 단자론**. 서울대학교 철학사상연구소. 이 세계의 모든 자연 법칙과 도

덕법칙은 모두 신의 이성에 기인한다는 라이프니츠의 철학은 신의 입장에서의 선험철학이라 볼 수 있다. 후에 칸트가 인간의 오성과 이성의 입장에서의 선험 철학을 발전시켰는데, 칸트의 철학은 라이프니츠 철학으로부터의 코페르니쿠스적 전환이라고 볼 수 있는 것이다.

46) Kenny, A. (2006). *The rise of modern philosophy*. 김성호 역(2016). **근대철학: 케니의 서양철학사 3권**. 서울: 서광사. p. 226.

47) 라이프니츠는 우주의 궁극적인 구성요소를 가장 작은 물질 입자, 즉 죽은 원자가 아니라 형이상학적이고 정신적인 통일체인 개별 실체로 본다. 그는 이 개별 실체를 하나(통일)를 의미하는 그리스어 모나스Monas에서 따와 모나드Monade라고 부른다. 모나드는 '자연의 참된 원소'이자 기초적인 '생명원리'인데, 사물은 이 원리에 따라 구성된다. 모나드 개념을 이해하기 위해서는 먼저 라이프니츠는 자연을 영혼이 없는 연장된 덩어리로 환원하고자 하는 수학적인 물리학은 자연의 생동적인 활동들을 제대로 다룰 수 없다고 생각해 기계적인 자연관을 믿지 않았다는 점을 생각해야 한다. 그는 70세가 다 될 무렵인 1714년 자신의 정신적 여정을 돌아보면서 쓴 편지에서 다음과 같이 말한다.

"나는 기계론과 운동법칙 자체의 궁극적인 근원을 추적해 나갔다. 하지만 그러한 근원은 수학에서 발견하는 것이 불가능하다는 것과 이러한 목적을 위해서는 형이상학으로 되돌아가야만 한다는 것을 발견하고서 아주 많이 놀랐다." 라이프니츠는 생명원리인 모나드는 나눌 수 없는 실체 혹은 통일체이며 생명원리는 오직 유기체에만 존재한다고 주장한다. 주목할 점은 모나드는 연장, 형태, 운동과 같은 물리적인 개념을 통해 규정되지 않으며, 모나드의 가장 중요한 특징은 '활동' 혹은 '활동력'이라고 주장한다. (참조: Spierling, V. (2004). *Kleine geschichte der philosophie*. 정대성 역(2007). **세계사를 바꾼 철학의 구라들**. 서울: 이룸. pp. 228-229.) 주목해야 할 점은 라이프니츠가 개별실체인 모나드를 '살아 있는 힘', 요즈음 표현으로 '운동 에너지'로 봄으로써, 현실을 구성하는 가장 기본적인 요소가 원자가 아니라 영적인 힘의 근원점으로 보았다는 점이다.

48) Störig, H. J. (1950). *Kleine weltgeschichte der philosophie*. 박민수 역(2018). **세계 철학사**. 서울: 자음과 모음. pp. 515-516.

49) 같은 책. p. 517.

50) 같은 책. p. 518에서 재인용.

51) 윤선구(2019). 이성을 통하여 인간은 신과 함께 공동체를 구성한다. 서울대학교 철학사상연구소 역. **데카르트에서 들뢰즈까지: 이성과 감성의 철학사**. 서울: 세창출판사. pp. 25-54. 여기서(p. 28) 윤선구는 라이프니츠가 이성주의 혹은 합리주의 철학자로 불리는 것은 그가 감성을 부정하고 이성만을 인정해서가 아님을 강조한다. 인간의 이성이 감각경험의 도움 없이 사물을 인식할 수 있을 뿐만 아니라 정념이나 욕구의 도움 없이 의욕할 수 있다고 보고 이런 능력이 바로 다른 동물

과 구별된다고 보기 때문이라는 것이다. 그렇지만 합리주의자는 감성을 인정하지 않거나 이성을 통해 감각을 이해한다고 생각하기 쉬운데, 이렇게 라이프니츠의 입장을 오해한 대표적인 철학자가 칸트란 점을 지적한다. 그에 따르면 칸트는 『순수이성비판』의 부록 '반성개념의 모호성에 관하여'에서 라이프니츠가 감성을 지성화함으로써, 또는 현상과 물자체를 구별하지 않음으로써 물자체의 비교원리를 현상에도 적용하는 오류를 범했다고 비판한다. 칸트가 라이프니츠가 현상과 물자체를 구별하지 않았다고 오해한 이유는 라이프니츠가 감관을 오성과 독립된 별개의 인식능력으로 인정하지 않았다고 생각하기 때문이다.

52) 윤선구(2004). p. 33.

53) 다음의 사례는 Magee, B. (1998). *The story of philosophy*. 박은미 역(2016). **철학의 역사**. 서울: 시공사. p. 97에서 인용하였음.

54) 윤선구(2004)는 라이프니츠가 초기에는 칸트가 후에 제시한 분석명제와 종합명제의 구분을 부정하였다는 점을 다음과 같이 지적한다. 칸트의 종합명제는 유한한 횟수의 분석을 통하여 술어가 주어 안에 포함되어 있음을 밝힐 수는 없는데, 라이프니츠는 이것이 인간의 이성이 유한하기 때문이라고 주장하였다. 신은 모든 사실에 관한 명제도 주어의 분석을 통하여 술어가 주어 안에 포함되어 있음을 밝힐 수 있다는 것이다. 즉, 필연적 진리와 우연적 진리 또는 칸트의 용어로 분석명제와 종합명제의 구분은 단지 유한한 이성의 관점에서의 구분일 뿐이며, 신에게서는 이러한 구분이 존재하지 않는다고 생각했던 것이다. 그러나 1686년 이후에는 이런 생각을 바꾸어 신 역시 사실에 관한 명제의 주어 분석을 통해 술어가 주어 안에 포함되어 있음을 증명할 수는 없고, 다만 전지한 능력을 통하여 주어 안에 술어가 포함되어 있음을 통찰할 뿐이라고 하였다. 따라서 중기 이후의 사상에서는 인간의 입장에서뿐만 아니라 신에게도 필연적 진리와 우연적 진리 또는 이성진리와 사실진리의 구별을 인정한 것이다. 그러나 이런 구별이 이성진리만이 이성을 통해 인식되고 사실진리를 인식하는 데는 이성을 필요로 하지 않는다는 것을 의미하는 것은 아니다. 사실진리도 단순히 감각을 통해서만 가능한 것이 아니라 이성을 작용을 통해서 인식되는 것이다. 즉, 사실진리 중에서도 판명한 인식은 이성을 통해서 인식되는 진리인 것이다. (참고: 윤선구(2004). p. 36.)

55) 라이프니츠의 두 가지 진리 구분은 이후 철학사에서 분석명제analytic statement와 종합명제synthetic statement로 사용된다. 특히 칸트철학에서 중심 개념이 되었으며 20세기에는 논리 실증주의의 중심 내용으로 자리하게 된다.

56) 윤선구(2019). p. 47.

57) 윤선구(2004). p. 34에서 재인용.

58) Höffe, H. O. (1994). p. 270.

59) 윤선구(2004). p. 35에서 재인용.

60) 라이프니츠는 '단자론'(1-2-1-2-1-1)에서 두 가지 종류의 진리가 있음을 밝힌다. "나아가 두 가지 종류의 진리, 즉 이성진리와 사실진리가 존재한다. 이성진리는 필연적이고 그 반대는 불가능하다. 사실진리는 우연적이고 그 반대가 가능하다." (참고: 윤선구(2004). p. 37에서 재인용.)

61) 같은 곳. p. 38.

62) Bossart, Y. (2014). *Ohne heute gabe es morgen kein gestern*. 이원석 역(2020). **세상과 생각을 여는 철학자의 사고실험**. 서울: 북캠퍼스. p. 61.

63) Störig, H. J. (1950). p. 532.

64) Kenny, A. (2006). pp. 130-131.

65) Störig, H. J. (1950). p. 538.

66) 같은 곳.

67) Höffe, H. O. (1994). p. 377에서 재인용.

68) 이진경(2014). **철학과 굴뚝 청소부**. 서울: 그린비. p. 127.

69) Hume, D. A. (1987). *Treatise of human understanding*. In L. A. Selby-Bigge (Ed.). New York: Oxford University Press. p. 1.

70) 같은 책. p. 73.

71) 강은아(2008). 흄의 개연적 추론에 대한 고찰. **철학논구**. 제36집. p. 130.

72) 같은 곳. p. 128.

73) Störig, H. J. (1950). p. 545.

74) 이하는 Störig, H. J. (1950). p. 545의 해석을 인용하였음.

75) 당시는 당구가 인기 있는 스포츠였는지 모른다. 흄에게 큰 철학적 영감을 받은 칸트도 학비를 벌기 위해 내기당구를 쳤다는 말이 전해진다.

76) 흄의 사상은 고대 그리스의 철학자 데모크리토스를 연상케 한다. 그는 우리의 감각적 인식은 모두 관습 혹은 습관에 의한 것임을 강조한다. "관습에 의해 (맛이) 달고 관습에 의해 쓰며, 관습에 의해 뜨겁고 관습에 의해 차갑다. 색깔 역시 관습에 의한 것이다. 실제로 있는 것은 원자와 진공뿐이다." 세상은 텅빈 진공과 그 속을 떠도는 원자로 되어 있으며 나머지는 모두 관습, 즉 인간 주관의 산물이라는 것이다. 데모크리토스는 유물론자였다. 그는 세상의 모든 것, 즉 영혼조차 원자로 되어 있다고 생각하였다. (참조: 김상욱(2018). **떨림과 울림: 물리학자 김상욱이 바라본 우주와 세계 그리고 우리**. 서울: 동아시아. p. 46.)

77) 같은 곳.

78) Spierling, V. (2001). *Kleine geschichte der philosophie*. 정대성 역(2004). **세계사를 바꾼 철학의 구라들**. 서울: 이룸. p.265.

79) Kant, I. (1787). *kritik der reinen Vernunft*. 백종현 역(2006). **순수이성비판**. 서울: 아카넷.

80) 김재호(2004). 칸트『순수이성비판』. **서울대학교 철학사상연구소. 『철학사상』 별책 제3권 제16호.** p. 36.

81) 선천적$_{\text{a priori}}$ 개념에 대립하는 개념은 후천적$_{\text{a posteriori}}$이다. 예를 들어, '이 정삼각형은 노란색이다.'는 후천적 판단이다. 이것은 경험을 통해서 내가 얻게 되는 우연적 판단이다. 만일 정삼각형을 붉은색으로 그리면 정삼각형은 붉은색이 되는 것이니 순전히 우연적이라 할 수 있다. 그러나 '정삼각형은 세 변의 길이가 같다.'라는 판단은 다르다. 이는 경험을 통해 획득한 것이 아니며 경험에 관계없이 언제나 보편적이고 필연적이다. 아무리 내가 노력해도 정삼각형의 세 변의 길이를 다르게 할 수는 없다.

82) 김재호(2004). p. 47.

83) 칸트의『순수이성비판』B 16, S2. Spierling, V. (2001). *Kleine geschichte der philosophie*. 정대성 역(2004). **세계사를 바꾼 철학의 구라들**. 서울: 이룸. p.264에서 재인용.

84) 이러한 이론적 근거에 의해 칸트는 전통적인 실재론$_{\text{Realismus}}$의 문제점을 해결하고 '초월적 관념론'으로 가게 되는 실마리를 찾게 된다. 칸트는 자신의 관심이자 이전의 형이상학 연구에 결핍되어 있던 본질적인 물음이 결국 "우리 속에 표상이라 불리는 것이 대상과 관계 맺는 것은 무엇에 근거하는가?"에 있다고 주장하였다. 전통 형이상학은 이 질문에 어떠한 해답도 주지 못했다고 주장한다. 이 질문은 한마디로 말해 '표상과 대상의 관계 맺음의 가능성'에 관한 것이다. 즉, 우리가 표상이라 부르는 것이 대상과 관계 맺는다는 사실과 그것이 어떻게 가능한지에 대한 이유를 밝히는 것이 전통 형이상학의 전체 비밀을 풀어 줄 열쇠가 될 수 있다고 보는 것이다. (참조: 승계호, 엄정식, 김재희, 백승영, 이승종, 강진호, 선우환, 김희정, 송영진, 김재호, 정대현(2008). **서양철학과 주제학-승계호의 철학과 해석혁명**. 서울: 아카넷. pp. 480-522.)

85) 서울대학교 철학사상연구소(2015). **데카르트에서 들뢰즈까지: 이성과 감성의 철학사**. 서울: 세창출판사. pp. 86-109.

86) Kant, I. (1781). *Kritik der reinen Vernuft*. 백종현(2006). **순수이성비판 1, 2**. 서울: 아카넷. p. 93에서 재인용.

87) 서울대학교 철학사상연구소(2015). p. 94에서 재인용.

88) '선험적$_{\text{a priori}}$'이란 말은 인식에서 감각경험에 선행함을 의미한다. 반면에 '후천적$_{\text{a posteriori}}$'이란 말은 경험에 의존한다는 것을 의미한다. 번역에 따라 선천적 및 후천적이라 표현하기도 한다. 또한 '선험적 종합판단'이란 '선험적'이기에 보편적이고 필연적이면서 '종합판단'이기에 확장된 정보를 주는 판단을 뜻한다.

89) 이정우(2015). **문명이 낳은 철학, 철학이 바꾼 역사**. 서울: 도서출판 길. p. 364.

90) 같은 곳. 이정우(2015). pp. 364-365는 칸트의 구성주의는 영국의 경험론과 비교해 보면 보다 분명히 이해할 수 있다고 말한다. 즉, 영국 경험론에서 인식이 (대상에 대한) '경험으로부터' 출

발하는 것이라면, 칸트에게서는 '경험과 더불어' 이루어지는 것이다. 다시 말해, 지각하고 그로부터 인식하는 것이 아니라 선험적으로 존재하는 주체의 틀이 작동함으로써 경험을 하고, 그와 함께 인식이 이루어진다. 인식주관의 선험적 형식이 대상을 조건 지우고 그것을 눈앞에 세움Vorstellung으로써 비로소 알 수 있다는 것이다. 그렇기 때문에 주체의 형식과 인식주관의 구조를 아는 것이 중요하다.

91) 이정우(2015). p. 365.

92) 서울대학교 철학사상연구소(2015). p. 99.

93) 이정우(2015). p. 366.

94) 『순수이성비판』을 번역한 서울대 백종현 교수에 의하면 범주는 아리스토텔레스에게는 존재자의 틀이었으며 존재자의 틀에 공간, 시간이 함께 들어 있었다. 허나 칸트는 이것을 분리한다. 공간, 시간은 감성의 형식이고 양, 질, 관계, 양태는 사고, 즉 지성의 형식으로 본다. 감성과 지성을 분리하는 것이다. 또한 칸트는 존재를 양태의 범주에 포함시키면서 존재한다는 것은 시간과 공간에 나타나는 것으로 규정한다. 따라서 초시간적인 것, 초공간적인 것은 존재하는 것이 아니란 점에서 전통 형이상학과 차별화된다. 형이상학적 존재자란 말은 형용모순이 되는 것이다. 형이상학이란 시공을 넘어서는 의미이기 때문이다. 형이상학적 세계도 마찬가지이나 칸트에게 이 개념은 마땅히 있어야만 되는 세계, 있으면 좋은 세계의 의미로만 가능하게 된다.

95) 이수정(2017). **편지로 쓴 철학사 II. 전통편–탈레스에서 헤겔까지**. 서울: 에피파니. p. 550에서 재인용.

96) 이정우(2015). p. 366.

97) 강미라(2018). **사르트르 대 메를로퐁티**. 서울: 세창출판사. p. 55.

98) Kazantzakis, N.(1943). *Zorba the Greek*. 이윤기 역(2009). **그리스인 조르바**. 서울: 열린책들. pp. 29-30.

99) Corman, L. (1982). *Nietzsche, psychologue des profondeurs*. 김웅권 역(1996). **깊이의 심리학자 니체**. 서울: 어문학사. p. 125.

100) Merriam, S. B., Caffarella, R. S., & Baumgartner, L. M. (2007). *Learning in adulthood: A comprehensive guide*. 기영화, 홍성화, 조윤경, 김선주 공역(2009). **성인학습론(제3판)**. 서울: 아카데미프레스. p. 167.

101) 같은 책. p. 168에서 재인용. Michelson(1996)은 서양의 고등교육기관에서 선행경험학습에 대해서 학점을 부여할 때 이런 차별이 얼마나 우스운 일이 될 수 있는지에 대해서 이렇게 말한다. "학점을 부여받으려면 지식은 그 지식의 생산지로부터 떨어져야만 한다. … 지식은 그 지식의 생산지와 자아의 특성이 제거될 수 있도록 추상화되는 만큼만 학점이 부여된다." (참조: Merriam, S. B. et al. (2007). p. 168에서 재인용).

102) Varela, F., & Thompson, E. (1991). *The embodied mind: Cognitive science and human*

experience. 석봉래 역(2019). 몸의 인지과학. 서울: 김영사. p .14.

103) Nietzsche, F. W. (1883-1885). 정동호 역(2015). 니체전집 13권. 차라투스트라는 이렇게 말했다. 서울: 책세상. p. 51.

104) 같은 책. p. 46.

105) 같은 곳.

106) Nietzsche, F. W. (1881-1882). *Nietzsche Werke, Kritische Gesamtausgabe, vol. 2.* 안성찬, 홍사현 공역(2014). 니체전집 12권. 즐거운 학문 · 메시나에서의 전원시 유고. 서울: 책세상. p. 28.

107) 같은 책. p. 126.

108) Plato. (442). *Politeia*. 박종현 역(1997). 국가. 서울: 서광사. p. 305.

109) 이진우(2010). 니체, 실험적 사유와 극단의 사상. 서울: 책세상. p. 228.

110) Nietzsche, F. W. (1883-1885). 정동호 역(2015). 니체전집 13권. 차라투스트라는 이렇게 말했다. 서울: 책세상. p. 18.

111) 김홍기(2004). 니체의 철학적 사유에 나타난 "몸의 이성". 한국괴테학회. 괴테연구, 16.

112) 이렇게 '지금 여기'의 구체적이며 역동적인 실존적 삶을 철학적 사유의 근거로 삼았다는 점에서 니체철학을 생철학이라 평가한다.

113) Nietzsche, F. W. (1881). *Morgenrothe.* 박찬국 역(2008). 니체전집 10권. 아침놀. 서울: 책세상. 해설 p. 434.

114) Nietzsche, F. W. (1964). *Der Wille zur Macht.* 강수남 역(2003). 권력에의 의지, 서울: 청하. p. 607.

115) 백승영(1998). 니이체가 제시하는 몸(Leib)으로서의 주체와 그의 이성. 철학연구. pp. 265-289.

116) Nietzsche, F. W. (1886-1889). *Nietzsche contra wagner.* 백승영 역(2015). 니체전집 15권. 바그너의 경우 · 우상의 황혼 · 안티크리스트 · 이 사람을 보라 · 디오니소스 송가 · 니체 대 바그너. 서울: 책세상. p. 353.

117) Nietzsche, F. W. (1885-1887). *Nietzsche Werke, Kritische Gesamtausgabe, vol. VIII 1.* 이진우 역(2005). 니체전집 19권. 유고(1885년 가을~1887년 가을) 원래 나는 나를 어느 정도 나 자신에게서 보호해 주고 외. 서울: 책세상. p. 17.

118) Nietzsche, F. 같은 곳. p. 383.

119) 이진우(2010). 니체, 실험적 사유와 극단의 사상. 서울: 책세상. p. 237.

120) Nietzsche, F. W. (1883-1885). *Nietzsche Werke, Kritische Gesamtausgabe, vol. VI-1: Also sprach Zara.* 정동호 역(2015). 니체전집 13권. 차라투스트라는 이렇게 말했다. 서울: 책세상. p. 51.

121) 이 사례에 대한 내용은 고병권(2014). 니체의 위험한 책: 차라투스트라는 이렇게 말했다. 서울: 그린비. p. 157에서 인용하였음을 밝힌다.

122) Nietzsche, F. W. (1883-1885). p. 52.

123) Corman, L. (1982). *Nietzsche, psychologue des profondeurs*. 김웅권 역(1996). **깊이의 심리학자 니체**. 서울: 어문학사. p. 126.

124) 백승영(1998). p. 273.

125) 같은 책. p. 275.

126) Sartre, J. P. (1956). *L'etre et le neant*. 정소성 역(2014). **존재와 무**. 서울: 동서문화사. pp. 12-13.

127) 같은 책. p. 40.

128) 강미라(2011). 사르트르의 현상적 신체에 대한 메를로퐁티의 비판. **대동철학**, (61), 283-310.

129) Sartre, J. P. (1956). p. 398.

130) 같은 책. p. 438.

131) 미셸 푸코Michel Foucault, 1926~1984에 의하면, 근대인은 타자나 권력에 대한 자발적 복종을 오히려 자유롭다고 여긴다. 그 이유는 권력자가 누구보다 먼저 내가 의식하지 못하는 사이에 '시선'을 독점하기 때문이다. 이것이 현실에서 내가 타자와 맺고 있는 관계의 실상이다. 이때 타자는 필연적으로 '나'와 '나 자신'을 연결해 주는 중요한 매개자가 된다. 외모에 신경 쓰고 명품을 걸치는 것도 어찌 보면 나와 나 자신을 연결해 주는 남이 있기 때문이다. 인간은 여기서 내가 타자와 동화되거나 타자를 초월하거나 두 가지 선택의 기로에 설 수밖에 없다. 둘 중 하나를 선택해야만 한다.

132) 강미라(2011). 같은 곳.

133) 이병창(2016). **현대철학 아는 척하기**. 서울: 팬덤북스. p. 271.

134) 메를로퐁티가 규명해 낸 지각의 본성은 다양한 문제 측면에서 얘기될 수 있지만 그의 모든 분석을 관통하는 공통의 관점은 지각 대상의 주어짐[주어지는 방식]에 충실하자는 것이었다. 실제로 메를로퐁티가 주되게 관심을 가졌던 데카르트 철학 이후 현대까지의 철학사는 대상의 주어짐이라는 문제에 있어서 두 가지 대립하는 입장으로 나뉘어 있었다. 우선, 경험주의로 일컬어지는 사유전통은 지각을 순수감각으로부터 시작하는 정신의 자동화된 과정[연합]의 산물로 간주함으로써 결과적으로 의식을 세계의 한 '부분'으로 만들어 버리는 실재론의 길을 열어 놓았다. 이에 대해 지성주의로 일컬어지는 또 다른 사유전통은 지각을 감각에서 비롯하나 감각을 본질적으로 넘어서는 '해석'과 '의미부여' 작용으로 봄으로써 우리의 의식을 세계 초월적인 존재로 만들었다. 메를로퐁티에 따르면 이러한 두 가지 사유전통은 각가 우리의 지각이 드러내는 다양한 측면들 중 어느 한 가지 측면을 부각시키고 있다는 점에서 나름의 의미는 있지만 한 가지 측면에만 주목한 것인 만큼 온전한 것은 아니어서 지각은 보다 종합적인 사유를 필요로 한다. (참조: 박신화(2015). 철학이란 무엇인가: 메를로-퐁티의 경우. **철학사상**, **56**, 189-214.)

135) 메를로퐁티의 『지각의 현상학』의 기조는 신체에 대한 반성이다. 그는 데카르트적인 객관적 신

체와 구별하여 개개인의 고유한 신체corps propre 혹은 체험된 신체를 끊임없이 강조한다. 내가 살고 체험하는 신체, 즉 나와 구별되지 않는 바로 나인 신체를 구별한다. 고유한 신체corps propre는 라틴어 'corpus proprius'에서 어원을 찾을 수 있다. corps는 몸을 의미하며 propre는 영어 proper, 즉 '고유한' '독특한'의 의미를 지닌다. 따라서 '자신만의 독특한 몸'으로서 객관화되기 이전의, 사물 존재로 취급되기 이전의 있는 모습 그대로의 신체를 메를로퐁티는 '자기 몸'이라 표현한다. 자기 몸은 살아 있는 신체, 체험된 신체 또는 현상적 신체로 표현되기도 한다. (참조: Merleau-Ponty, M. (1945). p. 130.)

136) 남경태(2015). **누구나 한번쯤 철학을 생각한다**. 서울: 휴마니스트. p. 524.

137) 이병창(2016). p. 272.

138) 인지과학자인 프란시스코 바렐라Varela와 에반 톰슨Thompson, 엘리노어 로쉬Rosch는 1991년『체화된 마음The Embodied Mind』란 기념비적인 저작을 출간하였다. 서양의 전통 철학에서는 몸의 역할을 간과한 채 몸이란 뇌의 주변장치에 불과하다는 견해가 주류를 이루고 있었다. 하지만 1980년대 이와 같은 이론에 반발하며 서양 주류 철학에서 무시되었던 몸의 중심성을 회복하고 몸을 마음 안으로 되돌려 놓아야 한다는 새로운 주장이 제기되기 시작하였다. 이런 인지과학 논쟁의 계기를 마련한 작품이 바로 '체화된 마음(번역서 제목: 몸의 인지과학)'이다. 이에 대해서는 이 장의 후반부에서 논의하기로 한다.

139) 같은 곳.

140) 메를로퐁티의 "세계-에로-존재Etre-au-monde"는 하이데거의 "세계-내-존재In-der-Welt-sein"와 대조적으로 선택된 개념이다. 이 개념의 의미는 다음의 분석에서 다시 설명하기로 한다.

141) 강미라(2018). p. 53.

142) 철학아카데미(2013). **처음 읽는 프랑스 현대철학**. 서울: 동녘. p. 55.

143) 같은 곳.

144) Merleau-Ponty, M. (1945). *Phénoménologie de la perception*. 류의근 역(2018). **지각의 현상학**. 서울: 문학과 지성사. p. 125.

145) 이하 사례는 철학아카데미(2013). p. 56에서 인용.

146) 심귀연(2020). **신체와 자유: 칸트의 자유에서 메를로-퐁티의 자유로**. 서울: 그린비. pp. 163-164.

147) 같은 책. p. 29.

148) Merleau-Ponty, M. (1945). p. 39.

149) 형形과 지地는 형태 게슈탈트 심리학이 말하는 유명한 지각의 두 구조이다. 지각적 경험에서 우리에게 두드러져 보이는 장면, 즉 전경을 형이라 하고, 보이지 않는 배후의 장면, 즉 배경을 지라고 한다. (참조: Merleau-Ponty, M. (1945). p. 38.)

150) Merleau-Ponty, M. (1945). p. 39.

151) 같은 책. p. 40.

152) 같은 책. p. 41.

153) 주성호(2015). 세잔의 회화와 메를로-퐁티의 철학. **철학사상, 57**, 267-299.

154) 같은 곳.

155) 같은 논문. p. 42.

156) 한자경(2016). **자아의 연구: 서양 근 현대 철학자들의 자아관 연구**. 서울: 서광사. p. 268.

157) 심귀연(2020). p. 33.

158) 같은 곳.

159) Merleau-Ponty, M. (1945). p. 41.

160) 같은 책. p. 43.

161) 심귀연(2020). p. 173.

162) Merleau-Ponty, M. (2002). Maurice. trans. by C. Smith. *Phenomenology of Perception*. Routledge. p. 173. 영어판을 보면 다음과 같이 되어 있다. But I am not in front of my body, I am in it, or rather I am it. Neither its variations nor their constant can, therefore, be expressly posited. 여기서 'body'를 '신체'(류의근 역의『지각의 현상학』); '육체' '몸'(김형효의『메를로-퐁티와 애매성의 철학』; 조광제『몸의 세계, 세계의 몸』)으로 해석하고 있다. 필자는 문맥에 따라 이 용어들을 혼용하기로 한다.

163) 철학아카데미(2013). p. 60에서 메를로퐁티가 말하는 상황은 존 듀이의 경험이론의 상황과 비교해 보는 것도 평생교육학적인 의미가 있으리라 본다. 듀이는 모든 인간은 진공 속에서 사는 것이 아니라 일련의 상황 속에서 산다는 점을 강조한다. 그 '상황 속'이라는 말의 의미는 동전이 호주머니 속에 있다든지, 우유가 병 속에 있다고 할 때의 '속'과는 다르다. 듀이에게 상황 속에 있다는 말에서 '속에 있다는 것'은 어떤 사람이 사물이나 다른 사람들과 상호작용을 하고 있다는 것을 의미한다. (참조: 박천환(2012). **듀이의 경험이론과 교육인식론**. 서울: 학지사. p. 37.)

164) 류의근(2016). **메를로-퐁티의 지각현상학 읽기**. 서울: 세창미디어. p. 702(메를로퐁티의 철학에 대해서).

165) 남경태(2015). p. 524.

166) Merleau-Ponty, M. (1945). p. 123.

167) 류의근(2016). **메를로-퐁티의 지각현상학 읽기**. 서울: 세창미디어. p. 48.

168) 진태원, 한정헌(2015). **문명이 낳은 철학, 철학이 바꾼 역사 2; 근대와 탈근대 사이에서**. 서울: 도서출판 길. p. 197.

169) Merleau-Ponty, M. (1945). p. 135.

170) 메를로퐁티가 제시한 개념(류의근, 2016, p. 136)의 사례를 심귀연(2020) p. 168에서 인용함.

171) 류의근(2016). p. 141.

172) 같은 책. p. 142.

173) 류의근(2016). p. 50. 세계-에로-존재Etre-au-monde는 세계에 속해 있으면서 그러나 세계에 매몰되지 않고 세계를 소유하고자 세계로 향해 나아가는 인간의 실존적 초월운동을 가리키는 메를로퐁티 특유의 전문용어이다. 여기서 세계에 속한다는 것은 세계에 의해 소유되어 있다는 뜻이기도 하지만, 그 이상으로 세계를 자기화해서 전유화하지 않으면 자기성이 상실되기에 세계를 부단하게 사냥하러 다닌다는 의미를 품고 있다. 물론 이것은 내가 세계에 소속되어 있어야만 가능하다. 따라서 세계의 소유는 세계의 귀속과 분리 불가능하다. 이러한 세계-에로-존재는 세계 내에서 머물러 정지하고 있는 데 그치지 않고 동시적으로 세계를 향해 초월하고 참여하며 위탁하는 끝없는 도주와 탈주의 운동성을 내포하는 개념이다. 바로 이 점에서 세계-에로-존재는 하이데거의 세계-내-존재와 일맥상통하지만 메를로퐁티는 세계 내에서 그렇지만 세계를 소유하지 않고서는 살아갈 수 없다는 점을 유달리 강조하기 때문에 세계-에로-존재로 번역한다. (참조: Merleau-Ponty, M. (1945). *Phénoménologie de la perception.* 류의근 역(2018). **지각의 현상학**. 서울: 문학과 지성사. pp. 691-692.)

174) Merleau-Ponty, M. (1945). *Phénoménologie de la perception.* 류의근 역(2018). **지각의 현상학**. 서울: 문학과 지성사. p. 691.

175) 같은 곳.

176) 메를로퐁티의 '지각의 현상학'의 기조는 신체에 대한 반성이다. 고유한 신체 또는 체험된 신체는 끊임없이 객관적 신체와 구별된다. 후자는 특수한 과학법칙에 의해 지배되는 부분적인 대상으로서의 신체이다. 전자는 내가 살고 체험하는 신체, 말하자면 나와 구별되지 않는 바로 나인 신체이다. 이것은 나의 의도들을 표현할 뿐만 아니라 그 의도들이 의식되도록 해 주는 중개자이고 따라서 자기 나름대로의 정신적 삶을 유지한다. 스스로 의미화하는 능력을 지니고 있어서 질료에 의미를 부여할 줄 안다. 이러한 신체는 표상으로는 표상되지도 파악되지도 않는 익명적 생활을 하는 지향성으로서 스스로 외출하여 자신을 외부로 숨기는 존재방식을 취한다. 따라서 그것은 순수 연장으로도 환원되지 않고 그렇다고 순수 의식작용에 따르는 것도 아니다. (참조: Merleau-Ponty, M. (1945). *Phénoménologie de la perception.* 류의근 역(2018). **지각의 현상학**. 서울: 문학과 지성사. p. 692.)

177) Merleau-Ponty, M. (1945). p. 31.

178) 심귀연(2020). p. 120.

179) 같은 책. p. 311.

180) 진태원, 한정헌(2015). p. 198.

181) 이병창(2016). p. 271.

182) 같은 책. p. 272.

183) 같은 곳.

184) Merleau-Ponty, M. (1945). p. 287.

185) 같은 책. p. 288.

186) 이병창(2016). p. 282.

187) 같은 책. p. 200.

188) 진태원, 한정헌(2015). p. 199.

189) 류의근(2019). **메를로퐁티의 신체현상학**. 서울: 세창출판사. p. 149.

190) 주성호(2011). 심신문제를 통해 본 메를로-퐁티의 몸 이론. **철학사상, 39**, 133.

191) 진태원, 한정헌(2015). p. 201.

192) Lakoff, G., & Johnson, M. (1999). *Philosophy in the flesh: The Embodied mind and its challenge to western thought*. 임지룡, 윤희수, 노양진, 나익주 공역(2018). **몸의 철학: 신체화된 마음의 서구사상에 대한 도전**. 서울: 도서출판 박이정. p. 26.

193) 이정모(2010). 체화된 인지: 접근과 학문간 융합-인지과학 새 패러다임과 철학의 연결이 주는 시사. **철학사상, 38**, 27-66.

194) Varela, F. et al. (1991). *The embodied mind: Cognitive science and human experience*. 석봉래 역(2019); 이인식 해제(2019). **몸의 인지과학**. 서울: 김영사.

195) 이정모(2010). p. 37. 이러한 새 움직임들은 하나로 결집되지 못한 산만한 움직임들로 전개되어 왔다. 인지과학에서는 철학자 J. Searle의 인지과학 비판을 비롯하여, 언어학자 G. Lakoff의 은유와 스키마 개념, F. Varela, E. Thompson, & E. Rosch의 인지생물학 및 체화된 마음embodied mind 개념, R. Harre & Gillet 등의 담화적 접근discursive approach, W. Clancy 등의 상황인지situated cognition접근, L. Vygotsky의 이론에 기초하는 매개된 행위mediated cognition접근 및 J. Wertsch 등의 행위적 접근 등의 사회인지적 입장을 배경으로 출발하였다. (참조: 이정모(2010). 체화된 인지: 접근과 학문간 융합-인지과학 새 패러다임과 철학의 연결이 주는 시사. **철학사상, 38**, 37.)

196) Lakoff, G., & Johnson, M. (1999). p. 36.

197) 같은 책. pp. 103-104.

198) Libet, B., Gleason, C. A., Wright, E. W., & Peral, D. K. (1983). Time of conscious intention to act in relation to onset of cerebral activity (readiness-potential). The unconscious initiation of a freely voluntary act. *Brain, 106*, 623-642.

199) 참조: Libet 연구의 해석에서 이 부분은 정신의학신문(2018. 11. 22.)에 기사(이일준. 뇌과학을 통해 바라본 내 인생이 내 마음대로 되지 않는 이유)에서 참고함.

200) 김광식(2016). **김광석과 철학하기**. 서울: 김영사. p. 335-336.

201) Maturana, U. R. & Varela, F. J. (1984). *Der Baum der Erkenntnis.* 최호영 역(2018). **앎의 나무.** 서울: 갈무리. pp. 23-28.

202) 같은 책. pp. 338-339.

203) 같은 책. p. 59.

204) 같은 책. p. 7.

205) 같은 책. p. 33-34.

제4부

'함께 살기 위한 학습'과 철학

함께 살기 위한 학습learning to live together 혹은 타인과 살기 위한 학습learning to live with others은 들로 보고서가 제시하는 평생교육의 세 번째 학습원리이다. 들로 보고서는 타인과 함께 살기 위한 학습은 교육의 중요한 원리임에도 불구하고 전통적인 공식교육 제도하에서는 방치되거나left to chance지식 위주 학습의 부산물natural product로 간주되었다고 평가한다. 그러나 함께 살기 위한 학습은 21세기 교육에서 가장 중요시되는 학습 중 하나라고 강조한다.

들로 보고서는 인류역사를 통해 갈등은 언제나 존재했지만 현재 세계 곳곳에서는 인류의 진보를 배반하는 폭력들이 너무도 빈번하게 발생하고 있음을 지적한다. 특히 지난 20세기에는 인류를 자멸self-destruction시킬 만할 가공할 능력이 갖추어짐으로써 전 세계적인 갈등의 위험을 극대화시켰다고 지적한다. 사람들은 그런 갈등 상황을 무기력하게 관망하거나 심지어는 그런 상황에 볼모로 잡혀 있다. 반면에 이런 갈등 상황을 완화시키는 일에 교육은 그동안 무기력했다는 점을 지적한다. 따라서 **갈등 예방**이나 평화적인 **갈등 해결**을 위한 교육의 역할을 강구할 필요가 있음을 역설한다.

교육의 역할로서 들로 보고서가 제시하는 두 가지 차원은 **타인의 발견** 학습과 목표를 공유하는 경험학습이다. 교육의 핵심 과제는 언제나 인간의 다양성을 가르침과 동시에 그들 간의 **유사성**과 **상호의존성**에 대한 인식을 가르치는 데 있다. 학습을 통해 점진적으로 서로 다른 사람들을 발견하게 하면서 아울러 삶 전반에 걸쳐 목적을 공유하는 경험을 갖게 하는 것이다. 이런 두 차원의 학습 및 학습경험이 잠재되어 있는 갈등을 예방하고 해결하는 효과적인 방법이 될 것이라고 전망한다.

이렇게 볼 때 함께 살기 위한 학습은 타인의 발견에서 시작된다. 타인이란 상호의존성을 본질로 하는 나[자신]의 존재조건이기 때문이다. 타인의 발견을 위한 교육의 과업으로는, 첫째, 인간의 다양성과 유사성 및 상호의존성에 대한 인식, 둘째, 타인 이해의 전제로서 **자기 이해**의 중요성이 제시된다. 주목할 점은 들로 보고서가 강조하는 것은 보편적 개념으로서의 인간 이해, 즉 '인간이란 무엇인가?'에 있지 않다는 것이다. 그보다는 개별적 존재이자 인격적 주체로서의 너와 나, 즉 '나는 누구인가?'에 대한 존재론적 이해가 시급함을 강조한다. '나는 누구인가'의 물음은 인간의 자아, 그리고 타인과의 **공동존재**로서의 인간 실존의 물음과 직결된다.

제4부에서는 '함께 살기 위한 학습'의 철학적 바탕으로서 '너'와 '나'에 관한 철학적 관점을 살펴본다. 먼저 '너'에 관심이 없었던 철학전통에서 너와 나와의 관계론으로의 전환하는 변증법적 과정을 살펴본 후, '나'라는 주체에 대한 실존철학과 헤겔의 입장을 고찰한다. 이어 자아와 실체에 대한 프로이트와 라캉의 이론을 논의한다. 마지막으로 인간 상호간의 필연적인 연결성과 수평적 관계성에 대한 니체, 하이데거, 듀이, 칸트, 나딩스 및 부버의 철학을 살펴보기로 한다.

14

본질 대 관계적 실존

"나는 그 누구도 내게 묻지 않을 때에는 그것에 대해서 잘 알고 있지만, 누군가 그것이 무엇인지를 물어 대답하고자 할 때에는 그것이 무엇인지를 잘 모르겠다."[1]

중세철학을 대표하는 교부신학자인 아우구스티누스가 『고백록』에서 시간에 대해 한 말이다. 마찬가지로, 일상에서는 너무나 당연하고 자명한 것으로 생각하고 있지만 막상 그것이 무엇인지 말하려고 하면 그 순간 말문이 막히는 것, '나는 누구인가?'란 질문이 바로 그렇다.

현대철학에 와서 프리드리히 니체Friedrich Nietzsche, 1844~1900는 아우구스티누스가 '모르겠다'고 말한 '그 무엇인가'가 바로 나 자신이라고 단언한다. 니체에 의하면 "모든 인간에게 가장 먼 존재는 자기 자신"이다. 왜냐하면 자기 자신을 관찰하지도 않으며 또 관찰하는 법을 알지도 못하기 때문이다.[2] 그는 『도덕의 계보』에서 우리는 자신을 알지 못한다는 사실을 명확하게 밝힌다.

"우리는 자기 자신을 잘 알지 못한다. 우리 인식자들조차 우리 자신을 잘 알지 못한다: 여기에는 그럴 만한 충분한 이유가 있다. 우리는 한 번도 자신을 탐구해 본 적이 없다."[3]

철학이 태동했던 2500여 년 전 고대 그리스 아테네에서 시작되었던 이 물음은 21세기 제4차 산업혁명시대에서도 변함없이 제기되고 있다. 또한 인류 역사가 존재하는 한 이 존재의 물음은 계속될 수밖에 없다. 왜냐하면 인간인 이상 묻지 않을 수 없는데 완결된 답은 없기 때문이다.

1. 자아의 동일성과 문제설정

들로 보고서는 함께 살기 위한 학습의 조건으로서 '나는 누구인가?'에 대한 존재론적 이해의 중요성을 강조한다. 서양철학의 원조인 소크라테스 역시 자기 인식을 철학의 가장 중요한 과제로 보았다. 그렇다면 나는 누구일까? 내가 가진 소망, 생각, 느낌 중 어떤 것이 진짜일까? 나는 나 자신을 가장 잘 알까? 이런 질문들은 심리학과 정신분석 분야의 몫으로서 제15, 16장에서 다룰 것이다. 그러나 철학에서 오랫동안 논의되어 온 질문이 있다. 그것은 '나는 예전과 동일한 사람일까?'이다.[4] 학창시절 사진앨범 속의 나와 지금의 나는 과연 같은 사람인가?

1) '테세우스 배'의 역설

철학에서 오랜 전통을 가진 사고실험이 있다. '테세우스 배의 역설'이다. 다양하게 전해지는 '테세우스 배'의 스토리를 요약하면 다음과 같다.

> 그리스 신화에 따르면 크레타 섬에는 머리는 소, 몸은 사람인 미노타우루스라는 괴물이 살았다. 아테네 사람들은 이 식인 괴물에게 9년에 한 번씩 열네 명의 소년과 소녀를 제물로 바쳤다. 그러자 어느 날 아테네의 왕자이자 영웅인 테세우스가 제물로 바쳐질 사람들 속에 섞여서 배를 타고 크레타 섬으로 잠입해 미노타우루스를 죽이고 사람들을 구해 돌아왔다. 아테네 사람들은 영웅 테세우스를 열렬히 환영하고 그가 타고 다녀온 배를 광장에 영구히 전시하고 그의 업적을 기렸다.
>
> 그런데 수많은 세월이 흐르면서 배가 낡아감에 따라 지속적으로 낡은 판자를 바꿔 끼우

면서 수리를 해야 했다. 어느 순간 원래 배를 이루고 있던 부식된 노와 판자, 돛대는 모두 없어지고 완전히 새로운 부품으로 교체된 배가 되었다. 여기서 결정적인 철학적 질문은 다음과 같다.

"이 배는 과연 '테세우스의 배'인가?"

이 오랜 전통을 지닌 사고실험은 그리스의 작가 플루타르코스Ploutarchos에 의해 전승되었다. 토마스 홉스Thomas Hobbes, 1588~1679는 『육체에 대하여De Corpore(2, 11, 7)』에서 '테세우스의 배'에 대한 질문을 확장한다. 만일 본래 배에서 뜯어낸 판자들로 장시간에 걸쳐 조금씩 똑같은 절차에 따라 배를 새로 다시 조립해 건조한다면 그 배는 테세우스의 배라 할 수 있는가?

시간의 경과에 따른 사물의 동일성에 관한 철학적 질문은 인간의 자기동일성에 관해서도 적용된다. 우리의 신체는 끊임없는 신진대사와 노화과정을 거치면서 새로운 세포로 대체되어 간다. 하루 사이에도 주름 하나, 흰머리 한 올이 더 생긴다. 어제의 나와 오늘의 나는 최소한 생물학적으로는 다르다. 그럼에도 우리는 어린 시절의 나와 지금의 나는 같다는 '자기동일성'의 신념에 의존한다.

2) 자기동일성은 있는가

그러나 생물학에 따르면 사람 몸의 세포는 7년 뒤에 완전히 새로운 세포로 대체된다. 우리 피부세포는 시간당 3~4만 개가 떨어진다. 일 년에 3.6kg의 피부세포가 떨어져 나간다. 창자세포는 2~3일 만에 다 바뀐다고 한다. 허파세포는 2~3주, 적혈구는 4개월, 간세포는 5개월이면 다 바뀐다.[5)]

결론적으로, 육체적으로는 나는 1년 전에는 없었다. 지금의 나는 1년 전의 나와는 완전히 다른 몸이다. 육체만이 아니라 정신도 비슷하다. 성격이나 취향, 가치관, 신념도 시간이 지남에 따라 변한다. 우리는 내적, 외적으로 모두 변하는 것이다. 그나마 자기동일성에 대한 믿음의 끈이 있다면 신경세포이다. 유일하게 우리 몸에서 재생되거나 새로 만들어지지 않는 세포가 신경세포라고 한다. 태어날 때부터 존재하는 신경

세포는 죽기는 하겠지만 새로 만들어지지는 않기에 평생을 갖고 사는 것이다. 그렇다고 신경세포와 자기동일성의 인과론적 관계가 성립하는 것은 아니다.

그런데도 동일인으로 남아 있으려면 도대체 무엇이 동일하게 있어야 하는가? 어떤 사람들은 육체는 변해도 불변하는 정신이 있다는 생각을 한다. 토마스 홉스 역시 같은 생각이었다. 그는 아리스토텔레스와 마찬가지로 변하는 질료Materia보다 변치 않는 형상Forma의 존재를 답으로 제시하였다. 테세우스의 배의 존재는 질료인 판자가 아니라 그 배의 형상이기에 아무리 새로운 판자로 대체되었더라도 그 설계의 원안을 유지한다면 그 배는 테세우스의 배라는 것이다. 플라톤 이후 서양의 전통 형이상학의 입장이 바로 이것이다.

그러나 영국의 경험론자인 존 로크John Locke, 1632~1704는 영혼 같은 형상의 존재는 환상이라 말한다. 인간은 각각의 순간을 기억할 수 있다는 사실을 기초로 자의식이 형성된다는 것이다. 그에 따르면 기억이 우리를 현재의 우리로 만들어 준다. 기억이 없다면 자기도 없다는 것이다.[6] 로크는 시간이 경과해도 내면에 동일한 어떤 것이 있어서 동일한 사람이 된다는 가정을 철저히 깨뜨린 것이다. 자아는 영혼 같은 어떤 실체가 아닌 의식과정이라는 것이다.

또한 테세우스의 배의 널빤지와 같은 물질적 측면이 바뀌면 정신적 측면에도 영향을 미치기 때문에 전과는 다른 배가 된다는 반론도 제기된다. 테세우스의 배가 수많은 세월을 거치며 수리되는 동안 본래 설계의 변형을 필연적으로 가져올 수밖에 없기에 동일한 배가 아니라는 것이다. 이런 입장은 19세기 이후 유물론, 20세기에 등장한 인지과학에서 찾아 볼 수 있다.

사람 역시 마찬가지 논리가 적용된다. 인간의 몸은 태어나서 죽음에 이르기까지 지속적으로 변화의 과정을 거치며, 그에 따라 인간의 정신이나 인지는 영향을 받아 변하게 마련이라는 것이다. 앞에서 고찰한 대로 프란시스코 바렐라나 에반 톰슨 같은 인지과학자들은 우리의 진정한 지식, 인지 및 깨달음은 감각운동능력을 지닌 신체를 통해 나타나는 경험에 의존한다는 사실을 과학적으로 입증하였다. 테세우스의 배의 역설은 '나는 누구인가?'에 대한 성찰의 계기를 제공하고 있다.

3) 문제설정, 본질과 실존

그런데 인간인 나에 대한 물음은 묻는 방식에 따라 답이 달라질 수 있다. 원뿔을 밑에서 보면 원으로 보이지만 옆에서 보면 삼각형으로 보인다. 모든 것은 보는 지점에 따라 다르게 보인다. 철학에서도 문제설정 혹은 질문방식에 따라 그 문제를 접근하고 대답하는 방식은 전혀 달라진다. 인간에 관한 물음도 마찬가지이다. '나는 무엇인가?' 그리고 '나는 누구인가?'와 같은 질문이 가능하다. 전자가 인식론적 질문이라면 후자는 존재론적 질문에 가깝다. 물론 두 질문은 서로 교차될 수 있다. 그렇지만 각각의 질문은 원뿔을 다르게 보듯이 그 질문에 접근하는 사람들의 사유방식을 제한하게 된다.

일반적으로 철학에서의 인간 이해를 위한 문제설정은 인간 존재 안에서의 두 가지 형이상학적 원리, 즉 본질과 현존[실존]으로 구분된다."[7] 예를 들어, "나는 평생교육자다."라고 할 때 '평생교육자'는 본질$_{\text{essentia}}$을, 그리고 '나는 ~이다'(지금 여기 있다)는 현존 또는 실존$_{\text{existentia}}$을 나타낸다. 인간이란 존재자는 본질과 실존의 복합으로 정의되는 것이다. 따라서 이런 문제설정하에서 철학은 크게 본질철학과 실존철학으로 양분된다.[8]

본질에 문제설정을 하면, '나는 무엇인가?'처럼 존재의 본질이 무엇인가를 탐구하게 된다. 본질철학은 인간을 포함한 모든 존재는 어떤 변하지 않고 머물러 있는 필연적인 속성, 그 사물을 다른 사물과 구분시켜 주는 보편적인 특징인 본질이 무엇인가에 관심을 갖는다.[9] 반면, 실존에 문제설정을 하면, '나는 누구인가?'처럼 지금 여기 눈앞에 있는 개별 존재자의 '실제로 있음'의 의미를 탐구하게 된다. 실존철학은 본래적이며 불변하는 본질을 부정하고 그 본질은 타인과의 관계를 통해 구성되거나 만들어지는 것이라고 주장한다.

본질철학의 근원은 서양전통 형이상학에 있으며 플라톤, 아리스토텔레스에서 출발해 헤겔에 이르기까지의 형이상학적 사유에 바탕을 두고 있다. 본질철학의 목표는 인간을 포함한 모든 존재자의 '근거들'에 관한 탐구와 인식이다. 오로지 관심은 '왜 한 존재자가 다른 존재자가 아닌 바로 그 존재자인가?'란 물음이다. 눈에 보이는 현상은 흘러가고 변하지만, 변하지 않고 남아 있는 그 본질을 어떻게 인식할 수 있는가를 탐구한다. 교육의 목적은 그 본질을 실현하는 것, 즉 자아실현이 된다.

그럼 사물의 본질이 무엇인가? 플라톤의 이데아 혹은 형상$_{eidos}$에서부터 시작하여 본질, 원리, 최고의 가치 등등 형이상학적 본질이 이어져 오지만 근대철학 이후에는 인간의 본질을 사유 혹은 이성이라 본다. 인간의 삶과 교육은 바로 이 본질을 향한 추구이며 본질에 상응하는 이성의 도야 혹은 도덕적 자세를 함양하는 데 있는 것이다. 여기서 '나' '너'라는 개별성은 관심이 없고 인간이란 보편성으로 환원된다.

이에 반해 실존철학은 우연성(지금 여기 있음)과 유한성(죽음)으로 특징지어진 인간이 그런 형이상학적인 본질을 인식하고 그 본질과 일치하는 것은 불가능하다고 비판한다. '나는 죽는다'는 것은 이미 보편적 진리로부터 분리되어 있으며 형이상학적 본질을 이해하는 길이 차단되어 버렸다는 의미가 된다.[10] 그렇다면 인간이 추구할 수 있는 것은 더 이상 어떤 객관적인 진리, 본질이 아니라 유한한 각자 각자를 스스로 정립하는 것이다.

따라서 본질철학의 관심이 객관적인 '무엇$_{what}$'이었다면, 이제 실존철학은 주관적으로 관심이 되고 있는 개별자의 '어떻게$_{how}$'에 집중한다. 즉, 각각의 사람들이 실존하는 방식에 관심을 둔다. 무조건적이고 되돌릴 수 없는 일회적으로 존재하는 개별자에게만 초점을 맞추는 것이다. 이런 각각의 인간은 동물과 달리 인간만이 존재하는 방식, 즉 단순히 존재하는 것이 아니라 실존한다. 그 실존의 방식이란, 인간은 완전한 가능성을 가지고, 세계 안에서 '너와 나'의 관계로 살며, 온전한 자유를 바탕으로 선택하고 기획하면서 자신의 책임하에 자신의 본질을 창조한다는 것이다.

2. 근대철학, 너 없는 고독한 나

기본적으로 본질철학인 전통철학에서 '나'의 본질은 '이성' 자체 혹은 '사유'였다. 인간 본질에 관한 관심은 나와 너를 포함한 보편적인 인간이었다. 따라서 사유하는 '나'가 중심일 뿐 굳이 '너'를 탐구할 필요성이 없었다. 19세기 프로이트에 와서 자아가 무의식이라는 것이 밝혀지기 전까지, 나라는 자아는 곧 나의 의식을 가리켰다.

1) 칸트철학의 나의 의식

'나는 곧 사유하는 존재'라는 본질철학은 임마누엘 칸트에 와서 방향이 달라졌을 뿐 더욱 견고해진다. 칸트는 '코페르니쿠스적 전환'을 통해 전통적인 형이상학적 존재사유의 물음의 방향을 바깥에 있는 대상에서 나의 의식 안쪽으로 역전시켰다. 칸트 이전에는, 내 의식 밖에 존재하는 대상을 내가 어떻게 제대로 인식하느냐에 초점을 두었다. 그러나 칸트는 모든 존재는 오로지 나의 의식에 주어지는 방식으로만 나에게 나타난다고 주장하였다. 바깥 대상은 나의 의식에 들어와 나에게 의식될 때 비로소 나의 존재가 된다는 것이다. 나의 의식이 곧 존재의 바탕이며 지평인 것이다.[11]

칸트의 코페르니쿠스적 전환은 인식론은 물론 존재론적으로 큰 전환이다. 왜냐하면 '너'의 존재는 주체인 나의 의식에 의해 규정되는 한 존재일 뿐, 나의 관심이나 배려의 대상인 인격적인 타자가 아니기 때문이다. 그 이유를 논의해 보자.[12] 칸트에 의하면 나의 자기의식이 바깥 세계에 있는 모든 사물의 존재의 바탕이 되기에 결국 나는 세계의 존재의 주인이다. 그런데 여기서 또 다른 문제가 발생한다. 즉, 나는 그 자체로 나 자신에게 타자라는 사실이다. 왜냐하면 나는 내가 나를 나로서 의식하는 한에서만 나이기 때문이다.[13]

내가 나를 나로 의식하는 그 의식을 잃어버리자마자 나는 나이기를 그친다. 그런데 나를 나로서 의식한다는 것은 내가 나를 거리를 두고 바라본다는 것을 뜻한다. 나는 나 자신에 대해 타자인 것이다. 이것은 내가 3인칭의 '그것'이 된다는 것과 같다. 즉, 나의 자기의식 속에서 1인칭의 내가 의식의 대상인 3인칭의 나, 즉 그것이 되고 마는 것이다. 그런데 여기서 의식한다는 것은 아무런 관심도 포함하지 않는 단순한 알아차림이다. 나뿐만이 아니다. 타자 역시 나에게는 나의 의식 안에서 알아차림의 대상, 즉 인식론적 의미의 대상으로만 정립되는 것이다.

칸트철학에서 나의 또 다른 나는 대상이고 객체이기에 나는 살아 있는 인격체로서 나를 만날 수 없는 것이다. 바로 여기가 칸트철학의 무덤이다.[14] 타자로서의 '너' 역시 마찬가지이다. 주체인 내가 이 세계에서 마주하는 것은 나의 생각에 의해 규정되는 비인격적인 타자일 뿐, 나는 사람내음 풍기는 인격체로서의 너를 발견할 수는 없는 것이다.[15] 칸트철학 안에서는 세계 안에 네가 있다는 것은 그저 우연이다. 또한 나와 마주보며 말 건네 오는 인격적 주체인 너는, 내 의식 안에 들어와 나에게 의식되는 다른 사물과는 달리, 나에게 주어진 이 세계 속에 있으면서도 나에 의해 구성되지 않는 대상이다. 활동과 생각의 주체인 너는 내 밖에서 독립적으로 존재하는 것이다.[16]

한발 더 나아가 칸트적 존재론의 더 근본적인 문제는, 내가 나를 의식하기 위해 요구되는 것은 오직 3인칭의 '그것'에 대한 의식뿐이라는 점이다. 그렇다면 인간은 가족이나 친구 같은 인격적 대상과의 관계도 없이 오직 인식론적 의미의 인간이 될 수 있어야 한다는 논리가 되는 것이다. 그러나 인간적 관계를 생략한 채 사물적 대상과의 관계를 통해서만 인간으로 존재할 수 있다는 것은 비현실적이다. 칸트적 의미의 '나의 존재론'의 한계가 여기에 있다. 물론 타자로서의 '너'에 대한 칸트적 사유가 곧 전통철학을 의미하는 것은 아니다. 그러나 칸트의 사유방식이 서양철학에 미친 영향은 지대하다.

20세기를 전후로, 특히 제2차 세계대전 후 프랑스를 중심으로 한 유럽에서는 주체로서의 '나' '나의 의식'의 자명성은 도전을 받게 된다. 하나는 전통철학인 본질주의를 배격하고 자아의 의식을 출발점으로 무한정한 자유를 강조하는 실존주의이며, 다른 하나는 주체를 추상적인 자기의식을 지닌 고립된 개인이 아니라 사회적 관계들의 총체로 보는 마르크스 견해에 기초한 구조주의[알튀세르]이다.[17] 구조주의$_{\text{Structualism}}$의 사고방식이 확산되면서 독립된 실체로서의 자아에 대한 믿음은 흔들리게 되었다. 자아나 주체를 구조적이며 관계적 관점에서 이해하는 사유방식의 등장이다. 인간은 사회적 동물이며 공동체의 산물로서, 오직 인격적 공동체와 관계 속에서만 인간이 되고 너를 통해 내가 되는 것이란 사유가 힘을 얻게 된다. 자연스럽게 철학적 질문은 '나는 누구인가?'라는 관계성에 주목하게 된다.

2) 나에서 너, 인식의 변증법

서양 전통철학을 지배하는 것은 '나의 의식'에 대한 믿음과 자명성에 대한 사유였다. 그러나 현대철학에 와서 나의 의식에 대한 자명성은 도전을 받게 되며, 동시에 너와의 관계 속에서 나를 찾아가는 사유방식, 즉 '나는 누구인가?'의 질문이 싹을 틔우게 된다. 이런 변화는 서양철학의 자기인식의 변증법적 과정으로 볼 수 있다.

다시 말해, '나의 의식$_{thesis}$'(正)이라는 주체 개념은 다른 주체인 '너$_{anti-thesis}$'(反)와의 관계에서만 의미 있음을 인식하게 되고, 그 인식은 우리는 결국 '우리$_{synthesis}$'(合)로서의 주체라는 새로운 인식에 이르게 되는 것이다. 이러한 서양철학의 자기인식의 변증법적 과정은 김춘수 시인의「꽃」을 통해 은유적으로 이해할 수 있다.

내가 그의 이름을 불러 주기 전에는
그는 다만
하나의 몸짓에 지나지 않았다
내가 그의 이름을 불러 주었을 때
그는 나에게로 와서
꽃이 되었다
내가 그의 이름을 불러준 것처럼
나의 이 빛깔과 향기에 알맞은
누가 나의 이름을 불러다오
그에게로 가서 나도
그의 꽃이 되고 싶다
우리들은 모두
무엇이 되고 싶다
나는 너에게 너는 나에게
잊혀지지 않는 하나의 눈짓이 되고 싶다

① 내가 그의 이름을 불러 주기 전에는/ 그는 다만/ 하나의 몸짓에 지나지 않았다

['나'라는 주체: 정립$_{定立,\ thesis}$]

시인은 자명한 주체로서의 '나'와 단지 하나의 몸짓으로서의 '그'를 상정한다. 주체와 객체의 엄격한 분리로서 시의 중심은 주체인 '나'이다. 자기만이 주체이며 다른 모든 것은 나의 객체일 뿐이다. 객체인 '그'의 존재는 나의 인식의 수동적인 대상이며 나의 세계[의식] 밖에 있는 사물[몸짓]일 뿐이다. 나의 실존과 아무 관련 없는 비인격적 존재자이자 하이데거의 '눈앞의 존재자'일 뿐이다. 나와 대화의 상대가 될 수 없는 3인칭인 '그'일 뿐이다. 둘 사이에는 서로 건널 수 없는 심연이 놓여 있다.

자명한 존재로서의 '나'의 주체성은 플라톤 이후 서양철학의 본질이다. 데카르트의 '코기토Cogito'는 생각하고 인식하는 주체인 인간의 보편성을 발견했고 보편성을 지닌 자아는 모든 개인에게 공통된 것이었다. 모두가 보편적 주체이니 굳이 '너'[타자]가 무엇인지 질문할 필요가 없다. 데카르트의 인식론적 주체는 칸트로 이어진다. 칸트에 와서 나란 주체는 '나의 의식'으로 한정된다. 인식론의 코페르니쿠스적 전환을 통해 칸트는 나의 의식 안에 주어지는 방식으로만 모든 존재는 나타난다고 생각하였다.

마찬가지로 "내가 그의 이름을 불러 주기 전에는" 그는 나의 의식 안에 나타나지 않은 것이다. '그'는 막연히 3인칭의 '그것'으로 나의 의식 밖에 놓여 있는 것이다. 칸트에게 있어 내가 보는 것은 있는 그대로의 사물 자체가 아니라 나의 주관 안에서 구성된 모습인 것처럼, 시인에게도 '그'는 나와는 관계없는 인식의 대상으로서의 하나의 '몸짓'이었을 뿐이다.

② 내가 그의 이름을 불러 주었을 때/ 그는 나에게로 와서/ 꽃이 되었다

['꽃'으로의 다른 주체: 반정립反定立, anti-thesis]

시의 변증법적 전환이다. '그'는 나의 의식세계 밖에 있던 비인격적 존재자였다. 그러나 "그의 이름을 불러 주었을 때" 보편적 주체인 '나'는 다른 주체인 '너'를 인정하고 수용하는 반反정립anti-thesis을 만들어 내는 것이다. '너'와의 관계에서만 '나'의 존재가 의미 있음을 인식한 '나'가 '너'를 요청하는 것이다. 어떤 배려나 응답도 가능하지 않은 비인격적 대상인 3인칭, '그' '그것'에서 대화와 만남의 인격적 대상인 2인칭, '너' '그대'로 전환되는 것이다. 하이데거의 '눈앞의 존재자'에서 실존의 동반자인 '손안의 존재자'로 들어오게 되는 것이다. 주목할 점은 인격적 주체인 꽃[너]이 되기 위해서는 '이름'을 불러야[호명呼名] 한다는 점이다. 반대로 라캉의 사상대로 호명하기 전에는 주체가 형성되지 못하는 것이다.

칸트의 '나의 의식'으로서의 나란 주체는 '너'의 존재를 나의 의식의 본질적 진리로 세울 수가 없다. '너'에 대한 배려나 관심은 나의 순수한 자기의식의 본질과는 관계가 없기 때문이다. '너'는 인식론적 대상일 뿐 '나'의 존재론적 기반이 아니다. 문제는 여기에 있다. 칸트는 너의 존재를 나의 존재에서 배제함으로써 궁극적으로 나의 존재를 해명하지 못하고 만 것이다.

칸트 이후 헤겔에 와서 '너'는 나의 존재에 필수적인 대립존재로 부상한다. 그는『정신현상학』에서 개인의 자기의식은 필연적으로 타인과의 관계 속에서만 생성된다는 점을 탁월하게 서술한다. 헤겔의 '자기의식의 변증법'은 헤겔 이후 헤겔 우파에 의해 인간관계의 심리적 도식으로 연결된다. 주체와 객체의 통일 속에서 인간을 이해할 수 있다는 헤겔주의는 자크 라캉Lacan을 포함한 구조주의에 큰 영향을 미친다.

라캉은 나라는 자아 혹은 주체는 '너'라는 타자에 의해 형성된다는 점을 밝혀낸다. 프로이트가 자아를 무의식적인 정념들과 외부의 현실을 연결하는 정신의 이성적 분과로 본 것과 비교되는 것이다. 프로이트의 한계는 어린이의 자기의식이 때가 되면 생긴다고 했지만 자기의식이 형성되는 구체적인 메커니즘을 규명하지 못했다는 데 있다. 리비도의 발전단계에서 자아성애로부터 어떻게 자기의식이 발현하는지에 대한 근거를 제시하지 못하는 것이다. 대신 프로이트는 자아를 자명한 것으로 받아들이고 자아와 초자아 및 이드와의 상호관계를 설명한다.

라캉은 프로이트 이론에 기초하여 프로이트의 한계를 극복하려 시도한다. 상상계에서의 거울단계가 대표적이다. 거울효과를 통해 자기와 자의식을 구축한다는 것이다. 또한 자아 및 주체는 언어로 구조화된 상징계에서 타자와의 관계를 통해서 형성된다. 특히 타자로부터의 호명呼名을 통해 주체가 형성된다. 나의 '자기의식'은 '나'와 '너'가 만나 이루어진 우리의 자기의식과 다름없는 것이다. 따라서 나의 의식 자체의 발생과 자기의식의 생성, 나아가 주체성의 정립은 결국 너를 비롯한 타자에 의해 조형된다. 물론 라캉이 나와 너의 관계를 정신분석적 범주로만 전환하여 타자와의 인격적 만남으로 나아가지는 못했지만, 라캉의 주체이론은 서양 전통철학에서의 주체관념에 대한 도전이자 전환이라 할 수 있다.

다른 한편 하이데거는 현상학적 관점에서 타인의 존재를 나의 실존의 근거로 삼는다. 실존적 존재인 나는 세계-안에서 너와의 만남을 통해 나의 본질을 형성해 간다는 점을 강조한다. 하이데거에게 나의 의식은 생각과 영상으로 구성된 내부세계가 아니라 외부로 투사하는 끊임없는 과정, 즉 탈존脫存, ex-sistence이다. 하이데거의 영향을 받은 사르트르는 자기의식과 자아를 구분하고 자기의식은 본질적으로 무無인 반면, 자아는 주체에 의해 지각된 세계 속의 대상이라고 말한다.[18] 라캉은 사르트르의 주체와 자아 사이의 구분 및 하이데거의 탈존 개념으로부터 큰 영향을 받게 된다.

③ 내가 그의 이름을 불러준 것처럼/ 나의 이 빛깔과 향기에 알맞은/ 누가 나의 이름을 불러다오

'내가 그의 이름을 불러준 것처럼 누가 나의 이름을 불러 달라.' 시인의 호소는 '나'라는 주체의 본질을 은유적으로 표현한다. 내가 이름을 부름으로써 그가 주체가 되었듯이 나도 누가 이름을 불러 주면 누군가의 존재 안으로 들어간다는 것이다. '나'는 곧 '이름'이다. 또한 나는 나 홀로 나를 의식하기만 하면 주체가 되는 것이 아니라 누군가[타자]에 의해 호명을 통한 주체로 인식되어야만 주체가 되는 것이다. 누구가로부터 인정을 받고 싶은 욕망이 함께 도사리고 있다. 어찌 보면 주체로서 자기가 되기 위한 처절한 인정과 욕망의 투쟁이다.

전술한 대로 라캉은 나와 타자other와의 관계를 정신분석적 범주로 전환시킨다. 나라는 주체가 인격적 주체인 너를 통해 의미 있다는 것이 아니라 너[타자]의 나에 대한 호명이 나의 주체를 주조鑄造하고 조형造形한다는 것이다. 라캉은 소쉬르의 언어구조주의 이론을 받아들이지만 소쉬르와는 달리 기표가 기의보다 우위에 있음을 주장한다. '나의 이름을 불러주면 나는 꽃이 된다'는 시인의 심상처럼 라캉은 개인의 주체는 언어로 구성된 현실세계인 상징계에서 타인이 나에게 불러주는 이름[기표]에 의해 만들어진다고 본다. 나라는 주체는 언어 안에서 탄생하고 언어를 통하여 타인의 욕망이 조직되고 우리 또한 언어를 통하여 우리 자신의 욕망을 구성해 내도록 강요받는 것이다.[19] 나는 타자의 호명에 의해 나의 주체가 되지만 타자의 호명은 나의 사회경제적 지위에 따라 달라진다. 시인이 "나의 이 빛깔과 향기에 알맞은" 이름을 불러달라는 것은 이 때문이 아니겠는가?

헤겔은 개인의 주체는 단순히 자신의 유일성 혹은 고유성을 의식한다고 해서 형성되는 것이 아님을 강조한다. 그보다는 먼저 다른 사람에 의해 하나의 주체로서 인식되어야만 나의 주체가 부상된다는 것이다. 헤겔은 이 과정을 주인과 노예의 변증법 Dialectic of the Master and the Slave, 즉 **주노主奴변증법**으로 설명한다. 주인과 노예는 상호인정의 관계에 갇혀 있기 때문에 주인이 주체가 되기 위해서는 노예로부터 인정이 있어야만 한다. 따라서 주인은 그의 정체성에 대한 인정을 노예에게 의존하기에 결코 자유롭지 못한 반면, 노예는 노동이라는 다른 근원을 통해 주체가 되고 주인에게 의존하지 않는다. 따라서 자유로운 주체는 주인이 아니라 노예인 것이다.

라캉은 주노변증법을 상상계 내에서 자아가 형성되는 심리학적 기제로 활용한다. 아기와 엄마[거울] 사이에서의 인정과 욕망의 변증법적 과정이 발생한다는 것이다. 또한 개인의 자아[주인]가 상징계로 진입하여 언어라는 '노예'를 통해 인정과 욕망의 투쟁을 벌이면서 주체가 형성되는 심리학적 설명에 적용한다. 한 개인은 상상계를 지나 언어와 담론의 체계인 상징계에 종속된다. 호명의 굴레에 갇힌 개인은 언어의 체계에서 탈출할 수 없는 반면, 언어로서의 상징계는 주체의 근원을 주인에게 의존하지 않는 노예처럼 개인에게 의존하지 않고 개인을 벗어난다. 그러면서 한 개인을 주체로 빚어내는 막강한 힘을 가지고 있는 것이 상징계의 언어다.

④ 그에게로 가서 나도/ 그의 꽃이 되고 싶다/ 우리들은 모두/ 무엇이 되고 싶다/ 나는 너에게 너는 나에게/ 잊혀지지 않는 하나의 눈짓이 되고 싶다

['우리'로서의 주체: 종합$_{\text{綜合, synthesis}}$]

'나'는 왜 그렇게 '그'[타자]에게로 가서 꽃이 되길 '욕망'하는 것일까? 시인은 독자에게 궁금증을 자아내게 만든다. 나아가 사람이라면 모두 나는 너에게 너는 나에게 잊혀지지 않는 무언가가 되고 싶다는 '욕망'이 있다고 단정적으로 결론을 내린다. 그 무언가는 바로 '눈짓'이다. 시의 첫 행에서 이름을 불러주기 전의 그를 다만 하나의 '몸짓'이라고 정의한 것과 대조를 이룬다. 이름을 불러주기 전의 '그', 하이데거의 단순한 '눈앞의 존재자'의 '몸짓'은 나에게 아무런 의미가 없다. 그러나 호명을 통해 꽃이 된, 하이데거가 말한 나의 실존 속으로 들어온 '손안의 존재자'의 '눈짓'은 존재론적 차이를 보인다. 그 '눈짓'은 만남과 대화의 상징이며 인격적 존재로 인정한 타자와의 존재론적 교감이다. 시인은 너의 존재 의미를 나의 존재근거로 삼으면서 '우리'[종합]로서의 주체로 나아간다. 나[정립]와 너[반정립]가 합쳐져 우리[종합]라는 한 단계 높은 위상으로서의 주체를 형성하는 것이다.

제16장에서 살펴보겠지만, 라캉의 상징계에서의 주체는 타자와의 구조적인 관계에서 형성된다. 그러나 그 주체는 타자의 언어와 욕망에 의해 주조된 주체일 뿐 주체와 타자와의 인격적 만남은 아니었다. 라캉의 정신분석학적 범주를 벗어나 주체로서의

나와 객체로서의 너의 인격적 만남, 이를 통한 '우리'로서의 주체를 주창한 철학이 유신론적 실존주의이다. 특히 라캉보다 다소 앞서 철학을 전개한 프랑스의 가브리엘 마르셀과 오스트리아의 마틴 부버가 대표적이다. 구조주의로서의 라캉이나 실존주의로서의 마르셀과 부버나 모두 헤겔의 지대한 영향을 받았지만 방향은 달랐다.

데카르트에서 칸트와 헤겔, 그리고 라캉에 이르기까지 주체로서의 '존재자'를 물었다면, 부버나 마르셀, 그리고 하이데거 등은 주체로서의 '존재자의 존재'를 묻는다. 서양 전통철학에서의 주체에 대한 인식론적 접근에서 존재론적 접근으로의 전환인 것이다. 마르셀과 부버는 모두 주체인 나와 객체인 너는 존재론적으로 불가분의 관계에 있음을 천명한다. 나에게 너는 인식론적 대상이 아니라 나의 존재론적 바탕이 된다. 너의 존재를 나의 의식의 본질적 진리로 세워야 하는 것이다. 너와 나의 인격적 관계로 이루어지는 공동체 속에서만 각자는 개별적 주체가 되면서 '우리'로서의 주체를 형성하게 된다. 같은 맥락에서 하이데거는 '우리'로서의 주체를 형성하는 공동체 속의 주체를 세계-내-존재로 묘사한다. 세계-안에-존재인 현존재는 타인과의 '공속적 관계'를 통해 각자의 고유성을 정립한다는 것이다.

3. 실존철학, 너와 함께하는 나

서양 전통철학은 '나의 의식'에 대한 자명성에 관심이 있었다. 그러나 20세기 현대철학에 와서는 당시의 비인간적인 시대상을 반영하듯, 나의 실존을 타인과의 관계성, 세상과의 연결성 속에서 이해하는 사조가 각광을 받게 된다. 독일에서의 현상학적 해석과 프랑스의 실존주의가 대표적이다.

실존주의에서 보는 나는 세상과 분리될 수 없는 상호의존적인 존재이다. 세상과 연결된 이유는 개인은 세상에 우연히 내던져진 피투적被投的 존재이기 때문이다. 세상은 자신의 본질을 창조해 나가는 시공간이며 세상이란 곧 타자와의 관계성을 의미하게 된다. 인간은 세상없이 어떤 존재도 될 수 없는 것이다. 타자와의 연결성에 대한 이해는 먼저, 주체인 나는 나의 자유의지와 상관없이 세상에 내던져진 피투적 존재이며 부조리不條理한 존재라는 인식, 그렇지만 철저한 자유와 선택, 책임하에 자신의 삶을 창조해 나가는 존재라는 인식에서 출발해야 한다. 〈보헤미안 랩소디〉는 그러한 인간실존을 적나라하게 보여 준다.

1) 보헤미안 랩소디와 인간실존

하드록이나 아카펠라를 좋아하는 사람들은 과거 영국 록밴드 퀸(Queen)을 기억할 것이다. 영화로도 제작이 되어 엄청난 성공을 거두며 우리나라 극장가를 점령하기도 했다. 그 바람에 음악장르에 관계없이 많은 사람들의 관심을 받았다. 퀸의 대표곡은 역시 〈보헤미안 랩소디Bohemian Rhapsody〉이다. 하드록과 발라드, 오페라 같은 전혀 달라 보이는 장르들을 예술적으로 혼합해 만든 전무후무한 명곡이란 평가를 받는다. 퀸의 음악장르에 과문한 사람들이라 해도, 함께 발을 구르며 소리치는 노래 한 곡, 〈We will rock you〉는 아마도 기억할 것이다.

〈보헤미안 랩소디〉는 제목부터가 과연 무엇을 노래하려는지 상상하게 만드는 묘한 마력이 있다. 실제로 이 노래만큼 인간실존의 모습을 적나라하게 전달해 주는 노래는 드물다. 앨범이 발매되기 30년 전인 1945년, 장 폴 사르트르는 파리에서 철학사에 길이 남을 유명한 강연을 하였다–『실존주의는 휴머니즘이다』. 퀸의 노래는 사르트르 강연의 하드록 버전이라 해도 손색이 없을 것이다.

사르트르의 잉여인간

〈보헤미안 랩소디〉는 시작부터 끝마무리까지 온전히 프레디 머큐리의 작품이라 한다. 보헤미안이란 말은 그 어원과는 상관없이 자유이자 집시를 상징한다. 체코 보헤미안 지방의 집시만이 아니다. 지구상에 잠시 머물며 떠돌다 가는 것이 인간 모두의 실존의 모습, 집시가 아닌가. 노래에서 반복되는 대로 "쉽게 왔다가 쉽게 떠나는 존재Easy come, easy go" "바람이야 어디로 불든Any way the wind blows". 보헤미안 인간은, 인간을 자조적으로 표현하는 사람들이 스스로의 정체성에 붙이는 말 그대로 '잉여'이다. 잉여剩餘는 꼭 필요하지 않고 남아도는 여분의 것이란 의미로서 인간에 대한 실존주의의 기본 개념이다. 사르트르를 포함한 실존철학에서 모든 인간은 잉여이다. 우리는 세상에 우연히 내던져진 존재로서 특정한 목적을 가지고 있거나 반드시 필요한 존재도 아니기 때문이다.

프레디 머큐리의 삶이 그렇듯 이 노래가 도대체 무슨 이야기를 하는지 이해하기란 쉽지 않다. 마치 사르트르의 『존재와 무』가 엄격하면서도 복잡하기 그지없는 텍스트인 것을 연상시킨다. 또한 사르트르의 책이 잘못 읽히고 종종 왜곡되었던 것처럼 〈보헤미안 랩소디〉 역시 'Mama'가 엄마인지 동거하던 여성 메리인지, 'just killed a man'이 무엇을 말하는지 해석이 분분한 만큼 왜곡되기도 한다. 그러나 〈보헤미안 랩소디〉를 관통하는 메시지는 분명하다. 삶이란 그저 산사태에 파묻히듯 바람에 날려가듯 개인의 의지와는 상관없이 진행된다는 이야기이다. 노래는 다음의 독백으로 시작한다.

> "이건 현실real life일까? 그냥 환상fantasy일까?"

피투성이란 '현사실'

어느 날 어느 순간 인간은 문득 '나는 지금 여기에 있다.'는 것을 깨닫는 때가 있다. 하이데거의 표현대로, 순수 '현사실Faktum'[20]로서의 실존을 깨닫게 되는 순간이다. 내가 무엇인지 알기도 전에 내가 이 환경 속에 이 모습으로 '여기 있다'는 실존의식을 먼저 갖게 되는 것이다. 실존철학에서 '실존이 본질에 선행한다.'고 말하는 이유이다. 실존하는 인간이 무엇인가를 규명하는 것은, 본질을 규명하는 것처럼 어떤 사실, 내용적인 무엇임Was을 제시해서 규정되는 것이 아니라 인간이 존재하는 가능한 방식들을 해명함으로써만 규정된다.[21]

프레디가 존재하는 방식은 그저 "불쌍한 아이일 뿐just a poor boy"인 상태이다. 프레디는 자신이 파키스탄 사람, 양성애자란 사실(게다가 에이즈 감염까지)을 스스로 불쌍하게 생각했지만 결코 부정하지는 않았다. 왜냐하면 그것은 '바람에 날려가듯' 자신의 의지와는 관계없이 그렇게 세상에 내던져진 조건이기 때문이다. 자연적 우연성일 뿐이기 때문이다. 프레디는 자신의 피투성의 '현사실'을 덤덤히 수용한다. 누구든 출생, 국적, 성향, 외모 등은 자신의 선택과 노력의 대상이 아니다. "눈을 뜨고 고개 들어 하늘을 봐도" 변할 수 없는 실존이자 '현사실'이다. 프레디는 절규한다. "가끔씩 내가 차라리 태어나지 않았더라면I sometimes wish I'd never been born at all" 하는 생각마저 든다고.

자신의 의지와는 상관없이 내던져진 존재[被投性]인 인간은 역설적으로 자유 그 자체이다. 그리스도교적 신앙과는 달리 실존주의적 인간은 결코 응고된 채 주어진 그 어떤 본성을 실현시켜야 할 의무가 없기 때문이다. 도스토예프스키Dostoievsky는 "만약 신이 없다면 모든 것이 허용될 것"이라고 말한다. 인간은 자유로우며 자유 그 자체란 말은 자신의 삶에 변명이나 핑곗거리를 찾지 못한다는 것을 의미한다. 그 어떤 핑계도 배제된 채 홀로 있는 것이다. 그래서 사르트르는 "인간은 자유롭도록 선고받았다."[22]고 말한다. 그러니 프레디의 말처럼 나한테 "동정은 필요 없다I need no sympathy".

카뮈의 부조리

이제 "자유롭도록 선고받은" 프레디는 자유롭게 자신의 삶을 선택해야 한다. 아무도 프레디의 삶을 선천적으로 결정할 수 없다. 프레디는 대학 때 만난 메리와 동거해 살던 중 자신의 양성애성bisexuality을 뒤늦게 발견하게 된다. 그렇다고 메리와 이혼하고 싶지도 않다. 참으로 기구한 운명임을 감지하게 되었을 것이다. 프레디의 이러한 실존이 카뮈가 말하는 **부조리**absurditat이다.[23] 합리적 이성을 가졌다는 인간(프레디)의 세계인식과, 그 이성으로 설명되지 않는 프레디의 실존상황이란 두 대립항이 공존한다는 게 부조리이다. 프레디의 의지와는 관계없이 세상에 내던져진 것도 부조리이다. 헌데 그의 삶에서조차 나 아닌 다른 사람, 양성애와 같은 다른 것들이 중심부를 차지하고 있으니 더더욱 부조리한 것이다.

프레디가 1970년대 사회의 도덕 및 가치와는 도저히 양립할 수 없는 양성애성을 뒤늦게 발견한다는 사실은, 자신의 선택이 아닌 것이기에 그는 자신의 삶에서 자신이 빠져있음을 발견하는 것이다. 이것이 부조리의 핵심이다. 이 경우 인간은 자신의 자유를 스스로 반납하고 자신의 삶의 구경꾼으로 전락해 버리게 된다. 남들이 프레디를 양성애자라고 수군거리고 프레디는 구경꾼이 되어 버린다. 나의 삶을 다른 사람들이 판단하는 것이다. 이때 프레디는 문득 자신이 낯선 공간에 와 있다는 느낌을 받게 된다. 그래서 겁이 난다. "겁쟁이Scaramouche! 겁쟁이!" "그런 무모한 짓을 하겠다고will you do the fandango?"

자신의 삶에 자신이 구경꾼이 되어 있는 프레디는 주변의 시선과 손가락질도 두려웠을 것이다. 그는 그 '낯섦'과 두려움을 노래한다. "천둥과 번개소리가 너무너무 무서워very very frightening me." 동정은 필요 없다던 호기는 어디가고 자신이 선택하지 않은 불쌍한 처지에 도움을 요청한다. "이 친구는 그저 가난한 집의 불쌍한 아이일 뿐이잖아요 just a poor boy from a poor family." 이런 부조리의 상황이지만, 그래도 프레디에게는 선택의 '자유'가 있다. 부조리의 의식은 동시에 자유의 발견이기도 하다. 자신의 삶을 자유롭게 선택하고 책임을 져야 하는 것이다. 그럼 프레디는 어떻게 선택해야 하는가?

자유, 선택, 책임

카뮈 역시 선택의 기로에 섰던 적이 있다. 프랑스로부터의 알제리 독립 문제로 유혈충돌이 발생할 때였다. 알제리 출신인 카뮈는 노벨 문학상 수상 연설에서 이렇게 말했다. '나도 정의의 편이지만 내 어머니를 놓고 선택하라고 한다면 나는 어머니를 선택하겠다.' 자유 선택의 기준에 대한 사르트르의 철학도 같은 맥락이다. 사르트르는 "만약 가치가 모호하다면, 또 만약 가치가 우리가 고려하는 명확하고 구체적인 경우에 비해 너무나도 광범위하다면, 우리는 우리의 본능에 의존하는 수밖에 다른 도리가 없다."[24]고 말한다.

이것이 바로 프레디가 선택한 것이다. 프레디가 외치는 "Mama, just killed a man."은 성적 지향을 숨기고 살아왔던 과거의 자신을 죽였다는 것을 고백하는 것이 아닐까. 엄마가 아닌 아내 메리에게. 그리고 선언한다. "과거의 나는 죽었다now he's dead." 죽은 것과 다름없이 사회적 가치에 굴복해 이성애자로 살려는 자신을 죽였다고 선언한다. 그리고 동성애자로서 "나의 진짜 인생이 시작됐다life had just begun."고 외친다. 자신의 본질을 창조해 가는 여정이 시작된 것일까. 어쩌면 프레디는 "결국 중요한 것은 감정이다. 어느 한 방향으로 나를 진정 떠미는 것을 선택해야 한다."[25]는 사르트르의 말을 따르기로 결정했는지도 모른다.

실존주의에서는 자유, 선택, 책임을 중요시한다. 이를 바탕으로 인간은 스스로 만들어 가는 존재이다. 이미 다 만들어진 존재가 아니다. 인간은 자신의 도덕을 선택하면서 스스로 만들어 간다.[26] 화가는 그림을 그리면서 동시에 그 모습 그대로의 화가 자신을 만들어 간다. 그 화가에게 선천적으로 정해진 어떤 규칙대로 그림을 그리지 않았다고 비난하지 않는다. 프레디는 오직 음악을 통해 프레디 자신을 만들어 갔다. 기존의 도덕과 윤리를 거부하고 랩소디란 말 그대로 치열한 음악을 통해 자신을 스스로 결정하고자 했던 프레디에게서 "너는 반드시 너 자신이 되어야 한다."고 외쳤던 프리드리히 니체를 떠올리는 것은 너무도 자연스럽다.

2) 너, 나의 실존적 운명

'함께 살기 위한 학습'의 당위성을 어느 누구보다 강조한 철학이 실존주의이다. 실존철학에 의하면 인간은 근본적으로 세계-내-존재이며 운명적으로 타인과 함께하는-존재이다. 현존재로서 나는 단순히 존재하는 것이 아니라 관계로서 존재한다. 자신이 관계 맺고 있는 그 존재자의 존재와의 연결성을 자각하고 어떠한 방식으로건 이해하는 존재이다. 이것이 자신으로 존재하는 것이다.

인간, 상호주관적 존재

19세기의 키르케고르, 니체부터 20세기의 하이데거, 부버, 마르셀, 사르트르 등에 이르기까지 유럽의 철학계에 큰 영향을 미쳤던 화두는 '관계적 인간' 혹은 상호주관적 intersubjective 존재로서의 인간이었다. 니체는 인간을 타자와의 관계를 떠나 홀로 존재하는 개별자로 보는 인식의 오류를 지적한다. 현재의 나는 그 이전의 사람들이(존재해 온 모든 것이) 서로의 관계성 속에서 자기 자신을 부단히 극복하며 창조해 온 소산이라는 점을 강조한다. 인간은 서로 보이지 않는 씨줄과 날줄로 연결된 관계라는 것이다. 니체는『우상의 황혼』에서 관계성으로서의 개인을 강조한다.

> "이제껏 대중과 철학자가 이해하는 바대로의 개개인, '개인'은 정말 하나의 오류이다. 개인이란 존재는 홀로는 아무것도 아니다. 원자도 아니고 '사슬의 고리'도 아니며, 단순히 기존의 것을 물려받은 자도 아니다—개인이란 그에게까지 이르는 인간이라는 하나의 연속선 전체인 것이다."(어느 반시대적 인간의 편력. 33)

시몬 드 보부아르는 "나는 나 자신이 즉자적으로 존재하지 않는다."[27]고 말한다. 인간은 다른 사람들과 관계를 갖지 않고 그 자체로서 존재하고 있는 존재, 즉자적 존재가 아니라는 것이다.

인간의 본질이 '타인과 더불어 삶'이란 점을 예리하게 파헤친 철학자가 특히 마르틴 하이데거이다. 하이데거는 인간은 타인과의 연결성을 자각할 때 비로소 진실해진다고 강조한다. 타인을 통해 인간은 세상으로부터 단절된 존재가 아니라 세상과 늘 연결된 존재라는 것을 인식한다는 것이다.

하이데거는 인간은 현존재이며, 현존재는 세계-내-존재임을 강조한다. 앞서 언급한 바대로 현존재Dasein란 말 그대로 그냥 거기에da 있는sein 존재이다. 다른 존재자는 그저 '눈앞에 있는 것Vorhandenes'이며, 그것의 존재방식은 '눈앞의 있음Vorhandenheit' 또는 '눈앞의 존재Vorhandensein'라는 용어로 지칭한다.[28] 인간인 현존재는 다른 사물이나 도구 같은 존재자처럼 단순한 '눈앞의 있음'이나 '손안의 있음'이 아닌 것이다.

인간은 다른 존재자와 어떻게든 관계를 맺고 있고 또 그 연결성을 자각하고 있으며 관계 속에 있는 존재자의 존재를 어떠한 방식이로든지 이해하며 살아가는 존재이다. 하이데거는 이를 실존이라 칭하며 현존재의 독특한 존재양식으로 본다. 따라서 실존적이란 표현은 현존재만의 독특한 있음의 차원[존재의 차원]을 두드러지게 드러내기 위해 사용되는 것이다. 현존재는 단순히 존재하는 것이 아니라 관계로서 존재한다. 하이데거는 현존재인 인간의 고유한 특성으로서의 관계성, 연결성을 강조하면서 인간을 '세계-내-존재' 혹은 세계-안에-있음의 존재로 지칭한다.

역동적인 공동존재

인간은 세계-내-존재라는 정의는 구체적이며 복합적이고 역동적力動的인 느낌을 준다. 근대철학에서 데카르트의 '코기토Cogito' 이후로 인간을 어떤 추상적이며 정적인 실체로 여긴 것과는 대조적이다. 하이데거는 인간을 다자인Da-sein(da = 거기에, '열려 있는'), 즉 닫혀 있지 않고 열린 존재라고 하듯, 세계-내-존재라는 용어도 세계를 향해 열려 있는 존재임을 강조한다. 인간은 완성된 어떤 실체가 아니라 세계를 향해 열려 있는 창문과도 같은 존재이다. 다시 말해, 인간은 창문 안의 방에 숨어 창문을 하나의 도구로 해서 바깥 세계를 내다보는 존재가 아니라 바로 그 창문 자체로 존재한다.[29] 인간은 세계 속에 있으면서 다른 현존재 및 존재자들과 끊임없이 관계를 맺는 방식으로 존재하는 것이다.

주목할 점은 세계-내-존재를 인간과 세계가 독자적으로 존재하면서 서로 상호작용을 하는 것으로 해석해서는 안 된다는 점이다. 만일 그렇다면 데카르트를 비롯한 근대철학의 인간 이해와 다를 바 없게 된다. 하이데거가 붙임표(-)를 사용하여 하나의 의미임을 강조하는 이유가 여기에 있다. 하이데거는 통상적인 의미에서의 '있음'을 뜻하는 Dasein과 구분하기 위해 붙임표(-)를 사용하여 '현-존재Da-sein'(거기에-있음)로 표기하듯이,[30] 인간은 '세계 내 존재'라 하지 않고 붙임표를 써서 '세계-내-존재'로 표기하는 것이다. 인간은 본래적으로 타인과의 관계 속에서 역동적으로 존재한다는 것을 강조하는 것이다.

'세계-내-존재'에서 '내being-in(안에)'란 말은 커피 잔 안에 커피가 담긴 것처럼 어떤 공간 안에 있다는 의미가 아니다. 하이데거는 세계란 일반적인 의미의 우주, 천체, 삼라만상이 아니란 점을 강조한다.[31] '세계'의 의미는 매우 넓지만 인간의 실존적인 장, 즉 인간의 생로병사와 희로애락이 함께하는 생활환경umwelt이며 실존적-존재론적 방식을 지칭한다.[32] 세계와 현존재와의 관계는 더 이상 주체와 객체의 관계가 아니다. 인간은 현존재Dasein로서 세계인 '거기에da' 던져져서 여기 저기 실존하는 것das Da-sein이다. 나 홀로가 아니라 세계에서 다른 현존재들과 함께 상호작용을 통해 존재하는 것이며 존재가능성을 실현하기 위해 스스로 자기를 설계한다. 현존재는 '타인과-더불어-있음'의 존재, 즉 **공동존재**Mitsein인 것이다.[33]

'세계-내-존재'로서의 현존재는 다른 존재자, 즉 '눈앞의 존재자'와 '손안의 존재자'에 대해 '걱정Besorgen'을 한다. 또한 다른 현존재에 대해서는 '배려Fursorge'의 태도, 즉 무언가를 행하거나 보살핀다. 하이데거는 걱정과 배려를 합쳐서 '염려Sorge'라고 말하며 이러한 현존재의 염려를 곧 '현존재의 존재'라고 여긴다.[34] 현존재의 염려는 실존을 본질로 하는 현존재가 존재하는 모든 것과 관계를 맺고 있음을, 혹은 '관계로서 머물고 있다'[35]는 점을 강하게 시사한다. 레고를 갖고 노는 아이들부터 대통령에 이르기까지 현존재의 특성은 '관계'에 있는 것이다.

15

헤겔의 주체, 프로이트의 자아

근대철학의 문을 연 데카르트에서 칸트와 헤겔, 그리고 라캉에 이르기까지의 관심은 주체로서의 존재자인 '나'에 있었다. 즉, 주체에 대한 인식론적 접근이었다. 반면에 부버나 마르셀, 그리고 하이데거 등은 주체로서의 '존재자의 존재'에 대한 사유로 방향을 전환한다. 서양 전통철학에서의 주체에 대한 접근이 '나는 무엇인가?'의 인식론적 접근에서 '나는 누구이며 어디에 있는가?'의 존재론적 접근으로 방향 전환을 한 것이다. 이 장에서는 주체에 관한 물음에 핵심적인 영향을 미친 헤겔철학과 프로이트의 심리학을 간략히 생각해 보기로 한다.

1. 존재론에서 관계론으로

"걱정 마, 나는 내가 가장 잘 알아." 사람들은 별 생각 없이 이런 말을 한다. 내가 나를 잘 안다는 말은 무슨 뜻일까? 이 말에는 주목할 만한 사유방식이 전제되어 있다. 첫째, '나'라는 실체가 존재한다는 것이며, 둘째, 인식주체[잘 아는 나]와 인식대상[아는 대상인 나]의 철저한 구분이다. '나'라는 실체를 전제로 하기에 철학의 질문은 늘 다음과 같았다.

"나[인간]란 무엇인가?"

1) 주체 중심의 근대철학

이런 실체에 대한 물음은 서양철학이 태동할 무렵부터 시작되었다. 인식의 주체와 대상의 구별은 당연했기에 이런 물음 또한 자연스러운 것이었다. 소크라테스와 플라톤의 이성과 육체 구분에서 데카르트의 생각하는 주체와 대상의 이분법에 이르기까지 자아나 자기의식을 가진 '나'는 자명한 것이었다. 데카르트의 "나는 생각한다. 고로 존재한다Cogito, ergo sum."라는 명제는 사유와 주체의 일치에 근간을 둔다.

주체로서의 나는 이성을 가진 합리적 존재였다. 인간 이성의 보편성이 인식주체의 근거가 되었다. 따라서 인간의 생각과 감정, 판단은 냉철한 이성에 뿌리를 두고 있으며 이성으로 통제할 수 있다고 생각하였다. 데카르트의 사유하는 자아[코기토]는 근대과학의 객관성과 보편성의 토대를 이루었다. 17세기 이후 거의 300여 년 동안 서양의 사유방식을 지배하고 그에 기반한 과학혁명을 이룬 것은 데카르트의 명증적인 주체 개념 때문이라고까지 할 수 있다.

그러나 전술한 바대로 20세기 들어 제2차 세계대전 이후 프랑스를 중심으로 한 유럽에서는 주체로서의 '나'의 자명성에 대한 회의와 비판이 두 가지 철학사조를 중심으로 대두된다. 하나는 본질주의를 배격하는 **실존주의**이며, 다른 하나는 주체를 추상적인 자기의식을 지닌 고립된 개인이 아니라 사회적 관계들의 총체로 보는 **구조주의**[알튀세르]이다.[36] 실존주의 및 구조주의Structualism의 사고방식이 확산되면서 독립된 실체로서의 자아에 대한 믿음은 흔들리게 되었다. 철학적 질문은 구조적이며 관계론적으로 바뀌게 된다.

"나는 어디에 있는가?"

"나는 누구인가?"

2) 실존주의와 구조주의 등장

구조주의는 전통 형이상학의 존재론, 즉 일자와 실체에 근거하는 본질주의를 대체하는 일종의 관계론 혹은 결정론이다.[37] 구조주의의 원류 가운데 하나인 카를 마르크스는 인간의 중심에 어떤 보편적 인간성인 인간 그 자체 혹은 자아가 깃들어 있다는 주장을 부정한다. 인간은 생산관계 속에서 행동을 통해 무엇인가를 만들어 내는 것을 매개로 자신의 본질을 알아차릴 뿐이라는 것이다. 마르크스는 이를 "인간은 스스로 창조한 세계 속에서 자기를 직관한다."[38]고 간명하게 표현한다. 인간은 생산이란 노동을 통해 무언가를 생산하고 그렇게 만들어진 물건을 매개로 해서 나중에 자신이 누구인가를 인식하게 된다는 것이다. 인간존재의 토대를 물질과 노동에서 찾은 것이다.

마르크스의 자아 인식이 경제학의 관점이었다면, 독일의 프리드리히 니체는 철학의 관점에서 전통적인 자아관을 비판한다. 니체는 "우리는 자기 자신을 잘 알지 못한다."고 단언한다. 니체는 자기와 자아를 구분하고 자아보다 훨씬 더 큰 어떤 이성인 '자기'가 있음을 강조한다. 심리학의 관점에서 구조주의적 자아인식의 선도적 역할을 한 사람이 지그문트 프로이트이다. 프로이트는 인간 존재의 물질적 토대 분석에 공헌한 마르크스와는 반대로 인간 심연에 자리하고 있는 무의식에 주목하였다. 인간이 직접적으로 알 수 없는 마음의 활동인 무의식이 자아를 지배한다는 것이다. 따라서 인간은 데카르트적인 합리적 존재가 아니라 감성적인 동물이 될 수밖에 없다.

인간 존재의 정신적 토대를 무의식에서 분석하는 틀을 제공한 프로이트의 이론은 정신분석학과 심리학은 물론 철학에도 커다란 파문을 몰고 왔다. 데카르트 이후 자아, 즉 모든 것을 의심하는 주체로서의 자아의 동일성은 자명한 것으로 간주되어 왔기 때문이다. 나중에는 여러 갈래로 갈라졌지만 일단 자아를 선험적으로 인정하는 토대 위에서만 근대의 철학과 학문이 가능했으며 18~19세기의 과학혁명과 산업혁명은 바로 그 성과였다.[39] 그러나 프로이트의 무의식은 그때까지 당연시해 왔던 선험적 자아의 믿음을 무참히 파괴한 것이다. 의식을 기준으로 주체를 구성하는 데카르트적인 근대적 관점을 비판하고 나도 모르는 나, 즉 무의식이 있다는 주장은 그 자체로 인간 주체를 분열시키는 것이다.

의식이 나의 주인이 아니라면 그 다음의 물음이 제기될 수밖에 없다. 즉, 그렇다면

'나의 주인은 무엇인가?' 이에 대한 답을 제공하는 철학 중 하나가 구조주의이다. 다음 장에서 살펴보겠지만, 특히 프로이트의 뒤를 이은 정신분석학자 자크 라캉Jacques Lacan, 1901~1981이다. 다음 절에서는 실존주의와 구조주의란 물줄기가 나오게 된 저수지라 할 수 있는 헤겔의 주체에 관한 생각을 간략히 살펴보기로 한다.

2. 헤겔의 주체와 '주노변증법'

19세기의 헤겔철학은 인간[주체]에 관한 물음을 새롭게 제기하는 현대 철학사조에 심오한 영향을 끼쳤다. 영향을 넘어서 철학(특히 프랑스철학)을 주도했다고 해도 과언이 아니다. 헤겔주의는 20세기 들어 인간이해를 위한 두 갈래의 철학으로 대체된다. 하나는 실존주의이며 다른 하나는 구조주의와 후기구조주의이다. 이들 철학사조는 1960년대 중반까지 프랑스철학을 주도하였으며[40] 현재에도 철학은 물론 평생교육의 중요한 철학적 바탕을 제공하고 있다. 특히 들로 보고서에서 강조하는 인간의 자기이해를 위한 철학적 접근이라 할 수 있는 자크 라캉Lacan과 같은 구조주의 철학에 중요한 영향을 미쳤다.

1) 주체 형성: 정립, 반정립, 종합

인간의 '주체'에 초점을 맞춘다면, 헤겔철학은 독일 관념론의 거성인 칸트의 인식론, 특히 인식의 주체인 자아 개념을 다른 방향으로 발전시켰다고 할 수 있다. 특히 헤겔의 변증법은 한 사람의 주체의 형성을 정립thesis–반정립anti-thesis–종합synthesis의 도식으로 설명한다. 변증법은 현상들의 상호연결성과 반대되는 것들의 통합을 통한 변화와 발전을 강조하는 철학적 사고의 한 유형이다. 특정한 명제나 사물의 상태를 정립으로 보고 여기에 반정립이 대립해 종합이 이루어진다는 법칙이다.

예를 들어, 한 사람의 주체—'자기'(정립)—라는 개념은 다른 주체—'타자'(반정립)—와의 관계에서만 의미가 있는 것이다. 우리 자신이 타자에게 복잡하게 연결되어 있으며 타자가 없이는 존재할 수 없다는 것을 이해하기 시작할 때, 우리는 집합적

'우리'로서의 주체(종합)라는 새로운 개념에 이르게 된다.[41] 이 합성의 순간은 또다시 새로운 정립이 되고 이는 모순과 갈등이 표출되면서 반정립을 만들어 내며 이 과정은 끊임없이 되풀이된다.

헤겔에 의하면 자기Selbst는 자기반성적 혹은 자기반영self-reflection적 활동을 통해 자기의식을 개발하는 과정에서 출현한다. 또한 인간 주체가 진정한 주체로 부상하기 위해서는 단순히 자신의 유일성을 의식하기만 하면 되는 것이 아니라 그보다는 다른 사람에 의해 인간 주체로서 인식되어야만 하는 것이다. 이 과정을 헤겔은 저서『정신현상학』[42](1807) 제4장에서 '주인과 노예主奴, Lordship and Bondage'의 변증법으로 그려내고 있다. 먼저 **주노主奴변증법**의 상황을 생각해 보자.

2) 주인과 노예의 변증법

외딴 산길을 걸어가던 내 앞에 웬 낯선 사람이 불쑥 나타나 나에게 위협을 가한다. 같이 싸우면 내가 죽을 수도 있다. 죽음의 두려움을 느낀 나는 비록 굴욕적이기는 하지만 일단 생명을 택하여 상대방에게 복종한다. 그러나 상대방은 죽음도 불사하고 나에게 덤벼든다. 용감하게 죽음과 대결한 상대방은 주인이 되고, 죽음에 굴복하여 자기의식을 버린 나약한 나는 그의 노예가 된다. 그러나 주인의 노예가 되어 주인을 위해 노동만 하던 나는 노동 덕분에 결국 주인을 꺼꾸러뜨리고 내 자신이 주인으로 등극한다. 이때 주인은 나의 노예, 즉 노예의 노예로 떨어진다. 이것이 바로 주인과 노예의 변증법이다.[43]

헤겔주의자들은 주노변증법Dialectic of the Master and the Slave을 계급투쟁의 도식으로 혹은 인간관계의 심리적 도식으로 해석한다. 헤겔은『정신현상학』에서 주인과 노예의 관계를 다음과 같이 설명한다.

> "위의 두 관계 속에서 주인은 노예에게서 자신의 존재를 인정받는다. 두 관계 가운데 어느 경우에도 노예는 비본질적인 존재로서, 한편으로는 사물을 가공해야 하고 다른 한편으로는 특정한 물건에 종속될 수밖에 없다. 요컨대 노예로서는 그 어떤 경우에도 사물을 지배하고 사물을 절대적으로 부정할 수가 없는 것이다. 따라서 주인 쪽에서 보면 노예라는 타자의

의식이 스스로의 자립성을 포기하고 주인인 자기가 상대방인 노예에게 할 일을 노예 자신이 행한다는 의미에서 인정의 관계가 성립되어 있다. 그런가 하면 또 노예가 행하는 것은 본래는 주인이 행해야 하는 것이므로 노예의 행위는 곧 주인 그 자신의 행위라는 의미에서도 인정관계가 성립되어 있다.

어디까지나 독자성을 지닌 본질적 존재로서의 주인은 사물을 홀대하는 순수한 부정의 힘을 행사함으로써 이 관계 속에서 순수한 본질적 행위자에 해당되는 데 반하여 노예는 자기를 관철시키지 못하는 비본질적인 행위자이다. 그러나 노예에 의한 주인의 인정이 실효를 거두기 위해서는 주인이 상대에 대해서 행하는 것을 주인 그 자신에 대해서도 행하고, 또 노예가 그 자신에 대해서 행하는 것을 역시 그의 상대인 주인에 대해서도 행해야만 한다. 이런 점에서 여기에 조성되어 있는 상태는 일방적인, 부등한 인정의 관계이다."[44]

인간 주체가 부상하는 심리적 도식도 이와 마찬가지이다. 주인은 한가롭게 소일하는 반면 노예는 죽도록 노동만 한다. 주인은 지시하고 노예는 자기가 하고 싶지 않은 일도 주인의 명령을 따라야 한다. 당연히 주인과 노예의 관계에서 주인이 우월하다. 그런데 좀 더 생각해 보면 둘의 관계가 지속되면서 우위를 차지하는 것이 반드시 주인은 아니게 된다. 왜냐하면 주인과 노예는 명확하게 **상호인정의 관계**에 갇혀 있기 때문이다. 헤겔의 말대로 주인과 노예에게 "자기의식이란 오직 인정된 것$_{\text{ein Anerkanntes}}$으로서만 존재할 뿐"이기 때문이다.

주인이 노예의 주인이 되기 위해서는 노예로부터 그렇게 인정받아야만 한다. 노예 역시 자신을 노예라고 생각하고 주인도 자신을 노예라고 인정하기 때문에 철두철미하게 노예임을 아는 것이다. 만일 노예가 그를 주인으로 인정하지 않는다면 주인은 더 이상 주인의 지위를 유지할 수 없게 된다. 따라서 주인의 정체성은 노예의 인정에 의해 확인되었다는 확고한 믿음과 인식 속에서만 주인으로서의 자유로운 삶을 영위할 수 있다. 여기서 변증법의 역설이 등장하게 된다.

주인은 노예 없이 주인이 아니기에 주인의 정체성은 전적으로 노예에게 의존하게 된다. 주인은 자신의 정체성을 완성하기 무섭게 노예의 노예로 전락하는 것이다. 노동을 하지 않고 삶을 향유하기만 하던 주인은 자신의 존재를 노예에게 종속시킴으로써 '노예의 노예'가 된다. 자신의 존재를 노예에게 전적으로 의존하고 있기 때문이다.

반면에 노예는 주인과 달리 노동을 통해 자신의 정체성을 확인한다. 노동을 통해 자신의 가치를 확인하고 자신이 행한 노동의 산물 안에 자신이 투영되어 있음을 보면서 자신을 형성하게 된다. 노예는 자기정체성 확인을 위해 노동이라는 다른 근원을 가지고 있기 때문에 주인이 자신에게 의존하는 방식으로 주인에게 의존하지 않는다.

또한 노예는 애초부터 '나는 노예이다.'라고 생각하며 자신을 노예로서 인정했다. 자신의 존재를 자기가 인정한다는 것은 그의 존재가 누구에게도 의존되어 있지 않고 자립적이라는 주인의식을 갖게 되는 것이다.[45] 따라서 노예는 주인이 된다. 노예에게 정체성을 의존한 주인은 노예가 되고, 자신의 정체성을 노동을 통해 확증한 노예는 주인이 되는 것이다.

다음 장에서 살펴보겠지만, 이러한 욕망과 인식의 투쟁인 헤겔의 주노변증법을 인간이 자아를 형성하는 심리학적 기제로 적용한 철학자이자 정신분석학자가 자크 라캉이다. 라캉에 의하면 바로 이러한 변증법적 과정이 상상계 내에서 일어난다. 또한 라캉은 어떻게 '한 인간이 다른 인간 안에 존재하는가?'를 드러낸 것은 헤겔의 위대한 통찰이었다고 평가한다.[46]

3. 프로이트의 무의식

프로이트 이전까지의 전통적인 자아개념은 인간 혹은 의식을 가리키는 것이었다. 인간의 자아, 의식이 인간의 행동을 전적으로 통제한다는 생각이었다. 그러나 지그문트 프로이트Sigmund Freud, 1856~1939가 인간 내면 심층부에 존재하는 무의식을 발견하면서 이성 혹은 합리성으로 대표되는 전통적인 자아개념은 흔들리게 된다. 무의식은 표면적인 의식 배후에 존재하는 추상적이며 구체화할 수 없는 실체이다. 프로이트에 의해 인간 행동의 원인이 의식이 아니라 무의식으로 이해되면서 전통적으로 이원화시켰던 신체와 정신 간의 연결고리가 생기게 된다.

1) 의식을 조종하는 무의식

'의식의 주인은 무의식이다.' 프로이트의 무의식의 발견은 '나는 내가 가장 잘 안다.'고 말하는 사람들의 확신의 근거를 뒤흔들어 놓는다. 왜냐하면 '나'를 인식 주체와 대상으로 구분하는 것[데카르트의 인식론]은 의식의 영역에서나 가능하기 때문이다. 의식은 빙산의 일각일 뿐 수면 밑에 더 비중이 큰 무의식이 도사리고 있으며, 그 무의식이 의식을 조종한다면 더 이상 나는 나를 잘 안다는 생각을 할 수 없게 된다. 의식을 조종하는 프로이트의 무의식은 어느 수필가의 글 속에서도 드러난다.

> "나한테 속지 마세요. 내가 쓰고 있는 가면이 나라고 착각하지 마세요.
> 나는 몇천 개의 가면을 쓰고 그 가면들을 벗기를 두려워합니다.
> 나의 겉모습은 자신만만하고 무서울 게 없지만, 그 뒤에 진짜 내가 있습니다. 방황하고, 놀라고, 그리고 외로운."

짧은 인생을 목발에 의지하며 살면서도 밝고 아름다운 여운을 남기고 떠난 고 장영희 교수가 수필집『내 생애 단 한번』에서 한 말이다. '나는 내가 잘 알고 있다.'고 생각할지 모르지만 내가 모르는 '진짜 내가' 내 안 깊은 곳에 있다는 뜻이다. 그 진짜 나란 어딘가에 붙박여 있는 실체가 아니라 끊임없이 움직이고 방황하며, 놀라기도 하지만 외로움에서 벗어나지 못하는 존재이다. 나라고 하는 자아는 혹은 내 마음은 하루에도 수없이 복잡한 감정들이 이리저리 밀려드는 전쟁터 같다. 그러다가 그런 자신에게 화들짝 놀라기도 하고 실존적인 외로움을 느끼기도 한다. 내 안에 있는 부분인데 나도 모르는 것, 그것이 바로 무의식이다. 장영희는 알다가도 모를 나의 마음, 자아의 민낯이 바로 무의식임을 말하고 있다.

'무의식' 하면 프로이트를 떠올리게 되지만 무의식을 프로이트가 발견한 것은 아니다. 무의식의 존재는 오래전부터 여러 학자가 지적하고 관심을 보였지만 무의식을 정신분석의 연구 대상으로 삼은 최초의 정신분석학자가 프로이트인 것이다. '의식'이란 내가 알고 있음을 아는 것이다. 내 부모님은 누구이고 직업은 무엇이며 나는 저 사람을 좋아한다 등등. 우리는 몸에 특별한 이상이 없을 경우 맑고 투명한 의식 속에서 살아가고 있다고 생각한다. 잠자리에서 일어나서 식사를 하고 옷을 입는 일, 지하철 타는 일, 직장에 출근해서 사람 만나 인사하고 업무를 보는 일 등 많은 반복적인 사고와 행동이 의식의 선상에서 이루어진다.

문제는, 무리 없이 행해지던 일상에서 자신을 통제하지 못하는 말과 행동이 나오고 그로 인해 곤혹스러워지는 경우가 적지 않다는 점이다. 그럴 때마다 '내가 왜 그런 말을 했을까?' '왜 그런 행동을 했을까?' 하는 자책감에 시달리기도 한다. 무의식이 존재함을 깨닫는 순간이다. 무의식은 내가 알고 있지만, 알고 있는지를 잘 모르는 경우이다. 혹은 내가 행동하고 있지만 무엇을 행하고 있는지, 왜 그런 행동을 하는지 모르는 경우도 있다. 예를 들어, 신경증 환자들의 강박증적인 행동은 환자 자신도 전혀 이해할 수 없는 행동이다. 이런 행동 밑바닥에는 환자 자신도 모르고 있는 어떤 상처$_{\text{trauma}}$나 사건, 경험이 묻혀 있는 것이다. 그런 것들은 환자 자신의 경험이고 그의 몸이 알고 있는 것이지만 그는 알고 있음을 모르고 있는 것이다.

이렇게 알고 있지만 또는 행하고 있지만 그런 줄 모르는 것이 있다면 이를 '무의식'이라고 한다. 무의식이 환자의 행동을 조종하고 있는 것이다. 무의식은 의식의 뒤에 숨어 있다가 시도 때도 없이 자신의 존재를 불쑥 드러내곤 한다. 프로이트는 빙산은 수면 밑에 본 모습을 감추고 있듯 무의식 역시 마음의 빙산 가장 깊은 곳에 자리하면서 의식을 조종한다고 본다. 프로이트는 다음과 같이 말한다.

> "마음은 빙산과 같다. 커다란 얼음덩어리의 일부만이 물 위로 노출된 채 떠다닌다."[47]

프로이트는 인간을 이해하기 위한 핵심 기제로 무의식에 초점을 맞추었다. 무의식이야말로 우리 자신도 모르는 곳에서 우리가 모르는 사이에 은밀하게 우리를 조종하고 있다고 본 것이다. 그런데 무의식이란 말은 '동그란 삼각형'이란 말처럼 그 자체가 형용모순$_{\text{oxymoron}}$임을 알 수 있다. 없음[무]이 있다[의식]는 말이기 때문이다. 그러나 프로이트는 다양한 임상자료를 통해 무의식의 존재를 확인해 내었고 명백한 정신활동임을 입증하였다.

2) 지형이론과 무의식

프로이트는 무의식unconscious을 의식conscious 및 전의식preconscious과의 관계를 통해 분석한다. 이른바 지형이론topographical theory이다. 프로이트의 말대로 마음을 빙산에 비유할 경우 의식은 수면 위에 솟아 있는 부분이다. 의식은 우리가 생각하고 의식하고 있는 상태이며 통제할 수 있는 세계이다. 나는 강의를 듣기 위해 집을 나서고 있으며, 오늘따라 날씨가 쾌청하다 등과 같이 의식하고 생각하는 것이다. 의식의 세계는 현실원칙reality principle에 의해 작동하며 2차 사고방식으로 움직인다.[48] 쾌락이나 충동에 의해 작동하지 않으며 논리에 입각해 생각하고 움직인다.

전의식은 의식 바로 밑에 위치한다. 당장 의식 속에서 활동하고 있지는 않지만 적절한 계기가 주어지면 언제든지 의식으로 건너올 준비가 되어 있는 것이다. 평소에는 전혀 생각하지 않고 있으나 약간 노력하면 떠오르는 기억과 지식이 담겨 있는 것이다. 여고시절의 동창을 만나 그 시절 얘기를 할 때 떠오르는 동창과 교사의 이름과 추억은 전의식에서 오는 것이다.

우리의 관심은 수면 아래 맨 밑에 자리한 무의식이다. 프로이트에 따르면 무의식은 유아기 초기의 경험들과 외상trauma들에 대한 기억의 흔적들로 구성된다는 점에서 근본적으로 표상representation을 의미한다.[49] 쉽게 들여다 볼 수 없으니 도대체 알 수가 없다. 영화 〈기생충〉에 나오는 부잣집 지하창고보다 더 음침하고 커다란 공간이다. 프로이트가 '무의식을 의식의 주인'이라고 말하듯이 의식세계에서는 차마 표현하지 못하는 성욕과 공격성을 비롯해 억압된 기억, 충동, 느낌 등 금지된 욕망들이 도사리고 있는 곳이다. 이런 무의식 속의 금기시되는 욕망들은 꿈이나 농담, 실언, 취중여담과 같은 우연적인 계기를 통해 그 존재의 징후를 드러내게 된다. 특히 꿈의 내용이 비논리적이고 비현실적이며 내 의도와는 정반대로 전개되는 이유는 바로 무의식이 개입돼 있기 때문이다.

예를 들어, 마음을 이해하는 세 가지 틀을 다시 정리해 보자.[50] 컴퓨터에서 현재 작동하고 있는 프로그램이나 파일이 의식이라면, 현재 가동되지는 않고 있으나 하드디스크에 저장되어 있어 불러내고 싶으면 언제든지 화면을 통해 확인해 볼 수 있는 파일이나 프로그램은 전의식이다. 이에 비해 무의식은 지워져 버리거나 덧씌워져 버린

파일들이다. 이들은 보통 방법으로는 불러내기 어렵고, 아주 복잡한 과정을 통해서나 전문가의 도움을 받아야 가까스로 복구를 시도해 볼 수 있는 것들이다. 이처럼 그 어떤 이유로 인해, 마음속에 존재하고 있으면서도 겉으로는 쉽게 드러나지 못하고 있는 마음의 영역이 무의식이다.

3) 구조이론과 오이디푸스 콤플렉스

무의식의 구조를 이해하기 위해서는 프로이트가 '지형이론' 다음으로 1923년에 제시한 '구조이론structural theory'과 관련시켜 논의할 필요가 있다. 프로이트 정신분석체계의 근간을 이루는 이론으로서 인간의 마음의 구조는 이드id, 초자아superego, 자아ego로 이루어진다는 것이다. 프로이트에 따르면 무의식은 이드와 초자아 등 두 가지로 구분된다. 이드는 라틴어의 '그것id'이란 의미처럼 무어라 말할 수 없는 정체불명의 것, 인간의 삶이 지배받고 있는 미지의 그것을 뜻하며 원초적 욕망의 대변자이다. 특히 성적인 충동이나 욕망인 '리비도libido'가 이드의 기저를 이룬다.

초자아는 도덕에 기초하여 도덕적 · 사회적 질서가 내면화되어 있는 것으로서 이드를 억압하고 양심의 대변자 역할을 한다. 아담 스미스가 말하는 마음 속 '공평한 관찰자impartial spectator'로서 옳고 그름을 판단하는 재판관이다. 예를 들어, 이드가 소비자에게는 해가 될 수 있음에도 이익을 내려는 기업경영자의 심성 같은 것이라면, '그러면 안 된다.'고 타이르는 마음속 공평한 관찰자가 초자아이다.

무의식을 이루는 욕망 덩어리인 이드, 그리고 윤리적 기준으로 이 욕망을 통제하고 억압하는 초자아는 필연적으로 갈등과 긴장관계에 있게 된다. 이런 긴장관계가 마냥 지속된다면 인간은 견딜 수 없다. 다행히도 이 갈등을 합리적으로 완화하거나 해결과 타협을 하는 또 다른 요소가 있는데, 바로 자아ego이다. 자아는 무의식이 아닌 의식의 세계에 속한다. 프로이트는 이렇게 세 가지의 힘power들인 이드와 초자아, 자아의 역학관계가 우리들 일상의 모든 행동을 만들어 낸다고 말한다. 이런 조정과 타협을 이끌어 내는 자아의 역할이 중요하기에 가정과 사회, 학교에서 평소에 자아의 힘을 키워 놓는 노력이 중요하다.

프로이트는 이드를 무의식 속에 억압되어 있는 원초적인, 이기적인 에너지로서 성욕과 공격성이 대표적이라고 보았다. 이 두 가지는 인간을 움직이는 욕동(본능적 욕구의 움직임)으로서, 삶의 욕동인 리비도Libido(성 에너지)와 죽음의 욕동인 타나토스thanatos(공격성, 공격적 에너지)를 의미한다.[51] 프로이트는 특히 이드의 에너지가 성욕인 리비도에 집중되어 있다고 주장한다. 평생교육의 관점에서 주목할 점은 평생에 걸쳐 무언가를 배우려는 욕구와 활동, 예술이나 진리를 추구하는 활동은 일차적으로는 성적 욕망이 자아와 초자아와의 역학관계 속에서 '승화'된 것이라고 프로이트는 본다는 점이다.

프로이트가 리비도의 극단적 사례로 제시하는 것이 바로 소포클레스Sophocles가 쓴 그리스 비극『오이디푸스 왕』에서 유래한 오이디푸스 콤플렉스이다.[52]

오이디푸스는 테베의 왕 라이오스와 왕비 이오카스테의 아들로 태어난다. 크면 아버지를 죽일 것이라는 예언 때문에 오이디푸스를 죽이라는 왕명을 받았지만 엄마의 부탁을 받아 몰래 버려지고, 양치기에 의해 멀리 코린트로 옮겨가 코린트 왕의 아들로 키워진다. 성장한 후 자신이 아버지를 죽이고 어머니를 차지할 운명이라는 예언을 듣게 된 오이디푸스는 그 운명을 피하기 위해 코린트를 떠난다. 그러다가 테베로 가는 길에서 자신의 친아버지인 라이오스를 만나게 되고 시비 끝에 그를 죽이게 된다. 그러고 나서 스핑크스의 어려운 문제를 풀고 테베를 구한다. 나라의 왕이 된 오이디푸스는 친어머니인 왕비 이오카스테와 결혼한다. 나라에 역병이 돌자 그 원인이 친아버지를 죽이고 친어머니와 결혼한 자기 자신이라는 것을 알고 고통에 못 이겨 스스로 자신의 눈을 찔러 장님이 되어 떠난다.

오이디푸스 콤플렉스가 의미하는 것은 모든 인간의 일차적인 본능인 성욕은 본질적으로 어머니와 자고 싶다는 욕망이다. 따라서 프로이트는 3~6세의 남자 아이는 어머니를 좋아하고 반면에 아버지를 경쟁자로 여기는 삼각관계를 겪는다고 말한다. 그러나 어머니와 하나가 되고 싶다는 욕망은 허용될 수 없는 욕망임을 알게 된다. 옆에는 아버지라는 큰 존재[대타자]가 개입하면서 아이는 거세불안castration anxiety 혹은 거세공포를 겪게 되고 어머니에 대한 욕망을 포기하게 된다. 대신 자신의 아버지와의 동일화를 통해 부모의 가치관을 수용하면서 자신의 가치관을 형성하는 과정을 거치게 된다는 것이다.[53]

프로이트가 강조하는 것은 거세공포로 인해 자신의 욕망을 포기하고 사회적 규칙을 받아들였지만, 그 억압된 욕망은 결코 사라지지 않고 잠재화되어 무의식에 남아 있게 되는데 이를 오이디푸스 콤플렉스라고 부른다. 이런 콤플렉스 때문에 가족과 사회의 질서가 가능하게 되고 문명의 토대가 형성되는 것이다. 그러나 개인의 무의식에는, 그리고 문명의 밑바탕에는 아버지에 대한 불만처럼 근원적으로 소멸되지 않은 억압된 욕망이 자리하고 있는 것이다.

결국 프로이트에 따르면 의식은 나의 주인이 아니다. 그렇다면 '나의 주인이란 무엇인가? 아니, 자아라는 것이 과연 존재하는가?'의 물음이 제기될 수밖에 없다. 이 물음에 해답을 제공하는, 프로이트의 뒤를 이은 철학자이자 정신분석학자가 자크 라캉Lacan이다. 라캉은 "프로이트로 돌아가자Return to Freud."는 슬로건을 내세우며 프로이트의 무의식 이론에 초점을 맞추고 소쉬르와 야콥슨 등에 의해 정교화된 언어학적 사유를 결합하여 인간에 대한 새로운 이해를 제시한다. 라캉에 따르면 '자아는 실체가 아니라 허구'이다.

16

라캉의 자아와 실체

프로이트의 무의식은 그때까지 당연시해 왔던 선험적 자아의 믿음을 무참히 파괴한 것이다. 의식을 기준으로 주체를 구성하는 데카르트적인 근대적 관점을 비판하고 나도 모르는 나, 즉 무의식이 있다는 주장은 그 자체로 인간 주체를 분열시키는 것이다. 의식이 나의 주인이 아니라면 다음의 물음이 제기될 수밖에 없다. 즉, 그렇다면 '나의 주인은 무엇인가?'이다. 이에 대한 답을 제공하는 철학 중 하나가 구조주의이다. 특히 프로이트의 뒤를 이은 정신분석학자 자크 라캉Jacques Lacan, 1901~1981은 '나의 주인'을 구조로서의 '언어'에 초점을 맞추었다. 프로이트의 무의식이론에 소쉬르와 야콥슨 등에 의해 정교화된 언어학적 사유를 결합하여 프로이트를 새롭게 조명한 것이다. 이 점을 가장 상징적으로 보여 주는 것이 라캉에 의해 조형된 욕망의 개념이다. 라캉은 언어의 구조에 무의식, 욕망을 연결시켜 주체를 이해함으로써 '자아는 실체가 아니라 허구'라는 점을 강조한다.

1. 자아 및 자아심리학 비판

라캉은 데카르트의 사유하는 자아[코기토]에 정면 대응하여 '자아' 또는 '나'라는 것은 근본적으로 기만과 환상의 장소라고 단정한다. 데카르트는 "나는 생각한다, 고로 존재한다."는 명제를 통해 나라는 주체 혹은 자아를 오로지 의식적인 존재로 가정하였다.

1) 자아 안의 무의식

그러나 라캉은 동시대 철학자인 클로드 레비스트로스$_{\text{Claude Lévi-Strauss, 1908∼2009}}$와 마찬가지로 인간에게는 무의식이란 심층이 있고 그것에 의해 내가 행동하고 욕망한다고 본다. 따라서 레비스트로스는 이렇게 말한다.

> "나는 존재하지 않는 곳에서 생각한다. 고로 나는 생각하지 않는 곳에 존재한다."

'존재하지 않는 곳'이란 의식적 주체인 내가 존재하지 않는 곳이며, '생각하지 않는 곳'이란 의식이 생각하지 않는 곳, 즉 무의식을 말한다. 결국 나라는 주체[자아] 안에 무의식이 존재한다는 것은, 주체는 '의식'과 '의식이 알 수 없는 영역'으로 분열되어 있다는 것이기에 주체를 의식으로만 정의할 수 없음을 뜻한다. 여기에서 데카르트의 근대철학에서 출발한 코기토의 주체가 부정되고 주체개념은 불가능하다는 현대철학의 명제가 이론적으로 자리 잡게 되는 것이다.

라캉은 프로이트의 정신분석에 소쉬르의 언어학적 성찰을 결부시켜 자신만의 주체철학을 구축하였다. 프로이트와 달리 라캉은 **자아**$_{\text{ego}}$와 **주체**$_{\text{subject}}$를 구분한다. 자아는 상상계인 거울단계에서 구성되는 것으로서 주관적이고 상상적 이미지들인 타자에 의해 형성되는 것이다. 반면, 주체는 상상계와는 전혀 다른 논리인 상징계에서 상징적 기표들에 의해 구성된다. 자아 및 주체는 구조적으로 타자성에 의해 형성되는 자기애적인 상상 기호인 것이다. 이처럼 데카르트의 자아개념을 해체했다는 점에서는 구조주의와 같은 선상에 있지만 구조주의자들과 달리 라캉은 주체개념을 적극적으로 구성한다는 점에서 차이가 있다.

2) 자아와 자기는 다르다

프로이트의 후기 정신기구 모델인 이드, 자아, 초자아의 구조이론은 프로이트 이후 두 방향으로 발전하게 된다. 자아심리학ego psychology[54]과 라캉의 정신분석학이다. 자아심리학은 자아가 이드와 초자아와의 건강한 관계를 형성하는 데 핵심이라 생각하여 자아ego의 역할에 초점을 맞춘다. 이드의 욕망이 지나치면 히스테리로 나타나게 되는 반면 지나치게 억압될 경우 강박증이 발생한다. 이러한 자아의 역할과 능력이 훼손되면 정신질환을 겪게 된다. 따라서 자아심리학의 목적은 정신질환의 원인인 훼손된 자아를 치료하여 원래의 건강한 자아로 되돌려 사회적응력을 높이는 것이다.[55]

라캉의 자아심리학에 대한 비판은 자아를 자기와 동일시하는 데 있다. 같은 맥락에서 라캉은 실존주의를 비판한다. 실존주의의 가장 큰 문제점은 자아ego 문제에 대해 그것이 데카르트적 유산으로부터 벗어나지 못했다는 것이다.[56] 왜냐하면 실존주의는 선택의 행위자를 의식적이고 이성적인 존재로 그려냄으로써 자아에 대한 고정성, 절대성에 대한 신비화에 기대고 있기 때문이다. 라캉에 의하면 자아는 이미지들의 효과일 뿐이다.[57] 라캉은 자아가 이드를 통제한다는 것의 의미를 지적한다. 자아의 이드 통제는 어떤 준거를 바탕으로 하는데 그 준거는 필연적으로 규범적 성격을 띠게 된다는 것이다. 다시 말해, 이드에서 분출되는 욕망을 자아가 통제하는 방식은 사회문화적인 규범에 따르게 된다. 이드에서 분출되는 욕망을 남성과 여성은 각각 그 사회가 허용하는 방식으로 통제를 할 것을 요구받게 된다. 결국 자아심리학이 강조하는 자아의 회복이라는 것은 기존의 규범에 복속시키는 과정에 불과하게 된다. 라캉은 자아심리학은 프로이트의 심리학을 이데올로기적인 순응화의 도구로 전락시켰다고 비판한다.[58]

그렇다면 라캉이 말하는 자아와 주체는 무엇인가? 라캉에 따르면 자아는 상상계에서의 이미지들의 효과이며, 주체는 상징계 내에서 형성되고 언어에 의해 결정되는 것이다.[59] 자아가 이미지들의 효과라는 라캉의 주장을 이해하기 위해서는 라캉이 구분하는 인간심리의 세 차원을 살펴봐야 한다. 즉, 상상계the Imaginary Order, 상징계the Symbolic Order, 실재계the Real Order이다.

2. 상상계, 자아 구성과 타자의 욕망

전술한 바대로 상상계에서의 자아 형성과정을 가장 극적으로 설명해 주는 것이 헤겔의 주인과 노예의 변증법이다. 주노변증법은 인간의 자아 혹은 주체성은 타자와의 투쟁을 통한 상호인정에 의존한다는 것을 말해 준다. 자아 형성을 위해서는 나[정正] 외의 타자와의 대립[반反]이 전제되어야 한다. 인간에게 최초의 반反의 등장은 거울에 비친 이미지를 통해 나타나며 이를 통해 자아를 형성하게 된다. 라캉이 말하는 거울단계이다.

1) 거울단계의 이미지 형성

라캉이 말하는 거울단계인 상상계는 상(像: 이미지)을 만들어 내는 세계라는 뜻이다. 거울단계는 약 6~18개월 사이에 일어나며 프로이트의 일차적 자기애의 시기이다. 이 시기에 아기는 어머니와 이자적二者的 관계를 맺고 있다. 자기와 엄마 둘밖에 없다. 프로이트의 오이디푸스 콤플렉스 단계이다.[60] 아이는 자신의 몸을 전체로서 보지 못하고 파편화되어 있다는 원초적 환상을 갖게 된다.

그러나 어느 날 아이는 난생 처음 보는 거울에 비친 자신의 이미지를 인식하고 신기해하며 즐거워한다. 자신의 이미지에 매료되고 이를 놀이로 삼는다. 그 전까지는 손이나 발 등 자신의 몸을 부분적으로만 볼 수 있었지만 처음으로 자기를 전체의 형태로 보게 된 것이다. 하지만 파편화된 신체의 경험을 가지고 있는 아이에게 거울 속 전체성의 이미지는 낯설기만 하다. 아이는 점차 불완전한 자신의 신체를 자기라고 생각하기보다는 거울 속 이미지를 자기라 생각하고 동일시하게 된다. 거울에 비친 자기 모습을 보고서 그 거울 이미지를 따라 '상상적으로' 자아를 구성한다. 라캉이 말하는 '상상적 동일시'를 통해 '거울 단계의 자아'가 형성되는 것이다. 나르시스 신화가 바로 거울 이미지에 매료된 아이를 보여 주는 전형이다.

따라서 최초로 통합된 자기에 대한 감각[자아]은 거울 속에 비친 이미지[타자an-other]를 통해 획득하게 되는 것이다.[61] 즉, 타자[거울 이미지]가 갖고 있는 특징과 형태를 동일시하는 것이 자아 형성의 기초가 되는 것이다. 자아는 생래적인 어떤 실체가 아니라 거울 속의 이미지를 상상적으로 동일시함으로써 구성되는 것이다. 그러나 (그렇게 구성된) 자아는 주체의 진정한 본질이 아니며 오히려 주체를 속이는 기만적 환영이다.[62]

그러나 거울 속 자기 모습을 보며 신기해한다고 그 모습이 바로 자아가 되는 것은 아니다. 거울(반드시 실제 거울이라기보다는 자신을 바라보는 엄마의 얼굴 같은 모든 반사적인 표면)에 비친 자기 모습에는 엄마가 등장한다. 자신을 안고 환하게 웃으며 만족하는 엄마의 표정과 말 등에서 아이는 엄마로부터의 '인정'을 확인한다. 그 엄마가 원하고 인정하는 그 이미지를 자아로 수용하게 된다. 최초의 자아 형성에 엄마의 '인정'이 필수적인 것이다.

2) 타자의 시선의 위력

앞의 논의를 바탕으로 우리는 주목할 점을 발견하게 된다. 아기 때 자기정체성[주체]을 갖게 되는 최초 단계의 순간에는 늘 '타자' 혹은 '타자의 시선'이 개입되는 상호운동이 일어나고 있다는 점이다. 왜냐하면 거울에서 자신에 관한 이미지를 보며 그 이미지에 매료되는 것은 자신이 마주한 타자에 관한 매료이며, 타자와 자신을 동일시하는 오인$_{meconnaissance}$을 통해 자신에 관한 '상상적' 정체성을 갖게 되기 때문이다. 라캉에 의하면, 이 과정에서 내가 동일시하는 타자는 나에게 절대적인 이미지로 등장하기 때문에 나는 타자의 욕망의 대상이 되기를 원하며, 나는 그의 욕망을 욕망하게 된다. 따라서 '모든 욕망은 타자의 욕망'이라는 명제를 낳게 된다.[63]

또한 자기정체성으로서의 이 '자아'의 특징은 소외적이다. 아이는 자기 자신의 것을 자아로 수용하는 것이 아니라 거울에 비춰진 이미지, 즉 타인의 눈에 비친 모습을 자기정체성으로 삼는 것이기 때문에 소외적인 것에 지나지 않는다. 거울 속 이상적 이미지가 자기의 위치를 대체한다는 점에서 동일시는 근본적으로 소외를 불러오는 것이다. 또한 완전한 이미지가 보여 주는 이상적 자아는 자신과 다른 타자이기에 균열을 가져온다. 자아를 형성하면서 최초의 소외와 균열을 경험하는 것이다. 거울 속 이미지는 '나'이지만 동시에 타자이기에 둘 사이의 균열은 공격성을 띠기도 한다.

성인교육의 관점에서 특히 주목할 것은, 라캉은 이런 상상계의 심리구조가 어린 시절에 끝나는 것이 아니라 일생 동안 다양한 방식으로 내재화되어 유지된다는 점을 강조한다.[64] 즉, 자신과 타자[거울상]와의 관계를 통한 아이의 자아 형성은 성인이 된 이후에도 지속적으로 반복된다는 것이다. 유아기의 거울 속 이미지는 성인기에 자신이 닮고 싶거나 존경하는 사람 혹은 갖고 싶은 물건 등으로 바뀔 뿐이다.

사람이든 물건이든 매혹에 빠지는 그 순간은 타자와의 동일시가 형성되면서 거울 단계(상상계)에 다시 서는 순간이 된다. 그때 나와 타자는 분리되지 않으며 이미지의 과잉이 생겨난다. 라캉의 '욕망$_{desir}$'이 출현하는 순간이다. 그런데 욕망이 탄생하는 이 순간은 동시에 욕망이 다른 곳으로 이동하는 순간이기도 하다. 라캉은 욕망의 구조를 수평적 이동과 전치의 관점을 개입시켜 '환유$_{Metonymy}$'라고 설명한다. 이러한 이동은 생리적 욕구$_{besoin}$와는 달리 욕망이 결코 충족될 수 없는 것이기에 발생한다. 이미지에 대한 상상적 매료는 '실체'가 없는 것이기 때문이다.

그럼에도 불구하고 사람은 존재하기 위해 그런 타자[사람, 물건 등]에 의해 인식되어야만 한다. 그렇다면 타자가 우리 자신의 존재의 보증인이 되며, 우리는 타자에게 의존하는 동시에 그 동일한 타자와 격렬하게 경쟁하게 되는 것이다.[65] 헤겔의 주노변증법 현상이 재현되는 것이다. 상상적 타자와의 완벽한 충족이 불가능하다는 것을 깨닫지만 늘 합일의 대상을 찾아 떠돌게 되는 것이다. 따라서 라캉은 이런 세계[상징계] 속에서 살고 있는 인간 존재를 '분열된 주체'라고 지칭한다. 주체는 '오인'의 산물이면서 욕망의 충족을 추구하지만 욕망을 충족시킬 수 없는 불완전한 존재이기 때문이다.

3. 상징계, 주체 형성과 언어의 위력

엄마와의 이자$_{二者}$적 관계가 지나면 아이는 삼자$_{三者}$적 관계인 상징계로 진입한다. 상상계가 자연의 영역이라면 상징계는 언어와 문화의 영역이다. 이미지 차원의 상상계가 신체에 기초한 물질적 관계였다면, 아이는 이를 벗어나 인간의 현실세계와 가장 맞닿아 있는 세계, 즉 언어와 규범 및 사회적 교환의 관계인 상징계로 진입하는 것이다. 규범의 세계인 이유는 상징계는 삼자$_{三者}$적 관계이기 때문이다. 상징계로 들어가는 순간 주체[아이]는 타자에 대한 직접적인 접촉을 하지 못하고 오직 언어로 매개되는 현실

속에서만 타자[대상]를 만날 수 있게 된다.

1) 주체 형성에서의 언어

상징계로 들어오면서 아이의 주체는 언어로 구조화된다. 아이는 언어로 이루어지는 질서 속에서 '차이'를 인식하고 자신의 주체를 새롭게 만들게 된다. 이는 하이데거가 『존재와 시간』에서 언어[말$_{rede}$]는 인간 현존재가 세계-내에-존재하는 존재방식으로서 '언어는 존재의 집'이라고 규정한 것과 맥락을 같이한다고 볼 수 있다.

상상계가 어머니와의 배타적인 이자적 관계였다면, 상징계에서는 불청객인 제삼자로서의 아버지가 출현한다. 아버지는 실제의 아버지일 뿐 아니라 법과 규범, 제도의 총체를 가리킨다. 아버지는 현실세계의 대표자이자 주체가 동일시하는 '대타자(큰 타자)'이다. 그 아버지는 남근(팔루스$_{phallus}$)을 소유한 자로 간주되며, 남근이라는 특권적 기표를 얻고자 하는 것이 주체의 욕망이다.

따라서 상징계에서는 상상계의 오이디푸스 콤플렉스에 이어 거세 콤플렉스가 발생한다.[66] 아기는 기존의 법과 규범, 자신에게 부여된[언표된] 정체성 등[아버지의 이름]을 통해 자신의 성욕과 리비도를 규범에 복속시켜야 하는 의무를 알게 된다. 아버지에 대한 증오와 거부감을 느끼지만 어쩔 도리 없이 법과 규범에 복종하게 된다. 어른이 되고 사회생활을 하게 되는 것이다.

앞서 말한 대로 자아는 상상계에서 일차적으로 주체[아기]와 자신의 신체[거울상]와의 관계를 통해 형성되는 상상적 기능이다. 반면에 개개인의 주체는 바로 상징계 내에서 주조$_{鑄造}$되며 언어에 의해 결정되는 것이다.[67] 따라서 상징계에서의 주체 형성을 이해하기 위해서는 '시니피앙(기표)' 논리에서 출발해야 한다.[68] 먼저 시니피앙 논리의 바탕인 소쉬르의 언어구조주의 관점을 간략히 살펴보자.

라캉은 페르디낭 드 소쉬르$_{\text{Ferdinand de Saussure, 1857\sim1913}}$의 언어구조주의의 관점에서 상징계를 설명한다. 소쉬르는 『일반언어학강의』[69]에서 "언어는 사물의 이름이 아니다."라고 선언한다. 서양 전통철학이나 그리스도교 신학에서는 '언어는 사물의 이름'이었기에 소쉬르의 주장은 충격적이다. 소쉬르는 이름이 생기고 비로소 사물이 그 의미를 확정하는 것이란 생각을 거부한다. 어떤 관념이 먼저 존재하고 거기에 이름을 붙인 것이

아니라 이름이 붙으면서 어떤 관념이 우리의 사고 속에 존재하게 된다는 것이다.[70)]

소쉬르의 이론은 라캉의 상징계에서의 주체 형성에 결정적인 영향을 미친다. 소쉬르는 기표와 기의를 하나로 묶어 기호라고 한다. '벚꽃'이란 단어는 실제의 벚꽃 그 자체가 아니라 실제의 꽃을 명명하기 위한 기호, 즉 상징이다. 실제와 기호 사이에는 어떤 필연성도 없다. 기호를 의미하는 것[벚꽃]은 기표signifiant, 시니피앙이고 기호로 의미되는 것[꽃 그 자체]은 기의signifie, 시니피에이다. 이 둘의 관계는 필연적이 아니라 자의적이다. 그는 스피노자의 말을 빌려 다음과 같이 말한다.

"개는 짖어도 개라는 낱말은 짖지 않는다."[71)]

실제의 개[기의]를 개라는 이름[기표]으로 부른 것은 순전히 우연일 뿐 얼마든지 다른 이름으로 부를 수 있는 것이다. 언어란 결국 사회구성원들이 상호작용하여 이루는 자의적인 음성기호의 체계일 뿐이라는 것이다.

라캉의 시니피앙[기표] 논리는 여기서 출발한다. 우선 라캉은 소쉬르의 기표에 대한 기의의 우월성을 수정하여 기표가 기의에 대해 우위를 확보한다고 주장한다. 따라서 라캉은 소쉬르의 기호도식을 수정하여 다음과 같은 연산식을 제시한다: S기표/s기의. 이 연산식은, 첫째, 기의에 대한 기표의 우월성과 자율성을 강조한다. 따라서 대문자 'S'는 기표, 소문자 's'는 기의이다. 둘째, 두 부분을 나누는 사선(/)은 소쉬르와는 달리 둘을 분리하는 장벽으로서 근본적인 단절이자 분열, 억압을 상징한다. 기표와 기의 사이에는 항상 장벽이 존재하므로 기표가 지시하는 것은 기의가 아닌 다른 기표이다.[72)] 라캉은 기표의 작용을 통해 상징계가 만들어 진다고 설명하기에 기표는 주체를 이해하는 핵심 개념이 된다.

2) 기표와 주체 형성

기의보다 우위를 확보하는 기표가 주체 형성에 어떻게 작용하는지를 좀 더 생각해 보자.

첫째, 기표[시니피앙]는 의식적, 무의식적 담론을 형성하면서 주체를 형성하는 근본

요소가 된다. 상징계에서 아이의 자아는 기표인 언어를 통해 주체로 변환된다. 기표를 통해 타인과 자신의 분리를 전제로 한 개체적 존재로서의 자아라는 주체가 형성되는 것이다. 주체란 언어로 묘사된 자아, 기표화된 자아, 언어틀 속의 자아인 것이다.[73] 자신에 대한 타자들로부터의 평가, 타자들과의 다양한 담론을 통해 자신의 이미지적 자아를 언어화하면서 주체가 형성되는 것이다. 이렇게 주체는 타자의 담론에 의해 규정되기에 자연히 타율적인 것이며 자신의 본 모습에서 소외된 것일 수밖에 없다.

둘째, 기표는 무의식적 담론을 형성하면서 주체를 발생시킨다. 기의가 무의식이라면 기표는 무의식이 드러난 징후가 된다. 꿈이나 취중진담醉中眞談이 한 예이다. 꿈에 나타난 상징들[기표]이나 취중에 실수로 한 말들[기표]은 무의식[기의]이 드러난 징후이다. 그런데 기표와 기의 사이의 /은 억압의 선으로 작동한다. 즉, 기의는 /에 막혀 있기 때문에 언어를 통한 소통이 불가능하다. 따라서 기표를 해석하여 기의를 확인하는 것이다. 라캉이 무의식은 언어와 같이 구조화된 것이라고 주장하는 이유이다.

셋째, 라캉이 말하는 기표화된 주체는 분열적인 것이다. 기표와 기의의 의미를 생각해 보면 둘 사이의 균열은 필수적임을 쉽게 알 수 있다. 벚꽃이 꽃 자체[기의]와 기표 사이의 차이가 있듯이 발화행위enunciation의 주체[말하는 주체]와 발화utterance의 주체[말해진 주체] 사이에는 언제나 균열이 있다. 예를 들어, '나'라고 말할 때[발화행위의 주체] 그 말 속의 '나'는 주체, 자아 혹은 무의식과 같은 여러 다른 현상들을 포괄하는 것으로 안정적인 것이 아니다. "나는 항상 진실만을 말해."라고 자신을 규정할 때, 그 말을 하는 [발화행위] 주체와 말해진[발화] 주체는 서로 다르다는 것을 알 수 있다. 주체가 분열 혹은 균열되어 있는 것이다. 그런 주체에는 자신의 참된 본질적 모습이 없기에 소외적일 수밖에 없다.

넷째, 주체는 호명呼名과 더불어 만들어진다. 나에 대한 타자의 호칭이 나란 주체를 구성한다. 아이[나]가 상상계에서 가졌던 이미지적 자아가 기표로 묘사됨으로써 주체가 형성되는 것이다. 언어는 단지 타자Other가 아니라 나[주체]에게 결정적 영향력을 행사하는 대타자Big Other이다. 예를 들어 보자. '나'는 가정에서, 학교에서, 직장에서 불리는 호칭은 다르지만 어떤 방식으로든 호명된다. 집에서는 '엄마'로 불리지만 일터인 음식점에서는 손님들한테 '이모'로 불리기도 한다. '나'와 '이모' 사이에는 균열이 있다. 이 균열에 사회적으로 코드화된 도덕, 규범이 요구된다. 동시에 이런 타자성이 무의식의 핵심을 구성하게 된다. 개인은 상황에 따라 다양한 호칭으로 불리면서 자신을 그에 맞게 기호화하고 사회적 주체가 되는 것이다.

만약 자신이 어떻게든 호명될 수 없다면 사회적 주체가 될 수 있을까? 그렇다면 나라는 주체는 결국 일종의 언어, 기호에 불과하다는 결론이 나온다. 문제는 그 기호의 의미는 본래의 나와는 관계없이 사회적으로 결정되는 것으로서 하나의 이데올로기적 효과에 불과하다는 데 있다. 또한 자신을 주체로 간주한다는 것은 기표와 기의 사이에서 발생하는 균열 및 그로 인한 이드의 충동을 억압하는 자아를 갖는다는 것을 의미하게 되는 것이다. 라캉의 '나는 타자I is an other', 즉 '나'는 '내가' 아니다I is not me라고 말한 이유가 여기에 있다.[74]

3) 무의식을 형성하는 언어

마지막으로 무의식은 언어와 함께 형성된다는 점이다. 라캉에 따르면 무의식은 상징계 안에서 기표와 기의 사이의 간극을 통해서, 또한 말과 언어로 주체가 조직되면서 구성된다. 개인적인 차원 너머에 있는 상징계가 주체에 미치는 효과effect 혹은 충격impact이 무의식이다.[75] 본래의 '나'와 음식점에서의 '이모'는 심각한 균열이다. 이모란 언어[타자성]가 결코 나란 주체에 완전히 동화될 수는 없다. 문제는 그럼에도 불구하고 이런 '균열'을 가져오는 타자성[언어]이 무의식의 핵심을 구성하는 것이다.

다시 말해, 타자의 언어와 욕망을 통해서 나의 욕망을 말할 수밖에 없다는 점에서 무의식은 '**타자의 담론**discourse of the Other'[76]이다. 따라서 라캉은 다음과 같이 단언한다. "우리는 언어 안으로 태어나며, 언어를 통하여 타인의 욕망이 조직되고, 우리 또한 언어를 통하여 우리 자신의 욕망을 구성해 내도록 강요받는 것"[77]이다.

라캉은 우리는 이러한 담론의 회로circuit of discourse에 갇혀 있다고 말한다. 인간은 이런 담론의 사슬을 멈출 수 없으며 어쩔 수 없이 다시 반복하게 된다는 것이다.

> "나는 회로를 순회하는 담론 안에 통합된다. 나는 그 연결고리들 중 하나이다. 예를 들어, 아버지가 훗날에 내가 다시 반복하도록 운명 지워진 그 실수들을 저지른 이상 그것은 내 아버지의 담론이다. … 나는 어쩔 수 없이 그것들을 다시 반복하게 된다. … 우리가 담론의 사

슬을 멈출 수 없기 때문이며 그것을 비정상적인 형태로 다른 사람에게 전달하는 것이 바로 내 의무이다."[78]

그렇다면 어떤 영속성이나 지속성을 가진 주체란 없는 것인가? 라캉에 의하면 그런 주체는 존재하지 않는다. 교육에서의 '가소성'이나 '자아실현'이란 개념이 의미하듯 어떤 고정적이거나 완성된 총체로서의 주체란 없다. 라캉에 의하면 주체란 시간의 특정 순간이나 혹은 어떤 특정한 시점에 완성되는 것이 아니라 '나타나고 사라짐을 반복하면서' 끊임없는 주체화 과정만이 있을 뿐이다.[79] 주체화 과정이란 소외와 분리를 동반하는 것이다.

라캉의 주장은 데이비드 흄$_{\text{Hume}}$의 자아관과 맥을 같이 한다. 흄에 따르면 '자아' 혹은 '나'라는 주체는 신축성 있는 외연을 가진 개념이다. 결코 고정된 외연을 가진 개념이 아니라 유동하는 존재이다. '나'라고 생각하는 주체는 신축성이 있어서 항상 늘었다 줄었다 한다. 나의 친구가 기뻐하기에 나도 기쁘다면, 내 동생이 슬프기 때문에 나도 슬프다면, 또는 인류의 평화와 자유를 염원하는 참된 정열에 불타고 있다면, 그때 그 친구, 아우, 그리고 인류는 최소한 그 순간에 있어서는 결코 순전한 남이 아니라 '나' 안에 동화되었고 보다 큰 '나'의 한 부분을 형성한다는 것이다.[80]

라캉이 말한 대로 인간은 하나의 주체가 되기 위해 이중으로 소외된다. 상상계인 거울단계에서 유아는 타자[거울 상] 안에서 자신에 대해 오인$_{\text{mis-recognition}}$함으로써 소외된다. 또한 언어와 담론의 체계인 상징계에 종속되고 언어 속으로 편입되면서 또다시 소외되는 것이다. 나란 주체의 보증인인 언어와 규범[타자]에게 의존하기 때문이다. 개인은 상징계로부터 탈출할 수 없는 반면, 상징계는 하나의 체계로서 우리를 벗어난다. 주체로서의 개인은 상징계를 완전히 이해할 수 없지만 총체적 체계인 상징계는 개인을 주체로서 빚어내는 힘을 가지고 있는 것이다. 주인이 노예로부터 소외되듯 주체는 상징계와 언어 속으로 편입되면서 소외되는 것이다.

4. 실재계, 결핍으로서의 욕망

시인 김지하가 양심수로 옥살이를 하면서 쓴 시 중에 「새」가 있다.[81] 시의 구절 중에 주목할 만한 내용이 나온다.

> 밤새워 물어뜯어도/ 닿지 않는 밑바닥 마지막 살의 그리움이여
>
> ……
>
> 죽어 너 되는 날의 길고 아득함이여
>
> ……
>
> 덧없는 가없는 저 눈부신 구름/ 아아 묶인 이 가슴

무엇이 시인으로 하여금 밤새도록 자신의 살을 물어뜯게 했는지, 해석은 다양할 수 있다. 그러나 라캉의 관점에서 보면 바로 인간의 욕망이 그렇다. 사랑하는 남녀 간에 아무리 많은 사랑의 언어가 오간다 해도 사랑의 욕망은 언어로 이루어진 상징계에서는 결코 충족될 수 없다. 비트겐슈타인의 철학대로 '언어가 그 사람이 지닌 세계'이기에 사랑의 언어는 상징계에 갇힌다. 그리고 사랑의 욕망은 언어로 충족될 수 없기에 "덧없는 가없는 저 눈부신 구름"처럼 잡을 수 없는 세계, 언어 바깥의 세계인 실재계를 향한다. 그러나 "밑바닥 마지막 살의 그리움"처럼 실재계에서 욕망의 밑바닥은 결코 닿지 않아 "마지막 살의 그리움"처럼 영원한 갈증에 목마르게 된다.

1) 인간의 근원적 결핍

라캉에 의하면 인간의 욕망은 상징계에서 결코 충족될 수 없다. 욕망은 상징계의 질서에 갇혀 그 너머로 나아가지 못한다. 여기서 그 너머가 바로 실재계이다. 실재계란 욕망이 최종적으로 목표로 하는 지점이자 절대로 도달할 수 없는 세계이다.[82] 어떠한 경우에도 도달할 수 없으면서 또 어떠한 경우에도 포기할 수 없는 이 모순적 대상인 실재계가 욕망의 궁극적 귀착점이다. 프로이트 역시 저서 『쾌락원리를 넘어서』

에서 욕망을 충족시키는 유일한 대상은 죽음뿐이라고 했다. 그러나 역설적으로 죽음에 이르기까지 충족되지 않기에 욕망은 인간을 살아가게 하는 동력이 된다.

사막을 걷는 나그네는 오아시스를 보고 부리나케 지친 발걸음을 재촉한다. 그런데 그가 찾아온 오아시스는 저만큼 물러나 다시 그에게 손짓한다. 라캉이 말하는 욕망이란 것이 바로 그렇다. 그것만 얻으면 아무런 욕망도 없으리라 생각했지만, 그것을 손에 쥐는 순간 욕망의 대상은 저만큼 물러난다. 사랑이나 학문, 돈, 권력, 성의 추구도 이런 맥락에서 이해될 수 있다.[83] 류시화의 시는 인간 욕망의 전형이다.

그대가 곁에 있어도 나는 그대가 그립다

물 속에는
물만 있는 것이 아니다
하늘에는
그 하늘만 있는 것이 아니다
그리고 내 안에는
나만이 있는 것이 아니다

내 안에 있는 이여
내 안에서 나를 흔드는 이여
물처럼 하늘처럼 내 깊은 곳 흘러서
은밀한 내 꿈과 만나는 이여
그대가 곁에 있어도
나는 그대가 그립다

시인은 '그대가 곁에 있는데도 왜 그대가 그리운 것일까?'를 묻는다. 그대가 곁에 있음에도 불구하고 사랑의 갈망이 채워지기는커녕 점점 더 큰 욕망의 회로 속으로 밀려들어 가 두 사람을 외롭게 만드는 이유가 무엇인가를 묻는 것이다. 라캉이 말하는 소외와 욕망의 속살을 드러내는 시라 할 수 있다. 그 속살은 무엇일까?

절절한 사랑을 하는 남자에게 그녀는 나의 잃어버린 반쪽이다. 그런데 막상 그녀를 얻고 난 후에도 욕망이 여전히 남는다면, 그녀는 반쪽이라 여겼지만 그렇지 않은 허상인 것이다. 실재처럼 보였지만 베일을 걷었을 때는 그렇지 못한 것. 그러나 대상이 허상이기에 욕망은 남고 욕망이 있는 한 인간은 살아간다.[84]

라캉의 관점에서 시를 들여다보자. 시인의 사랑에의 욕구$_{besoin}$는 구체적인 사랑에의 바람[요구$_{demande}$]을 낳는다. 즉, '보고 싶다' '사랑한다'는 의사표현[요구]을 하게 된다. 연인[대상]을 향한 사랑의 요구는 추상적인 것이다. 요구에 따라 서로 만나고 곁에 있음으로 해서 욕구는 가셨다. 그런데 아무리 가까이 있어도 채워지지 않고 무언가 허전함이 계속 남아 있는 것이다. 요구는 추상적인 것이며 욕구는 구체적인 것이기에 그 차액은 늘 남아 연인을 외로움에 떨게 하고 결핍에 시달리게 하고 끝없이 욕망 속을 헤매이게 한다.[85] 요구로써 다 충족되지 않고 남겨지는 그 마음이 바로 욕망desir인 것이다.

라캉의 욕망은 바로 인간 존재의 근원적인 결핍이다. 라캉은 시인의 그런 욕망이 바로 인간의 본질the essence of man[86]이라 말한다. 그렇다면 "그대가 곁에 있음"에도 '그립다'는 욕망의 본질은 무엇인가? 그 욕망은 어떻게 충족될 수 없는 것인가? 라캉이 단언한 대로 "개인의 욕망은 (대大)타자의 욕망Man's desire is the desire of the Other."[87]인 것인가? 이 욕망에 관한 물음에 관여하는 곳이 바로 라캉이 말하는 '실재계'이다.

'실재'란 개념은 '실제로 존재하는 것'이지만 라캉의 실재the Real는 어떤 사물이나 신체, 물질적 대상이나 현실the reality이 아니다. 따라서 라캉의 개념 중 가장 난해하면서도 흥미로운 개념이다. 라캉의 실재계는 우리의 사회현실인 상징계 너머의 어떤 것[성性과 죽음의 차원]으로서 우리가 도달할 수 없는 것이지만 역설적으로 우리가 살기 위한 사회현실의 기반이 되는 것이다. 실체도 없고 물질성도 없지만 존재하는 것이란 점에서는 서양 전통 형이상학의 참된 존재란 의미의 '실재', 즉 플라톤의 이데아idea나 칸트의 물자체Ding an sich와 맥을 같이 한다. 그러나 라캉의 실재the Thing는 '욕망'의 대상이며, 현실세계에서의 인간의 욕망은 불가능한 욕망이기에 '공허the void' 혹은 '결핍'의 의미와 같다. 류시화 시인의 "나는 그대가 곁에 있어도" 뭔가 공허한 것은 사랑의 욕망의 대상이 실재이기 때문이다.

라캉은 인간의 욕망의 대상인 실재 혹은 결핍과 공허를 하이데거의 항아리mustard pot 비유를 인용하여 설명한다. 라캉은 '세미나 7'에서 갈색 항아리를 비유로 다음과 같이 말한다.

> "갈색 항아리의 본질은 인간의 실제 삶의 본질을 갖고 있다. 즉, 항아리는 그 자체로 텅 빈empty 항아리라는 것이다."[88]

항아리로서의 가치는 텅 빈 공간에 있다는 것이다. 좀 더 들어가 보자.

"항아리의 본질은 자기 한 가운데 있는 텅 비어 있는 공간이다. 겉의 도자기가 아무리 견고하고, 디자인이 아무리 아름다워도, 한 가운데 텅 빈 공간이 없으면 항아리는 항아리가 아니다. 도공이 힘들게 항아리를 만드는 것은 바로 이 텅 빈 공간을 만들어 내기 위해서이다. 아무것도 아닌 텅 빈 공간을 만들기 위해 도공은 그렇게도 힘들게 창작의 과정을 거친다. 그런데 이 텅 빔은 항아리가 완성되기 이전에는 존재하지 않았다. 그렇다고 도공이 항아리를 만들면서 직접 제조한 것도 아니다. 텅 빈 공간은 도공이 항아리를 만들 때 저절로 생겨난다. 욕망하는 사람은 항아리를 만드는 도공과 비슷하다. 그가 욕망할 때 동시에 텅 빈 실재의 공간이 움푹 파인다. 그것은 욕망의 발생과 함께 동시에 생겨나 욕망 안에 움푹 파여 새겨진 공허이다."[89]

욕망은 인간의 본질이지만 욕구와 달리 항아리의 텅 빈 공간처럼 충족될 수 없는 어떤 것이다.

2) 욕망의 전제는 언어

그렇다면 인간의 본질인 욕망은 무엇이고 어떻게 형성되는가? 라캉에 따르면 욕망의 전제 조건은 언어이다. 욕망을 지속시키는 근본 원인도 언어이다.[90] 언어에 의해 욕망이 매개되는 것[은유]이다. 욕망이 언어이기에 라캉은 욕구와 요구, 욕망을 구별하는 것이다. '그대가 그립다'는 시인의 욕망도 언어로 매개가 되기에 가능한 것이다.

아이는 상상계인 거울단계에서 거울에 비친 소외된 이미지와 자신을 동일시하는 착각, 즉 '상상적 동일시'를 통해 자아형성을 시작한다. 이때 아이의 욕망은 어머니의 욕망에 함입陷入되어 있다. 엄마는 갓 태어난 아이에게 성공적이고 충족된 인생에 대한 자신의 희망과 소원들을 불어 넣으며 또한 자신의 모든 충족되지 않는 꿈과 열망을 전가한다.[91]

거울단계를 지나 아이는 기표[언어]들의 세계인 상징계로 들어간다. 상징계는 엄마와의 이자관계인 상상계와는 달리 아버지로 은유되는 삼자관계로 확장되며 언어로 구축이 되는 세계이다. 타자의 무의식적 욕망과 소원들은 타자를 통해 언어를 배움으로써 아이 안으로 유입되고 주조된다. 아이의 욕망은 아버지가 상징하는 타자의 욕망에 진입하게 된다. 엄마의 욕망을 벗어나 자신의 욕망을 조직할 가능성을 갖게 되는 것이다.[92] 아이는 타자가 부과하는 기표로 욕망이 매개됨으로써 주체가 형성된다. 특히 타자 중에 큰 영향을 미치는 '대타자大他者, the Other', 즉 엄마 아빠뿐만 아니라 대중매체, 학교, 광고 등의 반응과 메시지[기표]를 내면화하는 '상징적 동일시'를 통해 상상적 동일시와 더불어 자아를 구성한다.

예를 들어, 사춘기 소녀가 날씬한 몸매에 신경 쓰는 것은 날씬한 몸매를 바람직하게 생각하는 대타자[부모, 연인, 교사, 언론 등]의 욕망의 대상이 되고 싶기 때문이다. 소녀의 날씬한 몸매에 대한 만족, 즉 이상자아ideal-ego는 엄마 아빠 같은 대타자와의 상징적 동일시를 전제로 하는 것이다. 타자의 욕망으로 형성된 이상적인 자아감은 허상적 관계에 의한 구성물이지만 개인의 삶에 만족 혹은 불만족을 제공한다. 물론 이상자아의 요소는 몸매만이 아니라 지성, 지식, 헌신 등 주체마다 다를 수 있다. 개인의 욕망은 대타자의 욕망임과 동시에 환유와 은유의 메커니즘을 통해 구성된다.[93]

상징계에서 아이는 울음소리, 말, 제스처 등의 기표로 소통하지만 임의로 붙여진 기표는 아이의 욕구 자체를 직접 표현할 수 없다는 태생적 한계를 지닌다. 기표와 기의 사이에는 늘 균열splitting이 존재하기에 몸의 욕구 자체를 완전히 표현하지 못하는 것이다. 여기서 기표화 되지 않는 비非의미가 발생하는데 이것이 소외이다. 소외는 분리와 관계된다. 분리는 아이가 자신을 엄마[타자]로부터 구별하는 과정[존재의 결여]에서 시작되는 것으로서, 분리는 존재의 결핍 혹은 존재에 대한 열망을 불러일으킨다.[94] 따라서 욕망은 인간의 기본 욕구를 넘어 충족될 수 없는 본질적으로 결핍 혹은 결여lack이다. 그런데 주체[아이]만이 아니라 주체를 지배하는 것으로 보이는 타자의 언어 자체에도 결핍은 근원적인 것이다.

현실세계인 상징계에서 인간은 상징인 언어를 통해 욕망과 감정을 나타내는데 그 욕망desire은 결국 상징계 밖에 있는 실재계와 관련이 있게 된다. 여기서 실재the Real란 감각세계의 현실이 아니라 언어로 매개되는 현실 너머의 어떤 것, 언어 밖의 세계이다. 그런데 욕망이 바로 그렇다.

3) 욕망의 정의

라캉은 욕망을 다음과 같이 정의한다.

> "욕망desire은 충족을 위한 욕구appetite나 사랑에 대한 요구demand for love 그 어느 것도 아니며 후자로부터 전자를 감했을 때 생기는 차이이자 그들의 분열이 초래하는 결과로서 나타나는 현상이다."[95]

라캉 욕망이론의 특성은 바로 이러한 개념 구분에 있다. 라캉에 따르면 욕망은 '사랑에 대한 요구'에서 '욕구need'를 감했을 때 생기는 잔여분remainder이다(욕망에 대한 논의는 미주의 내용을 참고).[96] (참고로 이러한 요구와 욕구의 분리splitting는 개와 같은 동물의 내면에서는 일어나지 않는다. 같은 맥락에서 개는 타인의 욕망을 묻지 않으며 주인의 욕망에 대한 질문의 결핍이 개를 인간보다 더 사랑스럽게 만들기도 한다. 즉, 개는 인간이 인간의 최고의 친구가 될 수 없기 때문에 개가 인간의 최고의 친구가 된다는 것이다.)[97]

라캉에 의하면 욕구 혹은 필요need는 식욕, 갈증 같은 생물학적 욕구이다. 무엇이 필요한지 확실하기에 충족이 가능하다. 반면, 욕망은 생리적 욕구 너머의 충족될 수 없는 어떤 것으로서 사랑의 요구와도 다르다. 욕망의 대상은 앞서 언급한 칸트의 물자체 같은 실재the Thing이다. 그런데 실재란 아무것도 없는 텅 빈 허공, 즉 결핍 상태이다. 따라서 욕망이란 결핍에 대한 욕망이다. 욕망은 구체적 물질성인 대상과의 관계가 아니라 결핍과의 관계이다.[98] 결핍으로서의 존재에 대한 열망이다. 욕망은 항상 주체와 타자에 결여된 어떤 것의 발현이다. 결여된 것[없는 것]을 원하니 욕망이 충족될 수 없음은 당연한 일이다.

류시화의 시로 돌아가 보자. 연인관계인 나와 너로 상상해 보자. 나는 상징계인 현실에서 내가 원하는 것을 요구demand할 것이고 함께 시간을 가지며 물질적 · 생리적 욕구를 충족시킬 것이다. 요구는 상징계 내에서 충족할 수 있는 부분이다. 욕구는 어떤 상징을 통해 표현되는데, 문제는 상징계 내의 어느 하나의 특정한 상징에 의해서 욕구가 완전히 충족에 이르지 못하는 데 있다. 그래서 라캉의 말대로 기호들 사이를 계속 미끄러져 갈 수밖에 없는데(마치 명품이란 기호의 쇼핑을 하러 다니듯) 그게 바로 욕망이다.

나는 너를 보고픈 느낌의 '욕구'를 충족시키기 위해 데이트를 하자는 '요구'를 한다. 나의 요구에 따라 만나서 함께 다양한 '함께 있음'의 행위를 한다. 커피 마시고 밥도 먹고 영화도 보는 등 다양한 상징을 통해 '보고 싶은' 욕구를 표현하고 성적 욕구를 충족시키지만 뭔가 완전히 충족이 되지 않는다. 따라서 뭔가 '이게 아닌데….' 하면서 계속해서 다른 기호들 사이를 미끄러져 갈 수밖에 없는 것이다.

표면적으로 나의 요구는 욕구충족의 대상, 즉 너와의 데이트를 겨냥한다. 그러나 나의 요구의 진정한 목적은 데이트에 응하는 너의 사랑 혹은 인정이다(라캉에게 '요구'의 본마음은 언제나 사랑에 대한 요구이다"). [99] 그러나 사랑의 요구는 연인들의 갈망을 채워주기는커녕 점점 더 큰 욕망의 회로 속으로 밀어 넣어 두 사람을 외롭게 만든다. 사랑은 구체적으로 그 모습을 드러내지 않기에 손안에 넣을 수가 없다. 그 표면적 대상인 데이트를 해도 당연히 만족은 없다. 나의 욕구는 다른 것을 향해 있기 때문이다. 연인이 얻을 수 있는 것은 오로지 성적 욕구$_{\text{need}}$의 충족일 뿐이다. 요구는 추상적인 것이요, 욕구는 구체적인 것이기에 그 차액은 늘 남아 연인을 외로움에 떨게 하고 결핍에 시달리게 하고 끝없이 욕망 속을 헤매이게 한다. [100] 라캉의 욕망은 여기서 생겨난다.

사랑에 대한 요구에서 데이트를 뺐을 때 남는 것$_{\text{remainder}}$이 욕망인 것이다. "그대가 곁에 있어도/ 나는 그대가 그립다"는 시인의 심상은 라캉의 욕망을 단적으로 묘사하는 것이다. "그대가 곁에 있어도", 다시 말해 연애를 하고 결혼을 해서 상대방과 함께 자고 일심동체가 된다한들 여전히 "그대가 그립다"는 느낌이 들 수밖에 없다. 마찬가지로 원했던 명품 자동차를 구입했는데 여전히 불만족스럽고, 수단과 방법을 가리지 않고 정계에 진출했는데 여전히 마음이 헛헛하며 '이건 그게 아닌데….'라는 공허감을 느끼게 된다. 이것이 욕망이다. 공허감을 느끼는 이유는 욕망의 대상이 결핍이기 때문이다. 이 욕망은 언제나 주체와 타자, 즉 두 연인 각각의 주체에 결여된 어떤 것의 발현이다. 결여된 것[없는 것]을 원하니 욕망이 충족될 수 없음은 당연한 일이다.

17

인간의 연결성과 수평적 관계성

타자와 '함께 살기 위한 학습'의 철학적 바탕을 체계적으로 제시한 철학이 실존주의이다. '관계 속에 있는 존재'로서의 연결성과 관계성은 근본적이며 운명적인 인간실존임을 강조한다. 특히 프리드리히 니체부터 20세기 초의 하이데거, 부버, 마르셀, 사르트르 등에 이르기까지 실존철학은 공통적으로 인간이 누구인가에 대해 진실해지기 위한 전제 조건이 **연결성**에 대한 자각임을 강조하고 있다.

인간을 세상-속-존재, 더불어 살 수밖에 없는 존재로 보는 관점은 인간을 개별적이고 독립된 정체성을 가진 존재로 보는 서구사회의 지배적인 사상에 대한 도전이었다. 서양의 근대철학은 인간 혹은 인격 간의 관계에 대해 상대적으로 큰 관심을 보이지 않았다. 르네 데카르트의 코기토$_{\text{Cogito}}$, 임마누엘 칸트의 선험적 통각$_{\text{die transzendentale Apperzeption}}$에 대한 사유가 계몽주의 인간이해의 주축을 담당하게 된 이후로 독일 관념론에 이르기까지 항상 중요시되었던 것은 객관적 인식주체라는 인간상이었다.[101]

그러나 20세기 초의 유럽의 파국적 상황은 인간 이성에 대한 확신, 동일성 중심의 인간이해에 대한 비판과 새로운 방향의 사유의 불가피성을 절감하게 되었다. 철학은 시대의 아들이라는 헤겔의 말대로 이러한 인간이해는 당시의 정치적-민족적 긴장관계, 산업혁명의 급속한 진행으로 인한 빈부격차의 심화 및 그로 인한 계급갈등의 악화, 양차 세계대전 등의 파국적 상황의 산물이라 할 수 있다. 인간 및 인간 사이의 관계에 대한 처절한 반성과 철학적 성찰의 결과인 것이다.

인간이해의 새로운 방향은 다양하다. 그러나 그 방향의 중심축은 두 가지 관점에서 포착할 수 있다. 하나는 인간의 연결성에 대한 자각이며, 다른 하나는 주체와 객체의 위계적 구분을 벗어난 자아와 타자의 수평적 관계로의 전환이다. 전자는 니체와 하이데거 및 존 듀이의 인간이해에서, 후자는 칸트와 나딩스, 마틴 부버의 사상에서 찾아볼 수 있다.

1. 니체의 주체 부정, 차이 긍정

타인과의 연결성 혹은 관계성에 대한 니체의 철학은 다른 실존철학과 형식면에서의 차이는 크지 않다. 그러나 내용면에서 볼 때 하이데거나 부버 등이 공동존재로서의 타인, 인격체로서의 '너'를 강조한 반면, 니체는 타인에 대한 배제의 부당함과 차이 긍정의 당위성을 실존적으로 규명하고 강조했다는 데 차이가 있다. 이 점에서 니체의 차이 긍정의 철학은 '함께 살기 위한 학습'의 중요한 철학적 바탕을 제공한다. 왜냐하면 '함께 살기 위한 학습'의 필요성이 개인 및 집단 간, 국가 간의 갈등과 분쟁 및 폭력으로 인류가 자멸의 위험에 빠졌다는 유네스코의 인식에서 비롯되었기 때문이다.

언뜻 보기에 니체의 차이 긍정의 철학은 니체가 주장하는 정신을 약한 자들에 대한 지배와 정복을 정당화하는 제국주의의 정신으로 해석하는 마르크스주의자들에게는 이해하기 어려울 수도 있다. 그러나 '모순의 철학자'라는 별명답게 니체는 '이웃사랑'에 대한 모순적인 해석을 통해 참된 의미의 실존적인 차이 긍정, 나아가 사랑이 무엇인지를 강조한다.

> "나 너희에게 이웃에 대한 사랑을 권하지 않노라. 나 더없이 먼 곳에 있는 사람들에 대한 사랑을 권하노라."[102]

니체는 이웃사랑이라는 "타인 지향적 헌신의 정체"를 날카롭게 꿰뚫어 보면서 진정한 사랑이란 자신에게 가까운 이웃이 아닌 "더없이 먼 곳에 있는 사람과 앞으로 태어날 미래의 사람들에 대한 사랑"[103]이라고 역설한다.

1) '나'라는 주체성은 환상

니체는 먼저 서양 근대철학이 주창하는 유아론唯我論적 주체성에 입각한 실체론적 철학을 부정하고 해체한다.[104] 그는 주체라는 것은 "어떤 결과를 야기하는 것이 아니고, 하나의 허구에 지나지 않는다는 것을 알아 버리게 되면, 잇달아 다양한 것을 알게 된다. 우리는, 주체를 모형으로서 사물성事物性을 날조하고, 그것을 잡다한 감각 속에로 해석해 넣어온 것"[105]에 불과하다고 주장한다.

> "이제껏 대중과 철학자가 이해하는 바대로의 개개인, '개인'은 정말 하나의 오류이다: 개인이란 존재는 홀로는 아무것도 아니다. 원자도 아니고 '사슬의 고리'도 아니며, 단순히 기존의 것을 물려받은 자도 아니다—개인이란 그에게까지 이르는 인간이라는 하나의 연속선 전체인 것이다."[106]

니체는 근대철학의 창시자로서 주체의 자명성을 입증했다고 주장하는 데카르트를 정면으로 비판한다. 데카르트는 "나는 생각한다. 고로 존재한다."가 자명하고 확실하다고 주장한다. 그러나 니체는 이것은 '문법의 환상'이라고 지적하며 비판한다.

> '생각된다: 따라서 생각하는 것이 있다': 데카르트의 논변은 이렇게 귀결된다. 하지만 이것은 실체개념에 대한 우리의 믿음을 미리 '선험적 참wahr a priori'이라고 설정하는 것이다—그렇지만 생각된다면 '생각하는' 무엇인가가 있어야만 한다는 것은, 어떤 행위에 행위자를 덧붙이는 우리의 문법적 습관을 공식화한 것에 불과하다. 요약하면 여기서는 이미 논리적-형이상학적 요청이 행해지고 있다—그리고 이런 요청은 확인되고 있을 뿐만이 아니다. … 데카르트가 취한 방식으로는 절대적으로 확실한 어떤 것에 이르지 않고, 아주 강한 어떤 믿음의 사실에만 이를 뿐이다."[107]

니체는 흔히 생각하듯 행동은 의식에 의해, 의식은 자아에 의한 것이란 인과관계는 증명된 것이 아니라 믿음에 불과한 것이란 점을 지적한다. 이는 마치 빈센트 반 고흐를 그의 작품으로 평가하지 않고 의도로 평가하는 것과 같다는 것이다. 다시 말해, 행동 뒤에 반드시 행위자를 두는 것은 습관적인 오류라고 말한다. 데카르트의 말도 같은 맥락이다. 니체에 따르면 '나는 생각한다'고 하려니 '생각한다'란 동사의 주어가 있어야 한다. 따라서 '생각한다'의 주어인 '나'는 존재해야만 한다는 생각이 거기에 깔려 있다는 것이다.

다시 말해, 데카르트는 생각하기 위해서는 내가 현존해야 한다는 전제하에 현존과 사고 사이의 필연적 연결을 직관의 형태로 이해한다는 것이다. 이는 동사가 있으면 반드시 주어가 있어야 한다는 문법이 만들어 낸 환상이라는 것이다.[108] 예를 들어 '번개가 친다'고 한다. 이 말은 '번개'와 '섬광'을 구분해서, 번개와 구분될 수 없는 '섬광'을 '번개'라는 주체의 활동인 것처럼 묘사하는 것이다. '비가 내린다'라는 말도 마찬가지이다. 마치 비라는 주체가 따로 있어서 '내릴까 말까'를 선택한 게 아닌데도 우리는 마치 그런 것처럼 말하고 있는 것이다.[109] 니체는 "저 문장을 '생각된다. 그러므로 생각된 것이 있다.'는 명제로 환원시켜 보면, 단순한 동어 반복만을 우리는 얻을 뿐"이라고 말한다.

2) 타인과의 차이 긍정

니체는 '나' 자신을 사랑하고 긍정하는 것만큼 타자에 대한 인정과 수용을 강조한다. 그는『아침놀』에서 자신과 견해 혹은 관점이 다른 사람에 대한 편견이나 그런 편견을 교육하는 교육자의 위험성을 지적한다. 그런 차별이나 편견이 사람을 망치는 첩경이라는 것이다.[110]

> "[청년을] 망치는 것—[자신과] 똑같이 생각하는 사람을 [자신과] 다르게 생각하는 사람보다 더 많이 존경하라고 청년을 지도하는 것은 그 청년을 가장 확실하게 망치는 길이다."[111]

니체의 이러한 차이 긍정의 철학은 '함께 살기 위한 학습'의 전제가 무엇인지를 말해준다. 사회 각 분야에서의 다양한 차별과 배제, 다문화사회로서의 한국사회가 겪고 있는 갈등을 해소시킬 수 있는 철학적 준거를 제시한다. 나아가 들로 보고서가 지적한 대로 국가 간의 경쟁과 소통이 일상화되어 가고 있는 세계화시대에 글로벌 시민의식의 함양을 위한 평생학습에 주는 시사점이 크다고 할 수 있다. 나와 타인 간의 차이 혹은 다름을 수용해야 하는 이유에 대한 니체의 관점은 크게 세 가지로 구분하여 논의할 수 있다.[112)]

먼저, 주체의 다양성이다. 나와의 '다름'은 주체의 다양성에서 기인한다. 타인은 나와 다른 다양성을 지닌 주체이기에 그 자체로서 인정 및 존중되어야 하는 존재인 것이다. 특히 주체의 다양성인 힘에의 의지와 여기서 비롯되는 가치평가 행위의 다양성이 개인 간의 차이를 수용하고 인정해야 하는 근거가 된다. 니체는 근대철학까지의 형이상학적 주체개념을 단호히 거부하고 "주체란 다양성을 띤 차이 전체를 나타나는 개념일 뿐"[113)]이라는 점을 강조한다. 다시 말해, 이성은 물론 육체 및 유기체 전체가 주체의 활동성에 참여하는 다양성을 특징으로 한다. 이러한 다양성은 주체가 가진 힘에의 의지의 다양성과, 이에 기반한 가치평가의 다양성을 핵심적 바탕으로 한다. 각각의 주체가 지닌 고유한 힘에의 의지 및 가치평가가 그 주체를 그것이게끔 해 주는 성질[114)]이 되는 것이다. 또한 힘에의 의지와 가치평가는 니체가 제시하는 타인 인정 및 수용의 근거가 된다.

둘째, 모든 인간의 본질적 특성은 힘에의 의지를 지닌다는 점이다. 타인이 지닌 힘에의 의지는 타인의 현존재를 가능케 하는 기본 원리인 동시에 '나'와 '타인'의 존재내용인 차이 그 자체이다. 니체는 힘에의 의지를 '존재의 가장 내적인 본성'으로 상정하며, 힘에의 의지를 통해 비교할 수 없는 차이 속의 개인을 참된 실재로서 그리고 절대적인 가치로서 확립[115)]시키는 것이다.

니체에 따르면 살아 있는 모든 것은 변화하는 것이고, 이 변화와 생성을 가능하게 해 주는 것이 바로 힘이며, 그것도 지배를 원하고, 더 많이 원하며, 더 강해지기를 원하는 의지의 힘[116)]인 것이다. 이렇게 해서 나 자신과 타인의 의지의 힘은 바로 나와 타인을 구성하는 요소가 되는 것이다. 사람마다 가지고 있는 힘에의 의지의 다양성은 힘에의 의지의 발현인 가치평가의 다양성과 필연적으로 연계된다.

셋째, 타인은 나와 다른 가치평가를 하는 존재이다. 인간은 누구나 힘에의 의지를 지닌다는 말은 힘에의 의지로 사물에 가치평가를 한다는 말과 연계된다. 자신이 사물을 평가하고 거기에 맞게 가치를 부여하는 것이야말로 힘에의 의지가 표출되는 강력한 방식이다. 어떤 것을 선이라고 평가하고 어떤 것을 악이라고 평가하는 것 자체가 힘에의 의지의 발현이라는 것이 니체의 통찰[117]이다. 따라서 타인이 특정한 사물이나 현상에 대해 가치평가를 하는 것이 나와 다른 것은 단지 '차이'일 뿐 '틀림'이 될 수 없는 것이다. 여기에는 개인은 물론이고 집단, 국가, 문화 등이 모두 포함된다.

2. 하이데거의 공동존재

하이데거는 인간이 실존적으로 타자와 공동운명체일 수밖에 없음을 강조한다. 이를 위해 그는 인간과 다른 존재자를 구분하여 정의하고 상호 간에 관계를 맺는 방식을 규명해 나간다. 그는 인간인 현존재는 특출난 존재방식을 갖고 있음을 전제한다. 현존재는 스스로 독립적으로 존재하면서 다른 현존재나 '눈앞의 존재자' 혹은 '손안의 존재자'들과 무관한 존재가 아니다.

1) 세계-내-존재와 공동존재

인간은 자신의 의지와 관계없이 세상에 [세계-내-존재로서] 내던져져(피투적인) '처해 있음'의 상태에 있다. 그 처해 있음의 상태는 홀로가 아닌 다른 현존재들과 함께 뒤섞여 살아가야 할$_{\text{being-with}}$ 운명임을 말한다. 따라서 현존재인 인간은 필연적으로 '세계$_{\text{Welt}}$ 안에서 존재하는 것', 즉 '세계-내-존재$_{\text{In-der-Welt-sein}}$'이다. 주목할 점은 '세계-내(안에)'의 '내(안에)$_{\text{being-in}}$'란 것은 커피 잔 안에 커피가 담긴 것처럼 어떤 공간 안에 있다는 것이 아니라는 점이다. 하이데거는 세계란 일반적인 의미의 우주, 천체, 삼라만상이 아니란 점을 강조한다.[118] '세계'의 의미는 매우 넓지만 인간의 실존적인 장, 즉 인간의 생로병사와 희로애락이 함께하는 생활환경$_{\text{umwelt}}$이며 실존적-존재론적 방식을 지칭한다.[119]

세계와 현존재와의 관계는 더 이상 주체와 객체의 관계가 아니다. 인간은 현존재$_{\text{Dasein}}$로서 세계인 '거기에$_{\text{da}}$' 던져져서 여기 저기 실존하는 것$_{\text{das Da-sein}}$이다. 나 홀로가 아니라 세계에서 다른 현존재들과 함께 상호작용을 통해 존재하는 것이며 존재가능성을 실현하기 위해 스스로 자기를 설계한다. 현존재는 '타인과-더불어-있음'의 존재, 즉 공동존재Mitsein인 것이다.[120] 내가 '홀로 있음'을 인식하는 것도 존재론적 혹은 실존론적으로 보자면 내가 이미 공동존재이기 때문에 가능하다. 만약 내가 공동존재가 아니라면 타인이 없음을 자각할 리 없기 때문이다. 따라서 홀로 있다는 것은 공동존재의 결여적 양상으로서 오히려 내가 공동존재임을 입증하는 것이다.[121]

유의할 점은 인간이 더불어 삶으로써 비로소 공동존재가 된 것이 아니라, 이미 공동존재이기에 더불어 삶이 가능하다는 점이다.

나는 남을 직접 만나지 않아도 스마트폰, 인터넷, TV 등의 사물을 통해 다른 사람들을 만난다. 즉, '손안의 존재자'들과 함께 이 세계 속에 거주하는 '세계-내-존재(세계-안에-있음)'가 되며 세계 안에서 현존재의 존재양식을 지닌다. 여기서 '내-존재'[안에-있음]란 무엇일까? 유의할 점은 '안에 있음'은 어떤 물리적 근접성이나 공간적 의미가 아니다.[122] 안에 있음은 '곁에 있음'이다. 곁에 있음은 세계 안에서 만나게 되는 존재자의 존재와 결속되는 것을 의미하는 것이지 단순한 공간적인 거리를 뜻하는 것이 아니다.

현존재인 인간 외의 다른 사물들은 '곁에 있음'이 될 수 없다. 사랑하는 연인 '곁에 있음'을 상상해 보자. 그리고 가구점에서 한 책상이 다른 책상 곁에 있음[눈앞의 존재자]을 생각해 보자. 뭔가 차이가 느껴진다. 그런데 그 책상이 내 서재에 들어와 나의 곁에 있다[손 안의 존재자]고 상상해 보자. 가구점의 책상과는 또 다른 느낌이 들 것이다. 사랑하는 연인 곁에 있음[내-존재]은 연인이란 존재자의 존재와 결속이 되는 것이다. 연인만이 아니다. 현존재인 나는 오랜 세월을 함께 한 내 서재의 책상[존재자]의 존재와도 결속될 수 있을 것이다. 나의 애완견, 장난감 등도 마찬가지이다.

하지만 책상과 책상은, 즉 책상끼리는 다르다. 그들은 현존재가 아니기에 공간적으로 곁에 있어도 본성상 '내-존재'[안에-있음]가 될 수 없다. 함께 있을 수 없는 것이다. 곁에 있어도 곁에 있는 게 아니다. 마찬가지로 TV와 TV받침은 서로 붙어 있어 둘 사이에 아무런 물리적 공간이 없다 해도 TV와 TV받침은 '내-존재'가 아니며, 따라서 "곁에 있을 수 없는 것"이다. 오직 처음부터 "관계로서 머물고 있는" "타자와 함께 있는" 존재로 규정되는[123] 인간만이 세계 안에서 다른 현존재와 함께 있을 수 있는 것이다.

2) 상호작용 아닌 공속관계

여기서 우리는 하이데거의 '세계'가 전통적 형이상학적 사유를 비판하고 결별하고 있음을 보게 된다. 전통 형이상학과 주관성의 철학을 강조한 데카르트는 주체와 객체를 분리하는 이원론적 인식론에 근거해 세계를 이해하고자 하였다. 그 결과 세계는 대상화되고 자연사물성의 개념으로 의미가 제한되고 말았다. 하이데거는 이런 전통적 세계개념은 본래 공속관계에 있는 인간과 세계를 분리시킨다고 비판한다. 하이데거의 관점에서 세계$_{Welt}$란 자연과학적인 공간이 아니다.

세계-내-존재로서의 나와 너의 관계는 단순한 상호작용을 뛰어넘는다. 각각의 존재자는 다른 존재자와 구분되면서도 서로 의존적인 관계에 있다. 커피와 커피 잔은 각기 전혀 다른 존재자이지만 서로가 서로를 필요로 하고 요청하면서 커피향을 음미하는 가운데 하나는 커피답게 다른 하나는 커피 잔답게 정립이 된다. 눈에 보이지 않는 '존재' 역시 마찬가지 관계에 있다. 부부간의 존경과 사랑은 서로의 관계 속에서 각자의 사랑은 더욱 사랑다워진다.

이렇게 서로 구분되는 존재자들이 서로를 필요로 하고 요청하면서 상생상성하는 가운데 각기 고유한 것들로 정립되는 관계를 하이데거는 공속$_{共屬,\ Zusammenngehorigkeit}$이라고 정의한다.[124] 공속이란 떼려야 뗄 수 없는 하나로 서로가 서로에게 속해 있다는 뜻이다. 그렇다고 공속하는 것들이 서로 같거나 동일한 것이라는 의미는 아니다. 공속하고 있는 것들은 서로 다른 것이며 각자 고유한 것으로 구분된다. 그런데 이들은 독자적으로 그 실체나 고유함이 정립되는 것이 아니라, 상대로부터 영향을 받으면서 스스로도 정립되고 동시에 상대의 정립에도 기여하는 것이다.[125]

하이데거는 이런 공속관계에 있는 현존재의 존재방식을 '배려함'에서 찾는다. 인간은 세계-내-존재이기에 세계에 대한 인간의 존재는 본질적으로 '배려'라는 것이다. '세계-내-존재'로서의 현존재는 다른 존재자, 즉 '눈앞의 존재자'와 '손안의 존재자'에 대해 '걱정$_{Besorgen}$'을 한다. 또한 다른 현존재에 대해서는 '배려$_{Fursorge}$'의 태도, 즉 무언가를 행하거나 보살핀다. 하이데거는 걱정과 배려를 합쳐서 '염려$_{Sorge}$'라고 말하며 이러한 현존재의 염려를 곧 '현존재의 존재'라고 여긴다.[126] 현존재의 염려는 실존을 본질로 하는 현존재가 존재하는 모든 것과 관계를 맺고 있음을, 혹은 '관계로서 머물고 있다'[127]는 점을 강하게 시사한다. 현존재의 특성은 '관계'에 있는 것이다.

3. 듀이의 상황 속 교변작용

미국의 진보주의 교육철학자인 존 듀이John Dewey, 1859~1952는 인간의 숙명적宿命的인 관계성을 상황 '속'의 존재가 '교변작용'을 하는 것으로 요약한다. 그의 이론은 불가의 사유와 같은 맥락임을 알 수 있다. 틱낫한에 따르면, 인간의 본성은 '어울려 있음inter-being'이다. 이 세계의 모든 존재는 독자적 혹은 독립적으로 있는 것이 아니라 다른 것들과의 상호의존적인 관계에서 함께 있는 것이다. 그것은 바로 연기緣起이고, 이는 서로가 서로에게 들어가서 서로의 차이를 지양하여 결국에는 하나가 된다는 상입상즉相入相卽의 진리를 표현한 것이다.[128]

듀이는 서양 전통철학의 인간이해와 하이데거의 '세계-내-존재'의 차이를 이해하는 의미 있는 개념 구분을 제시한다. 듀이는『경험과 교육Experience and Education』에서 인간의 상호작용을 다음과 같이 해석한다.

> "모든 인간은 진공 속에서 사는 것이 아니라 세상에서 살고 있다. 이 말을 보다 구체적으로 하면, 인간은 일련의 상황들 속에서 살고 있다는 것을 의미한다. 사람들이 상황 '속'에서 산다고 할 때의 '속'에서라는 말은 동전이 호주머니 '속'에 있다든가, 우유가 병 '속'에 있다고 할 때의 '속'과는 다르다. 상황 속에 있다는 말에서 속에 있다는 것은 어떤 사람이 사물이나 다른 사람들과 상호작용을 하고 있다는 것이다."[129]

듀이의 경험이론의 핵심이기도 한 상황 속의 상호작용을 듀이는 주체와 대상의 상호작용을 뛰어넘는 '**교변작용**trans-action'이란 개념으로 표현한다. 데카르트적 인간이해에서는 인간과 세상이 독립적으로 존재하면서 별도의 시공간을 차지하고 있으면서 상호작용을 한다. 주체와 대상이 먼저 있고, 둘이 엄격히 구분되어 있으면서 어느 한 쪽이 일방적으로 영향을 미치면서 모종의 영향을 주고받는 작용을 하는 것이다.

1) 개념적 구분과 사실적 분리

그러나 듀이는 주체와 대상, 인간과 자연 등이 독립적으로 존재하는 실체라는 데카르트적 이원론을 부정한다. 듀이는 인간의 속성은 데카르트적 상호작용이 아니라 교변작용에 있다고 강조한다. 교변작용의 이해는 주체와 대상의 관계에 대한 새로운 이해를 전제로 한다. 듀이는 주체와 대상이 사실적으로 분리되어 있다는 우리의 인식과 전통적 이원론을 비판한다. 그는 동전을 예로 들어 의미 있는 구분을 한다.[130] 동전의 앞면과 뒷면의 관계를 특정한 방식으로 파악하는 관점이 바로 이원론이다. 우리는 '동전의 앞면과 뒷면'이란 표현을 사용할 뿐만 아니라 '동전에는 앞면도 있고 뒷면도 있다.'고 말한다.

그러나 우리가 이런 말을 한다고 해서 동전의 앞면과 뒷면이 '사실적으로 따로 떨어져서' 별도로 있다고 주장하는 것은 아니다. 단지 머릿속, 개념적으로 동전으로부터 앞면과 뒷면을 추상해 낼 뿐이며 동전의 존재방식에 하등 영향을 미치지 않는다. 이런 방식으로 특정한 대상이나 현상으로부터 그 속에 들어 있는 무엇인가를 추상해 내는 행위를 개념적 구분이라고 한다.[131]

개념적 구분과 대비되는 것이 사실적 분리이다. 이는 두 가지 이상의 어떤 것들이 시간적으로나 공간적으로 별도의 위치를 차지하고 있는 경우를 말한다. 동전의 경우에는 앞면과 뒷면이 사실적 분리로 존재하는 것이 아니라 단지 개념적으로만 존재한다. 따라서 동전의 앞면과 뒷면이 사실적으로 분리되어 있는 것으로 파악하는 것은 명백히 오류이다. 이처럼 특정한 대상이나 현상으로부터 개념적으로 구분해 낸 어떤 것을 실지로 존재하는 것으로 파악하는 오류, 개념적 구분을 사실적 분리로 판단하는 오류를 '추상의 오류' 혹은 '실체화의 오류'라고 하는 것이다.[132] 그렇다면 전통적인 경험론이나 이원론은 개념적 구분을 사실적 분리 판단하는 오류를 범하고 있는 것이다.

이러한 논리에서 듀이는 상황 속에서 살아가는 인간실존은 사실적 분리가 아닌 개념적 구분일 뿐이라고 말한다. 우리가 의식을 하지 않고 살더라도 인간은 동전의 양면처럼 분리될 수 없으며 서로 간에 상호작용을 넘어 교변작용을 한다는 것이다.

2) 상황 속의 교변작용

교변작용은 주체가 대상에 대하여 '하는 것'과 주체가 대상으로부터 '당하는 것'의 결합으로 파악될 수 있다.[133] 즉, 모든 경험은 주체와 대상의 교변작용 속에 들어 있는 능동적 요소와 수동적 요소가 특이한 방식으로 결합된 구조를 나타낸다.[134]

> "경험이라는 것은 수동적 요소와 능동적 요소의 특수한 결합으로 이루어져 있다는 점에 착안하면, 경험의 성격은 쉽게 이해될 수 있다. 능동적 측면에서 볼 때, 경험은 '해 보는 것'을 말한다. 이것은 경험이라는 말과 연결된 '실험'이라는 말의 의미에서 당장 드러난다. 수동적 측면에서 볼 때 경험은 '당하는 것'을 말한다. 우리가 어떤 것을 경험할 때, 우리는 그것에 작용을 가하고 그것에 무엇인가 일을 하며, 그다음에 그 결과를 입든가 당하든가 한다."[135]

교변작용은 능동적, 수동적인 두 요소의 결합으로 이루어져 있으며 이런 교변작용은 우리의 삶 속에서 지속적으로 일어나며 이를 통해 경험은 계속적으로 재구성된다는 것이다.

이러한 교변작용은 인간의 일상의 '**상황 속**'에서 연속적으로 일어난다. 여기서 조명되는 것이 인간은 '상황 속'의 존재, 상황 속에서 살아가는 주체라는 것이다. 상황 속에서 서로가 서로에게 영향을 주고받는 쌍방향적인 활동을 하는 역동적인 존재이다. 인간의 존재방식을 '상황 속의 존재'로 보는 듀이의 철학은 하이데거의 세계-내-존재라는 인간이해와 맥을 같이한다. 듀이의 '상황 속' 존재로서의 인간이해는 하이데거의 '세계-내(안에)'의 인간이해와 같은 선상에 있다. 듀이는 상황 '속'의 의미가 단순한 물리적 공간이 아님을 명확히 한다. 듀이는 상황 속에서 살아가는 인간의 존재방식을 다음과 같은 비유를 들어 설명한다.

> "인간은 동전이 상자 속에 있는 것과 동일한 방식으로 환경 속에 들어 있는 것이 아니다. 인간은 어느 편인가 하면, 식물이 태양과 토양 '속'에 있는 것과 동일한 방식으로 존재한다."[136]

동전은 상자 속에 있지만 언제든지 상자로부터 분리될 수 있다. 동전과 상자라는 존재자는 독립적으로 존재하기에 분리된다 해도 여전히 동전과 상자로서의 존재자는 변하지 않는다. 언뜻 보기에 상자와 동전의 존재방식은 식물과 태양의 경우에도 그대로 적용될 수 있을 듯 보인다. 물론 원자론적 사고방식으로 무장한 사람들의 눈에는 식물은 식물이고 태양은 태양으로서, 이들 양자는 따로 떨어져 독자적으로 존재하는 것으로 파악될 수 있다.[137] 그러나 존재론적으로 볼 때 식물이 태양으로부터 분리된다면 식물은 더 이상 그 존재를 유지할 수 없다. 식물과 토양과의 관계도 동일한 존재론적 속성을 지닌다.

듀이는 태양이나 토양 속의 식물의 존재방식과 마찬가지로 인간의 사회 속에서의 존재방식 혹은 세계에 대한 개인의 존재방식도 동일하다는 점을 강조한다. 다시 말해, 사회 속에서 상호작용을 하는 주체로서의 개인은 대상과 결코 분리될 수 없다는 것이다. 대상에 대한 이러한 주체의 존재방식 속에는 주체에 대한 대상의 존재방식이 이미 함의되어 있는 것이다. 대상에 대한 듀이의 다음과 같은 말은 주체에 주어져 있는 거점을 대상으로 옮겨 놓고 주체와 대상이 불가분의 관계를 맺고 있다는 점을 지적하는 것으로 생각할 수 있다.[138]

> "상황이라는 말은 하나의 대상이나 사건을 가리키는 것이 아니다. 왜냐하면, 우리는 우리와 무관하게 주어진 대상이나 사건을 경험하는 것이 아니요, 그러한 방식으로 그것을 판단하는 것이 아니기 때문이다. 우리는 오직 전체적인 맥락 속에서 그것의 의미를 판단할 수 있다. … 대상은 언제나 그것을 둘러싸고 있는 경험의 세계, 즉 상황의 특수한 상태이다. 그리고 그 대상이 나타내는 의미는 … 그러한 전체적인 환경 안에서 결정된다."

4. 칸트와 나딩스의 관계성

하이데거와 듀이가 인간의 운명적인 연결성에 대해 강조했다면, 인간의 수평적 관계성을 당위적으로 주장한 철학자는 칸트와 나딩스이다. 인간의 연결성의 바탕이 존재론이라면 인간의 수평적 관계의 당위성은 윤리학이다. 칸트와 나딩스는 인간의 존엄성과 상호존중의 당위성을 서로 대립되는 관점에서 똑같이 강조한다. 칸트는 인간은 그 자체로 목적이라는 정언명령을 강조하는 반면, 나딩스는 타인에 대한 배려윤리의 정당화의 문제가 아니라 타인을 배려하지 않는 것에 대해 해명해야 한다고 강조한다.

1) 칸트의 목적자체인 인간

칸트의 철학은 인간이 타인과 함께 살아가는 데 있어 갖추어야 할 근본적인 철학적 신념을 제시한다. 칸트에게 인간이 존엄한 이유는 인간에게 이성이 있기 때문이다. 인간은 동물적인 본성에 따라 감각적인 욕구에 의해 고통을 당하는 신체를 가진 '동물인간'이다. 반면에 인간은 또 다른 이성적인 본성을 지니고 있어 내면으로 자유로울 수 있는 '이성인간'이기도 하다. 인간은 동물과 같은 감각 존재로서 감각적 욕구에 의해 요동치며, 자연의 모든 사물처럼 다른 사물에 의해 좌우되는 나약한 존재이다. 그러나 인간은 이성을 지니고 있어 자연계와는 달리 자유의 세계에 산다.

칸트의 두 가지 정언명령

칸트에게 자유가 있다는 것은 인간은 자유롭게 행동하는 능력이 있으며 자신에게 부여한 법칙에 따라 행동할 수도, 안 할 수도 있다는 것이다. 이런 인간은 그 자체로 자율적이며 존엄한 것이다. 따라서 인간을 유용성이나 특정한 목적에 유용한 수단으로 사용해서는 안 된다. 모든 인간은 서로의 존엄성을 훼손하지 않도록 상대방을 배려해야 하는 것이다. 어떠한 인간도 타인을 도구화해서는 안 되며, 인간의 인격성을 수용하고 인정하는 것은 다른 모든 목적에 우선한다.

따라서 칸트는 인간이성은 인간의지에 조건 없는 명령, 즉 정언명령定言命令을 하고 있다고 말한다. 정언명령은 가언명령과 구분된다. 가언명령은 이성을 도구로 활용한다. 이를테면 '남에게 신뢰받길 원한다면 거짓말 하지 말라.'는 식이다. 반면에 언제나 조건이 따라붙는 가언명령과는 달리 정언명령은 조건 없이 그 자체로 바람직하고 이성에 부합하는 것이다. 칸트는 논리적으로 맥락을 같이 하는 두 가지 정언명령을 제시한다.

첫째, 당신의 행동준칙을 보편화하라. 보편적 법칙이 되어야 한다고 주장할 수 있는 그런 준칙을 따르라는 것이다. 예를 들어, 우리가 어떤 행위를 선택할 때, 그 행위가 똑같은 상황에서 다른 모든 사람이 나와 똑같이 행동하기를 내가 바랄 수 있는지를 자신에게 물어보라는 것이다. 이를 위해 요구되는 것은 개인적 감정이나 욕구, 동정심, 친밀관계 등을 배제해야 한다고 강조한다. 둘째, 인간을 목적 그 자체로 대하라. 칸트는 "너는 인간을 너 자신뿐만 아니라 다른 모든 사람에게 있어서 항상 동일하게 단지 수단으로서만이 아니라 목적으로서 대하도록 행동하라."[139]고 강조한다.

목적 자체인 인간

인간을 결코 목적을 위한 수단으로 간주하지 말라는 것은 자기 자신에게도 해당된다. 너 자신을 착취하여 타락시키지 말 것을 의미한다. 칸트에 의하면 우리 모두는 자기 자신에게도 의무가 있다. 칸트의 정언명법, 특히 타인을 나와 마찬가지로 수단이 아닌 목적으로 대하라는 윤리학은 트롤리 딜레마The Trolley Problem, 즉 전차문제라는 사고실험으로 전 세계적으로 논의되고 있다.[140] 실제로 미국 신문『가제트』(2013. 1. 22.)에 소개된 전차문제는 칸트의 목적 자체로서의 인간이 무엇인지를 사실적으로 보여 주고 있다. 사건의 내용은 이렇다.[141]

> "어제 클리블랜드의 커닝햄 지방검사(샌프란시스코)가 2012년 10월에 체스터 '쳇' 팔리(샌프란시스코)가 전차에 치여 사망한 사건과 관련하여 대배심이 대프니 존스(오클랜드)를 기소했다고 발표하였다. 대프니 존스는 선로 전환기 손잡이를 당겨 폭주 전차의 경로를 지선으로 바꾸는 '뛰어난 순발력과 용기를 발휘한' 공로로 12월에 시장에게 상을 받은 바 있다. 전차가 본선으로 계속 달렸다면 다섯 명을 치어 사망케 했겠지만, 존스 덕분에 지선에 서 있던 쳇 팔리만이 목숨을 잃었다."

그렇다면 무죄로 판명되어 '용감한 시민상'까지 받은 대프니 존스를 왜 대배심은 (살인혐의로) 기소를 했는가? 존스의 행동은 공리주의를 중심으로 하는 결과론에 따르면 옳다. 결과적으로 가능한 더 많은 사람에게 행복과 기쁨을 주었기 때문이다. 그러나 칸트의 정언명령을 포함한 의무론의 관점에서는 전혀 다른 판단이 나온다. 존스는 다른 사람을 구하기 위한 수단으로 쳇 팔리를 죽음에 이르게 한 것이다. 몇몇 배심원들이 "자기가 뭔데 신처럼 행동하는가? 누구를 살리고 누구를 죽일지 결정할 권한을 누가 그에게 주었는가?"라고 반문한 이유도 같은 맥락이다.

칸트에 따르면 존스는 쳇 팔리란 사람을 그 자체로 목적이 아니라 단지 수단으로 취급하였다. 팔리는 인격을 침해받지 않을 권리, 목숨을 빼앗기지 않을 권리를 존중받지 못하고 타인의 목숨을 구하는 수단으로 이용된 것이다.[142] 그렇다면 '다른 다섯 명의 목숨은 소중하지 않은가?'의 물음이 제기된다. 칸트의 정언명법에 따르면 쳇 팔리는 목숨을 빼앗기지 않을 권리가 있었지만, 목숨을 건진 다섯 명에게는 폭주 전차로부터 구원받을 특별한 권리가 없었다는 것이다. 따라서 존스를 대배심이 기소한 이유는 다음과 같이 밝혀졌다. 커닝햄 검사는 다섯 명 대신 팔리가 죽는 것이 낫다는 존스의 판단에 대해 대배심이 "존스 양은 신처럼 행동할 권리가 없다."[143]는 판단을 내렸다고 전했다.

2) 펄 벅과 나딩스의 배려윤리

"한국은 고상한noble 국민이 살고 있는 보석gem 같은 나라이다."

펄 벅이 포착한 한국인의 배려

노벨 문학상 수상자인 미국의 여류작가 펄 벅Pearl Buck, 1892~1973의 말이다. 한국이 6·25 전쟁의 폐허에서 겨우 벗어나기 시작했던 1963년에 펄 벅이 쓴 소설『살아있는 갈대The Living Reed』서론 부분에 나오는 말이다.

『살아 있는 갈대』를 쓰기 3년 전인 1960년 가을 그녀는 지독히도 가난한 한국을 방문했다. 덜컹거리는 차를 타고 안동으로 가는 시골길을 달리고 있는데 갑자기 펄 벅이 소리치며 차를 세웠다. 그녀의 시선은 지게에 볏단을 짊어지고 소달구지를 끌고 가는 농부의 모습에 꽂혀 있었다. "농부가 볏단을 소와 나눠지고 걸어가다니…!"

서양의 합리적 사고방식으로는 이해하기 힘든 모습이었다. 볏단은 물론 농부 자신도 달구지에 올라탔을 테니 말이다. 펄 벅은 좀처럼 흥분을 가라앉히질 못하며 동승한 사람을 통해 농부에게 물어보았다. "볏단을 소달구지에 실으면 될텐데 왜 직접 볏단을 지고 가는 겁니까?" 농부는 오히려 질문이 의아하다는 듯 말했다. "오늘 우리 소는 하루 종일 밭을 갈았소. 그러니 집에 갈 때라도 좀 가볍게 해 줘야 하지 않겠소?"

펄 벅의 경험은 계속 이어졌다. 그녀가 경주를 여행하는 중이었다. 차 안에서 물끄러미 바깥을 내다보던 중 늦가을 시골 마당의 감나무 끝에 감 여남은 개가 달려 있는 것에 시선이 갔다. 그녀는 동승한 기자에게 "저 감들은 따기 힘들어 그냥 두는 거냐?"고 물었다. 기자가 "저건 까치밥이라 해서 먹을 것이 부족한 겨울새들을 위해 남겨 둔 것"이라고 설명하였다.

펄 벅은 나지막이 그러나 흥분이 가시지 않은 말투로 짤막하게 말했다. "바로 그거예요. 제가 한국에서 보고자 한 것은 명승고적이나 왕릉이 아니었어요. 이것만으로도 난 한국에 오길 너무 잘했다고 생각해요." 자신도 힘들 텐데 소의 고단함마저 헤아릴 줄 아는 농부의 배려, 먹을 것이 없는 상황에 새들의 먹이를 배려하는 농촌사람들의 마음에 감동을 받은 것이었다.

나딩스의 배려윤리

타인과 함께 살아가야 하는 실존적 인간에게 요구되는 최우선의 덕목이 배려라는 것을 주장한 교육철학자가 넬 나딩스Nel Noddings이다. 나딩스는 배려윤리ethics of care[144]를 주창한 캐롤 길리건Carol Gilligan의 이론을 바탕으로 하지만 길리건의 여성편향적인 한계를 극복하고 있음을 알 수 있다. 또한 나딩스의 배려개념은 뒤에서 살펴 볼 마틴 부버의 철학으로부터 영향을 받았음을 알게 된다. 실제로 나딩스는 부버의 관계윤리를 기반으로 배려의 개념을 형성하고 개념을 구조화하는 방법 또한 부버의 방법을 활용하고 있다.[145]

> "길리건이나 나딩스가 말하는 배려윤리는 인간이나 자연에 대해 걱정과 염려를 느끼며 타인의 입장과 관심을 고려하는 것이다."[146]

배려윤리가 무엇인지는 다음의 단순한 사례를 통해 알 수 있다. 예를 들어, 주변 건물에 화재가 발생했다고 하자. 불길이 치솟는 건물 양쪽에서 살려 달라는 외마디 비명이 새어 나오고 있다. 그들을 구해야 하는데 문제는 시간적 여유가 없어 한쪽 건물의 사람만 구해야 할 형편이다. 그런데 한쪽에서는 여러 명이 소리를 치고 있지만 다른 한쪽에서는 단지 한 명이 구조를 요청하고 있다. 자, 어느 쪽으로 가야만 할 것인가? 사람이 많은 쪽이라면, 공리주의 윤리를 따르는 것이다. 여기에 정보 하나를 더 추가해 보자. 만일 구조 요청을 하는 그 한 명이 당신의 부모라면 어떻게 할 것인가? 그래도 최대한 많은 사람에게 이익이 되도록 선택할 것인가? 이 당연한 대답에 배려 윤리의 원칙이 있는 것이다.

길리건은 공리주의나 의무론 같은 윤리론은 개인의 권리와 도덕성을 강조하는 정의 도덕성이라고 규정하고 배려 도덕성과 구분한다. 기존의 도덕성은 주로 남성 중심의 정의 도덕성이라는 것이다. 길리건의 이론을 발전시킨 나딩스는 같은 맥락에서 형식주의에 치우친 현대 윤리학에 대한 비판에서 출발한다. 현대윤리학은 형식주의에 빠져 실제 인간의 삶의 문제로부터 괴리되어 있다고 비판한다. 윤리학에 관한 논의가 윤리이론의 본질과 그것의 적합성을 따지는 것에 초점을 맞추고 있기 때문에, 실제로 우리가 어떻게 살아야 하는 가에 관한 윤리적 문제를 직접적으로 다루지 않고 있으며 안내도 제시하지 못한다는 것이다.[147]

또한 현대윤리학은 윤리적 행동에 대한 보편적인 원칙과 규칙이 있다고 주장하지만, 인간의 만남은 보편화시킬 수 없는 개별적인 독특성과 개방성을 갖는다는 점을 강조한다. 나딩스는 칸트의 정언명법의 준칙을 상기시키며, 현대윤리학에서는 어떤 X라는 조건하에서 네가 A라는 행동을 하기를 요구받는다면, '충분히 유사한 조건'하에서 나 역시 그렇게 하기를 요청한다고 말한다. 나딩스는 이러한 것을 단호하게 반대한다. 왜냐하면 나딩스에게 인간의 만남은 보편적으로 설명할 수 없는 유일무이한 독특성과 개별성을 갖는 것이기 때문이다.[148]

나딩스는 무엇보다 윤리는 우리가 살아가면서 부닥치는 사람들과의 구체적인 관계에서 출발해야 하며, 나와 현실적으로 관계를 맺고 있는 다른 사람의 반응이 '나'의 행위의 도덕적 판단의 중요한 기준이 되어야 한다는 점을 강조한다. 이런 관계가 인간 실존의 근본적 속성이며 도덕적 행동의 근원이라는 것이다. 나딩스의 배려윤리 이론은, 인간의 삶에서 타인에 대한 배려는 윤리적 정당화의 문제가 아니라 당위적인 요청임을 강조한다는 점에서 '함께 살기 위한 학습'의 중요한 철학적 바탕을 제공한다.

> "배려윤리에서 정당화의 문제는 정당화되는 행동 일반에 관심을 집중하지 않는다. 우리는 정당화되는 것이 아니라, 배려를 유지하고 확대하는 데 필요한 것을 하도록 의무지워진

다. 오히려 우리는 배려하지 않은 것에 대해 해명해야 한다. 내가 배려하지 않는 자로서 행동한 것에 대해 이유를 설명해야 한다."[149]

나딩스는 공리주의나 의무론 등의 윤리이론과는 다른 접근을 한다. 전통이론들은 '나의 행동의 도덕적인 기준은 무엇인가?'에 초점을 맞추었다면, 나딩스는 '나는 어떻게 하면 상대방을 도덕적으로 만날 수 있는가?'로 질문을 전환시킨다. 여기에는 인간 실존의 기본 모습이 관계성relatedness에 있다는 것을 전제로 하고 있다. 일상에서 인간은 필연적으로 타인과 관계를 맺을 수밖에 없으며, 그 연결고리가 배려라는 것이다. 나라는 개체성individuality은 결국 배려에 기초한 관계성으로 얽힌 구조 속에서 규정된다. 따라서 그 배려라는 연결고리를 끊을 때 인간은 자기 자신으로부터 끊어진다. 나딩스는 배려는 단지 윤리이론이라기보다 '함께 살기 위한' 인간의 실존적 요청이라는 점을 강조하는 것이다.

5. 부버의 사이성과 관계적 인간

인도의 성자 '썬다 싱'의 이야기에 다음과 같은 예화가 나온다.

1919년 어느 날 썬다는 랑케트 쪽으로 가는 중에 티베트인 한 사람과 동행하게 되었다. 그들은 앞을 분간할 수 없는 눈보라와 발이 푹푹 빠지는 눈길을 함께 걷고 있었다. 사력을 다해 걷고 있는데 가파른 비탈 쪽에 웅크린 채로 추위로 죽어가는 사람을 보았다. 썬다는 동행에게 "얼어 죽어가는 저 사람을 구조해 업고 가자."고 말했다. 그러나 그는 "그러다가는 우리도 얼어 죽소. 나는 살아야겠소."라며 매정하게 혼자 가 버렸다.

썬다는 비탈을 조심스레 더듬어 내려가 아직 숨은 쉬나 넘어져 다친 데다 동사 직전인 그를 끌어올려 업었다. 업었다 안았다, 넘어졌다 일어서기를 반복하며 가까스로 고갯마루에 다다랐을 때 썬다의 시야에 또 다른 동사체가 나타났다. 그는 몇 시간 전 자기만 살겠다고 먼저 가 버린 바로 그 사람이었다. 그는 이미 꽁꽁 얼어 죽어 있었다. 썬다와 등에 업힌 사람은 서로 밀착한 열기로 인해 체온이 내려가지 않아 살았는데, 혼자만 목숨을 건지겠다고 앞서

가던 동행자는 혼자만의 체온으로 버틸 수가 없어 결국 목숨을 잃고 말았던 것이다.[150]

썬다의 이야기는 단순하지만 인간 사이의 인격적 관계와 비인격적 관계가 무엇인지를 극명하게 보여 준다. 또한 각각의 관계성의 상이한 결말이 공멸lose-lose과 공존 공생win-win임을 보여 준다.

제2차 세계대전의 참담한 비극을 겪으면서 '인류가 새로운 종류의 야만상태'에 빠졌음을 절감한 실존주의자들은 인간성의 회복이 무엇보다 절실한 과제임을 자각하게 되었다. 그중에서도 비인간화의 원인을 '관계'로 포착하고 새로운 관계의 인식을 인류의 '존재하기 위한 학습'으로 제시한 실존주의자가 마틴 부버Martin Buber, 1878~1965이다.

1) 인간의 선천적 열망, '관계'

"태초부터 관계가 존재했다."[151]

부버는 인간의 본성을 이렇게 간명하게 정의한다. '관계'는 부버의 사상의 핵심이자 그의 대표적 저서인『나와 너Ich und Du』(1923)의 핵심이다. 나와 너와의 인격적 만남, 즉 관계의 철학이다. 그러나 부버의 만남의 철학을 이해하기 위해서는 그의 사상의 철학적 뿌리인 하시디즘Hasidism에 대한 선이해가 요구된다. 하시디즘은 18세기 엘리에저Israel ben Eliezer에 의해 동유럽 폴란드에서 생겨난 유대교의 경건주의적 신비운동이다. 하시디즘의 근본이념은 모든 사물 및 피조물들을 신성한 것으로 여기며, 그 가르침의 핵심은 '신神의 세계를 사랑하는 것'에 있다.[152] 부버의 만남의 사상은 하시디즘에서 강조하는 신의 세계를 일상적 삶에서 구현하고 궁극적으로 신과의 만남, 신성을 발견할 수 있는 '사다리'를 놓아주는 데 있다고 할 수 있다.

부버의 사상은 19세기 및 20세기의 특수한 역사적 상황, 특히 현대문명의 비인간화에 대한 저항으로 등장한 실존주의 철학에 속한다. 실존주의는 현대사회가 기술문명의 발달은 가져왔지만 그 대가로 비인간화 현상, 극단적 개인주의로 인한 인간의 존엄성 상실을 초래했다는 점에 주목한다. 또한 불특정 다수 및 익명성을 특징으로 하는 현대사회는 인간 개개인의 고유성을 말살함으로써 진정한 '나'를 상실한 채 비본래적 삶을 강요하고 있다고 비판한다. 따라서 대중사회 속에서 상실된 참된 '나'를 창조하고 개인의 주체성과 독립성을 찾기 위한 사상적 토대를 제시하고 있다.

그러나 부버의 사상은 니체나 하이데거, 사르트르, 카뮈 등의 실존주의 철학과는 참된 '나'를 창조하기 위한 접근방식에서 대조를 이룬다. 니체와 하이데거를 비롯한 실존철학이 개별적인 존재로서의 '나', 실존을 강조한 반면 부버는 실존을 고립적이 아닌 실존적 존재의 상호간의 만남과 관계성, '사이성$_{\text{betweeness}}$'에 입각해 파악한다. 부버는 인간소외나 자유의 억압이 고도의 기술혁신이나 부조리한 정치사회적 구조가 아닌 인간간의 관계의 상실에서 기인한다고 주장한다. 따라서 관계의 상실은 객체화될 수 없는 주체인 인격체로서의 인격 간의 만남 및 대화를 통해 회복할 수 있다는 점을 강조다. '만남' '관계' '사이' '대화'[153]가 인간소외 및 억압으로부터의 해방을 위한 핵심 요소라는 것이다.

부버는 관계에 대한 인간의 열망이 선천적으로 주어진 특성이며, '모든 사람은 어머니의 자궁에서 우주를 알고 우주와 관계를 맺으며 태어나지만, 태어나서는 이 모든 사실을 잊어버린다.'고 보았다. 어린아이는 접촉의 '욕구'를 지니고 있는데 처음에는 또 다른 존재와 촉각적인 접촉을, 그 다음에는 '가장 좋은' 교제를 하려는 '충동'을 가지고 접촉하려고 한다. 어린아이는 '나'에 대해 전혀 모르며 관계 외에는 존재에 대한 어떤 다른 상태에 대해서도 잘 알지 못한다고 말한다.[154]

부버는 이러한 인간의 본성을 인간과 인간, 즉 인간이란 두 실재$_{\text{entity}}$ '사이$_{\text{between}}$'에 존재하는 '사이성$_{\text{betweeness}}$'에서 찾는다. 이 사이성을 바탕으로 인간이 세계에 대하여 가질 수 있는 두 가지의 기본적인 태도를 개념화하여 다음과 같이 설명한다.

> "사람의 태도는 그가 말할 수 있는 근원어$_{\text{Grundworte}}$[155]의 이중성에 따라서 이중적이다. 근원어는 낱개의 말$_{\text{Einzelworte}}$이 아니고 짝 말$_{\text{Wortpaare}}$이다. 근원어의 하나는 '나-너$_{\text{Ich-Du}}$'라는 짝 말이다. 또 하나의 근원어는 '나-그것$_{\text{Ich-Es}}$'이라는 짝 말이다. … 따라서 사람의 '나'도 이중적이다. 왜냐하면 근원어 '나-너'의 '나'는 근원어 '나-그것'의 '나'와 다른 것이기 때문이다."[156]

부버가 먼저 강조하는 점은 인간은 '나' 그 자체로서만은 존재하지 않는다는 점이다. 인간으로서 존재한다는 것은 '나-너'에 있어서의 '나'이거나, 아니면 '나-그것'에서의 '나'일 뿐이다. 따라서 인간이 세상을 살아가면서 가질 수 있는 기본적인 태도 역시 두 가지이다. 즉 '나-너'의 관계와 '나-그것'의 관계이다. 그밖의 '나'란 존재할 수 없다. 결국 '나' 그 자체란 없으며 오직 '나-너'의 '나'와 혹은 '나-그것'의 '나'가 있을 뿐이다. 부버의 근원어로서의 '나'는 합리론이나 관념론의 '실체'나 혹은 독립된 '개체'와 구분된다. '나'는 '너' 혹은 '그것'과의 관계 안에서 실존하는 존재자로서의 '나'이다. 개인을 고립시켜 놓았던 실존주의, 특히 키르케고르Kierkegaard나 니체, 사르트르 등과 차별화되는 점이 바로 여기에 있다.

2) 세계에 대한 이중적 태도

이와 같이 한 개인이 세계에 대하여 취하는 이중적인 태도에 따라 자기 자신도 이중적인 존재로 나타난다. '나-너'에 있어서의 '나'와 '나-그것'에서의 '나'는 본질적으로 다르다. '나-너'의 관계는 가브리엘 마르셀이 말한 2인칭관계로서 인격적이며 대화적이며 상호적인 만남의 관계이다. 반면에 '나-그것'의 관계는 3인칭관계이며 비인격적이고 비대화적이며 일방적인 도구적 관계이다. 따라서 상대방을 어떤 관계로 인식하고 대하느냐에 따라 개인은 물론 사회의 삶의 양상이 근본적으로 변한다.

'나-그것'의 관계

다시 말하면 내가 상대방을 그것으로 대할 때 상대는 나에게 이용과 도구, 경험Erfahrung[157]의 대상이 될 뿐이다. 상대를 경험한다는 것은 사무적인 관계에서 상대의 겉으로 드러난 유용성과 효용성을 따지는 것이다.

> "사람은 사물의 표면을 돌아다니면서befahrt 그것을 경험한다erfahrt. 그는 이 사물들로부터 그것들의 성질에 관한 지식, 곧 경험을 가져온다. 그는 사물에 붙어 있는 것을 경험하는 것이다. 그러나 경험만으로 세계를 사람에게 가져다줄 수는 없다. 왜냐하면 경험은 사람에게 오직 '그것'과 '그것'으로 이루어진, 즉 '그'와 '그' '그 여자'와 '그 여자' 그리고 '그것'으로 이루어진 세계를 가져다줄 뿐이기 때문이다."[158]

다시 말해 ‘그것’으로서의 대상을 따지고 이용하며 측정하는 관계이다. 상대로부터 무엇인가를 의식하고 느끼고 그에 관한 지식을 얻어 낸다. 타인을 대화의 대상이며 인격적인 ‘너’로서가 아니라 비인격적인 ‘그것’으로 대할 때 상대방은 나에게 상대적인 가치밖에 없는 존재이다. 따라서 평가하고 비교하고 유용성을 따지게 된다. ‘그것’으로서의 타인은 전체 세계를 구성하는 한 부분으로서만 존재한다.

주목할 점은 이러한 ‘나–그것’의 관계에서 일어나는 경험은 상대[사물]의 표면에 머무는 것이며, 그런 경험을 통한 인식의 주도권은 오직 주관적인 나에게 있다는 것이다. 상대를 ‘그것’으로 보느냐 아니냐의 선택은 일방적으로 나에게 달린 것이다. 이런 ‘주체–객체–원칙’에 의한 일방적이며 비대화적인 독백적 관계에서는 “결코 나의 온 존재를 기울여서 말할 수 없다.” 나는 내 존재의 일부분만을 가지고 상대에 대해 행동한다. 모든 것은 ‘나’의 목적 달성을 위한 도구에 불과한 것이다. 타자를 차이와 다름을 이유로 한 차별과 배제로서의 타자와의 관계가 바로 ‘나와 그것’의 관계이다.

부버에 의하면 ‘나–그것’의 세계 혹은 관계는 그 자체로 문제는 아니다. 오히려 인간 삶의 영속성을 위해 필요한 것이다. 부버의 말대로 “그것” 없이 인간은 살 수 없다. “경제에 있어서는 재화와 용역을 이용하는 나” “정치에 있어서는 여론과 경향을 이용하는 나” “자기와 관계하는 사람들을 경험의 대상이 될 수 없는 ‘너’를 지니고 있는 사람으로 여기는 것이 아니라, 그들의 특유한 능력을 계산하고 이용해야 할 업적이나 경향으로 여기는 것”[159]도 삶을 위해 필요할 수 있다. 실제로 과학기술의 발달은 ‘나–그것’의 인식과 관계 속에서 세계를 경험하고 이용하는 방법을 통해 성취한 것이다. 부버는 이를 “그것(it) 세계의 연속체$_{\text{Es-welt-Kontinuum}}$”라 말한다.

부버는 개인의 역사와 인류의 역사는 서로 구별되지만 일치하는 것이 있다면 역사는 ‘그것의 세계’가 점진적으로 증대하는 것임을 의미한다고 말한다. 인간은 ‘그것의 세계’를 반복적으로 되풀이하여 경험을 구성하고 또한 ‘그것의 세계’를 다양한 목적, 즉 사람의 삶을 보존하고 편리하게 하고 설비하도록 이용해 온 것이다.[160] 그러나 부버는 ‘나–그것’의 관계의 필요성은 인정하지만 그것만으로 사는 것은 인간이 아니라고 강조한다. ‘그것의 세계’에만 매몰되어 삶으로써 참된 ‘나’를 상실한 채 사는 것이 문제라는 것이다.

부버는 사람이라는 존재의 삶은 타동사의 영역에서만 이루어지는 것이 아니란 점을 강조한다. '나-그것'의 관계에서는 어떤 것을 대상으로 삼는 활동에만 관심을 둔다. 나는 무엇인가를 지각한다. 나는 무엇인가를 감각한다. 나는 무엇인가를 표상한다. 나는 무엇인가를 의욕한다. 나는 무엇인가를 느낀다. 나는 무엇인가를 생각한다. 다시 말해 "나는 '그 무엇'을 경험한다." 그러나 사람의 삶은 이러한 경험의 관계, 경험의 세계에서만 이루어지는 것이 아니라는 점이다. 그렇다면 다른 세계는 무엇인가?

체험관계의 삶

그것은 '체험$_{\text{Erlebnis}}$'의 세계이다. 부버는 사람의 삶은 경험만이 아니라 '체험' 관계를 맺을 때 진정한 삶이 될 수 있음을 강조한다. 체험은 바로 '나-너'의 영역에서 이루어지는 것이다. 체험이 의미하는 바가 무엇인지 부버는 비유를 든다.

우리가 어떤 길을 가다가 맞은편에서 같은 길을 걸어오는 사람과 만났다고 할 때, 우리는 다만 우리가 걸어온 쪽의 길만 알 뿐 상대편이 걸어온 쪽의 길은 알지 못한다. 우리는 다만 그와의 만남에서 그가 걸어온 길을, 말하자면 체험할 수 있는 것이다.

'나와 너'라는 완전한 관계의 과정에 있어서도, 우리는 다만 우리가 살아온 양상에 따라서 우리가 살아왔다는 것, 우리가 걸어온 길을 알 수 있을 뿐이다. 상대편이 걸어온 길은 다만 우리에게 마주쳐지는 것일 뿐이고, 우리는 그 길을 알지 못한다. 우리는 만남 속에서 그것과 마주치게 된다. 그런데도 우리가 그것을 마치 만남 저편의 어떤 것인 양 말한다면, 그것은 잘못을 저지르는 것이다.[161)]

'나-너'의 관계에서는 상대를 경험하는 것이 아니라 체험하는 것이다. 체험 관계에 기초한 삶이 고립된 실존이 아니라 하이데거가 말하는 '본래적인' 삶인 것이다. 상대를 '너'라고 말할 수 있을 때, 그리고 서로가 '너'라는 말을 건네고 받을 수 있을 때 나와 너는 2인칭 관계가 되며 만남과 대화, 관계$_{\text{Beziehung}}$의 세계를 형성하게 된다. 나는 하나의 인격체로서 다른 인격체인 너와 관계되는 것이다. '나-그것'의 '나'는 그것과 사이에 있는 것이 아니라 '나 안'에 있는 것이다. 하지만 '나-너' 관계의 '나'는 나의 속이나 너의 속에 있는 것이 아니라 '사이에' 있는 것이다. 관계라는 것은 항상 상호작용이기 때문이다.

그러나 상호작용은 두 주체가 따로 떨어져서 모종의 영향을 주고받는 뜻으로 이해되는 경우가 일반적이다. 그렇다면 부버의 '나-너' 관계의 상호작용은 오히려 존 듀이Dewey가 강조하는 '교변작용transaction'과 더 가깝다고 할 수 있다. 교변작용은 '나'가 '너'에 대하여 무엇인가를 하는 것과 그 결과로 '너'가 '나'로 하여금 무엇인가를 당하도록 하는 것의 결합이다.[162] 즉, 내가 너에게 작용하고 있듯이 너 역시 나에게 작용하고 있는 것이다.

'나-너'의 관계에서의 나는 나의 전 존재를 가지고 인격적으로 그 관계에 들어간다. 그리고 너의 전 존재를 있는 그대로 받아들이며 관계한다. 상대를 분석하고 평가하여 이용하지 않는다. '너의 전 존재'라 하는 것은 너를 뭇 성질로 분해할 수 없고 경험할 수 없음을 의미한다. 부버의 말대로 시는 낱말들로, 조각은 선線들의 모임으로, 선율은 소리의 모임으로 이루어진 것이 아니듯 인격체로서의 '너'가 그렇다. 나는 그의 머리카락 색깔이라든가 그의 말하는 투, 그의 피부색과 인종, 또는 그의 사회경제적 지위를 그에게서 끌어낼 수가 있다. 실제로 우리는 일상에서 그렇게 할 수밖에 없는 경우가 많다. 그러나 "그때 그는 이미 '너'가 아니다."[163]

따라서 '나-너'의 관계는 상대를 어떤 예비지식이나 의도 없이 한 인격체로서 '존재를 기울여mit dem Wesen' 관계하는 것이다. 이런 관계는 상호적이며 직접적이고 근원적이다. '나-너'의 관계가 형성될 때 인간은 참된 자아, 참된 삶의 의미를 발견하게 된다. 부버는 '나-너'의 관계가 성립되는 영역을 세 가지로 구분한다.

3) 나-너의 세 가지 영역

첫째는 자연과 더불어 사는 삶이다. 여기서의 관계는 아직 어둠 속에서 흔들리며, 언어가 통하지 않는다. 자연은 우리와 마주 서서 활동하고 있지만 우리에게까지 오지는 못한다. 그리고 우리가 그들을 향해 '너'라고 말해도 그것은 말의 문턱에 달라붙고 만다. 둘째는 사람들과 더불어 사는 삶이다. 여기서는 관계가 명백해지고 언어의 형태를 취한다. 우리는 '너'란 말을 건넬 수가 있고 받을 수도 있다. 셋째는 정신적 존재들spiritual beings과 더불어 사는 삶이다. 여기서 관계는 구름에 덮여 있으나 스스로 나타나고 말없이 말을 낳고 있다. 우리는 '너'라는 말을 듣지 못하지만, 그러나 그렇게 부름받고 있음을 느끼며 대답한다.[164]

부버는 '나-그것'에서의 나와 '나-너'에서의 나는 서로 다름을 강조한다. '나-그것'의 '나'는 고립된 개체 혹은 개아個我, individuality인 반면 '나-너'에서의 '나'는 인격적 존재인 주체성subjectivity이다. 개아는 다른 개아와 자기를 구별하고 그 차이를 통해 비로소 자기를 나타내지만 인격은 다른 인격과 관계를 맺음으로써 자기의 모습을 나타낸다.[165] 전자를 인식론적 관계라 한다면 후자인 '나-너'의 관계는 현존재와 현존재 간의 실존적 관계이다. 하이데거의 개념 구분[166]을 적용하면 인식론적 관계에서의 '그것'은 한 존재자의 '거기에da 그냥 있음sein'이다. 그저 현존하고 있는 현존재일 뿐이며 이런 관계에서 나는 비본래적 존재일 뿐이다. 반면에 실존적 관계에서의 '너'는 모든 존재자에게 무차별적으로 통용되는 현존재Dasein가 아니라 나에게 특출난 존재방식을 지닌 인간 현존재Da-sein이다. 실존적 관계에서만 나와 너는 본래적 존재가 될 수 있는 것이다.

부버에 의하면 '나-그것'의 세계와 '나-너'의 세계는 하나의 공통된 특성이 있다. 그것은 '나-너'의 관계는 어느 한 순간에 '나-그것'으로 변할 수 있고, 반면에 '나-그것'은 어느 순간 '나-너'의 관계로 변할 수도 있다. 다시 말해, 이 두 가지는 그 어느 것도 지속성이 보장되지 않으며 모든 관계는 연속성이 아니라 단속성斷續性을 본질로 한다. 뿐만 아니라 '나-너' 관계는 '나-그것'의 세계를 전제로 해서만 가능하며, 마찬가지로 '나-그것'의 세계는 '나-너'의 세계를 전제로 해서만 가능하다. 인간은 이 두 세계를 동시에 살아가는 것이다.[167] 그러나 실존적 인간으로서의 본래적인 삶은 '나-너'의 관계를 통한 만남과 대화의 생활에서만이 가능하게 된다. 그렇다면 그 '대화'란 무엇인가?

4) 사람 간의 대화

부버는 저서『사람과 사람 사이』에서 대화를 다음과 같이 구분하고 있다.[168] 즉, 순수한 대화genuine dialogue와 기술적 대화technical dialogue 및 대화로 위장된 독백monologue disguised as dialogue이다. 기술적 대화는 객관적인 이해의 필요에 따라 이루어지는 것으로 이는 현대의 인간생활에 없어서는 안 될 핵심적인 성질을 띤 대화이다. 대화로 위장된 독백은 서로 말을 하고는 있지만 상대방을 결코 하나의 현전現前하고 있는 인격체로서 보지 않는 상태를 의미한다. 이는 무엇을 전달하거나 배우려고 하지 않으며, 다른 사람에게 영향을 주려고도 하지 않고 관계를 맺으려고 하지도 않는다. 단지 서로가 서로에게서 얻는 인상에만 관심을 갖는다. 따라서 서로는 상대가 가져주기를 원하는 인상을 만들어 내기 위해 자기의 모습과 말씨를 궁리해 낸다. 독백에서는 겉치레와 위선이 존재한다.

반면에 순수한 대화는 말로써도 이루어질 수 있지만 또한 무언의 대화, 즉 침묵으로써도 가능하다. 진정한 대화를 하는 사람들은 각자가 상대방을 그가 있는 그대로 보려고 한다. 순수한 대화에서 각 개인은 서로 상대를 그의 독특성과 구체성 속에서 전체로서의 그를 체험하게 된다. 독백에서 인간들은 서로 지나쳐 간다. 그들의 서로의 관계에 관심을 갖지 않고 자신들에게 관심을 집중시킨다. 독백은 인간 이하의 삶으로 이끌어 가지만 순수한 대화는 인간 본질의 가능성을 열어 준다. 왜냐하면 참된 인간 존재는 인간과 인간과의 만남을 통해서 발견되는 것이기 때문이다.

이러한 대화적인 관계는 인간 사이에만 한정되는 것이 아니라 인간과 자연, 인간과 신과의 관계에서도 형성된다. 부버는 이러한 만남과 대화의 관계는 궁극적으로 신과의 만남과 대화로 나아간다는 점을 강조한다. 부버는 "모든 관계의 연장선은 '영원한 너' 안에서 서로 만난다."[169]는 신념을 견지한다. 부버는 신약성경 요한복음의 첫 구절에 빗대어 인간과 신과의 관계를 규정한다. "처음에 관계가 있다Im Anfang ist die Beziehung." "모든 낱낱의 '너'는 영원한 '너'를 들여다보는 틈바구니"라는 말이 함축하듯, 부버는 인간의 '나-너' 관계는 궁극적으로 '나-영원한 너Eternal Thou'로 나아간다는 점을 강조한다. 더 정확히 말하면 부버가 말한 "사람과 사람의 관계는 사람과 신[Eternal Thou]과의 관계를 위한 본래적인 비유"였던 것이다.

부버에게 '영원한 너'는 서술될 수 없으며 오직 대화로써 관계를 맺는 초월적이며 인격적인 존재이다. '영원한 너'는 모든 관계의 연장선들이 만나는 중심이다. '나'와 '너'의 관계들은 서로 연결됨 없이 고립되어 존재하지만 '영원한 너'를 통해 모든 관계에 연결고리가 확립되게 된다. 부버는 '영원한 너'와의 관계가 있기 때문에 다른 모든 관계가 가능하다는 점을 강조한다. 또한 부버는 "사람이 신과 만나는 것은 그가 신에게만 관계하기 위해서가 아니라, 그 만남의 의미를 이 세계에서 확증하기 위해서"임을 강조하고 '모든 계시는 소명Berufung이며 사명Sendung'이라고 단언한다.

'영원한 너Eternal Thou'는 하느님이다. '영원한 너'는 여러 다양한 이름으로 불리어 왔지만 결국 하느님이라고 부르는 것이 자연스러운 것이라고 부버는 말한다. 주목할 점은, 부버의 말대로 '영원한 너'로서의 하느님을 만나는 것은 일상에서 부딪히는 낱낱의 '너'를 제쳐 놓고 '영원한 너'만 만날 수 있는 것은 아니라는 것이다. 이웃에 대한 사랑의 실천으로 근원어 '나-너'가 강해질수록 더욱 인격적으로 되고, '나-너'의 관계의 연장선에서 영원한 '너'인 하느님과의 관계에 들어가게 되는 것이다. 다시 말해, 하느님과의 만남은 일상생활과 분리시킬 수 없다는 것이다. 한 개인의 절대자와의 만남과 관계형성은 어떤 신비한 계단을 통해서가 아니라 그가 다른 인간들과 갖는 구체적인 관계들을 통해서라는 것이다.

부버가 강조한 대로 '나-너'는 짝 말[쌍어]로서 본래 한 몸이다. 그러나 현대인은 중간에 붙임표[-]가 없는 개체로 살고 있다. 포용이 없는 배타적 관계이기에 고독할 수밖에 없다. 타인과 더불어 사는 참된 의미를 느끼지 못하게 된다. 따라서 짝 말로서의 회귀는 바로 타인과 더불어 사는 삶 속에서만이 가능하다. 짝 말로의 회귀는 곧 실존으로의 회귀이며, 이는 인간의 본질, 삶의 의미를 찾는 것으로써 포르 보고서의 존재하기 위한 학습, 들로 보고서의 함께 살기 위한 학습의 지향점이다.

미주

1) 자아란 무엇인가에 대해, 잠들어 있는 우리의 머리를 카프카의 주먹으로 한 대 내리치는 듯한 이 말은 아우구스티누스가 『고백록』 제11권 14.17 '시간이란 무엇인가?'에서 한 말이지만 한자경 교수의 글을 읽고 터득한 지혜임을 밝힌다.(참고: 한자경(2016). **자아의 연구: 서양 근 현대 철학자들의 자아관 연구**. 서울: 서광사. p. 117; Augustine (AD 397). *Confessiones*. 성염 역(2018). **고백록**. 서울: 경세원. p. 435.)

2) Nietzsche, F. W. (1881-1882). *Nietzsche werke. kritische gesamtausgabe: vol. 2.* 안성찬, 홍사현 공역(2014). 니체전집 12권. **즐거운 학문 · 메시나에서의 전원시 유고**. 서울: 책세상. p. 303.

3) Nietzsche, F. W. (1886-1887). *Zur Genealogie der Moral 1886-1887.* 김정현 역(2015). 니체전집 14권. **선악의 저편 · 도덕의 계보**. 서울: 책세상. p. 337. 니체는 『도덕의 계보』에서 나는 무엇인가? 의 물음에 간명한 답변을 제시한다. 니체의 말대로 우리는 자기 자신을 잘 모른다. 왜냐하면 제대로 진지하게 탐구해 본 적이 없기 때문이다. 니체의 이 말은 니체 스스로 자신이 무엇인지, 그 근원을 계보학적으로 치열하게 추적한 연구 끝에 나온 성찰이다.

니체철학의 출발은 자기 자신에 대한 관심과 탐구였다고 할 수 있다. 그의 첫 저서가 학창시절에 쓴 자전 기록인 「나의 삶」이었다는 점, 학창 시절 동안 무려 아홉 편에 달하는 자서전 쓰기를 했다는 사실이 이를 잘 보여 준다. 니체에게 '나'는 철학의 주제였고 목표였다. 그는 『아침놀』에서 '너 자신을 아는 것이 학문의 전부'라고 단언한다. 더불어 삶을 위한 평생학습의 출발을 자아인식 학습에 두어야 한다는 들로 보고서의 주장과 같은 맥락이라 할 수 있다.

그러나 니체는 '너 자신을 아는 것'이 쉽지 않은 과제임을 이어 설명한다. 인간은 모든 사물을 완전히 인식했을 때에야 자기 자신을 인식한 것이 되는데, 그 이유는 사물들은 인간의 한계일 뿐이기 때문이라는 것이다. 그러나 니체는 현대인들은 사물을 포함한 "모든 인식에서 돌처럼 단단하고 영구히 전해져 오는 말들에 걸려 넘어질 수밖에 없다."고 말한다. 그만큼 우리의 인식이 전통적인 사유방식에 함몰되어 있다는 것을 강조하는 것이다. 위의 '우리는 자신을 알지 못한다.'는 니체의 말도 니체 자신의 사상이 한층 깊어가는 세 번째 단계에 이르러 인간을 계보학적으로 밝혀내는 대 작업을 수행한 끝에 나온 결론인 것이다.

4) Bossart, Y. (2014). *Ohne heute gabe es morgen kein gestern*. 이원석 역. **세상과 생각을 여는 철학자의 사고실험**. 서울: 북캠퍼스. p. 262.

5) 뇌 과학자인 카이스트 김대식 교수의 개인 유튜브 인용. 따라서 그는 자기동일성이란 말은 과학적으로 보면 애매모호하다고 말한다.

6) Bossart, Y. (2014). p. 267.

7) 강영계(1994). 「짜라투스트라는 이렇게 말하였다」의 실존적 의미. 통일인문학. **인문과학논총, 26**, 141-178에서 재인용.

8) Zimmermann, F. (1977). *Einfuhrung in die Existenzphilosophie*. 이기상 역(2015). **실존철학**. 서울: 서광사. pp. 21-22. 역사적으로 볼 때, 라틴어 existentia는 Marius Victorinus (360년경)에게서 처음 발견되며, 거기에서는 아리스토텔레스의 '본질$_{\text{Wesen}}$'을 옮겨 놓고 있는 '실체$_{\text{substantia}}$'에 대립되는 것으로 나타난다. Essentia는 이와 다르게 아마도 키케로가 만든 인위적인 낱말로 추정된다. 반면, exxentia-existentia라는 개념의 쌍은 토마스 아퀴나스 이후에야 비로소 등장한다.

9) 본질$_{\text{essence}}$이란 인간이나 사물 또는 현상의 배후에 존재하는 어떤 고유한 불변의 속성으로서 다른 것과 구별시켜 주는 속성을 말한다. 예를 들어, 함박눈 내리는 모습이 아름답다고 하자. 또한 석양에 지는 노을이 아름다우며, 길거리에 지나가는 어떤 사람이 아름답다고 하자. 이렇게 양상은 다른데 우리는 똑같이 아름답다고 한다. 그렇다면 여기에는 어떤 공통된 아름다움, 즉 아름다움의 본질이 있다는 생각을 하게 된다. 집에서 키우는 반려동물의 경우도 마찬가지다. 고양이의 종류는 수없이 많지만 우리는 모두 고양이라 한다. 그렇다면 서로 다른 모양의 고양이들을 고양이로 부르게 하는 공통되고 보편적인 어떤 고양이의 본질이 있다는 생각을 하게 된다. 이것이 본질철학의 관점이다.

10) Zimmermann, F. (1977). p. 34.

11) 김상봉, 고명섭(2015). 만남의 철학. 서울: 도서출판 길. p. 20.

12) 칸트의 철학체계 안에서의 나와 너의 관계에 대한 존재론적 논의에 대해서, 저자는 김상봉(1998)의 저서, 『자기의식과 존재사유』(한길사)와 이 책에 대한 대담집인 김상봉, 고명섭(2015)의 주장과 같은 선상에 있으며 이하의 내용은 그들의 논의에 크게 빚지고 인용하고 있음을 밝힌다.

13) 김상봉, 고명섭(2015). p. 24.

14) 같은 책. p. 25.

15) 김상봉(1998). 자기의식과 존재사유. 서울: 한길사. p. 338.

16) 김상봉, 고명섭(2015). p. 26.

17) Badiou, A., & Roudinesco, E. (2012). *Jacques Lacan, Passe Present*. 라캉, 끝나지 않은 혁명. 현성환 역(2013). 서울: 문학동네. p. 19.

18) Hormer, S. (1970). *Les formations de l'inconscient*. 김서영(2014). 라캉 읽기. 서울: 은행나무. p. 45.

19) 같은 책. p. 85.

20) Heidegger, M. (1979). *Sein und Zeit*. 이기상 역(2013). 마르틴 하이데거, 존재와 시간. 서울: 까치. p. 20과 p. 570. 현사실$_{\text{Faktum}}$은 사물들이나 사건들이 시공간 안에 놓여 있거나 그 안에서 일어나고 있는 것을 사실$_{\text{tatsache}}$이라고 할 때, 인간 현존재의 세계 안에 있음이라는 사실을 그것과 구별하여 현사실이라고 부른다. 이 개념은 무엇보다도 인간의 내던져져 있음과 인간이 이 내던져져 있음을 떠맡는다는 것을 동시에 강조하고 있다.

21) 같은 곳.

22) Sartre, J. P. (1996). *Existen Est Un Huma*. 박정태 역(2014). 실존주의는 휴머니즘이다. 서울: 이학사. p. 44.

23) 알베르 카뮈는 프랑스 식민지였던 알제리로 이주한 프랑스인 아버지와 스페인인 어머니 사이에 태어난 '피에누아르'였다. 피에누아르는 알제리로 이주한 프랑스인과 그 2세들을 일컫는 말이다. 카뮈의 신분 자체가 정체성을 쉽게 설명할 수 없는 경계인의 신분이었던 것이다. 프랑스인 아버지의 피를 물려받았지만 그를 키운 것은 대부분 지중해의 바람과 태양이었기 때문이다.

카뮈$_{\text{Camus}}$는 『이방인』『페스트』『시시포스 신화』『반항하는 인간』 등의 작품에서 제1차 세계대전 이후에 전개되는 유럽의 비인간적인 이상한 징후를 부조리라는 용어로 표현한다. 그는 부조리란 용어가 그 어떤 형이상학적 표현보다도 더 적나라하게 인간과 세계의 본질을 파헤쳐 줄 수 있는 용어라고 확신한다. 특히 진지하게 삶의 의미를 생각하는 것이 철학의 과제라고 생각하는 카뮈에게는 이 부조리 개념이야말로 중요하다. 부조리의 징후는 우리의 삶과 우리를 둘러싸고 있는 세계 곳곳에서 발견된다. 그는 특히『시시포스 신화』에서 부조리 현상이 지니는 다양한 철학적 의미들을 논의하고 있다. 카뮈는 부조리한 세계를 살아가는 부조리의 인간은 반항, 희망의 포기, 정열이라는 부조리적 범주를 매개 삼아 살아가는 존재로 규정한다. 이런 부조리의 인간의 전형으로서 언덕 위로 끊임없이 바위를 굴려 가는 형벌을 받는 시시포스를 언급한다. 시시포스는 부조리에 내던져진 전형적인 인간의 예이며, 부조리한 세계에 처한 인간의 슬픈 운명을 드러내준다. 그러나 카뮈는 언덕에서 굴러 내려가는 바위를 응시하는 시시포스의 시선 속에서 부조리의 역설을 읽어 내면서 인간에게 부조리가 지니는 궁극적인 의미들을 제시한다. 그것은 끊임없는 반복 속에서 우리를 둘러싸고 있는 모든 형이상학적 가치의 허구성을 자각하고 삶과 세계를 새롭게 해석하는 것을 가능하게 한다. (참조: 이서규(2013). 카뮈의 부조리철학에 대한 고찰. **철학논집**, 25, 139-178.)

24) 같은 책. p. 49.

25) 같은 곳.

26) 같은 곳.

27) Beauvoir, S.(1944). *Pyrrhus et Cineas.* 박정자 역(2016). **모든 사람은 혼자다**. 서울: 꾸리에. p. 87.

28) Dasein의 중세의 용어인 existentia를 독일어로 번역한 사람은 볼프Christian Wolff이다. 또한 볼프는 existentia의 상관개념인 essentia(한 존재의 본질)를 Sosein(그리 있음)이라 번역하였다. 이때 이 개념 쌍은 인간을 포함한 모든 존재자에게 무차별적으로 통용된다. 다시 말해 개개의 존재자는 모두 무차별적으로 existentia와 essentia라는 존재구성계기를 가진다. 그러나 하이데거는 인간의 존재양식은 다른 존재자와는 다르다는 점에 주목하여 Dasein 용어를 인간에게만 한정시켜 전혀 다른 의미를 부여한다. 반면에 다른 존재자는 '눈앞의 존재자' 및 '손안의 존재자'라는 새로운 용어로 대치하여 지칭한다. (참고: Heidegger, M. (1926). *Sein und Zeit (17th edition)*. 이기상 역(2013). **마르틴 하이데거: 존재와 시간**. 서울: 까치. p. 570.)

29) 남경태(2012). **한눈에 읽는 현대 철학**. 서울: 휴머니스트. p. 136.

30) Heidegger, M. (1979). p. 571.

31) Heidegger, M. (1988). *The basic problems of phenomenology.* trans. by A. Hofstadter. Bloomington: Indiana University Press.

32) King, M. (1964). *Heidegger's philosophy.* New York: Macmilan.

33) 송영배(2002). 하이데거의 존재 개념에 대한 시론. **철학사상**, 15, 119-140.

34) 같은 책. p. 123.

35) Heidegger, M. (1979). p. 22.

36) Badiou, A., & Roudinesco, E. (2012). *Jacques Lacan, Passe Present.* 현성환 역(2013). **라캉, 끝**

나지 않은 혁명. 서울: 문학동네. p. 19.

37) 구조주의란 용어는 1960년대에 형성된 것으로, 20세기 초 페르디낭 드 소쉬르에서 출발하여 로만 야콥슨과 루이스 옐름슬레우 등의 언어학자를 거치면서 확립되었다. 기존 철학의 존재론이 일자와 실체에 근거하는 일종의 본질주의를 추구했다면, 이들은 언어의 체계와 그 구체적 발화를 연구함으로써 이를 탈 실체화한다. 즉, 언어학에서 언어는 독립된 개별요소로 이해되는 것이 아니라 서로가 서로의 관계에서 결정되는 기호들(기의/기표)의 체계로 파악된다. 즉, 한 요소의 의미는 장기판의 말들처럼 체계 전체 안에서 그것이 차지하는 자리에 따라, 즉 유동적 전체의 규칙에 따라 결정되는 것이다. 클로드 레비스트로스는 상징적 산물들에 대한 이런 구조주의적 접근을 민속학에 적용함으로써 친족관계가 상징적 교환의 가능한 형태들 중 하나라는 것과 더 일반적으로 모든 소통의 형태가 그것이 지니는 무의식적 구조로부터 해석될 수 있음을 보여 주었다. 구조를 구성하는 상징체계의 요소들은 그것이 지칭하고 참조하는 선재적 현실이나 그것이 내포한다고 전제되는 개념적 내용에 의해 정의될 수 없다. 언어가 하나의 의미를 지닌다면 이는 이러한 상징적 요소들로 이루어지는 일련의 조합들과 그 구체적 자리들에서 연원하는 것이다. 라캉은 이러한 구조주의로부터 주체에 대한 새로운 해석의 단초를 발견함으로써 자아심리학에 대항할 수 있는 이론적 근거를 마련하게 되었다.(Badiou, A., & Roudinesco, E. (2012). *Jacques Lacan, Passe Present*. **라캉, 끝나지 않은 혁명**. 현성환 역(2013). 서울: 문학동네. p. 15.

38) Marx, K. (1968). 김문현 역(2008). **경제학, 철학 초고, 자본론, 공산당선언, 철학의 빈곤**. 서울: 동서문화사. p. 16.

39) 남경태(2012). **한눈에 읽는 현대 철학**. 서울: 휴머니스트. p. 43.

40) Hormer, S. (1970). *Les formations de l'inconscient*. 김서영 역(2014). **라캉 읽기**. 서울: 은행나무. p. 48.

41) 같은 책. p. 50.

42) Hegel, G. W. F. (1807). *Phänomenologie des Geistes*. 임석진 역(2005). **정신현상학 1**. 서울: 한길사.

43) Glucksmann, A. (1977). *Les maitres penseurs*. 박정자 역(2017). **사상의 거장들**. 서울: 도서출판 기파랑. p. 16.

44) Hegel, G. W. F. (1807). pp. 229-230.

45) 같은 책. pp. 18-19.

46) Hormer, S.(2005). p. 52.

47) 정도언(2017). **프로이트의 의자**. 서울: 인플루엔셜. p. 24.

48) 같은 책. p.30. 이하 전의식, 무의식을 포함한 프로이트의 이론에 대한 설명은 정신분석학자인 서울대 의대 정도언 교수의 저서『프로이트의 의자』에서 부분적으로 인용함.

49) Hormer, S. (2005). p. 123.

50) 서영채(2013). **인문학 개념정원**. 서울: 문학동네. p. 31에서 이하 문단 인용함.

51) 정도언(2017). p. 50.

52) 같은 책. pp. 35-36에서 인용함.

53) 록 음악사에 유명한 도어스의 짐 모리슨이 공연 중에 "Kill your father, fuck your mother."를 단골 메뉴로 삼고 외쳐댄 걸 보면, 프로이트의 분석대로 윤리적 가치 이전에 오이디푸스 콤플렉스가 그 자체로 인간의 원초적 본능인지를 의심하게 한다. (참고: 남경태(2012). **한눈에 읽는 현대 철학**. 서울: 휴머니스트. p. 42.)

54) 자아심리학은 프로이트의 여섯 번째 딸인 안나 프로이트Anna Freud, 1895~1982가 중심이 되어 설립한 국제정신분석협회(IPA)를 주축으로 프로이트의 이론을 바탕으로 내세운 심리학이론이다. 자아심리학은 1920년부터 개진하기 시작한 이드, 자아, 초자아라는 정신의 2차 지형학 해석에 바탕을 둔다. 이는 프로이트가 초기의 무의식, 의식, 전의식의 구분을 대체하여 제시했던 심리기제의 구성이론인데, 자아심리학의 지지자들은 이 새로운 구분으로 프로이트가 다시 자아에 집중하기 시작했다고 강조한다. 라캉은 이러한 '미국식 정신분석'이 자본주의 사회로의 동화를 목적으로 '자율적 자아'를 강조함으로써 주체의 분할을 말하는 프로이트의 본래적 사유를 오도하고 있다고 생각했다. 라캉의 프로이트로의 복귀는 바로 이 맥락에서 나온 것이다. (참조: Badiou, A., & Roudinesco, E. (2012). *Jacques Lacan, Passe Present.* **라캉, 끝나지 않은 혁명**. 현성환 역(2013). 서울: 문학동네. p. 14.)

55) 박영욱(2015). **보고 듣고 만지는 현대사상**. 서울: 바다출판사. p. 315.

56) 라캉에 의하면, 실존주의는 세계대전을 겪으며 제기된 '상황 속에서의 개인의 선택과 결단과 책임'의 문제를 제기하는 철학이었다. 이것은 현상학이면서 윤리학이었으며 심리학이기도 했다. 그런데 실존주의의 가장 큰 문제점은 그 이론의 핵심인 자아ego의 문제에 대해 데카르트적 유산으로부터 벗어나지 못했으며, 이는 실존주의가 선택의 행위자를 의식적이고 이성적인 존재로 그려냄으로써 자아에 대한 고정성, 절대성에 대한 신비화 혹은 과장에 기대고 있다는 데 있다. (자크 라캉과의 인터뷰 http://daesan.or.kr/webzine_read.html?uid=2954&ho=67)

57) Hormer, S. (2005). p. 55.

58) 박영욱(2015). p. 315.

59) Hormer, S. (2005). p. 87.

60) 프로이트는 오이디푸스 콤플렉스로써 유아기의 성심리를 설명하였다. 남아는 어머니의 남근이 되려는 갈망으로 아버지를 증오하고, 여아는 반대로 남근을 선망하여 아버지를 원하고 어머니를 증오한다. 이런 증상은 유아기를 벗어나 남근기로 접어들면서 사회성을 얻게 되는데 이때 작용하는 것이 거세 콤플렉스이다. 거세공포를 느낀 아이는 어머니의 남근이 되려는 갈망을 포기하

고 아버지와 자신을 동일시하여 또 하나의 아버지를 꿈꾼다. 여아는 자신이 결핍의 존재임을 깨닫고 어머니를 질투하고 아버지[남근]를 선망한다. (참고: Lacan, J. (1994). 권택영, 민승기, 이미선 공역(2017). **욕망 이론**. 서울: 문예출판사. p. 22.)

61) Lacan, J. (1994). p. 54.

62) 김석(2018). **에크리: 라캉으로 이끄는 마법의 문자들**. 서울: 살림.

63) 웹진 대산문화. 자크 라캉과의 인터뷰. http://daesan.or.kr/webzine_read.html?uid=2954&ho=67

64) 같은 곳.

65) Lacan, J. (1994). p. 55.

66) 상상계의 오이디푸스 콤플렉스와 상징계의 거세 콤플렉스는 변증법적으로 연결되어 욕망은 여전히 남는다. 주체(아들)는 대상(타자, 어머니)을 남근으로 믿고 자신의 욕망을 타자의 욕망에 종속시킨다(상상계). 그러나 거세 콤플렉스, 즉 상징계에 진입하면서 이 타자가 남근이 아닌 허상인 것을 깨닫는다. 결코 자신이 타자의 남근이 아닌 것을 알게 되면서 그는 다시 대상을 추구하고 상상계로 들어선다. 이런 변증법에 의해 대상의 추구는 거듭되고 사랑에의 욕망은 지속된다.(참고: Lacan, J. (1994). p. 23.)

67) Lacan, J. (1994) p. 87.

68) 시니피앙$_{\text{signifiant}}$을 보통 '기표'란 말로 번역하지만, 라캉과 관련해서는 시니피앙이라는 원어를 사용하는 게 더 적절하다는 주장이 있다. 왜냐하면 라캉은 시니피앙을 고정적인 의미화에 매이지 않는 순수 물질적 질료라고 정의하기 때문에 (하나의 고유명사로서) 시니피앙이라고 하는 게 라캉의 의도에 더 맞을 수 있기 때문이라는 것이다. 같은 맥락에서 시니피앙과 짝을 이루는 시니피에$_{\text{signifie}}$도 기의 대신 시니피에로 사용하는 것이 맞다고 주장한다. (참조: 김석(2018). **에크리: 라캉으로 이끄는 마법의 문자들**. 서울: 살림. pp. 288-289.) 필자도 이런 주장의 타당성을 인정하지만 독자의 이해를 위해 일반적으로 알려진 기표와 기의란 표현을 혼용하도록 한다.

69) Saussure, F. (1916). *Cours de linguistique generale*. 김현권 역(2013). **일반언어학 강의**. 서울: eBook.

70) 우치다 타츠루(2010). *寝ながら學べる構造主義*. 이경덕 역(2012). **푸코, 바르트, 레비스트로스, 라캉 쉽게 읽기**. 서울: 갈라파고스. p. 72.

71) 남경태(2013). **개념어 사전**. 서울: 휴머니스트. p. 94에서 재인용.

72) Hormer, S. (2005). p. 81.

73) 목영해(2017). **라캉과 한국교육**. 서울: 교육과학사. p. 20.

74) 같은 곳.

75) Hormer, S. (2005). pp. 129-130.

76) 같은 책. p. 133.

77) 같은 책. p. 85.

78) Lacan, J. (1988[1978]). *The seminar of Jacques Lacan, Book II: The ego in Freud's theory and in the technique of psychoanalysis 1954-1955*. J. A. Miller (Ed.). S. Tomaselli (trans.). Cambridge: Cambridge University Press; Hormer, S. (2005). p. 86에서 재인용.

79) Hormer, S. (2005). p.140.

80) 김태길(1987). **윤리학**. 서울: 박영사. pp. 81-82.

81) 김지하(1999). **타는 목마름으로**. 서울: 창비.

82) 김석(2018). **에크리-라캉으로 이끄는 마법의 문자들**. 서울: 살림.

83) Lacan, J. (1994). Lacan, J. (1994). **욕망 이론**. 권택영, 민승기, 이미선 공역(2017). 서울: 문예출판사. p. 11.

84) 같은 곳.

85) 같은 책. p. 22.

86) 라캉이 스피노자와 마찬가지로 "욕망을 인간의 본질"(Hormer, S. (2005) p. 136.) 이라 하는 이유는 라캉이 하이데거의 항아리의 비유를 들어 그 과정을 설명하는 것에서도 잘 드러난다.

87) Lacan, J. (1998). *The Seminar. Book XI. The Four Fundamental Concepts of Psychoanalysis*. Alan Sheridan (trans.). New York: W.W. Norton. p. 235.

88) Rabate, J-M. (Ed.) (2003). *The Cambridge companion to Lacan: Part of Cambridge Companions to Literature*. Cambridge: Cambridge University Press.

89) 박정자(2018)에서 재인용.

90) 김석(2018). **에크리: 라캉으로 이끄는 마법의 문자들**. 서울: 살림. p. 184.

91) Hormer, S. (2005). pp. 133.

92) Badiou, A., & Roudinesco, E. (2012). *Jacques Lacan, Passe Present*. **라캉, 끝나지 않은 혁명**. 현성환 역(2013). 서울: 문학동네. p. 51.

93) 라캉은 개인의 욕망은 충족되는 경우가 없이 새로운 욕망으로 대체되는 욕망의 환유metonymy of desire를 보인다고 강조한다. 하나의 기표가 인접관계에 의해 다른 기표로 대체되는 기표의 이어가기 현상이다. 어떤 여성이 바이올린에 대한 선망을 갖는데, 그 이유가 살아생전 사랑했던 어머니가 바이올린을 좋아했다면, 바이올린에 대한 그녀의 현재의 욕망은 그녀의 욕망 대상이 어머니에서 어머니의 특성인 바이올린으로 환유적으로 운동한 결과이다. 은유는 하나의 기표가 특히 복수의 기표를 대체하는 경우이다. 예를 들면, 성공하길 열망하는 소녀가 아이돌 A를 우상시하는데 그의 두드러진 특성은 날씬한 몸매이고, 그녀가 매일 수 시간씩 보는 TV에서 성공한 사람들은 날씬하며 뚱뚱한 사람들은 낙오자라고 제시되는 경우, 그녀에게 날씬한 몸매의 기표는 그

녀가 열망하는 아이돌 A와 성공의 기표 양자를 대체하는 은유가 된다. 우리 사회에서 많은 사람에게 집단적으로 일어나는 지금의 외모욕망은 개별 주체들에게 사회의 복수의 상징코드들이 은유적으로 중층 작용하여 발생한다. (참고: 정경훈(2015). 외모 욕망, 어떻게 볼 것인가? **르몽드 디플로마티크 제79호**. pp. 34-35.)

94) 라캉은 manque a etre로 표기했는데, 이는 영어로 want-to-be, want of being 혹은 lack of being 등으로 번역된다. 존재의 결여와 존재가 되고자 하는 열망 모두를 의미하는 개념이다. (참고: Hormer, S. (1970). *Les formations de l'inconscient*. 김서영 역(2014). **라캉 읽기**. 서울: 은행나무. p. 136.)

인간의 욕망은 상상계에서 시작된다. 상상계에서 아기는 어머니와의 이자관계에서 어머니[타자]에게 절대적으로 의존한다. 타자가 자신의 모든 욕구와 욕망을 충족시킬 수 있는 것으로 상상하며, 또한 무의식적으로 자신도 똑같이 어머니의 욕망을 충족시킨다고 생각한다. 아기는 무의식적으로 '어머니의 결핍'을 보충하는 존재가 되길 원한다. 그 결핍이란 바로 남근$_{\text{phallus}}$이다. 남근이란 생물학적인 남성의 성기가 의미하는 남성의 기표나 상징을 뜻한다. 어머니의 결핍은 이 남근이며 남근은 동시에 어머니의 욕망이기도 하다. 욕망이란 언제나 '결핍된 것에 대한 욕망'이기 때문이다. 아기는 어머니의 욕망을 만족시켜 주기 위해 스스로 이 욕망의 대상인 남근에 자신을 동일화시킨다. 이 관정을 통해 아기는 자신을 타자(어머니)의 욕망에 종속시킴으로써 하나의 독립적 주체라기보다는 오히려 욕망의 대상이자 연장으로 존재하기를 바라게 된다.

그러나 점차 아이는 자신만큼 어머니가 자신에게 의존적이지 않다는 것과 그녀의 욕망의 일부가 다른 곳을 향해 있다는 것을 깨닫는다. 라캉에 의하면 이러한 딜레마를 직면한 아이는 스스로에게 일련의 질문을 제기하게 된다: 엄마는 나로부터 무엇을 원하는 것일까? 나는 엄마에게 무엇인가? 아이는 자신이 분열되고 결여된 주체일 뿐만 아니라 어머니 또한 욕망하는 주체이므로 어떤 것을 결여하고 있다는 것을 인식할 수밖에 없게 된다. 어머니[타자]는 결코 완벽하지 않으며 아이의 사랑에 대한 요구는 자신의 욕구를 충족시키는 대상들을 넘어선다. 라캉의 경우 요구에 내재한 이러한 환원할 수 없는 '저편$_{\text{beyond}}$'이 바로 욕망을 구성하게 되는 것이다. (참조: Hormer, S. (2005). p. 139; 남경태(2012). **한눈에 읽는 현대 철학**. 서울: 휴머니스트. p. 175.)

95) Lacan, J. (1977[1958]). *The signification of the Phallus. in Ecrits: A Selection*. trans. by A. Sheridan, London: Routledge. pp. 281-291; Hormer, S .(2005). p. 137에서 재인용.

96) 라캉의 욕망을 이해하기 위한 사례를 소개하고 논의를 해 보자. "학교에서 돌아와 배가 고파진 딸이 있다. 엄마에게 배고프다고 하자, 엄마는 지금 바쁘니 너 좋아하는 라면을 끓여 먹으라고 하며 나가 버렸다. 썰렁해진 집 안에서 딸은 라면을 끓여 허겁지겁 먹기 시작했다. 뜨거운 김 때문에 켁켁 기침을 하면서. 그런데 그릇이 바닥나고 남은 국물을 먹기 시작할 때쯤 딸의 마음이 안 좋아지기 시작했다. 공허감이 엄습하여 괜히 눈물이라도 날 것 같은 마음이었다. 무엇 때문인

가. 좋아하는 라면도 먹었고 이제는 배도 불러 느긋하고 편안한데 무엇이 불만이란 말인가. 아마도 딸이 원했던 것은 라면이나 밥만이 아니었을 것이다. 라면 속에 있는 라면 이상의 그 무엇, 밥상 옆에 앉아 학교에서 있었던 일을 물어 주고 이것저것 자분자분 챙겨주는 엄마의 배려나 사랑의 표현 같은 것을 원했던 것이 아니었을까." 따라서 "욕구와 요구 사이의 차이로 존재하는 나머지, 그 공허감을 라캉은 욕망이라고 부른다." (참고: 서영채(2013). **인문학 개념정원**. 서울: 문학동네. pp. 56-57.)

라캉의 욕망의 의미를 이해하기 위한 적절한 사례라 할 수 있다. 하지만 위의 사례에서 정의한 욕망에 대해 좀 더 논의를 진전시킬 필요가 있다. 위의 사례는 '엄마의 배려 = 욕망'인 셈이다. 딸의 요구는 자신의 욕구를 언어로 표현한 것이고, 그 요구대로 욕구를 채우게 해 주었음에도 남는 공허감이 욕망, 즉 엄마의 배려나 사랑이란 논리는 이해할 수 있다. 욕망에 대한 일차적 해석이라 할 수 있다. 그렇다면 딸의 공허감의 원인이 엄마의 배려나 사랑의 결핍이라면 그 결핍은 현실에서 얼마든지 보충될 수가 있지 않을까? 엄마가 밥상 차려주고 딸이 원하는 배려, 사랑을 제공하는 게 욕망이라면 그 욕망은 엄마가 충족시킬 수 있는 것이다.

필자가 이해하는 이차적 이해 방식은 이렇다. 딸의 욕망은 엄마의 배려와 사랑이란 말에 동의한다. 그러나 엄마의 배려와 사랑이 있어도 '허전함을 느끼는' 그 무엇이 욕망이라는 것이 필자의 해석이다. 다시 말해, 딸의 요구대로 엄마가 밥상머리에 앉아 딸을 배려했더라도 딸에게는 여전히 어떤 '허전함'[잔여분]이 남을 수 있는데, 그것이 욕망이라는 것이다. 마치 목이 마르다고 물 달라는 아이에게 물을 주어도 여전히 짜증을 내는 경우가 있는 것과 같다. 라캉의 욕망은 "사랑에 대한 요구에서 욕구를 감했을 때 생기는 차이"란 말을 다시 보자. 여기서 주목할 개념은 '요구'이다. 요구를 욕구의 언어적 표현으로 해석할 수 있다. 그러나 필자는 라캉이 '사랑에 대한 요구 demand for love'임을 강조한 것에 주목한다. (Desire is neither the appetite for satisfaction, nor the **demand for love**, but the difference resulting from the subtraction of the first from the second, the very phenomenon of their splitting (Spaltung). 이 경우 욕구의 언어적 표현인 '요구'에서 욕구를 빼는 것이 아니라 '요구'의 본래 의미인 사랑에 대한 요구에서 욕구를 빼게 된다. 따라서 욕망의 또 다른 해석을 위해서는 사례를 조정해 볼 필요가 있다.

엄마가 딸의 요구에 응해서 라면을 제공한다. 라캉에 의하면 딸은 라면을 원하는 것이 아니라 (무의식에서) 엄마의 사랑을 요구하는 것이다. 아무리 라면이나 먹을 걸 많이 줘도 허전하다. 딸의 욕구는 실제로는 다른 것[엄마의 사랑]을 향해 있기 때문이다. 이것이 요구이다. 엄마가 딸의 요구에 응해 음식을 제공할 때 이 음식[라면]은 단지 딸의 필요를 만족시키는 것만이 아니라 딸에 대한 엄마의 사랑을 증명하는 것이다. 그래서 자신이 요구한 라면을 먹지만 딸은 "이건 그게 아닌데." 하는 묘한 경험을 겪게 된다. 욕구가 충족되었음에도 요구는 완전히 충족되지 않았기 때문이다.

욕망은 바로 여기서 꿈틀거리며 생겨난다. 욕망은 생리적 욕구도 아니고 사랑의 요구와도 다르다. 앞의 사례의 경우 딸의 욕망은 엄마의 사랑이라고 했다. 그러나 라캉의 욕망은 딸에게 밥상을 차려 주고 대화를 나누는 엄마의 사랑이 아니라, 그런 엄마의 배려와 사랑이 채워 주지 못하는 그 무엇을 의미하는 것이다. 현실적으로 채워지지 않는 그 무엇이다. 라캉이 욕망을 칸트의 물자체와 같은 실재, 즉 사물the Thing–대문자에 주목–이라 한 이유가 여기에 있다. 그런데 실재란 실체가 없는 텅 빈 공간, 즉 결핍 상태이다. 아무것도 없는 결핍된 것을 원하는 것이니 그 욕망이 채워질 수 없음은 당연한 것이다. 이렇게 볼 때 앞의 사례에서의 딸의 욕망은 엄마의 사랑이 아니라 엄마의 사랑으로도 채워질 수 없는 인간 본연의 결핍에 대한 욕망으로 해석하는 것이 맞다. (참고: 박정자(2018). 한 스타 저술가의 터무니없는 오독–라캉의 실재. **펜앤드마이크**. 박정자 컬럼. 2018. 6. 13.)

97) Rösing, L. M. (2015). *Pixar with Lacan: The Hysteric's Guide to Animation*. New York: Bloomsbury Academic. p. 160.

98) 박정자(2018). 한 스타 저술가의 터무니없는 오독–라캉의 실재. **펜앤드마이크**. 박정자 컬럼. 2018. 6. 13.

99) Dunlap, A. (2014). *Lacan and Religion*. London: Routledge.

100) Lacan, J.(1994). **욕망 이론**. 권택영, 민승기, 이미선 공역(2017). 서울: 문예출판사. p. 22.

101) 참고: 박욱주(2019). 대상화하는 인식과 관계의 체험: 부버와 본회퍼의 근원어 '나–너'에 반영된 종교적 인간학. **종교와 문화**. 제36호. pp. 39-70. p. 40. 박욱주는 계몽주의 시대의 객관성 개념을 피히트와 파울리친의 사상을 인용하여 다음과 같이 설명하고 있다.

"계몽의 시대에 널리 통용되던 객관성 개념에 대해 게오르그 피히트Picht는 다음과 같이 설명한다. 우리의 사고가 진리라는 기준은 모든 사고하는 인간들의 자유로운 합의이다. 하나의 인식은 사고능력이 있는 타인 모두가 동일한 인식에 이르러야만 참된 것으로 받아들여질 수 있다. 이때 이 타인 모두는 온전한 의지를 갖춘 자로서 자유로워야 한다. 이런[인식의] 합의는 선험적 주체성the transcendental subjectivity이 이 합의를 근거 짓는 동시에 인식이 진리일 가능성을 조건 지을 때에만 진리의 기준으로 봉사할 수 있다." 이 진술에서 확인할 수 있는 바는 이성적 사고력을 갖춘 모든 자는 동일한 인식에 이를 수 있다는 이상, 인식의 완전한 객관성이라는 이상이 계몽주의 시대를 지배하고 있었으며, 그 근거는 바로 경험을 뛰어넘는 인식주체의 선험성으로 지목되고 있었다는 것이다. 알렉산드라 파울리친Pawliszyn은 이처럼 선험적 주체성을 담지한 인격에 대한 확신이 데카르트와 칸트에 의해 장려되기 시작했고, 후에 후설에 의해 지속되었다고 설명한다. (참고: 박욱주(2019). p. 41.)

102) Nietzsche, F. W. (1883-1885). *Nietzsche Werke, Kritische Gesamtausgabe, vol. VI-1: Also sprach Zara*. 정동호 역(2015a). 니체전집 13권. **차라투스트라는 이렇게 말했다**. 서울: 책세상. p. 102.

103) 같은 책. p. 100.

104) 최수연(2021; 2019)은 니체의 차이 긍정 및 주체성의 철학을 평생교육, 특히 '함께 살기 위한 학습'과 연계시켜 논의하고 있다. 본 절의 내용은 저자의 연구 동료인 최수연(2021; 2019)의 형식과 내용을 부분적으로 인용하였음을 밝힌다.

105) Nietzsche, F. W. (1964). *Der Wille zur Macht*. 강수남 역(2003). **권력에의 의지**. 서울: 청하. p. 337.

106) Nietzsche, F. W. (1886-1889). Nietzsche contra Wagner. 백승영 역(2015). 니체전집 15권. **바그너의 경우 · 우상의 황혼 · 안티크리스트 · 이 사람을 보라 · 디오니소스 송가 · 니체 대 바그너**. 서울: 책세상. p. 168.

107) Nietzsche, F. W. (1887-1888). *Nietzsche Werke, Kritische Gesamtausgabe, Vol. VIII 2: Nachgelassene*. 백승영 역(2000). 니체전집 20권. **유고(1887년 가을~1888년 3월) 원칙들과 미리 말하는 숙고들 외**. 서울: 책세상. p. 255.

108) 최수연(2021). **평생학습, 니체는 이렇게 말했다**. 서울: 학지사. p. 200.

109) 고병권 (2014). **니체의 위험한 책: 차라투스트라는 이렇게 말했다**. 서울: 그린비. p. 162.

110) 최수연(2021). 같은 책. p. 204.

111) Nietzsche, F. W. (2008). 박찬국 역. p. 279.

112) 최수연(2021) 같은 책. pp. 205-206의 내용을 부분적으로 인용함.

113) 정영도, 정동호, 강동균, 오용득, 김미기, 정철호, 성진기, 전봉주, 김정현, A. Cesana, 심의식, 곽만연, K.Salamun, 김은철(1999). **니이체 철학의 현대적 이해와 수용**. 서울: 세종출판사. p. 305.

114) 같은 책. p. 306.

115) 같은 책. p. 313.

116) 백승영(2009). p. 331.

117) 고명섭(2012). p. 423.

118) Heidegger, M. (1988). *The basic problems of phenomenology*. trans. by A. Hofstadter. Bloomington: Indiana University Press.

119) King, M. (1964). *Heidegger's philosophy*. New York: Macmillan.

120) 송영배(2002). 하이데거의 존재 개념에 대한 시론. **철학사상, 15**, 119-140.

121) 이선일(2003). 하이데거의 존재와 시간. **철학사상, 2**(12), 93-94. 인간의 이 '홀로 있음'은 나의 주변에 다수의 사람들이 모인다고 해서 제거되지도 않는다. 모처럼의 기차 여행을 생각해 보자. 내 주변에 많은 사람이 있겠지만 내가 그들을 무관심과 낯설음의 양상으로만 대하는 한, 홀로 있음은 제거되지 않는다. 만약 다수의 사람으로 인해 홀로 있음이 제거된다면 공동존재는 한낱 집합적 의미만을 가질 것이다. 그러나 다수의 사람 안에서도 내가 홀로 있음을 느낀다는

것은 내가 공동존재임을 반증하는 것이다.

무인도에 표류했던 로빈슨 크루소의 삶도 마찬가지이다. 로빈슨 크루소의 단독적 삶은 단순히 그가 종교, 수학, 혹은 도구의 사용을 알았기 때문에 가능하게 된 것이 아니었다. 이러 요인은 단지 현상적 요인에 불과했다. 오히려 그의 단독적 삶은 그가 이미 공동존재였기에 가능했다. 그는 자신이 살던 공동세계를 무인도에 옮겨 놓았던 것이다.

122) Heidegger, M. (1996). p. 51.

123) Heidegger, M. (1988). p. 296.

124) Heidegger, M. (1957). *Identität und Differenz*. 신상희 역(2001). **동일성과 차이**. 서울: 민음사; 엄태동(2016). **하이데거와 교육: 인간다움과 교육적 삶**. 서울: 교육과학사. p. 18에서 재인용.

125) 엄태동(2016). **하이데거와 교육: 인간다움과 교육적 삶**. 서울: 교육과학사. p. 18.

126) 같은 책. p. 123.

127) Heidegger, M. (1926). p. 22.

128) 틱낫한. **살아 계신 붓다, 살아 계신 그리스도**. 오강남 역 (1997). 서울: 한민사

129) Dewey, J. (1938). *Experience and education. Capricorn Books*. 박철홍 역(2002). **경험과 교육**. 서울: 문음사. p. 139.

130) 동전의 사례와 설명은 박천환(2012). **듀이의 경험이론과 교육인식론**. 서울: 학지사. pp. 33-34에서 인용 및 참고하였음.

131) 이홍우(1998: 504)의 내용을 박천환(2012). p. 34에서 재인용.

132) 같은 곳.

133) Dewey, J. (1938). pp. 139-140.

134) 박천환(2012). **듀이의 경험이론과 교육인식론**. 서울: 학지사. p. 20.

135) Dewey, J. (1938). p. 163. 듀이에 따르면 실험과 같은 경험만이 아니라 인간의 존재양식 혹은 삶의 경험 그 자체가 능동적 요소와 수동적 요소의 결합으로 규정된다. 경험은 내가 타자에 대하여 무엇인가를 하는 것과 그 결과로 타자가 나로 하여금 무엇인가를 당하도록 하는 것의 결합으로 이루어진 전체를 가리킨다.

136) Dewey, J. (1938). *Human nature and conduct*. New York: The Modern Library. p. 295.

137) 박천환(2012). pp. 37-38.

138) 같은 책. pp. 38-39에서 재인용.

139) Kant, I. (1785). *Grundlegung zur Metaphysik der Sitten*. 이원봉 역(2002). **도덕형이상학을 위한 기초 놓기**. 서울: 책세상

140) 전차문제라는 사유실험은 마이클 샌델의 『정의란 무엇인가』를 통해 알려졌지만, 실제 이 사례는 1967년 영국철학자 필리파 풋Phillippa Foot이 영국의 철학전문 학술지에 처음 발표한 것이다. 당

시 이 사고실험은 전차학trolleyology이라는 이름이 붙을 정도로 전 세계 대학 캠퍼스와 학계에서 많은 관심을 받았다. 필리파 풋은 전차문제에서 한 발 더 나아가 이렇게 생각하였다. '의사가 한 사람을 죽여 혈청을 뽑아내면 여러 사람의 목숨을 살릴 수 있다. 이 경우는 전차 시나리오와 어떻게 다를까?' 풋은 희생자 수를 최소화하려고 전차 선로를 변경하는 것에는 대다수 사람이 찬성하지만 혈청을 얻으려고 사람을 죽이는 것에는 반대할 것이라 생각하였다. 두 시나리오가 어떻게 다른지는 여전히 학계에서 논쟁을 불러일으키고 있다. (참고: Cathcart, T.(2013). *The trolley problem*. 노승영 역(2015). **누구를 구할 것인가?** 서울: 문학동네. pp. 9-10.)

141) 이하의 사건 내용은 Cathcart, T. (2013). *The trolley problem*. 노승영 역(2015). **누구를 구할 것인가?** 서울: 문학동네. pp.15-17에서 인용하였음.

142) 같은 책. p. 32.

143) 같은 책. p. 16.

144) 배려윤리는 길리건Gilligan(1988), 초도로우Chodorow(1981), 워커Walker(1998) 등의 수많은 여성학자에 의해 체계화되었으며 사회과 교육학자인 노딩스에 의해 학교교육의 현장에서 체계화되었다고 할 수 있다. (참조: Gilligan, C., & Attanucci, J. (1988). Two moral orientations: Gender differences and similarities. *Merrill-Palmer Quarterly, 34*(3), 223-237; Chodorow, N. (1981). On the reproduction of mothering; A methodological debate. *Signs, 6*(3), 555-514; Walker, M. U. (1998). *Moral understandings*. New York: Routledge.

145) 이동윤(2019). 나딩스 교육론의 사상적 배경에 관한 연구. **교육연구논총**, 40(3), 83-101.

146) Noddings, N. (2002). *Educating moral people: A caring alternative to character education*. New York: Teacher College Press.

147) 정윤경(2000). 나딩스(Nel Noddings)의 배려윤리와 도덕교육. **한국교육**, 27(1). 한국교육개발원. pp. 1-29.

148) 같은 논문.

149) Noddings, N. (1986). *Caring: A feminine approach to ethics & moral education*. California: University of California Press.

150) http://blog.daum.net/kimys3209/5513185.

151) Buber, M. (1923). *Ich und Du*. 표재명 역(2018). **나와 너**. 서울: 문예출판사. p. 31.

152) 박의수, 강승규, 정영수, 강선보(1994). **교육의 역사와 철학**. 서울: 동문사. p. 397.

153) 부버에게 있어서 "만남" "관계" "대화" "사이" 등의 용어는 거의 같은 개념으로 사용된다. 따라서 그의 철학은 "만남의 철학" "관계의 철학" "대화의 철학" "사이의 철학" 등으로 불린다. 그러나 만남과 대화를 동일한 개념으로만 볼 수 없다. 모든 '나-너'의 관계는 만남이지만, 모든 대화가 만남은 아니기 때문이다. (참고: 강선보, 2008: 27; Buber, 1954: 189.)

154) Yalom, I. D. (1980). *Existential Psychotherapy*. 임경수 역(2009). **실존주의 심리치료**. 서울: 학지사. p. 443에서 재인용.

155) Grundworte는 기초, 토대란 의미의 Grund와 말, 언어, 단어 등을 가리키는 worte의 합성어로서 국내에서는 '근원어' 혹은 '본딧말' 등으로 번역되고 있다.

156) Buber, M. (1923). *Ich und Du*. 표재명 역(2018). **나와 너**. 서울: 문예출판사. p. 7.

157) Erfahrung: 이 대목에서 부버가 가한 '경험$_{\text{Erfahrung}}$'에 대한 비판은 아마도 근대의 경험주의에서 오는 오해를 피하기 위한 것으로 보인다. 부버는 '경험'을 '나-그것'의 영역에 속하는 것으로, '체험$_{\text{Erlebnis}}$'을 '나-너'의 영역에서 이루어지는 것으로 보고 있다. fahren에서 만들어진 befahren과 erfahren을 나란히 쓴 부버의 의도는 이와 같이 경험이 사물의 표면에 머무는 것임을 암시하려는 것으로 보인다. (Buber, M. (1923). p. 11. 각주)

158) Buber, M. (1923). p. 11.

159) 같은 책. pp. 63-64.

160) 같은 책. p. 59.

161) 같은 책. p. 110.

162) 박천환(2012). **듀이의 경험이론과 교육인식론**. 서울: 학지사.

163) Buber, M. (1923). p. 17.

164) 같은 책. pp. 12-13.

165) 안인희(1996). **현대 교육 고전의 이해**. 서울: 이화여자대학교 출판부. p. 84.

166) Heidegger, M. (1926). p. 570.

167) 안인희(1996). p. 84.

168) 부버의 저서『사람과 사람 사이』의 대화의 구분은 안인희(1996) p. 85의 내용을 재인용하였음.

169) Buber, M. (1923). p. 97.

제5부

'존재하기 위한 학습'과 철학

'평생의 교육은 존재하기 위한 학습으로 간주되어야 한다.' 들로 보고서는 평생교육을 이렇게 간명하게 정의한다. 교육은 기술과 능력, 경제적 잠재력 개발 같은 도구적 관점을 넘어서 자신을 온전한 사람으로 개발하는 과정, 즉 존재하기 위한 학습이라는 것이다. 따라서 존재하기 위한 학습은 알기 위한 학습, 행하기 위한 학습, 더불어 살기 위한 학습을 바탕으로 하는 교육의 궁극적 목표라는 점을 강조한다. 그렇다면 '존재하기 위한 학습'이란 무엇이며 왜 중요한 것인가?

첫째, 들로 보고서는 존재하기 위한 학습의 당위성과 중요성을 포르 보고서의 서문에서 찾는다. 즉, 기술발전으로 인한 노동으로부터의 소외와 그로 인한 **'비인간화'** 현상에 대한 두려움을 지적하며, 21세기에 훨씬 더 심화될 것으로 예견되는 비인간화 극복을 위한 교육의 관심을 촉구하고 있다. 이를 위해 교육은 스스로의 삶을 주체적으로 통제할 수 있게 하는 것은 물론 개인의 상상력과 창의력 개발에 주력해야 한다고 강조한다. 그의 일환으로 학교에서의 예능과 **'시詩 교육'**의 비중을 확대할 것을 주문한다.

둘째, 들로 보고서는 이러한 비인간화를 극복하기 위한 교육의 본질적인 역할은 각자에게 숨겨진 보물, 즉 개인의 창조적 잠재력을 발견하고 스스로의 삶을 통제할 수 있게 하는 것이며, 이를 위해서는 사고, 판단, 느낌, 상상력의 '자유'를 부여해야 한다고 강조한다. 상상력과 창의력은 인간 자유의 가장 명확한 표현이라는 것이다.

셋째, 비인간화의 도전에 대응하고 교육의 본질적 역할을 수행하기 위해서는 교육은 도구적 관점을 넘어서야 한다고 강조한다. 교육은 기술, 능력, 경제적 잠재력을 개발하는 과정으로서의 '**도구적 관점**'을 넘어서서 자신을 온전한 사람으로 개발하는 과정, 즉 존재하기 위한 학습으로 간주되어야 한다는 것이다.

마지막으로, 들로 보고서는 존재하기 위한 학습의 목표는 '인격의 완성'임을 강조한다. 포르 보고서의 교육목표인 '온전한 인간'과 맥을 같이한다. 인격의 완성이란 개인으로서, 가족과 공동체의 일원으로서, 시민으로서, 생산자로서, 창의적인 상상가로서 자신의 표현기술 및 다양한 임무를 모두 풍요롭게 하는 것이라고 말한다. 또한 인격의 완성 혹은 개인의 성장은 한평생 계속되는 과정이자 내적인 여행이란 점을 강조한다. 다시 말해, 인간은 평생 동안 성장하여 다른 존재로 되어가는 '**과정적 존재**'라는 점이다. 이는 성인교육의 선구자인 린드만이 '인생의 목적과 의미는 성장, 즉 다른 존재로 되어가는becoming 과정'에 있으며 그 과정은 곧 학습이라 강조한 것을 연상시킨다.

제5부에서는 존재하기 위한 학습의 당위성으로서 앞에서 제시한 네 가지 주제에 대한 철학적 논의를 진행하기로 한다. 즉, 인간존재의 비인간화와 교육의 역할, 교육의 본질로서의 개인의 창조적 잠재력 발견을 위한 자유의 중요성, 비인간화를 초래하는 도구적 이성과 예술교육의 중요성, 그리고 존재하기 위한 학습의 목표인 인격의 완성과 과정적 존재이다. 비인간화의 원인분석을 위한 철학적 논의는 프랑크푸르트 학파를 중심으로 한 비판이론으로, 그리고 인간화를 위한 철학적 바탕은 현상학과 실존주의를 중심으로 논의하기로 한다.

18

고향의 상실과 존재한다는 것

현대사회에서 인간 소외와 비인간화 현상이 심화되는 이유는 무엇이고 이를 극복하기 위한 '존재하기 위한 학습'이란 무엇일까? 이 물음이 제5부의 철학적 논의의 주제이다. 결론부터 말하면 비인간화의 극복은 서양 전통철학의 사유방식에 대한 성찰에서 출발해야 하며, 이를 위해 요구되는 것이 '존재'에 대한 학습이라 할 수 있다. 그렇다면 '존재하기 위한 학습'에서 '존재하다$_{\text{to be}}$'는 무엇을 의미하는가?

1. '존재한다는 것'과 소외현상

"당신은 일찍이 사물이 존재하고 있다는 단순한 사실 그 자체에 마음을 빼앗긴 적이 있는가?

당신은 당신 자신에게 당신 앞의 한 인간이든 아니면 하나의 꽃이든 아니면 한 알의 모래알이든 '그것이 거기에 존재한다!(It is!)'고 말해 본 적이 있는가?

그것들이 어떤 방식으로 있는지 그리고 그것들이 어떤 형태를 갖는지에는 전혀 관심을 갖지 않은 채 말이다.(중략) 그러한 경험을 가진 적이 있다면 당신은 당신의 정신을 경외와 경탄으로 사로잡는 어떤 신비의 현존을 느꼈을 것이다."[1)]

18세기 영국의 시인 새뮤얼 콜리지Samuel Coleridge, 1772~1834가 남긴 말이다. 콜리지는 담벼락에 핀 할미꽃이든 탄천의 물고기이든, 그것이 존재한다는 것 자체에 대해 신비와 경이로움을 느낀 적이 있는지를 묻는다.

1) 잊고 사는 '존재한다는 것'

존재한다는 것은 '있는 것'이다. 강의실에 사람도 있고 나무도, 꽃도, 별과 달도 있다. 그런데 어느 순간 무언가가 있다는 것이 경이로운 신비로 들이닥치는 낯선 순간이 올 수 있다. 즉, '어째서 아무것도 없지 않고 무엇인가 있는가?'의 의문이다. 그런데 조금만 생각해 보면 이 질문이 낯설다는 것을 알게 된다. 우리는 무언가 '있음'을 바탕으로 질문을 하기 때문이다. 예를 들어, '너는 그 책이 있어?' '우리는 왜 집이 없지?' '그 도시엔 지하철이 있나?' 등등이다. 그런데 '왜 없지 않고 있느냐'고 묻는 것이다.

'왜 무엇인가 있는가?'라는 질문은 철학의 가장 유서 깊으면서 궁극적인 주제, 즉 존재 자체에 관한 물음이다. 소크라테스가 철학을 시작하기 전 기원전 6세기에 엘레아학파의 대표적 철학자인 파르메니데스Parmenides가 제기한 질문이 바로 '왜 아무것도 없지 않고 무언가 있는가?'이다. 그에 따르면 '무에서 유가 나올 수 없고, 유에서 유가 나오며, 무는 무일뿐이다.' 그렇다면 왜 무언가 있는 것인가?

근대철학에 와서도 이 질문은 계속된다. 합리주의 철학자인 고트프리트 라이프니츠Gottfried Leibniz, 1646~1716는 파르메니데스와 같은 유명한 질문을 던졌다. "아무것도 없는 것이 무언가가 있는 것보다 더 쉽다면, 어째서 아무것도 없지 않고 무언가가 있는가?"[2] 존재하는 맥락 속에 특정한 대상이 존재하는지 여부를 묻는 것이 아니라, 절대적인 무無와 대비되는 것으로서의 유有의 이유와 근거를 묻는 것이다. 20세기에 루트비히 비트겐슈타인Ludwig Wittgenstein, 1889~1951도 『논리철학논고』에서 같은 질문을 던졌다.[3]

> "신비한 것은 세상이 어떠한가가 아니라 세상이 존재한다는 사실 자체이다."

우리는 공기를 의식하지 않고 숨을 쉬듯이 무언가 있는 것을 당연하게 생각하고 지낸다. 그러나 생각을 달리하면 어느 순간 무언가가 있다는 것이 경이롭게, 때로는 소름 돋게 다가올 수 있다. 이런 순간이 오면 우리는 길가에 홀로 피어 있는 이름 모를 풀꽃 하나에도 새로운 관심과 애정을 기울일 수 있게 된다. 하이데거에 따르면 이런 순간에 풀꽃은 자신을 드러내 보인다. 즉, 풀꽃이란 '존재가 말을 걸어오는 것'이다.

이런 풀꽃은 늘 그곳에 있었고 평소엔 별 관심 없이 지나쳤던 것들이다. 그런데 그 풀꽃이 경이롭게 느껴지면서 나의 관심을 끄는 것이다. 이때 변화된 것은 풀꽃이 아니라 그것을 보는 나의 마음일 뿐이다. 그런데 왜 평소에는 풀꽃의 존재를 있는 그대로 보지 못하는 것일까? 우리의 마음은 평소에는 일상의 분주함에 쫓기다 보니 풀꽃이나 냇가나 강을 호젓하게 바라볼 수 있는 여유가 없다.

더 나아가 과학기술의 발전은 인간으로 하여금 모든 인간과 사물[존재자]의 고유한 '존재'에 무관심하고 눈을 멀게 만들었다. 그 결과 현대는 존재 상실이자 망각의 시대가 되었다. 비인간화의 근원적인 이유는 존재 상실에 있는 것이다. 하이데거나 에리히 프롬과 같은 철학자들에 의하면 비인간화를 극복하기 위한 교육의 역할은 존재자(인간과 사물)의 그 '존재'를 보게 하는 데 있다. 들로 보고서의 '존재하기 위한 학습'의 철학적 바탕은 바로 여기서 출발해야 한다.

2) 노동의 종말과 새로운 인간이해

유네스코 포르 보고서의 『존재하기 위한 학습Learning to Be』은 과학기술의 발전으로 인한 인간 소외 혹은 비인간화의 문제를 다음과 같이 지적하였다. 이어 들로 보고서는 21세기에 들어서면 이런 현상은 훨씬 더 심각해질 것이라고 예견하였다.

> "날로 위압적인 선전과 홍보에 있어서, 그리고 외부로부터의 강요에 의한 행동의 통일에 있어서 개인의 진정한 필요와 지적 · 감성적 정체감을 희생시키는 가운데 인간성 소외가 심화되고 있다. … 동시에 기계는 … 적어도 전에는 자신의 방식에 따라 자유롭게 움직이고 자신의 목표를 추구하곤 했던 많은 영역으로부터 인간을 몰아내고 있다."[4]

유네스코 두 보고서가 예견한 대로 21세기 제4차 산업혁명시대는 인공지능이 주도하는 산업구조로 재편됨에 따라 인간성 소외현상이 더욱 심화되고 있다. 인간의 신성한 정신적 가치였던 노동과 여가는 자본주의의 논리에 눌려 '효율과 이윤창조'로 대체되고 있다. 그러나 제러미 리프킨Jeremy Rifkin의 『노동의 종말』에서 말하듯이 기술발전으로 인한 인간 소외현상은 작금의 문제가 아니라 지난 200여 년 동안 지속되어 온 현상이다. 19세기 초반만 해도 기계는 흔치 않은 현상이었고 대부분 수작업과 가축을 이용하는 농업이 핵심적인 직업이었다. 그러나 19세기 중반 사이러스 맥코믹Cyrus McCormick이 수확기계를, 그리고 존 디어John Deere가 철제 쟁기를 발명하고 이어 트랙터가 등장하면서 사태는 변하기 시작하였다. 그 결과 1900년에는 총 노동력에서 농업 노동력이 차지하는 비율이 4분의 3에서 3분의 1로 감소했으며, 1940년에는 20퍼센트로, 1990년경에는 약 3퍼센트까지로 감소하였다.[5)]

기계에 의해 일자리를 빼앗긴 사람들은 어떻게 되었는가? 그들은 기계가 창출하는 새로운 고용 영역으로 이동하였다. 최소한 19세기 초부터 20세기 중반까지는 그럭저럭 새로운 일자리로 대체되었다. 그러나 컴퓨터가 발명되면서 기술과 노동의 관계는 악화되기 시작하였고 정보통신기술ICT과 인공지능AI, 로봇이 중심이 된 4차 산업혁명이 심화되는 21세기에 들어서면서 실업 혹은 불완전고용 상황은 더욱 악화되고 있다. 사람과 사물을 포함한 모든 것이 순식간에, 그리고 사람과 사물 및 서비스가 유기적으로 연결되는 초연결사회hyper-connected society이지만 인간은 노동현장에서 축출되고 소외되는 현상은 심화되고 있는 것이다.

하이데거는 비인간화의 보다 근본적인 원인에 대해 사유한다. 비인간화는 인간을 포함한 존재자의 존재를 망각한 데서 비롯된 부메랑적 현상이라는 것이다. 즉, 현대사회의 비인간화 현상은 인간과 사물의 존재망각의 문제라는 것이다. 우리는 일상에서 수많은 사람과 접촉하지만 실제로는 사람을 보지 못한다.

예를 들어 보자. 변기를 주제로 한 마르셀 뒤샹Marcel Duchamp, 1887~1968의 〈샘Fountain〉이란 작품이 있다. 변기는 늘 화장실에 있기에 변기를 의식하지 않으면서 변기를 사용한다. 그런데 그 변기를 갤러리로 끌어내 전시를 하자 변기를 의식하게 된다. 변기가 화장실을 벗어나 도구적 기능을 상실하자 비로소 변기가 제대로 보이는 것이다. 그래서 하이데거는 '망치는 망치의 기능이 상실될 때 그 존재가 드러난다.'고 말한다.

하이데거에 의하면 현대인은 지금까지 인간과 세계를 논리와 과학적 사유방식, 그리고 그의 결과인 기술과 물질의 관점에서 이해하였다. 그래서 인간의 존재를 의식하

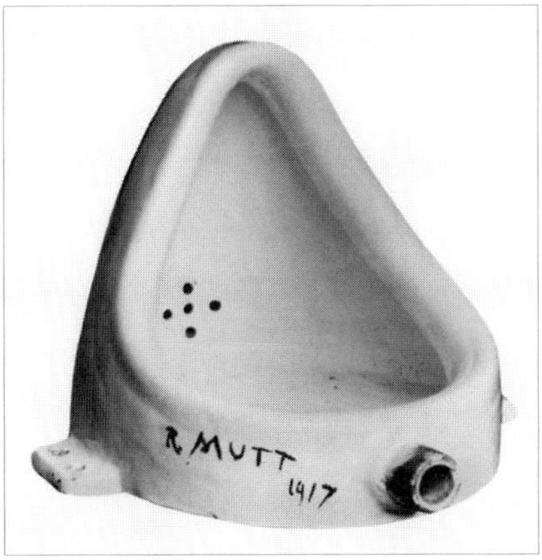

그림 18-1 뒤샹의 〈샘〉 그림

고 포착하지 못했다. 하이데거는 인간과 세계에 대한 새로운 이해를 가질 때만이 새로운 인간이 될 수 있으며, 그 결과 인간 소외와 비인간화 현상을 극복할 수 있다고 강조한다. 뒤샹의 '변기'처럼 비일상적인 세계에서 도구의 본질이 드러나듯이 비일상적인 새로운 세계 이해를 통해 인간의 본질이 드러난다는 것이다. 그는 그 '새로운 이해 방식'을 존재자 아닌 '존재'의 이해에서 찾는다.

2. 비인간화와 존재의 상실

유네스코 포르 보고서가 발간되던 시기(1972년), 말년의 하이데거(1976년 사망)는 포르 위원회와 같은 시각으로 과학기술의 발전으로 인한 비인간화의 문제를 진단하고 이를 극복하기 위한 철학적 사유에 혼신의 힘을 다하고 있었다. 하이데거가 현대 기술문명의 위기를 진단하며 현대사회를 정의한 말은 한마디로 '풍요 속의 빈곤'이다. 과학기술의 발달로 인해 인류는 전대미문의 풍요를 구가하는 것처럼 보이지만 정작 중요하고 필요한 것이 결여되어 있다는 것이다. 따라서 그는 사람들이 풍요로운 시대로 착각하고 있는 현 시대를 '궁핍한 시대'로 규정하였다.

궁핍한 시대의 원인을 찾기 위해 하이데거는 '궁핍한 시대의 시인'이라는 횔덜린과

릴케의 시를 해석하는 방식으로 비인간화를 극복하는 철학을 제시한다. 횔덜린은 자신의 시대가 궁핍한 이유를 신성의 부재 혹은 망각 때문이라 해석한다.[6] 죽을 자들이 또 다른 죽을 자들의 죽음과 고통을 망각하고 사랑이 신성이라는 사실을 철저히 망각하고 있기 때문에 궁핍한 것이다. 특히 현대사회에서 인간을 도구적으로 '닦달하는' 기술이 판을 치고 그 결과 인간 존재의 성스러움, 신성을 몰아내기 때문에 현 시대는 궁핍하다는 것이다. 하이데거는 횔덜린의 신과 신성을 인간을 포함한 존재자들의 고향이자 성스러움인 '존재' 개념과 연결하여 '고향의 상실'을 비인간화의 이유로 제시한다. 그가 제시하는 비인간화의 극복은 가장 망각된 것인 '고향'으로서의 '존재'를 회복하는 것이며 회복하는 교육이다.

1) 존재가 빠져 달아난 존재자

그렇다면 정작 결여된 중요한 것은 무엇인가? 무엇이 빠져 있어 궁핍하다는 것일까? 하이데거는 '존재'라고 말한다. 존재자들이 갖는 성스러움이며 존재자의 고향이 바로 존재이다. 존재의 상실이 바로 인간 소외 혹은 비인간화의 원인이라는 것이다. 존재가 무엇이길래 존재자의 성스러움인가? 이를 위해 제2부에서 제시한 존재자와 존재의 의미를 먼저 상기해 볼 필요가 있다. 하이데거는 존재자$_{\text{das Seiende}}$와 존재$_{\text{das Sein}}$를 구분하고 이런 구분을 전통철학이 간과했다고 주장한다.

존재자('있는 것')란 인간을 포함한 삼라만상의 '있는 것'이며 존재('있음')란 각각의 존재자의 고유한 존재방식을 의미한다. 똑같은 애완견이라도 나의 반려견과 다른 애완견의 존재방식은 다르다. 똑같은 금반지라도 결혼예물로 받은 것은 일반 귀금속 상점 진열대에 있는 금반지와는 존재가 다르다. 그런데 전통 서양철학은 금반지라는 존재자가 무엇으로 만들어졌으며 모양과 기능은 무엇인지 등에 관한 존재론적 물음에 초점을 맞추었다. 진정한 의미의 존재론$_{\text{Ontologie}}$이 아니라 존재자에 관한 이론에 불과했던 것이다. 그러나 금반지의 존재는 금반지처럼 만든다고 발생하는 것이 아니라 그것이 어떤 이유로든 누군가의 손가락에 끼워질 때 발생한다.

하이데거는 전통적인 서양의 존재론, 다시 말해 비인간화에 직간접적 영향을 미친 서양의 전통적인 존재론 혹은 사물의 사물성에 대한 견해를 세 가지로 구분해 논의한다.[7]

첫째, 속성을 지닌 실체substances with properties, 둘째, 감각 인식의 다양성의 통합체the manifold of sense perceptions, 셋째, 형상을 갖춘 질료formed matter이다. 서양 전통철학에 기초한 서구적 사고에서는 구두나 장난감 등과 같은 사물의 사물성 혹은 본질을 생각할 때 이 세 가지 중 하나를 또는 이들을 결합해서 사고한다는 것이다. 그러나 하이데거는 이런 견해들이 인간과 사물의 본질을 그대로 포착하지 못한다고 말한다. 우선 실체라는 틀은 우리 일상의 사물들과는 거리가 멀어 인간과 사물을 이해하는 추상적 관념에 그치기 쉽다.

두 번째 견해는 우리가 접하는 일상적인 사물들이 단순히 다양의 통일이란 도식만으로 설명될 수 있는가의 의문이 들 수 있다. 예를 들어, 나와 함께하는 반려견의 본질 혹은 존재를 단순히 다양한 개의 종류 중 하나로만 설명될 수 있는가의 물음이다. 우리가 감각적으로 인식하는 자료인 '개'에만 초점을 맞출 경우 반려견을 오히려 보지 못하게 되는 것이다. 특히 주목할 견해는 세 번째로서 사물은 '질료와 형상의 통일'이란 생각이다.

모든 사물은 질료와 형상이 통일된 것이라는 생각은 아리스토텔레스 이후 가장 지배적인 사유방식이었다. 그러나 하이데거는 질료와 형상, 소재와 형식의 결합이란 개념은 순수한 사물성에 대한 근원적 규정이 결코 아니라는 점을 지적한다. 질료와 형상의 결합이란 사고는 본래 도구의 제작과 관련해 생겨난 것임을 상기시킨다. 예를 들어, 조각가 오귀스트 로댕Auguste Rodin의 석고상, 〈생각하는 사람〉의 작품과 제작과정을 생각해 보자. 로댕은 질료인 대리석에다 자신이 표현하려는 예술적 상, 즉 형상을 조각해 결합시킴으로서 조각상을 완성시킨 것이다.

그렇다면 어떤 '쓰임새'를 목적으로 하는 도구와 다른 인간은 물론, 돌이나 흙과 같은 순전한 사물들의 본질은 어떻게 설명이 되는가? 예를 들어, 로댕의 작품[8]처럼 망치란 존재자[사물]를 제작할 때 인간은 질료[나무, 쇠]에다 형상[용도]을 결합시킨다. 그러나 유용성[쓰임새]과 관련 없이 그 자체로 존재하는 인간과 사물의 '존재'는 어떻게 설명이 되는가의 문제이다. 따라서 하이데거는 모든 사물을 질료materia와 형상forma의 통일로 보는 것은 존재자의 본질을 규명하는 시도일 뿐 존재자의 존재의 본질은 보지 못한다는 점을 지적한다. 지금까지의 존재론은 단지 존재자에 관한 이론에 불과했다고 평가한다.

세 가지 전통적인 견해에서 보듯 우주를 구성하는 요소들, 혹은 인간을 포함한 존재자들은 어떠한 요소들로 이루어졌느냐 하는 존재자를 분석하는 데 초점이 맞추어져 있었다는 것이다. 육체와 정신(이성)으로 구성된 인간 존재자에만 관심을 가졌을 뿐 인간의 고유한 존재방식, 즉 '존재'에는 무관심했다는 것이다. 따라서 하이데거는 서양철학의 역사를 **존재망각**Seinsvergessenheit의 역사로 규정한다. 다시 말해, "존재자에게서 존재가 빠져 달아나 버렸다."고 말한다.[9] 하이데거는 이제 형이상학은 존재자와 존재의 차이에 주목해야 한다고 말한다. 다시 말해, 사물에 관한 물음이 아니라 지금까지 망각해 왔던 사물이 '존재하고 있음'에 대한 물음을 제기해야 된다는 것이다. 다시 말해, 존재자가 아닌 존재를 물어야 한다는 말이다.

2) 존재자와 존재의 차이

예를 들어, 가축으로서의 소와 반려견으로서의 강아지를 생각해 보자. 존재자인 소는 본래 초원에서 풀을 뜯어 먹으며 지내는 '고유하고 독특한 존재방식'을 가지고 있다. 이것이 소의 존재이다. 그러나 사람들은 소를 부드러운 육질이나 우유를 제공해 주는 자원으로서 사육한다. 소의 존재방식을 인정하지 않고 소라는 존재자를 자원으로서만 간주한다. 반면에 집에 있는 반려견伴侶犬에 대해서는 다를 수 있다. 밖에 나가 뛰놀거나 사랑받고 싶어 하는 개의 고유한 존재방식을 인정하고 배려하는 경우가 많다. 이와 같이 살아 있는 동물은 물론 강과 대지, 자연도 각각의 고유한 존재방식을 갖고 있다.

그러나 소나 닭의 고유한 존재방식을 인정하지 않고 자원으로 간주하고 다량 사육하듯이 현대는 모든 존재자의 고유한 존재를 망각하고 인정하지 않고 있다. 하이데거는 모든 것이 인간의 욕망에 부응하도록 강요되고 있다고 다음과 같이 비판한다.

> "기술적 인간은 계란, 우유, 고기를 선사하는 가축들을 마주하고 있는 것이 아니라 순전히 계란, 우유, 고기 공급원—이것들은 그 이외의 아무것도 아니다—을 마주하고 있다. 그는 편리한 전기를 일으켜 인간의 노동을 가볍게 해 주는 강이 아니라 수력 제공원을 마주하고 있다. 석탄과 광석을 보장해주는 대지가 아니라 석탄 또는 광석 저장고를 마주하고 있다. 어디

에서나 똑같은 과정이 진행되고 있다.

즉, 사물들이 순전히 기술적인 요구의 관련점 안으로 사라져 버린다. 이제는 그러한 관련 안에 들어설 수 있는 것만이 중요하며, 아니 그런 것만이 '존재하는' 것으로 통용된다. 여기에 주체가 그리고 저기에 대상이 아니라, 욕구와 욕구충족의 수단이라는 두 극 사이의 연관만이 있을 뿐이다."[10]

전통 서양철학이 존재자의 분석에만 초점을 맞추고 존재자의 존재를 망각했듯이, 그러한 사유방식을 바탕으로 한 현대사회 역시 존재에는 관심이 없는 것이다. 따라서 하이데거는 인간은 '욕구'로 똘똘 뭉친 존재자이고 사물들은 인간의 '욕구충족의 수단'으로만 여겨지고 있다고 비판하는 것이다. 동식물이나 자연뿐만 아니라 인간마저도 한갓 에너지원 혹은 인적자원human resources으로 간주되고 있는 현실이다. 특히 기업에서는 근로자를 성과달성을 위한 육체적인 에너지나 정신적인 에너지로 평가한다.

물론 인간의 에너지는 다른 사물들이 구비하고 있는 에너지를 뽑아내어 그것을 인간의 욕망충족을 위한 효율적인 에너지로 변환시킬 수 있다는 점에서 다른 사물들의 에너지와는 본질적으로 다른 성격을 갖는다. 그렇지만 기업의 목적과 이익 달성을 위한 에너지로서 효율적으로 사용될 수 있느냐의 여부에 따라 채용되거나 폐기 처분된다는 점에서 큰 차이가 없다. 인간을 대체 불가능한 고유한 하나의 인격으로 간주하기보다는 기업의 목적에 따라 얼마든지 다른 사람으로 대체될 수 있는 에너지로 취급하는 것이다.[11]

이와 같이 인간도 모든 자연물과 마찬가지로 에너지원에 불과한 것으로 취급됨으로써 인간과 물질의 차이는 소멸되고, 그 결과 인간의 소외 혹은 비인간화 현상은 점차 심화된다. 하이데거는 이를 간명하게 표현한다.

"대지와 대기권은 원자재가 된다. 인간은 설정된 목표를 위해 투입되는 인간재료가 된다."[12]

이런 의미에서 하이데거는 오늘날의 세계를 '황폐한' 세계라고 규정한다. 그는 "세계는 황폐해졌고, 신들은 떠나버렸으며, 대지는 파괴되고, 인간들은 정체성과 인격을 상실한 채 대중의 일원으로 전락해 버렸다."고 말한다.[13] 하이데거가 말하는 현대의 인간 소외 및 비인간화 현상의 원인이 바로 여기에 있다. 다시 말해, 인간이란 존재자의 존재가 상실된 황폐한 세계에서 인간들은 정체성과 인격을 상실하게 되었고 비인간화되었다는 것이다.

3. '시' 교육의 현상학적 의미

들로 보고서는 현대의 비인간화를 극복하기 위해서는 교육은 개인의 상상력과 창의력을 개발하는 데 주력해야 한다고 강조한다. 이를 위해 강조하는 것이 학교에서의 예능과 '시詩 교육'이다. 그러나 시를 포함한 예술교육이 인간 소외 혹은 비인간화 현상 극복에 어떻게 도움이 되는 지에 대해서는 언급이 없다. 이에 대해 중요한 철학적 바탕으로 제공하는 것이 하이데거 철학이다. 하이데거에 의하면 시 교육이란 시를 짓는 교육이 아니라 시를 읽고 감상하는 태도 혹은 시적인 태도를 의미한다. 더 나아가 시를 포함한 예술작품을 감상하는 태도의 중요성이다. 하이데거는 뒤상의 「샘」을 보는 것처럼, 우리의 일상적인 태도를 떠나 시적인 태도를 가지면 인간과 사물들의 고유한 진리를 포착할 수 있다고 강조한다.

1) 하이데거의 '시' 교육

여기서 하이데거 철학은 서양의 전통철학과 근본적인 차이점을 드러낸다. 전통적으로 철학은 개념을 분석하는 작업인 반면 시는 이미지로 표현하는 작업이기에 시를 포함한 예술과 철학은 근본적으로 차이가 있다. 철학은 냉철한 이성을 바탕으로 논리적으로 객관적인 진리를 파악하는 데 특징이 있다. 그 결과 과학기술의 발전과 인류 문명의 진보를 가져왔음은 주지의 사실이다. 반면에 시를 포함한 예술은 작가의 주관적 감정을 표현하는 것으로 이해가 된다. 그러나 하이데거는 예술과 철학은 모두 공통점이 있음을 간파한다. 그것은 곧 '존재자의 존재'를 드러내려 한다는 것이다.

따라서 하이데거는 존재자의 존재를 드러내는 시와 예술작품이 갖는 의미, 또한 그들을 읽고 감상하는 태도에 대한 교육에서 과학기술시대의 한계와 그로 인한 비인간화의 극복방안을 찾는다. 왜냐하면 인간은 본래적으로 자신들이 일상에서 관계하는 인간과 동물, 사물들[존재자]의 고유하고 독특한 '존재'를 경험할 때에만 자신의 존재 의미와 충만감, 행복감을 느끼기 때문이다. 한 예로 사람들은 자신을 인적자원개발(HRD) 책임자로만 인식하는 직장상사와의 관계보다는, 자신을 있는 그대로의 한 인간존재로서 관심을 갖고 사랑을 하는 연인에게서 삶의 충일감과 행복을 느끼는 것과 같다. 하이데거의 시적인 태도 혹은 예술적인 태도 역시 같은 맥락에서 이해할 수 있다.

일반적으로 시와 예술작품을 대하는 사람들의 태도는 비즈니스의 만남과는 사뭇 다르다. 이때만큼은 사물들을 지배하거나 그 작품을 소유하려는 의지를 갖지 않고 있는 그대로의 작품을 감상하려 한다. 즉, 작품이 무엇을 드러내려 하는지에 관심을 갖는 것이다. 이것이 시적이며 예술적인 태도이다. 이러한 상태에서 시와 예술작품은 자신의 존재를 스스로 드러낸다. 인간을 도구적인 목적이 아니라 그저 인간으로서 바라보고 관심을 가질 때 인간의 존재, 진리가 드러난다. 하이데거는 저서『예술작품의 근원』에서 예술작품 속에서는 존재자가 자신의 존재를 드러낸다고 말하고, 이 비은폐성을 알레테이아Aaletheia라고 명명한다.[14]

2) 고흐의 '한 켤레의 구두'

하이데거는 인간이 시적인 태도를 갖고 대상으로서의 인간과 사물들을 대할 때 비로소 그 대상은 자신의 진리를 스스로 드러낸다는 것을 빈센트 반 고흐Vincent van Gogh, 1853~1890의 1886년작 〈한 켤레의 구두A pair of shoes〉[15]를 예로 들어 설명한다.[16]

그림에 대한 감상은 사람마다 다를 것이다. 모든 사람이 구두를 잘 알고 있으며 무엇으로 만들어진 것인지를 잘 안다. 하이데거에 따르면 전통 서양철학의 감상법은 구두는 도구이며 구두의 용도는 신는 것이란 점에서 출발한다. 나아가 들에서 일할 때 신는 것인가, 아니면 춤출 때 신는 것인가의 용도에 따라 소재와 형식, 질료와 형상이 다르다는 생각으로 이어진다. "도구의 도구 존재는 용도성 가운데서 자신의 본질을 갖는다."[17]고 생각하기 때문이다. 이것이 서양철학의 존재 아닌 존재자 이해방식이다.

그러나 하이데거는 이런 이해방식으로는 그림 속 구두의 '존재'를 포착하지 못한다고 말한다. 왜냐하면 존재는 그 자체로 숨기고자 하는 경향이 있기 때문이다. 이러한

그림 18-2 고흐의 〈한 켤레의 구두〉 그림

숨김은 단순한 숨김이 아니라 "존재자를 개시하면서 존재 스스로는 숨김"이다. 마치 한 연인이 자신이 진정으로 원하는 것이 무엇인지를 감추면서 자신을 상대에게 내보이는 것과 같을지도 모른다. '존재가 스스로를 숨김으로 인해 사유는 존재자에게 집중되고 존재는 망각'된다. 그래서 그는 서구 형이상학의 역사를 존재망각의 역사로 규정한다.

하이데거는 그림 속 구두를 파악하기 위해서는 구두에 대한 전통철학적인 분석을 넘어 구두를 그 자체로 보라고 말한다. "존재하고 있는 존재자를 바로 그것 자신으로서 존재하도록"[18] 하라는 것이다. 그것은 구두라는 '존재자 자체에 입각해서 구두의 존재를 사유'하는 것이다. 따라서 하이데거는 도구로서의 구두가 실제로 쓰이고 있는 상황 가운데서 살필 때 구두는 자신의 존재를 드러낸다$_{\text{Aaletheia}}$고 말한다. 고흐의 낡은 구두 한 켤레를 구두가 쓰이는 상황에서 볼 때 구두의 존재가 어떻게 자신의 진리를 드러내는지를 하이데거는 다음과 같이 묘사한다.

> "이 구두라는 도구의 밖으로 드러난 내부의 어두운 틈새로부터 들일을 하러 나선이의 고통이 응시하고 있다. 한결같은 모양으로 계속해서 뻗어 있는 밭고랑 사이를 통과해 나아가는 느릿느릿한 걸음걸이의 끈질김이 신발도구의 옹골찬 무게 속에 쌓여 있다. 그 밭 위로는 거친 바람이 불며 서 있다. 구두가죽 위에는 땅의 축축함과 풍족함이 깃들어 있다. 저무는 저녁 들길을 가로질러 가는 고독함이 신발 밑창 아래서 밀려가고 있다.
>
> 신발 도구 속에서는 대지의 침묵하는 부름이, 익어 가는 곡식을 대지가 조용히 선사함이,

그리고 겨울들판 황량한 휴경지에서의 대지의 설명할 수 없는 거절이 울리고 있다. 이 도구를 통해서 빵을 안전하게 확보하는 데 대한 불평 없는 근심이, 궁핍을 다시 넘어선 데 대한 말없는 기쁨이, 출산이 임박했을 때의 떨림과 죽음의 위협 속에서의 전율이 스며들어 있다. 대지에는 이러한 도구가 귀속되어 있고 농촌 아낙네의 세계 안에 이 도구가 보호되어 있다. 이러한 보호된 귀속됨에서부터 도구 자체가 그것의 '자기 안에 머무름'으로 일어선다."[19]

하이데거의 그림 해석에 대해 심각한 그러나 흥미로운 논쟁이 뒤를 이었다. 하이데거는 어떤 근거로 이 구두를 농부 아낙네의 것이라고 단정하느냐는 것, 설사 농부 아낙네의 구두라 해도 고흐는 하이데거가 해석하고 있는 것처럼 그런 생각을 하고 그림을 그렸느냐는 의문, 하이데거의 해석은 미술사적 관점과는 동떨어진 것이란 논쟁 등이 뒤를 이었다.[20]

3) 존재자의 존재를 사유하라

그러나 하이데거의 관심과 의도는 이들의 의문을 뛰어넘는다. 하이데거는 고흐의 그림에 있는 구두를 단지 하나의 구두라는 사물로서의 존재자를 묘사하는 것으로 보지 않는다. 그 구두가 현실 세계에서 겪게 되는 삶의 흔적, 즉 존재를 드러낸다는 점이다. 구두는 농촌 아낙네의 생활환경 안에서 존재를 드러내는 것이다. 농부의 구두는 농부와의 연관 속에서만 존재한다.

아무리 잘 만든 구두라도 상점 진열대에만 놓여 있다면 그 구두는 단지 '눈앞의 존재자'일 뿐이다. 그저 하나의 사물[존재자]에 불과할 뿐 '존재'한다고 할 수 없다. 백화점의 냉장고, 세탁기, 스마트폰 등도 마찬가지이다. 구두나 스마트폰 같은 사물이 인간의 생활환경$_{\text{Umwelt}}$ 안으로 들어와 '인간의 손'에 닿고 '인간의 관심'을 안고 있을 때 비로소 도구적 존재가 되는 것이다. 사물의 존재는 인간이 그 사물을 사용하게 될 때 실제로 존재할 수 있는 것이다.

하이데거는 고흐가 그린 농촌 아낙네의 신발이 바로 그렇다고 보았다. 그 구두는 농촌 아낙네가 밭고랑을 누비고 다니며 축적한 끈질김과 강인함을 지니고 있으며 구두가죽 위에는 땅의 축축함과 풍족함이 깃들여 있다. 그 구두는 농촌 아낙네의 투박한 발에 신겨져서 밤낮으로 밭고랑을 헤집고 다닐 때 비로소 그 구두는 도구로서 '존재'하는 것이며 농촌 아낙네의 고단한 삶의 궤적을 함축하는 것이고 따라서 농촌 아낙네의 세계 안에 보호되어 있는 것이다. 이러한 보호된 귀속됨에서부터 도구 자체가 그것의 '자기 안에 머무름'으로 일어선다고 생각하였다.

도구란 존재자의 존재는 그 자체로 독립하여 존재하는 것이 아니라 항상 다른 존재자와의 연관 혹은 맥락 속에서만 존재한다는 사실은 영화 〈부시맨The Gods must be crazy〉이 잘 보여 준다.[21] 칼라하리 사막 원주민들이 하늘에서 떨어진 콜라병을 발견하면서 벌어진 코미디 영화이다. 원주민들에게 하늘에서 떨어진 콜라병은 신기한 물건으로 신이 내린 선물이다. 그런데 콜라병이 도대체 무엇에 쓰이는 물건인지 알아내려고 애쓰다 결국에는 콜라병을 차지하려는 치열한 다툼이 일어난다.

그런데도 콜라병 고유의 아우라는 끝내 드러나지 않는다. 맥락이나 상황에서 벗어난 상태에서 독립적으로 존재하는 콜라병의 도구적 존재, 즉 '콜라다움Cokeness'은 의미가 없는 것이다. 서구인들이 콜라병을 보면서 아름다운 여인의 몸매를 떠올리거나 어린 시절의 추억을 떠올릴 때마다 콜라의 존재는 살아나는 것이다. 콜라병은 그것과 연관되어 있는 전체적인 세계 속에서, 다시 말해 '의미의 사슬chains of meaning' 속에서만 존재한다.

우리는 지금까지 시적인 태도로 도구적 사물의 존재를 포착하는 것에 대해 생각해 보았다. 다시 말해, 고흐의 '구두'나 부시맨의 '콜라병' 같은 도구적 존재자, 즉 하이데거가 말하는 '손안에 있음Zuhandensein' 혹은 '손안의 존재자'의 존재에 관한 것이다. 그러나 '손안의 존재'인 도구적 사물 외에 흙이나 돌, 강과 바다 같은 순수한 사물, 즉 하이데거가 말하는 '눈앞의 존재자', 그리고 더 나아가 '현존재'로서의 인간의 '존재'[22]에 대한 시적인 태도 역시 마찬가지로 필요하다.

인간의 존재는 물론 흙이나 돌, 강과 같은 "자생적이며 무목적적인 성격을 갖는 순수한 사물"[23]의 존재를 포착하기 위한 시적인 태도는 "존재하고 있는 존재자를 바로 그것 자신으로서 존재하도록 하는 것"[24]이다. 강은 그 자신으로 존재하면서 인간에게 물을 제공하고 전기를 일으켜 편리함을 제공한다. 그러나 하이데거에 따르면 인간은 그러한 강을 "강이 아니라 수력 제공원"[25]으로 인식한다.

그렇다면 현존재로서의 인간은 어떠한가? 신자유주의 시대, 인공지능이 중심이 되는 21세기에 인간은 인적자원으로서의 존재자로 자리매김하고 있다. 하이데거는 현대인들은 존재자들을 관리하고 조작하고 지배하고 향유하는 데 빠져서 존재를 망각하고 있을 뿐 아니라 심지어 자신들이 존재를 망각하고 있다는 사실조차도 망각하고 있다고 비판한다.[26] 그 결과 인간의 소외와 비인간화 현상은 더욱 심화되고 있다. 하이데거에 따르면 비인간화를 극복하기 위한 새로운 이해방식이 필요하다. 새로운 이해방식은 새로운 세계를 창출하기 때문이다. 그것은 인간이란 "존재자 자체에 입각해서, 인간 존재자의 존재를 사유하는 것"[27]이다. 이는 평생교육의 과제이기도 하다.

19

소유양식에서 존재양식으로

'존재하기 위한 학습'은 비인간화를 극복하고 인간으로서 살아가기 위한 학습을 의미한다. 그렇다면 인간으로서 존재하기 위한 학습이 지향하는 것은 무엇인가? 이에 대한 명확한 방향을 제시하는 철학자이자 사회심리학자가 에리히 프롬Erich Fromm, 1900~1980이다. 앞서 하이데거는 존재자에게서 실종된 존재의 의미를 회복할 것을 주장하였다. 프롬은 보다 구체적이며 적극적으로 '존재하기 위한 삶의 양식'으로의 전환을 역설한다.

1. 산업화 이후의 환상과 비인간화

주목할 점은, 프롬은 유네스코 포르 보고서의 주역인 에드가 포르Edgar Faure, 1908~1988의 이웃 국가인 독일에서 동시대를 살았던 철학자이다. 실제로 포르는 정치사상적으로 프롬을 포함한 프랑크푸르트Frankfurt학파에 큰 영향을 받았다는 점[28]에서 프롬의 사상은 존재하기 위한 학습의 철학적 영향을 미치고 있다고 볼 수 있다.

1) 산업화의 환상과 부메랑

특히 포르 보고서가 구상 중이던 1970년 전후는 1968년 프랑스 5월 혁명으로 인해 권위, 복종 등의 보수적인 가치들을 대체하는 진보적인 가치들이 프랑스와 유럽사회를 휩쓸고 있던 시기였다.

다양하게 노정된 사회모순과 비인간화를 거부하고 인간 존재의 회복을 위한 사회적 요구가 거세게 일던 시기였기에, 이러한 기치관의 변화가 유네스코 보고서에 영향을 끼쳤을 것이란 추론이 가능하다. 실제로 프롬은 68운동에 참가한 학생들은 사회를 인간적인 방향으로 변혁하겠다는 순수한 열정을 갖고 있었다는 점을 다음과 같이 밝히고 있다.

> "이 젊은이들에게서 우리는 취득과 소유의 감춰진 형태가 아니며, … 자기가 하고 싶은 것을 하는 데서 진정한 기쁨을 나타내는 소비패턴을 보게 된다. 이들 젊은이들은 먼 곳까지, 그것도 가끔 고생을 하면서 찾아가 좋아하는 음악을 듣고, 보고 싶은 장소를 보고, 만나고 싶은 사람을 만난다. 그들의 목적이 그들이 생각하는 만큼 가치가 있는지 없는지는 여기서 문제가 되지 않는다. 그들에게 충분한 진지성, 준비 혹은 집중력이 없다고 하더라도 이 젊은이들은 과감히 '존재하려고 할' 뿐 보상으로 무엇을 얻느냐, 무엇을 보존할 수 있느냐 하는데 관심을 갖지 않는다. … (중략) …
>
> 그들은 아직 자신이나 실제생활의 지표가 될 목적을 찾아내지 못하고 있는지 모르지만 갖기 위해서나 소비하기 위해서가 아니라 자기 자신이 되기 위해서 모색하고 있는 것이다."[29]

프롬은 68혁명을 통해 젊은이들이 요구하는 사회변화 및 가치관 변화는 인간으로서 '존재하는 것', 그리고 '자기 자신이 되는 것'이란 점을 포착하고 있다. 이를 위해 소비패턴도 소비 자체를 위해서가 아니라 자신이 진정으로 원하는 것을 하는 데서 기쁨을 나타내는 소비로, 자기 자신이 되기 위한 소비패턴으로 바뀌고 있다고 말한다. 프롬이 분석하는 이러한 사회적 변화는 소유양식에서 존재양식으로의 변화에 대한 프롬의 신념은 물론, 유네스코 포르 보고서의 제목과 주제를 '존재하기 위한 학습'으로 결정하게 된 것에도 영향을 미쳤을 것으로 보인다.

프롬은 말년에 자신의 사상을 집약한 책인 『소유냐 존재냐To Have or to Be』(1976)[30]에서 유네스코 보고서들도 제기한 기술발전에 따른 비인간화의 심화 문제를 지적하고 그 원인과 대안을 제시한다. 그는 '이성적 인간'이 등장한 르네상스(14~16C)이후 꽃을 피운 계몽사상은 자연과학의 발전을 촉진하고 산업혁명(18C 중반)을 낳았다고 말한다. 또한 그 산업시대 개막 이래로 인류가 가져온 희망과 믿음의 토대는 '자연의 지배, 물질적 풍요, 최대 다수의 최대행복, 무제한적인 개인적 자유의 실현'이었음을 지적한다. 그러나 산업화의 눈부신 업적은 20세기 초반의 제1, 2차 세계대전과 미국발 대공황(1929), 핵 군비경쟁 등의 비인간화라는 부메랑으로 돌아와 인간을 위협하고 있다고 강조한다.

2) 불행의 심리학적 전제

그렇다면 산업혁명 이후 가졌던 인류의 희망이 '환상'으로 끝난 이유는 무엇인가? 프롬은 두 가지 심리학적 전제에서 찾는다. 첫째는 "인생의 목적은 개인의 욕망이나 요구를 만족시키는 행복, 즉 최대한의 쾌락(철저한 쾌락주의)"이라는 것이며, 둘째는 "자기중심주의, 이기심, 탐욕이 조화와 평화를 가져온다."는 전제이다.[31] 두 가지 전제를 좀 더 살펴보자.

프롬은 쾌락주의의 창시자인 에피쿠로스Epicuros, BC 342~270는 쾌락을 주창했지만 그 쾌락이란 '고통의 부재aponia'와 영혼의 평정ataraxia임을 상기시킨다. 에피쿠로스는 쾌락을 욕망의 충족으로 정의한다면 그런 쾌락은 삶의 목적이 될 수 없음을 강조했기 때문이다. 그런데 삶의 목적을 모든 인간적인 욕망 충족에 있다고 보는 이론은 17~18세기 철학자들에 의해 명확히 표방되었다. 물론 18세기 이래로 칸트나 마르크스, 헨리 데이비드 소로Henry David Thoreau, 1817~1862, 슈바이처 같은 반쾌락주의도 있었다. 그러나 지배적인 사상은 영국의 제레미 벤담Jeremy Bentham, 1748~1832이 쾌락주의를 체계화한 공리주의였다. 프롬은 이러한 철저한 쾌락주의는 제1차 세계대전 끝 무렵부터 현대로 이어지고 있음을 강조한다.

두 번째 심리학적 전제, 즉 아담 스미스의 '보이지 않는 손의 원리'에서 보듯 개인적이기주의 추구는 조화와 평화, 모든 인간의 복리 증대를 가져온다는 전제 역시 프롬은 이론적이며 경험상의 오류라고 말한다. 왜냐하면 이기주의는 소유를 목표로 하는 삶의 방식이기에 다른 사람들과 나누는 것이 아니라 혼자서 소유하는 것에서 쾌락을 느끼기 때문이다. 따라서 "소유하는 것이 내게 쾌락을 주고, 내 목표가 소유라면 더욱 많이 '소유할수록' 더욱 그 '존재'가 확실해지므로 나는 탐욕스러워질 수밖에 없기 때문"[32]이다.

> "나는 다른 모든 사람, 즉 내가 속여야 할 고객과 없애야 할 경쟁자와 착취해야 할 노동자에 대해서 적의를 품어야 한다. 소망에는 끝이 없기 때문에 나는 결코 만족할 수 없으며, 나보다 더 많이 가진 사람을 시기해야 하며, 더 적게 가진 사람들을 두려워해야 한다. 그러나 나는 이 모든 감정을 억눌러야 한다. 그것은 모든 사람이 그렇게 가장하듯이 나 자신을(나 자신에 대해서나 다른 사람에 대해서나) 미소를 띤, 이성적이고 성실하고 친절한 인간으로 보이게 하기 위해서이다."[33]

이러한 이기심에 입각한 소유에 대한 열정은 필연적으로 끝없는 계급투쟁을 가져온다. 모두가 더 많이 갖기를 원하는 한 계급들이 형성되게 마련이고 전 세계적으로는 국가 간 전쟁을 불러들이게 마련이다. 따라서 프롬은 단정한다.

> "탐욕과 평화는 서로 어울릴 수 없는 것이다."

2. 소유와 존재의 기본적 차이

프롬은 현대기술문명의 위기 혹은 비인간화를 극복하기 위해서는 사회는 물론 개인적인 삶의 방식을 전면적으로 변혁해야 한다고 결론을 내린다. 그 변혁은 인간정신의 근본적인 변화에서 이뤄진다는 것이다. 그것은 바로 **소유지향적인 삶**의 방식에서 **'존재지향적인 삶'**의 방식으로의 변혁이다.

그런데 먼저 주목해야 할 점이 있다. 프롬은 '소유'와 '존재'는 상식적으로 선택의 대상이 아님을 전제한다. 소유는 누가 봐도 인간 삶의 정상적인 기능이기 때문이다. 또한 '생존적인 소유'와 '성격학적인 소유'를 구분한다. 우리의 육체, 음식, 주거, 옷, 생필품 등과 같이 우리의 생존을 위해 필요한 어떤 물건을 소유하고 지키고 사용하는 것은 생존적인 소유이다. 이런 소유는 생명 유지를 위해 요구되는 것으로서 필요하며 합리적인 방향을 지닌 충동이다. 반면에 성격학적인 소유는 선천적인 것이 아니며 생물학적으로 주어진 인류에 대한 사회적 조건의 영향의 결과로서 발달한 것이다.[34] 프롬이 말하는 소유는 바로 성격학적인 소유를 말한다.

따라서 소유양식의 비판은 평생교육이나 학습의 관점에서 소유를 포기하는 학습을 말하는 것도 아니고, 소유 포기의 삶에 가치를 부여하는 것도 아니다. 프롬이 강조하는 것은 생존적 소유가 충족되었음에도 불구하고 소유만을 고집하는 일상에서 무게의 중심을 전환하라는 것으로 이해해야 한다. 사물을 중심으로 하는 삶에서 사람을 중심으로 하는 삶으로의 전환이다. 조금만 관심의 시선을 돌리면 평소에 무심코 지나쳤던 꽃과 나무들이 보이듯이, 바쁜 일상에서도 중심을 사람과 사물의 '존재'의 소중함과 신비를 경험하고 가치를 부여하는 삶으로 전환할 수 있다는 것이다. 즉, 소유양식에서 존재양식으로의 전환이다.

석가모니와 예수 등 인류의 위대한 '인생의 교사'들은 한결같이 존재적 삶을 선택하라고 강조하였다. 소유에만 몰두하는 삶의 방식에서 머리를 돌려 존재양식을 보라는 것이다. 유물론자로 치부되는 칼 마르크스Karl Marx, 1818~1883 역시 "우리의 목적은 많이 '소유하는' 것이 아니고 많이 '존재하는' 것이어야 한다."고 가르쳤다.[35] 그 이유는 마르크스에게 노동은 인간 생명의 발현이기에 자본가와 노동자의 투쟁은 근본적으로 인간 대 사물, 존재 대 소유의 싸움이었기 때문이다. 마르크스는『경제학 · 철학 원고』에서 존재와 소유의 관계에 대해 다음과 같이 말한다.

> "당신의 '존재'가 희미하면 희미할수록, 그리고 당신이 당신의 생명을 적게 표현하면 표현할수록, 당신은 그만큼 더 '소유'하게 되고, 당신의 생명은 그만큼 더 소외된다."[36]

마르크스가 말하는 것은 사치와 부를 멀리하고 가난을 택하라는 것은 물론 아니다. 그는 사치도 가난도 모두 악덕으로 보았다. 마르크스가 언급하고 있는 것은 '생존의 소유양식'이지 집과 자동차 같은 사유재산이나 소유 그 자체는 아니다. 존재와 사유는 인간이 자아와 세계와 관계 맺는 근본적으로 다른 두 가지 방식이기에 어느 쪽이 자아를 지배하느냐에 따라 개인의 사고, 감정, 행위 및 행복의 총체가 결정되는 성격구조를 갖게 된다는 것이다. 프롬은 마르크스의 말을 인용하여, 우리 모두에게는 소유지향적인 성향과 존재지향적인 성향이 함께 존재하는데, 저울추가 기울 듯 어느 한 쪽이 강화되면 다른 한쪽은 필연적으로 약화된다고 말한다.

1) 소유와 존재의 의미

그렇다면 삶의 두 가지 양식인 소유와 존재양식의 기본적인 차이는 무엇인가?

프롬에 의하면 소유양식은 재산, 지식, 사회적 지위, 권력 등을 '소유'하는 데만 전념하는 삶의 방식이다. 자신이 소유하고 있는 것을 통해 자기의 가치, 주체성, 자기 존재를 증명하려고 애쓰는 삶이다. 결국 주체와 객체를 '물건'으로 환원시켜 버리기 때문에 그 관계는 살아 있는 관계가 아닌 죽은 관계가 된다. 필연적으로 끝없는 생산과 소비라는 악순환을 낳게 되고 비인간화를 초래하게 된다. 프롬은 이런 관계는 물건뿐 아니라 평생교육 혹은 학습의 방식에 영향을 미치며, 인간, 지식, 신, 나아가서 건강이나 질병에까지 영향을 미친다고 강조한다.

이에 반해 존재양식은 자신의 능력을 능동적으로 발휘하며 삶의 희열을 확신할 수 있는 삶의 양식이다. 어떤 것을 소유하지도 않고 또 소유하려고 갈망하지 않기 때문에 아무것에도 속박당하지 않는다. 어떤 고정된 태도나 형식에 집착하지 않기에 변화를 두려워하지 않으며 끊임없이 성장하게 된다. 다른 사람과의 관계에서는 서로 공유하고 즐거워하며 관심을 함께 갖는 살아 있는 관계가 된다. 따라서 삶을 긍정하고 세계와 '하나가 되는' 삶의 양식, 프롬의 표현대로 함께 삶의 무도회에 참가하는 삶이다.

신자유주의 세계화시대에서 각자도생의 삶에 익숙해진 현대인들에게 프롬의 휴머니즘에 입각한 존재지향의 삶은 다소 이상적이며 비현실적으로 들릴 수도 있다. 이는 현대인들이 그만큼 물질적 소유에만 몰두한 나머지 겪고 있는 소외현상이자 병리현상의 반증일 수도 있을 것이다. 프롬은 존재지향적 삶은 결코 이상이 아니라 우리의 관심과 생각의 전환으로 얼마든지 이룰 수 있는 인간적이며 행복한 삶이란 점을 역설한다.

프롬은 먼저 존재와 소유의 차이가 무엇인지, 그리고 그 단순한 차이가 삶의 방식을 어떻게 바꿀 수 있는지를 두 편의 시를 실례로 들어 설명한다.[37] 하나는 19세기 영국 시인 알프레드 테니슨Alfred Tennyson, 1809~1892의 시이며, 다른 하나는 일본 시인 바쇼의 하이쿠이다. 두 시인은 산책 중에 본 꽃에 대한 자신의 반응을 기술하고 있다. 이들 시에는 시인이 소유양식과 존재양식 중 하나에 의해 규정되어 있으며, 그에 따라 시의 의미와 뉘앙스가 달라진다는 사실이 드러나 있다.

> 갈라진 암벽에 피는 꽃이여
> 나는 그대를 갈라진 틈 사이에서 뽑아 따낸다.
> 나는 그대를 이처럼 뿌리째 내 손에 들고 있다.
> 작은 꽃이여 ---- 그대가 무엇인지,
> 뿌리뿐만 아니라 그대의 모든 것을 이해할 수 있다면
> 그때 나는 신이 무엇이며
> 인간이 무엇인지를 이해할 수 있으리라.

프롬은 테니슨의 시에서 꽃을 "뿌리째 뽑아내는" 시인의 소유 욕망을 포착한다. 신과 인간의 본성에 대한 통찰을 얻기 위한 지적인 욕망이다. 프롬은 꽃에 대한 이런 태도를 살아 있는 생명을 해체하여 진리를 파악하려는 서양의 과학자들의 태도와 비유한다. 그런데 주목할 점은 테니슨 시인에게 꽃이란 존재 자체의 신비스러움이기보다는 신과 인간 존재에 대한 지적 호기심의 대상일 뿐이다. 프롬은 이와 대조적인 시로 바쇼의 시를 인용한다.

> 자세히 살펴보니
> 냉이 꽃이 피어 있네
> 울타리 밑에

바쇼 시인의 꽃에 대한 반응은 전혀 다르다. 그는 꽃을 따려 하지 않고 그저 "가만

히 살펴볼" 뿐이다. 평소에는 지나가는 사람들에게 무시되는 보잘것없는 야생초이지만 꽃 자체의 신비로움을 온몸으로 느끼고 있는 것이다. 프롬은 테니슨은 특정 목적을 위해 꽃을 소유함으로써 꽃은 파괴되고 말지만, 바쇼는 그저 바라보는 것으로서 꽃을 있는 그대로 살려두면서 자신을 꽃과 일치시킨다고 말한다. 이러한 시인의 태도가 바로 존재양식이다. 프롬은 존재양식을 다음과 같이 정의한다.

> "무엇을 '소유'하거나 '소유하려고 갈망하지도' 않으면서 즐거워하고 자신의 능력을 생산적으로 사용하면서 세계와 '하나가 되는' 삶의 양식이다."

2) 소유양식, 나-너의 죽은 관계

존재와 소유의 차이는 동서고금을 통해 존재하는 삶의 양식의 차이일 뿐이다. 프롬이 말하는 존재와 소유는 한 개인이 세계와 관계를 맺는 근본적으로 차이가 나는 두 가지 방식을 말한다. 사람에 따라 소유와 존재 양극단에 위치한 사람도 있고 두 가지 방식을 균형 있게 유지하며 사는 사람도 있을 것이다. 그 어느 쪽에 무게 중심을 두느냐에 따라 개인의 사고, 감정, 행위의 총체가 결정되는 서로 다른 종류의 성격구조와 삶의 방식을 갖게 된다.

먼저, '소유'를 생각해 보자. 프롬은 소유 지향적 정신은 소비주의적인 정신과 결부되어 있음을 지적한다. 소유의 원초적인 형태는 먹고 마시고 무엇을 구입하는 데서 드러나는 것처럼 무언가를 나에게 '편입시키는 것$_{\text{incorporating}}$'이라고 규정한다. 아기가 무엇이든 입속으로 가져가는 것에서부터 알코올 중독, 마약 중독 같은 병리현상은 물론 다른 인간을 먹음으로써 그 사람의 힘을 얻으려는 식인풍습에 이르기까지 여러 형태의 편입이 있는데, 문제는 그런 편입은 생리적 요구와 결부되어 있지 않기에 끝이 없다는 것이다. 그런데 인간은 다른 존재자들의 소비를 통해 자신의 존재를 풍요롭게 하고 강하게 만들 수 있다는 생각에 함몰되어 있다. 따라서 현대의 소비자들은 다음과 같은 공식으로 자신을 확인한다. '나는 존재한다=나는 소유한다. 그리고 나는 소비한다.'[38] 나는=내가 가진 것=내가 소비하는 것이란 등식이다.

소유양식에서는 나와 내가 소유하는 것 사이에는 살아 있는 관계가 없다. '나(주체)

는 대상(객체)을 가지고 있다.'라는 말은, 내가 그것을 가질 힘을 가지고 있다는 말이다. 내가 갖고 있는 것은 단지 소유대상일 뿐이다. 반대의 관계도 성립한다. 나의 소유대상이 나를 소유하는 것이다. 나는 그것을 소유한다는 사실에 의존하기 때문에 나 역시 내가 갖고 있는 것에 의해 규정된다. 결국 주체는 '나 자신'이 아니며 '나는 내가 가진 것이다'. 나의 소유물이 나를 소유하는 것이다. 사물들을 소유하고 소비하는 데서 우리의 존재를 확인하려고 하면 할수록 우리는 사물의 주인이 아니라 노예가 되는 것이다. 헤겔의 주인과 노예의 변증법이 적용되는 것이다. 따라서 프롬은 "소유지향적 삶에서는 주체와 객체 모두가 '물건'이 되며 그 관계는 죽은 관계가 된다."[39] 고 말한다.

같은 맥락에서 프롬은 소유양식은 필연적으로 힘을 추구하게 된다는 점을 강조한다. 소유양식은 재산과 이익에 중점을 두는 방식이기에 힘을 필요로 하는 것이다. 나의 정체성과 존재의미는 내가 소유하는 것의 양과 질에 의해 결정되기에 나는 가능하면 더 많이, 더 좋은 것을 소유하려고 하며 이를 유지하고 지키기 위해서 힘을 필요로 하게 된다. 자연스럽게 더 좋은 것을 소유하기 위해 타인의 것을 빼앗기 위한 비윤리적이며 불법적인 폭력이 사용된다. 그 결과 소유양식에서의 인간관계는 부자연스럽고 부담스러우며 갈등과 시기, 질투로 가득 차게 된다.

소유지향적 삶에서의 관계는 죽은 관계, 갈등과 질투를 불러오는 부자연스러운 관계이다. 이런 소유양식은 '기쁨'이 없는 관계이다. 순간의 '쾌락'은 있겠지만 '기쁨'이 없으며 슬픔을 가져오기 십상이다. 마이스터 에크하르트는 '살아 있다는 것'은 기쁨을 가져온다고 말하며 기쁨과 쾌락을 구분한다.[40] 혹시 이런 구분이 어렵다면 우리가 지금 '기쁨 없는 쾌락'의 세계에 살고 있기 때문이라고 말한다. 쾌락은 사회적 성공이나 돈, 복권 당첨, 성적 쾌락 등 다양하다. 반면에 기쁨은 존재와 함께 오는 빛이다. 기쁨은 인간을 포함한 사물과의 관계가 단지 소유대상으로가 아니라 그의 존재와의 능동적인 관계일 때 찾아드는 것이다.

기쁨과 쾌락의 구분은 사랑이 없는 섹스에서 드러난다. 상대의 존재에 대한 사랑이 없이 단지 성적 욕구 충족을 위한 섹스는 갑자기 최절정에 이르렀다 끝나버리는 쾌락이다. 이런 쾌락은 절정에 이른 뒤에 슬픔을 가져온다. 왜냐하면 쾌락은 경험했지만 자신의 내적 힘이 증대되지 않아 내면이 채워지지 않았기 때문이다. 프롬은 "교접 후의 동물은 슬프다Post coitum animal triste est."는 라틴어 격언을 들어 사랑이 없는 섹스를 표현한다. 섹스가 쾌락을 넘어 기쁨이 되기 위해서는 육체적 접촉이 사랑의 접촉일 때 비로소 경험된다는 것이다.[41] 섹스의 즐거움은 '존재'의 표현이지 성적 소유관계의 결과가 아니기 때문이다.

따라서 프롬은 인간이나 사물에 대한 소유양식에서 행복의 원천을 발견하려고 하는 시도를 비판한다. 기쁨은 진정한 행복의 조건인데 소유양식에서는 찾을 수 없기 때문이다. 상대방의 '존재'에 대한 사랑 없이 성적 소유만을 추구할 경우 끊임없이 다른 대상을 찾아야 하듯이, 소유욕은 포화점이 없다. 일단 소유욕이 충족되더라도 그것을 통해 극복하고 싶어 하는 내적인 공허감과 권태, 외로움, 우울은 충족되지 않기 때문이다.[42] 소유지향에서는 자신을 주체로, 소유의 대상을 객체로 봄으로써 나는 세계와 대립하는 고립된 자아로 생각하게 된다. 이런 고립에서 경험하게 되는 불안과 외로움을 극복하기 위해 소유와 소비를 선택하지만 결과는 오히려 그런 불안과 외로움을 심화시킨다. 결국 사유방식의 전환이 요구된다. 자신을 세계와 대립하는 고립된 자아로 인식하는 사고방식에서 벗어나는 것이다.

3) 존재양식, 존경과 생동의 관계

프롬은 소유지향적 삶에 대비되는 개념으로 존재지향적 삶을 제시한다. 전술한 대로 '존재'는 어떤 것을 소유하거나 집착하지 않고 속박당하지 않으면서 기쁨을 누리고 자신의 재능을 생산적으로 사용하며 다른 사람들과 함께 '삶의 무도회에 참가하는 것'이다. 프롬은 인류의 '위대한 교사들'이 일찍부터 존재지향적 삶을 선택할 것을 가르쳐 왔다는 사실을 강조한다. 그는 생명을 몹시 사랑했던 괴테는『파우스트』에서 인간의 해체와 기계화로 인한 비인간화를 비판하고, 메피스토펠레스가 상징하는 소유양식을 혹독하게 비판한 점을 예로 든다.

프롬이 언급한 대로 존재 혹은 존재지향적 삶이 무엇인지를 정의하는 것은 소유양식을 정의하는 것보다 어렵다. 왜냐하면 소유가 관계하는 것은 눈에 보이며 고정되어 있는 '물건'이기에 기술하고 설명할 수 있다. 반면에 존재가 관계하는 것은 '경험'이다. 프롬은 인간경험은 혹은 살아 있는 인간은 원칙적으로 기술할 수 없음을 강조한다. 한 개인에 대해서, 그의 성격이나 인생관에 대해 많은 이야기를 할 수는 있으나 총체로서의 나, 나의 지문처럼 나만이 갖고 있는 나의 본질은 설사 감정이입에 의해서도 완전히 이해되지 않는다는 것이다. 왜냐하면 두 사람의 인간이 완전히 같은 경우는 없기 때문이다.

소유양식의 삶에서 인간은 다른 사람이나 사물을 객체이자 대상으로 간주하기 때문에 나는 세계와 대립된 것으로 인식된다. 나는 세계를 가능한 한 나의 소유물로 만듦으로써 세계 안에서의 나의 안전을 확보하려고 한다. 따라서 세계와 나의 관계는 소유나 점유의 관계가 되며, 나는 나 자신을 포함한 모든 사람과 모든 물건을 자신의 욕망을 충족시킬 수 있는 소유물로 만들고 싶어 한다.[43]

이에 반해 존재양식에서 나와 대상, 나와 세계와의 관계는 대립이 아니라 서로 긴밀하게 결합되어 있게 된다. 존재양식에서는 내가 다른 사람들이나 사물들과 대립하는 것이 아니라 대상으로서의 그들에 대해 호의적인 태도를 취하게 되며 다른 인간들과 다른 사물들의 성장을 도우려고 한다.[44] 이런 태도는 다른 사람, 다른 사물들을 수단이나 도구적으로 보는 관점에서 탈피해 그들의 존재 그 자체를 소중히 하고 관심을 기울임으로써 가능한 것이다. 프롬의 말대로 '존재'는 자기중심성과 이기심을 버릴 것을 요구한다.[45]

예를 들어, 사업주가 종업원들을 자사의 이익을 위해 성과달성을 위한 수단으로만 인식하는 것에서 벗어나 그들의 성장을 도우려고 한다고 해 보자. 이 경우 사업주나 종업원 모두 회사의 구성원으로 존재한다는 것, 살아 있다는 사실 자체에서 충만감을 느끼며 서로에 대해 사랑을 느끼게 된다. 프롬의 표현대로 한 회사의 모든 구성원이 "함께 삶이란 무도회에 참가"할 때 서로는 서로에게 사랑과 관심, 책임, 그리고 존경을 갖게 된다. 서로 간의 관계는 자기중심적 혹은 이기적 관점에서 상대방을 보는 것이 아니라 상대방의 존재 자체를 있는 그대로 보고 상대의 독특한 존재방식을 수용하는 것이다.

존재양식의 가장 본질적인 특성은 능동성이다. 능동성은 '사회적으로 유용한 변화를 가져오는 것으로서 사회적으로 인정된 합목적적 행동'이다.[46] 다시 말해, 능동성은 외적 활동이나 바쁘다는 의미에서의 능동적인 것이 아니라 내적 활동, 인간 힘의 생산적 이용이라는 의미에서 능동적이다. 자신이 부여받은 능력과 재능, 인간적 재질을 표출하여 자신을 새롭게 하고, 성장하며, 이기심에서 벗어나 타인의 존재에 흥미를 갖고 경청하는 것이다.

이런 의미에서 능동성은 두 가지로 구분된다. 즉, '능동성의 주체로서의 나를 경험하지 않는' 소외된 능동성과 '나 자신을 능동성의 주체로서 경험'하는 생산적 능동성이다. 존재양식은 바로 생산적 능동성으로서, 마치 최면에 빠진 사람처럼 타인의 지시나 통념에 따라 움직이는 소외된 능동성과는 달리, 내가 주체가 되어 무엇인가를 생산하고 그 생산물과의 관계를 유지하는 것이다. 여기서 '생산적'이란 어떤 새로운 것, 독창적인 것을 창조하는 능력이 아니라 능동성이 지니는 특질을 가리킨다. 예를 들면 다음과 같다.

> "자기 자신을 깊이 의식하는 사람, 나무 한 그루라도 그저 쳐다보는 것이 아니라 진실된 마음으로 '보는' 사람, 한 편의 시를 읽고 시인이 언어로 표현한 감정의 움직임을 자신의 내부에서 느낄 수 있는 사람, 이런 사람의 내면에서 진행되고 있는 과정은 비록 아무것도 '생산'하지 않고 있다 해도 매우 생산적일 수 있다."[47]

이렇게 볼 때 존재양식의 사람은 나 스스로가 주체로서 존재하고, 삶의 목적을 깨달아 행동하며, 그 행위의 정당성을 찾는 사람이다. 이런 사람은 소유 욕구의 충족이 아니라 자신의 존재 확인에서 행복을 찾는다. 타인과 사물을 소유물로 생각하지 않기 때문에 죽음의 공포에서 초연하며, 소유양식의 사람이 과거와 미래에 집착하는 반면, 존재지향적인 사람은 '지금, 여기'의 삶을 중시하며 가치를 부여한다.

프롬은 현대사회에서는 소유양식이 인간성에 뿌리박혀 있다고 말한다. 따라서 사실상 바꿀 수 없는 것으로 생각하고 존재양식은 비현실적이라 여길 수도 있다. 그러나 프롬은 인간성 안에는 소유양식과 존재양식 둘 다 잠재되어 있음을 강조한다. 우리 인간에게는 존재하고 싶다는 욕망이 유전적으로 깊이 뿌리박혀 있다는 것이다. 그것은 바로 우리의 능력을 표현하고 능동성을 갖고 타인과 관계를 맺으며 이기심의 감옥으로 부터 벗어나려는 욕망이다.[48]

그렇다면 우리는 선택에 의해서 또한 평생에 걸친 교육과 학습을 통해서 얼마든지 존재양식의 삶을 구가할 수 있다. 때로는 소유지향적 삶에서 헤어나지 못할 수도 있지만, 때로는 삶의 방식을 전환하여 존재지향적 삶을 택할 수도 있다. 분명한 것은 어느 한쪽에 무게 중심이 쏠리면 다른 한쪽은 필연적으로 약화될 수밖에 없다. 이런 맥락에서 프롬이 앞에서 인용한 마르크스의 말을 다시 들어볼 필요가 있다.

> "당신의 '존재'가 희미하면 희미할수록, 그리고 당신이 당신의 생명을 적게 표현하면 표현할수록, 당신은 그만큼 더 '소유'하게 되고, 당신의 생명은 그만큼 더 소외된다."[49]

3. 삶과 학습에서의 소유와 존재

소유와 존재는 '소유 그 자체'를 의미하는 것이 아니라 한 개인의 자아가 세상과 관계를 맺는 근본적으로 다른 방식이다. 다시 말해, 소유지향적 삶과 존재지향적 삶은 우리가 다른 사람 및 사물들과 관계하는 근본적인 방식을 의미한다. 둘 중 어느 쪽이 지배하느냐에 따라 그 사람의 사고와 감정, 행동의 총체는 물론 행복이 결정되는 성격구조가 달라진다. 따라서 우리의 다양한 평생학습의 과정에서 두 가지 방식은 다르게 드러난다. 학습을 하고 기억하며, 독서를 하고 대화하고, 지식을 소유하고 인식하는 방법에서, 신념을 갖는 것이나 사랑을 하는 방식에서 소유양식과 존재양식은 차별적으로 반영된다.

1) 학습과 대화

학습

프롬에 따르면 삶의 소유양식에 젖어 있는 학습자들은 귀를 기울여 강의를 듣고 그 말의 논리적 구조와 의미를 이해하며, 가능한 한 그 말 전체를 모두 노트에 기록하고 암기하여 좋은 성적을 받으려고 한다. 그러나 그 내용이 그들 자신의 개인적인 사상체계의 일부가 되어 그것을 풍요롭게 하거나 확장시키진 못한다. 그 대신 학습자들은 자신들이 들은 말을 사상이나 전체적인 이론의 고정된 몇 가지 집합으로 변모시켜 그것을 저장한다. 학습자와 강의내용은 서로 무관하게 동떨어져 있으며 학습자는 오로지 다른 사람이 한 말을 집적集積시킨 소유자가 되는 것이다.

이들 소유형의 사람들은 배운 것을 고수할 뿐 창조의 필요성을 느끼지 못하기 때문에 어떤 주제에 관한 새로운 사상이나 관념을 접하면 당황하게 된다. 왜냐하면 새로운 것은 그들이 가지고 있는 고정된 정보에 의문을 제기하기 때문이다. 따라서 소유를 세계와 관계를 맺는 주요한 형태로 삼는 사람들에게는 쉽게 핀으로 고정시킬 수 없는 관념은 두려운 것이 된다.

이에 반해 세계에 대해서 존재양식으로 관계를 맺는 학습자는 강의를 들을 때 백지상태$_{\text{tabula rasa}}$로 출석하지 않는다. 그들은 말과 관념의 수동적인 장소가 되는 대신에 그들 나름의 의문과 문제를 갖고 귀를 기울이고 '듣는다'. 특히 중요한 것은 강의 내용을 능동적이고 생산적인 방법으로 '받아들이고' '반응한다'. 새로운 의문, 새로운 관념, 새로운 전망이 그들 머릿속에 생긴다. 그들은 단순히 기억하고 모아둘 지식을 습득하는 것이 아니라 강의를 통하여 영향을 받고 변화하는 것이다.[50]

대화

소유양식을 가지고 있는 사람들에게 자신의 의견은 자신의 소유물의 하나이다. 즉, 의견은 자신과 동일화된다. 따라서 대화할 때 자신의 의견을 상대방의 논박으로부터 지키기 위해 보다 합리적인 논지를 찾아내는 일에 골몰한다. 자신의 의견을 바꾸지 않으며 상대방의 의견이 달라지기를 기대하지도 않는다. 자신의 의견을 상실하는 것은 자신의 빈곤을 의미하는 것이기 때문에 이들은 모두 자기 자신의 의견이 변하는 것을 두려워한다. 이 경우의 대화란 진정한 의미에서의 대화가 아니며 하나의 논쟁에 불과하다.

이때 사람들은 자신이 의견이나 사상의 주인인 것으로 생각하지만 실제로는 그러한 의견과 사상에 자신이 지배를 받는 것이다. 자신의 의견과 사상에 자신의 존재를 의존하고 있기 때문에 그런 의견과 생각에 자신이 예속되어 있는 것과 다름없다. 예를 들어, 고속도로에서 다른 차가 자신의 차를 추월하면 마치 자기 자신이 남에게 추월당한 것처럼 생각하고 심기가 상하는 사람이 있는 것과 마찬가지로, 소유양식의 사람들은 자신의 의견이나 생각이 반박되면 자신의 존재도 반박되고 부정된다고 간주하고 자신의 의견이나 생각을 지키는 데 사력을 다한다. 특히 정치적인 신념이나 이데올로기, 종교적인 신조를 광신적으로 신봉하는 사람들에게서 쉽게 발견된다.[51]

이에 반해 존재양식의 사람들이 대화에 임하는 태도는 개방적이다. 이들은 자신의 의견을 지키기 위해 자신을 무장하는 것이 아니라 아무것도 준비하지 않고 자유롭고 개방적인 자세로 대화에 임한다. 그들은 상대방의 말에 자신을 무장하지 않은 채 자발적이며 생산적으로 반응한다. 그들은 자기가 가지고 있는 지식이나 지위에 관해서도, 심지어는 자기 자신에 관해서도 잊어버린다. 그들은 기존의 지식에 기초한 자신의 자아에 의해서 방해를 받지 않는다. 그들이 상대방의 인물과 그 인물의 생각에 충실하게 반응할 수 있는 것은 바로 이러한 이유 때문이다. 그들은 어떤 것에도 집착하지 않고 생산해서 줄 수가 있기 때문에 새로운 관념을 만들어 낸다.

소유형의 사람들은 그들이 '가지고' 있는 것에 의존하는 반면, 존재형의 사람들은 그들이 '존재한다'는 사실, 살아 있다는 사실 그리고 억제를 버리고 반응할 용기만 가지면 어떤 새로운 것이 탄생하리라는 사실에 의존한다. 따라서 소유형의 사람들은 상대방을 이김으로써 자신의 자만심을 충족시키고 다른 사람들에 대해서 자신을 내세우는 데 열중하나, 존재양식의 사람들은 다른 사람들의 의견을 허심탄회하게 고려함으로써 자신을 풍요롭게 하는 데 열중한다.[52]

존재형의 사람들은 자기가 가지고 있는 것에 대한 불안한 걱정 때문에 자기를 괴롭히는 일이 없으므로 대화할 때에는 아주 활기를 띤다. 또한 그들의 활기는 전염되기 쉽기 때문에 상대방 스스로도 자기중심성을 허물어뜨리는 데 도움을 준다.

> "이리하여 대화는 상품(정보, 지식, 지위)의 교환에만 그치지 않고, 또한 누가 옳은가 하는 것은 이미 문제가 되지 않는다. 대결자들은 함께 춤추기 시작하며 승리 혹은 슬픔—둘 다 무익하다—을 가지고 헤어지지 않고 기쁜 마음으로 헤어진다."[53]

2) 독서와 지식의 소유

독서

대화에 대해 말한 것을 독서에 대해서도 똑같이 말할 수 있다. 독서는 저자와 독자의 대화이며, 또 대화이어야 하기 때문이다. 소설에 따라 독자들은 존재양식으로 읽을 수가 있다. 그러나 대부분의 사람들은 소유 내지 소비의 양식에 따라서 읽는다. 독자들은 주인공이 사느냐 죽느냐, 여주인공이 유혹당하느냐 저항하느냐에 호기심을 가지면서 결말을 알고 싶어 한다. 소설은 그들을 흥분시키는 일종의 전희 혹은 자극제 역할을 한다. 행복하거나 혹은 불행한 결망에 의해 그들의 경험은 절정에 달한다. 그들이 결말을 알았을 때 그들은 마치 자신의 경험에서 그 결말을 찾아낸 것처럼 현실적인 전체 스토리를 '소유'한다.

그러나 그들은 자신의 지식을 늘리지는 못한다. 소설 속의 인물을 이해하지 못하며, 따라서 인간성에 대한 자신의 통찰력을 심화시키지 못할 뿐 아니라 그에 대한 지식조차도 얻지 못하게 된다. 철학이나 역사와 같은 것을 주제로 하는 책에 관해서도 마찬가지 분석이 가능하다. 학교는 개개의 학습자에게 어느 정도의 '문화적 재산'을 소유하게 하면서 학교교육이 끝날 때는 학습자들이 적어도 그 최소량을 '가지고 있음'을 증명하는 것을 목표한다. 학습자는 저자의 주요사상을 암송할 수 있는 독서교육을 받는다. 이런 식으로 학습자들은 플라톤을 포함한 철학자들을 '안다'.

따라서 우수한 학습자란 마치 박물관의 박식한 안내인처럼, 여러 철학자가 각기 말한 것을 가장 정확하게 암송할 수 있는 사람이다. 하지만 그들은 이렇게 소유의 대상이 될 수 있는 지식을 초월한 지식은 배우지 못한다. 그들은 철학자들에게 질문하고 그들과 말하는 법을 배우지 않는다. 그들은 철학자 자신의 모순과 그들이 어떤 문제를 무시하거나 쟁점을 회피하고 있는 것을 알아차리는 법도 배우지 않는다. 그들은 저자가 단지 그의 머리로만 말할 때와 머리와 마음이 함께 말할 때를 구별할 수 있도록 듣는 법도 배우지 않는다. 그들은 저자가 진짜인지 가짜인지 알아내는 법도 배우지 않는다.

이와 대조적으로 존재양식을 가지고 있는 독자는 가끔 높은 평가를 받고 있는 책조차도 전혀 가치가 없거나 극히 제한된 가치밖에 없다는 결론에 도달한다. 혹은 그들은 어떤 책을 완전히, 때론 저자보다도 잘 이해하고 있을지 모른다.

지식의 소유

인식의 영역에서 소유양식과 존재양식의 차이는 두 가지 정식$_{定式}$으로 표현된다. 즉, '나는 지식을 가지고 있다.'와 '나는 알고 있다.'이다. 지식의 '소유'는 이용할 수 있는 지식이나 정보를 손에 넣어 갖고 있는 것이다. 여기서 '인식'은 기능적이며 생산적인 사고과정에서 하나의 방법으로만 도움이 된다. 그러나 존재양식에서의 인식이란 단순한 정보획득의 차원을 넘어 인간이 진정한 인간으로 변화되는 과정을 의미한다. 이런 인식은 석가모니, 예수, 마이스터 에크하르트, 프로이트, 마르크스 같은 사상가들의 통찰을 통해 알 수 있다. 이들에 따르면 인식은 우리의 일상적인 감각적 지각의 기만성을 깨닫는 것으로부터 시작된다.

우리의 일상에서는 대부분의 경우 반은 깨어 있고 반은 꿈꾸고 있다. 우리들이 참되고 자명하다고 생각하는 것의 대부분이 우리들이 살고 있는 사회의 암시적인 힘에 의해서 생긴 환상임을 모르고 있는 것이다. 인식은 따라서 환상을 쳐부수는 것, '환상에서 깨어나는 것'에서 시작된다. 인식은 현실을 있는 그대로 '보는' 것을 의미한다. 인식은 진실을 소유하는 것을 의미하지 않는다. 인식은 끊임없이 진실에 보다 더 가까이 접근하기 위해 표면을 꿰뚫고 비판적으로 또한 능동적으로 노력하는 것을 의미한다. 즉, 그것은 인간이 소외된 상태로부터 벗어나 독립적이고 자주적인 인간이 되는 것이다.

존재양식에서 인식 혹은 최적의 지식은 '더 깊이 아는 것'이라면 소유양식에서의 인식은 지식을 '더 많이 소유하는 것'이다. 우리의 교육은 일반적으로 사람들이 더 많은 지식을 소유물로 '갖도록' 훈련하는 데 애쓰고 있으며, 그 지식은 그들이 후일 갖게 될 재산이나 위신의 양과 대체로 비례한다. 그들이 교육받는 것은 최소한 그들이 사회에서 일을 하는 데 불편이 없을 만큼의 양이다. 여기에 덤으로 그들 각자에게 자존심을 높이기 위한 '사치스러운 지식을 모은 꾸러미'가 주어지는데, 각자의 꾸러미의 크기는 그 인물이 얻게 될 사회적 위신과 일치한다. 학교는 이 전면적인 지식의 꾸러미를 생산하는 공장이다.

학습자들은 인도의 사상과 예술에서부터 실존주의와 초현실주의에 이르기까지 방대한 지식의 메뉴를 제공받으며, 여기저기서 조금씩 영양을 섭취하고 자발성과 자유의 이름으로 하나의 주제에만 집중하도록 강요받지 않는다. 그리고 한 권의 책을 완전히 통독하는 것조차 강요받지 않는다.

3) 사랑과 결혼

소유양식에서의 사랑이란 자기가 '사랑하는' 대상을 구속하고 감금하고 또는 지배하는 것을 의미한다. 그런데 우리는 사랑을 '소유'할 수 있는 것인가? 만약 소유할 수 있다면 사랑은 하나의 사물이어야 한다. 우리가 갖고, 점유하고, 소유할 수 있는 실체이어야 하는 것이다. 그런데 '사랑'이라는 사물은 없다. 사랑이란 추상개념이며 실제로는 '사랑한다는 행위'만이 존재한다. 그러나 소유양식의 사람은 '사랑'을 '사랑하는 대상'으로 환치시킨다. 따라서 그 대상을 구속하고 지배하려 한다. 이런 행위는 사랑과는 관계가 없다.

> "그것은 생명을 주는 것이 아니라 압박하고 약화시키며 질식시켜 죽이는 행위이다. 사람들이 사랑이라 '부르는' 것은 대개가 그들이 사랑하고 있지 않다는 현실을 숨기기 위한 말의 오용誤用이다."[54]

이와는 대조적으로 존재양식에서의 사랑하는 것은 생산적인 능동성이다. 그것은 어떤 인물, 어떤 나무, 그림, 관념 등을 존중하고 그것에 능동적으로 반응하며 향유하는 것이다. 그것은 생명을 주는 것을 의미하며 그것의 생명력을 증대시키는 것을 의미한다. 또 한편으로 사랑하는 것은 그러한 사랑의 행위를 통해서 자신을 갱신하고 자신을 증대시키는 하나의 과정이다.

결혼에 대해서도 같은 논리가 적용된다. 프롬은 어떤 방식에 의해 결혼했든 간에 서로 진정으로 사랑하고 있는 부부는 예외처럼 보인다고 말한다. 실제로는 사회적인 편의, 관습, 상호의 경제적 이해, 자식에 대한 공동의 관심, 상호의존 또는 상호증오나 공포 등에 의해서 결합되어 있으면서도 의식 차원에서는 '사랑'으로서 경험된다. 흔히들 남녀 간의 사랑이 이야기될 때 '사랑에 빠진다'는 표현을 쓰지만 프롬은 그러한 표현이 갖는 모순성을 지적한다.

> "사랑이 생산적인 능동성인 이상 우리는 사랑 속에 '있거나' 사랑 속을 '걸을 수' 있을 뿐이며 사랑에 '빠질' 수는 없다. 왜냐하면 빠진다는 것은 수동성을 의미하기 때문이다."[55]

프롬은 인간은 구애求愛 기간 중에는 어느 쪽도 아직 상대방에게 자신이 없으며, 각기 상대방을 자기 것으로 삼으려고 애쓴다고 말한다. 양쪽 다 살아 있어 매력적이고 흥미를 끌며 아름답기까지 하다—살아 있는 상태는 항상 얼굴을 아름답게 만드니까. 어느 쪽도 상대방을 '소유'하고 있지는 않다. 따라서 각자는 '존재', 즉 상대방에게 주고 상대방을 자극하는 데 정력을 쏟는다. 그런데 많은 경우 결혼이라는 행위에 의해서 사태가 근본적으로 변한다. 이미 상대방은 자신이 '소유'하고 있는 어떤 것, 즉 하나의 재산이 되었기 때문에 상대방의 환심을 사려고 노력할 필요가 없다. 두 사람은 사랑스러운 인간이 되려고 노력하거나 사랑을 연출하려고 하지 않는다. 따라서 그들은 권태를 느끼게 되며 옛날의 아름다움은 사라지고 만다.

프롬은, 상황이 이렇게 되면 각자는 상대방 속에서 변화의 원인을 찾으며 속았다는 느낌을 갖는다고 말한다. 하지만 문제는 그들은 서로가 사랑할 때의 그들과 똑같은 사람이 아니라는 것을 알지 못한다는 사실이다. 다시 말해, 사랑을 '소유'할 수 있다는 생각 때문에 그들은 서로를 진정하게 사랑할 수 없게 되었다는 사실을 알지 못하는 것이다. 따라서 이제 그들은 서로 사랑하는 대신에 그들이 가지고 있는 것, 즉 돈, 사회적 지위, 가정, 자식의 공동소유로 만족한다. 프롬에 따르면 그것은 두 개의 자기중심주의를 하나의 합동자본으로 삼은 회사, 즉 '가정'이라는 회사인 것이다.

프롬이 강조하는 것은, 우리는 끊임없이 사랑의 대상을 찾아 사랑의 감정을 회복하려고 시도할지도 모른다. 그러나 우리가 상대방을 소유하려고 하는 태도를 버리지 않는 한 우리의 사랑은 사랑에 '빠지는' 형태를 취할 수밖에 없으며 자신과 상대방을 인격적으로 고양시키는 능동적인 사랑이 될 수는 없다. 사랑에 빠진다는 것은 많은 경우 귀한 물건에 반하고 그것을 자기 것으로 하고 싶은 욕망과 다를 바 없는 것이다.[56]

4) 종교적 행위와 산업종교

프롬은 인간의 삶에 방향과 의미를 제공하는 중요한 신앙의 체계를 종교라고 본다. 그러나 프롬은 종교라는 말이 반드시 신의 개념이나 우상과 관련된 체계를 가리키거나 종교의식을 가리키는 것이 아님을 명시한다. 그는 종교를 넓은 의미로 "집단이 공유하는 사상과 행위의 체계로서 개인에게 지향구조frame of orientation와 헌신의 대상을 제공하는 모든 것"으로 정의한다. 이런 넓은 의미로 보면 종교는 동서고금을 통해 인간과 문화가 존재하는 모든 곳에서 존재하는 것이다. 세상에 내던져진 존재로서 인간은 필연적으로 자신의 삶의 의미와 목적에 대한 불안과 의문을 갖게 된다. 그리고 이러한 의문과 불안에 확실한 해답을 제공해 줄 만한 절대적인 헌신의 대상을 찾게 된다.

프롬은 이러한 종교적인 요구는 인류라는 '종種'의 존재의 기본적인 조건에 뿌리박고 있음을 강조한다. 따라서 인간은 유전적으로 어떤 절대자로서의 '헌신의 대상'과 그를 향한 '지향구조'를 갖게된다. 이러한 헌신의 대상으로서의 종교는 여러 가지 형태로 나타난다. 그렇다면 문제는 '종교냐 아니냐'가 아니라 '어떤 종류의 종교냐'이다. 다시 말해 인간의 발달과 특히 인간적인 힘의 결실을 촉진하는 종교냐, 아니면 인간의 성장을 마비시키는 종교냐의 문제이다. 인간의 성장과 독립을 도와주는 존재일 수도 있는 반면, 인간을 예속하고 성장을 저해하는 우상일 수도 있기 때문이다.

헌신의 대상이 '참'이냐 '거짓'이냐의 문제는 분명히 중요하다. 그럼에도 불구하고 인간들의 일차적인 욕구는 참된 헌신의 대상이 진실이냐 거짓이냐보다는 일단은 하나의 지향체계와 헌신의 대상을 갖길 원하는 것이다. 지향체계와 헌신의 대상을 발견하는 것과 관련하여 한 인간에게 우선적으로 문제가 되는 것은 불안의 해소이지 진실의 확보가 아닌 것이다.[57] 사정이 이렇다 보니 "흔히 개인은 그들 각자의 헌신의 실제 대상조차 모르고 있으며, '비밀'종교를 믿고 있는데도 '공공의' 믿음을 그들의 실제 종교라고 착각한다". '공공의' 믿음이란 주위 사람들과 의견이 일치될 때 각자는 자신의 생각과 믿음에 자신을 갖게 되는 것을 의미한다. 비록 그 종교가 잘못되었다 하더라도 그것 안에서 마음의 평화를 누리는 등 분명히 심리학적인 기능을 발휘한다.

예를 들어, 어떤 사람이 사랑의 종교를 입에 담으면서 권력을 숭배한다면 권력의 종교가 그의 비밀종교이며 그의 이른바 공공의 종교, 예를 들어 기독교는 이데올로기에 불과한 것이다.[58] 다시 말하면, 사랑의 종교인 기독교 신도이지만 전혀 사랑이 없는 사람은 사랑의 종교를 입에 담으면서, 즉 사랑에 대한 신앙을 공언公言함으로써 사랑을 실천하지 않는 데 대한 무의식적인 죄악감에서 오는 고통을 어느 정도 상쇄시킨다. 이런 사람에게는 기독교 신앙이 자신의 탐욕스러운 태도를 위장하는 데 손쉬운 간판이 되는 것이다. 그리고 그 간판을 내세우면서 실제로는 권력이나 재산을 숭배하기 때문에 그에게는 권력이나 재산의 종교가 비밀종교가 되는 것이다.

프롬은 그 비밀종교가 바로 '산업종교'라고 말한다. 프롬에 따르면 현대 서구사회에서 표면적으로는 여전히 기독교가 지배하고 있는 것 같지만 실제로는 기독교라는 가면을 앞에 쓰고 '산업종교'라는 새로운 '비밀'종교가 지배하고 있다.[59] 사람들은 교회에 가서 신에게 빌더라도 부자가 되고 성공할 수 있게 은총을 내려 달라고 기도한다. 사람들은 신에게 자신의 몸과 마음을 바치는 것이 아니라 오히려 신을 자신이 부자가 되고 성공하는 데 이용하려고 하는 것이다. 목회자들은 이러한 신도들의 열망을 참된 신앙인 양 호도하면서 교회 운영에 이용하기도 한다.

결국 사람들이 최고의 가치로 여기는 것은 신이 상징하는 사랑과 지혜가 아니라 부와 성공인 것이다. 이러한 산업종교는 진정한 기독교와는 완전히 모순되며 그것은 인간에게 인간 자신이 만든 경제와 기계의 노예가 되기를 강요한다.[60]

20

자유, 삶과 학습의 실존적 조건

자유는 인간에게 주어진 것이 아니다. 인간의 본질 그 자체이다. 실존철학의 핵심은 인간은 근본적으로 자유로운 존재라는 것이다. 사르트르는 "인간은 존재한 후에 자유로워지는 것이 아니다. 즉, 인간과 자유로운 존재란 같은 말이다."[61]라고 단언한다. 각자가 자신으로서의 삶을 창조한다는 것은 자유를 전제로 한다.

들로 보고서는 현대의 비인간화 현상을 극복하기 위한 교육의 본질적인 역할은 각자에게 숨겨진 보물, 즉 개인의 창조적 잠재력을 발견하고 스스로의 삶을 통제할 수 있게 하는 것임을 강조한다. 이를 위해서는 무엇보다 사고, 판단, 느낌, 상상력의 '자유'를 부여해야 한다고 강조한다. 학교교육은 물론 평생교육에서 상상력과 창의력 교육의 전제는 자유라는 것이다.

그렇다면 다음과 같은 의문이 고개를 든다. 자유란 대체 무엇인가? 나는 정말로 자유로운가? 자유롭지 않다면 무엇이 나의 자유를 방해하는가?

> "이 세상의 그 누구도 어떤 목적 없이는,
> 그리고 그 목적을 향한 지향 없이는 살아갈 수 없다. … (중략) …
> 우리 모두에게 목적은 자유, 그리고 감옥으로부터의 해방이었다."

러시아의 문호 표도르 미하일로비치 도스토예프스키Fyodor Mikhailovich Dostoevsky, 1821~1881가 극한의 고통과 강제노역으로 점철된 자신의 유형 생활을 바탕으로 쓴 『죽음의 집의 기록』에서 한 말이다.

탈출을 소재로 하는 소설이나 영화는 기묘한 흡인력이 있다. 특히 무고한 주인공이 억울하게 감옥에 갇혔다가 극적으로 탈출하는 스토리는 시공을 초월하여 독자를 사로잡는다. 탈출과 복수극이 뒤섞인 프랑스의 작가 알렉상드르 뒤마Alexandre Dumas의 대하소설 『몬테크리스토 백작』은 150여 년이 지난 오늘날에도 독자들의 넋을 빼앗고 있다. 감옥 탈출 영화의 고전이라는 〈빠삐용〉이나 그 이후 개봉된 스티븐 킹 원작의 〈쇼생크 탈출〉을 보면서, 관객들은 마치 자신이 억울한 누명을 쓴 주인공이라도 된 듯 기를 쓰고 탈출을 시도한다. 도대체 왜 사람들은 억울한 누명을 쓴 주인공과 자신을 동일시하면서 그가 감행하는 감옥 탈출에 그토록 열광하는 것일까?

탈출 스토리를 대하면서 사람들은 가지각색으로 자신을 옭아매는 일상의 굴레에서 아주 잠시 동안이긴 하지만 해방의 카타르시스를 체험한다. 스토리가 제공하는 해방감, 자유의 느낌은 단순한 흥미 그 이상의 것이다. 동서고금의 철학이나 문학작품의 핵심 주제 역시 자유이다. 철학자이자 문학비평가인 허버트 리드Herbert Read, 1893~1968는 "자유는 가치이고 사실상 모든 가치 중의 가치이다."라고 말한다.[62] 도스토예프스키의 문학세계를 관통하는 것은 자유이다. 러시아의 사상가인 니콜라이 베르자예프Nikolai Berdyaev는 "도스토예프스키의 세계관에서 핵심을 차지하는 것은 자유이다."[63]라고 단언한다.

도스토예프스키는 자유란 인간뿐만 아니라 모든 생명체의 본능이라고 말한다. 줄에 묶어 놓은 강아지의 낑낑거리는 모습이나 새장에 갇힌 새의 퍼덕거리는 날갯짓에서 자유를 향한 치열한 몸부림을 본다. 자유는 모든 동물이 생존을 위해 가지고 태어나는 본능이다. 식욕이나 성욕처럼 인간은 자신의 개체보존을 위해 충족시켜야 할 필수조건이다. 따라서 자유를 얻기 위한 노력 그 자체는 자연법적으로도 선이다. 인간에게 자유란 본질 그 자체이다. 도스토예프스키에 비견될 만큼 위대한 작가로 평가받는 니코스 카잔차키스Nikos Kazantzakis, 1883~1957 역시 『그리스인 조르바』를 포함한 작품 속에서 인간의 자유에 대한 갈망을 인간의 본질로 그리고 있다.[64]

인간심리를 연구하는 학자들은 한결같이 인간의 본래적이며 유전적인 욕구로써 자유에 대한 열망을 손꼽는다. 식욕이나 성욕처럼 생물학적으로 존재하기 위한 필수조건이면서 이를 넘어서는 욕구이다. 니체에 따르면 자유는 생의 의지를 초월하는 인간 본질로서의 권력의지이다. 이들 철학적 분석을 뒷받침하듯 심리학자 에이브러햄 매슬로Abraham Maslow, 1908~1970에게 자유는 생존과 안전, 인정 욕구를 초월하는 존재의 욕구[65]이며, 윌리엄 글래서William Glasser, 1925~2013에게 자유는 인간이 유전적으로 충족시키길 갈망하는 핵심적인 욕구이다.

1. 자유에 의한, 자유를 위한 학습

『학습, 그 안의 보물Learning, the treasure within』이란 제목대로 유네스코 들로 보고서는 학습을 보물로 정의한다. 나아가 '존재하기 위한 학습'에서는 개인의 창조적 잠재력의 발견과 스스로 삶의 주인이 되기 위한 '자유'가 필수적임을 강조한다. 학습이 보물이라면 자유는 학습을 위한 보물인 것이다. 평생교육에서 자유는 곧 학습에서의 자유, 학습자가 주체가 되는 학습의 자활감empowerment을 말한다. 학습의 자활감이 평생학습의 방법이면서 목적이 된다.

1) 자유에 의한 자기주도학습

자유는 평생교육, 특히 성인평생교육의 근간이 된다. 성인평생교육의 핵심을 이루는 것은 '자기주도학습'이라는 데 대부분 동의한다. 자기주도학습은 학습자의 주체성과 능동성, 그리고 자율성에 주목한다. 자기주도학습Self-Directed Learning이란 자의적 의미 그대로 학습자 본인이 주도하는 학습으로서, 근간을 이루는 것은 자유이다. 듀이Dewey의 경험이론을 적용하면, 자기주도학습이란 학습자가 자기주도적으로 자신의 경험을 지속적으로 성장시키는 교육적인 경험의 변화과정인 것이다.[66] 말콤 놀스Malcolm Knowles, 1913~1997는 경험을 구체적으로 설명하면서 자기주도학습을 "남의 도움이 있건 없건 관계없이 자신의 학습요구 진단에서부터 달성할 학습목표 수립, 학습에 필요한 인적 · 물적 자원 판단, 적절한 학습전략의 선택과 실행, 그리고 학습결과의 평가에서 개인

이 주도권을 갖는 학습과정"으로 정의한다.[67]

결국 자기주도학습이란 학습자들이 스스로 학습의 목표에서부터 내용 선정, 학습 장소, 학습방법에 이르기까지 자신의 학습을 설계하고 그에 맞추어 수행하는 것을 의미한다. 따라서 자기주도학습의 핵심은 학습자의 자기주도성과 자기관리이다. 평생교육자의 역할은 학습자를 가르치는 것instructor이 아니라 학습자의 자기주도학습을 도와주고 촉진시키는 촉진자facilitator의 역할로 전환된다.[68] 학습자가 본인 스스로의 주도하에 학습의 전 과정을 관리하도록 촉진하는 역할을 하는 것이다. 다시 말해, 학습의 주도권을 학습자가 갖도록 촉진시키는 것이다.[69]

주도권이란 무엇을 어떻게 학습할 것인가를 학습자가 스스로 통제할 수 있는[70] 학습자의 자유, 더 정확히 말하면 자율을 의미한다. 외부 환경으로부터의 강제는 물론 자신의 학습의지에 장애가 되는 내적인 강제로부터의 자유를 뜻하는 것이다. 또한 집단학습에 참여하거나 타인의 지원을 제공받는 형태의 학습이라도 학습자의 자율성과 책임에 기초하는 것이라면 자기주도학습이라 말할 수 있다.[71]

이렇게 볼 때 자기주도학습의 핵심은 학습자 혹은 학습의 독립성이 아니라 자기주도성self-directedness이다. 즉, 자기주도학습은 자기학습의 목적과 수단에 대한 타자의 통제로부터의 자유인 독립성을 갖고 있지만, 더 중요하게는 타자의 원조를 받건 그렇지 않건 간에 자신이 자율적으로 학습욕구를 진단하고 학습목표를 공식화하며 학습자원을 파악하고 학습전략을 선택 및 시행하며 학습결과를 평가하는 것이다. 이는 학습자가 자율적 존재임을 전제로 한다.[72]

2) 자유를 위한 해방학습

성인들의 자기주도학습에서의 자유는 학습전반의 주도권에 초점을 맞춘다. 즉, 학습에서의 타자 및 환경의 강제로부터의 자유라 할 수 있다. 반면에 해방의 평생교육은 학습자 자신의 내면의 강제로부터의 자유를 강조한다. 잭 메지로우Jack Mezirow, 1923~2014는 비판적 관점에서 전환학습의 가치를 강조하면서 성인들의 학습활동의 성격을 도구적 학습과 의사소통 학습 및 해방적 학습으로 구분하여 설명한다.[73] 성인들의 학습을 추동하는 관심사가 세 가지라는 것이다.

이 중에서 해방학습은 학습자가 속한 사회정치 및 문화적 맥락 속에서 의식 혹은 무의식적으로 형성된, 혹은 강제된 자신의 경험과 해석의 틀로부터의 해방에서 출발한다. 메지로우는 해방학습을 개인의 삶을 지배하는 외적 가치와 조건으로부터 해방되어 내적인 자유를 회복하는 것에 초점을 맞추고 있다. 다시 말해, 그동안의 학습자의 오랜 삶의 궤적 혹은 상황 속에서 나름대로 갖게 된 '나'를 규정하는 일체의 외적 가치 및 이데올로기를 비판적으로 성찰하고, 나아가 이를 극복하기 위한 실천적 투쟁인 프랙시스$_{praxis}$를 중요시하는 학습이다. 해방적 학습의 대표적인 교육자가 바로 파울루 프레이리$_{\text{Paulo Freire, 1921\sim1997}}$이다.

프레이리의 해방교육은 물론 20세기 초·중반 브라질을 비롯한 남미에서 정치사회 경제적으로 억압된 상황에 놓였던 성인들의 해방에서 출발한 것이다. 즉, 사회적 소외계층에 대한 교육적 지원을 통하여 부정부패에 물든 정권 및 불평등하고 불합리한 사회체제에 대한 비판적 성찰과 이를 통한 소외 극복과 해방을 이루는 데 목표를 두었다.[74] 그러나 그의 사상은 21세기 성인들의 평생학습에서 진정한 자유의 의미가 무엇인지를 통찰력 있게 제시하고 있다.

그것은 바로 성인학습자 자신이 처한 정치적 및 사회문화적 상황에서 학습된 지식과 신념, 이데올로기, 규범과 윤리 등에 대한 비판적 성찰과 실천이 중요하다는 점이다. 다시 말해, 자신의 것이라 생각했던 지식과 신념이 사실은 역사적으로, 사회문화적으로 형성된 것임을 성찰하고 이를 극복[해방]하여 자유로워질 수 있을 때 진정한 의미의 존재를 위한 성인평생학습이 된다는 점이다.

프레이리에 따르면 자유는 자신을 억압[강제]하는 모든 외부의 힘과 폭력으로부터 벗어나 해방될 때 누리는 상태만이 아니다. 보다 중요한 해방은 정치사회적 조건에 의해 의식, 무의식적으로 동화되고 복속된 상태를 비판적으로 성찰하고 벗어나는 것이다. 이를 통해 인간이 자신의 조건을 스스로 정의하고 자신의 행위를 자율적으로 조정하고 통제할 수 있는 주체성을 행사할 수 있는 상태, 즉 인간화를 구현한 상태를 의미한다.[75] 프레이리는 이러한 해방과 자유의 상태는 학습과 적극적이며 의식적인 실천$_{praxis}$을 통해 획득할 수 있다고 강조한다.

자기주도학습이나 해방의 학습에서만이 아니라 자유는 성인평생학습의 근간을 이루는 조건이라 할 수 있다. 성인평생학습에서 자유 및 자율의 중요성은 인간실존에 바탕을 둔다. 실존주의 관점에서 인간은 어떤 이유도 없이 이 세상에 내던져진 존재[피투被投된 존재]이며 어떤 본질도 없는 부조리한 존재이다. 피투된 존재이기에 역설적으로 인간은 절대적으로 자유로운 존재이다. 사르트르의 말대로 "인간은 자유롭도록 선고"[76]받은 존재인 것이다. 인간이 자유로운 존재라는 것은 인간에게는 실존이 본질에 앞서기 때문이다. 이 말은 실존은 어떤 것에 의해서도 구속되거나 강제되지 않는 자유로서, 자유는 인간본성의 한 속성이 아니라 인간실존 그 자체를 말하는 것이다. 아울러 인간은 전적으로 자유롭기 때문에 자신의 학습을 포함한 모든 일에 책임을 지게 된다.

2. 자유의 개념과 종류

미국 뉴욕시의 루스벨트섬에는 '프랭클린 루스벨트 네 가지 자유공원Franklin Roosevelt Four Freedom Park'이 있다. 이 공원의 대형 화강암에는 루스벨트가 1941년 연두교서 연설에서 제시한 네 가지의 자유의 내용이 새겨져 있다.

첫 번째 자유는 세계 모든 곳에서 이루어지는 언론과 의사 표현의 자유이다.
두 번째 자유는 세계 모든 곳에서 모든 이들이 어느 곳에서나 원하는 방식대로 신에게 예배를 드리는 것이다.
세 번째 자유는 결핍으로부터의 자유로서, 세계 어느 곳에서나 모든 국가들이 거주민을 위해 건강하고 평화로운 삶을 보장해 주도록 하는 경제적 약속을 의미한다.
네 번째 자유는 공포로부터의 자유로서, 세계 어느 곳에서나 어떠한 국가도 이웃 국가에 물리적인 공격 행위를 하지 못하게 하는 세계적 규모의 군축을 의미한다.

즉, 언론과 의사표현speech and expression의 자유, 신앙worship의 자유, 결핍want으로부터의 자유, 공포fear로부터의 자유이다. 이 네 가지 자유는 대서양헌장과 국제연합헌장, 세계인권선언에 반영되는 등 전 세계인에게 자유의 중요성을 이해하는데 지대한 영향을 미쳤다. 루스벨트의 네 가지 자유는 자유의 개념과 종류, 자유의 의미를 논의하는 데 중요한 시사점을 제공한다.

1) 자유 개념의 논의

우리는 자유를 말하고 갈망하며 자유화의 과정을 말한다. 그러나 '자유란 무엇인가' 하는 근본적인 문제에 대해서는 별다른 성찰을 하지 않는다. 물과 공기처럼 자유는 마치 인간 존재와 삶에 자명한 것으로 여기고 있는 듯하다. 그러나 자유에 관한 논의는 고대부터 지금까지 끊임없이 이어지고 있으나 자유가 무엇인지에 대한 합의된 정의는 나오지 않고 있다.

애들러의 세 가지 자유

항존주의 교육철학자인 모티머 애들러Mortimer Adler, 1902~2001는 어느 언어에서도 '자유freedom'보다 더 많은 뜻을 가진 단어는 거의 없다고 단정한다. 또한 자유란 말보다 우리를 더 당혹스럽게 하는 단어나 개념은 없으며, 이 주제를 다룬 광범위한 문헌을 읽어보아도 어느 누가 의견을 같이 하는지 또는 달리하는지를 파악하기 매우 어렵다고 말한다.[77] 따라서 사람들이 '자유'라는 단어를 사용할 때 염두에 두는 몇 가지 서로 다른 의미들을 먼저 구별할 필요가 있다.

애들러에 따르면 자유에는 세 가지 범주가 있다. 첫째, 사회정치적 자유이다. 인간이 사회생활을 하면서 타인과의 상호관계에서 갖는 자유이다. 직장에서 경영주나 상사에게 부당한 대우를 받거나 실질적으로 노예나 종의 상태가 되었다면 사회적 자유의 관점에서 노예인 것이다. 또한 경제에서 독점은 경쟁을 방해하고 고객의 상품 선택권을 제한하기에 자유를 저해한다는 점에서 이런 의미의 자유에 속한다. 정치적 자유도 마찬가지이다. 어떤 법령이나 규정이 개인행동의 자유를 제한하거나, '8 · 15 광복'이 의미하듯 국가 간의 자유의 제한이나 억압도 이런 범주에 속한다. 루스벨트의 세 번째 및 네 번째 자유가 이 범주에 포함될 것이다.

둘째, 심리적 자유이다. 한 개인이 무엇을 하고 안 할지를 선택할 때 자신의 내면에서 갖는 자유이다. 언론의 자유, 종교의 자유, 학문의 자유, 집회결사의 자유, 재산권 소유의 자유 등은 인간 내면에서 심리적으로 요구하는 자유이다. 평생학습의 선택이나 방법에 대한 학습자의 자유 역시 이에 속한다. 철학에서는 전통적으로 의지의 자유 혹은 자유의지라 불린다. 인간에게는 자신이 무엇을 할지를 결정할 수 있는 의지가 본래적으로 주어졌다는 것이며 단지 외적인 환경이나 요인에 의해 수동적으로 행동이 결정되는 존재가 아니라는 관점을 내포한다. 루스벨트의 첫 번째 및 두 번째 자유가 이 범주에 포함될 것이다.

셋째, 도덕적 자유이다. 자신 안의 갈등으로부터의 자유이다. 신학자들이 말하는 죄로부터의 자유가 바로 도덕적 자유이다. '진리가 너희를 자유롭게 하리라Veritas vos liberabit.'(요한8:32)는 성구聖句는 도덕적 자유의 대표적 상징이라 볼 수 있다. 그리스도교적 도덕뿐만 아니라 고대 스토아철학이 지향했던 금욕적 삶을 통한 자유의 획득도 이 범주에 속한다고 할 수 있다. 아파테이아apatheia, 즉 정념이나 욕정pathos, passion을 제거한 (a-) 상태에서 인간은 진정으로 자유롭게 된다는 철학이다. 현재나 미래의 쾌락을 추구하거나 반대로 현재나 미래의 악을 두려워하는 것 등이 욕정이며 이런 욕정과 정념을 없애고 초월할 때 진정한 내면의 자유를 찾을 수 있다는 것이다.

자유라는 말은 대부분 이 세 가지 의미에 포함된다. 세 가지 자유의 개념은 의미가 명확히 구분되면서도 서로 결합될 수 있다. 예를 들어, 언론의 자유나 집회결사의 자유, 학문의 자유 등은 개인의 심리적인 자유지만 사회정치적 자유와 밀접한 관계에 있다. 이렇게 볼 때 심리적 자유는 사회적 자유와 도덕적 자유의 바탕이 되는 근본적인 자유라고 볼 수 있다. 반면에 자유의지를 부정하는 사람들은 사회정치적 자유와 도덕적 자유를 강조하면서 심리적 자유의 존재를 부인하기도 한다. 이들은 물리학자들이 발견한 운동의 법칙, 기계론적인 운동법칙이 우주의 다른 모든 것과 마찬가지로 인간의 모든 행동을 지배한다면 인간은 결정의 자유 혹은 자유의지를 가질 수 없다고 생각한다.[78]

2) 소극적 자유와 적극적 자유

정치철학자인 모리스 크랜스턴Maurice Cranston은 질문 하나를 제기한다.[79] 누군가 당신에게 다가와 '나는 배가 고픕니다.'라고 말한다면 그의 말을 금방 이해할 것이다. 그런데 처음 보는 사람이 내게 다가와 '나는 자유롭습니다.'라고 말한다면 어떻겠는가? 하는 질문이다. 당황할 것이다. 방금 감옥에서 나와 자유롭다는 것인지, 빚으로부터, 아내로부터, 자신의 죄로부터 해방되었다는 말인지 알 수가 없다. 즉, 무엇으로부터 자유로워졌는지를 말하지 않았기 때문이다. '배가 고프다' '자유롭다'는 문장은 유사하게 보이지만 전자는 한 가지 의미를 갖는 반면에, 후자는 광범위한 의미 중의 하나를 가질 수 있기 때문이다. 따라서 '자유'라는 말은 '무엇으로부터의' 자유인가, 그리고 무엇을 위한 자유냐의 질문이 수반되어야 한다.

자유에 대한 정의를 시작하면서 제기되는 이분법적 구분은 소극적negative 자유와 적극적positive 자유이다. 물론 이런 구분의 타당성에 대한 논의가 가능함을 전제로 해야 한다. 자유에 대한 소극적・적극적 구분은 철학에서는 칸트로까지 거슬러 올라가지만 특히 1960년대 이사야 벌린Isaiah Berlin, 1909~1997에 의해 체계적으로 논의되었다.

이사야 벌린의 자유론

벌린은 '자유의 두 개념'이란 강연에서 소극적 자유와 적극적 자유를 구분한다. 소극적 자유는 '~으로부터의 자유free from~'이다. '구속'이나 '제약' '타율적 강제' '장애' 등으로부터 벗어남을 의미한다. 외부의 간섭이나 방해가 없는 자유, 내 의지나 행동에 누구도 개입하고 간섭하지 않는 자유를 의미한다. 애들러의 '사회정치적 자유'나 루스벨트의 세 번째, 네 번째 자유가 이에 해당된다. 반면에 적극적 자유는 '~로의 자유freedom to'이다. 자기 자신이 주체가 되어 특정 가치를 추구하고 실현하기 위해 필요한 '~을 위한 자유'이다. 애들러의 심리적 자유, 루스벨트의 첫 두 가지 자유가 이에 속한다.

벌린은 소극적 자유는 다음과 같은 질문을 통해 드러나는 자유의 의미이자 내용이라고 말한다. 즉, "주체가the subject—한 사람 혹은 일군의 사람이—다른 사람의 간섭 없이 스스로 할 수 있는 일을 할 수 있도록 또는 스스로 될 수 있는 존재가 될 수 있도록 방임되어야 할 영역은 무엇인가?"[80] 그것은 외부의 강제restraint가 없는 상태, 즉 타자the other에 의해 방해받지 않고 행동할 수 있는 영역을 말한다. 토마스 홉스Thomas Hobbes, 1588~1679가 『리바이어던Leviathan』에서 강조한 '자유란 저항의 부재不在'가 이에 해당된다. 홉스는 "자유로운 사람이란… 자신의 의지로 무슨 일을 하는 데 방해받지 않는 사람"[81]임을 강조한다.

반면에 **적극적 자유**란 "한 사람으로 하여금 이것 말고 저것을 하게끔, 이런 사람 말고 저런 사람이 되게끔 결정할 수 있는 통제 및 간섭의 근원이 누구 또는 무엇인가?"라는 질문에 의해서 생겨나는 자유의 개념이다.[82] '적극적'이라는 의미는 자신이 스스로의 주인이 되기to be his own master를 원하는 욕망을 드러낸다. 사람은 누구나 자신의 인생 및 결정이 자신에 의해 좌우되기를 바라지 외부의 힘에 의존하기를 바라지 않는다. 나는 내가 나 자신의 의지에 따른 행동의 도구가 되기를 원하지 다른 사람의 의지에 따른 행동의 도구가 되기를 원하지 않는다.[83] 개인은 간섭의 원인이 자신의 내부에 있을 경우에만 자유로운 것이다. 따라서 적극적 자유란 자신이 자신에 대해 온전한 주인이 되어 스스로의 본래적 의지를 실현할 수 있는 상태를 말한다.

벌린은 소극적 자유를 옹호한다. 그는 자유의 근본적인 의미는 사람들이 감옥에 갇히거나 노예가 되었을 때 자유를 잃었다고 말하는 그런 의미임을 강조한다. 즉, 타인에 의한 위협이나 감금, 지배로부터의 자유이다. 벌린은 남의 자유를 침해하지만 않는다면 각자의 자유는 절대적으로 보장되어야 한다고 생각했다. 그는 말한다. "어떤 사람 앞에 놓여 있는 모든 문을 잠그고 단 하나의 문만을 열어 놓는 행위는 열려 있는 문으로 나타난 길이 아무리 훌륭할지라도 또 그런 조치를 취한 사람들의 동기가 아무리 선의를 지닌 것일지라도" 그것은 저마다 다른 삶을 지향하는 인간에게 범죄를 저지르는 것과 같다.[84]

홉스와 밀의 소극적 자유

벌린의 소극적 자유는 토마스 홉스나 존 스튜어트 밀John Stuart Mill, 1806~1873의 자유이론과 맥을 같이 한다. 벌린이 강조한 불간섭non-interference으로서의 자유 개념의 중요성은 자유를 '저항의 부재'로 규정한 홉스의 자유개념과 같은 맥락이다. 홉스는 소극적 자유론의 선구적인 철학자로서 개인적 자유가 모든 권력의 뿌리요 근원이라고 주장하고 있다. 그는 '자유인freeman'이란 '스스로의 힘과 지력으로 할 수 있는 일들에 대하여 자기가 하고자 하는 것을 방해받지 않는 인간'이라고 강조한다."[85]

홉스의 소극적 자유와 같은 맥락에서 밀은 '해악의 원리harm principle', 즉 '타인에 대한 해악을 방지하기 위한 것이 아닌 한, 개인의 의지에 반하여 간섭하지 않을 자유'를 강조한다. 그는 "단 한 사람을 제외한 모든 인류가 동일한 의견이고, 그 한 사람만이 반대 의견을 갖는다고 해도 인류에게는 그 한 사람에게 침묵을 강요할 권리가 없다. 이는 그 한 사람이 권력을 장악했을 때 전 인류를 침묵하게 할 권리가 없는 것과 마찬가지"라고 말한다.[86]

밀이나 벌린의 자유개념은 자유의 절대성을 의미하지 않는다. 개인의 자유가 타인의 자유를 침해하지 않는다는 조건을 전제로 한다. 벌린은 "자유를 활용할 줄 모르는 사람에게 자유가 무슨 소용인가? 자유를 행사하기 위해서 필수적인 조건이 적절하게 충족되지 않은 상태에서 자유가 어떤 가치를 지닐 수 있는가?"라고 질문하면서 19세기 러시아의 허무주의자들이 말했다고 전해지는 말을 인용한다.

"푸시킨의 작품보다 당장 구두 두 짝이 가치에서 우월한 상황도 있다."[87]

그는 '이집트 농부에게 필요한 것은 개인적 자유보다는, 그리고 개인적 자유에 앞서서, 의복과 약품'이라고 말한다. 자유는 사회의 다른 가치들을 제치고 독존할 수 없다는 것이다. 따라서 벌린은 말한다. "자유는 자유일 뿐 평등, 공평, 정의, 문화, 인류의 행복, 마음 깊은 곳의 양심 등 그 어느 것과도 동일한 것이 아니다. 만일 내 계급 또는 내 나라가 자유를 누리는 대가로 다른 사람들이 비참한 지경에 빠져야 한다면, 그런 식으로 자유를 증진하는 체계는 부도덕이며 불의이다."[88]

21세기 사람들에게 자유는 지고의 가치를 지닌다. 따라서 소극적 자유와 적극적 자유의 개념은 개인의 삶과 평생학습에 있어서 중요한 의미와 논의를 제공한다. 물론 개인주의적 관점에서의 소극적 자유, 공동체주의적 관점에서의 적극적 자유는 양자택일의 문제는 아닐 것이다. 그러나 나와 타자 모두의 자유를 위한 논의의 준거로서의 의미는 작지 않다 할 것이다.

3. 구분해야 할 자유와 자율

자율주행자동차 시대라고 한다. 인간에 의한 조작 없이도 스스로 운전하는 자동차라는 의미일 것이다. 그런데 '자율주행자동차'라는 것이 과연 실재할 수 있는가? 실재한다면 그것은 스스로 운전이 가능한 '자동운전형자동차'[89]라는 것인데 가능한 것인가? 왜냐하면 자율이라는 말은 이성적인 행위능력을 가진 인간에 대해서만 사용할 수 있기 때문이다. 칸트에 따르면 자율은 의지가 의지의 본질인 이성의 명령에 복종하는 것을 말한다. 따라서 자율은 도덕적 판단의 주체에게 적용되는 말이다. 자동차가 도덕적 판단의 주체가 될 수는 없다. 자율주행자동차라는 신조어는 인간에게 자유와 자율이 무엇인지를 생각하게 해 준다.

1) '자율주행자동차'와 칸트의 자율

자율주행자동차는 인공지능으로 주행하는 자동차를 말한다. 그러나 인간의 운전에 의한 것이 아니라, 인간의 조작 없이 스스로 운전하여 주행하는 자동차란 현재까지는 존재하지 않는다. 그것은 더 이상 자동차라고 할 수 없을 것이다. '자율$_{自律}$'이란 표현은 이성적인 행위능력을 가진 인간에게만 사용하는 말임은 물론 '자동$_{自動}$'은 인간 아닌 기계에 사용하는 말이기 때문이다. 물론 현상적으로는 인간보다 뛰어난 운전능력을 발휘할 수 있는 인공지능이 장착될 수 있기 때문에 '자율주행자동차'라고 주장할 수도 있다. 그러나 자동차는 인간에 의해 심겨진 프로그램에 따라 안전의 목표에만 충실하게 운전할 뿐이다. 자동차는 스스로의 자유의지 혹은 자율에 의해 운전하는 것이 아니다.

행동의 원천과 자유의 본질

항존주의 교육철학자인 모티머 애들러$_{Adler}$의 말대로,[90] 자유의 본질을 이해하기 위해서는 나와 타인이란 두 가지 요소를 이해해야 한다. 만일 나의 행동이 타인의 지배를 받는 것이라면, 즉 강제된 것이라면 나는 자유롭지 못하다. 강제를 당하고 있는 나는 행동의 주체가 아니라 대상이기 때문이다. 즉, 나는 나 자신에 대한 다른 사람의 행동을 겪고 있는 것이다. 반면에 나의 행동이나 생각, 변화가 전적으로 나 자신에게서 비롯된 것이라면 나는 자유롭다. 행동의 주체가 나이며 나는 나의 행동을 겪고 있는 것이다. 이렇게 자유의 본질은 자아, 자기선택, 자기결정 등이다. 자아가 타인의 지배를 받는 상태는 능동이 아니라 수동이다. 애들러는 이런 상태를 '내가 행동의 대상이 되고 있는 상태'라고 규정한다.

이렇게 내가 행동과 변화의 원천이 되는 능동의 상태를 우리 모두는 자유의 본질로 이해한다. 다시 말해, 자유의 본질은 자기가 생각하고 결정한 대로 행동하고 변할 수 있는 능력이라 규정할 수 있다. 자유는 타인의 힘의 부재이며 자유의 부재는 타인의 힘에 의해 지배됨을 뜻하는 것이다. 물론 자신이 하고 싶은 대로 하는 행동이 무엇을 내포하는가에 대해서는 철학적 이견이 존재하지만 여기서는 차치且置하기로 한다.

이러한 자유의 본질에 대한 이해는 우리의 경험적 상식과도 일치한다. 그러나 아무런 방해도 받지 않는 자유로운 상태에서의 선택과 결정을 자유의 본질로 보는 것은 뭔가 충족되지 않는 느낌이 든다. 특히 공리주의 철학자 제러미 벤담의 말대로 쾌락 추구와 고통의 회피가 자유 선택의 준거가 된다면 더욱 그렇다. 벤담에 따르면 "우리의 두 개의 통치권자Sovereign Master"는 쾌락pleasure과 고통pain이다. 따라서 인간은 오로지 쾌락을 추구하고 고통을 회피하려는 욕망에 따라 행동을 자유롭게 선택한다고 주장한다.[91] 벤담의 주장대로라면 인간은 다른 동물들과 별반 차이가 없지 않느냐는 생각이 들게 된다. 인간이 아닌 다른 생물들도 쾌락 추구와 고통 회피를 위해 자신이 원하는 대로 행동할 수 있기 때문이다.

이에 대해 임마누엘 칸트Immanuel Kant, 1724~1804는 인간의 자유로운 선택이 동물과 다른 차이점은 인간의 이성적 사고능력에 있다는 점을 강조한다. 칸트는 자유롭게 행동하는 능력은 이성적으로 사고하는 능력과 밀접하게 연관되어 있다고 말한다. 이 두 가지 능력이 합쳐져 우리는 다른 동물과 구별되는 특별한 존재가 되는 것이다. 그렇다고 인간이 늘 이성적으로 행동하고 자율적으로 선택한다는 것은 아니다. 단지 그런 능력이 있다는 것이다. 그렇다면 자율적으로 행동한다는 것은 무엇을 의미하는가?

칸트의 자율의 의미

자율적으로 행동한다는 것은 두 가지 관점에서 외부로부터 '강제'를 당하지 않음을 의미한다. 내 밖의 외부로부터의 강제와 내 안의 외부로부터의 강제이다. 먼저, 내 밖의 외부로부터의 강제는 타인이나 자연의 물리적인 힘에 의해 강제당하는 것이다. 누군가 내 팔을 잡고 완력을 사용해 내가 원하지 않는 방향으로 움직인다면 나의 움직임은 강제를 당하는 움직임이다. 자연적인 강제도 마찬가지이다. 태풍으로 인한 홍수로 잠수교가 범람해 내가 건너갈 수 없다면 나는 자연의 힘에 의해 강제 또는 제지당하고 있는 것이다. 강제는 행동의 자유와 대립되는 개념인 것이다.

여기서 자유의 본질은 행동 자체라는 것을 깨닫게 된다.[92] 다시 말해, 행동의 주체인가 아니면 대상인가에서 자유의 본질을 포착하게 된다. 타인이든 자연의 힘에 의해서든 강제를 당하는 사람은 행동의 주체가 아니라 대상이며, 그는 자신의 행동이 아니라 타자의 행동을 겪고 있는 것이다. 말하자면 그는 이리저리 떠밀리는 것이며 움직여지는 것이고 그 움직임을 스스로 만들어 내지 못하고 있는 것이다.[93]

따라서 자유는 강제를 당하지 않는 소극적 측면[free from]과 자신이 행동의 주체가 되는 적극적 측면[free at]이 있음을 알게 된다. 적극적 측면이란 내가 행동의 주체가 되어 나의 욕망이나 의지를 실행하는 것이다. 즉, 내 마음대로 자유롭게 행동하는 것이다. 일반적으로 생각하는 적극적 의미의 자유이다.

그러나 계몽주의 철학자 칸트가 보는 적극적 의미의 자유의 본질은 일반적인 생각과 다르다. 칸트는 자유의 본질은 단순히 외적인 강제에서 벗어나는 것이 아니라, 내 안의 이성이 아닌 감정과 자연적 욕망이라는 강제에서 벗어나 주체적으로 행동하는 것이다. 따라서 칸트에게 자유의 본질은 **자율**自律, Autonomie의 의미로 환치된다. 좀 더 부연해 보자. 칸트에게 자유란 단순히 아무런 방해 없이 자신이 하고 싶은 일을 할 수 있는 것을 의미하지 않는다. 칸트의 생각은 좀 엄격하고 까다롭게 느껴지지만 시사하는 바가 크다. 칸트에 따르면 우리가 쾌락이나 고통 회피를 추구한다면 인간은 동물과 다를 바 없을뿐더러 진정으로 자유롭게 행동하는 것이 아니다.

예를 들어, 커피를 아메리카노로 할지 카페라테로 할지를 결정한다고 치자. 언뜻 보면 선택의 자유를 행사하는 듯하지만, 사실은 내 기호에 가장 잘 맞는 커피가 무엇인지를 파악하는 행위이다. 그런데 내 기호는 애초에 내가 선택한 것이 아니란 점에 주목해야 한다. 그 기호가 선천적이든 습관에 의한 것이든 관계없다. 또한 칸트는 그 기호를 충족하는 행위를 문제 삼는 것도 아니다. 강조하는 점은, 이때 나는 자유롭게 행동한 것이 아니라 내 안의 외부에서 이미 결정된 내용에 따라 행동한 것이란 점이다. 아메리카노가 아니라 카페라테를 마시고 싶다는 욕구는 내가 선택한 게 아니라 이미 갖고 있는 욕구일 뿐이다. 나의 자유는 그 욕구에 복종하는 행위가 된다.

자신이 부여한 법칙을 준수

자율적으로 행동한다는 것은 천성이나 자연적 욕망, 사회적 관습에 따라서가 아니라 내가 나에게 부여한 법칙에 따라 행동하는 것이다.[94] 자율$_{\text{Autonomie}}$을 이해하기 위해서는 반대개념인 타율$_{\text{Heteronomie}}$의 의미와 대조해 보면 된다. 예를 들어, 아파트에서 공을 떨어뜨린다고 하자. 이때 공의 행위는 자유로운 행위나 혹은 자유의지로 행동하는 게 아니라 중력의 법칙에 의해 지배를 받는 것이다. 공은 자율적으로 행동하는 것이 아니라 외부에서 이미 결정된 법칙에 따라 타율적으로 행동할 뿐이다.

사람의 행위도 마찬가지이다. 인간이 스스로의 이성에 따라 행동할지라도 자신의 의지가 이성이 아닌 다른 욕망에 의해 행해질 때 타율이 된다. 다시 말해, 이성적 능력을 사용해 자신이 부여한 법칙에 따라 행동하는 것이 아니라 자신의 흥미나 바람, 욕구, 기호 같은 가변적이고 우연적인 것들에 지배되어[강제되어] 행동한다면 타율적으로 행동하는 것이다. 즉, 내 밖에 주어진 결정에 따라 행동하는 것이다. 중력의 법칙에 지배를 받는 공처럼 나는 자연적 욕구라는 법칙에 지배를 받는 것이다. 따라서 인간의 자유로운 행동은 인간만이 할 수 있고 공은 할 수 없는 선택을 하는 것이다. 그것은 곧 자신이 자신에게 부여한 법칙 그 자체를 선택하는 것이다. 이런 자율적 행동이 가능한 이유는 인간에게 있는 이성적 능력 때문이다.

예를 들어, 코로나 격리병동에 있는 환자가 야밤에 병원을 나와 도주했다고 하자. 이 환자는 스스로의 의지에 따라 자율적 행동을 했다고 생각할 수 있다. 그러나 이 사람의 행동은 병동에서 도주하고픈 나만의 감각적인 자유욕구를 따라 행동하는 것으로서 마치 중력의 법칙에 지배받는 물건과 다름없는 타율적 행동이다. 이때 그는 추구하는 목적의 주체가 아니라 도구가 되는 것이다. 대신 나의 자유욕구를 타인의 자유침해와 같은 선상에 놓고 이성적으로 저울질한 후 자신의 양심의 법칙에 따라 주체적으로 자신의 행동을 통제할 때 자율적 행동이 되는 것이다.

이렇게 볼 때 진정한 자유는 자율적 행동이며, 자율적 행동은 자신의 감각적 욕구에 지배[강제]당하는 것이 아니라 타인의 자유침해의 개연성의 관점에서 주체적으로 자신의 자유를 통제하는 것이다. 타인의 자유는 나의 자유만큼 소중하다는 인식이 공정한 것이고 정의로운 것이다. 따라서 자유는 필연적으로 도덕[윤리]과의 연관 속에서, 특히 정의와의 관련 속에서 참된 의미가 살아날 수 있다.

자유로운 행동은 주어진 목적에 걸맞는 최선의 방법을 선택하는 것이 아니라 목적 그 자체를 선택하는 것이다.[95] 타인에게 바이러스를 전염시키는 것은 옳지 않다고 자신에게 부여한 법칙대로 행동하는 것은 행동 그 자체가 목적이 되는 것이다. 그리고 자율적으로 행동하는 능력이 있기 때문에 인간의 삶은 특별한 존엄성을 지닌다.[96] 바로 이것이 사람과 동물의 차이점이다.

2) 프리덤과 리버티

우리말의 자유를 뜻하는 영어 단어는 프리덤Freedom과 리버티Liberty이다. 두 단어는 서로 전용이 가능하며 영미권에서 통상적으로 상호 교환적으로 사용된다는 점을 언급할 필요가 있다. 자유에 관한 연구에 혼신의 힘을 쏟은 이사야 벌린Berlin이나 모리스 크랜스턴Cranston 같은 학자들 역시 두 단어에 대한 엄격한 구분을 시도하지 않고 있다. 그러나 다른 한편으로는 두 단어 사이에 차이가 있다는 주장들도 존재한다. 더 나아가 이 두 단어 사이의 미묘한subtle 차이가 세계 역사를 바꾸었다는 주장도 나온다.

어원적으로 볼 때 프리덤의 고대 영어 어원은 '자기결정력, 자유의지 상태, 노예에서 해방, 구출' 등의 의미를 지닌다. 반면에 리버티는 라틴어 리베르따뗌libertatem에서 나온 것으로 '시민적 혹은 정치적 자유, 자유인의 조건, 통제가 없음, 허락'의 의미를 갖는다. 어원에서 보듯 '프리덤'은 개인의 내부적 조건, '리버티'는 사회적 · 정치적 조건의 성격이 강하다. 유사한 맥락에서 허버트 리드Herbert Read는 리버티는 '신체의 상태'를 나타내고 프리덤은 '정신의 상태'를 나타낸다고 주장한다. 나아가 프리덤은 부버가 말하는 '보다 높은 자유'에 해당하고, 부버의 '보다 낮은 자유'에 해당하는 것이 리버티에 해당한다고 주장한다.[97]

섀이퍼의 프리덤과 리버티

미국의 법학자 버틀러 섀이퍼Butler Shaffer, 1935~2019는 두 개념의 차이를 간명하게 정의한다.[98] 리버티Liberty는 "사회에서 함께 살아가는 자유로운 사람들에게서 나오는 사회적 조건"이다. 다시 말해, 국가 혹은 정부가 개인에게 허용한 개인적 프리덤Freedom의 정의와 범주를 의미한다. 반면에 프리덤Freedom은 내적이며 철학적인, 심리학적인 조건을 의미한다. 프리덤은 내가 원하는 것을 할 수 있고, 내가 원하는 것을 믿을 수 있으며, 내가 원하는 대로 생각할 수 있는 나의 능력인 것이다. 프리덤은 태어나는 순간부터 주어진 것으로서 어느 누구로부터도 빼앗길 수 없는 인간존재의 핵심 조건이다. 따라서 프리덤은 '나의 마음 안에 존재하는 조건으로서 갈등이 없고 모순이나 이런저런 분열이 없는 내부적 감정'으로 의미가 확대될 수 있다.

이런 프리덤Freedom의 감정은 고대 스토아철학에서 '육체는 감옥에 갇힐 수 있지만 마음은 얼마든지 자유로울 수 있다.'고 구분하는 것과 같은 맥락이다. 스토아철학에서 강조하는 정념이나 갈등에서 해방되거나 초월한 상태인 아파테이아apatheia의 상태가 바로 프리덤인 것이다. 또한 프리덤의 스토아철학은 정념에서 해방된 자유인의 삶을 최고의 윤리적 삶으로 주장한 근대의 스피노자Spinoza철학에 큰 영향을 미치게 된다.

스토아철학의 '자유'론을 심리학에 연결시켜 의미요법을 창안한 심리학자가 빅터 프랭클Viktor Frankl, 1905~1997이다. 프랭클은 자신의 나치수용소 체험을 바탕으로 저술한 책 『죽음의 수용소에서』에서 프리덤의 진리를 극명하게 묘사하고 있다.

> "인간에게 모든 것을 빼앗아 갈 수 있어도 단 한 가지, 마지막 남은 인간의 자유Freedom, 주어진 환경에서 자신의 태도를 결정하고, 자기 자신의 길을 선택할 수 있는 자유만은 빼앗아 갈 수 없다."

유대인 수용소에서 나치가 자신의 모든 것을 빼앗아 갈 수 있지만, 마지막 남은 하나의 자유, 즉 지옥과 같은 수용소의 고통에 반응하는 나의 자유만은 나치가 빼앗아 갈 수 없다는 것이다.

프리덤과 리버티의 차이

이렇게 볼 때 프리덤은 인간에게 유전적으로 내재하는 조건인 반면, 리버티는 사람들에게 사유재산권이나 언론의 자유, 결사의 자유 등의 프리덤Freedom을 향유하게끔 허용하는 정치적 구성, 조건이라 할 수 있다. 인류역사는 바로 이 리버티Liberty를 쟁취하기 위한 피비린내 나는 투쟁이었던 것이다. 일상적인 사회생활에서 우리가 말하는 자유는 바로 리버티의 의미인 것이다. 미국을 포함해 자유의 정신을 목숨처럼 소중히 여기는 전 세계 국가의 헌법에서 강조하는 자유의 개념도 리버티이다. 뉴욕항에 우뚝 서 있는 '자유의 여신상'의 '자유'도 리버티이다. 미국 독립전쟁을 촉발시킨 구호(패트릭 헨리의 연설)인 "나에게 자유 아니면 죽음을 달라."의 자유도 리버티이다. 프랑스 대혁명의 구호인 '자유, 평등, 박애'의 자유 역시 리버티Liberte였다.

프리덤은 개인의 고유한 권리인 말과 행동, 소유 등에서의 자유를 뜻한다. 지극히 개인적인 내면의 것으로서 모든 인간이 희구하는 실존적 조건이라 할 수 있다. 따라서 프리덤은 타인의 어떠한 간섭이나 개입도 허용하지 않는다. 골방에서 홀로 무엇을 하든, 언제 어디로 여행을 하든, 말 그대로 내 멋대로 하는 자유가 프리덤이다. 반면, 리버티는 그런 개인의 자유를 타인의 동등한 자유를 침해하지 않도록 규정한 법과 규칙을 준수하는 '책임'을 수반하는 자유를 의미한다. 인간의 실존은 곧 '관계성'이기에 리버티는 서로의 프리덤을 최대한 보장하기 위해 사회구성원들이 서로가 서로에게 부여하고 공유하는 제한적 의미의 자유인 것이다. 따라서 리버티는 모두가 인정하는 자유의 개념이자 모두에게 공정하게 부여된 자유라 할 수 있다.

일상적인 예를 하나 들어 보자. 가을바람이 불기 시작한 어느 날 모처럼 예술의 전당에서 클래식 음악을 감상하기로 마음먹었다. 표를 예매한 후 퇴근 후에 달려갔지만 교통사정으로 30분 늦게 도착했다. 콘서트홀의 문은 이미 닫혔고 인터미션intermission에만 입장할 수 있다는 말을 들었다. 할 수 없이 밖에서 기다리다 쉬는 시간 후에 들어갈 수 있었다. 흔히 경험할 수 있는 일이다. 클래식 음악 감상의 선택, 표의 예매는 나의 프리덤이다. 그러나 콘서트홀 입장시간, 음악 감상의 태도 등의 자유는 리버티로 변한다. 나의 자유Freedom는 타인의 자유를 침해하지 않는 한에서의 자유인 리버티Liberty로 바뀌는 것이다. 따라서 콘서트홀 담당자의 개입이나 그가 요구하는 자유의 제한을 수용해야 하는 것이다.

대학 강의실로 옮겨 보자. 학생들이 어떤 과목을 수강할지를 선택하는 것은 개인의 완전하고 고유한 프리덤이다. 그러나 특정 과목을 선택해 강의실에 들어오는 순간 그 자유는 리버티가 된다. 교수자의 강의와 다른 학생의 학습권을 침해하지 않는 조건하에서의 자유이기 때문이다. 그런데 수업 중 마음대로 들락날락하면서 남에게 불편을 주는 것에 대해 아무런 책임감도 느끼지 않는다. 자신의 '자유'라고 생각하기 때문이다. 자유에 대한 이런 왜곡과 무지는 정치와 종교는 물론 다양한 평생교육현장에서도 발견할 수 있다.

개인의 종교 및 신앙의 선택은 프리덤이다. 남의 자유를 침해하지 않는 한 무엇을 믿고 어떤 종교적 행위를 하든 프리덤이 허용된다. 그러나 교회 안이건 밖이건 간에 자신의 신앙의 행위가 타인의 자유를 침해하거나 타인에게 위해를 끼칠 수 있는 경우, 그 자유는 프리덤이 아닌 리버티가 된다. 법적 · 제도적 간섭이나 개입을 허용해야 하는 리버티라는 것이다.

4. 자유와 '존재하기 위한 학습'

자유의 의미는 평생교육의 핵심 원리pillar인 '존재하기 위한 학습'에 중요한 과제를 제시하고 있다. 그 과제는 '무엇을 위한 자유인가?'의 물음이다.

1) '~로부터의'에서 '~로의' 자유로

21세기 현대인들에게 중대한 관심사는 '무엇으로부터 자유인가?'에 관심이 집중되고 있다. 평생교육에서도 자유에 대해 논할 때, 우리는 일반적으로 타인이나 사회, 국가 등 타자로부터의 간섭이나 압박으로부터 벗어나는 소극적인 의미의 자유를 생각한다. 물론 자유에 대한 이런 생각은 토마스 홉스나 장 자크 루소에까지 거슬러 올라갈 정도로 일반적이다. 그러나 과연 '~으로부터의' 자유, 해방만이 자유의 본질인가에 관한 논의가 이어질 수 있다.

앞서 논의한 대로 밀Mill이나 벌린Berlin은 자유는 그 자체로 절대적이 아님을 강조한다. 벌린은 19세기 러시아의 허무주의자들의 말을 인용해 "푸시킨의 작품보다 당장 구두 두 짝이 가치에서 우월한 상황도 있다."는 말로 소극적인 자유의 우선성을 강조하였다. 그러나 소극적 자유의 우선성이 적극적 자유의 무가치함을 의미하는 것은 아니다. 푸시킨의 작품을 감상하는 자유가 불필요하다는 논지가 아닌 것이다. '이집트 농부에게 필요한 것은 개인적 자유에 앞서서, 의복과 약품'이라고 말했다고 해서 농부가 누리는 자유의 가치는 생필품으로 한정된다는 의미는 아니다.

30세의 나이에 시카고대학교 총장을 지낸 항존주의 교육철학자 로버트 허친스Robert Hutchins, 1899~1977는 "자유는 그 자체가 목적이 아니다."라고 단언한다.[99] 우리는 단순히 자유롭게 되기 위해서 자유를 원하는 것은 아니라는 것이다. 우리는 자유롭지 않으면 될 수가 없거나 행할 수 없는 어떤 일을 하거나 어떤 존재가 되기 위해서 자유롭기를 바라는 것이다. 즉, 우리는 우리가 원하는 것을 얻기 위해서 자유롭기를 원한다. 다시 말해, 우리는 '~으로부터의free from' 자유에서 '~로의free to' 자유로 발전해야 한다는 것이다.

에리히 프롬은 유네스코 포르 보고서가 출간되던 68혁명 시대의 교육이나 젊은이들은 어떤 '~으로부터의' 자유는 주장했지만 '~로의' 자유로는 발전하지 못했음을 지적하였다. 그들은 다만 반항했을 뿐 억압과 종속으로부터의 자유라는 목적 이외에는 그것을 지향하여 나아가야 할 목적을 찾아내려는 시도를 하지 않았다. 그 결과 억압으로부터의 자유를 부르짖는 시기가 지나자 젊은이들 대부분에게 남은 것은 씁쓸한 실망이며 실망한, 무감동한 인간이었다고 비판한다.[100] 그렇다면 교육이 그리고 평생교육이 추구해야 할 '~로의' 자유란 무엇인가?

2) '소유로부터'에서 '존재로의' 자유로

들로 보고서는 교육의 궁극적 목적은 '비인간화'를 극복하여 인간 '존재'의 가치를 회복하는 데 있음을 밝힌다. 이를 위해 평생교육은 기술과 능력, 경제적 잠재력 개발 같은 도구적 관점을 넘어서 자신을 온전한 사람으로 개발하는 과정, 즉 존재하기 위한 학습이 되어야 한다고 강조한다. 이러한 평생교육의 궁극적 목적은 평생교육이 지향해야 할 '~로의' 자유의 철학을 이미 내포하고 있는 것이다.

허친스는 교육에서 관심을 갖고 추구해야 하는 것은 단순한 '어떤 것으로부터의 자유'가 아니라 자유정신 혹은 자유로운 정신이라고 강조한다. 평생교육에서 지향해야 할 과업은 '자유로운 정신'이라는 것이다. 실제로 교육의 역사를 보면 진보주의를 중심으로 한 다양한 교육철학사조가 자유로운 정신을 양성하는 데 목표를 두었다. 그러나 허친스는 진보주의 교육이 강조하는 교사중심의 교육과 학습, 훈육으로부터의 자유가 마치 자유정신을 양성하는 것이란 생각을 경계해야 한다고 말한다.

그는 자유와 무교육을 동일시하는 생각의 위험성을 교육의 '토끼이론rabbit theory'으로 제시한다. 즉, "어떤 아이들이라도 꽃과 풀로 둘러싸인 들판을 돌아다니기를 좋아하게 되고, 여기저기서 어떤 꽃나무 뿌리나 풀뿌리를 조금씩 씹어 먹으면 잠시 동안 그의 관심을 끌거나 그의 식욕을 자극할 것이다."[101]

허친스가 강조하는 것은, 자유는 단지 토끼가 마음대로 들판을 뛰놀며 풀을 뜯어먹게 하는 것이 아니며, 또한 그런 자유가 학교교육이 지향해야 할 자유정신은 아니라는 것이다. 이런 형태의 학교교육을 진보적이라고 생각하는 교육자가 있다면, 그는 자기 자신이 낯선 바다 위에 항해도나 나침반 혹은 키도 없이 떠 있다는 것을 스스로 인정하는 것이라고 비판한다. 허친스는 자유정신이란 '올바르게 작동하는 정신'이라고 말한다. 또한 이런 자유정신을 위해서는 마음을 '선善, good'에 고정시켜 주는 습관을 요구한다고 주장한다. 왜냐하면 정신이 만약 악의 노예라면 자유로울 수가 없기 때문이다.

허친스는 중세 신학자 아우구스티누스Augustinus가 "덕이나 좋은 습관은 우리들의 자유의 올바른 사용"이라고 말한 점을 상기시킨다. 또한 진보주의 교육철학자 존 듀이Dewey가 "훈련된 힘과 동일한 규율은 자유와도 역시 동의어"라고 말한 것이 바로 자유정신이 무엇인지를 보여 준다고 강조한다.[102] 자유로운 정신은 무엇보다도 단련된 정신이며, 단련된 정신이 인간을 진정으로 자유롭게 한다는 것이다. 따라서 허친스는 교육은 좋은 습관, 정신의 단련에서 출발해야 한다고 강조한다. 그렇다면 정신의 단련이 지향하는 '선' 혹은 '좋음good'이란 무엇인가에 대한 이해와 교육이 뒤따르게 된다.

허친스의 항존주의 교육철학에서 보는 '자유'에 대한 관점은 21세기 평생교육에서의 자유에 대한 논의에 시사하는 바가 크다. 특히 평생교육의 핵심 원리인 존재하기 위한 학습, 학습이 지향하는 온전한 인간은 '자유정신'과 분리해 생각할 수 없기 때문이다. 평생교육에서 지향하는 자유는 '들판의 토끼'로서의 소극적이며 해방된 자유로만 그치는 것인가, 아니면 '선' 혹은 '온전함'을 갖춘 '올바르게 작동하는 자유정신'인가에 대한 논의가 필요할 것이다.

허친스가 강조하는 자유정신으로서의 '선good'은 평생교육의 궁극적 목적인 '온전한 인간'이 되기 위한 혹은 '온전한complete'의 가치와 맥을 같이 한다. '선 혹은 좋은good'이나 '온전한'의 가치는 시대에 따른 상대적인 속성을 지니기에 논의가 필요할 것이다. 들로 보고서는 교육이 도구적인 관점에서 해방되어 '존재하기 위한 학습'으로 나아가야 함을 주장한다. 같은 맥락에서 에리히 프롬은 '소유지향적' 삶으로부터 해방되어 '존재지향적' 삶으로 나가는 것이 진정한 자유라고 주장한다.

들로 보고서가 20세기 중반의 비인간화의 문제를 지적하였듯이, 허친스 역시 당시의 가장 중대한 문제를 인간의 도덕적, 지적 및 정신적 문제라고 지적하였다. 그는 들로 보고서와 마찬가지로 과학기술의 발달로 인간은 편리함과 부를 누리고 있지만 오히려 가난과 불행 속으로 파묻혀 들어간다고 분석하였다. 전쟁을 증오하지만 역사상 가장 큰 전쟁에 깊숙이 참여하고 있으며, 자유를 사랑함에도 불구하고 세상의 많은 것들이 족쇄에 얽매여 있다고 주장한다.[103] 그 이유를 허친스는 억압으로부터의 자유만 부르짖고 난 후의 '자유정신을 상실한 교육'에서 찾고 있는 것이다.

21

도구적 이성 시대의 평생학습

"왜 인류는 진정한 인간적 상태에 들어서기보다 새로운 종류의 야만 상태에 빠졌는가?"[104]

프랑크푸르트 학파의 핵심인 테오도오 아도르노Theodor Adormno, 1903~1969와 막스 호르크하이머Max Horkheimer, 1895~1973는 1944년『계몽의 변증법』서문에서 1930년대의 암울한 유럽사회를 돌아보며 이렇게 비판하였다.[105] 인간 이성에 의한 기술의 발전적 진보는 진정한 인간적 상태를 가져올 것으로 기대했으나 오히려 인류는 새로운 야만상태의 늪으로 빠져들고 있다는 것이다. 인간 이성의 도구적 성격이 전면에 등장하면서 가져온 비인간화 현상에 대한 비판이다.

같은 맥락에서 들로 보고서는 이러한 비인간화의 도전에 대응하고 교육의 본질적 역할을 수행하기 위해서는 교육은 도구적 관점을 넘어서야 한다고 강조한다. 교육은 기술, 능력, 경제적 잠재력을 개발하는 과정으로서의 '도구적 관점'을 넘어서서 자신을 온전한 사람으로 개발하는 과정이 되어야 한다는 것이다. 같은 맥락에서 20세기 항존주의 교육철학자인 허친스Hutchins는 비인간화 현상은 우리의 삶과 교육을 목적으로서가 아니라 수단으로 지향해 온 결과라고 말한다. 우리의 인생과 사회의 중요하고 근본적인 문제 대신에 일시적이고 표면적인 문제에만 관심을 가져왔기 때문이라는 것이다. 물질적 재화는 필수불가결한 수단이지만 목적은 아님에도 불구하고 목적이

되었으며 인간은 단순한 수단으로 전락하였다는 것이다.[106]

1. 주관적 이성과 비인간화

호르크하이머는 현대사회의 비인간화 현상을 이해하기 위해서는 이성에 대한 이해가 선제적으로 요구된다고 본다. 그는『도구적 이성 비판』에서 주관적 이성과 객관적 이성을 구분한다. 여기서 주관적 이성은 아도르노가 말하는 '도구적 이성'과 같은 맥락이다. 아도르노는 올바른 이성은 단순히 목적과 수단의 관계를 규제하는 것을 넘어 목적을 이해하고 반성하는 도구라고 본다. 반면에 도구적 이성은 목적과 수단이 전도되어 이성이 자기 유지의 도구로 전락한 상황을 지칭한다.[107]

1) 호르크하이머의 주관적 이성

도구적 관점에만 매몰된 삶과 교육에 대한 비판은 19세기 철학자 프리드리히 니체로 거슬러 올라간다. 니체는 당시 독일에서도 교육이 특정한 전문 분야나 유망한 지식에 편중되고 있음을 다음과 같이 날카롭게 비판하였다.

> "하나의 전체로서의 삶의 그림과 마주쳐야 한다. 그렇지만 학계는 그림을 이해하려는 것이 아니라 저 캔버스와 물감을 알려고 혈안이 되어 있다."[108]

우리의 삶과 인간의 보편적인 그림을 보게 하는 것이 교육의 목적인데 그림의 수단인 캔버스와 물감이 목적이 되고 있다는 것이다. 니체는 교육이 실용적 감각이나 직업 활동 같은 도구적 가치에만 몰두할 경우, 교육은 "미래가 없이 살면서 현재의 문턱 위에 편안히 발을 뻗고 있는 건달"만을 양성하게 된다고 비판한다.

'이성이 무엇인가?'라는 질문을 받으면 대부분의 사람은 머뭇거리며 혼란스러워할 것이다. 호르크하이머는 그 이유를, 사람들은 이성이라는 것을 말로 표현하기엔 너무 심오한 지혜나 혹은 너무 복잡한 사유임을 암시하는 것으로 해석하기 때문이라고 말한다. 그는 이성은 개념 자체가 스스로를 설명하기 때문에 물음 자체가 불필요하다고 말한다.[109] 호르크하이머는『도구적 이성 비판』에서 현재의 비인간화 혹은 "새로운 종류의 야만 상태"는 잘못된 이성 개념에서 비롯된 것이라는 점을 강조한다. 즉, 현대 사회는 이성을 주관적 이성 혹은 **도구적 이성**으로만 인식하고 있다는 것이다. 그는 주관적 이성(주관적 이성의 능력)과 객관적 이성(객관적 이성의 능력)을 구분한다.

호르크하이머에 따르면 주관적 이성이란 인간의 "사유 구조의 추상적 기능, 즉 가르기 능력과 추론 및 연역의 능력"이다. 주관적 이성은 본질적으로 목적과 수단의 문제에 관련된 것이며 특정한 목표에 도달하기 위한 절차적 방법의 적합성과 관련된 것이다. 목표 그 자체가 이성적인가 혹은 추구할 만한 가치가 있는가라는 질문에 대해서는 거의 의미를 부여하지 않는다.[110] 오로지 더 나은 목적이 아니라 더 나은 수단을 선택하는 데만 관심을 갖는다. 이러한 주관적 이성이 바로 '도구적 이성'이다. 따라서 주관적 이성이 지배적인 사회에서는 자유, 평등, 정의 등과 같은 '거대 보편 개념들'은 더 이상 관심을 받지 못한다.

인간이 인간을 지배하든 인간이 자연을 지배하든, 개인이 추구하는 목표에 도달하기 위한 방법에만 초점을 맞출 뿐 목표 자체가 선인지 악인지에 대해서는 가치를 두지 않는다는 것이다. 호르크하이머는 주관적 이성은 20세기에 이르기까지 서양의 사유에서 나타난 사고방식의 근본적 변화를 보여 주는 중요한 징후라고 파악한다. 다시 말해, 주관적 이성이 인류 역사의 전면에 등장하여 서양인들의 사유방식을 지배하고 있다는 것이다.

2) 이성의 의미

그러나 오랫동안 서양역사에서 이성에 대한 관점은 지금과는 정반대였다. 즉, 객관적 이성이 출발이자 지배적이었다. 객관적 이성은 주체의 관심과는 별개로 인간이 추구할 목적이나 가치가 있다고 믿는다. 또한 객관적 이성은 이런 목적이나 가치와 관계할 능력을 갖고 있다.

이성은 서양 사유방식의 초기인 고대 그리스철학에서 핵심을 이루는 개념이었다. 우리말의 이성은 그리스어 낱말 '로고스λόγος'나 라틴어 낱말 '라티오ratio'의 한국어 번역이다. 이성, 즉 로고스의 본래의 의미는 인간의 '말하기'와 '셈하기'의 능력, '사고능력' 또는 '법칙수립능력'이다.[111] 플라톤과 아리스토텔레스의 전통을 이어 스토아학파로 통칭되는 고대 그리스-로마의 사상가들은 인간이 다른 동물과 구별되는 특징이 '이성'에 있다는 점을 파악하였다.

제논Zenon, 333~262 BC에서 출발한 스토아철학은 이성인 로고스는 곧 자연physis이고 법도nomos였다. 이성은 모든 개인에게뿐만 아니라 자연과 객관적 세계 속에 있는 하나의 힘이었다. 따라서 제논은 삶의 목적을 '자연[본성]과 합치하여 사는 것'이며 이는 '덕에 따라 사는 것'을 의미하였다. 즉, 이성적으로 사는 것은 자연에 따라 사는 것이며 덕에 따라 올바르게 사는 것이다. 왜냐하면 자연본성이 우리를 인도하여 덕으로 향하게 하기 때문이다.[112] 따라서 마르쿠스 아우렐리우스Marcus Aurelius, 121~180는 『명상록Meditationes』에서 다음과 같이 말한다.

> "네가 네 자연본성의 이성에 따라 사는 것을 막을 자는 아무도 없다. 보편적인 자연의 이성에 어긋나는 일은 결코 너에게 일어나지 않을 것이다."[113]

다시 말해, 이성이 있다는 것은 자신의 자연본성과 만물의 자연본성에 따라 사는 것이며, 이성이 금지하는 것은 아무것도 행하지 않는 것을 말한다. 선과 악, 좋음과 나쁨은 바로 이성적이냐 아니냐의 문제가 되는 것이다.

선 혹은 좋음agathos이란 일상적으로는 이익이 되는 것, 유익성을 뜻하지만, 스토아학파 사람들은 이를 '이성적인 자로서의 이성적인 자의 자연본성상의 완전함'이라고 규정함으로써 사실상 '덕이 있음有德'과 동일시하였다.[114] 반대로 악이란 이성적인 자의 이성적이지 못함을 뜻한다. 사려와 용기, 정의, 절제 같은 덕이 없는 것이 악한 것이다. 제논은 또한 고통이나 두려움, 욕망, 쾌락과 같은 정념pathos을 비이성적이고 반자연적인 움직임이라고 정의하였다. 따라서 현자는 정념에 빠지는 일이 없는 '무정념적' 상태, 무감동apatheia 내지 무정념적ataraxia 상태에 있기 때문에 어떤 경우에도 마음이 흔들리지 않는다고 말한다.[115]

스토아철학자인 에픽테토스Epiktetus, 55~135는 『엔케이리디온Encheiridion』[116]에서 이렇게 이성이 정념에 대한 통제력을 갖는 자, 즉 자신의 이성에 따르는 자는 어떤 외적 지배도 받지 않는 사람이기 때문에 곧 자유로운 사람이라고 말한다.

결국 인간에게 이성이 있다는 것은 '이성을 가지고 사고하는 것'은 물론이고 '이성에 복종하는 것'을 의미한다. 따라서 이성은 사고능력이란 뜻과 함께 '자제력'과 같은 정념의 통제능력, 더 나아가 실천적 의지의 법칙 수립능력이란 뜻을 갖게 된다.[117] 이러한 이성, 즉 인간과 자연에 객관적으로 존재하는 이성에 따른 삶이 자연에 따른 삶이며 곧 행복한 삶인 것이다.

3) 철학의 토대, 객관적 이성

객관적 이성 혹은 이성의 객관적 능력은 이와 같이 서양 전통철학이 전제하는 이성의 능력이다. 플라톤, 아리스토텔레스에서 스토아철학, 그리고 독일 관념론 같은 철학적 체계의 큰 줄기들은 객관적 이성이론의 토대 위에 형성된 것이었다. 객관적 이성이론은 인간을 포함한 존재하는 모든 것의 목적을 이해하고 목적을 규정하는 도구로 간주되었다. 객관적 이성의 이념은 개념이 객관적 진리를 내포한다고 보고 그 객관적 진리를 파악하는 것에 관심과 목적을 둔다. 이 경우 객관적 진리란 앞에서 보듯 주관적인 것이 아닌 인간 외부에 이미 그 자체로 존재하고 있는 절대적 진리이다.

객관적 이성의 이념은 결코 주관적 이성을 배제하지 않았으며, 오히려 그것을 모든 사물과 생명체에 대한 기준을 제공했던 포괄적인 합리성의 부분적이고 제한된 표현으로 간주하였다.[118] 객관적 이성 개념은 수단보다는 목적을 더 많이 강조하였다. 그 목적이 진리와 부합하는지, 추구할 만한 가치가 있는지에 더 관심을 두었던 것이다. 객관적 이성의 이념은 이성을 현실에 내재하는 원칙으로 보기 때문에 인간은 객관적 이성의 빛 속에서 살아갈 때 성공적이며 행복한 삶을 영위하게 된다고 보았다.

플라톤의『국가』에는 객관적 이성이 추구하는 절대적 개념인 이데아에 따른 지식의 추구 및 삶의 중요성이 명확하게 묘사되어 있다. 플라톤은 이데아는 인간 이성이 추구해야 할 이상이면서 인간의 사고 능력을 벗어나 있지만, 인간 이성은 이데아를 포착할 수 있는 잠재력을 갖고 있다고 보았다. 따라서 인간은 누구나 보편적 이성[객관적 이성]을 갖고 있으며, 보편적 이성은 모두가 동의할 수 있는 보편적 개념을 구성해 낼 수 있다는 믿음을 갖게 된다.

호르크하이머는 운전자의 사례를 들어 객관적 이성의 존재와 중요성을 강조한다. '이성적으로 운전'한다는 말을 생각해 보자. 여기서의 '이성적'이란 자기 마음대로 운전하는 것이 아니라 누구나 동의할 수 있는 보편적 목적에 일치하는 운전 행태를 의미한다. 누구나 갖고 있는 객관적 이성은 어떻게 운전해야 하는지에 대한 보편적 개념이 있으며 운전자는 그 보편적인 기준에 충실해야 하는 것이다. 이와 같이 객관적 이성은 단순히 목적과 수단의 관계를 규율하는 것을 넘어 목적들을 이해하고 '목적들을 규정하기 위한'[119] 도구가 되는 것이다. 더 나아가 인류가 갖춘 보편적 이성은 인류가 추구할 만한 보편적인 목적을 구상해 낼 능력이 있는 것이다.[120]

2. 실증주의와 실용주의

주관적 이성과 객관적 이성 개념들의 관계는 단순한 대립관계는 아니다. 역사적으로 이성의 주관적 측면과 객관적 측면은 처음부터 있어 왔으며, 객관적 이성에 대한 주관적 이성의 우세는 오랜 진행과정 속에서 비로소 나타난다.[121] 이성은 언제나 본질적으로 주체 혹은 주체의 사고능력과 연관되어 있었기 때문에, 시대를 거치면서 주관적 사고능력은 지속적으로 독자적인 객관성을 발전시켜 왔다.

특히 근대철학에서 인간을 사유하는 주체로서 강조한 데카르트 이후 주관적 이성의 능력은 사고하고 분류하고 계산하는 근대적 인간의 이성 그 자체가 되었다. 반면에 인간 이성을 초월하여 절대적인 진리와 객관성이 있다는 생각은 허상으로 취급되었다. 따라서 합리적이고 이성에 합치한다는 것은 특정한 목적에 가장 효과적, 효율적인 수단을 찾는 주관적 이성에 합치한다는 것을 의미하게 되었다. 그런 수단이란 과학적이고 경험적으로 검증이 가능한 관찰이나 실험 절차가 된다. 모든 진리의 근거가 주체에 귀속되면서 주관적 이성의 검증 과정을 거친 사유들은 모두 진리라고 불릴 수 있게 되고 진리에 대한 상대주의적 태도가 일반화된다.[122]

데카르트 이후 17, 18세기 계몽주의 시대로 접어들면서 영국의 존 로크[123]를 중심으로 한 경험주의와 임마누엘 칸트를 중심으로 한 독일 관념론을 통해 인간은 주관적 이성의 힘을 가진 이성적 존재로 규정되었다. 계몽은 그때까지 객관적 내용을 가지고 있던 종교나 신화 대신 이성을 사고와 판단의 기준으로 삼음으로써 인간을 미몽으로부터 구제하는 것을 의미하는 것이었다. 자연스럽게 객관적 이성은 멀어지고 주관적 이성이 부상하게 되었다. 이와 함께 주관적 이성에 대한 우려와 비판도 나오기 시작하였다.

칸트와 비슷한 시기, 문학과 철학의 눈으로 18세기 유럽사회를 꿰뚫어 봤던 요한 볼프강 폰 괴테Johann Wolfgang von Goethe, 1749~1832는 『파우스트』에서 이성이 수단으로 전락한 상황을 날카롭게 비판하고 있다.[124]

> "이 지상의 어린 신神들은 언제나 같은 꼬락서니를 하고 있어 천지개벽하던 날과 조금도 다름없이 기묘한 존재이죠. 차라리 인간에게 하늘의 불빛 따위는 주시지 않았던들, 좀 더 잘 살 수 있지 않았을까 합니다. 그 놈들은 이것을 이성理性이라 부르고 오직 그것을 어떤 짐승보다도 더욱 짐승답게 사는 데만 이용하고 있습죠."

19세기 들어 등장한 프랑스의 오귀스트 콩트Auguste Comte, 1798~1857를 중심으로 한 실증주의와, 미국의 윌리엄 제임스William James, 1842~1910을 중심으로 한 실용주의는 서로 다른 철학사조이지만 모두 철저히 주관적 이성으로 이루어진 철학[125]이라는 공통점을 지닌다. 호르크하이머는 실증주의와 실용주의를 구별하지 않고 있다.

> "실증주의가 부각시킨 주관적 이성의 형식주의적 관점에서는 이성이 객관적 내용과 무관하다는 점이 강조된다. 실용주의가 부각시킨 이성의 도구적 관점에서는 이성이 타율적 내용에 굴복했음이 강조된다."[126]

1) 실증주의와 주관적 이성

호르크하이머는 현재의 문화적 위기가 실증주의적 철학과 관련이 있음을 강조한다. 실제로 19세기 프랑스 철학자 오귀스트 콩트가 처음으로 사용한 실증주의라는 명칭은 이름만으로도 객관적 이성에 기초한 형이상학에 대한 거부의 의미를 지니고 있다. 실증주의의 기본원리는 주어진 것, 사실적인 것, 즉 '실증적인 것'에서 출발하고 이를 넘어서는 모든 논의와 물음은 무용한 것으로 거부한다.[127] 실증적이라는 말 그대로 실재적이며 유용한 것, 확실한 것, 의심할 수 없는 것에서 출발하는 것이다.

그렇다면 실증적이며 확실한 것은 무엇인가? 그것은 바로 현상이다. 실증주의는 철학을 비롯한 모든 학문을 현상의 영역으로 제한시킨다. 따라서 우리가 할 수 있는 것은, 첫째, 현상의 형식으로 우리에게 주어진 사실들을 그 자체로 받아들이고, 둘째, 이 사실들을 특정한 법칙에 따라 정리하려 시도하며, 셋째, 인식된 법칙들에 의해 미래 현상을 예견하고 그에 대처하는 것이다.[128] 이것이 바로 과학의 역할이다. 과학의 목적은 자연법칙 혹은 사실들 사이에 존재하는 일정한 관계를 발견하는 일이며, 이것은 오직 관찰과 경험에 의해서만 이루어질 수 있다. 그렇게 획득된 지식이 실증적 지식인 것이다.[129] 그렇기 때문에 전통철학처럼 어떤 사실의 '본질'이나 그 '실제적' 원인에 관해 묻는 것은 아무 의미가 없다고 주장한다.

콩트에 의하면 실증적 지식은 역사적 진화의 결과이다. 그는 인간의 사유가 세 단계의 법칙적 과정을 거친다고 주장한다. 즉, 신학적 내지 허구적 단계, 형이상학적 내지 추상적 단계, 그리고 과학적 내지 실증적 단계이다.[130] 각각의 단계는 자신의 실천적 가치와 그것에 상응하는 사회적 제도를 갖는다. 먼저 유아기인 신학적 단계에서 인간 정신은 사물의 내적 본성, 즉 최초 원인과 궁극 목표를 탐구한다. 이 단계의 인간은 절대적 인식의 가능성을 믿기에 그것을 탐색하거나 이미 소유하고 있다고 생각한다.

신학적 단계는 다시 세 단계로 나뉜다. 가장 원시적인 단계에서 인간은 개별 대상 자체를 살아 있거나 혼을 지닌 것으로 간주한다(물활론Animismus). 다음 단계에서 인간은 모든 종류의 사물과 사건을 각기 그 배후에 있는 초자연적 힘과 결부시킨다(다신론Polytheismus). 마지막 단계에서 인간은 다수의 개별적 신 대신에 유일한 최고 존재를 설정하여 일신론Monotheismus에 이르게 된다. 다시 말해, 신학적 단계에서 인간은 물신숭배로부터 다신을 거쳐 일신론에 도달하면서, 사물을 신인동형론적으로, 초자연적 존재의 표현으로 보는 것이다.

청년기인 형이상학적 단계에서는 추상적 힘이나 권력 혹은 실체가 인격적 존재들을 대신한다. 이 경우 일신론에 상응하는 최고 단계에 도달하게 되는 것은, 모든 개별적 본질이 유일한 보편적 본질, 즉 '자연'이라 불리고 모든 개별적 현상의 원천으로 간주되는 그런 본질에서 함께 사유될 때이다. 마지막 실증적 단계에서 인간은 사물들의 내적 '본질'을 발견하려는 시도 및 절대적 인식에 도달하려는 시도가 헛되다는 사실을 마침내 깨닫는다. 그 대신 인간은 관찰을 하고 이성을 사용해서 주어진 사실에서 유사성과 계기성의 법칙을 찾아내려 한다. 개별 사실들을 연결해서 일반적 사실 혹은 단 하나의 보편적 사실을 찾는 것이다.

주목할 점은 콩트의 3단계 법칙은 호르크하이머가 말한 대로 객관적 이성에 대한 주관적 이성의 우세가 오랜 진행과정 속에서 나타났음을 보여 준다는 점이다. 신학적 단계와 형이상학적 단계에서는 객관적 이성에 기초한 어떤 일반적인 원리가 개별 과학들 상위에 존재했다. 하지만 실증적 단계에서는 과도한 전문화와 결과, 즉 인식의 파편화와 통일적인 전체 체계의 결여라는 현상이 나타난다. 즉, 실증적 단계에서는 주관적 이성이 부상하고 미신을 해체한 비판의 동력으로 작용하게 된다.

미국을 중심으로 발전한 실용주의도 같은 맥락에서 논의할 수 있다. 물론 실증주의와 실용주의는 서로 다른 철학사조이지만 둘 다 철저히 주관적 이성으로 이루어진 철학이란 점에서 공통점이 있다. 또한 같은 맥락에서 실증주의와 실용주의는 모두 철학을 과학주의와 동일시한다는 공통점이 있다. 따라서 호르크하이머는 두 사조를 구별하지 않고 있다.

2) 실용주의와 도구적 이성

실용주의는 미국에서 철학적으로 독자적인 목소리를 낸 최초의 철학이라 할 수 있다. 그 최초의 인물이 미국 실용주의의 창시자인 윌리엄 제임스William James, 1842~1910이다. 실용주의pragmatism란 말의 어원이 그리스어 프라그마pragma(행위, 행동)인 것에서 알 수 있듯이, 실용주의란 '최초의 사물, 원리, 범주 또는 이른바 필연성이란 것을 도외시하고 마지막 사물, 결실, 결과 또는 사실에 주목하려는 입장'이다. 실용주의의 특징은 무엇보다도 전통철학과는 다른 독특한 진리의 개념을 표방한다는 점이다. 즉, 진리의 기준은 유용성과 가치 혹은 성공이다. 실용주의는 퍼스, 제임스, 존 듀이에 의해 체계적인 발전을 이루게 되며 20세기 후반에 로티를 중심으로 재해석된 현대적 실용주의로 나아간다.

실용주의는 전통 형이상학과 달리 사물의 궁극적 '본질'이나 궁극적 근원에 관심이 없으며 오로지 '실천적으로 확증된 것'만을 진리로 보고 추구한다. 예를 들어, 'A가 참이고 진리이다.'라는 명제가 성립되려면 A를 믿는 것이 생활에 유익함, 유용성을 주어야 한다. 즉, 그것의 실제적 결과가 유용하냐 아니냐가 진리의 기준이다. 우리의 모든 인식과 행위는 각자의 주관적 이성에 근거를 둔 실천적 관심에서 나온다는 것이다. 모두에게 보편적인 진리의 기준은 없게 된다.

모든 철학에 대해서도 그들이 참이냐 논리적이냐 등에는 관심이 없으며 대신 그들 철학을 실제에 적용했을 때 우리 생활에 이익과 효용을 제공하는가의 여부만 묻는다. 내가 유물론을 받아들이든 관념론을 받아들이든, 결정론이나 자유의지를 받아들이든, 일원론이나 다원론을 받아들이든, 혹은 무신론이나 유신론을 받아들이든 상관없이 나의 경험에서 그것이 유용성과 가치, 성공을 가져온다면 그것은 희망의 이론이 된다고 주장한다.

종교 역시 마찬가지이다. '우리가 믿을 경우 우리를 더 나은 삶으로 이끌 수 있는 그런 관념이 존재한다면, 그에 대한 믿음이 우연하게라도 다른 많은 활발한 이익과 충돌하지 않아야 그 믿음이 우리에게 더 나은 것이 될 것'이라고 본다. 예를 들어, 내가 만일 '신의 존재'를 확신하고 교회에 나가며 마음의 평화를 느끼고 있다면 그 확신은 참이다. 다시 말해, '만일 신의 가설이 만족스럽게 작동한다면 넓은 의미에서 그것은 참된 것'이다. 진리의 기준은 그것의 실제적인 결과에 달려 있기 때문이다. 진리의 소유는 목적 자체가 아니라 다른 중대한 만족에 대한 예비적 수단에 불과하게 된다. 지식이나 진리는 도구이며, 그것이 삶을 위해 존재하지 삶이 지식과 진리를 위해 존재하지 않는다고 주장한다. 따라서 지식과 진리는 그것이 참되므로 유용하다고 말할 수 있고, 혹은 그것이 유용하기에 참되다고 말할 수 있다.

이상에서 알 수 있듯이 실용주의에서 진리는 '인식하는 정신과 사태의 일치'라는 대응설로 파악하는 전통적 견해, 즉 칸트를 포함한 서양철학 전체가 고수해 왔던 진리관과 정면으로 대립한다. 대신 우리의 목적을 성취하고 우리의 생물학적, 정서적 필요를 만족시키는가 아닌가에 따라, 즉 만족함, 편의성, 실제성, 도구성을 진리의 평가기준으로 삼는다. 한마디로 이론이란 행위를 위한 도구이며, '도구적 가치'가 진리의 기준이 되는 것이다.

3) 실증주의와 실용주의의 한계

실증주의와 실용주의는 철저하게 호르크하이머가 말하는 주관적 이성에 바탕을 둔다. 두 이론은 공통적으로 이성을 현실에 내재하는 원칙으로 보지 않는다. 이성이란 오직 정신의 주관적 능력이라고 주장하며 객관적 진리개념을 부정한다. 따라서 대상이나 개념 자체 혹은 목적 자체에 관심 없고 오직 주어진 목적에 합당한 수단을 계산하는 능력을 높이 평가한다. 근대 이후의 과학발전의 양상에 동의하여 대상의 실용성과 실험결과를 중시한다. 호르크하이머는 실증주의와 실용주의가 바로 주관적 이성에 전도된 현대사회의 특징을 가장 잘 보여 주고 있다고 말한다.

실용주의에서는 "인간의 태도가 개념의 의미를 결정"하며 인간이 어떤 사태에 대해 어떤 '반응'을 보이는지에 따라 그 사태의 개념이 규정된다."[131] '인간의 실제적인 태도'나 '반응'이 곧 진리를 구성한다는 것이며, 이는 실험이란 절차나 과학적인 과정을 통해 확립된다. 그런데 이런 진리개념의 가장 큰 문제점은 검증과정이 곧 진리라는 그들의 주장의 근거를 대지 못한다는 것이다.[132] 과학적 방법, 즉 실험절차는 말 그대로 절차일 뿐이며 그 과정이 진리라고 주장하려면 그것을 뒷받침할 논거가 필요하기 때문이다.

보다 근본적인 문제는 목적에 합당하면 유용하다는 도구적 이성의 위험성이다.[133] 호르크하이머는 논리실증주의자인 러셀의 말을 인용한다. 버트런드 러셀Bertrand Russell, 1872~1970은 '최상의 윤리적 가치는 주관적'이라고 주장하는 철학자이다. 그럼에도 불구하고 러셀은 인간 행위의 객관적이고 도덕적인 성질과 우리가 그것을 지각하는 방식을 다음의 말로 표현한다.

> "끔찍한 것을 나는 끔찍한 것으로 보려고 한다."[134]

호르크하이머는 러셀의 말을 인용하여 실증주의 및 실용주의가 진리와 절차를 혼동하고 있음을 비판하는 것이다. 만일 러셀이 주관적 이성을 우선시하는 자신의 철학을 따른다면 홀로코스트의 끔찍한 행위나 비인간적인 관계도 존재하지 않으며, 그가 목격한 것은 단지 상상에 지나지 않는다고 주장해야 할 것이다. 실증주의 입장에서는 대상의 내용을 평가할 객관적 가치 기준이 없으므로 홀로코스트가 악하다고 말할 근거도 없기 때문이다.

그러나 러셀은 주관적 이성의 신봉자였지만, 적어도 인간성과 선악에 관련된 객관적 내용이 존재하기 때문에 끔찍한 것은 끔찍한 것으로 받아들여야 함을 인정한 것이다. 홀로코스트가 끔찍하다는 말은 가치가 개입된 평가이며 무엇이 끔찍한지 아닌지의 평가는 보편적이라는 것을 암시한다. 주체가 어떠한 방식과 절차를 통해 대상을 인식하더라도 대상이 끔찍한 것이라는 사실은 변하지 않는 것이다. 홀로코스트는 나치의 관점에서는 목적 달성을 위한 '합리적인' 수단일 수가 있지만 누구나가 평가하더라도 끔찍한 사태인 것이다. 러셀의 말은 객관적 내용(끔찍함)과 주관이 그것을 지각하고 받아들이는 절차를 구별해야 함을 암시하고 있다.[135]

3. 아도르노의 계몽의 역설

테오도어 아도르노Theodor Adorno, 1903~1969와 호르크하이머는 현대의 비인간화 혹은 '새로운 야만상태'의 원인이 역설적으로 야만으로부터의 해방을 내걸었던 '계몽'의 이념 자체에 있다고 주장한다. 그는 계몽의 자기파괴는 이성이 갖는 자기파괴적 경향에 기초한다고 본다. 우리가 말하는 이성, 합리성 안에는 자기 파괴로의 실제적인 경향이 처음부터 내포돼 있다는 것이다. 아도르노는 바로 이러한 역설을 주관적 이성에 기초한 실증주의 및 실용주의에서 포착한다. 현대의 실증주의 및 실용주의는 도구적 이성의 최종적 형태로서 계몽이 자기파괴를 통해 신화로 회귀했다는 징표에 다름 아니라는 것이다.

1) 계몽의 자기파괴

아도르노는 『계몽의 변증법』에서 20세기의 비인간화 현상은 계몽의 필연적인 변증법적 자기파괴의 결과라는 점을 강조한다. 먼저 계몽의 의미에 주목할 필요가 있다. 아도르노에 따르면 계몽은 미신 혹은 신화에서 해방시키는 것인데, 신화의 근본 원리는 신인동형론Anthropomorphismus이다. 즉, 신을 인간화시키는 것, 다시 말해 주관적인 것을 자연에 투사하는 것이다. 결국 신화는 인간 주체로 환원되는 것이다. 계몽은 이런 신화에서 해방되어 이성에 기초한 합리적이며 논리적이고 과학적인 사유방식으로 나아가는 것이다. 따라서 통일적으로 파악할 수 없는 것은 아예 존재나 진리, 지식으로 인정하지 않게 된다. 그러나 실증주의 및 실용주의에서 나타나듯이, 역설적으로 계몽의 결과는 "숫자가 계몽의 경전"이 됨으로써 인류는 또 다른 신화, 야만상태에 빠지게 되었다는 것이다.

아도르노는 "계몽개념 자체가 오늘날 도처에서 일어나고 있는 저 퇴보의 싹을 함유하고 있다."고 비판한다.[136] 호르크하이머가 앞서 분석한 대로 이성은 그 자체로 자기파괴적 경향의 싹을 함유하고 있다. 아도르노는 이성은 인간의 자기보존의 충동에 의해, 혹은 니체의 힘에의 의지에 의해 자연지배를 위한 도구적 이성으로 전락하면서 맹목적인 지배의 원리가 되었다고 말한다. 나아가 자연지배가 자연으로서의 인간에 대한 지배로 확장되면서 자기보존이라는 본래의 목적과 반대되는 자기파괴의 원리로 변질된다고 주장한다. 이러한 관점에서 볼 때 인류의 역사란 도구적 이성과 결합한 억압적 지배가 자연지배에서 인간지배로, 그리고 최종적으로 인간의 내적 자연에 대한 지배로 전개되는 과정에 다름 아니라고 말한다.[137]

그렇다면 이런 역설을 가능케 하는 계몽이란 무엇인가? 아도르노에 따르면 계몽의 기획은 지식$_{\text{Wissen}}$을 통해 신화를 해체함으로써 세계를 '탈주술화$_{\text{Entzauberung}}$'하는 것이다. 그는 이런 계몽의 개념을 실험철학의 아버지라는 프란시스 베이컨$_{\text{Francis Bacon, 1561\sim1626}}$에게서 발견한다.

> "인간의 탁월함은 의심할 여지없이 지식에 있는 것이다. 지식은 많은 것을 자신의 내부에 간직하고 있다. … 우리는 말로만 자연을 지배할 뿐 자연의 강압 밑에서 신음하고 있다. 그렇지만 우리가 자연의 인도를 받아 발명에 전념한다면 우리는 실제로 자연에게 명령을 내릴 수 있을지 모른다."[138]

베이컨의 말은 계몽이 추구하는 지식이 권력과 동일한 것으로서 지식의 목적은 자연과 인간의 완전한 지배에 있는 것이다. 아도르노는 "인간이 자연으로부터 배우고 싶어 하는 것은 자연과 인간을 완전히 지배하기 위해 자연을 이용하는 법"이라고 분석한다. 지배를 위해 계몽은 계산가능성과 유용성의 척도에 따라 자연 속에 있는 모든 것을 '반복 가능한 것'으로 변형시키며, 이성은 이 과정에서 계산적이고 도구적인 이성으로 전락한다.[139] 다시 말해, 도구적 이성으로서의 주관적 이성은 억압적인 지배와 처음부터 결합해 있다는 것이다.

주목할 점은 계몽은 칸트가 말하는 것처럼 해방의 원리로서의 측면이 강하다. 칸트는 '계몽이란 우리가 마땅히 스스로 책임져야 할 미성숙 상태로부터 벗어나는 것'임을 강조하기 때문이다. 이런 계몽은 베이컨으로 상징되는 과학의 정신일 뿐만 아니라 미국의 독립이나 프랑스 혁명에서 드러나듯 자유와 평등, 박애의 이념으로 상징되는 정치적 해방의 원리이기도 하다. 그러나 아도르노가 강조하는 것은 도구적 이성과 억압적 지배가 결합된 자기보존의 원리로서의 계몽이 자기파괴적인 원리로 변질된다는 점이다. 즉, 아도르노가 강조하는 계몽은, 계몽의 주체인 이성에 내재된 도구적 이성 혹은 호르크하이머가 지적한 주관적 이성과 억압적 지배와의 결합을 함축한다고 볼 수 있다.

2) 문제해결, 비판적 이성

아도르노에 따르면 계몽은 도구적 이성의 발현이다. 또한 도구적 이성은 자기 보존의 충동에 의해 필연적으로 억압적 지배와 결합될 수밖에 없다. 그 결과 20세기의 야만적인 사건인 나치즘과 아우슈비츠 수용소 등과 같이 비인간화는 물론 '새로운 종류의 야만상태'를 불러들이는 것이다. 같은 맥락에서 호르크하이머는 현대사회의 비인간화를 지적하며, 목적은 도외시한 채 오직 목적을 달성하기 위한 수단만을 중시하는 광기와 야만성이 지배하고 있다고 비판한다. 그 이유는 이성의 주관적 능력인 도구적 이성이 전면에 나섰기 때문이라고 분석한다. 다시 말해, 인간과 자연, 문화 모두를 유용성을 산출하기 위한 대상으로만 파악하는 도구적 이성이 지배하기 때문이다.

도구적 이성이 사회를 지배하면서 보편적인 규범과 가치가 상실되고 모든 것의 사물화가 가속화된다는 것이다. 호르크하이머는 이성이 '도구화'하면 맹목적이 되어 오류를 막는 비판적 기능을 상실한다고 주장한다. 다시 말해, "이성이 자기 스스로를 도구화한다면, 이성은 일종의 물질성과 맹목성을 갖게 되고 정신적으로 경험하기보다는 단지 수용할 뿐인 마술적 실재, 곧 물신이 된다". 그렇다면 이러한 계몽의 역설로 인한 비인간화 현상을 어떻게 극복할 수 있을 것인가? 객관적 이성으로의 회귀가 요구되는 것인가?

호르크하이머가 앞서 제시한 예를 다시 인용해 보자. 누군가가 오직 교통법규만 준수하기 위해 무단으로 도로를 횡단하던 어린이를 치어 숨지게 했다고 하자. 이 경우 그 운전사의 행위를 이끈 것이 마술적 실재, 즉 '도구화된 이성'이다. 이 교통사고 때문에 그가 법정에 서게 되었다. 호르크하이머는 말한다.

> "재판관이 그에게 이성적으로 운전했는지 여부를 묻는다면, 그때 재판관이 실제로 묻는 것은 운전자가 자신과 다른 사람의 생명과 재산을 보호하기 위해, 그리고 법률을 지키기 위해 그가 할 수 있는 모든 것을 했는지의 여부이다. 재판관은 암암리에 이러한 가치들이 존중되어야 한다는 것을 가정하고 있다. 그가 묻는 것은 단지 운전자의 행위가 이처럼 보편적으로 승인된 기준 척도에 충실했는지의 여부이다."[140]

다시 말해, 이성이란 목적을 이해하지 못한 채 오직 합당한 수단, 도구만을 계산하는 능력이 아니라는 것이다. 이성은 목적만이 아니라 수단을 이해하고 계산하는 것이며 또한 목적과 수단이 '보편적으로 승인된 기준 척도'에 맞는지를 비판하는 능력이어야 한다는 것이다.

아도르노와 호르크하이머는 객관적 이성으로의 회귀를 말하는 것은 물론 아니다. 객관적 이성으로의 회귀가 필요한 것도 아니며 회귀할 수도 없는 것이기 때문이다. 호르크하이머가 말한 대로 객관적 이성으로부터 주관적 이성으로의 이행은 결코 우연이 아니며, 이념들의 발전과정은 어떤 주어진 순간에 자의적으로 되돌려질 수 없다. 호르크하이머가 명시적으로 내리는 결론은 이성의 내적 비판의 필요성이다.

> "철학의 과제는 하나의 이성개념을 다른 이성개념과 완고하게 대립시키는 것이 아니라, 상호 간의 비판을 증진시키는 것이다. 그렇게 함으로써 가능하다면 현실에서의 두 개념의 화해를 정신적 영역에서 준비하는 것이다. … 이성은 자기비판을 통해 두 대립적인 이성개념의 한계들을 인식해야만 한다. … 우리는 두 개념의 분리성과 함께 상호적인 연관성도 이해해야만 한다."[141]

이성은 자기부정과 자기비판을 통해 도구적 이성에 의해 왜곡된 '계몽을 계몽하는 것' 만이 현대사회를 지배하는 각종 폭력으로부터 벗어나는 길이라는 것이다.

아도르노가 보는 해결책도 기본적으로 다르지 않다. 그는 비인간화, 야만상태의 원인은 계몽의 본래 정신인 "사유를 사유하라."[142]는 철학적 요청을 무시했기 때문이라고 말한다. 그 결과 인간의 사유는 산업주의에 의해 물화物化되어 기계와 같이 자동적으로 움직이며 기계와 경쟁을 벌이는 처지가 되었다는 것이다. 계몽을 위한 지식 또한 수학적인 상징을 통해 인간 이성을 도식적인 틀로 만들어 소유하게 되었다는 것이다. 따라서 인간 이성의 도구적 성격에만 빠져 있는 현 상황의 문제의 심각성을 비판하는 이성의 회복이 시급하다는 것이다. 아도르노의 말대로 '계몽에 대한 계몽이다.'

4. 베버의 합리성의 역설

독일의 경제학자이며 사회학자인 막스 베버Max Weber, 1864~1920는 호르크하이머나 아도르노보다 사반세기 앞서 도구적 이성의 필연적인 전면화로 인한 비인간화 문제를 예견하였다.

프로테스탄트 윤리로 무장한 도구적 이성은 합리성과 그로 인한 부의 축적과 자본주의 발달을 가져왔지만, 그 종교적인 금욕의 에토스가 부에 밀려 퇴색되면서 인간의 소외 및 비인간화현상이 심화된다는 분석이다. 본래 돈과 물질은 사람들에게 '언제든 벗어던질 수 있는 얇은 외투'였지만, 이제는 '강철같이 튼튼한 우리iron cage'가 되어 사람들을 쇠창살에 가두고 있다. 그 결과 현대인들은 영혼이 없는 전문가, 즉 '최후의 인간'[143]들이 되어간다는 것이다. 베버 주장의 논거를 살펴보면 다음과 같다.

1) 베버의 합리화 과정

베버는 근대화로 이행하는 세계사적 과정을 점진적인 합리화의 과정으로 해석한다.[144] 근대로 접어들면서 인간사회는 과거에 비해 합리성[145]이 증가되어 가는 과정을 겪었다는 것이다.[146] 베버는 합리성과 비합리성을 구분하는 기준을 인간이 '이성을 자율적으로 사용하는 능력'에서 찾는다. 예를 들어, 미신을 믿는 주술화呪術化가 비합리성이라면 탈주술화는 합리성인 것이다. 베버에 따르면 근대화는 두 가지 차원의 '합리화 과정'을 거친다. 하나는 가치 문화적인 분화이며, 다른 하나는 탈주술화로 인한 자본주의적 합리화이다. 두 차원의 합리화 과정에 바탕이 되는 합리성은 실질적 합리성과 형식적 합리성이다.

먼저, 가치 · 문화적 분화는 중세처럼 모든 가치를 통합하던 신의 권위가 사라지고 과학, 도덕, 법, 종교, 예술 등이 모두 각자의 영역에서 서로 다른 가치를 추구하게 된 상태를 말한다. 분화된 가치들의 통합은 불가능하기에 근대는 가치다원주의로 나아갈 수밖에 없다. 가치다원주의화 과정의 바탕이 되는 합리성은 실질적 합리성substantive rationality이다. 실질적 합리성은 서로 다른 가치와 연관되어 옳고 그름을 판단하는 합리성이기에 관점주의 성격을 띠게 된다. 사람들은 자신의 가치와 세계관을 합리적인 것으로 인식하는 반면, 자신과 다른 것은 비합리적인 것으로 인식하게 되는 '가치다신론'을 택한다. 둘째, 탈주술화로 인한 자본주의적 합리화와 그에 따른 관료제의 발전이다. 탈주술화脫呪術化란 중세시대처럼 어떤 신비롭고 예측할 수 없는 힘들이 우리 삶에 작용한다는 믿음이나 주술적 수단에 호소하는 것에서 벗어나는 것이다. 대신 모든 사물은 원칙적으로 계산을 통해 지배될 수 있다는 생각을 하게 된다. 베버는 이런 변화를 "세계의 탈주술화"[147]라고 말한다. 탈주술화는 자본주의적 합리화로 연계된다. 이윤 극대화에 필요한 정확한 계산, 조직의 체계화, 노동 효율의 극대화의 합리성을 중시하게 되며, 이에 적합한 모델로서 관료제의 등장과 발전을 이루게 되는 것이다. 관료제화가 합리화를 조직적으로 실현하는 메커니즘이기 때문이다. 이 과정에서 중시되는 합리성은 형식적 합리성formalrationality이다. 형식적 합리성이란 보편적으로 적용되는 가치나 규칙을 전제로 하여 목표로 하는 가치를 효율적으로 달성하기 위한 합리성, 목표 달성을 위한 수단 · 도구가 강조되는 도구적 합리성을 말한다.[148]

베버는 인간이 주술적 수단에서 해방되고, 대신 모든 사물을 기술적 수단과 계산을 통해 지배하게 되는 합리화를 통해 사회는 경제적 및 제도적 측면에서 효율적인 발전을 이루었다고 말한다. 특히 도구적 합리성에 기초한 경제활동을 통한 부의 증대와 합리화의 조직적 실현을 위한 관료제화에 주목하고 있다. 그러나 베버는 이러한 사회 전반에 걸친 합리화의 과정에서 인간이 소외되고 비인간화되는 역설을 지적한다.

2) 합리화의 역설, '쇠창살 감옥'

먼저, 관료제 조직과 조직 구성원 간의 관계에서 나타나는 역설로서 구성원의 도구화 현상이다. 베버에 따르면 관료조직은 기술적 효율성의 측면에서 그 어떤 조직보다 우월하다. 즉, 관료제는 "기술적인 관점에서 보면 최고 수준의 효율성을 성취할 수 있으며 인간에 대한 지배를 행사하는 형식적으로 가장 합리적인 수단"[149]이라는 것이다. 그렇지만 베버에 따르면 그러한 관료제적 기계화는 궁극적으로 '영혼이 없는 기계'처럼 작동하게 될 것이며, "합리적 계산에 의해 각 개인의 업무성과가 수학적으로 측정되고, 각 개인은 작은 톱니가 되어버린다. 이를 잘 알고 있는 개인들은 오로지 자신이 더 큰 톱니가 되고자 하는 욕망을 갖게 된다."[150]고 지적한다.

문제는 이러한 욕망은 도저히 벗어던질 수 없는 '강철 같은 겉껍질stahlhartes Gehause'이 되어 버린다는 데 있다.[151] 즉, 관료제에서 '더 큰 톱니가 되고자 하는' 권력에 대한 욕망이, 본인도 의식하지 못하는 사이에 벗어던질 수 없는 쇠창살 감옥같이 되어 버리는 것이다. 이른바 관료제화의 역설이다. 목적에 대한 성찰이 없이 오로지 목적 달성을 위한 효율성이 절대기준이 되면서 구성원들에게 돌아온 역설이다. 이런 관료제의 극단적인 사례가 아우슈비츠 수용소인 것이다.

다음으로, 도구적 합리성에 바탕을 둔 재화에 대한 욕망이 가져오는 역설이다. 계몽이나 근대화는 이성을 통한 인간성 회복을 목표로 하였다. 그러나 경제, 사회 전반에 걸쳐 목적달성을 위한 도구적 합리성이 근대 사유체계의 핵심으로 자리 잡으면서 역설적으로 비인간화를 초래하게 되었다. 도구적 합리성의 논리에 의해 이루어진 분업과 업무 생산성을 높이기 위한 노동의 단순화, 생산원가의 절감 등은 필연적으로 작업에 참여하는 노동자들의 개인적 감정과 희망을 배제하는 비인간화를 가져오게 된 것이다.

베버에 따르면 근대화를 가져온 자본주의 정신은 노동과 부의 축적에 대한 프로테스탄트 윤리에서 출발한다. 베버는 근대 자본주의 정신을 구성하는 본질적 요소 중 하나가 청교도적인 천직 관념에 바탕을 둔 합리적 생활태도라고 본다. 근면, 성실, 금욕을 바탕으로 한 자신의 자본 증대는 신이 누구에게나 요구하는 의무라고 보는 하나의 에토스Ethos인 것이다. 즉, 노동을 통한 부의 축적이나 자본 증대는 신이 개인에게 부여한 소명calling이자 구원의 조건이라는 목적의식이 명확하였던 것이다. 베버는 청교도들에게 "노동은 그 이상의 것이다. 아니, 단적으로 말해 그것은 그 무엇보다도 신이 정하신 삶의 자기목적"[152]이라고 말한다.

그러나 자본주의의 고도화, 개인주의의 심화, 도시화 등으로 인해 자본주의가 자기 스스로를 제어하던 윤리적 터전을 잃어버리게 되었다. 종교적 윤리를 터전으로 발전한 자본주의가 윤리는 쇠퇴하고 계산과 효용성만이 남게 된 것이다. 베버는 한마디로 '재산이 불어남에 따라 종교정신은 약화되는 것'이 문제임을 강조한다.

> "종교는 필연적으로 근로industry와 절약frugality을 낳게 마련이며, 이 두 가지는 부를 가져올 수밖에 없다. 그런데 부가 증대하면 자만이나 분노, 또 삶의 겉치레 같은 현세에 대한 온갖 형태의 애착 역시 증가한다. 따라서 종교의 형태는 남을지언정 정신은 점점 사라져 간다.[153]

베버의 말은, 어떤 가치를 막론하고 효율성이라는 형식합리성을 추구하는 특정 방식의 합리화가 진행되면, 종교는 그 자체로 비효율적이고 신비적인, 즉 비합리적인 것이 되어 버린다는 것이다.[154] 베버는 종교의 정신이 사라진 자리는 공리적 현세주의가 차지하게 된다고 말한다.

베버에 따르면, 그 결과 처음에는 물질적인 부라는 것은 단지 '언제든지 벗어던질 수 있는 얇은 외투'처럼 종교적 정신으로 무장한 사람들의 어깨에 살짝 걸쳐져 있었지만, 근대 자본주의는 운명적으로 이 외투를 '쇠창살 같은 튼튼한 우리inron cage'로 만들어 버렸다.[155] 관료제화의 역설이 여기서도 재현되는 것이다.

자본주의적 합리성에 물든 근대를 돌이킬 수 없듯이 이 '쇠창살 우리'는 사람들에게 빠져나올 수 없는 '철장'이 되었다는 것이다. 베버는 이런 '쇠창살 우리cage'에는 '영혼이 없는 전문가, 감정이 없는 감각주의자들'이 살고 있다고 진단한다. 그리고 이들 공허한 사람들을 니체의 말을 빌어 '최후의 사람들letzte Menschen'이라고 규정한다.

그렇다면 도구적 이성의 '쇠창살 우리'에서 해방되기 위한 열쇠는 무엇인가? 베버는 쇠창살 우리를 벗어나려는 기대와 노력은 비현실적이라고 말한다. 베버가 말하듯 고대 아테네의 전성기가 다시 돌아올 수 없는 것처럼 종교적 정서에 기초를 둔 자본주의 정신이나 합리적 생활태도는 더 이상 돌아올 수 없기 때문이다. 그 대신 이윤추구나 목적 달성을 위한 수단의 합리성에만 몰두하는 것에서 탈피해, 합리적인 목적과 그에 부합하는 합리적인 수단 및 그에 대한 책임윤리를 강조하는 방식으로의 전환이 시급하다고 말한다.

비인간화를 극복하기 위한 베버의 성찰은 호르크하이머나 아도르노 같은 프랑크푸르트학파 비판이론가들의 주장과 맥을 같이 한다. 결국은 인간 이성 자체의 변신에 그 답이 있다는 것이다. 주관적 이성 혹은 도구적 이성에만 경도되어 있던 패러다임에서 탈피해 비판과 성찰을 위한 비판적 이성을 회복해야 한다는 것이다.

22

과정적 존재와 평생학습 여행

들로 보고서는 존재하기 위한 학습의 목표는 '인격의 완성'임을 강조한다. 포르 보고서의 교육목표인 '온전한 인간'과 맥을 같이한다. 인격의 완성이란 개인으로서, 가족과 공동체의 일원으로서, 시민으로서, 생산자로서, 창의적인 상상가로서 자신의 표현기술 및 다양한 임무를 모두 풍요롭게 하는 것이라고 말한다. 또한 인격의 완성 혹은 개인의 성장은 한평생 계속되는 과정이자 내적인 여행이란 점을 강조한다. 다시 말해, 인간은 평생 동안 성장하여 다른 존재로 되어가는 '**과정적 존재**'라는 점이다. 유네스코 보고서에 앞서 성인교육의 선구자인 린드만 또한 '인생의 목적과 의미는 성장, 즉 다른 존재로 되어 가는becoming 과정'에 있으며 그 과정은 곧 학습이라 강조하였다.

1. 이행으로서의 인간실존

나는 지금 여기 존재한다. 뿐만 아니라 정원의 나무도 꽃과 풀도 존재한다. 이건 사실이다. 사물들이나 사건들이 시공간 안에 놓여 있거나 그 안에서 일어나고 있는 것을 실존철학에서는 '사실Tatsache'이라 한다. 그런데 인간인 나와 정원의 나무가 존재한다는 사실은 같은 것인가? 실존철학에 따르면 근본적으로 다르다. 우선, 인간과 나무는 똑같은 존재자이지만 인간은 다른 존재자와는 다른 특출난 존재방식을 지니고 있기 때문에 인간만은 '현존재$_{\text{Dasein}}$'라고 한다. 또한 그 '특출난 존재방식'을 '실존'이라고 이름을 붙인다. 더 나아가, 실존적 인간이 존재하는 사실은 나무가 존재하는 사실과 다를 것이다. 따라서 나무 같은 사물들이 시공간 안에 놓여 있는 것은 '사실'이라 하고, 실존하는 현존재인 인간이 지금 여기 세계 안에 있다는 것은 '현사실$_{\text{Faktum}}$'이라고 부른다.[156)]

인간이 살아가는 모습을 다른 존재자와 엄밀히 구분하는 것은 인간을 이해하는 중요한 준거를 제공한다. 즉, 인간이란 무엇이고, 또 인생이란 무엇인지를 이해하는 접근방식이 된다. 하이데거, 사르트르를 포함한 실존철학의 관심이 여기에 집중된다. 그렇다면 인간만의 그 '특출난 존재방식'이 무엇인가?

1) 인간실존의 독특성

두 번은 없다

인간의 특출난 존재방식은 시간성$_{\text{zeitlich}}$이다. '두 번은 없다.' 1996년 노벨 문학상을 수상한 폴란드의 여성 시인 비스와바 심보르스카$_{\text{Wislawa Szymborska, 1923}\sim\text{2012}}$의 시구$_{\text{詩句}}$이다. 지극히 쉽고 간명하면서 '비범한 평이성'이 주는 이 한 줄의 시구는 인간의 실존을 꿰뚫고 있다.

> 두 번은 없다. 지금도 그렇고
> 앞으로도 그럴 것이다. 그러므로 우리는
> 아무런 연습 없이 태어나서
> 아무런 훈련 없이 죽는다.
>
> 우리가, 세상이란 이름의 학교에서
> 가장 바보같은 학생일지라도
> 여름에도 겨울에도
> 낙제란 없는 법,

반복되는 하루는 단 한 번도 없다.
두 번의 똑같은 밤도 없고,
두 번의 한결같은 입맞춤도 없고,
두 번의 동일한 눈빛도 없다.

힘겨운 나날들, 무엇 때문에 너는
쓸데없는 불안으로 두려워하는가.
너는 존재한다-그러므로 사라질 것이다.
너는 사라진다-그러므로 아름답다.

설명이 필요하지 않은 시이다. 그저 되돌릴 수 없는 시간의 무게를 어깨에 느끼며 땅 위에 발 딛고 살아가는 인간실존의 모습이다. 시간의 선로 위에서 인간만이 갖고 있는 삶의 유일성唯一性과 유한성有限性이다. 하이데거에 의하면 시간을 느끼고 '시간적zeitlich'이란 형용사를 사용할 수 있는 존재자는 인간인 현존재뿐이다.[157] 자신의 시간을 가질 수 있어서 자신으로 존재할 수 있는 그런 인간 존재자만이 시간적일 수 있다는 것이다.

고대 그리스 철학에서부터 삶의 유일성과 유한성은 생성존재론을 통해 강조되고 있다. 파르메니데스에 앞서 헤라클레이토스Heraclitus, BC 540~480는 모든 것은 지나가고 다시 돌아오지 않는다는 생성生成을 자연의 기본적 성격으로 내세웠다. 그는『단편』69에서 후대에 영원히 회자될 생성의 사유를 제시한다. "같은 강에 발을 담근 사람들에게 다른 강물이, 그리고 또 다른 강물이 계속해서 흘러간다."[158] '우리는 같은 강물에 두 번 들어갈 수 없다'는 말처럼, 인간실존의 시간은 어김없이 흘러가고 되돌아오지 않는다.

실존을 깨닫는 순간

우리는 평소에는 사회 속에서 타인과 함께 살아가기에 각자의 실존을 제대로 인식하지 못한다. 실존철학자들은 이런 깨달음은 나 홀로의 시간을 갖게 될 때 불현듯 개별자로서의 실존을 깨닫게 된다고 말한다. 자신의 의지와는 상관없이 세상에 내던져진 존재로서의 실존이다. 프라하 출신의 작가 프란츠 카프카Franz kafka, 1883~1924는 『변신』의 첫 대목에서 인간실존의 모습을 강렬하게 묘사한다.

> "어느 날 아침 그레고르 잠자가 불안한 꿈에서 깨어났을 때 그는 침대 속에서 한 마리의 흉측한 갑충으로 변해 있는 자신의 모습을 발견하였다. 그는 철갑처럼 단단한 등껍질을 대고 누워 있었다."[159]

소설은 처음부터 그로테스크한 분위기를 물씬 풍기며 시작하지만, 물론 모든 인생이 그렇게 시작되지는 않는다. 그러나 자신이 선택하지 않은 외모, 능력, 성격, 가정환경, 시대 속에 태어나 소설 같은 삶을 시작하는 것은 어찌 보면 그로테스크한 것인지도 모른다. 소설 속 주인공이 한 마리의 징그러운 벌레로 변했다는 사실과는 관계없이 그를 둘러싼 주변 세계의 풍경은 더없이 사실적이며 현실적이다. 마찬가지로 한 개인의 실존의 무게와는 관계없이 세상은 아무런 문제 없이 잘 돌아간다.

이러한 인간실존의 깨달음을 사르트르는 단편『구토』에서 다음과 같이 묘사한다.

> "변한 것이란 아무 것도 없다. 그러나 모든 것이 다른 방식으로 존재하고 있다. 나는 그것을 묘사할 수 없다. 그것은 마치 구토와 같은 것이다. 그리고 그것은 또한 그 정반대이기도 하다. 드디어 내게 모험이 들이닥치고 있다. 나 자신에게 물어볼 때, 나는 그것이 내게 닥치고 있다는 것, 나는 나라는 것, 나는 여기에 있다는 것을 알고 있다. 이 저녁을 거닐고 있는 것은 바로 나이며, 나는 소설의 주인공처럼 행복하다."[160]

"나는 여기에 있다는 것", 즉 순수 현사실로서의 실존을 깨닫게 되는 것은 곧 실존이 본질 규정보다 앞서 놓여 있다는 것을 깨닫는 것이다. 나의 본질을 규정하기 전에 이미 나는 지금 여기 실존한다는 사실이다. 즉, 실존이 본질에 선행하는 것이다. 실존하는 인간이 무엇인가를 규명하는 것은, 본질을 규명하는 것처럼 어떤 사실, 내용적인 무엇임Was을 제시해서 규정되는 것이 아니라, 인간이 존재하는 가능한 방식들을 해명함으로써만 규정된다.[161] 그렇다면 인간이 존재하는 방식이란 무엇인가?

2) 가능성으로 이행하는 인간

실존은 기투하는 것

실존은 '나는 존재하고 있다.'는 현사실을 의미한다. 즉, 인간이 지금 여기 세계 안에 있다는 것은 단순히 있는 것이 아니라 존재해야 한다는 것이다. 사물과 달리 인간이 존재한다는 것은 무엇인가 될 수도 혹은 안 될 수도 있는 '가능성으로 존재'하는 것이다. 가능성으로서 존재한다는 것은 자신의 가능성을 장악할 수도, 놓쳐 버릴 수도 있음을 의미한다. 따라서 내가 실존한다는 것은 '너는 무엇이든 그것이 되어라!'라는 과제를 떠맡고 있음을 뜻하는 것이다.[162]

이렇게 볼 때 인간의 실존은 개인의 선천적인 성격이나 특성, 능력 등이 '무엇이냐Was-sein'에 좌우되는 것이 아니라, 개인의 특성을 '어떻게' 행동으로 실천하느냐의 방식에 의해 결정된다. 즉, 현재를 넘어 미래를 향해 스스로를 던짐으로써 자신의 삶을 만들어 가는 '기투企投, projet'에 의해 결정되는 것이다. 미래 속에 자신을 기투한다는 것은, 인간은 자신의 본질을 구성하는 삶의 주인으로서 자유로운 존재임을 의미한다. 본질의 결여가 인간의 자유를 구성하는 것이다. 그래서 사르트르는 인간은 '자유롭도록 운명 지어졌다condemned to be free.'고 말한다.[163] 인간은 아무런 이유 없이 세상에 내던져진 존재, 즉 피투被投된 존재이기에, 역설적으로 인간은 절대적으로 자유로운 존재이며 행동을 통해 자신의 가능성을 마음껏 실현시켜 본질을 만들어 가는 존재인 것이다. 그래서 인간에게 두려운 것은 '느림'이 아니라 '멈춤'이다.

스위스의 지폐 중에 100 스위스프랑(약 12만 원 내외)권 뒷면에는 스위스가 자랑하는 20세기 조각가 알베르토 자코메티Giacometti, 1901~1966의 대표적인 작품인 〈걸어가는 사람〉의 이미지가 새겨져 있다. 늘어난 듯 커다란 키에, 팔다리가 매우 길고, 뼈만 앙상하게 남아 있는 사람의 모습이다. 인간은 원래 이렇게 부서지기 쉬운 나약한 존재로 세상에 내던져졌지만, 스스로 두 발로 일어서서 멈추지 않고 어디론가 걸어가는 인간 실존의 모습을 '장엄하게' 보여 주고 있다.

인간은 '걸어가는 사람'이다. 배움이든 무엇이든 좌절하고 포기해서 주저앉는 대신 '가능성'의 순간을 경험하기 위해 계속 걸어 나가는 것이 인간실존이다. 실존철학자인 시몬 드 보부아르Simone de Beauvoir, 1908~1986가 전하는 다음의 이야기는 '걸어가는 사람'으

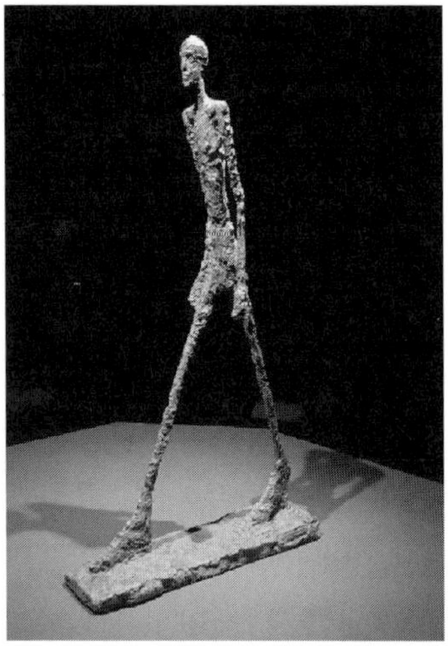

그림 22-1 알베르토 자코메티, 〈걸어가는 사람 II〉 석고조각상

로의 실존을 극명하게 보여 준다.

> "플루타르크에 의하면 어느 날 피뤼스[164]는 정벌 계획을 세우고, '우선 맨 먼저 그리스를 정복하자.'고 말했다. 그래서 시네아스가 '그렇다면 그 다음에는?' 하고 물었더니, '아프리카를 손에 넣자.'ㅡ'아프리카의 다음에는?'ㅡ'아시아에 건너가서 중앙아시아를, 아라비아를 침략하자.'ㅡ'그러면, 그 다음에는?'ㅡ'인도까지 가자.'ㅡ'인도 다음에는?'ㅡ'아아!' 하고 피뤼스는 한숨을 쉬며 '휴식하기로 하자.'고 했다. '왜, 지금 당장이 아니고?'라고, 시네아스가 물었다."

보부아르는 지금까지 시네아스 같은 현자들은 피뤼스 같은 인간의 고집을 어리석다고 비난해 왔음을 지적한다. 그러나 보부아르가 포착한 인간실존이란 행동의 결과를 예측한 후 포기하고 주저앉는 존재가 아니라는 것이다. 보부아르가 보는 인간실존은 다음 두 가지 관점에서 평생학습에 철학적 바탕을 제공한다.

실존의 이행과 학습의 이행

첫째, 개인의 인생은 오직 행동에 의해 다른 존재로 되어 간다는 것이다. 지금 취업

준비생이지만 나중에 기업의 최고경영자가 되거나 위대한 정치가가 될 수도 있다. 그것은 어디까지나 자기 자신의 자유로운 선택과 기획에 달린 문제이다. 따라서 하이데거는 "인간이란 먼 곳의 존재"라고 규정한다. 하이데거의 말을 이어받아 보부아르는 인간은 '현재의 나'가 아니라 언제나 '다른 곳'에 있으며 '먼 훗날의 어떤 존재'라고 말한다.[165]

보부아르는 인간은 언제나 '다른 곳'에 있기에 '이것이 바로 나다.'라고 확신 있게 말할 수 있는 특권적인 지점은 없다는 것을 강조한다. 인간은 본질적으로 자기 자신과는 다른 것을 향하도록 되어 있다는 것이다. 이러한 실존철학은 성인교육의 선구자인 에두아르드 린드만Eduard Lindeman이 인간과 평생학습을 보는 시각과 일치한다. 린드만은 『성인교육의 의미』에서 인간의 궁극적인 목적은 평생을 통한 학습으로 지속적으로 다른 존재로 되어가는 것becoming에 있다는 점을 강조한다.

따라서 린드만은 보부아르나 짐머만과 같은 맥락에서 인간의 삶과 학습은 그 자체가 지속적인 이행移行, transition의 과정이라고 말한다. 가능성으로 존재하는 인간은 교육과 학습을 통해 취업준비생에서 대기업 임원으로의 이행, 학생에서 교수로의 이행, 자녀에서 부모로의 이행처럼 사회경제적인 관점에서의 이행도 있으며, 또한 각자의 내면의 정신세계 혹은 사유세계의 이행과 같은 각자에게 고유한 이행을 경험하게 된다. 이행하는 과정 그 자체가 인간실존이자 평생학습인 것이다.

둘째, 보부아르는 이러한 이행은 필연적으로 타자와의 관계맺음에서 이루어진다는 점을 강조한다. 보부아르에 의하면 세계와 개인 사이에는 본래 어떤 연관성도 없으며 어떤 것도 나의 소유는 아니다. 내가 관여한 것이 아니라면 그것은 나의 것이 아니다. 보부아르는 "건물을 수동적으로 지탱하고 있는 돌은 그 건물을 자신의 것이라고 주장할 수 없다."고 말한다.

내가 승리를 위해 싸웠을 때 그 승리는 나의 것이 되고, 성서의 사마리아인은 길가에 버려진 사람을 도와주었을 때 그는 버려진 사람의 이웃이 되며, 내가 세운 집이 아니더라도 내가 살게 되면 나의 집이 되고, 땅도 내가 경작하면 나의 땅이 된다고 말한다. 하나의 대상은 내가 그 안에서 내 모습을 찾아볼 수 있을 때만 나의 것이 되는데, 그 안에서 내 모습을 찾을 수 있다는 것은 내가 거기에 참여했을 때에만 가능하다는 것이다.[166]

사물이든 지식이든 나의 것이라 함은 내가 만든 것이다. 그러나 내가 만든 것은 머지않아 내게서 떨어져 나간다. 내가 방금 전에 가졌던 생각이나 지식과 정보가 지금은 나의 것이 아닐 수 있다. 보부아르에 의하면 과거의 지식이 나의 것이 되기 위해서는 과거의 지식을 나의 미래 쪽으로 옮겨 끊임없이 나의 것으로 만드는 노력이 필요하다. 과거에는 나의 지식이 아니었어도 그 지식 위에 내가 무엇인가 세움으로써 나의 것으로 만들 수 있다는 것이다. 인간실존에 평생학습이 필요한 또 다른 이유인 것이다.

실존철학에서 볼 때 인간은 존재 가능성으로서의 실존이기 때문에 오로지 어떤 행동을 하느냐에 개인의 삶이 달려 있다. 사르트르가 '실존적 자유'를 토대로 한 '행위' '실천'을 의미하는 '앙가주망$_{\text{engagement}}$'을 강조한 것도 같은 맥락이다. 앙가주망은 타인과 사회 같은 타자에 혹은 타자를 위한 평생교육에 스스로를 던져 넣는 '자기구속'의 행위이다. 그리고 스스로의 선택으로 참여하여, 즉 '앙가제$_{\text{s'engager}}$'하여 조금씩 사회를 변화시킴으로써 결과적으로 자기실존의 선택의 폭, 행위의 범위를 확장시키는 것이다.

2. 교육받은에서 학습인간으로

1) 교육에서 평생학습으로

평생교육에 관한 유네스코 보고서들은 급변하는 사회 속에서 교육이 직면하고 있는 문제를 직시하고 그에 대한 진단 및 처방을 제시하려고 시도했다는 데 공통점을 지닌다. 특히 포르 보고서와 들로 보고서는 24년의 시대적 차이에도 불구하고 평생교육의 궁극적 목적으로서의 존재를 위한 학습의 중요성과 학습사회 건설의 필요성을 재차 강조하고 있다. 그러나 주목할 만한 변화가 있다면 포르 보고서가 평생교육$_{\text{lifelong education}}$을 강조했다면 들로 보고서는 평생학습$_{\text{lifelong learning}}$에 좀 더 비중을 두었다는 점이다.[167]

평생교육에서 평생학습으로의 이동은 시대 변화에 따른 평생$_{\text{lifelong}}$ 개념의 확대에 따른 것이다. 포르 보고서가 발간되던 1970년대 초의 평생개념은 시간적 영속성을 강조하는 수직적인 의미에 비중을 두었다. 반면에 1996년 들로 보고서에서의 평생개념은 시간적 확장은 물론 공간의 확장인 수평적 의미가 함께 강조되었다. 시대 변화에 따라 평생학습이 삶의 전 영역에서 발생한다는 인식이 확대되었기 때문이다. 삶의 모든 양태가 가르침으로의 교육보다는 학습자의 학습의 기초자료이며 반추이고 경험이 된다는 점이 강조된 것이다.

평생교육에서 평생학습 개념으로의 비중의 이동은 기존의 교육학에서 강조한 개념들 역시 학습의 관점에서의 비판적 논의가 필요함을 시사해 주고 있다. 무엇보다 '교육받은 사람educated person' 개념에 대한 논의이다. 기존의 교육학에서 보편적으로 사용되어 온 이 말은, 개념의 실질적인 내용은 물론 형식적인 개념에 대한 논의를 불러일으키게 된다. 평생학습을 강조하는 평생교육의 이념 혹은 원리와 상충된다는 비판을 받을 수 있다. 평생교육의 핵심 원리인 '과정'으로서의 '존재를 위한 학습'과 개념적 조화를 이루기 어렵다는 것을 알 수 있다. 특히 '교육받은educated'이란 수식어는 학습자의 자활감empowerment이 억압된 피동성被動性을 내포하고 있다.

피터스의 '교육받은 사람'

'교육받은 사람' 논의에서 빼놓을 수 없는 학자가 20세기 후반 교육철학의 혁명을 이끌었던 영국의 리처드 피터스Richard Peters, 1919~2011이다.[168] 피터스의 '교육받은 사람'을 이해하기 위해서는 교육의 정의와 의미가 무엇인가 하는 문제가 논의되어야 하며, 이는 다시 교육과 어떤 방식으로든지 관련을 맺고 있는 '가치 있는 것이' 무엇인지에 대한 논의가 뒤따라야 하고, 이어 그 가치가 내재적인지 외재적인지에 대한 물음이 이어지게 된다. 그러나 이들 논의는 이 절의 의도와 범주를 벗어나기에 교육받은 사람이 내포하는 의미에 초점을 맞추기로 한다.

피터스는 저서『윤리학과 교육』제1부에서 분석철학적 방법을 사용해 교육개념을 치밀하게 분석하고 있다. 그는 교육을 활동이나 과정을 가리키는 과업어task word와, 교육개념 안에 포함된 세 가지 준거, 즉 규범적 준거, 인지적 준거, 과정적 준거가 성취된 상태를 가리키는 성취어achievement word로 구별한다. 피터스는 교육은 과업어라기보다는 세 가지 준거가 만족된 성취어로 본다. 교육을 성취어로 보기 때문에 교육받은 상태[성취]를 의미하는 '교육받은 사람' 개념이 자연스럽게 도출된다.

피터스는 세 가지 준거를 성취했을 경우 사람은 지식과 이해와 인지적 안목을 추구하는 내재적으로 가치 있는 활동을 할 수 있다고 보았다. 따라서 피터스에게 교육받은 사람이란 '교육을 통하여 학습자가 배운 지식과 이해를 내면화함으로써 지적 안목을 갖게 된 사람'을 의미한다. 교육받은 사람은 음식을 먹는 것과 같은 무반성적인 활동들과는 달리 선이나 행복한 삶에 대한 폭넓은 지식을 획득한 사람이라는 것이다. 이 말에는 필연적으로 교육의 목적이 전제되어 있으며, 피터스가 말한 대로 "교육을 그 결과에 기여하는 과정들에 속하는 것"[169]으로 보는 것을 의미한다.

교육의 목적에 대한 논의에 앞서 피터스는, 소크라테스 이후로 계속되어 온 것처럼, 교육을 포함한 용어의 사용기준을 공식화하는 것의 어려움과 중요성을 전제로 한다. 예를 들어, 사람들이 '친구들과 여행을 한 것은 진정한 교육이었다.'고 말하지만, 이때 그 말은 교육이란 우리가 자신이나 타인을 위해 '의식적으로 하는 일'이라는 명백한 기준을 벗어나 사용된 것이라고 지적한다.[170] 교육이란 단순한 경험활동이 아니라 의도적이며 계획적인 활동임을 강조하는 것이다.

교육의 의도성과 계획성은 교육의 목적을 전제로 한다. 피터스는 목적이란 개념은 원래 '총을 쏜다' '돌을 던진다' 등과 같이 명백하게 한정된 활동과 관련하여 사용되는 개념임을 주지시킨다. 목적한다 혹은 겨냥한다$_{\text{aiming}}$는 말은 그런 활동에서 맞추어야 할 물체(표적)에 주의를 집중한다는 뜻으로, 목적한다는 말 속에는 동족목적격인 '표적'이 포함되어 있다는 것이다.[171] 피터스는 '목적' 개념에 대해 다음과 같이 요약하고 있다.[172]

첫째, 우리는 사람들이 하고자 하는 것이 무엇인지를 보다 정확하게 설명하는 것이 중요하다고 생각하는 상황에서 목적에 관해 묻는 경향이 있다. 둘째, 목적이란 쉽게 이루어 내거나 쉽게 이를 수 없는 대상에 대해 집중하고 노력한다는 것을 암시하고 있다. 셋째, 목적은 실패하거나 이르지 못할 가능성이 있다는 것을 암시하고 있다. 피터스의 목적 개념의 명료화는 '교육받은 사람'의 의미는 물론 평생교육의 목적을 논의하는 데 있어서 중요한 준거를 제시한다고 볼 수 있다. 그는 교육목적에 관한 논의가 왜 그토록 중요한지를 다음과 같이 말한다.

> "교육목적을 다루는 일은 자신들이 하고 있는 것이 무엇인지를 알고자 하고, 그것들이 우선한다는 점을 상기시키며, 교육목적에 관심을 모으고, 나아가 교육목적과 거리가 먼 것을

버리려는 교사들에게 유익한 것이다. 또한 교육 분야에서 확실한 결과를 거두기가 어렵다는 점에서 실패할 가능성 혹은 결코 이룰 수 없다는 점이 늘 교육자에게 제시되고 있다."

그렇다면 교육목적을 달성한 사람으로서의 교육받은 사람이란 무엇인가? 피터스에게 교육받은 사람이란 배운 것을 내면화함으로써 자신의 안목을 변화시킬 수 있을 정도로 '광범위하게 걸쳐 있는' 인지적 내용을 가진 가치 있는 활동들에 입문한 사람[173] 이다. 물론 그는 인지적 내용의 내면화만 가지고 안목을 바꿀 수 없다는 점을 강조한다. 안목을 변화시키기 위해서는 자전거를 타는 것과 같은 '방법에 관한 앎knowing how'이 아니라 '사실에 관한 앎knowing that'이 중요하다고 말한다. 다시 말해, 피터스에 의하면 교육받은 사람은 심리학적 행동주의에서 말하는 '조건화'에 의한 것이 아니라 사태가 "왜 그러한가에 대한 이유"를 아는 사람이다.[174]

'교육받은 사람', 개념의 재해석

교육받은 사람에 대한 논의는 개념의 실질적인 내용과 아울러 형식적인 개념에 초점을 맞추게 된다. 특히 21세기 평생학습사회에서 필연적으로 요구되는 학습의 시공간적 확장성과 지속성, 학습자의 자활감 등의 관점에서 교육받은 사람이란 개념은 중요한 철학적이며 교육적인 성찰을 제공한다.

무엇보다 교육받은 사람이란 개념은 교육이 끝나 더 이상 불필요한 사람이라는 '교육 완료형'으로 규정된다. 마치 플라톤의 『국가』 동굴의 비유에서 무지와 억견doxa 속에 지내던 죄수들이 교육을 통해 진리episteme의 빛의 세계로 나오는 데 성공한 것을 연상시킨다. 피터스는 라일Ryle의 말대로 교육을 성취어achievement word의 한 가지 특수한 경우로 본다.[175] 그러나 특정한 분야의 지식이나 정보, 기술 등은 성취할 수 있을지 모르나 교육을 통해 길러내야 할 가치나 신념, 이해, 그리고 피터스가 강조하는 지적 안목이 성취나 완료의 대상인지에 대한 물음이 제기될 수 있다. 인간실존에 관련된 가치, 신념의 교육은 물론이고, 과거와 달리 21세기 급변하는 사회에서 끊임없이 변하는 지식과 정보 교육에 대한 종결시점을 논하는 것은 비현실적이다.

같은 맥락에서 피터스는 누구를 교육한다는 것은 단지 어떤 일을 성취한다는 것만이 아니라 '가치 있는 것을' 성취한다는 것을 의미한다고 말한다. 피터스는 '채소를 재배하는 것'과 같은 외재적 목적도 중요하지만, 교육받은 사람이 성취해야 할 최상의 가치는 바로 이러한 교육의 내재적 목적으로 보고 있다. 유네스코 보고서들 또한 '전인全人'이나 '온전한 사람complete man'을 평생교육의 궁극적 목적으로 제시하고 있다. 문제는 '교육받은 사람'에는 이러한 가치들이 교육으로 인해 종결되는 어떤 최종적인 도달점이 가정되어 있다는 점이다.

'교육받은 사람'이 성취해야 할 내재적 가치의 내용에 대한 논의도 제기된다. 피터스의 견해에는 교육에서 성취해야 할 바람직한 가치가 상정되어 있다. 그러나 가치의 보편성과 아울러 상대성에 대한 관점이 더 힘을 얻는 포스트모던시대에 교육에서 추구하는 보편적 가치에 대한 논의가 전제되어야 할 것이다. 특히 자유주의 관점에서 볼 때 가치는 '좋음good'의 문제이기에, 정의로운 사회는 특정한 '좋음'을 강요하지 않고 시민들이 모두 동등한 자유를 갖고 자신의 가치와 목적을 추구하는 틀을 제공해야 한다고 주장[176]하기 때문이다.

또한 '교육받은 사람' 개념은 교육과정의 주체이자 대상인 학습자의 자활감을 제대로 해명해 주지 못하고 있다. 학습자를 거의 수동적, 피동적인 존재로 간주하는 경향이 짙다. 특히 학습자의 자기주도성이 중심이 되는 성인평생교육의 관점에서 볼 때 학습자의 자발성과 능동성을 전제로 하지 않는 교육은 성공하기 어렵다는 점에 주목할 필요가 있다.

종전의 교육학에서 제시되어 온 '교육받은 사람' 개념에 대한 문제들은 역설적으로 21세기 평생학습, 특히 '존재하기 위한 학습'의 바탕이 되는 철학적 논의의 중요성을 제시하고 있다. '교육받은 사람'의 형식적인 개념은 역설적으로, 교육은 최종적인 도달점이나 종결시점이 있는 것이 아니라 요람에서 죽음에 이르기까지 지속되는 진행형이며 '과정'이라는 점을 보여 준다. 또한 개념의 실질적인 내용에 있어서는, 교육에서 성취해야 할 최상의 가치는 개인에 따른 차이를 존중해야 한다는 '관점주의'에 대한 논의가 필요함을 드러내고 있다. 무엇보다 교육과 학습은 궁극적으로 학습자로 하여금 각자성을 회복하는 데 있다는 점이다.

2) 니체의 '학습하는 사람'

'교육받은 사람' 개념이 의미하는 기존 교육관의 한계는 21세기 평생학습사회의 '학습관'에 대한 논의의 타당성을 제공한다. 기존 교육관의 한계를 극복할 수 있는 대안적인 교육철학을 제시한 대표적인 철학자가 프리드리히 니체이다. 니체는 19세기 철학자이지만 21세기 평생학습시대가 요구하는 인간관, 교육관에 바탕이 될 철학을 설득력 있게 제시하고 있다. 질 들뢰즈의 말대로 "현대철학은 대부분 니체 덕으로 살아왔고 여전히 니체 덕으로 살아가고 있다."[177]면 현대 평생교육의 철학적 바탕을 니체에게서 찾는 것은 자연스러운 일이다. 왜냐하면 철학의 목적은 교육이고, 교육은 철학을 바탕으로 하기 때문이다.

학습의 필요성과 가능성

본질철학에 의존하는 서양의 전통 사유방식에서는 인간은 본질로서의 이성 혹은 신의 모상imago Dei을 갖고 있다고 전제한다. 따라서 인간은 다른 동물에 비할 데 없는 가능성과 고귀한 본질을 지니며, 이성을 통해 본질을 실현시켜 나가는 목적지향성을 갖는 존재로 규정된다. 인간의 삶과 교육을 지배하는 서양의 전통 사유방식은 플라톤 철학 전통과 그리스도교 전통, 즉 헬레니즘 전통과 헤브라이즘 전통에 기초한다. 이들 전통의 특징은 현상과 본질, 현세와 내세, 정신과 육체를 구분하는 철저한 이원론이며, 생성 소멸하고 가시적인 현상이 아니라 고정불변하고 완전하며 비가시적인 초월적인 존재에 절대적 가치를 부여하는 사유방식이다.

니체는 이러한 정초주의적인 인간관, 세계관에 정면으로 맞선다. 니체에게 인간은 본질이 결정되어 있지 않은 미완료적인 존재로서 자신의 본질을 스스로 창조해 나가야 하는 존재이다. 니체는 서양의 이원론적 전통과 초월적인 존재론을 비판하고, 대신 지금 여기의 생성 변화하고 경험하는 현실적 세계가 참된 실재 혹은 실재성이라고 주장한다. 서양의 전통적인 초월적 이상은 현실세계에 덧붙여진 날조된 것이며 삶을 부정하기 위해 인위적으로 고안된 허구로서, 참된 실재가 아닌 가상이며 약함이나 데카당스, 부패의 징후이자 거짓, 허위에 불과한 '우상들Gotzen'[178]이라고 비판한다.

> "우상('이상'을 표현하는 내 단어)의 파괴—이것은 이미 내 작업의 일부이다. 인간이 허위로 이상세계를 날조한 바로 그만큼 인간의 실재의 가치와 의미와 진실성을 잃어버렸다. … '참된 세계'와 '가상 세계'—사실대로 말하자면 날조된 세계와 실재… 이상이라는 거짓은 지금까지 실재에 대한 저주였다. 그것에 의해 인류의 가장 심층적인 본능마저도 부정직해지고 그릇되어 버렸다. 그리하여 인류의 성장, 미래, 미래에 대한 고도의 권리를 보장해 줄 수 있는 가치와는 정반대되는 가치를 숭배하는 지경에까지 이르렀다."[179]

니체는 이러한 내세, 초월적 세계를 퍼뜨리는 자를 최후의 인간 혹은 말종인간der letzte Mensch으로 규정한다. "나 저들에게 더없이 경멸스러운 것에 대해 말하려는 것이다. 인간말종이 바로 그것이다." 니체는 지금 우리가 해야 할 일은 그들의 말을 믿지 말고 지금 여기의 '대지'를 사랑하는 것이라고 강조한다. "맹세코 대지에 충실하라. 하늘나라에 대한 희망을 설교하는 자들을 믿지 말라! 그런 자들은 스스로가 알고 있든 모르고 있든 독을 타 사람들에게 화를 입히는 자들이다."[180]

결핍과 학습의 필요성

같은 맥락에서 니체는 이성 혹은 신의 모상이란 고귀한 본질로 규정되는 인간관을 비판한다. 전통철학에서는 자기실현이란 곧 본질실현이다. 그러나 니체에게 자기실현이란 본질창조이다. 니체가 보는 인간의 본질은 미확정된 상태에 있다. 주목할 점은 인간 본질의 '미확정성'은 인간이 과거로부터 전적으로 자유롭다는 의미가 아니며, 인간 각자가 도달해야 할 어떤 지점이 있다는 것을 함축하는 것도 아니라는 점이다. 이 점을 니체는 『반시대적 고찰』에서 다음과 같이 묘사한다. "인간의 존재는 근본적으로 결코 완성되지 않는 '미완료' 과거로서, 그 현존재는 끊임없이 있었던 것으로서 스스로를 부정하고 소모하고 스스로에게 이의를 제기함으로써 살아가는 것에 불과"[181] 한 존재이다.

미확정상태의 인간은 동물이며, 아니 동물들보다 더 큰 결함과 결핍을 지닌 존재이다. 니체는 『차라투스트라는 이렇게 말했다』 곳곳에서 '왜소한' 인간실존의 본 모습을 다양한 용어로 표현한다. '벌레였으며 아직도 벌레' '원숭이보다도 원숭이다운 원숭이' '잡동사니' '성자와 사기꾼' '종려나무 잎에 도금' '거짓이며 부패' 등이다.

그렇다면 니체는 왜 이렇게 인간의 천한 본성을 혹독하게 지적하는 것인가? 니체는 인간의 결점에 대한 적나라한 인식이 자기극복의 첫 단계라고 생각하기 때문이다. 칸트는 "인간이라는 뒤틀린 목재에서 곧은 것이라고는 그 어떤 것도 만들 수 없다."[182] 고 말한다. 니체는 인간의 결점과 결핍을 냉정하게 인식하고 스스로의 약점을 극복하기 위한 투쟁의 과정에서 인간은 자기극복을 할 수 있다고 믿었을 것이다.

같은 맥락에서 니체의 인간본성에 대한 이해는 인간에게 교육이 필요하다는 점을 암시한다. 니체는 인간본질은 미완성이며 이를 창조해 나가는 것 역시 인간의 본질이라고 단언한다.

> "사람은 극복되어야 할 그 무엇이다."[183]

니체는 현재의 우리들은 역시 그 이전의 인간들이(존재해 온 모든 것이) 지금까지 자기 자신을 부단히 극복하며 창조해 온 소산임을 강조한다. 따라서 현재의 인간들 역시 그러한 자기극복의 '밀물'을 받아들여 부단히 자신을 극복해야만 하는 존재라는 것이다.

인간존재의 결핍성은 교육과 학습을 필연적으로 요구한다. 18세기 계몽주의 철학자인 임마누엘 칸트는 저서『교육학강의Uber Padagogik』(1803)[184] 첫 장에서 "인간은 교육을 필요로 하는 유일한 존재only being"라고 규정한다." 장 자크 루소 역시 같은 말을 한다. 그는 저서『에밀』[185]에서 "우리들은 연약하게 태어난다. 우리들에게는 힘이 필요하다. 우리들은 커 가면서 필요한 모든 것을 교육을 통해 얻는다."고 말하며 교육의 필요성을 역설한다. 결핍은 교육을 요청한다는 점에서 니체 역시 교육의 필요성을 강조하는 것이다.

무한한 학습가능성

같은 맥락에서 니체는 인간의 교육가능성의 힘을 낙관적으로 제시한다. 니체의 특징은 인간의 결핍과 미완료적인 특성을 새로운 창조의 잠재력과 가능성으로 반전시켜 이해하는 데 있다. 그러나 인간은 자기극복의 가능성으로 존재하지만 그 가능성들을 장악하거나 놓쳐 버릴 수도 있고, 성공할 수도 실패할 수도 있는 선택에 늘 직면하게 된다. 니체는 실패 역시 자기극복의 한 과정이기에 실패할 수도, 절반의 성공만 거둘 수도 있다고 말한다. 나아가 그런 실패가 인간의 아름다움이라 말한다.

> "사람에게 사랑받을 만한 것이 있다면, 그것은 그가 하나의 과정이요 몰락이라는 것이다"[186]

따라서 중요한 것은 좌절하지 말고 가능성을 향해 나아가는 낙관적 태도이다.

> "그대들 모두는 실패하지 않았는가? 용기를 잃지 말라. 그게 무슨 문제인가. 얼마나 많은 것이 아직도 가능한가! … 그대들이 실패를 하고 절반만 성공했지만 그것이 뭐 그리 놀랄 일이란 말인가? 그대들 내부에서 인류의 미래가 밀치락달치락 몸부림치고 있지 않은가? … 별처럼 더없이 드높은 것, 그의 엄청난 힘. 이들 모두가 그대들 항아리 속에서 서로를 향해 거품을 내고 있지 않는가? … 얼마나 많은 것이 아직도 가능한가? 참으로 얼마나 많은 일들이 그 사이에 성취되었는가?"[187]

니체는 인간이 가진 가능성의 "엄청난 힘"을 강조하면서 그 가능성의 힘을 적극적으로 실현시킬 것을 주문한다. "아직 그 누구의 발길도 닿지 않은 길이 천 개나 있다. 천 개나 되는 건강에 천 개나 되는 숨겨진 생명의 섬이 있다. 무궁무진하여 아직도 발견되지 않은 것이 사람이며 사람의 대지이다."[188]

카를 야스퍼스Karl Jaspers, 1883~1969는 니체의 이러한 낙관적이고 개방적인 인간개념을 다음과 같이 해석한다.[189] 인간은 결핍과 미확정성의 존재이기에 오히려 자기창조와 '각자성eachness'의 실현을 위한 "엄청난 힘"을 가지고 있다는 것이다.

> "동물은 제각기, 그것이 잘 자라면 명확한 유형에 따르지만, 인간은 동물과는 반대로 '아직 확정되지 않은 동물'이며, 따라서 그 발전성도 막연해서 미결정상태에 있기 때문에 단순한 현존재로서, 보기만 해도, 대지 위의 질병이라고 말할 수 있을 것이다.
>
> 그러나 이런 경우에 인간의 이 결핍은 오히려 인간에게 좋은 기회가 되는 것이다. 인간은 아직 있을 수 있는 존재가 되어 있지 않다. 인간은 잘못되어 있는 것이다. 그러나 역시 모든

것으로 될 수도 있는 것이다. 인간이 '확정된 동물', 즉 한 유형類型이 된다고 하는 것, 그렇게 되면 필연적으로 군축적群畜的 유형으로 되는 것이거니와, 그것은 니체가 원하는 바가 아니다. 오히려 그 역逆으로, 확정되어 있지 않다는 점에 스스로를 넘어설 수 있다고 하는 의미로서의 인간의 본래의 본질이 있다."

자기창조학습

실존주의를 포함한 인본주의 교육론에서 볼 때 인간은 자신을 창조하는 자이며, 삶은 자기창조의 과정이다. 다브Dave는 고대 로마인의 격언을 인용하여 "인간은 생존해야 할 뿐만 아니라 자신의 배를 조정해야 한다."고 강조한다.[190] 개별적인 인간은 먼저 세계 속에 실존하는 것이고 인간이 정의되는 것은 그 다음의 일이다. 인간은 스스로 본질을 만들어 가야 하는 존재인 것이다. 키르케고르는 "개인의 존재being는 그 형성becoming"이라고 간명하게 정의한다.[191] 이렇게 볼 때 평생교육의 본질은 창조creation이다.

성인평생교육의 궁극적인 목적은 각자성의 창조에 있다. 청소년기 교육이 사회와 문화에 편입되기 위한 사회화 교육이라면, 성인기에는 제도가 요구하는 집단성에서 벗어나 개인적인 삶의 의미를 복원하기를 원하게 된다. '제도에 절대로 편입될 수 없는 개인성', 대체 불가능한 자신을 발견하고 정체성을 찾아 성숙으로 나아가는 과정[192]이 평생교육의 과정인 것이다. 포르 보고서는 교육의 목적을 "인간을 자신으로 존재to be himself하고, 자신이 되게to become himself 하는 것"[193]이라고 단언한다.

그렇다면 '자신을 발견'하고, '자신으로 존재'하는 것은 무엇인가? 유네스코보다 한 세대 앞서 니체는 이에 대한 철학을 제공하였다. 니체는 인간의 각자성의 발견이 궁극적으로 지향하는 것은 각자로서의 '존재의 향상'이라고 본다. 즉, 인간은 자신을 만들어 가야 하는 자이며 그것 이외의 다른 무엇이 아니다. 인간은 창조자가 아니면서 자신을 창조하는 자인 것이다. 니체는 즐거운 학문에서 그리스도교의 창조주 신을 빗대어 자신을 창조하는 인간을 다음과 같이 묘사한다.

"인간 속에는 '피조자'와 '창조자'가 하나로 통일되어 있다. 인간 속에는 재료, 부품, 무절제, 점토, 쓰레기, 넌센스, 혼돈 등이 존재한다. 그러나 그것과 더불어 창조자, 형태부여자, 무자비한 망치, 신과 같은 관망자, 제7일 등도 존재한다."[194]

다시 말해, 인간은 각자의 속성과 능력, 경험 등의 복합체인 자신이라는 소재를 가지고 자신이 주체적으로 자신을 창조해 나가는 본성을 가지고 있다는 것이다. 평생교육에서 강조하는 각자성의 개발에 대한 니체식 표현인 것이다. 그렇다면 각자성 개발이 왜 중요한 것일까? 그 이유를『즐거운 학문』에서 니체는 말한다.

"너의 양심은 무엇이라 말하는가?–'너는 너 자신이 되어야 한다.'"[195]

여기서의 '너 자신'이란 "어린 시절부터 네게 옳다고 규정된 것에 대해 네가 한번도 깊이 성찰해 보지 않고 맹목적으로 받아들이는" 그런 인간이 아니라는 것을 강조한다. 기존의 전통철학과 기독교 교의에 사로잡힌 인간이 아니라 본래적인 '너'이며 타인과 비교할 수 없는 독립적이며 자율적인 인간이다. 실존철학에서 강조하듯, 인간의 삶은 곧 창조하는 것이라는 철학은 니체의 작품 전편에서 강조되고 있다.

평생학습에의 의지

그렇다면 인간은 과연 자신을 창조하는 능력이 있는 것인가? 니체는 인간이 가진 그러한 능력을 '힘에의 의지Der Wille Zur Macht'라고 말한다. 힘에의 의지가 인간의 본질임은 물론 생성 소멸하는 모든 존재자의 본질이라는 것이다. 힘에의 의지가 있기 때문에 인간은 자기 창조를 위한 끊임없는 변화와 상승 혹은 하강을 할 수가 있다. 니체는 생전에 써서 남긴 유고遺稿인『힘에의 의지』에서, 인간의 삶의 본질이면서 자기창조의 파토스patho이자 '불꽃'이 바로 힘에의 의지임을 다음과 같이 간명하게 정의한다.

"이 세계는 힘에의 의지이다–그리고 그것 이외에는 아무것도 아니다!"[196]

힘에의 의지가 무엇인지는 니체가 이어 말하는 내용에 드러난다. 힘에의 의지는 더욱 강해지려는 의지 하나이다. 자기보전이 아니라 자신의 것으로 만들고 지배하고 지금보다 더한 것, 더 강한 것이 되고자 하는 열정인 것이다. 힘에의 의지는 생존을 위한 소극적인 삶에의 의지가 아니라 자기를 극복하려는 적극적인 존재의 의지라는 것이다.

주목할 점은 의지는 항상 '그 무엇에 대한 의지$_{\text{Wille von etwas}}$'[197]라는 점이다. 즉, 의지는 의지의 대상을 필요로 한다. 예를 들어, 기업교육이나 평생교육학은 나의 의지의 대상이 된다. 그리고 그 대상을 의욕하고 있는 한 그 대상이 아직 나의 소유가 아닌 것이기에 의지는 완전한 것이 아니며 일종의 결핍상태에 있는 것이다. 따라서 힘에의 의지는 '결핍의 감정'으로부터 나타나며 자신의 결핍된 상태를 넘어서려는 욕망이다.[198] 이런 의미에서 평생학습을 포함한 각자의 모든 활동은 기본적으로 현재의 결핍된 자신을 극복하여 더 나은 자신을 창조하려는 힘에의 의지의 발현인 것이다.

3) 과정으로서의 평생학습

학습의 위대함은 과정

실존철학에서 볼 때, 개별적인 인간은 먼저 세계 속에 실존하는 것이고 인간이 정의되는 것은 그 다음의 일이기에, 인간은 자신을 스스로 만들어 가는 과정적 존재이다. 키르케고르의 말대로 "개인의 존재$_{\text{being}}$는 그 형성$_{\text{becoming}}$"이다.[199] 기존의 '교육받은 사람' 개념은 교육을, 교육 후에 성취된 어떤 이상적인 결과로서의 인간속성과 관련을 시켰다. 그러나 니체에게 교육은 상승하는 힘에의 의지를 바탕으로 자신을 극복하는 창조활동이다. 즉, 창조활동의 결과가 아니라 '과정' 자체이다. 니체의 관점에서 평생교육이나 학습은 '과정'인 것이다.

자기극복의 활동이 과정일 수밖에 없는 이유는 무엇인가?[200] 무엇보다 자기극복의 창조활동은 특정 단계에서 종료되는 것이 아니기 때문이다. 성취하고 도달한 각 단계의 인간 정신수준은 그것을 딛고 다음으로 넘어서기 위한 일시적 휴지점에 불과하기에 종점이 없다. 둘째, 다음 단계의 수준이란 우선적으로 현상태를 넘어 향상하고자 하는 창조주체의 열의를 충족시켜 줄 표적으로서의 수단적 의미를 지닐 뿐이기 때문이다. 셋째, 창조하는 인간은 그 상향 활동의 최종 도달점을 설정하지 않고 다만 지속적인 향상을 의욕하기 때문이다.

예를 들어, 문해 교육에서 결과를 위주로 학습이 이루어진다고 가정해 보자. 학습은 결과에 도달하기 위한 수단이나 준비가 된다. 린드만의 말처럼 "교육이 인생을 준비하기 위한 수단이 될 때 학습과정은 악순환의 고리에 빠지고 만다." 마찬가지로 매회 매 단계의 창조활동은 그 결과를 획득하기 위한 수단이 되며, 또한 그 결과 자체가 계속 생멸生滅하고 변화무상變化無常하기 때문에 부질없고 지루한 반복행위처럼 느껴질 수 있다. 그러나 교육적 창조활동을 과정을 위주로 볼 경우 이러한 무상성과 반복성은 오히려 적극 긍정해야 할 속성이 된다. 왜냐하면 문해학습 같은 그 과정 자체 속에서 인간은 매시간 새로 태어나고 향상하는 삶의 체험과 보람을 얻을 수 있기 때문이다.[201]

인간은 교량이며 밧줄

삶과 학습에서의 이러한 '과정성過程性'은 니체철학의 핵심을 이룬다. 나아가 실존철학의 보편적 주제이기도 하다. 앞서 언급한 보부아르는 개인의 인생은 자기 자신의 자유로운 선택과 기획에 의해 지속적으로 다른 존재로 되어 가는 과정임을 강조한다. 하이데거가 "인간이란 먼 곳의 존재"라고 규정한 이유도 여기에 있다. 인간은 '현재의 나'가 아니라 언제나 '다른 곳'에 있으며 '먼 훗날의 어떤 존재'라는 것이다.[202] 니체가 이러한 과정 중에 있는 인간을 묘사하는 대표적인 말은 다음과 같다.

> "사람은 짐승과 위버멘쉬 사이를 잇는 밧줄, 심연 위에 걸쳐 있는 하나의 밧줄이다. 저편으로 건너가는 것도 위험하고 건너가는 과정, 뒤돌아 보는 것, 벌벌 떨고 있는 것도 위험하며 멈춰 서 있는 것도 위험하다."[203]

주목할 점은 니체가 강조하는 것은 단지 위버멘쉬가 아니라 위버멘쉬로 나아가는 과정이라는 점이다. '가능성으로 존재'하는 인간이기에, 인간은 지속적으로 자기를 넘어서는 창조활동을 통해 위버멘쉬를 지향하는 삶을 살 수도 있고, 반대로 현실에만 안주하는 삶을 살 수도 있는 기로에 있는 존재이다. 따라서 인간은 일상의 매 순간마다 자신을 극복해 나가는 교량일 뿐 결코 목적이 아니며, 위버멘쉬를 지향하는 하나의 과정이다. 니체는 인간이 위대하고 사랑받을 만한 이유가 바로 이 '과정'이라고 강조한다.[204]

니체는 위버멘쉬로 이행하는 과정, 혹은 하이데거가 말한 '먼 훗날의 어떤 존재'로 나아가는 인간의 본성을 '정오Mittag'의 비유로 설명한다. 정오는 하루 중 태양의 상승과 몰락이 교차하는 역동적인 생성의 순간이며 일회적인 것이 아니고 언제나 되풀이되는 것이다. 따라서 매번 정오는 위버멘쉬로 이행하는 희망의 순간이다.[205]

> "위대한 정오는 인간이 동물과 위버멘쉬 사이를 연결하는 길의 중간 지점에 서 있을 때, 그리고 저녁을 향해 가는 그의 길을 그의 최고의 희망으로 축복하는 때이다. 저녁을 향해 가는 길은 새로운 아침을 향해 가는 길이기 때문이다."

하이데거 또한 니체에게서 '정오'라는 개념은 삶의 과거와 미래가 대립하는 끝없는 '이행의 순간ein Augenblick des Ubergangs'을 의미한다고 해석한다. 결국 니체는 위버멘쉬의 아이디어와 정오의 비유를 통해 인간 존재의 과정적인 운명에 대해 말하는 것이다.[206] 니체의 철학은 과정으로서의 평생학습의 명확한 철학적 바탕을 제공한다.

'교육받은 사람' 개념이 의미하는 것과 달리, 교육은 완료형이 아닌 진행형이다. 끊임없이 배우고learn 해체하고unlearn 다시 배우는relearn 과정 그 자체가 평생의 교육이다. 평생교육의 선구자인 영국의 배이즐 익슬리는 1929년 저서 『평생교육Lifelong Education』에서 이를 명확히 하였다.

> "만약 사람은 언제 완전한 성인fully adult이 될 수 있을까? 그 사람의 교육은 언제 완성되는 것일까?라고 질문한다면 유일한 정답은 '그가 살아 있는 동안은 결코 완성될 수 없다.'이다."[207]

린드만 역시 "교육은 미래의 삶을 위한 준비가 아니라, 삶 전체가 곧 학습이기에 교육에는 끝이 있을 수 없다."[208]고 말한다. 포르 보고서는 "교육은 삶의 기간만큼 긴 실존적인 연속existential continuum"으로 인식해야만 한다고 말한다.[209] 특히 포르 보고서는 에리히 프롬의 말을 빌려 "개인의 전 생애는 자신을 탄생시키는 하나의 과정 외에는 아무것도 아니며nothing but a process of giving birth to himself, 인간은 죽음에 이르러서야 비로소 완전히 탄생하게 된다."[210]고 단언한다. 인간은 끊임없이 자신을 탄생시키고 형성해 나가는 과정의 연속이라는 것이다.

23

존재하기 위한 평생학습

인간은 순수가능성의 존재로서 '지금 여기에' 자유롭게 놓여 있다. 자유롭다는 것은 이 가능성들을 장악하거나 놓쳐 버릴 수 있음을 의미한다. 놓쳐 버리면 인간은 그저 순수가능성으로 남을 뿐이다. 실존철학은 인간의 일회적인 삶은 자신에게 주어진 가능성들을 결연히 선택하여 '진정한 자기로서의 삶의 창조'로 이행$_{transit}$하는 과정이라고 말한다. 그래서 니체는 인간은 짐승에서 위버멘쉬로 건너가는 다리[橋梁], 심연 위의 밧줄이라고 한다. 인간이 위대한 것은 바로 **'과정적 존재'**라는 것이다.

들로 보고서의 철학도 같은 선상에 있다. 이 보고서에 의하면, '존재하기 위한 학습'의 원리는 인격의 완성이다. 개인의 성장은 출생에서 시작하여 평생 지속되는 것이며, 스스로를 깨달으면서 시작하고, 남들과의 관계로 확장하는 변증법적 과정이다. 그런 의미에서 교육은 무엇보다도 인격의 지속적인 성숙을 겨냥해 나가는 내적인 여행이다. 그렇다면 '지속적인 성숙을 위한 내적인 여행'은 무엇일까? 니체철학은 의미 있는 답을 제공해 준다.

1. 니체의 '어린아이'로의 여행

니체는 각자의 지속적인 성숙을 향해 나가는 내적인 여행은 세 가지 단계를 거친다고 말한다. 이 과정은 개인의 결핍과 결함을 극복하여 삶의 주인이 되는 자기됨의 과정이다. '자기됨의 과정'은 곧 평생학습의 과정이다. 따라서 니체의 3단계 정신변화는 평생학습의 목표를 향해 나아가는 내적인 여행이라 할 수 있다. 니체는 그 여행을 다음과 같이 말한다.

> "나 이제 너희에게 정신의 세 변화에 대해 이야기하련다. 정신이 어떻게 낙타가 되고, 낙타가 사자가 되며, 사자가 마침내 어린아이가 되는가를."[211]

1) 낙타에서 사자 단계로

「사자는 짐을 지지 않는다」는 제목의 시로, 어느 시인(이영숙)의 시상詩想에 포착된 낙타와 사자의 모습이다. 시인은 낙타와 사자에게서 자신의 모습을 발견하고 미래를 찾는다.

낙타는 제 어미의 어미처럼
짐꾼 앞에 무릎 꿇고 등을 주지만
사자는 제 어미의 어미처럼
그 누구에게도 몸을 굽히지 않는다
채찍을 기억하는 낙타는
채찍 안에서 자유를 찾지만
정글을 기억하는 사자는
자신에게서 자유를 찾는다
낙타는 짐꾼을 기억하며 무릎을 꿇고
사자는 초원을 기억하며 무릎을 세운다
사자는 절대로 짐을 지지 않는다

낙타에서 사자 사이, 나는 지금 어디인가?

니체는 낙타를 "공경하고 두려워하는 마음을 지닌 억센 정신"[212]으로 정의한다. "공경하고 두려워하는 마음을 지닌 억센 정신, 짐을 넉넉히 질 수 있는 정신에게는 견뎌 내야 할 무거운 짐이 허다하다. 정신의 강인함, 그것은 무거운 짐을, 그리고 더없이 무거운 짐을 지고자 한다." 낙타에겐 자기 자신이 없다. 낙타의 욕망은 주인의 욕망이기 때문이다. 그래서 라캉의 말대로, '낙타는 낙타 자신에게 영원한 타인'이다.

그렇다면 나에게 사막이란 무엇인가? 인공지능으로 인간이 실종된 이 메마른 자본주의 도시가 나의 사막인가. '무엇인가 집으로 가져가는 데만 정신이 팔려' '존재'가 사라진 이 황량한 동네인가. 도구적 이성이 판을 치고 비판적 이성의 빛이 바래진 나의 직장인가. 이들 사막에서 낙타로 길들여지고 있는 나는 누구인가? 회사일이 그렇듯, 삶이란 당연히 고된 것이라 체념하는 나인가? 명나라 철학자 탁오 이지의 말처럼, '앞의 개가 짖으면 따라 짖는 한 마리 개'처럼, 내가 고수하는 지식과 가치, 신념은 그런 것인가? 나의 무릎을 보기 전, 낙타 무릎의 굳은살을 보라. 얼마나 자주 무릎을 꿇었는지 우리는 상상도 못할 것이다.

낙타인 내가 일상에서 등에 짊어지고 나의 힘을 확인함으로써 기뻐하게 만드는 가장 무거운 짐은 무엇일까? 긍정과 순종만 알고 아직 부정적인 것의 중요성을 모르는 무지의 긍정성인가? 내가 가지고 있는 지식과 가치, 도덕 등에 대한 성찰과 비판이 없는 당위성인가? 자신의 고독을 두려워하고 삶과 존재의 의미에 대한 성찰이 없는 소크라테스의 '성찰하지 않는 정신'인가? 나는 이처럼 더없이 무거운 짐을 모두 마다하지 않고 짊어지고 산다. 그리고는 마치 짐을 지고 사막을 향해 서둘러 달리는 낙타처럼 나의 사막으로 달려 나간다.

그러다 황량하기 짝이 없는 사막에서 두 번째 변화가 일어난다. 여기서 낙타는 사자로 변신한다. '사자가 된 낙타는 이제 자유를 쟁취하여 그 자신이 사막의 주인이 되고자 한다."[213] 사자는 '아니요!'를 말할 수 있는 자유정신이다. 사자는 시키는 대로 묵묵히 의무를 견디는 자가 아니다. 오직 자신의 사유와 판단에 따른 결정에 의존한다. 낙타와는 달리 주인에 대한 섬김을 거부하고 사막을 자신의 왕국으로 만들려고 한다. 허나 이를 위해 사자가 먼저 해야 할 일이 있다. 그것은 그의 마지막 주인인 '황금빛 비늘'을 가진 용을 찾아가 일전을 벌이는 것이다. 2500년의 역사를 자랑하는 이원론적 세계관, 견고한 가치 규범으로 무장된 사유방식이 찬란하게 빛나는 용의 비늘이다. 용의 이름인 '너는 마땅히 해야 한다.'는 당위성에 맞서 '나는 하고자 한다.'란 의지와 욕망을 선언한다. 낙타의 눈엔 사자의 행동이 사회적 일탈 혹은 약탈로 보일 것이다. 그러나 사자는 용과 싸워 이김으로써 비로소 자유의지의 주인이 된다.

하지만 사자가 곧바로 가치의 창조자가 된 것은 아니다. 니체의 말대로 "새로운 가치의 창조, 사자라도 아직은 그것을 해내지 못한다. 그러나 새로운 창조를 위한 자유의 쟁취, 그것을 사자의 힘은 해낸다".[214] 용과 싸워 이겨서 용을 더 이상 낙타를 지배하는 주인으로 인정하지 않게 되었지만 그렇다고 용을 없애고 사자가 그 자리를 차지한 것은 아니다. 어쩌면 이런 상황은 계속될 수도 있다.

사자는 자유의 투사일 수는 있지만 창조자는 아니다. 사자는 현실의 자기를 가혹하게 부정하는 자기부정, 자기해체의 정신과 철저히 자유로운 비판정신을 상징한다. 그러나 새로운 자아를 창조하기 위한 자유만 획득한 상태에 있는 것이지 새로운 가치를 창조한 자는 아니다. 용에게서 자유를 되찾아 왔지만 그 자유를 진정한 나를 실현하는 데 어떻게 사용할지를 모르고 있는 상태이다. 사자는 이제 어린아이가 되어야 한다. 낙타가 도달하려는 최종적인 자아는, 다른 무엇으로도 '대체 불가능한 자신', 절대적 긍정의 상징인 '어린아이'이다.

2) 어린아이, 평생학습의 지향

> "어린아이는 순진무구요 망각이며, 새로운 시작, 놀이, 제 힘으로 돌아가는 바퀴이며 최초의 운동이자 거룩한 긍정이다."[215]

어린이는 절대 긍정, 절대 자유, 절대 개방, 절대 욕망의 상징이다. 어린아이는 자기 욕망에 정직하며 충실하다. 기존의 도덕이나 법률, 지식이나 규범, 가치평가는 아이에게 의미가 없다. 이를 준거로 평가를 하려하면 그저 천진난만하게 웃을 뿐이다. 풍속, 습속에 기초한 도덕이 없는 무도덕적$_{\text{amoral}}$ 존재이기에 도덕을 소유하지 않으며 필요로 하지도 않는 상태이다.

으르렁거리는 사자와 달리 아이는 으르렁대지 않는다. 해맑게 웃을 뿐이다. 낙타는 물론이고 용을 보고도 웃음 짓는다. 아이에게 용은 하나의 장난감일 뿐이다. 사자의 주인이었던 용은 아이에겐 적수가 되기는커녕 용을 죽일 수 있는 건 아이이다. 어린아이는 잘 잊어버린다. 친구와 싸우고도 금방 화해하고 예전의 놀이친구로 돌아간다. 이들에겐 무엇을 하든 자신이 하는 일이 곧 놀이이며 따라서 일 자체를 즐긴다. 그래서 니체는 어린아이는 자신의 욕구를 가감 없이 표현하고 또 충족시키는 "스스로의 힘으로 돌아가는 바퀴"라고 말한다.

> "그렇다. 형제들이여, 창조의 놀이를 위해서는 거룩한 긍정이 필요하다. 정신은 이제 자기 자신의 의지를 의욕하며, 세계를 상실한 자는 자신의 세계를 획득한다."[216]

어린아이는 긍정이다. 그러나 낙타의 긍정과는 본질적으로 다른 긍정이다. 낙타의 정신은 기존의 가치와 지식에 구속된 채 복종하는 긍정의 정신이지만, 어린아이의 긍정은 부정을 극복한 긍정이다. 이렇게 부정을 극복하고 모든 것을 거룩하게 긍정하는 정신을 니체는 '디오니소스적 긍정'이라 부른다.

아이에 이르러서야 비로소 정신은 자기 자신의 의지를 의욕하며 자신의 세계를, 그 무엇으로도 대체할 수 없는 '나'를 창조한다. 그런데 '나로써의 나'를 창조하기 위해서는 내가 먼저 '지금 여기'의 세계를 사랑하지 않으면 안 된다. 아이를 낳기 위해서는 먼저 사랑하지 않으면 안 되지 않는가. 나 자신의 삶을 사랑해야 아이가 나오는 것이다.[217] 니체가 강조하는 것은 자신의 세계를 창조하기 위한 전제 조건으로의 '신성한 긍정'이다.

긍정이란 부정과 대립된 개념이 아니라 긍정은 부정조차 긍정한다. 그래서 니체는 "존재하는 것에서 빼 버릴 것은 하나도 없으며, 없어도 되는 것은 없다."[218]고 말한다. 부정조차 긍정하는 것이 '디오니소스적 긍정'이다. 새로운 집을 건축하려는 자는 낡은 집을 부술 수밖에 없듯이 새로운 삶을 창조하고 싶은 자는 낡은 삶을 지워낼 수밖에 없다. 긍정은 자기 안에 부정을 갖는다. 이때의 부정은 긍정을 위한 부정이다. 따라서 긍정 안에는 "네."와 "아니요."가 모두 들어 있다.[219]

> "오 나의 영혼이여, 나 네게 폭풍이 그리하듯 "아니오"라고 말할 수 있는 권리와 구름 한

점 없이 확 트인 하늘이 그리하듯 "네"라고 말할 수 있는 권리를 부여했다(위대한 동경에 대하여)."[220]

니체의 3단계 정신변화는 인간의 삶과 교육, 학습의 궁극적인 지향이 무엇이며 어떻게 해야 하는지를 함축하고 있다. 그러나 니체의 정신변화는 정확한 이해를 위한 노력이 요구된다. 외현적인 동물의 속성으로 이해하면, 모든 사자가 다 주인이고, 모든 낙타가 노예인 것은 아닐 수 있다. 남이 보기엔 무거운 짐을 싣고 가는 낙타지만 그 낙타가 더 가벼울 수도, 반대로 짐 없는 사자의 빈 등이 더 무거울 수도 있다. 그러나 이런 논의는 니체의 낙타와 사자와는 맥락이 다름을 알 수 있다.

3단계 정신변화에서 주목할 점은, 이 세 단계가 단선적이 아닌 순환적이라는 점이다. 질 들뢰즈Gilles Deleuze, 1925~1995[221]도 이 세 단계의 단절이 상대적인 것임을 강조한다. "세 가지 변신 사이에 존재하는 단절은 의심할 나위 없이 상대적인 것들에 지나지 않는다. 사자는 낙타 안에 현존해 있고, 어린아이는 사자 안에 깃들어 있다."[222] 마찬가지로 사자 안에는 낙타가, 어린아이 안에는 사자나 낙타가 들어 있을 것이다.

결국 평생학습은 어린아이를 자기 안의 본질로 품을 수 있도록 하는 과정이다. 그래서 평생학습이다. 어린아이를 자기 안의 본질로 품은 자는 삶의 모든 것에 대한 절대적인 긍정을 하는 사람이다. 그래서 춤추고 놀이하듯 살아가며, 그 놀이의 정신으로 자신을 창조하는 사람인 것이다.

3) 적극적인 삶의 태도

니체는 삶의 희로애락 모두를 긍정하면서 무한한 즐거움을 느끼는 자세를 디오니소스적인 것이라고 부른다. 그리고 이런 디오니소스적 긍정의 태도가 바로 니체가 말하는 운명애運命愛, 즉 아모르파티Amor Fati이다. 니체는 『즐거운 학문』에서 이를 명확히 한다. "네 운명을 사랑하라Amor Fati: 이것이 지금부터 나의 사랑이 될 것이다!" 그가 책에서 밝혔듯이 이 '심오한 생각'은 스위스의 산에서 방황할 때 그의 뇌리를 스쳐갔다.

운명애에 가장 충실한 인간, 즉 끊임없이 평생학습을 통해 자기극복과 창조활동을 적극적으로 실천하는 주체의 전형이 바로 위버멘쉬이다. 니체는 이런 의미의 위버멘쉬를 바로 '어린아이'로 비유하는 것이다. 그리고 니체는 인간의 위대함은 바로 디오니소스적 긍정의 태도, 즉 운명애라고 강조한다.

> "인간에게 있는 위대함에 대한 나의 정식은 운명애이다: 앞으로도, 뒤로도, 영원토록 다른 것은 갖기를 원하지 않는다는 것. 필연적인 것을 단순히 감당하기만 하는 것이 아니고, 은폐는 더더욱 하지 않으며—모든 이상주의는 필연적인 것 앞에서는 허위이다—오히려 그것을 사랑하는 것이다."[223]

주목할 것은 운명애란 운명의 필연성 아래서 소극적이며 수동적으로 수용하거나 복종하는 것이 아니라, 운명을 적극적이며 주체적으로 받아들이고 이를 토대로 자신의 삶을 창조하는 것이다. 다시 말하면, 운명에 수동적으로 적응하거나 주어진 상황을 나약하게 받아들이는 수동적 태도가 아니라, 내가 통제할 수 없는 삶의 조건들을 있는 그대로 받아들이면서 이를 토대로 자신의 삶을 의미 있게 창조적으로 변화시키는 능동적 태도를 의미하는 것이다.[224] '네가 사랑할 수 있는 운명을 창조하라.'는 것이다.

2. 행복과 치유의 평생학습

그렇다면 디오니소스적 긍정의 태도 혹은 아모르파티(운명애)는 우리 일상에서 무엇이며 어떤 의미가 있는가?

1) 치유의 '아모르파티'

니체의 철학은 수많은 심리치료에 결정적인 원칙을 제고하고 있다. 니체는 '존재하는 것에서 빼 버릴 것은 하나도 없다.'고 말하지만 현실에서는 빼 버리고 싶은 것들이 하나둘이 아니다. 그러나 니체는 질병과 죽음마저도 인간을 행복하게 강하게 만든다고 말한다. 니체철학을 바탕으로 하는 심리치료학자 어빈 얄롬$_{\text{Irvin Yalom}}$은 치료과정에서 니체의 문구를 읽어 주거나 니체 사상의 요지나 개념을 설명하기도 하는 등 치료방법론에 니체사상을 이론적 초석으로 활용한다.

얄롬은 식도암을 앓으며 니체 철학적인 심리치료를 받은 한 여성 환자의 사례를 통해 죽음에 직면했을 때 삶에 감사하는 마음의 변화가 어떻게 일어났는지를 보여 준다.[225] 부드러운 음식이나 수프, 액체 음식밖에 마실 수 없었던 그녀는 자신의 죽음을 받아들일 수 없어 무척이나 고통스러워하였다. 그녀는 어느 날 사람들이 주위에서 저녁식사를 하고 있는 모습을 보며 무언가를 삼킬 수 있다는 것이 얼마나 큰 축복인지를 깊게 깨닫게 되었다. 이때 그녀는 삶의 기본적인 사실들, 계절의 변화, 주변의 자연경관, 보고 듣고 만지는 것 등에 대한 아름다움을 내적으로 경험했던 것이다. 니체는 이 원칙을 다음과 같은 아름다운 문구로 표현하였다.

> "깊은 심연으로부터, 그러한 심각한 질병으로부터 사람은 새롭게 태어나고, 더 불안정하고 악의가 있는 자신의 껍질을 벗어 버리고, 기쁨에 대한 더 섬세한 맛을 가지고, 모든 선한 일에 대한 더 부드러운 혀를 가지고, 더 즐거운 감각을 가지고, 기쁨 속에 있는 두 번째의 위태로운 천진난만성을 가지고, 더 아이스럽게 그러나 예전보다 백배나 더 정교함을 가지고 새롭게 태어난다."[226]

흔히 평상시에는 우리가 가진 것과 할 수 있는 것을 잊고, 대신 무엇이 부족한지 혹은 무엇을 할 수 없는지에만 관심을 갖는다. 그러나 니체는 죽음을 부르는 질병마저도 적극적으로 의미를 부여할 때 전혀 다른 삶의 의미와 행복을 갖게 된다고 말한다. 죽음이나 질병, 회의나 나락 등 극단적인 체험에서 인간은 다시 태어나며 섬세한 감각으로 삶을 긍정하는 마음을 가질 수 있다는 것이다.[227] 아주 사소한 것, 작은 것, 한순간의 것도 최상의 행복을 만들어 낼 수 있다는 것이다. 니체는 말한다.

> "더없이 적은 것, 더없이 조용한 것, 더없이 가벼운 것, 도마뱀의 바스락거림, 숨결 하나, 휙 하는 소리, 한순간, 이처럼 작은 것이 최상의 행복을 만들어 낸다."[228]

시인 피천득은 니체가 말한 그 한순간을 「이 순간」이란 시로 형상화시키고 있다.

이 순간 내가
별을 쳐다본다는 것은
그 얼마나 화려한 사실인가
오래지 않아
내 귀가 흙이 된다 하더라도
이 순간 내가
제 9교향곡을 듣는다는 것은
그 얼마나 찬란한 사실인가
그들이 나를 잊고
내 기억 속에서 그들이 없어진다 해도
이 순간 내가
친구들과 웃고 이야기한다는 것은
그 얼마나 즐거운 사실인가
두뇌가 기능을 멈추고
내 손이 썩어 가는 때가 오더라도
이 순간 내가
마음 내키는 글을 쓰고 있다는 것은
허무도 어찌하지 못할 사실이다

얄롬은 이렇게 삶을 적극적으로 살면서 자신의 잠재력과 운명을 충분히 실현한 사람들은 죽음을 직면할 때 덜 두려워한다는 점을 발견하였다.[229] 죽음에 대한 불안감은 개인의 '살아지지 않은 인생'의 길이와 직접적으로 비례한다는 사실이다.

2) 오늘의 행복을 위한 '영원회귀'

니체의 아모르파티에 따라, '살아지지 않은 인생'이 없도록 자신의 삶과 운명을 충분히 실현한 사람들은 죽음을 극복하는 사유의 힘을 얻게 된다. 얄롬은 니체의 이런 사유의 힘을 주기 위해 실존적 충격치료를 한다. 즉, 니체의 영원회귀 사상이 담긴 문구를 읽고 설명해 주는 것이다. 『즐거운 학문』에서 니체는 '악마'의 입을 빌려 다음과 같이 질문한다.[230]

> "어느 낮 혹은 어느 날 밤에, 악령이 너의 가장 깊은 고독 속으로 살며시 찾아들어 이렇게 말한다면 그대는 어떻게 하겠는가. 네가 지금 살고 있고 살아왔던 이 삶을 너는 다시 한 번 살아야만 하고, 또 무수히 반복해서 살아야만 할 것이다. 거기에 새로운 것이란 없으며, 모든 고통, 모든 쾌락, 모든 사상과 탄식, 네 삶에서 이루 말할 수 없이 크고 작은 모든 것이 네게 다시 찾아올 것이다. 모든 것이 같은 차례와 순서로—나무들 사이의 이 거미와 달빛, 그리고 이 순간과 바로 나 자신도, 현존재의 티끌인 너도 모래시계와 더불어 그렇게 될 것이다!—그대는 땅에 몸을 내던지며, 그렇게 말하는 악령에게 이를 갈며 저주를 퍼붓지 않겠는가? 아니면 그대는 악령에게 이렇게 대답하는 엄청난 순간을 경험한 적이 있는가? 너는 신이로다. 나는 이보다 더 신성한 이야기를 들어 보지 못했노라! 그러한 생각이 그대를 지배하게 되면, 그것은 지금의 그대를 변화시킬 것이며, 아마도 분쇄시킬 것이다."

오늘 하루가 영원히 반복된다는 생각은 충격적일 수 있다. 니체의 말대로 "저 사유가 너를 엄습한다면, 그것은 현재 있는 너를 변화시킬 것"이다. 니체의 영원회귀 사상은 오직 한 번뿐인 이 삶을 가능한 한 후회 없이, 언제나 무한히 되풀이되어도 좋은 하루가 되도록 살아가야겠다는 인식을 갖게 해 준다. 이를 위해 얄롬은 다음과 같은 질문을 던져 볼 것을 권한다.

> "지금부터 1년이나 5년 후에 지금의 순간을 되돌아보면서 '지금 쌓아 가고 있는 후회를 다시 하지 않으려면 무슨 일을 해야 할 것인가?' 즉, '후회하지 않으면서 살 수 있는 다른 방법을 찾을 수 없는가?'"[231]

세계는 영원하고 모든 것은 무한히 반복될 것이다. 그러나 자신의 운명을 사랑하면 우리는 흔들리지 않고 행복하게 살 수 있다. 이것이 니체가 말하는 행복의 비결이다. 어떻게 살아야 하는가라는 질문에 니체는 이렇게 대답하는 것이다.

"너의 오늘 하루의 삶을 사랑하고, 모든 순간이 무한히 반복되기를 바랄 수 있게 살아라."

이것이 바로 동일한 것들이 영원히 반복된다는 니체의 영원회귀설이다. 평생학습의 자세이자 평생학습자의 행복의 비결이기도 하다.

미주

1) 새뮤얼 콜리지의 말을 박찬국(2019). **삶은 왜 짐이 되었는가**. 서울: 21세기북스. p. 64에서 재인용.
2) Kowakowski, L. (2010). *Why is there something rather than nothing?* 석기용 역. **위대한 질문: 의문문으로 읽는 서양 철학사**. 서울: 열린책들. p. 152에서 재인용.
3) 박정일(2003). **비트겐슈타인 논리철학논고**. 서울대학교 철학사상연구소.
4) Faure, E. et al. (1972). *Learning to Be: The world of education today and tomorrow*. Paris: UNESCO; London: Harrap., p. xxiv.
5) Rifkin, J. (1995). *The end of work: The decline of the global labor force and the dawn of the post-market era*. 이영호 역(2011). **제러미 리프킨, 노동의 종말**. 서울: 민음사. p. 6.
6) Heidegger, M. (1944). *Erlauterungen zu Holderlins Dichtung.* 신상희 역(2009). **횔덜린 시의 해명**. 서울: 아카넷.
7) Heidegger, M. (2008). Basic writings, *On the origin of the work of art.* (1st Harper Perennial Modern Thought Edition). D. F. Krell (Ed.). New York: Harper Collins, 2008, pp. 143-212; 또한 오병남, 민형원(1990)이 번역한 **예술작품의 근원**. 서울: 경문사. pp. 90-92를 참조함.
8) 하이데거에 의하면 로댕의 작품이나 망치, 책상 같은 도구는 흙이나 바위 등과 같은 순전한 사물과 마찬가지로 자생적인 것이다. 그러나 도구와 예술작품은 인간에 의해 제작된 것이다. 하지만 예술작품은 자족적으로 존재한다는 점에서 순전한 사물과 유사하기도 하다. 그렇다고 해서 우리가 예술작품을 순전한 사물이라고 부르지는 않는다. 반면, 도구는 사물성에 의해 규정되기에 절반은 사물이지만 인간에 의해 제작되었다는 점에서 사물 이상의 것이며 예술작품이 갖는 자족성을 지니지 못하기 때문에 반쪽짜리 예술작품에 불과하다. (참고: 김동훈(2006). 행복한 시지푸스와 마지막 삶의 그리움: 하이데거 예술철학 소고. **독일어문화권연구**, 15, 335-360, 347.)
9) 박찬국(2019). **삶은 왜 짐이 되었는가**. 서울: 21세기북스. p. 65에서 재인용.
10) Heidegger, M. (1954). *The Question concerning Technology*. 이기상 역(1993). **기술과 전향**. 서울: 서광사. p. 184.
11) 박찬국(2019). p. 33.

12) 하이데거 전집 5권 숲길, p. 289의 내용을 박찬국(2019). p. 34에서 재인용.

13) 같은 책. p. 22에서 재인용.

14) Heidegger, M. (1952). *Der ursprung des kunstwerkes*. 오병남, 민형원 역(1986). **예술작품의 근원**. 서울: 경문사. p. 102.

15) 하이데거는 고흐의 구두 그림을 1930년 암스테르담의 전시에서 보았다고 전해진다.

16) Heidegger, M. (1952). pp. 97-99.

17) 같은 책. p. 98.

18) 같은 책. p. 96.

19) 이 번역은 민형원, 오병남의 번역과 이기상의 번역(폰 헤르만, 1997. 하이데거의 예술철학: 예술작품의 근원에 대한 체계적 해석)을 참조한 김동훈의 번역을 인용한 것임. (참고: 김동훈(2006). 행복한 시지푸스와 마지막 살의 그리움: 하이데거 예술철학 소고. **독일어문화권연구**, 15, 335-360.)

20) 고흐의 그림의 유래에 대한 사실은 다음과 같다. 고흐는 1886년 파리의 한 벼룩시장을 갔다가 우연히 낡아빠진 구두 한 켤레와 마주치게 되었다. 그는 구두를 구입해서 돌아와 파리 몽마르트 지역에 있는 자신의 아틀리에에 갖다 놓았다. 고흐가 왜 그 구두를 샀는지는 분명치 않으나 단순히 구두 한 켤레가 필요했을 수도 있다. 고흐는 그 구두를 신으려 했지만 발에 맞지 않았던 게 분명하다. 할 수 없이 그는 그 구두를 그림을 위한 소품으로 쓰기로 마음먹게 되었다는 것이다. (참조: Horton, S. 2009. Philosophers rumble over Van Gogh's Shoes. *Harpers Magazine*. October 5, 2009.)

고흐의 구두가 존재를 매우 충실히 묘사한다는 하이데거의 주장은 미술사적 관점에서 반론을 받았다. 미술사학자인 마이어 샤피로Schapiro, 1904~1996는 1968년「사적인 물건으로서의 초상화The still life as a personal object」란 제목의 글에서 미술사학자로서 수집한 증거를 바탕으로 하이데거의 해석에 이의를 제기한다. 하이데거는 도대체 그 구두가 왜 농촌 아낙네의 구두라고 생각하느냐는 것이다. 그는 고흐가 그린 구두의 주인은 농촌 아낙네가 아니라 파리의 도심을 활보하고 다녔던 고흐 자신의 구두일 것이라는 반박의 편지를 하이데거에게 보내기까지 했다. 왜냐하면 고흐가 그림을 그릴 당시 그는 농촌이 아닌 대도시 파리에 머물고 있었다는 사실 때문이다. 또한 고흐는 여러 점의 신발 그림을 그렸는데, 고흐는 농부의 신발을 그릴 때는 오히려 깨끗한 신발로 표현했다는 점을 지적했다. 그런데 그림 속의 구두는 다 닳아 헤진 불량한 상태라는 것이다. 결국 샤피로는 이 그림은 단순한 구두 그림이 아니라 세상에서 외톨이로 살다 간 화가 자신의 자화상이라고 주장하였다. 농촌 아낙네의 세계와 존재자의 존재를 이야기한 하이데거의 해석은 '상상의 투사'에 불과하다는 것이다.

이에 반해 해체주의 철학자 자크 데리다Jacques Derrida는「지시에 있어서 진리의 귀속Restitutions of the truth in pointing」이란 제목의 글에서 그림 속의 구두는 결코 '그 누구에게도 반환되지 못할 것'이라고 말한다. 구두의 소유자가 아직 정해지지 않았다는 것이다. 하이데거가 고흐의 그림 속의 구두를 농촌 아낙네라는 소유자를 통해 진리의 근원에로 가져가려 한다면, 샤피로는 이 구두의 올바른 소유자인 작가 자신에게 구두의 소유권을 돌려주고자 하지만, 데리다는 그 구두는 누구의 것도 아니라는 것이다. 그는 그림의 '의미'의 문제가 근원적인 의미의 귀속자라 할 수 있는 주체에게로 반환 가능하다는 사고 자체에 도전하는 것이다. 상투적 관념이나 인습의 틀을 해체시키려 하는 것이다. 그림 속의 구두는 더 이상 사용되고 있지 않은, 벗겨진 구두이다. (정헌이(1998). 반고흐의 〈낡은 구두〉: 하이데거, 메이어 샤피로, 자크 데리다의 논쟁을 중심으로. **서양미술사학회 논문집, 10**, 59-81, 72.) 적어도 지금 이 순간 이 구두는 누구의 것도 아닌 것이다.

21) 이 문단은 마두스베르그 번역본. pp. 149-150에서 인용하여 재구성함.

22) 김동훈(2006). 행복한 시지푸스와 마지막 살의 그리움: 하이데거 예술철학 소고. **독일어문화권연구, 15**, 335-360, 347.

23) Heidegger, M. (1952). p. 93.

24) 같은 책. p. 96.

25) Heidegger, M. (1954). *The Question concerning Technology*. 이기상 역(1993). **기술과 전향**. 서울: 서광사. p. 184.

26) 박찬국(2019). p. 11.

27) Heidegger, M. (1952). p. 96.

28) 프롬은 정신분석학자였을 뿐 아니라 사회학자였기에 심리학과 사회학을 결합하는 분석적인 사회심리학을 개척해 나갔다. 이러한 관심 때문에 프롬은 프랑크푸르트학파를 탄생시킨 막스 플랑크 사회연구소와 관계를 맺게 되고 1930~1938년까지 연구소 내의 사회심리학 분야의 책임자로 일했다. 프롬이 가입하게 되면서 막스 플랑크 사회연구소에서는 정신분석학적이면서도 마르크스주의적인 사회탐구가 중요한 연구 분야가 된다. 프롬은 연구소에서 호르크하이머나 마르쿠제를 통해서 마르크스의 사상을 본격적으로 접하게 된 반면에 호르크하이머나 마르쿠제는 프롬에게서 정신분석학을 배웠다. (참고: 박찬국, 2012b. **에리히 프롬의 소유나 존재냐 읽기**. 서울: 세창미디어. p. 28.)

29) Fromm, E. (1976). *To Have or to Be*. 최혁순 역(1978년 개정판). **소유냐 존재냐**. 서울: 범우사. p. 109.

30) 같은 책.

31) 같은 책. p. 20.

32) 같은 책. p. 24.

33) 같은 책. pp. 24-25.

34) 같은 책. p. 123.
35) 같은 책. p. 36.
36) 같은 책. p. 14에서 인용.
37) 이하는 같은 책. pp. 37-38에서 인용함.
38) Fromm, E. (1976). p. 52.
39) 같은 책. p. 113.
40) 같은 책. p. 160.
41) 같은 책. p. 162.
42) 박찬국(2012b). **에리히 프롬의 소유나 존재냐 읽기**. 서울: 세창미디어. pp. 48-49.
43) 같은 책. p. 52.
44) 같은 곳.
45) Fromm, E. (1976). p. 126.
46) 같은 책. p. 128.
47) 같은 책. pp. 129-130.
48) 같은 책. p. 141.
49) 같은 책. p. 14에서 인용.
50) 같은 책. pp. 54-56의 프롬의 말을 요약 및 논의함.
51) 박찬국(2012b). pp. 60-61.
52) 같은 책. p. 61.
53) Fromm, E. (1976). p. 61.
54) 같은 책. p. 74.
55) 같은 책. p. 75.
56) 박찬국(2012b). pp. 78-79.
57) 같은 책. p. 123.
58) Fromm, E. (1976). p. 184.
59) 같은 책. p. 197.
60) 박찬국(2012b). p. 124.
61) Sartre, J. P. (1958). *Being and Nothingness: An Essay on phenomenological ontology*. trans. by H. Bames. London: Routledge. p. 25.
62) 석영중(2015). **자유: 도스토예프스키에게 배운다**. 서울: 예담. p. 16에서 재인용.
63) 러시아 사상가인 니콜라이 베르자예프Berdyaev의 말과 도스토예프스키의 자유에 관한 사상은 러시아 문학 전공자인 석영중(2015) 교수의 책,『자유: 도스토예프스키에게 배운다』에서 큰 배움과

도움을 받았다.

64) 조르바가 주인공(카잔차키스)을 처음 만난 날 함께 일하자는 주인공에게 이렇게 경고한다. "처음부터 분명히 말해 놓겠는데, 마음이 내켜야 해요. 당신은 내가 인간이라는 걸 인정해야 한다 이겁니다." 주인공은 묻는다. "인간이라니 무슨 뜻이지요?" 조르바는 아주 간단하고도 단호하게 말한다. "자유라는 거지!"

안정과 품위, 경륜 등을 생각하는 소심하고 비겁한 현대인들에게 조르바는 자꾸 묻는다. 자유롭냐고. 물론 자유롭다며 우기는 주인공에게 조르바는 이렇게 쏘아 붙인다. "아니오. 당신은 자유롭지 않아요. 당신이 묶인 줄은 다른 사람들이 묶인 줄과 다를지 모릅니다. 그것뿐이오. 두목, 당신은 긴 줄 끝에 있어요. 당신은 오고 가고, 그걸 자유라고 생각하겠지요. 그러나 당신은 그 줄을 잘라 버리지 못해요." (Kazantzakis, N. (1946). *Βίος και Πολιτεία του Αλέξη Ζορμπά*. 이윤기 역(2000). **그리스인 조르바**. 서울: 열린책들.)

65) 매슬로Maslow는 모든 사람의 인생의 최대 과제는 모두가 최선의 '자기'가 되어야 하는 것임을 강조한다. 자유는 이런 인생의 과제 수행에 선행조건이 된다. 그는 "자기 자신과 완전한 평화를 누리고자 한다면 음악가는 음악을 할 수밖에 없고, 화가는 그림을 그릴 수밖에 없으며, 시인은 시를 쓸 수밖에 없다. 인간은 자신이 될 수 있는 것, 바로 그것이 되어야만 한다. 이것이 바로 인간의 자기실현 욕구이다. 다시 말해, 이것은 인간이 자기 안에 잠재된 것들을 실제로 이루려는 경향, 자신이 될 수 있는 모든 것이 실제로 되려는 경향이다."

다시 말해, 영수가 스티브 잡스나 스티븐 호킹 같은 위대한 영웅이 되려고 노력할 필요가 없다. 영수는 자신이 될 수 있는 것, 바로 그것이 되어야만 한다. 세상에서 가장 훌륭한 영수가 되어야 한다는 것이다. 그것이 그의 능력에 닿는 일이며 오로지 그것만이 필요하고 또 가능한 일이다. 그는 말한다."자기실현은 경쟁의 문제가 아니다." (참고: Maslow, A. (1998). *Maslow on management*. 왕수민 역(2011). **인간욕구를 경영하라**. 서울: 리더스북. pp. 17-40.)

66) 한숭희(2007). **평생교육론: 평생학습사회의 교육학**. 서울: 학지사. p. 112.

67) Knowles, M. S. (1975). *Self-directed learning*. New York: Association Press.

68) 동서양을 불문하고 전통적으로 교육에 참여하는 주체는 교수자-학습자로 구분되었다. 가르침을 주는 사람과 그것을 받아 익히는 사람이라는 구도였던 셈이다. 그런데 이렇게 가르침을 주는 자를 '교수자'로 명명할 경우, 교수자가 하는 일은 특정한 공간 안에서 목적의식을 가지는 '교수과정'으로 그 의미가 축소된다. 가르치는 자-촉진하는 자-돕는 자는 인격적 차원에서 배우는 자-앎의 주체와 결합하며, 이들은 정해진 교실 공간 밖에서도 얼마든지 교육적 관계를 유지한다. 이런 이유로 '성인교수자'라는 명명 대신 '촉진자' 혹은 '성인교육자'가 사용되었다.(참고: 정민승(2010). **성인학습의 이해**. 서울: 에피스테메. p. 108.)

69) 정민승(2010). **성인학습의 이해**. 서울: 에피스테메. p. 94.

70) Merriam, S. B., & Bierema, L. L. (2014). *Adult learning: Linking theory and practice.* San Francisco: Jossey-Bass.
71) 김한별(2019). **평생교육론**. 서울: 학지사. p. 84.
72) 같은 책. p.110.
73) Mezirow, J. (1990). How critical reflection trggers transformative learning. In J. Mezirow & Associates (Eds.), *Fostering critical reflection in adulthood: A guide to transformative and emancipatory learning* (pp.1-20). San Francisco: Jossey-Bass.
74) Freire, P.(1968). *Pedagogy of the oppressed.* 성찬성 역(1995). **페다고지: 억눌린 자를 위한 교육**. 서울: 한마당.
75) 김한별(2019). pp. 108-109.
76) Sartre, J. P. (1996). *L'existentialisme est un humnisme*. 박정태 역(2014). **실존주의는 휴머니즘이다**. 서울: 이학사. p. 44.
77) Adler, M. (1969). *How to think about the great ideas*. 최홍주 역(2000). **개념어 해석**. 서울: 모티브 북. p. 273.
78) 같은 책. p. 275.
79) 자유의 문제를 언어분석의 입장에서 다룬 대표적인 연구는 영국 런던 대학교 정치철학자인 모리스 크랜스턴Maurice Cranston의 『Freedom: A New Analysis』(1972)가 있다. 크랜스턴은 자유의 문제를 언어분석으로 시작하여 자유의 개념 정의가 험난하다는 점을 밝힌다. 물론 그는 언어분석으로 그치지 않고 자유의지론을 긍정하며, 결정론과 비결정론의 문제를 예측할 수 있는가 없는가의 문제로 환원시켜 분석철학적인 방법을 시도하고 있다. 그러나 결론적으로는 자유의 토대로서 비결정론을 주장하고 있다. 이 책에서는 크랜스턴의 논의를 바탕으로 자유의 개념 정의의 문제롤 언어분석의 입장에서 간략히 제시하기로 한다.
80) Berlin, I. (1969b). *Liberty: Incorporating Four Essays on Liberty.* 박동천 역(2019). **이사야 벌린의 자유론**. 서울: 아카넷. p. 343.
81) Leviathan, chapter 21, p. 146의 내용을 Berlin, I. (1969) p. 346에서 재인용함.
82) Berlin, I. (1969b). p. 343.
83) Berlin, I. (1969a). Two concepts of liberty. *Four Essays On Liberty*. Oxford, England: Oxford University Press. p. 8.
84) 같은 책.
85) Hobbes, T. (1651). *Leviathan*. 신재일 역(2007). **리바이어던: 만인의 만인에 대한 투쟁을 중단하라**. 서울: 서해문집.
86) Mill, J. S. (1859). *On Liberty*. 박홍규 역(2009). **자유론**. 서울: 문예출판사. p. 59.

87) Berlin, I. (1969b). p. 348.

88) 같은 책. p. 351.

89) 이병석(2019). 자동차관리법상의 이른바 '자율주행자동차'라는 것의 개념을 둘러싼 몇몇 입법과제. **법제연구**, (56), 1-26.

90) Adler, M. (2000). 같은 책.

91) 공리주의 창시자인 제러미 벤담은 1780년 출간된『An Introduction to the principles of morals and legislation(도덕과 입법의 원리서설)』의 1장 2절 '공리utility의 원리'에서 happiness란 단어를 최초로 제시한다. 이 책은 다음과 같은 유명한 말로 시작된다. "자연은 인간을 고통과 쾌락이란 두 통치권자의 지배하에 두었다. 오직 고통(불행, 괴로움, 고생)과 쾌락(행복, 즐거움, 만족)만이 우리가 무엇을 할 것인가뿐만 아니라 무엇을 해야 할 것인가를 지적해 준다." 여기서 벤담은 쾌락pleasure과 좋은 것good을 행복happiness과 같은 의미로 사용하고 있다. 행복은 곧 즐거운 기분이나 쾌락이라는 것이다. 그렇다면 인간의 행동의 자유는 바로 쾌락을 추구하고 고통을 피하는 데 기준을 두게 된다. (참조: Bentham, J. (1823). *An Introduction to the principles of morals and legislation*. London: Oxford at the clarendon press.)

92) Adler, M. (2000) p. 278.

93) 같은 곳.

94) Sandel, M. (2008). *Justice: What is the right thing to do*. 이창신 역(2010). **정의란 무엇인가**. 서울: 김영사. pp. 154-155.

95) 같은 책.

96) 같은 책. p. 157.

97) Cranston, M. (1967). *Freedom: A new analysis*. 황문수 역(1990). **자유란 무엇인가**. 서울: 문예출판사. p. 54에서 재인용.

98) Brian Miller. Freedom vs. Liberty: How subtle difference between these two big ideas changed our world. AMMO.COM.에서 인용

99) Hutchins, R. M. (1942). *Education for freedom*. 송준석 역(1994). **자유를 위한 교육**. 서울: 학지사. p. 97.

100) Fromm, E. (1976). p. 110.

101) Hutchins, R. M. (1942). p. 98.

102) 같은 책. p. 99.

103) 같은 책. p. 100.

104) Adorno, T. W., & Horkheimer, M.(1944). *Dialektik der Aufklärung: Philosophische Fragmente*. 김유동 역(2001). **계몽의 변증법: 철학적 단상**. 서울: 문학과 지성사. p. 12.

105) 프랑크푸르트학파의 핵심인 호르크하이머와 아도르노는 1944년『계몽의 변증법』서문에서 1930년대의 암울한 유럽사회를 돌아보며 이렇게 개탄하였다. 그도 그럴 것이 인간 이성에 기초한 근대적 세계가 비극적인 제2차 세계대전과 아우슈비츠로 대변되는 나치즘의 잔인한 인종 학살로 귀결된 것을 몸으로 겪었던 그들이었기 때문이다. 더욱이 유대계 독일인이었던 아도르노는 히틀러의 유대인 학살로부터 살아남기 위해 고초를 겪을 수밖에 없었다. 합리성의 미명하에 야만성과 광포함이 극에 달했던 나치즘과 파시즘 및 세계대전 속에서 단지 유대인이란 이유만으로 이 천재 지식인이 유랑하는 삶으로 내던져진 시기였다.

106) Hutchins, R. M. (1942). p. 102.

107) Adorno, T. W., & Horkheimer, M. (1947). p. 62.

108) Nietzsche, F. W. (1872). *Die Geburt der Tragödie & Unzeitgemäße Betrachtungen*. 이진우 역(2015). 니체전집 2권. **비극의 탄생 · 반시대적 고찰**. 서울: 책세상. pp. 413-414.

109) Horkheimer, M. (1947). *Zur Kritik der instrumentellen Vernunft (Eclipse of Reason)*. 박구용 역(2017). **도구적 이성 비판**. 서울: 문예출판사. p. 16.

110) 같은 책. pp. 16-17.

111) 백종현(2013). 유가의 '도'와 스토아학파의 '로고스'. **철학사상**, (50), 3-33.

112) 같은 곳.

113) Aurelius, M. (1968). *Ta Eis Heauton: The Meditations of the Emperor Marcus Antoninus*. 천병희 역(2016). **명상록: 어느 황제의 일기**. 서울: 도서출판 숲. p. 101.

114) 백종현(2013). 같은 곳.

115) 같은 곳.

116) Epiktetos (AD c. 125). *Enchiridion of Epictetus*. 김재홍 역(2003). **엥케이리디온: 도덕에 관한 작은 책**. 서울: 까치글방.

117) 같은 곳.

118) Horkheimer, M. (1947). p. 18.

119) 같은 곳.

120) 박민지(2010). 객관적 이성과 진리의 문제: 호르크하이머의 도구적 이성 비판을 중심으로. **철학논구**, 38, 207-239.

121) Horkheimer, M. (1947). p. 21. 호르크하이머는 주관적 이성과 객관적 이성을 구분하지만 두 이성이 처음부터 대립되는 두 개의 개념이었다고 볼 수는 없다. 왜냐하면 고대 그리스 철학에서도 대상을 논리적으로 구성하고 결과를 계산하는 주관적 이성의 능력은 이성의 능력 중 한 부분이었기 때문이다. 따라서 인류역사가 진화해 오면서 이성의 능력 중 어느 한 부분이 부각되면서, 특히 근대 이후 주관적 이성이 분리되면서 이전의 이성개념을 '객관적 이성'이라고 이름

붙인 것으로 보는 것이 타당할 것이다.

다른 한편으로, 이성에 대한 주관적 및 객관적 구분은 막스 베버 학파가 사용한 개념들인 기능적 합리성과 실체적 합리성의 구별과 어느 정도 유사하다. 그럼에도 불구하고 베버는 주관주의적 경향을 전폭적으로 지지함으로써, 결단코 합리성, 특히 하나의 목적을 다른 목적과 구별할 수 있게 해 주는 '실체적 합리성'을 제대로 해명하지 않았다. 만약 우리의 본능과 의도, 그리고 우리의 마지막 결정마저도 선험적으로 비합리적일 수밖에 없다면, 실체적 이성은 단순한 상호작용이 이루어지는 장소가 될 것이며, 그 때문에 이성은 본질적으로 '기능적'인 것이 된다. 분명 베버 자신의 묘사뿐만 아니라 인식의 관료화와 일원화를 고려한 그의 제자들의 묘사는 객관적 이성에서 주관적 이성으로의 이행에 관한 사회적 관점을 명확하게 제시하고 있다. (참고: Horkheimer, M. (1947). p. 20의 주 2.)

122) 박민지(2010). p. 210.

123) 계몽주의 철학과 영국 경험론을 대표하는 존 로크는 모든 지식은 경험에 근거를 두며, 경험에서 지식이 도출된다고 주장한다. 따라서 경험을 근거로 사유가 이루어지며, 이 사유의 대상이 바로 '관념'이다. 이런 맥락에서 로크는 경험에서 비롯되지 않는 본유관념을 부정한다. 로크는 주저인『인간지성론』의 제1부를 데카르트의 본유관념innate ideas이란 존재하지 않는다는 사실을 입증하는 데 할애한다. 유아나 야만족의 정신상태가 말해 주듯, 언제 어디서나 그리고 모든 사람에게서 발견되는 이론적, 실천적 성질의 관념이나 개념, 원칙 등은 존재하지 않는다는 것이다. 경험이 있기 전에는 의식에 존재하는 것이 아무것도 없으며, 그때의 의식은 아무것도 씌어 있지 않은 백지tabula rasa나 다름없다고 주장한다. 결국 서양 전통형이상학은 물론이고 데카르트나 라이프니츠와도 대립하는 입장에 서게 된다.

124) 괴테에게 인간은 이성이 있기에 '어린 신神'이다. 루터교 가정에서 태어난 괴테에게 '신의 모상Imago Dei'으로서의 인간이해는 당연했을 것이다. 인간의 본질이 '어린 신'의 반열에 들 수 있는 이유는 '하늘의 불빛'인 이성이 있기 때문이다. 문제는 다음이다. 괴테는 인간은 신이 부여한 이성을 '어떤 짐승보다 더욱 짐승답게 사는 데만 이용하고 있다.'고 질타한다. 더 나아가 짐승보다 더한 이성의 도구화는 새삼스런 현상이 아니라 '천지개벽하던 날'부터 늘 그래 왔다고 한탄한다. 그 한탄은 '차라리 인간에게' 이성이 없었더라면 하는 극단적인 생각에까지 미치게 된다.

괴테는 어린 시절부터 '리스본 지진'을 겪고 자연재해의 고통이 채 끝나기도 전에 '7년 전쟁'의 참화 속으로 떠밀려 들어갔다. 도구적 이성 만능주의의 결과가 어떠한지를 일찌감치 온몸으로 겪었던 것이다. 결국 괴테는 이성의 근원으로 생각했던 종교로서의 기독교를 떠나 비기독교인non-Christian임을 선언하게 된다.

괴테의 도구적 이성에 대한 비판은 100여 년이 지난 20세기 초 호르크하이머와 아도르노 같은 프랑크푸르트학파라 불리는 철학자들에 의해 다시 반복된다. 그들은 인간은 '하늘의 불빛'인

이성을 사용해 진정한 인간다운 세상을 만들지 못하고 오히려 또 다른 야만 상태로 빠졌다고 질타한다.

본래 이성에 기초한 계몽은 대자연의 위력과 공포는 물론 중세 천 년의 신의 지배에서 벗어나 자연을 지배하고 스스로를 세계의 주인으로 세운다는 원대한 목표를 추구해 왔다. 그러나 인간을 세계의 주인으로 만든 이성은 인간 스스로를 파괴하는 생각지 않은 재앙을 몰고 왔다는 것이다.

괴테의 말대로 이성을 자기이익의 도구로만 사용하는 행태는 왜 '천지개벽하던 날과 조금도 다름없이' 반복되고 있는 것일까? 괴테는『파우스트』에서 인간 이성의 이기적인 나약함이 애초부터 이성 안에 내재하고 있다는 점을 강조한다. "이런 말씀 여쭙기는 거북합니다만 제게는 그 인간이란 것들이 늘 푸르르 날고, 나는 체하다가는 펄쩍 뛰고 곧 풀 속에 틀어박혀, 낡아빠진 노래나 부르는 다리가 긴 메뚜기 같단 말씀이에요. 차라리 언제까지건 풀 속에나 누워 있었으면 좋으련만, 거름더미만 보면 곧 코를 쑤셔 박는군요."

125) Horkheimer, M. (1947). pp. 69-118.

126) Horkheimer, M. (1974). *Eclipse of reason*. New York: The Continuum Publishing Company. p. 21.

127) Störig, H.J.(1950). *Kleine Weltgeschite Der Philosophie*. 박민수 역(2018). **세계철학사**. 서울: 자음과 모음. p. 716.

128) Störig, H. J. (1950). p. 717.

129) Thilly, F. (1946). *A History of Philosophy*. 김기찬 역(2020). **틸리 서양철학사: 소크라테스와 플라톤부터 니체와 러셀까지**. 서울: 현대지성. p. 651.

130) 콩트의 인간 사유 3단계의 법칙적 과정에 대한 설명은 Störig, H. J. (1950). pp. 718-720의 내용을 발췌하여 인용하였음.

131) Horkheimer, M. (1974). *Eclipse of reason*. New York: The Continuum Publishing Company. pp. 46-47.

132) 박민지(2010). p. 213.

133) 실증주의 및 실용주의 관점은 '써먹는 것', 어떤 목적에 이용하는 것에 초점을 맞춘다. 즉, 무엇을 위한 수단으로서의 가치만을 중시한다. 그러나 영화 〈죽은 시인의 사회〉에서 키팅 선생은 질문을 한다. "의학, 법률, 금융, 이런 건 모두 삶을 영위하기 위해 필요한 것들이다. 그렇다면 시, 사랑, 낭만, 아름다움은 왜 이 세상에 존재하는 걸까? 그건 바로 인간이 살아가는 목적이기 때문이다."

깊어 가는 가을밤, 모차르트의 바이올린 선율에 몸을 맡기는 것은 '써먹는 건' 아닐지 모른다. 써먹지 못하니 음악은 필요 없는 것일까? 마찬가지로 문학은 써먹을 수가 없다. 문학을 함으로써 배고픈 사람 하나 구하지 못하며, 물론 출세하지도, 큰돈을 벌지도 못한다.

그러나 역설적이게도 문학은 써먹지 못하는 것을 써먹고 있다. 써먹지 못하는 점 때문에 인간을 억압하지 않으며, 오히려 '유용성'에 억압당한 인간을 해방시킨다. 모차르트의 음악은, 그리고 박노해의 시 한 편은 그것을 감상하는 자에게 감상하지 못하는 자에 대한 부끄러움을, 그리고 인간을 억압하고 불행하게 만드는 것에 대한 자각을 불러일으킨다.

평생교육에서도 실용주의에 기초한 '쓰임새주의 교육'이 지배적이다. 존 듀이Dewey 같은 전통적 실용주의자들의 '실험'과 '경험'을 넘어 세상사에 제대로 대처하게 해 주는 것이 바로 평생교육의 진리가 되고 있다. 특히 로티Rorty같은 신실용주의자들은 학문하는 행위 그 자체를 실용주의의 관점에서 강조한다.

그러나 실용성이 전면에 나서게 되면 자기이익에 부합하지 않은 모든 객관적 진리와 정의, 그리고 아름다움의 의미는 부정된다. 유용성 이외의 어떠한 객관적 원칙도 인정하지 않기 때문에 비합리적이며 억압적인 현실에는 눈을 감는다. 대신 그 현실에 적응하는 데에만 관심을 갖는다. 모든 객관적 이념의 의미가 사라진 곳에서는 정의니 자유니 하는 것들은 유용하다는 것을 입증하지 못하는 한 타당성을 갖지 못하게 된다. 따라서 '정직한 삶이 불의와 결탁한 삶보다 좋다'는 진술은 '파란색이 빨간색보다 더 아름답다.'는 진술과 마찬가지로 단순한 기호나 선호의 문제로 전락한다.

134) Horkheimer, M. (1947). pp. 22-23에서 재인용.

135) 박민지(2010). p. 214.

136) Adorno, T. W., & Horkheimer, M. (1947). p. 15.

137) 아도르노의 말은 정태창(2011). 아도르노 철학에서의 이성의 파괴: 계몽의 변증법에 대한 정치철학적 비판. **철학사상, 40**, 168에서 재인용.

138) Bacon, 「In praise of knowledge」의 내용을 Adorno, T. W., & Horkheimer, M. (1947). p. 22에서 재인용함.

139) 정태창(2011). 아도르노 철학에서의 이성의 파괴: 계몽의 변증법에 대한 정치철학적 비판. **철학사상, 40**, 167-205, 170.

140) 같은 책. p. 24.

141) 박민지(2010). 객관적 이성과 진리의 문제: 호르크하이머의『도구적 이성 비판』을 중심으로. **철학논구, 38**, 207-239.

142) Adorno, T. W., & Horkheimer, M. (1947). p. 55.

143) Weber, M. (1905). *Die protestantische Ethik und der Geist des Kapitalismus*. 김현욱 역(2016). **프로테스탄티즘 윤리와 자본주의 정신: 직업으로서의 학문 직업으로서의 정치 사회학 근본개념**. 서울: 동서문화사. pp. 195-196. 베버는 종교적 에토스가 퇴색하고 부와 물질만 추구하는

현대사회를 '쇠창살 감옥iron cage'으로 묘사하며 그 안에 살아가는 현대인들을 니체의 표현을 빌려 '최후의 인간들letzte Menschen' 혹은 '말종인간'으로 묘사한다.

144) Habermas, J. (1981). *Communicative action*. 장춘익 역(2006). **의사소통 행위이론**. 서울: 나남출판사. p. 340.

145) 막스 베버는 개인적 차원에서의 합리성의 의미를 다양하게 사용하고 있다. 브루베이커Brubaker(1984)는 베버의 합리성 개념을 16가지 의미로 파악한다. 이에 반해 칼버그Kalberg(1980)는 베버Weber의 저술에 대한 전체적인 분석을 통해서 합리성을 네 가지 유형으로 분류한다. 첫째는 실천적 합리성practical rationality으로서, 개인의 실용적이고 자기중심적인 이해관계에 따라 세속적인 활동을 인식하고 판단하는 모든 삶의 방식을 의미한다. 실천적 합리성은 정확한 계산을 통해서 바라는 목적을 이루는 데 가장 적합한 수단을 선택하는 성향, 즉 목적−수단의 관계를 정확히 계산하는 성향을 말한다.

둘째는 이론적 합리성theoretical rationality으로서, 행동이 아니라 명확한 추상적인 개념들의 구성을 통해서 실재를 파악하는 것을 의미한다. 예컨대, 논리적 연역이나 귀납, 원인의 귀속, 그리고 상징적 의미의 구성과 같은 사고과정은 이론적 합리성의 전형적인 특성이다. 셋째는 실질적 합리성substantive rationality으로서 실천적 합리성과 마찬가지로 행동에 직접적으로 영향을 미친다. 그러나 실질적 합리성은 문제에 대한 인과적 계산에 의존하는 것이 아니라 과거의, 현재의, 그리고 잠재적인 '가치의 요청'에 의존한다. 어떤 세계상이나 교리에 따라 문제를 인식하고 판단하는 것을 의미하기에 베버의 논의는 극단적인 '관점주의perspectivism'로 발전한다. 넷째는 형식적 합리성formal rationality이다. 형식적 합리성은 보편적으로 적용되는 규칙이나 법칙을 전제로 수단- 목적 관계에 대한 계산을 정당화하는 것을 말한다. (참고: Kalberg, S. (1980). Max Weber's Types of Rationality: Cornerstone for the Analysis of Rationalization Processes in History. *American Journal of Sociology, 85*(5), 1145-1179.)

146) 베버의 합리성 개념은 다방면으로 논의될 수 있는 매우 포괄적인 주제로서 합리성의 구조를 체계적이며 총체적으로 분석하는 작업은 이 장의 범위를 넘어선다.

147) Weber, M. (1905). *Die protestantische Ethik und der Geist des Kapitalismus*. 김현욱 역(2016). **프로테스탄티즘 윤리와 자본주의 정신: 직업으로서의 학문 직업으로서의 정치 사회학 근본개념**. 서울: 동서문화사. pp. 239-240.

148) Weber, M. (1921). *Wirtschaft und Gesellschaft*. 박성환 역(1997). **경제와 사회 1**. 서울: 문학과지성사.

149) Weber, M. (1968). *Economy and Society I, II, III*. G. Roth & C. Wittich (Eds.). E. Fischoff et al. (trans.). New York: Bedminster Press. p. 223.

150) Weber, M. (1944). Max Weber on Bureaucratization in 1909. In J. P. Mayer. *Max Weber and*

German Politics. London: Faber & Faber Ltd. pp. 127-130.

151) 임의영은 베버가 말한 '강철 같은 겉껍질stahlhartes Gehause'을 파슨스Parsons(1930)가 '쇠우리'를 의미하는 iron cage로 번역한 것은 오류라고 지적한다. 왜냐하면 쇠우리 혹은 철창은 갇힌 사람이 만든 것이 아니라 그에게 죄를 묻는 신 혹은 타자가 만든 것이지만, 베버가 말한 '강철 같은 겉껍질'은 그 껍질로 둘러싸인 개인의 욕망에서 비롯된 것이기 때문이다. 다시 말해, 누군가가 강제로 집어 넣은 철창이 아니라 스스로가 만들어 놓은 욕망의 감옥을 은유적으로 표현한 것이라는 주장이다. 따라서 절망적 상황을 상징하는 철창의 메타포는 문제극복의 결단을 기대하는 '강철 같은 겉껍질'의 의미를 오도할 수 있다고 말한다. (참조: 임의영(2016). 관료제의 합리화 역설: 막스 베버의 고전적 논의와 U. Beck의 위험사회론을 중심으로. **행정논총**, 54(2), 149-180).

152) Weber, M. (1905). p. 180.

153) 같은 책. p. 191.

154) Weber, M. 전성우 역(2002). **종교사회학 논총 서론. 막스베버 사상 선집 1: 탈주술화과정과 근대.** 나남출판사. p. 273.

155) 같은 책 p. 196.

156) Heidegger, M.(1923). *Sein und Zeit*. 이기상 역(2013). **마르틴 하이데거, 존재와 시간.** 서울: 까치. p. 20과 p. 570.

157) 같은 책. p. 573.

158) 이정우(2018). **세계 철학사 1: 지중해 세계의 철학.** 서울: 도서출판 길. p. 104에서 재인용.

159) Kafka, F. (1916). *Die Verwandlung*. 이재황 역(2005). **프란츠 카프카 변신.** 서울: 문학동네.

160) Zimmermann, F. (1977). *Einfuhrung in die Existenzphilosophie*. 이기상 역(2015). **실존철학.** 서울: 서광사. pp. 41-42에서 재인용.

161) 같은 곳.

162) 같은 책. p. 45.

163) Sartre, J. P. (1996). p. 44.

164) 피뤼스는 기원전 3세기 에피로 시네아스의 간언을 듣지 않고, 로마인과 여러 번 전투를 벌였다. 그리스 원정 중 아르고스를 점령했을 때 한 노파가 지붕 위에서 던진 기왓조각에 머리를 맞고 즉사했다. (참고: Beauvoir, S.(1944). *Pyrrhus et Cineas*. 박정자 역. **모든 사람은 혼자다.** 서울: 꾸리에. 2016. p. 13.)

피뤼스 사례의 현대판 버전은 여러 형태가 있다. '부자가 해변에서 한가로이 쉬는 어부와 마주쳤다. "왜 일하러 안 나갔느냐?"는 부자의 질문에 "오늘 몫은 다 잡았다."는 어부의 답이 돌아왔다. 대화는 이어진다. "금쪽 같은 시간, 더 열심히 일해 돈 많이 벌면 좋지 않냐?" "뭘 하려고?"

"나처럼 편안하게 삶을 즐기려고." "지금 내가 그러고 있는데…." 돈을 왜 버는지, 일의 진정한 목적을 돌아보게 하는 우화지만, 피뤼스 사례에서 보듯 실존철학에서는 관점을 달리한다.

165) Beauvoir, S. (1944). *Pyrrhus et Cineas*. 박정자 역(2016). **모든 사람은 혼자다**. 서울: 꾸리에. p. 37.

166) 같은 책. pp. 23-26.

167) 엘퍼트Elfert는 들로 보고서 작성의 일원이었던 로베르토 카르네이로Carneiro의 말을 빌려 포르 보고서의 lifelong은 시간적 연속성을 강조하는 수직적인 의미라고 주장한다. (참고: Elfert, M. (2015). UNESCO, the Faure Report, the Delors Report, and the political utopia of lifelong learning. *European Journal of Education*, *50*(1), 88-100).

168) '교육받은 사람'의 논의는 Peters, R. S. (1966). *Ethics and education*. 이홍우 역(2003). **윤리학과 교육**. 서울: 교육과학사; Peters, R. S. (1970). Education and the educated man. In R. S. Peters (Ed.), *Education and the education of teachers*. London: Routledge & Kegan Paul. pp.3-21; Peters, R. S. (1972). Education and the educated man. In R. F. Dearden et al. (Eds.), *Education and the development of reason*. London: Routledge & Kegan Paul.; Cuypers, S. E., & Martin, C. (2013). *R. S. Peters / Stefaan E. Cuypers*. 이병승 역(2017). **피터스의 교육사상**. 서울: 서광사. 등을 참고하였다.

169) Peters, R. S. (1966). *Ethics and education*. 이홍우 역(2003). **윤리학과 교육**. 서울: 교육과학사. p. 21.

170) 같은 책. p. 21.

171) 같은 책. p. 28.

172) Peters, R. S. (1967). Aims of education-A conceptual inquiry. In R. S. Peters (Ed.), *The Philosophy of Education*. Oxford: Oxford University Press. p. 4.

173) Cuypers, S. E., & Martin, C. (2013). *R. S. Peters / Stefaan E. Cuypers*. 이병승 역(2017). **피터스의 교육사상**. 서울: 서광사. p. 84.

174) Peters, R. S. (1967). p. 80.

175) Peters, R. S. (1966). p. 25에서 재인용.

176) Sandel, M. J.(2010). *Why morality: Essays on morality in politics*. 안진환, 이수경 공역(2011). **왜 도덕인가?** 서울: 한국경제신문. p. 177.

177) Deleuze, G. (1962). *Nietzsche et la Philosophie. Press Universitaires de France*. 이경신 역(2013). **니체와 철학**. 서울: 민음사. p. 15.

178) Nietzsche, F. W. (2015c). 김정현 역. 니체전집 14권. **선악의 저편 · 도덕의 계보**. 서울: 책세상. p. 16.

179) Nietzsche, F. W. (2015b). 백승영 역. 니체전집 15권. **바그너의 경우 · 우상의 황혼 · 안티크리스**

트 · 이 사람을 보라 · 디오니소스 송가 · 니체 대 바그너. 서울: 책세상. p. 324.

180) Nietzsche, F. W. (2015a). 정동호 역. 니체전집 13권. 차라투스트라는 이렇게 말했다. 서울: 책세상. p. 18.

181) Nietzsche, F. W. (1872). *Die Geburt der Tragödie & Unzeitgemäße Betrachtungen*. 이진우 역(2015). 니체전집 2권. 비극의 탄생 · 반시대적 고찰. 서울: 책세상. p. 291.

182) Brooks, D. (2015). *The road to character*. 김희정 역(2015). 인간의 품격. 서울: 부키. p. 34에서 재인용.

183) Nietzsche, F. W. (2015a). p. 17.

184) Kant, I. (1803). Über Pädagogik. trans. by Annette Churton. *Kant on Education*. Boston: D.C. Heath & Co., Publishers. 이 책에서 칸트가 사용하는 Bildung이란 용어는 칸트 시대 후반에 본격적으로 발달하기 시작한 신인문주의의 도야개념—주로 개별적 인격의 형성을 의미하는—과 차이가 있다는 점에 유의해야 한다. Bildung은 단어 자체가 가지고 있는 일반적인 개념에 보다 가깝게 쓰이고 있다. 즉, '인간의 자연적 소질들을 계발, 발달시키는 것'을 의미하므로 '도야'보다는 '형성' '양성' '육성' 등으로 번역되는 것이 적절할 것이다. '교육학 강의'에서 Bildung과 유사한 의미로 쓰이는 용어가 Kultur이다. Kultur는 과정적 의미와 결과적 의미를 함께 지니고 있는데, 과정적 의미로는 인간의 자연소질들을 발달시키기 위한 행위, 조치, 작용 등을 의미하기에 '양성' '육성' 등으로 번역될 수 있다. 그리고 이러한 인간의 자연소질들을 양성/육성한 결과가 칸트에게 있어서 '문화'이다. 실제로 이 강의록에서 Bildung과 Kultur는 많은 경우 교환개념으로 사용되고 있다. (참조: 김영래(2005). 칸트의 교육이론. 서울: 학지사. p. 199.)

185) 루소의 저서 『에밀émile』은 서양교육사에 결정적으로 중요한 영향을 미친 명저이다. 힐레샤임Hillesheim(1971)은 루소와 저서 에밀에 대하여 다음과 같이 기술한다. 현대교육사상사는 루소에 대한 일련의 각주일 뿐이다. 플라톤의『국가』만이 루소의 에밀에 필적할 수 있다. 루소에게 직접적인 영향을 받은 칸트는 하루 일과의 시간을 엄수하기로 소문이 자자했지만 루소의『에밀』때문에 시간 습관을 지키지 못했다고 한다. (참조: 임태평(2008). 루소와 칸트 교육에 관하여. 서울: 교육과학사.)

186) Nietzsche, F. W. (2015a). p. 20.

187) 같은 책. pp. 480-481.

188) 같은 책. p. 129.

189) Jaspers, K. (1952). *Nietzsche und des Christentum*. 박준택 역(1978). 니체와 기독교. 서울: 박영사; 이우진(1993). 니체의 교육적 인간상 탐구. 서울대학교 대학원 교육학석사학위논문, 40에서 재인용.

190) Dave, R. H. (1975). *Reflections on lifelong education and the school. UIE monographs3.*

Hamburg: UNESCO Institute for Education. p. 92.

191) Manheimer, R. J. (2003). *Kierkegaard as Educator.* 이홍우, 임병덕 공역(2003). **키에르케고르의 교육이론.** 서울: 교육과학사. p. 2.

192) 정민승(2010). **성인학습의 이해.** 서울: 에피스테메. p. 7.

193) Faure, E. et al. (1972). p. xxxi.

194) 이우진(1993). 니체의 교육적 인간상 탐구. **서울대학교 대학원 교육학석사학위논문,** 45에서 재인용.

195) Nietzsche, F. W. (1881-1882). *Nietzsche werke. kritische gesamtausgabe: vol. 2.* 안성찬, 홍사현 공역(2014). 니체전집 12권. **즐거운 학문 · 메시나에서의 전원시 유고.** 서울: 책세상. p. 250.

196) 월터 카우프만Walter Kaufmann(1986, p. 81)은 니체Nietzsche의 힘에의 의지가 형이상학적인 어떤 원리인 것처럼 보이게끔 만드는 대표적인 문장으로서 이 내용을 들고 있다. 카우프만Kaufmann에 따르면 니체Nietzsche의 여동생이 니체Nietzsche의 여러 원고를 모아서 그의 사후에 『힘에의 의지』라는 제목의 책으로 펼 때, 그녀는 이 원고를 책의 맨 끝부분에 실었다는 것이다. 카우프만Kaufmann은 니체Nietzsche가 초기 저작에서조차 형이상학에 반대하는 입장을 취하고 있음에도 불구하고, 하이데거Heidegger는 힘에의 의지를 형이상학의 범주로 생각하고 있다고 비판한다. (참조: Nietzsche, F. W. (1964). *Der Wille zur Macht.* 강수남 역(2003). **권력에의 의지.** 서울: 청하. p. 607).

197) Nietzsche, F. W. (1964). *Der Wille zur Macht.* 강수남 역(2003). **권력에의 의지.** 서울: 청하.

198) Heidegger, M. (1950). *Gott is tot.* 최동희 역(1987). **신은 죽었다.** 서울: 서문문고. p. 114.

199) Manheimer, R. J. (2003). *Kierkegaard as Educator.* 이홍우, 임병덕 공역(2003). **키에르케고르의 교육이론.** 서울: 교육과학사. p. 2.

200) 이우진(1993). pp. 52-55의 내용에서 부분적으로 참고함. 이우진은 '교육에서 가정하는 인간의 속성'을 개방성, 자기창조성, 도중성으로 구분하고, 이를 니체철학의 관점에서 예리하게 분석하고 있다.

201) 같은 곳.

202) Beauvoir, S. (1944). *Pyrrhus et Cineas.* 박정자 역(2016). **모든 사람은 혼자다.** 서울: 꾸리에. p. 37.

203) Nietzsche, F. W. (2015a). p. 20.

204) 이에 대해 실존철학자 볼노우Bollnow(1958)는 인간과 위버멘쉬의 관계에 대한 니체의 말은 인간의 본래적 모습을, 특히 현재의 인간의 모습을 규정하고 있는 말이지, 동물로부터의 인간, 그리고 다시 그러한 인간을 넘어서 발전하는 먼 미래의 도달목표로서의 위버멘쉬를 부각시키려 한 것이 아니란 점을 강조한다. (참조: Bollnow, O. F. (1958). *Die Lebenphilosophie.* 백승균 역(1980). **삶의 철학.** 서울: 경문사. pp.142-143.; 이우진(1993). p. 56.)

205) 이우진(1993). p. 57.

206) 같은 곳.

207) Yeaxlee, B. A. (1929). *Lifelong Education*. Cassell: London. p. 164.

208) 같은 책. pp. 4-5.

209) Faure, E. et al. (1972). p. 46.

210) 같은 책. p. 158.

211) 같은 책. p. 38.

212) Nietzsche, F. W. (2015a). p. 38.

213) 같은 곳.

214) 같은 책. p. 40.

215) 같은 곳.

216) Nietzsche, F. W. (2015a). 정동호 역. p. 41.

217) 고병권(2014). **니체의 위험한 책: 차라투스트라는 이렇게 말했다**. 서울: 그린비. p. 293.

218) 최수연(2021)의 머리말에서 언급하고 있듯이, 니체가 생의 말년에 쓴 작품『이 사람을 보라 Ecce homo』에서 한 말이다. 그가 이 책을 저술한 해는 1888년이다. 이 해는 니체가 1889년 1월 카를로 알베르토 광장에서 쓰러져 사실상 학문적인 삶을 마감하기 불과 몇 개월 전인 것을 감안하면, 니체의 이 말은 자신의 '생의 철학'을 총정리하기 위한 마지막 정열과 혼을 불태웠던 시기에 나온 말이기에 그 울림이 크다. 1888년에는 니체는 이 책을 포함해 무려 여섯 작품을 한꺼번에, 마치 마지막 불꽃을 활활 태우듯이 세상에 선보였다. 흡사 자신의 운명을 예감해서 마지막 혼신의 힘을 1888년 한 해에 기울였던 것은 아니었을까라는 생각마저 든다. (참조: Nietzsche, F. W. (1888). *Nietzsche contra wagner*. 백승영 역(2015). **니체전집 15권. 바그너의 경우 · 우상의 황혼 · 안티크리스트 · 이 사람을 보라 · 디오니소스 송가 · 니체 대 바그너**. 서울: 책세상. p. 566).

219) 고병권(2014). p. 296.

220) Nietzsche, F. W. (2015a). p. 368.

221) Deleuze, G. (1985b). *Nietzsche and Philosophy*. 박찬국 역(2007). **들뢰즈의 니체**. 서울: 철학과 현실사. p. 10.

222) 같은 곳.

223) Nietzsche, F. W. (1886-1889). *Nietzsche contra wagner*. 백승영 역(2015). 니체전집 15권. **바그너의 경우 · 우상의 황혼 · 안티크리스트 · 이 사람을 보라 · 디오니소스 송가 · 니체 대 바그너**. 서울: 책세상. pp. 373-374.

224) 김정현(2013). **철학과 마음의 치유**. 서울: 책세상. p. 254.

225) Yalom, I. D. (1980). *Existential Psychotherapy*. 임경수 역(2009). **실존주의 심리치료**. 서울: 학지사. pp. 203-204.

226) Nietzsche, F. W. (1881-1882). 즐거운 학문. pp. 29-30의 내용이지만 번역은 Yalom, I. D.

(1980). p. 204의 것을 인용하였음.

227) 김정현(2013). p. 401.

228) Nietzsche, F. W. (2015a). p. 454.

229) Yalom, I. D. (1980). pp. 256-258.

230) Nietzsche, F. W. (2014). 안성찬, 홍사현 공역. pp. 314-315.

231) 김정현(2013). p. 404.

저자의 주요 논문

1. SSCI 국제학술지

Lee, K. C. (1991). The problem of appropriateness of Rokeach Value Survey in Korea. *International Journal of Psychology*, *26*(3), 299-310.

Lee, K. C. (1991). The socialization through curricula control in Korea. *1991 Australia-New Zealand Comparative Education Annual Conference*. Sydney, Australia. Dec, 1~4.

Lee, K. C. (1992). Comparison of women's education and work opportunities and outcomes in Korea and Japan. *World Council of Comparative Education Societies Annual Conference*. Prague, Czechoslovakia. July, 8~14.

Lee, K. C. (1993). The socialization through curricula control in Korea. *Korea Observer, 14*(1), Spring, 71-90.

Lee, K. C. (1996). Back to the basic: New interpretation of Confucian values. *Korea Observer*, *16*(2), Summer, 80-92.

Lee, K. C. (1996). Toward a more effective economic development in Korea. *Korea Observer*, *27*(2), Spring, 85-97.

Lee, K. C. (1998). Methodological issues in cross-cultural study of adult's value system. *International Society for Comparative Adult Education* Annual Conference, 147-168. Radovljica, Slovenia. Sept, 10~12.

Lee, K. C. (2000). Cross-cultural Comparison on Open Learning System. *Korea Observer*, *31*(2), Summer, 301-315.

Lee, K. C. (2000). Theoretical Background of Open Learning System. *Korea Observer, 31*(2), Summer, 149-164.

Lee, K. C. (2002). School violence in Korea and Catholic educational approach: with special referece to Wang-tta. *Paper presented at the Fifth International Conference of the Asian*

Association of Catholic Philosophers (Theme: Peace and Violence in Today). Okura Academia Hotel, Chiba, Japan. Aug, 21~23.

Lee, K. C. (2003). School bullying in Korea and Christian Educational Approach. *Asia Pacific Education Review, 4*(1), 75-83.

Lee, K. C. (2007). Value Compatibility for the Effective Policy of High School-to-Work Transition: Comparison between Korea and Australia. *The Journal of Korean Education. 34*(3), 183-2007.

Lee, K. C. (2007). Value Harmony as a Social Capital and EHW Factor in Korea. *Korea Observer, 38*(2), 225-258.

Lee, K. C., Choi, S. Y., & Choi, U. S. (2017). A study on the meaning of the lifelong learning to be implicated in the philosophy of Nietzsche. *Journal of Systemics, Cybernetics and Informatics, 15*(5), 27-32.

2. 주요 학회논문

이관춘(1994). 고교생들과 기업체와의 가치병립에 관한 연구. 교육사회학연구, 4(3).

이관춘(1994). 오스트레일리아 한인들의 인종차별 의식과 그 반응. 제8차 해외 한민족학술대회. 독일, 베를린, 인터콘티넨탈 호텔, 12월 27~30일.

이관춘(1995). 기업체 가치에 대한 한국대학생들의 인식도 비교연구. 교육사회학연구, 5(1), 265-289.

이관춘(1995). 외국의 대학제도와 교육개혁 동향. 한세정책, 11.

이관춘(1996). Psychological factor in economic development. 1998 Asia Comparative Education Society Annual Conference. Waseda University. Dec, 10~11.

이관춘(1996). 평생교육의 전형인 호주의 전문대학제도: TAFE. 전문대학교육, 21(가을).

이관춘(1998). 21세기 직업교육의 대안: 신개방학습 시스템을 구축하자. 전문대학교육, 29.

이관춘(1998). Methodological issues in cross-cultural study of adult's value system. *International Society for Comparative Adult Education Annual Conference*, 147-168. Radovljica, Slovenia. Sep, 10~12.

이관춘(1998). 민간자격제도의 활성화를 위한 시스템 구축 2000. 〈21세기 민간자격의 공신력 제고와 활성화 방안〉 한국민간자격협회 창립 1주년 기념 심포지엄. 전경련국제회의실, 11월 25일.

이관춘(1998). 생명가치구현을 위한 영국의 대안교육. 〈21세기 신학교제도의 전망과 과제〉 한국교육사회학연구회 제116차 학술세미나. 연세대학교 알렌관, 5월 17일.

이관춘(1998). 직업교육의 혁신을 위한 호주의 국가전략 2000. 〈직업교육의 세계화와 전문대학의 진로〉 한국전문대학교육협의회 98년도 해외직업교육 동향 세미나. 대전우송정보대학, 10월 23일.

이관춘(1998). 호주의 직업교육: 제도와 개혁. 교육개발, 111.

이관춘(1999). A new paradigm of Australian adult continuing education. 한국성인교육학회지, 2(3), 129-145.

이관춘(1999). Open learning system in Korea. APEC HRD International Workshop, Kyongju, Korea. Oct, 19~21.

이관춘(1999). 전문대학교육과정과 민간자격 및 국제자격과의 연계방안 연구. 제1회 한국전문 대학교육연구학회. 동양공업전문대학, 11월 2일.

이관춘(1999). 직업교육혁신을 위한 호주의 국가전략 2000. 새교육, 531.

이관춘(2002). 외국사례를 통한 한국의 고등직업교육기관의 교육과정 개선 방안 연구. 평생교육연구, 8(2).

이관춘(2002). 한국청소년들의 기업체 가치에 대한 병립 연구. 청소년학연구, 9(3), 317-336.

이관춘(2005). 성인교육의 윤리학적 기초를 위한 모색. 한국성인교육학회지, 3(2), 147-176.

이관춘(2005). 한국사회의 경쟁력제고를 위한 가치관 병립현상 연구. 사회연구, 9(1), 9-41. 제4회 〈사회연구〉 학술상 수상 논문.

이관춘(2007). 기업경영에서의 윤리적 갈등해결을 위한 FILOP 방안. POSRI 경영연구, 포스코 경영연구소, 7(2), 111-132.

이관춘(2009). 배움, 그 아름다운 모순의 존재론적 고찰. 한국배움학회 창립세미나 발표논문. 단국대학교 사범관 강당, 5월 30일.

이관춘(2009). 배움의 존재론적 의미. 배움학연구, 1(1), 17-30.

이관춘(2011). A study on the value of consideration in Korea and Japan for the sustainable lifelong learning society. 2011 ACE International Conference: Building a tight cooperation among Asian countries toward a sustainable lifelong learning society. 연세대학교 종합관, 5월 28일.

이관춘(2011). 럭셔리 브랜드 기업의 직무역량과 배움 요구. 배움학 연구, 2(3), 51-62.

이관춘(2011). 학습소외계층을 위한 평생교육전략. 한국성인교육학회 추계학술대회 발표논문. 연세대학교 종합교육관 강당, 11월 20일.

이관춘(2015). 니체사상에 비춰본 세월호 참사와 성인교육의 과제. 한국성인교육학회지, 18(3), 1-21.

참고문헌

강미라(2011). 사르트르의 현상적 신체에 대한 메를로퐁티의 비판. 대동철학, 61, 283-310.

강미라(2018). 사르트르 대 메를로퐁티. 서울: 세창출판사.

강선보, 김영래(2012). 니체 자유정신과 교육적 의미. 한국교육학연구, 18(3), 25-47.

강영계(1986). 니체의「비극의 탄생」의 실존적 의미. 인문과학논총, 18, 135-148.

강영계(1991). 니이체 철학에서의 가치의 문제:「도덕의 계보」를 중심으로. 인문과학논총, 23, 165-188.

강영계(1993). 니이체의 영겁회귀의 의미. 인문과학논총, 25, 179-204.

강영계(1994).「짜라투스트라는 이렇게 말하였다」의 실존적 의미. 인문과학논총, 26, 141-178.

강영계(1995). 문명비판으로서의 니이체 철학의 의미: 힘에의 의지를 중심으로. 니이체연구, 창간호, 1-50.

강영계(1999). 대학의 이념과 인문학의 미래지향적 방향설정. 인문과학논총, 32, 169-181.

강영계(2000). 충동과 힘에의 의지. 인문과학논총, 34, 109-144.

강용수(2008). 니체의 시간에 대한 해석. 인문과학연구, 19, 125-148.

강용수(2011). 하이데거의 니체 읽기: 언어와 존재의 관계를 중심으로. 해석학연구, 28, 57-89.

강용수(2012). 니체의 권력의지와 정의. 한국외국어대학교 철학과 문화연구소. 철학과 문화, 24, 27-45.

강용수(2013). 니체의 선택적 존재론 연구. 해석학연구, 33, 215-242.

강은아(2008). 흄의 개연적 추론에 대한 고찰. 철학논구, 36, 121-139.

고명섭(2012). 니체극장: 영원회귀와 권력의지의 드라마. 경기: 김영사.

고병권(2014a). 니체의 위험한 책: 차라투스트라는 이렇게 말했다. 서울: 그린비.

고병권(2014b). 언더그라운드 니체. 서울: 천년의 상상.

구분옥(2007). 니체의 자기극복 교육: 위버멘쉬의 교육적 의미. 초등교육연구, 20(1), 95-118.

권두승(1995). 평생교육론. 서울: 교육과학사.

권두승, 조아미(2001). 성인학습 및 상담. 서울: 교육과학사.

김경민(2015). 세상을 바꾼 질문들. 서울: 을유문화사.

김광식(2016). 김광석과 철학하기. 서울: 김영사.

김동훈(2006). 행복한 시지푸스와 마지막 살의 그리움: 하이데거 예술철학 소고. 독일어문화권연구, 15, 335-360.

김상봉(1998). 자기의식과 존재사유. 서울: 한길사.

김상봉, 고명섭(2015). 만남의 철학. 서울: 도서출판 길.

김상환, 김진석, 박찬국, 백승영, 서동욱, 신승환, 윤평중, 이창재, 장은주(2000). 니체가 뒤흔든 철학 100년. 서울: 민음사.

김석(2018). 에크리: 라캉으로 이끄는 마법의 문자들. 서울: 살림.

김선희(2007). 하버마스의 니체 비판에 대한 니체의 가상적 답변. 니체연구, 11, 237-259.

김선희(2014). 쇼펜하우어&니체: 철학자가 눈물을 흘릴 때. 경기: 김영사.

김영래(2005). 칸트의 교육이론. 서울: 학지사.

김영분(1982). Eduard C. Lindeman의 사회사업 철학 연구. 성심여자대학 논문집, 13, 79-100.

김영석(2014). 평생교육학 분야의 질적 연구 동향 분석(2000-2013년): 「평생교육학 연구」와 「Andragogy Today」를 중심으로. 평생교육학연구, 20(3), 135-166.

김영진(2018). 아우구스티누스의 두 지평: 이성과 의지-주지주의와 주의주의 문제를 중심으로. 서울: 한들출판사.

김용옥(2014). 도올의 교육입국론. 서울: 통나무.

김용일(2000). 연세대학교 교육철학연구회 편. 위대한 교육사상가들IV. 서울: 교육과학사.

김용일(2003). 키아케고어와 니체. 철학연구, 86, 23-45.

김용찬(2004). 니체의 칸트철학 비판. 한국정치학회보, 38(3), 55-73.

김재권(1996). *Philosophy of mind, westview press*. 하종호, 김선희 공역(1997). 심리철학: 서론. 서울: 철학과 현실사.

김재인(1995). 니체의 '영원회귀' 사상연구: '생성', '시간', '에토스'를 중심으로. 서울대학교 대학원 석사학위논문.

김재호(2004). 칸트『순수이성비판』. 서울대학교 철학사상연구소.

김정래, 서용석, 손종현, 이현민, 장사형, 조용기, 차미란, 홍윤경, 홍은숙(2017). 교육과 지식: 플라톤의 교육내용. 서울: 학지사.

김정현(2003). 니체와 융 사상에서의 '자기' 찾기. 철학, 77, 245-277.

김정현(2007). 니체사상의 한국적 수용: 1920년대를 중심으로. 한국니체학회. 니체연구, 12, 33-68.

김정현(2011). 니체에 있어서의 '사고(思考)의 폭력'과 우울증, 고통의 치료술. 인문학연구, 41, 33-65.
김정현(2013). 철학과 마음의 치유. 서울: 책세상.
김종서, 황종건, 김신일, 한숭희(2000). 평생교육개론. 서울: 교육과학사.
김종욱(1996). 하이데거의 존재론적 차이에 관하여. 철학, 49, 219-254.
김지하(1999). 타는 목마름으로. 서울: 창비.
김창엽(2005). 'Learning To Be'와 'Learning the Treasure Within' 비교 연구. 평생교육학연구, 11(3), 151-176.
김태길(1987). 윤리학. 서울: 박영사.
김한별(2019). 평생교육론(3판). 서울: 학지사.
김향균(2021). 기독교 평생교육사상. 서울: 학지사.
김홍기(2004). 니체의 철학적 사유에 나타난 "몸의 이성". 괴테연구, 16, 133-331.
김희선(2005). 성인교육이론에 있어 경험과학습의 의미. 교육문제연구, 22, 71-93.
남경희(2014). 플라톤: 서양철학의 기원과 토대. 서울: 아카넷.
류의근(2016). 메를로-퐁티의 지각현상학 읽기. 서울: 세창미디어.
박민지(2010). 객관적 이성과 진리의 문제: 호르크하이머의『도구적 이성 비판』을 중심으로. 철학논구, 38, 207-239.
박상철(2014). 니체의 학교교육론. 도덕교육연구, 26(1), 161-176.
박세원(2010). 존재의 성장과 교육. 서울: 교육과학사.
박신화(2015). 철학이란 무엇인가: 메를로-퐁티의 경우. 철학사상, 56, 189-214.
박영욱(2015). 보고 듣고 만지는 현대사상. 서울: 바다출판사.
박욱주(2019). 대상화하는 인식과 관계의 체험: 부버와 본회퍼의 근원어 '나-너'에 반영된 종교적 인간학. 종교와 문화, 36, 39-70.
박의수, 강승규, 정영수, 강선보(1994). 교육의 역사와 철학. 서울: 동문사.
박인철(2010). 후설과 키에르케고르: 자기극복을 중심으로. 철학연구, 89, 5-35.
박정일(2003). 비트겐슈타인『논리철학논고』. 철학사상, 16(14), 1-206.
박정자(2018). 한 스타 저술가의 터무니없는 오독-라캉의 실재. 펜앤드마이크. 박정자 컬럼. 2018. 6. 13.
박찬국(2005). 니체 사상에 대한 종합적 소개 및 연구. 「니체, 디오니소스적 긍정철학」 백승영, 2005년 서평, 서울대학교. pp. 257-271.
박찬국(2007). 현대철학의 거장들: 마르크스, 니체, 키에르케고르, 하이데거, 하버마스, 푸코, 비트겐슈타인, 포퍼. 서울: 철학과 현실사.

박찬국(2010). 쇼펜하우어의 형이상학적 욕망론에 대한 고찰. 철학사상, 36, 85-119.
박찬국(2012a). 들뢰즈의 니체와 철학 읽기. 서울: 세창미디어.
박찬국(2012b). 에리히 프롬의 소유냐 존재냐 읽기. 서울: 세창미디어.
박찬국(2014). 하이데거의 「존재와 시간」 강독. 서울: 그린비.
박찬국(2019). 삶은 왜 짐이 되었는가. 서울: 21세기북스.
박천환(2012). 듀이의 경험이론과 교육인식론. 서울: 학지사.
백승영(1998). 니이체가 제시하는 몸(Leib)으로서의 주체와 그의 이성. 철학연구, 265-289.
백승영(1999). 하이데거의 니체읽기: 이해와 오해. 존재론연구, 4, 300-333.
백승영(2000). 니체 철학 개념연구 I : 같은 것의 영원회귀. 철학, 63, 215-235.
백승영(2001). 인식허무주의의 극복은 어떻게 가능한가. 니체연구, 4, 87-108.
백승영(2004). 철학 텍스트들의 내용 분석에 의거한 디지털 지식 자원 구축을 위한 기초적 연구. 유고(해제). 철학사상, 별책 3(20).
백승영(2006). 니체 '우상의 황혼' 해제. 철학사상, 7(16).
백승영(2009a). 니체, 디오니소스적 긍정의 철학. 서울: 책세상.
백승영(2009b). 플라톤과 니체, 플라톤 대 니체. 니체연구, 16, 67-98.
백승영(2011). 니체. 서울: 한길사.
백승영(2013). 힘에의 의지의 관계론, 그 실천철학적 함축. 니체연구, 24, 121-147.
백종현(2004). 철학의 주요개념: 철학 텍스트들의 내용 분석에 의거한 디지털 지식 자원 구축을 위한 기초적 연구. 철학사상, 별책 2(1a).
백종현(2013). 유가의 '도'와 스토아학파의 '로고스'. 철학사상, 50, 3-33.
사이토 다가시(2008). 座右のニーチェ 突破力が身につく本. 이정은 역(2015). 곁에 두고 읽는 니체: 내 인생에 힘이 되어준 니체의 말. 서울: 홍익출판사.
서영채(2013). 인문학 개념정원. 서울: 문학동네.
서울대학교 철학사상연구소(2015). 데카르트에서 들뢰즈까지: 이성과 감성의 철학사. 서울: 세창출판사.
석영중(2015). 자유: 도스토예프스키에게 배운다. 서울: 예담.
소광희(2002). 시간의 철학적 성찰. 서울: 문예출판사.
손경민(2015). 니체 철학에서 실재의 문제. 서울대학교 대학원 박사학위논문.
손봉호(1995). 칸트와 형이상학. 서울: 민음사.
손인수(2001). 교육사 교육철학의 이론과 실제. 서울: 문음사.
송언근(2003). 존재론적 구성주의와 지리 교육. 서울: 교육과학사.
송영배(2002). 하이데거의 존재 개념에 대한 시론. 서울대학교 철학사상연구소. 철학사상, 15,

119-140.

승계호, 엄정식, 김재희, 백승영, 이승종, 강진호, 선우환, 김희정, 송영진, 김재호, 정대현(2008). 서양철학과 주제학-승계호의 철학과 해석혁명. 서울: 아카넷.

신혜경(2013). 벤야민과 아도르노: 대중문화의 기만 혹은 해방. 서울: 김영사.

안인희(1996). 현대 교육 고전의 이해. 서울: 이화여자대학교 출판부.

양대종(2010). 정동(情動)들의 위계질서에 대한 고찰: 힘에의 의지를 중심으로. 니체연구, 22, 7-40.

양대종(2011). 교육적 욕망의 진위에 대하여: 니체의 교육론과 민주주의 비판을 중심으로. 철학연구, 44, 99-139.

양대종(2012). 서양철학의 정신도야 모델에 대한 고찰: 플라톤과 니체를 중심으로. 교육철학, 48, 247-277.

양홍권(2012). 신자유주의적 세계화와 평생교육의 과제. 평생교육학연구, 18(2), 103-130.

엄태동(2016). 하이데거와 교육: 인간다움과 교육적 삶. 서울: 교육과학사.

연세대학교 교육철학연구회(2000). 위대한 교육사상자들Ⅳ. 서울: 교육과학사.

오병남, 민형원(1990). 예술작품의 근원. 서울: 경문사.

오인경, 최정임(2012). 교육 프로그램 개발 방법론. 서울: 학지사.

오인탁, 강상희, 고경화, 고래억, 고용한, 김진숙, 김창환, 박보영, 문성모, 오춘희, 윤재흥, 이상오, 정혜영, 최재성, 황금중(2006). 교육학연구의 논리. 서울: 학지사.

오춘희(2008). 칼 포퍼. 연세대학교 교육철학연구회 편. 위대한 교육사상가들Ⅶ. 서울: 교육과학사.

오혁진, 김미향(2010). 한국 사회교육사의 연구동향 및 성과 검토. 평생교육학연구, 16(4), 191-221.

우정길(2011). 학회지를 통해 본 교육철학 연구동향. 교육철학연구, 33(2), 79-100.

우치다 타츠루(2010). *寝ながら學べる構造主義*. 이경덕 역(2012). 푸코, 바르트, 레비스타로스, 라캉 쉽게 읽기. 서울: 갈라파고스.

유네스코 21세기세계교육위원회. 김용주 외 역(1997). 21세기 교육을 위한 새로운 관점과 전망: 유네스코 21세기 세계교육위원회 종합보고서. 서울: 오름.

유네스코 한국위원회(1975). 평생교육. 서울: 유네스코 한국위원회.

유재봉(2002). 피터스. 연세대 교육철학연구회 편. 위대한 교육사상가들Ⅴ. 서울: 교육과학사.

유현옥(2004). 평생학습 사회에서의 교육철학의 역할과 과제. 교육철학, 31, 111-128.

유현옥(2005). 평생학습사회의 교육현실변화와 교육철학 연구의 과제. 평생교육학연구, 11(2), 141-160.

윤여각(2015). 평생교육 개념의 재검토: 유네스코 랑그랑, 포르, 다베, 들로 보고서를 중심으로.

평생교육학연구, 21(4), 31-53.

이관춘(2015a). 니체, 세월호 성인교육을 논하다. 서울: 학지사.

이관춘(2015b). 니체(F. Nietzsche) 사상에 비춰본 세월호 참사와 성인교육의 과제. *Andragogy Today, 18*(3), 1-21.

이관춘(2018). 거리의 파토스: 인문학, 성인인성교육을 논하다. 서울: 학지사.

이관춘(2021). 평생교육철학(근간). 서울: 학지사.

이기연(2006). 주부학생의 학습체험에 나타난 학습의 의미. 평생학습사회, 2(1), 63-94.

이남인(2012). 현상학과 해석학: 후썰의 초월론적 현상학과 하이데거의 해석학적 현상학. 서울: 서울대학교 출판문화원.

이동윤(2019). 나딩스 교육론의 사상적 배경에 관한 연구. 교육연구논총, 40(3), 83-101

이만성(1984). 연역법과 귀납법의 한계와 범주. 제주대학교 논문집, 19, 227-244.

이병석(2019). 자동차관리법상의 이른바 '자율주행자동차'라는 것의 개념을 둘러싼 몇몇 입법과제. 법제연구, 56.

이병승(2001). 교육받은 사람의 개념: 듀이와 피터스를 중심으로. 교육철학, 19, 87-103.

이병창(2016). 현대철학 아는척하기. 서울: 팬덤북스.

이상오(2016). 지식의 탄생. 서울: 한국문화사.

이서규(2013). 카뮈의 부조리철학에 대한 고찰. 철학논집, 25, 139-178.

이선일(2003). 하이데거의 존재와 시간. 철학사상, 2(12), 93-94.

이수정(2017). 편지로 쓴 철학사 II. 전통편-탈레스에서 헤겔까지. 서울: 에피파니.

이우진(1993). 니체의 교육적 인간상 탐구. 서울대학교 교육학대학원 석사학위논문.

이정우(2008). 신족과 거인족의 투쟁. 서울: 한길사.

이정우(2014). 문명이 낳은 철학 철학이 바꾼 역사. 서울: 도서출판 길.

이정우(2018). 세계 철학사1: 지중해 세계의 철학. 서울: 도서출판 길.

이종원(1999). 급진적 구성주의와 Piaget의 재발견. 초등교육연구논총, 13.

이주강(2012). 소크라테스와 왕양명의 지행합일설에 관한 연구. 원불교사상과 종교문화, 52, 245-275.

이지연(2013). 한국성인교육학의 연구동향 고찰: 'Andragogy Today'와 '평생교육학연구'를 중심으로. *Andragogy Today, 16*(3), 185-209.

이진경(2006). 철학의 외부. 서울: 그린비.

이진경(2013). 삶을 위한 철학수업: 자유를 위한 작은 용기. 경기: 문학동네.

이진경(2014). 철학과 굴뚝청소부. 서울: 그린비.

이진우(1999a). 니체와 아시아적 사유. 철학연구, 53, 203-223.

이진우(1999b). 자유의 한계 그리고 공동체주의. 철학연구회, 1999년도 춘계연구발표회 특집, 84-100.
이진우(2001). 글쓰기와 지우기의 해석학: 데리다의 "문자론"과 니체의 "증후론"을 중심으로. 니체연구, 4, 29-59.
이진우(2010a). 니체, 실험적 사유와 극단적 사상. 서울: 책세상.
이진우(2010b). 니체의 짜라투스트라를 찾아서. 서울: 책세상.
이진우(2013). 제1부: 니체와 진화 및 과학기술의 문제 : 인간 극복과 니체의 트랜스휴머니즘. 니체연구, 24, 87-118.
이진우(2015). 니체의 인생강의. 서울: 휴머니스트
이형행(2008). 교육학 개론. 서울: 양서원.
전경진(2010). 니체의 관점주의에 대한 로티의 해석. 니체연구, 17, 115-138.
정경훈(2015). 외모 욕망, 어떻게 볼 것인가?. 르몽드 디플로마티크, 79, 34-35.
정도언(2017). 프로이트의 의자. 서울: 인플루엔셜.
정동호(2013). 피코, 다윈, 니체. 니체연구, 5.
정동호(2014). 니체. 서울: 책세상.
정동호(2015). Nietzsche 해설. 차라투스트라는 이렇게 말했다. 정동호 역. 니체전집 13권. 서울: 책세상.
정민승(2010). 성인학습의 이해. 서울: 에피스테메.
정영도(1996). 니체의 차라투스트라에 있어서 정신의 발전과정. 니체연구, 2, 1-23.
정영도, 정동호, 강동균, 오용득, 김미기, 정철호, 성진기, 전봉주, 김정현, A. Cesana, 심의식, 곽만연, K. Salamun, 김은철(1999). 니이체 철학의 현대적 이해와 수용. 서울: 세종출판사.
정영수(2010). 무한긍정과 힘의 반복으로서의 존재론: 니체의 영원회귀사상에 대하여. 서강인문논집, 27, 217-263.
정윤경(2000). 나딩스(Nel Noddings)의 배려윤리와 도덕교육. 한국교육, 27(1), 1-29.
정윤경(2010). 니체의 관점주의와 교육. 교육철학, 50, 207-234.
정은해(2010). 현대존재론. 서울: 철학과 현실사.
정태창(2011). 아도르노 철학에서의 이성의 파괴: 계몽의 변증법에 대한 정치철학적 비판. 철학사상, 40, 167-205.
정헌이(1998). 반고흐의 〈낡은 구두〉: 하이데거, 메이어 샤피로, 자크 데리다의 논쟁을 중심으로. 서양미술사학회 논문집, 10, 59-81.
조수경(2014). 니체, 깨어있음의 교육. 철학논총, 75(1), 291-311.
조순옥(2014). 유네스코 평생교육 논의에서 나타난 평생교육기관으로서 학교의 어제와 오늘. 한

국평생교육, 2(1), 55-80.
주성호(2015). 세잔의 회화와 메를로-퐁티의 철학. 철학사상, 57, 267-299.
진은영(2007a). 나가르주나와 니체 – '영원회귀'에 대한 고찰. 시와 세계, 18, 166-189.
진은영(2007b). 니체, 영원회귀와 차이의 철학. 서울: 그린비.
진은영(2008). 탈민족시대의 국가, 민족 정체성에 대한 고찰: "민족국가(Nationalstaat)"에 대한 니체의 견해를 중심으로. 시대와 철학, 19(2), 241-274.
진태원, 한정헌(2015). 문명이 낳은 철학, 철학이 바꾼 역사: 근대와 탈근대 사이에서. 서울: 도서출판 길.
철학아카데미(2013). 처음 읽는 프랑스 현대철학. 서울: 동녘.
최상욱(2015). 차라투스트라는 이렇게 말했다: 메타포로 읽기. 서울: 서광사.
최수연(2019). 니체철학에 함의된 '나', '너'의 성인교육학적 재해석. *Andragogy Today, 22*(3), 55-79.
최수연(2021). 평생학습, 니체는 이렇게 말했다. 서울: 학지사.
최수연, 최운실(2015). 니체의 사유방식에서 본 평생교육의 본질로서의 영성. *Andragogy Today, 18*(2), 19-42.
최순영(2010a). 니체의 귀족적 개인주의. 니체연구, 18, 93-123.
최순영(2010b). 니체의 위버멘쉬와 고귀한 삶 그리고 정치. 정치사상연구, 16(2), 167-190.
최순영(2012). 니체의 인간관과 교육철학: 종말인(der letzte Mensch) 비판과 위버멘쉬의 교육철학적 의의를 중심으로. 니체연구, 21, 85-112.
최진경(2010). 평생교육학의 선구자 코메니우스의 범교육학에 나타난 평생교육이해와 시사점. 평생교육학연구, 16(1), 113-132.
추병완(2000). 구성주의의 교육적 함의. 교육과정평가연구, 3(1), 1-15.
틱낫한. 살아 계신 붓다, 살아 계신 그리스도. 오강남 역(1997). 서울: 한민사.
한숭희(2006). 평생교육론: 평생학습사회의 교육학(2판). 서울: 학지사.
한숭희(2007). 평생교육론: 평생학습사회의 교육학. 서울: 학지사.
한자경(2016). 자아의 연구: 서양 근 현대 철학자들의 자아관 연구. 서울: 서광사.
한준상(1999). 호모 에루디티오. 서울: 학지사.
한준상(2002). 학습학. 서울: 학지사.
홍사현(2013). 니체는 왜 다윈을 비판했는가?: 니체와 다윈의 진화론적 사유 비교를 위한 예비연구. 니체연구, 23, 69-100.
홍사현(2014). 교육 속의 야만. 니체연구, 26, 124-184.
홍일립(2017). 인간본성의 역사. 서울: 에피파니.

Ackrill, J. L. (1965). Aristotle's distinction between energeia and kinesis. In R. Bambrough (Ed.), *New Essays on Plato and Aristotle*. Routledge & Kegan Paul.

Adler, M. (1969). *How to think about the great ideas*. 최홍주 역(2000). 개념어 해석. 서울: 모티브북.

Adorno, T. W., & Horkheimer, M. (1944). *Dialektik der Aufklärung: Philosophische Fragmente*. 김유동 역(2001). 계몽의 변증법: 철학적 단상. 서울: 문학과 지성사.

Allen, V., & Axiotis, A. (2001). Pathein Mathein: Nietzsche on the birth of education. In M. Peters et al. (Eds.), *Nietzsche's legacy for education* (pp. 19-33.)

Allison, D. B. (1985). *The New Nietzsche: Contemporary Styles of Interpretation*. The MIT Press.

Aloni, N. (1989). The three pedagogical dimensions of Nietzsche's philosophy. *Educational Theory, 39*(4), 301-306. University of Illinois.

Aloni, N. (1997). A Redepinition of Liberal and Humanistic Education. *International Review of Education-Internationale Zeitschrift für Erziehungswissenschaft, Revue Internationale de l'Education, 43*(1), 87-107.

Alter, T., & Howell, R. J. (2009). *A dialogue on consciousness*. 한재호 역(2018). 심야의 철학도서관. 서울: 글항아리.

Aristotele. *Aristotele's Ethica Nocomachea*. 강상진, 김재홍, 이창우 공역(2014). 니코마코스 윤리학. 서울: 도서출판 길.

Ashton, P, T. (1992). Editorial. *Journal of Teacher Education, 43*(5). 배영주 역(2005). 자기주도학습과 구성주의. 서울: 원미사.

Augustine (AD 397). *Confessiones*. 성염 역(2018). 고백록. 서울: 경세원.

Augustinus (AD 390). *De Vera Religione*. 성염 역(2011). 참된 종교. 서울: 분도출판사.

Aurelius, M. (1968). *Ta Eis Heauton: The Meditations of the Emperor Marcus Antoninus*. 천병희 역(2016). 명상록: 어느 황제의 일기. 서울: 도서출판 숲.

Aviram, A. (1991). Nietzsche as educator? *Journal of Philosophy of Education*, *25*(2), 219-234.

Aydin, C. (2007). Nietzsche on Reality as Will to Power: Toward an "Organization-Struggle" Model. *Journal of Nietzsche Studies, 33*(1), 25-48. Pen State University Press.

Badiou, A., & Roudinesco, E. (2012). *Jacques Lacan, Passe Present*. 현성환 역(2013). 라캉, 끝나지 않은 혁명. 서울: 문학동네.

Bailey, C. (1988). Lifelong education and liberal education. *Journal of Philosophy of Education*,

22(1), 121-126.

Bailey, R. Barrow, R. & McCarthy, C. L. (2010). *The sage handbook of philosophy of education*. 이지헌 역(2013). **교육철학1: 이론과 역사**. 서울: 학지사.

Baudrillard, J. (1981). *Simulacres et simulation*. 하태환 역(2013). **시뮬라시옹**. 서울: 민음사.

Beauvoir, S. (1944). *Pyrrhus et Cineas*. 박정자 역(2016). **모든 사람은 혼자다**. 서울: 꾸리에.

Behler, E. (1988). *Derrida-Nietzsche, Nietzsche-Derrida*. Muchen: Ferdinand Schoingh.

Bennett, J. (1984). *A study of spinoza's ethics*. Cambridge: Cambridge University Press,

Bentham, J. (1823). *An Introduction to the principles of morals and legislation*. London: Oxford at the clarendon press. (http://oll.libertyfund.org/titles/bentham-an-introduction-to-the-principles-of-morals-and-legislation)

Berlin, I. (1969a). Two concepts of liberty. *Four essays on liberty*. Oxford, England: Oxford University Press.

Berlin, I. (1969b). *Liberty: Incorporating four essays on liberty*. 박동천 역(2019). **이사야 벌린의 자유론**. 서울: 아카넷.

Biesta, G. (2006). What's the point of lifelong learning if lifelong learning has no point? On the Democratic deficit of policies for lifelong learning. *European Educational Research Journal, 5*(3&4), 169-180.

Bingham, C. (1998). The goals of language, the language of goals: Nietzsche's concern with rhetoric and its educational implications. *Educational Theory*, *48*(2), 229-240.

Bingham, C. (2001). What Friedrich Nietzsche cannot stand about education: Toward a pedagogy of self-reformulation. *Educational Theory, 57*(3), 337-352.

Blake, N., Psmyers, P., Smith, R., & Standish, P. (2003). *(The) Blackwell Guide to the Philosophy of Education*. 강선보, 고미숙, 권명옥 공역(2009). **현대 교육철학의 다양한 흐름 I & II**. 서울: 학지사.

Bollnow, O. F. (1958). *Die Lebenphilosophie*. 백승균 역(1980). **삶의 철학**. 서울: 경문사.

Bollnow, O. F. (1959). *Existenzphilosophie und Padagogik*. 윤재홍 역(2008). **실존철학과 교육학: 비연속적 교육형식의 모색**. 서울: 학지사.

Bollnow, O. F. (2008). *Existenzphilosophie und padagogik* (6th ed). 윤재홍 역(2008). **실존철학과 교육학**. 서울: 학지사.

Borg, C., & Mayo, P. (2005). The EU Memorandum on lifelong learning. Old wine in new bottles?. *Globalisation, Societies and Education*, *3*(2), 203-225.

Borges, J. L., & Barnstone, W.(1982). *Borges at Eighty*. 서창렬 역(2015). 보르헤스의 말: 언어의 미로 속에서, 여든의 인터뷰. 서울: 마음산책.

Borges, J. L., & Barnstone, W.(1982). *Borges at Eighty: Conversations*. 서창렬 역(2015). 보르헤스의 말: 언어의 미로 속에서, 여든의 인터뷰. 서울: 마음산책.

Boshier, R. (2004). Meanings and manifestations of the Anarchist-Utopian ethos in adult education. *Prodeedings of the Joint International Conference of the Adult Education Research Conference and the Canadian Association for the Study of Adult Education*, 53-58. University of Victoria, BC.

Bossart, Y. (2014). *Ohne heute gabe es morgen kein gestern*. 이원석 역(2020). 세상과 생각을 여는 철학자의 사고실험. 서울: 북캠퍼스.

Breazeale, D. (1979). *Philosophy and Truth*. New York: Humanity Books.

Brookfield, S. D. (1984). The meaning of adult education: The contemporary relevance of Eduard Lindeman. *Teachers College Record, 85*(3).

Brookfield, S. D. (2005). *The power of critical theory for adult learning and teaching*. 기영화, 김선주, 조윤정 공역(2009). (성인학습을 위한) 비판이론: 성인의 삶과 학습에 대한 희망의 담론. 서울: 학지사.

Buber, M. (1923). *Ich und Du*. 표재명 역(2018). 나와 너. 서울: 문예출판사.

Buss, D. M. (2003). *The Evolution Of Desire*. 전중환 역(2007). 욕망의 진화. 서울: 사이언스북스.

Carneiro, R., & Draxler, A. (2008). Education for the 21st century: lessons and challenges. *European Journal of Education, 43*, 149-160.

Carneiro, R. (2015). Learning: The Treasure within-Prospects for Education in the 21st Century. *European Journal of Education, 50*(1), 101-112.

Cathcart, T. (2013). *The trolley problem*. 노승영 역(2015). 누구를 구할 것인가? 서울: 문학동네.

Chalmers, A. F. (1976). *What is this thing called science?* 신중섭, 이상원 공역(2003). 과학이란 무엇인가? 서울: 서광사.

Chodorow, N. (1981). On the reproduction of mothering; A methodological debate. *Signs, 6*, 555-514

Christie, M. F. (1995). Schools for Life: Grundtvig's Philosophy of Adult Education. *Australian Journal of Adult and Community Education, 35*(3), 187-192.

Church, J. (2006). Draming of the True Erotic: Nietzsche's Socrates and the Reform of Modern Education. *History of Political Thought, XXVII*(4), 685-710.

Cooper, D. E. (1983). On Reading Nietzsche on Education. *Journal of Philosophy of Education, 17*(1), 119-126.

Corman, L. (1982). *Nietzsche psychologue des profondeurs*. 김웅권 역(1996). 깊이의 심리학자 니체. 서울: 어문학사.

Cranston, M. (1967). *Freedom: A new analysis*. 황문수 역(1990). 자유란 무엇인가. 서울: 문예출판사.

Creswell, J. W. (2007). *Qualtative inquiry & research design: Choosing among five approaches*. 조흥식, 정선욱, 김진숙, 권지성 공역(2010). 질적연구방법론: 다섯 가지 접근. 서울: 학지사.

Cropley, A. J. (1976). Some psychological reflections on lifelong education. In R. H. Dave (Ed.), *Foundations of Lifelong Education* (pp. 186-228). Oxford, Pergamon Press for the UNESCO Institute for Education.

Cuypers, S. E., & Martin, C. (2013). *R. S. Peters / Stefaan E. Cuypers*. 이병승 역(2017). 피터스의 교육사상. 서울: 서광사.

Dahlbeck, J. (2014). Towards a Pure Ontology: Children's bodies and morality. *Educational Philosophy and Theory*, *46*(1), 8-23.

Dave, R. H. (1975). Reflections on lifelong education and the school. *UIE monographs 3*. Hamburg: UNESCO Institute for Education.

Dave, R. H. (Ed.). (1976). *Foundations of lifelong education*. Oxford, Pergamon Press for the UNESCO Institute for Education.

Davis, B. (2004). *Inventions of teaching: A genealogy*. 심임섭 역(2014). 구성주의를 넘어선 복잡성 교육과 생태주의 교육의 계보학. 서울: 도서출판 싸아이알.

Davis, B. et al. (2000). *Engaging minds: Changing teaching in complex times*. 한승희, 양은아 공역(2008). 마음과 학습: 교육학의 복잡계적 접근. 서울: 교육과학사.

Dawkins, R. (2006). *The God Delusion*. 이한음 역(2007). 만들어진 신. 서울: 김영사.

Deleon, A. (1996). Learning to be in retrospect. *The UNESCO Courier*, 12-16.

Deleuze, G. (1962a). *Nietzsche et la Philosophie. Press Universitaires de France*. 신병순, 조영복 공역(1996). 니체, 철학의 주사위. 서울: 인간사랑.

Deleuze, G. (1962b). *Nietzsche et la Philosophie. Press Universitaires de France*. 이경신 역(2013). 니체와 철학. 서울: 민음사.

Deleuze, G. (1968). *Difference et Repetition. Press Universitaires de France*. 김상환 역(2004). 차이와 반복. 서울: 민음사.

Deleuze, G. (1985a). *Nietzsche and philosophy*. Columbia University Press.

Deleuze, G. (1985b). *Nietzsche and philosophy*. 박찬국 역(2007). **들뢰즈의 니체**. 서울: 철학과 현실사.

Deleuze, G. (1985c). Nomad thought. In D. B. Allison (Ed.), *The new Nietzsche*. MIT Press.

Delors, J. (2013). The treasure within: Learning to know, learning to do, learning to live together and learning to be. What is the value of that treasure 15 years after its publication? *Int Rev Educ, 59*, 319-330.

Delors, J., Mufti, I. A., Amagi, I., Carneiro, R., Chung, E., Geremek, B., … Nanzhao, Z. (1996). *Learning: The treasure within. Report to UNESCO of the International Commission on Education for the Twenty-first Century*. Paris: UNESCO.

Derrida, J. (1985). *The ear of the other: Otobiography, transference,* translation. Schocken, NY.

Descartes, R. (1641). *Meditationes de prima philosophia*. 이현복 역(1997). **성찰**. 서울: 문예출판사.

Descartes, R. (1911). *The Philosophical Works of Descartes*. trans. by G.R. T. Ross. Cambridge University Press, 〈Principia Philosophiae〉 I. L I.

Descartes, R. (2010). *Discours de la methode pour bien conduire sa raison, et chercher la verite dans les sciences*. 최명관 역(2010). **데카르트 연구: 방법서설 성찰**. 서울: 도서출판 창.

Dewey, J. (1916). *Democracy and education*. 이홍우 역(2007). **민주주의와 교육**. 서울: 교육과학사.

Dewey, J. (1938). *Experience and education*. 박철홍 역(2002). **경험과 교육**. 서울: 문음사.

Dewey, J. (1938). *Human nature and conduct*. New York: The Modern Library.

Dimopoulos, B. (2011). Nietzsche on History and Historical Education through Tragic Sense. *FILOZOFIA, 66*(1), 133-140.

Donnelly, N. (1992). Thinking about the teacher as art educator. *Irish Educational Studies*, *11*(1), 266-278.

Driver, R., Asoko, H., Leach, J., Mortimer, E., & Scott, P. (1994). Constructing scientific knowledge in the classroom. *Educational Researcher, 23*(7), 5-12.

Drucker, P. (1999). *Management challenges for the 21st century*. 이재규 역(2006). **21세기 지식경영**. 서울: 한국경제신문사.

Drummond, J. S. (2000). Nietzsche for nurses: caring for the Übermensch. Blackwell Science Ltd, *Nursing Philosophy*, *1*, 147-157.

Dunlap, A. (2014). *Lacan and religion*. London: Routledge.

Durant, W. (1978). *The story of philosophy: The lives and opinions of the greatest philosophy*.

황문수 역(2010). 철학이야기. 서울: 문예출판사.

Elfert, M. (2015). UNESCO, the Faure Report, the Delors Report, and the Political. Utopia of Lifelong Learning. *European Journal of Education*, *50*(1), 88-100.

Elias, J. (1993). *Paulo freire: Pedagogue of liberation.* 한국교육연구네트워크, 김석규, 김언순, 심성보, 유성상, 이성우, 이우진 공역(2014). 프레이리와 교육: 해방의 교육자. 서울: 살림터.

Elias, J. L., & Merriam, S. (1980). *Philosophical foundations of adult education*. Malabar, Fl: Robert E. Krieger.

Elias, J. L., & Merriam, S. (1994). *Philosophical foundations of adult education.* 기영화 역(2002). 성인교육의 철학적 기초. 서울: 학지사.

Eliyahu, R. (2001). Nietzsche's Educational Legacy Revised. A review of Michael Peters and P. Smeyers (Eds.), *Nietzsche's legacy for education: Past and present values*. Westport, Connecticut: Bergin & Garvey.

Ellis, H. (2010). *Affirmations.* 최선임 역(2010). 니체의 긍정철학. 서울: 지식여행.

Epiktetos (AD c. 125). *Enchiridion of epictetus*. 김재홍 역(2003). 엥케이리디온: 도덕에 관한 작은 책. 서울: 까치글방.

Evans, J. (2012). *Philosophy for life and other dangerous situations.* 서영조 역(2012). 철학을 권하다. 서울: 더퀘스트.

Faure, E., Herrera, F., Kaddoura, A. R., Lopes, H., Petrovsky, A., Rahnema, M., & Ward, F. C. (1972). *Learning to Be: The world of today and tomorrow*. Paris: UNESCO; London: Harrap.

Fennell, J. (1999). Bloom and his critics: Nietzsche, nihilism, and the aims of education. *Studies in Philosophy and Education, 18*(6), 405-434; especially, 419-423.

Fennell, J. (2005). Nietzsche Contra "Self-Reformulation". *Studies in Philosophy and Education*, *24*, 85-111.

Fink, E. (1960). *Nietzsches Philosophie.* 하기락 역(1984). 니이체 철학. 서울: 형설출판사.

Fisher, J. C., & Podeschi, R. L. (1989). From Lindeman to Knowles: A change in vision. *International Journal of Lifelong Education, 8*(4), 345-353.

Fitzsimons, P. (2001). Ethics and difference: A critique of R. S. Peters ethics and education. In M. Peters et al. (Eds.), *Nietzsche's legacy for education* (pp. 57-72).

Fitzsimons, P. (2001). Revaluing the self: Nietzsche's critique of liberal education. In M. Peters et al. (Eds.), *Nietzsche's legacy for education* (pp. 139-153).

Fitzsimons, P. (2010). Nietzsche, Ethics and Education: An account of difference Rotterdam. *Educational Philosophy and Theory, 42*(1), 142-145.

Foucault, M. (1984). Nietzsche, genealogy, history. In P. Rabinow (Ed.), *The Foucault reader* (pp. 76-100). New York: Pantheon Books.

Freire, P.(1968). *Pedagogy of the oppressed*. 성찬성 역(1995). 페다고지: 억눌린 자를 위한 교육. 서울: 한마당.

Fromm, E. (1976). *To Have or To Be?* London, New York: Continuum.

Fromm, E. (1996a). *To Have or To Be?* 최혁순 역(1999). 소유냐 존재냐. 서울: 범우사.

Fromm, E. (1996b). *To Have or To Be?* 정성환 역(2006). 소유냐 삶이냐. 서울: 홍신문화사.

Fromm, E. (1996c). *To Have or To Be?* 차경아 역(2007). 소유냐 존재냐. 서울: 까치글방.

Gallagher, S. (1992). Hermeneutics and education. *SUNY series in contemporary continental philosophy*. SUNY press.

Gert, B. (2006). What' the Point of Lifelong Learning if Lifelong Learning Has No Point? On the Democratic Deficit of Policies for Lifelong Learning. *European Educational Research Journal*, *5*(3), 169-180.

Giacomo, G. (1966). Nietzsche and the Greeks: Identity, Politics, and Tragedy. *Polity*, *28*(4), 415-444.

Gilligan, C., & Attanucci, J. (1988). Two moral orientations: Gender differences and similarities. *Merrill-Palmer Quarterly*, *34*, 223-237

Gilson, E. (1952). *Being and some philosophers*. 정은해 역(1992). 존재란 무엇인가 : 존재론의 쟁점과 그 전개 과정. 서울: 서광사.

Gitterman, A. (2004). Interactive Andragogy. *Journal of Teaching in Social Work*, *24*(3-4), 95-112.

Glasser, W. (1984). *Control theory, a new explanation of how we control our life*. 김인자 역(2003). 당신의 삶은 누가 통제하는가? 서울: 한국심리상담연구소.

Glucksmann, A. (1977). *Les maitres penseurs*. 박정자 역(2017). 사상의 거장들. 서울: 도서출판 기파랑.

Goodman. P. (1964). *Compulsory miseducation*. Horizon Press.

Gordon, H. (1980). Nietzsche's Zarathustra as Educator. *Journal of Philosophy of Education, 14*(2), 181-192.

Gordon, M. (2014). On the Dangers of Antiquarian Investigations: Nietzsche, the Excesses of History, and the Power of Forgetting, *Educational Philosophy and Theory, 47*(7), 1-11.

Gregory, M. (2001). The Perils of Rationality: Nietzsche, Peirce and education. *Educational Philosophy and Theory*, *33*(1), 23-34.

Guthrie, W. K. C. (1960). *The Greek philosophers–From Thales to Aristotle*. 박종현 역(2000). 희랍 철학 입문: 탈레스에서 아리스토텔레스까지. 서울: 서광사.

Habermas, J.(1981). *Communicative action*. 장춘익 역(2006). 의사소통 행위이론. 서울: 나남출판사.

Hadot, P. (1995). *Qu'est-ce que la philosophie antique?* 이세진 역(2017). 고대철학이란 무엇인가. 서울: 열린책들.

Hamer, S. (1998). Governing yourself. *Nursing Management,* 5(6), 25-27.

Harari, Y, N. (2004). *Renaissance Military Memoirs / Harari, Yuval Noah*. 김승욱 역(2019). 유발 하라리의 르네상스 전쟁회고록. 서울: 김영사.

Harold, L. (1977). The educational thought of Nietzsche. *Department-of Social Foundations of Education*. McGill University. pp. 1-163.

Harold, L. (1992). *Was heisst Denken?* 권순홍 역(2014). 사유란 무엇인가. 서울: 길.

Hegel, G. W. F. (1807). *Phänomenologie des Geistes.* 임석진 역(2005). 정신현상학 1. 서울: 한길사.

Hegel, G. W. F. (1820). Elements of the philosophy of right. trans. by T. M. Knox (1952).

Heidegger, M., & David, F. K. (1991a). *Nietzsche* Vol. 1: The Will to Power as Art, Vol. 2: The Eternal Recurrance of the Same.

Heidegger, M. (1927). *Sein und Zeit*. 이기상 역(2013). 존재와 시간. 서울: 까치.

Heidegger, M. (1944). *Erlauterungen zu Holderlins Dichtung.* 신상희 역(2009). 횔덜린 시의 해명. 서울: 아카넷.

Heidegger, M. (1952). *Der ursprung des kunstwerkes*. 오병남, 민형원 공역(1986). 예술작품의 근원. 서울: 경문사.

Heidegger, M. (1954). *The Question concerning Technology*. 이기상 역(1993). 기술과 전향. 서울: 서광사.

Heidegger, M. (1957). *Identität und Differenz*. 신상희 역(2001). 동일성과 차이. 서울: 민음사.

Heidegger, M. (1961). *Nietzsche: Der europaische Nihilismus. Klett-Cotta*. 박찬국 역(1996). 니체와 니힐리즘. 서울: 지성의 샘.

Heidegger, M. (1961). *Nietzsche I* . 김정현 역(1991). 니체철학강의 1: 예술로서의 힘에의 의지. 서울: 이성과 현실.

Heidegger, M. (1961, 1991). *Nietzsche, Vol. 1: The Will to Power as Art, Vol. 2: The Eternal Recurrance of the Same Nietzsche I* . 박찬국 역(2010). 니체 I . 서울: 길.

Heidegger, M. (1988). *The basic problems of phenomenology*. trans. by A. Hofstadter. Bloomington: Indiana University Press.

Herbart, J. F. (1913). *Outlines of educational doctrine*. New York: Macmilian & Co.

Herbart, J. F. (1994). *Allgemeine pädagogik*. 김영래 역(2006). **헤르바르트의 일반 교육학**. 서울: 학지사.

Hillesheim, J. W. (1986). Suffering and self-cultivation: The case of Nietzsche. *Educational Theory*, *36*(2), 171-178.

Hillesheim, J. W. (1990). Nietzschean images of self-overcoming: Response to Rosenow. *Educational Theory, 40*(2), 301-306.

Hobbes, T. (1651). *Leviathan*. 신재일 역(2007). **리바이어던: 만인의 만인에 대한 투쟁을 중단하라**. 서울: 서해문집.

Höffe, H. O. (1994). *Klassiker der philosophie Vol. 1&2*. 김석수 외 공역(2014). **철학의 거장들: 근대편1_베이컨에서 흄까지**. 서울: 한길사.

Höffe, H. O. (1994). *Klassiker der philosophie Vol. 1&2*. 이진우 외 공역(2014). **철학의 거장들: 니체에서 사르트르까지**. 서울: 한길사.

Hollingdale, R. J. (1965). *Nietzsche: The man and his philosophy*. Baton Rouge, Louisiana: Louisiana State University Press.

Hollingdale, R. J. (1965). *Nietzsche: The man and his philosophy*. 김기복, 이원진 공역(2004). **니체, 그의 삶과 철학**. 서울: 이제이북스.

Holt. J. (1964). *Why children fail*. Pitman Publishing Company.

Horkheimer, M. (1947). *Zur Kritik der instrumentellen Vernunft (Eclipse of Reason)*. 박구용 역(2017). **도구적 이성 비판**. 서울: 문예출판사.

Horkheimer, M. (1974). *Eclipse of reason*. New York: The Continuum Publishing Company.

Hormer, S. (1970). *Les formations de l'inconscient*. 김서영 역(2014). **라캉 읽기**. 서울: 은행나무.

Hösle, V. (2013). *Eine geschichte der Deutschen philosophie*. 이신철 역(2015). **독일철학사: 독일정신은 존재하는가**. 서울: 에코.

Hume, D. A. (1987). *Treatise of human understanding, Selby-Bigge*. Oxford, New York: Oxford University Press.

Husén, T. (1974). *The learning society*. London: Methuen.

Hutchins, R. M. (1942). *Education for freedom*. 송준석 역(1994). **자유를 위한 교육**. 서울: 학지사.

Hutchins, R. M. (1968). *The learning society*. Frederick A. Praeger, Inc.

Illich, I. (1970). *Deschooling society*. Harper & Brothers.

Irwin, F. R. (2001). Nietzsche: Deleuze, Foucault and genealogy as a method for education. In M. Peters et al. (Eds.), *Nietzsche's legacy for education* (pp. 35-55).

Jaeger, W. (2003). *The theology of the early greek philosophers: The gifford*. Wipf and Stock.

Janaway, C. (Ed.). (1988). *Willing and nothingness: Schopenhauer as Nietzsche's Educator*. Oxford: Clarendon Press.

Jarvis, P. (1995). *Adult and continuing education: Theory and practice*. London: Routledge.

Jarvis, P. (2001). *20th century thinkers in adult & continuing education*. 강선보, 노경란, 김희선 공역(2011). 20세기 성인교육철학. 서울: 동문사.

Jarvis, P. (2004). *Adult education and lifelong learning: Theory and practice*. London, New York: Routledge.

Jarvis, P. (2006). *Towards a comprehensive theory of human learning*. London, New York: Routledge.

Jarvis, P. (2007). *Globalization, lifelong learning and the learning society*. New York: Routledge.

Jaspers, K. (1952). *Nietzsche und des Christentum*. 박준택 역(1978). 니체와 기독교. 서울: 박영사.

Jaspers, K. (1966). *Spinoza*. Hannah Arendt (Ed.), Ralph Manheim (trans.). New York and London: A Harvest books.

Jenkins, K. (1982). The dogma of Nietzsche's Zarathustra. *Educational Theory*, *16*(2), 251-254.

Johnston, J. S. (1945). The Need for a Philosophy of Adult Education. *Journal of Negro Education, 14*(3), pp. 272-282.

Johnston, J. S. (1998). Nietzsche as educator: A re-examination. *Educational Theory*, *48*(1), 67-83.

Johnston, J. S. (2001). Nietzsche, education and democracy. In M. Peters et al. (Eds.), *Nietzsche's legacy for education* (pp. 73-90).

Jonas, M., & Nakazawa, Y. (2008). Finding truth in 'Lies': Nietzsche's perspectivism and its relation to education. *Journal of Philosophy of Education, 42*(2), 269-285.

Jonas, M. E. (2008). A (R)evaluation of Nietzsche's Anti-democratic Pedagogy: The Overman, Perspectivism and Self-overcoming. *Stud Philos Education, 28*, 153-169.

Jonas, M. E. (2012). Gratitude, Ressentiment, and Citizenship Education. *Stud Philos Educ, 31*(1), 29-46.

Jonas, M. E. (2013). Overcoming Ressentiment: Nietzsche's Education For An Aesthetic Aristocracy. *History Of Political Thought, XXXIV*(4), 669-701.

Kafka, F. (1916). *Die Verwandlung*. 이재황 역(2005). 프란츠 카프카 변신. 서울: 문학동네.

Kalberg, S. (1980). Max Weber's Types of Rationality: Cornerstone for the Analysis of Rationalization Processes in History. *American Journal of Sociology, 85*(5), 1145-1179.

Kallen, D. (1996). Lifelong-learning in retrospect. *Vocational Training European Journal*, May-December, 8/9, 16-22.

Kant, I. (1781). *Kritik der reinen Vernuft*. 백종현 역(2006). 순수이성비판 1, 2. 서울: 아카넷.

Kant, I. (1785). *Grundlegung zur Metaphysik der Sitten*. 이원봉 역(2002). 도덕형이상학을 위한 기초 놓기. 서울: 책세상

Kant, I. (1787). *kritik der reinen Vernunft*. 백종현 역(2006). 순수이성비판. 서울: 아카넷.

Kant, I. (1803). Über Pädagogik. trans. by Annette Churton. *Kant on Education*. Boston: D. C. Heath & Co., Publishers, 1900.

Kaufmann, W., & Holingdale, R. J. (1967). *The will to power*. Random House.

Kaufmann, W. (1954; 1968; 1982). *The Portable Nietzsche*. N. Y: The Viking Penguin Inc.

Kaufmann, W. (1956). *Nietzsche: Philosopher, psychologist, Antichrist*. 김평옥 역(1986). 정신의 발견2: 니이체 · 하이데거 · 부버 편. 서울: 학일출판사.

Kaufmann, W. (1974). *Nietzsche: Philosopher, psychologist, antichrist*. Princeton: Princeton University Press.

Kaufmann, W. (2000). *Basic writings of Nietzsche*. N. Y: The Modern Library Edition.

Kazantzakis, N. (1946). *Βίος και Πολιτεία του Αλέξη Ζορμπά*. 이윤기 역(2000). 그리스인 조르바. 서울: 열린책들.

Keeves, J. P. (1999). Learning: The Treasure Within: An Introduction and Comment. Invitational Seminar on the Delors Report; Learning-The Treasure Within. Flinders University Institute of International Education; Flinders University, Adelaide, pp. 1-9.

Keith, A. P. (2005). *How to Read Nietzsche*. 서정은 역(2007). HOW TO READ 니체. 서울: 웅진지식하우스.

Kellogg, M. (2010). *Three questions we never stop asking*. 이진경 역(2014). 철학의 세 가지 질문. 서울: 지식의 숲.

Kenny, A.(2006). *The rise of modern philosophy*. 김성호 역(2016). 근대철학: 케니의 서양철학사 3권. 서울: 서광사.

Kiely, R., Sandmann, L. R., & Truluck, J. (2004). Adult learning theory and pursuit of adult degrees. *New Directions for Adult and Continuing Education, 103*, 17-30.

Kilgore, D. W. (2001). Critical and postmodern perspectives on adult learning. *New Directions for Adult and Continuing Education, 89*, 53-61.

King, M. (1964). *Heidegger's philosophy: A guide to his basic thought*. New York: Macmillan.

Kneller, G. F. 정희숙 역(2008). 교육철학이란 무엇인가. 경기: 서광사.

Knoll, J. H. (1997). OECD (Ed.): Lifelong Learning for All / Günther DOHMEN: Das lebenslange Lernen. *Internationales Jahrbuch der Erwachsenenbildung*, *25*(1), 230-234.

Knowles, M. S. (1969). Sequential Research Needs in Evolving Disciplines of Social Practice. *U.S. Department of health, education & welfare office of education*, 1-7.

Knowles, M. S. (1970). *The modern practice of adult education: Andragogy versus pedagogy*. New York: Association.

Knowles, M. S. (1972). Toward a Model or Lifelong Education. Working paper for Consultative Group on "Concept of Lifelong Education and Its Implications for School Curriculum." UNESCO, Institute for Education, Hamburg, Oct. 9-12, pp. 1-14.

Knowles, M. S. (1975). *Self-directed learning*. New York: Association Press.

Knowles, M. S. (1976). The Future Role of Libraries in Adult Education. Southeastern Librarian; Winter 1975, pp. 42-48. Paper presented at the Continuing Library Education Network and Exchange Assembly (First, Chicago, Illinois, January 23-24, 1976).

Knowles, M. S. (1980). *The modern practice of adult education: From pedagogy to andragogy*. New York: Association.

Knowles, M. S. (1989). *The making of an adult educator: An autobiographical journey*. San Francisco: Jossey-Bass.

Knowles, M. S. (1990). *The adult learners*. Houston: Gulf Publishing Company.

Knowles, M., Holton, E., & Swanson, R. (2005). *Adult learner: The definitive classic in adult education and human res.* 최은수 역(2010). 성인학습자: 성인교육과 HRD가 만나는 고전의 결정판. 서울: 아카데미프레스.

Kowakowski, L. (2008). *Why is there something rather than nothing?* 석기용 역(2010). 위대한 질문: 의문문으로 읽는 서양 철학사. 서울: 열린책들.

Kripke, S. (1982). *Wittgenstein on rules and private language*. Basil Blackwell Publishing. Part II, xi.

Kuhn, T. (2012). *The structure of scientific revolutions.* 김명자, 홍성욱 공역(2014). 과학혁명의 구조. 서울: 까치.

Lacan, J. (1977[1958]). The signification of the Phallus. *Ecrits: A Selection*. (trans. by A. Sheridan). London: Routledge. pp. 281-291.

Lacan, J. (1994). 욕망 이론. 권택영, 민승기, 이미선 공역(2017). 서울: 문예출판사.

Lacan, J. (1998). *The Seminar*: The Four Fundamental Concepts of Psychoanalysis (Book XI). (trans. by Alan Sheridan). New York: W. W. Norton.

Ladyman, J. (2002). *Understanding philosophy of science.* 박영태 역(2003). 과학철학의 이해. 서울: 이학사.

Lakoff, G., & Johnson, M. (1999). *Philosophy in the Flesh: The embodied mind and its challenge to Western thought.* 임지룡, 윤희수, 노양진, 나익주 공역(2018). 몸의 철학: 신체화된 마음의 서구 사상에 대한 도전. 서울: 도서출판 박이정.

Lawson, K. (1982). Lifelong Education: Concept or Policy? *International Journal of Lifelong Education*, *1*(2), 97-108.

Lee, M. & Friedrich, T. (2011). Continuously reaffirmed, subtly accommodated, obviously missing and fallaciously critiqued: Ideologies in UNESCO's lifelong learning policy. *International Journal of Lifelong Education, 30,* 151-169.

Lengrand, P. (1970). *An introduction to lifelong education.* London: Croom Helm.

Lengrand, P. (1975). *An introduction to lifelong education*. Paris: UNESCO.

Lengrand, P. (1975; 1994). L'omme de la réponse et l'omme de la question. *International Review of Education*, *40*(Special issue on lifelong education), 339-342.

Lengrand, P. (1986). *Areas of learning basic to lifelong education*. Hamburg UIE, Oxford: Pergamon Press.

Lengrand, P. (1989). Lifelong education: Growth of the concept. In C. J. Titmus (Ed.), *Lifelong education for adults: An international handbook.* Oxford: Pergamon Press.

Lindeman, E. C. (1926). *The meaning of adult education*. New York: New Republic, INC.

Lindeman, E. C. (1926). *The meaning of adult education.* 김동진, 강대중 공역(2013). 성인교육의 의미. 서울: 학이시습.

Lindeman, E. C. (1944). New Needs for Adult Education. *Annals of the American Academy of Political and Social Science*, Vol. 231, 115-122. Higher Education and the War.

Lindeman, E. C. (1961). *The meaning of adult education*. Montreal: Harvest House.

Louis, C. 김웅권 역(1996). 깊이의 심리학자 니체. 서울: 어문학사.

Madsbjerg, C., & Rasmussen, M. B. (2014). *The moment of clarity.* 박수철 역(2014). 우리는 무엇을 하는 회사인가? 서울: 타임비즈.

Magee, B. (1998). *The story of philosophy*. 박은미 역(2016). 철학의 역사. 서울: 시공사.

Malcolm, J., & Zukas, M. (2002). Making Meanings: Exploring Teachers' Thinking in Adult Education. *North Carolina State University,* pp. 249-254.

Maney, K. (2009). *Trade-off: Why some things catch on, and others don't.* 김명철 역(2010). 트레이드 오프. 서울: 랜덤하우스.

Manheimer, R. J. (2003). *Kierkegaard as educator*. 이홍우, 임병덕 공역(2003). 키에르케고르의 교육이론. 서울: 교육과학사.

Mann, T. (2006). *Schopenhauer, Nietzsche, Freud.* 원당희 역(2009). 쇼펜하우어 · 니체 · 프로이트: 토마스 만, 현대 지성을 논하다. 서울: 세창미디어.

Marinoff, L. (1999). *Plato Not Prozac.* 이종인 역(2000). 철학으로 마음의 병을 치료한다. 서울: 해냄.

Marshall, J. (2001). Nietzsche's new philosopher: The arts and the self. In M. Peters et al., *Nietzsche's legacy for education* (pp. 107-123).

Martin, B. (2001). Luce Irigaray celebrates Friedrich Nietzsche-and teaches sexual difference. In M. Peters et al. (Eds.), *Nietzsche's legacy for education* (pp. 167-185).

Marx, K. (1968). 김문현 역(2008). 경제학, 철학 초고, 자본론, 공산당선언, 철학의 빈곤. 서울: 동서문화사.

Marx, K. (2000). 최인호 역. 칼 맑스 프리드리히 엥겔스 저작 선집 제1권. 경기: 박종철출판사.

Maslow, A. (1998). *Maslow on management.* 왕수민 역(2013). 인간욕구를 경영하라. 서울: 리더스북.

Matheson, D., & Matheson, C. (1996). Lifelong learning and lifelong education: A critique. *Research in Post-Compulsory Education, 1*(2), 219-236;

Maturana, U. R., & Varela, F. J. (1984). *Der Baum der Erkenntnis.* 최호영 역(2018). 앎의 나무. 서울: 갈무리.

McKenzie. (1979). A response to Elias. *Adult Education, 29.*

Merleau-Ponty, M. (1945). *Phenomenologie de la perception*. 류의근 역(2018). 지각의 현상학. 서울: 문학과 지성사.

Merleau-Ponty, M. (2002). Maurice. trans. by Colin Smith. *Phenomenology of Perception*. Routledge.

Merriam, S. B., & Bierema, L. L. (2014). *Adult learning: Linking theory and practice*. San

Francisco: Jossey-Bass.

Merriam, S. B., Caffarella, R. S., & Baumgartner, L. M. (2007). *Learning in adulthood: A comprehensive guide*. 기영화, 홍성화, 조윤경, 김선주 공역(2009). 성인학습론(제3판). 서울: 아카데미프레스.

Mezirow, J. (1985). A critical theory of self-directed learning. In S. Brookfield (Ed.), *Self-directed learning: From theory to practice* (pp. 17-30). San Francisco: Jossey-Bass.

Mezirow, J. (1990). How critical reflection trggers transformative learning. In J. Mezirow & Associates (Eds.), *Fostering critical reflection in adulthood: A guide to transformative and emancipatory learning* (pp. 1-20). San Francisco: Jossey-Bass.

Mezirow, J. (1998). On Critical Reflection. *Adult Education Quarterly, 48*(3), 185-198.

Mezirow, J. (2000). Learning to think like an adult: Core concepts of transformation theory. In J. Mezirow & Associates (Eds.), *Learning as transformation: Critical perspectives on a theory in progress* (pp. 3-33). San Francisco: Jossey-Bass.

Mill, J. S. (1859). *On liberty*. 박홍규 역(2009). 자유론. 서울: 문예출판사.

Morton, A. (2004). *On evil*. 변진경 역(2015). 잔혹함에 대하여: 악에 대한 성찰. 경기: 돌베게.

Moshman, D. (1982). Exogeneous, endogenous, and dialectical constructivism. *Developmental Review, 2,* 371-384.

Moyn, S. (2013). The political origins of global justice. Elfert, M. (2015). UNESCO, the Faure Report, the Delors Report, and the Political Utopia of Lifelong Learning. *European Journal of Education, 50*(1), p. 89.

Nehamas, A. (1985). *Nietzsche: life as literature*. 김종갑 역(2013). 니체: 문학으로서의 삶. 서울: 연암서가.

Nettleship, R. L. (2012). *Lectures on the Republic of Plato*. 김안중, 홍윤경 공역(2010). 플라톤의 국가론 강의. 서울: 교육과학사.

Nettleship, R. L. (2012). *Lectures on the Republic of Plato*. 김안중, 홍윤경 공역(2013). 플라톤의 국가론 강의. 서울: 교육과학사.

Nietzsche, F., & Heidegger, M. *Nietzsche's God is dead*. 강윤철 역(2013). 니체의 신은 죽었다. 서울: 스타북스.

Nietzsche, F. W. (1864-1868). 김기선 역(2003). 니체전집 1권. 언어의 기원에 대하여 · 이러한 맥락에 관한 추정 플라톤의 대화 연구 입문 · 플라톤 이전의 철학자들 아리스토텔레스 수사학 I. 유고(1864년 가을~1868년 봄). 서울: 책세상.

Nietzsche, F. W. (1869-1872). *Nietzsche Werke, Kritische Gesamtausgabe, vol. Ⅲ 3: Nachgelassene Fr.* 최상욱 역(2001). 니체전집 4권. 유고(1869년 가을~1872년 가을). 서울: 책세상.

Nietzsche, F. W. (1870-1873). *Nietzsche Werke, Kritische Gesamtausgabe, vol. Ⅲ 2: Nachgelassene Sc.* 이진우 역(2013). 니체전집 3권. 유고(1870~1873년). 서울: 책세상.

Nietzsche, F. W. (1872). *Die Geburt der Tragödie & Unzeitgemäße Betrachtungen.* 이진우 역(2015). 니체전집 2권. 비극의 탄생 · 반시대적 고찰. 서울: 책세상.

Nietzsche, F. W. (1872-1874). *Nietzche Werke, Kritische Gesamtausgabe, Vol. 3: Nachgelassene Fragmen.* 이상엽 역(2008). 니체전집 5권. 유고(1872년 여름~1874년 말) 모든 것은 진정한 정점에서 그리고 하나로 만나다 외. 서울: 책세상.

Nietzsche, F. W. (1876-1879). *Nietzche Werke, Kritische Gesamtausgabe, Vol. 4-3: Nachgelas.* 강용수 역(2006). 니체전집 9권. 유고(1876년~1877/78년 겨울) 미학, 윤리학과 행복론에 관하여 외. 유고(1878년 봄~1879년 11월) 우화에 의한 헤시오도스의 예술 외. 서울: 책세상.

Nietzsche, F. W. (1878). *Nietzsche Werke, Kritische Gesamtausgabe, vol. Ⅳ-2: Menschliches, Al.* 김미기 역(2013). 니체전집 7권. 인간적인 너무나 인간적인 Ⅰ. 서울: 책세상.

Nietzsche, F. W. (1878). *Nietzsche Werke, Kritische Gesamtausgabe, vol. Ⅳ-3: Menschliches, Al.* 김미기 역(2013). 니체전집 8권. 인간적인 너무나 인간적인Ⅱ. 서울: 책세상.

Nietzsche, F. W. (1880-1881). *Nietzche Werke, Kritische Gesamtausgabe, Vol. 2. Nachgelassene Fragmen.* 최성환 역(2009). 니체전집 11권. 유고(1880년 초~1881년 봄) 맹신에 관해 외. 서울: 책세상.

Nietzsche, F. W. (1881). *Morgenrothe.* 박찬국 역(2008). 니체전집 10권. 아침놀. 서울: 책세상.

Nietzsche, F. W. (1881-1882). *Nietzsche werke. kritische gesamtausgabe: vol. 2.* 안성찬, 홍사현 공역(2014). 니체전집 12권. 즐거운 학문 · 메시나에서의 전원시 유고. 서울: 책세상.

Nietzsche, F. W. (1882-1884). *Walter de gruyter verlag.* 박찬국 역(2001). 니체전집 16권. 유고(1882년 7월~1883/84년 겨울) 살로메를 위한 타우텐브르크 메모들 외. 서울: 책세상.

Nietzsche, F. W. (1883-1885). *Also sprach Zarathustra.* 장희창 역(2006). 차라투스트라는 이렇게 말했다. 서울: 민음사.

Nietzsche, F. W. (1883-1885). *Nietzsche Werke, Kritische Gesamtausgabe, vol. VI-1: Also sprach Zara.* 정동호 역(2015). 니체전집 13권. 차라투스트라는 이렇게 말했다. 서울: 책세상.

Nietzsche, F. W. (1884). *Nietzche Werke, Kritische Gesamtausgabe, Vol. 7-2: Nachgelassene Fragm.* 정동호 역(2004). 니체전집 17권. 유고(1884년 초~가을) 영원회귀-하나의 예언 외. 서

울: 책세상.

Nietzsche, F. W. (1884-1885). *Nietzche Werke, Kritische Gesamtausgabe, Vol. 7-3: Nachgelassene Fragm.* 김정현 역(2004). 니체전집 18권. 유고(1884년 가을~1885년 가을) 시와 시 단편 들 외. 서울: 책세상.

Nietzsche, F. W. (1885-1887). *Nietzsche Werke, Kritische Gesamtausgabe. Vol. VIII 1.* 이진우 역(2005). 니체전집 19권. 유고(1885년 가을~1887년 가을) 원래 나는 나를 어느 정도 나 자신에게서 보호해 주고 외. 서울: 책세상.

Nietzsche, F. W. (1886-1887). *(Zur) Genealogie der Moral 1886-1887.* 김정현 역(2015). 니체전집 14권. 선악의 저편 · 도덕의 계보. 서울: 책세상.

Nietzsche, F. W. (1886-1889). *Nietzsche contra wagner.* 백승영 역(2015). 니체전집 15권. 바그너의 경우 · 우상의 황혼 · 안티크리스트 · 이 사람을 보라 · 디오니소스 송가 · 니체 대 바그너. 서울: 책세상.

Nietzsche, F. W. (1887). *Zur Genealogie der Moral.* 홍성광 역(2011). 도덕의 계보학. 서울: 연암서가.

Nietzsche, F. W. (1887-1888). *Nietzsche Werke, Kritische Gesamtausgabe, Vol. VIII 2: Nachgelassene.* 백승영 역(2000). 니체전집 20권. 유고(1887년 가을~1888년 3월) 원칙들과 미리 말하는 숙고들 외. 서울: 책세상.

Nietzsche, F. W. (1888-1889). *Nachgelassene Fragmente Anfang 1888 bis Anfang Januar 1889.* 백승영 역(2006). 니체전집 21권. 유고(1888년 초~1889년 1월 초) 생성과 존재 외. 서울: 책세상.

Nietzsche, F. W. (1964). *Der Wille zur Macht.* 강수남 역(2003). 권력에의 의지. 서울: 청하.

Nietzsche, F. W. (1968). Beyond good and evil (=BGE). In (trs. W. Kaufmann), *Basic writings of Nietzsche* (pp. 181-435). New York: The Modern Library.

Nietzsche, F. W. (1968). Ecce homo (=EH). In (trs. W. Kaufmann) *Basic writings of Nietzsche* (pp. 657-791). New York: The Modern Library.

Nietzsche, F. W. (1968). On the genealogy of morals (=GM). In (trs. W. Kaufmann), *Basic writings of Nietzsche* (pp. 449-599). New York: The Modern Library.

Nietzsche, F. W. (1968). The will to power (=WP). In (trs. W. Kaufmann and R. J. Hollingdale). New York: Vintage Books.

Nietzsche, F. W. (1971). Thus spoke Zarathustra (=Z) (trs. R. J. Hollingdale). Harmondsworth: Penguin Books.

Nietzsche, F. W., & Heidegger, M. (1936-1940). *Nietzsche's God is dead.* 강윤철 역(2013). 니체의 신은 죽었다. 서울: 스타북스.

Nixon, P. S. (1995). Eduard C. Lindeman. Leaders in the Field of Adult Education. *Kent State Univ., OH. Ohio Literacy Resource Center,* 1-3. SPONS AGENCY Department of Education, Washington, DC.

Noddings, N. (1986). *Caring: A feminine approach to ethics & moral education*. California: University of California Press.

Noddings. N. (2002). *Educating moral people: A caring alternative to character education.* New York: Teacher College Press.

Nonaka, I. (1991). *The knowledge-creating company*. 장은영 역(1995). 지식창조기업. 서울: 세종서적.

Nozick, R. (1989). *The examined life*. 김한영 역(2014). 무엇이 가치 있는 삶인가. 서울: 김영사.

OECD (1996). *Lifelong learning for all.* Paris: OECD.

Onfray, M. (2005). *Traité d'athéologie*. Éditions Grasset.

Pastuović, N. (1995). The science(s) of adult education. *International Journal of Lifelong Education*, *14*(4), 273-291.

Peters, M. (2001). The analytic/continental divide: Nietzsche, nihilism and the critique of modernity. In M. Peters et al. (Eds.), *Nietzsche's legacy for education*. (pp. 187-205).

Peters, M., Marshall J., & Smeyers P. (Eds.) (2001). *Nietzsche's legacy for education: Past and Present Values*. Bergin & Garvey, Westport Con.

Peters, R. S. (1963). Education as initiation. In R. D. Archambault (Ed.), *Philosophical analysis and education.* London: Routledge & Kegan Paul.

Peters, R. S. (1966). *Ethics and education*. 이홍우 역(2003). 윤리학과 교육. 서울: 교육과학사.

Peters, R. S. (1967). Aims of education-A conceptual inquiry. In R. S. Peters (Ed.) (1973), *The philosophy of education*. Oxford: Oxford University Press.

Peterson, M. A. (1999). Organization, segregation and object recognition. *Intelecticq, 1*(28), 37-51.

Piper, A. (1990). *Philosophische Erauterung zu Nietzsches erstem "Zarasthustra". Stuttgart, Klett Cotta Verlag.* 정영도 역(1996). 니이체의 짜라투스트라에 대한 철학적 해석. 서울: 이문출판사.

Plato, J. 천병희 역(2016). 플라톤의 다섯 대화편: 테아이테토스, 크리티아스, 필레보스, 파르메니데스, 티마이오스. 경기: 숲.

Plato, J. 천병희 역(2017). *Apologia Sokratous, Kriton, Phaidon*. 소크라테스의 변론 / 크리톤 / 파이돈. 서울: 도서출판 숲.

Plato. (2008). *Republic.* 최 현 역(2012). 플라톤의 국가론. 서울: 집문당.

Plato. *Platonis Opera 3.* 박종현 역(2010). 플라톤의 프로타고라스 / 라케스 / 메논. 서울: 서광사.

Plato. 천병희 역(2012). 플라톤/ 소크라테스의 변론, 크리톤, 파이돈, 향연. 서울: 도서출판 숲.

Popper, K. R. (1992). *Conjectures and refutations: The growth of scientific knowledge.* London: Routledge.

Precht, R. D. (2008). *Wer bin ich und wenn ja, wie weile?* 백종유 역(2008). 나는 누구인가? 서울: 21세기북스.

Raabe, P. (2014). *Philosophy's role in counselling and psychotherapy.* 김수배, 이한균 공역(2019). 상담과 치료에서 철학의 역할. 서울: 학이시습.

Rabate, J-M. (Ed.) (2003). *The cambridge companion to Lacan: Part of cambridge companions to literature*. Cambridge: Cambridge University Press.

Ramaeckers, S. (2001a). Subjectivism and beyond: On the embeddedness of the Nietzschean individual. In M. Peters et al. (Eds.), *Nietzsche's legacy for education* (pp. 155-156).

Ramaeckers, S. (2001b). Teaching to lie and obey: Nietzsche on education. *Journal of Philosophy of Education, 35*(2), 255-268.

Ranson, S. (1998). *Inside the learning society*. London & New York: Cassell.

Reimer. E. (1971). *School is dead: An essay on Alternatives in education.* New York: Penguin.

Reischmann, J. (1999). Adult education in Germany: Roots, status, mainstreams, changes. *Andragogy Today, 2*(3), 1-29.

Reischmann, J. (2004). International and comparative adult education: A german perspective. In PAACE Journal of Lifelong Learning. *The Pennsylvania Association for Adult and Continuing Education, 13*, 19-38.

Rifkin, J. (1995). *The end of work: The decline of the global labor force and the dawn of the post-market era*. 이영호 역(2011). 제러미 리프킨, 노동의 종말. 서울: 민음사.

Roberts, P. (2001). Nietzsche and the limits of Academic life. In M. Peters et al. (Eds.), *Nietzsche's legacy for education* (pp. 125-137).

Roge, J. (1999). *Le Syndrome de Nietzsche.* 이혜은 역(2000). 니체 신드롬. 서울: 이끌리오.

Rosenow, E. (1973). What is free education? The educational significance of Nietzsche's thought. *Educational Theory, 23*(4), 354-370.

Rosenow, E. (1989). Nietzsche's educational dynamite. *Educational Theory, 39*(4), 307-316.

Rosenow, E. (2000). Nietzsche's educational legacy: Reflections on interpretations of a controversial philosopher. *Journal of Philosophy of Education, 34*(4), pp. 673-685.

Rösing, L. M.(2015). *Pixar with Lacan: The Hysteric's Guide to Animation.* New York: Bloomsbury Academic.

Rousseau, J. J. (1762). *Emile ou De l'education.* 김중현 역(2003). 에밀. 서울: 한길사.

Rousseau, J. J. (1762). *Emile.* 안인희 역(1999). 루소의 에밀. 서울: 양서원.

Rovelli, C. (2017). *The order of time.* 이중원 역(2019). 시간은 흐르지 않는다. 서울: 쌤앤파커스.

Russell, B. (1912). The problems of philosophy. 박영태 역(2000). 철학의 문제들. 서울: 이학사

Russell, B. (1996). *A history of western philosophy.* 서상복 역(2019). 러셀 서양철학사. 서울: 을유문화사.

Sandel, M. (2008). *Justice: What is the right thing to do.* 이창신 역(2010). 정의란 무엇인가. 서울: 김영사.

Sandel, M. (2010). *Public philosophy: Essays on morality in politics.* 인진환,이수경 공역(2010). 마이클 샌델 왜 도덕인가? 서울: 한국경제신문사.

Sang, C. (2010). Applications of andragogy in multi-disciplined teaching and learning. *Journal of Adult Education, 39*(2), 25-35.

Sartre, J. P., & Barnes, H. E. (1993). *Being and nothingness.* 변광배 역(2005). 존재와 무. 서울: 살림.

Sartre, J. P. (1938). *La Nausée.* 김희영 역(1983). 구토. 서울: 학원사.

Sartre, J. P. (1956). *L'etre et le neant.* 정소성 역(2014). 존재와 무. 서울: 동서문화사.

Sartre, J. P. (1958). *Being and Nothingness: An Essay on phenomenological ontology.* (trans. by H. Bames.) London: Routledge.

Sartre, J. P. (1996). *L'existentialisme est un humnisme.* 박정태 역(2014). 실존주의는 휴머니즘이다. 서울: 이학사.

Sasson, L. (1996). Philosophy across the curriculum: A democratic nietzschean pedagogy. *Educational Theory, 46*(4), 511-524.

Saussure, F. (1916). *Cours de linguistique generale.* 김현권 역(2013). 일반언어학 강의. 서울: eBook.

Savicevic, D. M. (1985). Self-directed education for lifelong education. *International Journal of Lifelong Education*, *4*(4), 285-294.

Schacht, R. (1995a). *Making sense of Nietzsche: Reflections timely and untimely.* Urbana: University of Illinois Press.

Schacht, R. (1995b). Nietzsche and nihilism: Nietzsche and Danto's Nietzsche. In *Making sense of Nietzsche: Reflections timely and untimely*. Urbana: University of Illinois Press.

Schacht, R. (1996). Zarathustra/*Zarathustra* as educator. In P. R. Sedgwick (Ed.), *Nietzsche: A critical reader* (pp. 222-249). Oxford UK and Cambridge MA: Blackwell.

Schopenhauer. A., & Payne, E. F. (2001). *Parerga and Paralipomena: Short Philosophical Essays, Volume II*. 사순옥 역(2011). 쇼펜하우어 인생론: 고전으로 미래를 읽는다. 서울: 홍신문화사.

Schopenhauer. A. (2012). *Die Welt als Wille und Vorstellung*. 홍성광 역(2015). 의지와 표상으로서의 세계. 서울: 을유출판사.

Schrift, A. D. (1990). *Nietzsche and question of interpretation*. 박규현 역(1997). 니체와 해석의 문제. 서울: 푸른숲.

Schuetze, H. G. (2006). International Concepts and Agendas of Lifelong Learning. *Compare, 36*(3), 289-306.

Schuetze, H. G., & Casey, C. (2006). Models and meanings of Lifelong Learning: progress and barriers on the road to a Learning Society. *Compare, 36*(3), 279-287.

Schuller, T., & Watson, D. (2015). "The Treasure Within" and "Learning through Life": A review and prospectus. *European Journal of Education*, *50*(2), 214-224.

Schumpeter, J. A. (1994). *Capitalism, Socialism and Democracy*. London: Routledge. pp. 82-83.

Seung, T. K. (2006). *Goethe, Nietzsche, and Wagner Their Spinozan Epics of Love and Power*. 승계호, 석기웅 공역(2014). 철학으로 읽는 괴테 니체 바그너. 서울: 반니.

Sharp, A. M. (1975). Nietzsche's view of sublimation in the education process. *The Journal of Educational Thought, 9*(2), 98-106.

Sharp, A. M. (1976). The teacher as liberator: A Nietzschean view. *Paedagogica Historica: International Journal of the History of Education*, *16*(2), 387-422.

Shorris, E. (2013). *The art of freedom*. 박우정 역(2014). 인문학은 자유다. 서울: 현암사.

Simmons, J. (1973). "The Report of the Faure Commission: One Step Forward and Two Steps Back". *Higher Education, 2*, 475-488.

Skirbekk, G., & Gilje, N. (2000). *Filosofihistorie*. 윤형식 역(2016). 서양철학사 1. 서울: 이학사.

Sloterdijk, P. (2011). *Philosophical temperaments: From plato to foucault*. 김광명 역(2012). 플라톤에서 푸코까지: 철학적 기질 혹은 열정. 서울: 세창미디어.

Smeyers, P. (2001). Nietzsche and education: Learning to make sense for oneself, or standing for one's ideas. In M. Peters et al. (Eds.), *Nietzsche's legacy for education* (pp. 91-106).

Solomon, R. C, & Higgins, C. M. (1996). *A short history of philosophy.* 박창호 역(2015). **세상의 모든 철학**. 서울: 이론과 실천.

Spierling, V. (2001). *Kleine geschichte der philosophie*. 정대성 역(2004). **세계사를 바꾼 철학의 구라들**. 서울: 이룸.

Spinoza, B. (1677). *Ehica in ordine geometrico demonstrata*. 강영계 역(2014). **에티카**. 서울: 서광사.

Stanovich, K. E. (2010). The cognitive miser: Ways to avoid thinking. In *What intelligence tests miss: the psychology of rational thought.* New Haven: Yale University Press. pp. 70-85.

Steffe, L. P., & Gale, J. (1992). *Constructivism in education*. 이명근 역(2005). **교육과 구성주의**. 서울: 학지사.

Sticht, T. G. (2001). The power of adult education: Moving the adult education and literacy system of the United States from the margins to the mainstream of education. *Adult Education,* 1-6.

Storig, H. J. (1950). *Kleine weltgeschichte der philosophie*. 박민수 역(2018). **세계 철학사**. 서울: 자음과 모음.

Stromberg, R. (Ed.) (1968). *Realism, naturalism and symbolism: Modes of thought and expression in Europe, 1848-1914.*

Thilly, F. (1946). A History of philosophy. 김기찬 역(2020). **틸리 서양철학사: 소크라테스와 플라톤부터 니체와 러셀까지**. 서울: 현대지성.

Thomson, I. (2001). Heidegger on ontological education, or: How we become what we are. Inquiry: *An interdisciplinary Journal of Philosophy*, *44*(3), 243-268.

Toffler, A. (1970). *Future shock.* 장을병 역(1990). **미래의 충격**. 서울: 범우사.

Trigg, L. (2003). *Ideas of human nature: An historical introduction*. 최용철 역(2003). **인간 본성에 대한 철학적 논쟁**. 서울: 간디서원.

UNESCO (1996). Learning: The treasure within. Report to UNESCO of the International Commission on Education for the 21 Century. UNESCO.

Varela, F., & Thompson, E. (1991). *The embodied mind: Cognitive science and human experience*. 석봉래 역(2019). **몸의 인지과학**. 서울: 김영사.

Varvaro, J. (2001). Learning the grandeur of this life. In M. Peters et al. (Eds.), *Nietzsche's legacy for education* (pp. 1-18).

Vico, G. (1999). *New Science.* London: Penguin Books.

Wain, K. (1987). *Philosophy of lifelong education.* London: Croom Helm.

Wain, K. A. (1985). Lifelong education and philosophy of education. *International Journal of Lifelong Education, 4*(2), 107-117.

Walker, M. U. (1998). *Moral understandings*. New York: Routledge.

Watson, D. & Sculler, T. (2014). Learning Through Life: how far have we come? *Adults Learning*, *26*, 5-9.

Watson, K. (1999). UNESCO's vision for education in the twenty-first century: where is the moral high ground? *International Journal of Education Development, 19*, 7-16.

Weber, M. (1905). *Die protestantische Ethik und der Geist des Kapitalismus*. 김현욱 역(2016). **프로테스탄티즘 윤리와 자본주의 정신: 직업으로서의 학문 직업으로서의 정치 사회학 근본개념**. 서울: 동서문화사.

Weber, M. (1921). *Wirtschaft und Gesellschaft*. 박성환 역(1997). **경제와 사회 1**. 서울: 문학과 지성사.

Weber, M. (1944). Max Weber on Bureaucratization in 1909. In J. P. Mayer (Ed.), *Max weber and german politics* (pp. 125-131). London: Faber & Faber Ltd.

Weber, M. (1968). Economy and Society I, II, III. G. Roth & C. Wittich (Eds.). E. Fischoff et al., (trans.). New York: Bedminster Press.

Wicks, R. L. (2011). *Schopenhauer's 'The World as Will and Representation': A reader's guide.* 김효섭 역(2014). **쇼펜하우어의 의지와 표상으로서의 세계 입문**. 서울: 서광사.

Willmott, R. (2010). Lifelong Learning at the Heart of All We Do. *Adults Learning, 21*(6), 24-26.

Wilson, A. L. (1992). Pragmatism and social action in American adult education, *International Journal of Lifelong Education*, *11*(3), 181-189.

Wittgenstein, L. J. J. (1922). *Tractatus Logico-Philosophicus.* 이영철 역(1991). **논리-철학 논고**. 서울: 천지

Wolfson, H. A. (1961). *The philosophy of spinoza Vol. 1*. New York: Shocken Books.

Xenophon (1773). *The rural socrates: Being memoirs of a country philosopher.* 천병희 역(2018). **소크라테스 회상록**. 서울: 도서출판 숲.

Yacek, D. W. (2014). Leaning to see with different eyes: A an challenge to multicultural dialogue. *Educational Theory*, *64*(2), 99-121.

Yalom, I. D. (1980). *Existential psychotherapy.* 임경수 역(2009). **실존주의 심리치료**. 서울: 학지사.

Yeaxlee, B. A. (1925). *Spiritual values in adult education: A study of a neglected aspect Vol. 1*. London: Oxford University Press.

Yeaxlee, B. A. (1929). *Lifelong education*. Cassell: London.

Zhou, N. Z. (2005). Four 'Pillars of Learning' for the Reorientation and Reorganization of Curriculum: Reflections and Discussions. *International Bureau of Education*-UNESCO, pp. 1-9.

Zimmer, R. (2004). *Das Philosophenportal*. 이동희 역(2013). 철학의 고전: 철학 고전을 이해하기 위한 길잡이(2판). 서울: 문예출판사.

Zimmermann, F. (1977). *Einfuhrung in die Existenzphilosophie*. 이기상 역(2015). 실존철학. 서울: 서광사.

Zupancic, A., & Badiou, A. (2003). *The shortest shadow: Nietzsche's philosophy of the Two* (Mit Press). 조창오 역(2005). 정오의 그림자: 니체와 라캉. 서울: 도서출판 b.

찾아보기

인명

내용

저자 소개

이관춘 교수(Lee, Kwan-chun, eekc92@hotmail.com)
연세대학교 학부대학 (최)우수 강의상을 5년 연속(2012~2016년) 수상하였다.
호주 연방정부 장학생으로 선발되어 The University of Sydney 교육사회정책학과 및 동 대학원을 졸업(M.Ed.)하고 국립 Macquarie 대학교에서 교육학 우등석사(MA Hons) 및 박사학위(Ph.D)를 받았다(최우수 박사논문상).
호주한국유학생연합회장 시절, 한국의 5공 군사정권에 의해 호주로 정치 망명하였다. 이후 Macquarie 대학교 조교수로 재직하면서 국제기능올림픽, 제31차 세계광고회의 등에서 영어 동시통역사 및 호주 SBS 라디오 방송에서 아나운서로 활동하였다.
한국정부를 대표하여 APEC 회원국 공동연구(HRD) 제안 및 연구 총책임 교수로 활동하였으며, 한국청소년정책연구원 연구위원, 명지학원(명지대학교, 명지전문대학 등) 기획위원 교수직을 거쳐 청소년교육복지학과 교수로 재직하였다. 현재 연세대학교 객원교수로서 학부대학의 '명저논쟁(GB&D)' 강의와 교육대학원의 인적자원개발 강의를 담당하고 있다.
학생 신분으로는 드물게『국제심리학 학술지(IJP)』에「가치이론」을 발표해 국제학계의 주목을 받았으며, SSCI급 논문들을 포함한 120여 편의 논문을 발표하였다. 대한민국 학술원 선정 우수 도서상(2012년), 대한민국 사회연구 최우수 논문상(2005년)을 수상하였다. 현재 SSCI 국제저명학술지『Educational Psychology』편집자문 및 논문심사 위원이며, 제11대 한국성인교육학회 회장을 맡았다.
KBS 방송 전국 팀장 교육, KBS Media 임직원 교육을 비롯해 CHANEL, CITIBANK, 대우조선해양, SK에너지, ㈜동원, 재무설계협회(FP) 등의 기업교육 및 인문학교육; 노사정위원회, 노동부, 중앙선거관리위원회, 한국지방행정연수원, 고용노동연수원, 전국 지방자치단체 등의 공무원교육; 그리고 한국방송통신대학교, 경운대학교를 비롯한 각급 학교, 교육청 및 평생교육기관에서의 교재개발 및 인문학 강사로 활발한 활동을 하고 있다.

평생교육철학
–행복한 삶의 여행을 위한 철학 안내서–

Philosophy of Lifelong Education

2021년 8월 10일 1판 1쇄 인쇄
2021년 8월 15일 1판 1쇄 발행

지은이 • 이관춘
펴낸이 • 김진환
펴낸곳 • (주)학지사
04031 서울특별시 마포구 양화로 15길 20 마인드월드빌딩
대표전화 • 02-330-5114 팩스 • 02-324-2345
등록번호 • 제313-2006-000265호

홈페이지 • http://www.hakjisa.co.kr
페이스북 • https://www.facebook.com/hakjisabook

ISBN 978-89-997-2476-3 93370

정가 25,000원

저자와의 협약으로 인지는 생략합니다.
파본은 구입처에서 교환해 드립니다.